HÄDECKE

HÄDECKES
KULINARISCHES LEXIKON

# DIE SPRACHE DER KÜCHE

HERBERT BIRLE

## Abkürzungen

franz. = französisch
engl. = englisch
ind. = indisch
indon. = indonesich
ital. = italienisch
österr. = österreichisch
port. = portugiesisch
schweiz. = schweizerisch
span. = spanisch
ung. = ungarisch; etc.

dergl. = dergleichen
hpts. = hauptsächlich
s. = siehe (Querverweise zu anderen Begriffen im Lexikon)
s. a. = siehe auch
s. d. = siehe dort
u. a. = und andere
ugs. = umgangssprachlich
u.v.m. = und viele(s) mehr

## Impressum



Bildnachweis:
Titelbild: Illustration Schneebesen
© istockphoto.com/Zack Blanton
Lektorat und redaktionelle Mitarbeit:
Monika Graff
Gestaltung: Julia Graff
Satz: Rund ums Buch – Rudi Kern

ISBN 978-3-7750-0390-2

Printed in Germany 2011

# Vorwort

Für einen einzigen Apfel verscherzten sich unsere Urahnen seinerzeit das Paradies auf Erden. Die schöne Helena wiederholte das frivole Spielchen etliche Jahre später mit ihrem Galan, dem ebenso schönen Paris. Seitdem kreisen die Gedanken der Menschen hauptsächlich um zwei Themen, von denen das eine das Essen ist und deshalb ist die Esskultur wohl die älteste Kultur der Menschheit.

Was blieb den ersten Vertriebenen und ihren nahen Abkömmlingen schon übrig, als sich fortan an Äpfeln und anderen Früchten aus dem Garten Eden zu erfreuen und zu sättigen, bevor sie zum Sammeln das Fischen und Jagen dazulernten. Bereits die „Urfeinschmecker" wussten die Leckerbissen von der Allerweltsküche zu unterscheiden und zu schätzen. In die zarten Wildspargel bissen sie lieber als in die Stängel der faden und oft holzigen Distel, die knackigen und süßen Bucheckern schmeckten ihnen besser als die im Überfluss vorrätigen, aber bitteren Eicheln. Für einen saftigen Bärenschinken nahmen sie liebend gern auch dann einen mehrtägigen Jagdausflug in Kauf, wenn noch genügend Mammutfleisch gespeichert war. Nicht länger wollten sie nur ihren Hunger stillen, sondern auch den Gaumen reizen, wollten die ganze Palette der kulinarischen Geschenke der Natur kennen lernen, wollten genießen und sich durch Essen Freude machen: der Anfang der Esskultur, lange Zeit bevor die Menschen begannen zu dichten, zu musizieren, zu malen oder aus Steinen Figuren zu meißeln.

*Und der Herr sprach zu Noah: Geh in die Arche, Du und Dein ganzes Haus, denn Dich habe ich gerecht gefunden. [...] Und Du sollst Dir von jeder Speise nehmen, die gegessen wird, und Du sollst sie bei Dir sammeln, dass sie Dir und Ihnen zu Nahrung diene. (1. Mose 7,1.621)*

Noah verdanken wir also nicht nur das Überleben der Tiere, sondern auch der Speisen, an denen sich seine Zeitgenossen vor der großen Flut delektierten. Namentlich seine Söhne Ham, Jafet und Sem, die ältesten bekannten Hobbyköche, betätigten sich eifrig in der Kombüse und kreierten Pita-Brot, Brunnenkressesuppe, Krabbensalat „nach Art der Sintflut", Eieromelette mit Kaviarfüllung, Lamm „Ararat", dazu als Beilage Kichererbsen mit Tahini, der vor dem Unheil allgegenwärtigen Sesampaste, Nussgebäck und Zimrahkompott, auf deutsch: Aprikosenmarmelade. Die Rezepte hält der Autor in seinem Archiv bereit ...

Die Stationen der Esskultur und die Geschichte der Tafelfreuden sind das geistige Pausenbrot der Gastrosophen, jener Menschen, die dankbar die großzügigen Geschenke der Natur verehren, die deren Früchte mit Disziplin genießen und sorgfältig auf ihre Erhaltung achten, die für alle Künste offen sind, besonders für die Kunst in der Küche, die sie auf dem Teller in würdiger Form zu schätzen verstehen. Die Geschichte der Esskultur ist aber auch „Lebenshilfe“ für solche Mitmenschen, die das Essen gar nicht oder zu ernst nehmen, wie weiland jener Philetairos, ein griechischer Eunuch und Regionaldespot, der sich für seine Zunge eine Art Kondom hatte fertigen lassen, das er nur zum Essen abnahm, um seinem wichtigsten Organ, wie er seine Zunge verständlicherweise nannte, optimalen Genuss und Geschmack zu bewahren. Vom Essen, Schlemmen und Prassen, vom Saufen und Zechen künden seit alters her Feder und Pinsel. Und alles hatte mit dem Biss Adams in den Apfel begonnen, das Essen als symbolischer Anfang der Erkenntnis und des Wissens und als Quelle der Neugier, auch in Küche und Keller. Die Urschlemmer begnügten sich bald nicht mehr mit dem puren Fleisch- und Fischgeschmack von Beute und Fang. Sie lernten die Verwendung von Gewürzen und Kräutern kennen, kreierten Saucen und Suppen und domestizierten die Lieferanten ihrer Braten, damit die Spieße sich öfter drehten. Die Jünger Lukullus' wurden anspruchsvoller und suchten und ersannen immer neue Gaumenkitzel und Leckerbissen.

Heute hat der Tourismus die meisten Länder unserer Erde erobert. Auf ihren Reisen erfahren die Weltenbummler, dass das Essen zu den tragenden Eckpfeilern der jeweiligen Kulturkreise gehört. Die Wissensdurstigen unter ihnen mit kulinarischen Ambitionen werden neugierig auf fremde Viktualien, Märkte und Küchen; die immer schneller und bequemer werdende Beförderung von Mensch und Gut sind bei der Befriedigung der Wissbegier ebenso hilfreich wie die aus fremden Ländern stammenden Mitbürger, die auf ihre heimischen Speisen und Gerichte auch im fernen Deutschland nicht verzichten wollen.

Die Vielzahl der Komponenten unserer Esskultur historischen, ethnischen, soziologischen, anthropologischen und wortgeschichtlichen Inhalts bewirkt ein Tohuwabohu der Begriffe und ihrer Definitionen bis hin zum Chaos. Die Neigung vieler Köche, ihre Kreationen oft hinter exotischen Namen zu verstecken oder durch Anleihen aus dem Englischen, Französischen, Italienischen oder gar Chinesischen akustisch aufzupeppen ist der Entwirrung ebenso wenig dienlich wie das so oft bemühte „à la soundso“ oder „nach Art von“. Dieses Wirrsal der Vokabeln, die Bereicherung unserer Speisekammer mit Exoten unbekannten Namens und die Vielfalt und Buntheit fremdländischer Rezepte waren für den Autor reizvolle Herausforderung für den Versuch, mit diesem Buch etwas Ordnung im Chaos der Küchensprache zu schaffen.

Dabei hat der Autor sorgfältig darauf geachtet, dass die meisten der aufgeschriebenen Gerichte mit Grundkenntnissen im Kochen, mit ein wenig Löffelgefühl und Küchenfantasie nachgekocht werden können. Aus Gründen der Raumersparnis wurde auf Selbstverständlichkeiten verzichtet, wie z.B. die Verwendung von Salz. Auch der naivste Herdeleve weiß, wann er salzen muss, wobei das Maß Gefühls- und Geschmackssache bleibt.

Die „Sprache der Küche" ist keine Sprache des Kellers. Die Beschreibung und Bewertung auch nur der bedeutendsten Weine, Spirituosen und dergleichen würde den Rahmen dieses Buches sprengen. Zudem gibt es einschlägige Werke mehr als genug.

Die Zahl der Viktualien ist Legion. Auch haben die meisten mehrere Namen, den Namen ihrer Heimat und den in anderen Ländern, die wissenschaftliche Bezeichnung und schließlich die umgangssprachliche Version. Eine weitere Erschwernis bergen die verschiedenen Sprachen und Schriften, was oft zu Irritationen führt und Fragen offen lässt.

Um die Grenzen eines Taschenbuchs und kulinarischen Reiseführers nicht zu sprengen, war der Autor gezwungen, jeweils nur die wichtigsten Begriffe und Definitionen aufzunehmen, wobei er sich des Risikos der subjektiv geprägten Auswahl bewusst ist.

In der Hoffnung, den Horizont der Leserinnen und Leser gleichwohl erweitert zu haben, wünscht der Autor gelungenes Wirken am Herd und viel Genuss!

*Herbert Birle* Pforzheim im Herbst 2010


## Danksagung

Der Autor dankt Herrn Bernd Aldinger, Pforzheim, für die Überprüfung der Begriffe, die sich rund ums Fleisch drehen, und Herrn Richard Becker, Pforzheim, für seine wertvollen Hinweise. Die Verlagsredaktion dankt Heidi Bauerle, Mrinal Kopecky, Marissa Kroeber, Irène Kuhn-Kreuzhage, Juliana Raskin-Schmitz und Tania Tavares für ihre Mithilfe.

**A(A)CHAR:** sauer eingelegte Fleischstücke, Früchte, Gemüse u.a., oft scharf gewürzt; z.B. mit Senföl, Koriander, Ingwer u.a., eine Art Pickles *(Indien)*.

**AACHENER PRINTEN:** Lebkuchenähnliches, kräftig gewürztes Dauergebäck, das hauptsächlich aus Mehl, Kandiszucker, Orangeat, Pottasche, Wasser und Zuckersirup besteht und mit Anis, Kardamom, Koriander, Muskatnuss, Nelken, Piment und Zimt gewürzt wird; mit Schokoladen- oder Zuckerglasur.

**AALBOCK:** s. *BLAUFELCHEN*.

**AALBRICKE**: kleiner gebratener und marinierter Aal.

**AALE:** *hessischer* Name für eine geräucherte Mettwurst aus Schweinefleisch, aber auch für andere Würste (s.a. *AHLE WORSCHT*).

**AAL GRÜN:** nordd. und belgische Spezialität mit verschiedenen Zubereitungsarten. Beispiele: Aal wird zusammen mit gewürfeltem Staudensellerie und Zwiebeln angebraten, mit Weißwein aufgefüllt und mit Pfeffer und Salz gewürzt. In diesen Sud werden Kräutersäckchen mit Bohnenkraut, Brunnenkresse, Kerbel, Petersilie, Pfefferminze, Sauerampfer und evtl. Lorbeerblatt gegeben. Dann wird weitergekocht und zum Schluss mit Eigelb legiert. Nach einem anderen Rezept wird Aal gedünstet und in grüner Sauce, die mit Dilldolden, Kerbel, Petersilie, Sauerampfer, Schnittlauch usw. bereitet wird, angerichtet (*Berlin, Brandenburg, Norddeutschland; Belgien*).

**AAL IN DILLSAUCE:** Aalstücke werden mit Dill und Zwiebelscheiben in Salzwasser gegart. Aus dem Fond wird mit *roux* und saurer Sahne eine Sauce bereitet, die mit Butter aufgeschlagen, mit frischem Dill gewürzt und über den Aal gegeben wird. Von dem Rezept gibt es mehrere Variationen.

**AAL IN GELEE:** eine aus Schleswig-Holstein stammende Spezialität, so genannte saure Aale. Aale werden mit Karotten-Stückchen und Eischeiben garniert, in saurem Aspik serviert.

**AALKRAUT:** s. *BOHNENKRAUT*.

**AALQUAPPE:** s. *AALRAUPE*.

**AALRAUPE:** *Aalquappe, Aalrutte, lotte de rivière* (*franz.*), *Trüsche*; Süßwasserfisch der europäischen und nordamerikanischen Gewässer mit wenig Gräten und wohlschmeckendem Fleisch; zum Braten, Panieren und für *Matrosengerichte*. Die Leber ist eine Delikatesse.

**AALRUTTE:** s. *AALRAUPE*.

**AALSUPPE:** ehemals Hamburger Restesuppe aus Gemüse, Backobst, Schinkenknochen, Kräuter u.a., aber keinem Aal, kommt aus dem niederdtsch. *aalens drin* (alles drin); heute mit frischem Aal und *Schwemmklößchen* (s.d.).

**ABÄSCHERN:** historische, überholte Methode, Fische mit Asche oder Sand vom Schleim zu befreien.

**ABAISSIEREN:** auswellen, auswalken *(österr.)*; Teig mit einem

Nudelholz bis zur gewünschten Dicke ausrollen.

**Abalone:** *Meerohr, Ohrschnecke, Seeohr;* eine Meeresschnecke von köstlichem Geschmack und festem Fleisch. Ursprünglich in China, heute aber auch an südeuropäischen, südafrikanischen und amerikanischen Felsküsten beheimatet (auch Zucht). Wird warm und kalt gegessen, auch für Suppen verwendet und für Salate u. a. Die Abalonen sind bei uns in Dosen erhältlich. Sie dürfen nur kurz erhitzt werden, da sie sonst hart werden. Sehr gut schmecken Abalonen z. B. in Butter geschwenkt, mit Champignons und verquirlten Eiern vermischt und mit Schnittlauch bestreut.

**Abattis** *(franz. und österr.)*: Geflügelklein, wie Flügel, Hals, Kopf usw.

**Abats** *(franz.)*: Innereien (*les abats rouges,* wie Zunge, Herz, Leber und Nieren, und *les abats blanc*, wie Hirn, Kopf, Fuß und Kutteln).

**Abbacchio (al forno):** *italienisches* Wort für Lamm(-Braten).

**Abbrennen:** einen Teig auf dem Feuer so lange bearbeiten, bis er sich von der Kasserolle und vom Löffel löst (Brandteig). Als Abbrennen wird aber auch das so genannte *Absengen* (s. d.) bezeichnet. In Österreich heißt abbrennen so viel wie mit brauner Butter übergießen.

**Abbrühen:** s. *Blanchieren*.

**Abdämpfen**: gegartes Gemüse über dem Feuer trocknen.

**Abdrehen:** s. *Tournieren*.

**Abelodolmádes** *(griech.)*: gefüllte Weinblätter, u. a. mit Linsen und Minze oder Hackfleisch und Reis (s. a. *Dolmades)*.

**Aberdeen-Angus:** s. *Angus-Rind*.

**Abflämmen:** s. *Flambieren*.

**Abgänge:** s. *Parüren*.

**Abgedecktes Leiterstück:** nordd. Bezeichnung für *abgedeckte Querrippe* (s. d.).

**Abgedeckte Querrippe des Rindes:** das vordere Stück der Querrippe, unmittelbar an den Hals anschließend, oben vom Halsgrat und unten von der Brustspitze begrenzt. Insbesondere für Gulasch und Pfeffer-Pothast geeignet.

**Ablassen:** Eiweiß und Eigelb voneinander trennen.

**Ablöschen**: s. *Deglacieren*.

**Abmildern:** ein versalzenes Gericht mit milder Fleischbrühe, Milch oder Wasser abmildern, aber auch bittere Gemüse durch Blanchieren genießbar machen.

**Abongo:** Klößchen aus fermentiertem Mehl, vermischt mit Palmöl und Zucker *(Westafrika)*.

**Abrühren:** eine Flüssigkeit auf dem Feuer bis zum Kochen rühren.

**Abschlagen:** Teig abschlagen, gegangenen Hefeteig kurze Zeit zusammenkneten, bis die Luftblasen verschwunden sind.

**ABSCHMÄLZEN:** abschmelzen, schmelzen; Teigwaren oder Gemüse mit gebräunter Butter und gerösteten Zwiebeln übergießen.

**ABSCHMELZEN:** s. *ABSCHMÄLZEN*

**ABSCHRECKEN:** Nahrungsmittel kurz mit kaltem Wasser überspülen.

**ABSENGEN:** abbrennen; Bezeichnung für das Entfernen von Haaren oder Federn über offenem Feuer, wie dies vor allem bei Geflügel geschieht.

**ABSINTH:** ein bekannter, früher gesundheitsschädlicher – er enthielt große Mengen an Thujon, ein Inhaltsstoff des Wermutextrakts –, berüchtigter Anisschnaps, war in vielen Ländern verboten.

**ABSTEIFEN:** Austern oder Muscheln in heißer Flüssigkeit nur fest werden lassen, wodurch sie saftig bleiben.

**ABTEILIKÖR:** Kräuterlikör aus Klosterbrennereien.

**ABWÄLLEN:** s. *BLANCHIEREN*.

**ABZIEHEN:** s. *LEGIEREN*.

**ACAJOU:** Cashewnuss, Elefantenlaus (ein Sumachgewächs), exotische Frucht mit einer Nuss von länglicher Form vom so genannten Nierenbaum, mit weißem Fleisch und süßsaurem Geschmack; in der Karibik und Südamerika beheimatet, seit dem 16. Jahrh. aber auch in Indien, Ostafrika usw. angebaut. Die Nuss ist roh giftig; zum Verzehr muss sie geröstet werden.

**ACEROLA:** Ahornkirsche, Antillenkirsche, Puerto Rico-Kirsche; säuerlich schmeckende kirschenähnliche Frucht, wird hauptsächlich zur Saftherstellung genutzt, von den westindischen Inseln. Frucht mit sehr hohem Vitamin-C-Gehalt.

**ACEITE** *(span.)*: Öl.

**ACEITUNA** *(span.)*: Olive.

**ACETO** *(ital.)*: Essig

**ACETO BALSAMICO:** eine Essigspezialität aus Modena. Ein aromatischer Essig von dunkelbrauner oder auch heller Farbe in unterschiedlicher Qualität. Guter Aceto reift im Fass etwa 8–10 Jahre.

**ACHATSCHNECKEN:** bis 20 cm lange und 500 g schwere, im Fernen Osten und in den Tropen gezüchtete Landschnecken; in Konserven gehandelt.

**ACHIA** *(ind.)*: s. *BAMBUSSPROSSEN*.

**ACHIOTE:** *s. ACHOTE*.

**ACHIRA:** in den Anden wachsende Pflanze, deren Wurzeln von Einheimischen wie Kartoffeln zubereitet werden.

**ACHOTE:** *Achiote;* Samen des tropischen Orleanstrauches, auch Annattostrauch genannt. Werden vor allem in Mexiko dazu verwendet, Speisen leuchtend gelb bis rot zu färben. Der Farbstoff heißt auch *Urukú* (wichtiger Farbstoff bei den Indianern des Amazonas).

**ACHOTE-PASTE:** s. *RECADO DE ACHOTE*.

**Achtfuss:** s. *Krake*.

**Acid** *(engl.)*: sauer.

**Acide** *(franz.)*: sauer.

**Ackersalat:** s. *Rapunzel*.

**Adamsfeige:** s. *Banane*.

**Adjowan** *(ind.)*: s. *Ajowan*.

**Adlon-Salat:** eine bekannte Salatmischung, die hauptsächlich aus Äpfeln, Feldsalat, Roten Beten, Pellkartoffeln und Knollensellerie besteht.

**Admiral, à l':** s. *Admiralsart*.

**Admiralsart:** *à l'admiral (franz.)*, eine Fischgarnitur bestehend aus Austern und Muscheln *Villeroi* (s. d.), Champignonköpfen, Trüffelscheiben und normannischer Sauce, die mit Krebsbutter aufgeschlagen wurde.

**Admiralsauce:** s. *Sauce admiral*.

**Adobo:** ursprünglich eine spanische Garmethode (Fleisch wird mit Knoblauch im Essigsud gegart); heute auf den Philippinen ein Schweine- oder Hühnerfleischgericht mit Abwandlungen und ausgewogenem Aroma. Besonderheit: mit Annattosamen (Früchte des Orleanbaumes) gefärbt, s. *Achote*.

**Adrak** *(ind.)*: Ingwer.

**Adzuki:** ostasiatische, besonders in *Korea* zusammen mit Reis als Beilage verwendete, rote bis rotbraune Bohnen, aus denen auch Süßspeisen hergestellt werden (in Indien *Red Chori* genannt).

**Ääzenzupp:** *rheinischer* Name für Suppe aus Erbsen, Kartoffeln, Mettwurst und Schweinefleisch.

**Ädäppelschlat:** *Ädäppelschlot;* Kölner Name für Kartoffelsalat.

**Ädäppelzupp:** Kartoffelsuppe, zu der u. a. gerne Speckpfannkuchen und Blutwurstscheiben gegessen werden (*Rheinland*).

**Ägyptische Bohne:** s. *Helmbohne*.

**Älplermakkaroni:** *zentralschweizerischer* Eintopf aus Teigwaren, Porree, Schinken, Zwiebeln usw., überbacken mit Butter, Sahne und geriebenem Käse.

**Äppelwoi:** *Äbbelwoi, Ebbelwein;* Bezeichnung in *Hessen* für Apfelwein aus Mostäpfeln gekeltert, s. a. *Most*.

**Affenbrotfrucht:** Baobab, Frucht des afrikanischen Affenbrotbaumes, hartschalig und gurkenförmig von süßsaurem, kürbisähnlichem Geschmack.

**Affettato** *(ital.)*: gemischter Aufschnitt in Italien, traditionelle Vorspeise.

**Affumicato** *(ital.)*: geräuchert.

**Aflata:** fermentierter Maisteig, der gekocht als Brei oder in Form von Klößen verzehrt wird *(Ghana)*.

**Afon:** westafrik. Brotfrucht.

**Afrikanische Art:** *à l'africaine (franz.)*; eine Garnitur für Fisch und Schlachtfleisch. Für Fisch verwendet man gebratene Bananen und Teufelssauce, für Fleisch

Scheiben von Auberginen, Gurkenstückchen, Schlosskartoffeln, Steinpilze und Tomatenviertel.

**Afrikanische Sauce:** braune Grundsauce mit Kalbsjus, Fleisch-glace und etwas Madeira oder Malaga verkocht, mit Butter vermischt und mit Cayennepfeffer gewürzt, als Einlage hellbraun gebratene Zwiebelstreifen und Trüffelscheibchen.

**Agar-Agar:** aus der asiatischen Küche stammendes Bindemittel aus Meeresalgen; wird wie Gelatine verwendet.

**Agave:** wird hauptsächlich zu Schnaps, wie Mezcal, Pulque und Tequila veredelt.

**Agémono:** *japanisches* Wort für frittierte Gerichte.

**Aglio** *(ital.)*: Knoblauch.

**Agneau** *(franz.)*: Lamm; *agneau gris* heißt das Tier bis maximal 12 Monate.

**Agnelet** *(franz.)*: Lämmchen.

**Agnello** *(ital.)*: Lamm und Lammfleisch.

**Agnolotti:** kleine, gefüllte, halbmondförmige Teigtäschchen, ähnlich wie Ravioli. Die Farce kann aus Fleisch, Gemüse, Hirn, Reis u.a. bestehen. Gewürzt wird mit Muskat oder Nelken, Pfeffer, Salz und Zwiebeln. Die Farce kann zusätzlich mit Parmesan vermischt werden; serviert wird mit Tomatensauce und geriebenem Parmesan *(Italien)*.

**Agourcis:** Bezeichnung für eine russ. Gurkenart.

**Agrasel** *(österr.)*: Stachelbeere.

**Aguacate:** s. *Avocado*.

**Aguardiente** *(span.)*: Schnaps, in Südamerika, Portugal insbesondere Zuckerrohrschnaps.

**Agrumato** *(ital.)*: eine Gewürzspezialität aus den Abruzzen. Handgepflückte Oliven der besten Sorte und Zitronen werden gemahlen und gepresst.
Das intensiv grün schimmernde Ergebnis verfeinert Fischgerichte, Gemüse, Pasta, Risotto u.a.

**Ahle Worscht:** luftgetrocknete Rohwurst aus Schweinefleisch, eine *nordhessische* Spezialität mit eingetragener Herkunftsbezeichnung.

**Ahornkirsche:** s. *Acerola*.

**Ahornsirup:** eingedickter Saft des so genannten Zuckerahorns mit karamellartigem Aroma, für Puddings, als Brotaufstrich u.a. (*Kanada, USA*).

**Aïgo boulido:** Brühe, gewürzt mit Knoblauch, Salbei, Lorbeer; über mit Olivenöl beträufelten Brotschreiben, Eigelb und geriebenem Käse angerichtet *(Südfrankreich)*.

**Aïgo saou:** *südfranzösische* Fischsuppe mit Kartoffeln, Tomaten und Zwiebeln. Die Brühe wird auf in Olivenöl getauchtem Brot serviert, die Kartoffeln und Fische werden getrennt gereicht.

**Aigre** *(franz.)*: sauer.

**Aiguillettes** *(franz.: Schnürsenkel)*: dünne, länglich geschnittene Scheiben oder Streifen von geschmortem Fleisch, Geflügel oder Wild, serviert in würziger Sauce.

**Ail** *(franz.)*: Knoblauch.

**Ail doux** *(franz.)*: geröstete Knoblauchzehen, die süßlich schmecken.

**Aile** *(franz.)*: Flügel.

**Ailloli**: s. *Sauce Aïoli*.

**Aïoli**: s. *Sauce Aïoli*.

**Airag**: saure Stutenmilch *(Mongolei)*.

**Aitel**: s. *Döbel*.

**Aiwar**: s. *Ajvar*.

**Aji**: Bastardmakrele, Stöcker *(jap.)*.

**Aji de gallina**: *aji de pollo (span.)*; südamerikanisches Gericht vom Huhn. Hühnerfleischstücke werden mit Knoblauch und Zwiebeln angebraten, mit Fleischbrühe übergossen und mit Kartoffeln, Tomaten sowie gehackten Zwiebeln gegart. Gewürzt wird mit Chili, Oregano, Pfeffer und Salz. Die Sauce bindet man mit Weißbrot. Das Gericht, das scharf sein soll, wird mit hart gekochten Eiern, Oliven und Chilischoten garniert und mit Reis serviert. Gern wird das Gericht auch so angerichtet, dass man das gegarte Hühner-fleisch auf gekochte Kartoffel-scheiben gibt, mit der Sauce übergießt und, wie beschrieben, garniert.

**Aji de pollo** *(span.)*: s. *Aji de gallina*.

**Aji-no-moto**: s. *Ajinomoto*.

**Ajinomoto**: *aji-no-moto*, Glutamat, *vet-sin/mei chen (chin.)*; aus Ostasien stammendes, heute überall erhältliches salzähnliches Würzpulver aus Getreide- und Gemüsepflanzen. Verstärkt den Eigengeschmack der Speisen. Wenn zur Herstellung – wie in Peru – noch Chilis *(span. = aji)* verwendet werden, ist die Würze sehr scharf. Ajinomoto kommt aus der japanischen Sprache.

**Ajo** *(span.)*: Knoblauch.

**Ajo Blanco** *(span.)*: Knoblauch-Mandelsuppe aus Andalusien. Mandeln grob hacken und mit Knoblauch und Salz im Mörser zerstoßen. Mit Wasser vermischen – soviel wie gewünscht – mit Olivenöl und Essig abrunden und mit Weißbrotcroûtons bestreuen (s. a. *Sopa de Ajo Blanco*)

**Ajowan** *(ind.)*: auch *Adjowan, Ajwain, Carom;* indisches, nach Thymian schmeckendes Gewürz aus dem Samen eines Doldengewächses.

**Ajvar**: Würzpaste, die hauptsächlich aus Paprikaschoten, Öl, Salz, Pfeffer und Zitronensaft besteht; wird scharf und mild angeboten (ehem. *Jugoslawien*).

**Ajwain** *(ind.)*: s. *Ajowan*.

**Akagai**: eine japanische Muschelart (rote Venusmuschel), die besonders für Sushi verwendet wird.

**Akamiso**: s. *Miso*.

**Akee**: *Aki;* beerenartige, sehr fetthaltige Südfrucht aus dem westindischen Raum (ursprünglich aus *Westafrika*) mit glatter Haut, gelbem Fleisch und leicht nussartigem Geschmack. Der Samenmantel und der schwarze Kern sind giftig. Die Frucht wächst auf einem Baum, der besonders auf Jamaika, aber auch in der übrigen *Karibik* und *Brasilien* heimisch ist, s. a. *AKEE'N SALTFISH*.

**AKI:** s. *AKEE*.

**AKOORI:** indisches Rührei mit Chili, Ingwer und Koriander scharf gewürzt.

**AKUDJURA:** *australische* Buschtomaten, die von den Aborigines gesammelt, getrocknet und zermahlen als Gewürzpulver verwendet und auf den Markt gebracht werden.

**AKVAVIT** *(dän.)*: s. *AQUAVIT*.

**À LA CREME** *(franz.)*: s. *CRÈME*.

**À LA FICELLE** *(franz)*: mit Küchengarn fixiertes Fleisch (z. B. Rindfleisch, *franz.: bœuf à la ficelle*), das an einem Kochlöffel in Brühe hängend gegart wird (s. a. *FICELIEREN*).

**À LA MINUTE** *(franz.)*: s. *MINUTE, Á LA*.

**ALAND:** *Nerfling*; karpfenartiger Süßwasserfisch mit grätenreichem, aber schmackhaftem Fleisch, kommt hauptsächlich in europäischen Gewässern, aber auch in Sibirien vor; wird wie Karpfen zubereitet.

**ALASKA CORBA:** eine *mazedonische* Suppe aus Donaufischen, die manchmal über gerösteten Brotscheiben angerichtet wird.

**ALASKA-LACHS:** im Nordpazifik, von Kalifornien über Alaska bis Japan vorkommender Lachs. Unterarten sind der Keta, der den *KETA-KAVIAR* liefert, der Red King, der Beste seiner Art, u. a.

**ALBACORE:** weißer Thunfisch.

**ALBE:** *Alwe, Laube, Schuppenfisch, Schupper, Spitzlaube, Ukelei;* ein grätenreicher Weißfisch aus mitteleuropäischen, insbesondere schweizerischen Gewässern mit wohlschmeckendem Fleisch; hauptsächlich zum Backen, Frittieren und Räuchern. Das Albeli aus dem Vierwaldstättersee gehört zur Familie der Felchen und heißt deshalb auch Zwergfelchen.

**ALBELI:** s. *ALBE*.

**ALBERTLE:** *schwäbisches* Weihnachtsgebäck, das im Wesentlichen aus Mehl, Zucker, Butter und Eiern besteht.

**ALBINO:** Stör mit hellem Kaviar, so genannter *Royalkaviar (Iran)*.

**ALBIONSUPPE:** bekannte englische Suppe aus Geflügelkraftbrühe, Gänseleber, Geflügel- oder Hummerklößchen, Hahnenkämmen, Spargelspitzen und Trüffelscheiben.

**ALBOCK:** anderer Name für *RENKE* (s. d.).

**ALBONDIGAS:** *span.* Fleischklöße u. a. aus Rinderhackfleisch, vermischt mit Speck, gewürzt mit Chilipulver, Knoblauch und Salz und mit Ei gebunden, angebraten und zum Schluss in einer tomatisierten Weinsauce geschmort.

**Albondigas de bacalao** *(span.)*: *chilenische* Spezialität. Klöße aus Stockfisch, geriebenem Käse u. a.

**Albuferas:** runde Plätzchen aus Mehl, Eiern, Zucker und Arrak, mit gehackten Mandeln bestreut und mit einem Rum-Zuckerguss überzogen *(Spanien)*.

**al burro** *(ital.)*: mit Butter.

**Alcachofas** *(span.)*: Artischocken.

**Al dente** *(ital.)*: bedeutet »mit Biss«. Das heißt, dass einige Lebensmittel, vor allem Teigwaren und Gemüse, nur so lange gekocht werden, bis sie gar, aber noch bissfest sind.

**Ale** *(engl.)*: bedeutet auf altenglisch »alles«, war ursprünglich die Bezeichnung für ein Malzgetränk, wird heute synonym für kräftiges, obergäriges Bier verwendet.

**Alfajores:** *spanisches* und *südamerikanisches* Gebäck mit Variationen. Zwei runde Teigscheiben werden mit einer Creme, z. B. mit *dulce de leche* oder *manjarblanco* (Pudding) gefüllt u. a. m.

**Alfajores santafecinos:** glacierte Kekse mit einer Karamellfüllung *(Lateinamerika)*.

**Alfalfa:** s. *Sprossen*.

**Alfoncino:** *Beryx;* im Atlantik und Pazifik vorkommender Tiefseefisch mit festem weißem Fleisch und wenig Gräten; nach dem Tod verfärbt er sich tiefrot.

**alforfón** *(span.)*: Buchweizen.

**Al forno** *(ital.)*: im Ofen gebacken, überbacken.

**Alfredo, alla:** eine der bekanntesten ital. Garnituren für Teigwaren, vermischt mit geschmolzener Butter und Parmesankäse.

**Algen:** werden vor allem im Fernen Osten, besonders in Japan gegessen, am häufigsten in Suppen, Reis-, Nudelgerichten und Salaten. Aus Rot- und Braunalgen werden hauptsächlich Quell- und Geliermittel z. B. *Agar Agar* gewonnen. Grün-, Rot- und Braunalgen sind in China, Japan und Korea Grundnahrungsmittel. Bei uns erhältliche Speisealgen kommen aus Japan, Schottland und der Bretagne und heißen z. B. *Arame, Dulse, Heijihi, Kombu, Makabu, Nori, Ulue, Wakame* usw.

**Algerienne, à l':** s. *Algerische Art*.

**Algerische Art:** Garnitur für Schlachtfleisch, bestehend aus Kartoffelkroketten, gedünsteten Tomaten und Tomatensauce, vermischt mit einer Julienne von roten Paprikaschoten.

**Algerische Sauce:** s. *Sauce algérienne*.

**Alho** *(bras., port.)*: Knoblauch.

**Al horno:** *span.* Bezeichnung für im Ofen gebacken.

**Aligatorbirne:** s. *Avocado*.

**Aligot** *(franz.)*: eine Spezialität aus der Auvergne, Kartoffelpüree mit frischem Cantal-Käse und Knoblauch.

**Allioli:** auch Alioli; *spanische* Knoblauchmayonnaise aus Eigelb, grob gehackten Knoblauchzehen, Olivenöl, Salz und Zitronensaft; hauptsächlich für gegrillten oder gekochten Fisch oder Fleisch (s.a. *Sauce Aïoli*).

**Alla panna** *(ital.)*: mit Sahne, meist Pasta mit Sahnesoße.

**Allemande, à l'** *(franz.)*: s. *Deutsche Art.*

**Allspice:** s. *Piment.*

**Allumettes** *(franz.)*: *Pommes allumettes (franz.),* Streichholzkartoffeln; Bezeichnung für streichholzförmig geschnittene Kartoffeln, aber auch für kleine Vorspeisen aus Blätterteig, insbesondere Blätterteigstangen, die mit Farce oder Mousse bestrichen oder mit Käse, Anchovis etc. belegt und, falls kalt serviert, gewöhnlich noch mit Aspik glaciert werden.

**Almandines** *(franz.)*: kleine Törtchen, die mit Früchten und Mandelcreme gefüllt werden.

**Almásrétes:** *ungarischer* Apfelstrudel mit Haselnüssen, Rosinen und Rum.

**Almejas** *(span.)*: Muscheln.

**Almendras** *(span.)*: Mandeln.

**Almoço** *(port.)*: Mittagessen.

**Almonds** *(engl.)*: Mandeln.

**Almuerzo** *(span.)*: Mittagessen oder zweites kräftiges Frühstück.

**Aloo Halva:** eine spezielle *indische Halva* (s.a.d.) mit Abwandlungen. Die Süßspeise besteht hauptsächlich aus einer Mischung von Grieß, Kartoffeln, kleinen indischen Nüssen, Vanille, Wasser und Zucker. Gewöhnlich wird die Masse auf einer runden Platte flachgedrückt und mit Blattgold belegt. Der Rand wird mit Kardamom und Pistazien garniert.

**Alouette** *(franz.)*: Lerche.

**Alouettes sans tête** *(franz.)*: »Lerchen ohne Kopf«. Der Franzose versteht darunter Rindsrouladen.

**Aloyau:** *franz.* Wort für einen Lendenbraten, bzw. ein Rückenstück, das von der Hüfte bis zu den ersten Rippen des Rindes reicht, d.h. das Roastbeef (Contrefilet) und das Filet (Lende) umfasst.

**Al pomodoro** *(ital.)*: mit Tomatensauce.

**Alsacienne, à l'** *(franz.)*: s. *elsässische Art.*

**Alse:** Maifisch; ein Heringsfisch, der hauptsächlich im Mittelmeer und in den atlantischen Küstengewässern vorkommt. Er wandert zum Laichen in die Flüsse. Sein Fleisch ist wohlschmeckend, eignet sich zum Braten, Grillen und Pochieren. Bei uns wird der Fisch vor allem geräuchert angeboten. Die kleinere Art nennt man auch *Finte*.

**Alsterwasser:** Mischung aus Bier und Zitronenlimonade. In *Bayern* heißt das Getränk *Radlermaß.*

**Al sugo** *(ital.)*: mit Fleischsauce.

**Altbier:** ein obergäriges Bier alter Braumethode. Verwendet werden dunkles Malz und viel Hopfen; Stammwürze ca. 12,5 %, Alkoholgehalt 4,5 %, s. a. *Bier*.

**Altbierkaltschale:** Kaltschale aus Altbier, Korinthen und Pumpernickelbröseln (*Ruhrgebiet*).

**Alte Art:** s. *Ancienne, à l'*.

**Altweiberschmecken:** s. *Salbei*.

**Alu chap:** indische Frikadellen aus Kartoffelpüree mit Erbsen.

**Alu Gobi:** (auch *Aloo Gobhi*); indisches Gericht aus Weißkohl und Kartoffeln, gewürzt mit *Amchur* (s. d.), Asant, Chili, Curry und Ingwer.

**Aluko chop:** pikante Kartoffelküchlein aus Nepal. Die Küchlein werden hauptsächlich aus gekochten Kartoffeln, Eigelb, fein gehackten Paprikaschoten und Zwiebeln bereitet und mit Paprikapulver, Pfeffer und Salz gewürzt.

**Alwe:** s. *Albe*.

**Amarant:** man unterscheidet Körner- und Gemüseamarant; beides von der gleichen Pflanze, je nach Verwendung. In Mexiko spielte Amarant eine bedeutende Rolle bei den Azteken. In den Anden werden die Körner gemahlen zur Brotherstellung verwendet. Die Blätter und Triebe sind ein spinatähnliches Gemüse und dienen auch als Suppeneinlage *(Afrika, Asien, Mexiko, Südamerika, Niederlande)*.

**Amarellen:** Amorellen, eine Sauerkirschenart.

**Amaretti** *(ital.)*: bekannte, auf Oblaten servierte Makrone aus steifem Eiweiß, Mandeln und Puderzucker, belegt mit Pinienkernen.

**Amatriciana, all':** *ital.* Art der Zubereitung, hauptsächlich mit Speck, Tomaten und Zwiebeln; pikant gewürzt mit Peperoncini und Pecorino.

**Amazonenmandel:** s. *Paranuss*.

**Ambassadeur, à l'** *(franz.)*: s. *Botschafter Art*.

**Amble chevalier:** einer der feinsten Süßwasserfische aus dem Genfer See, der nur in Butter und Weißwein pochiert, vielleicht von Schalotten und Zitrone begleitet und mit weißer Sauce vollendet wird.

**Amchur:** *Amchoor;* Mangopulver; Pulver von in unreifem Zustand getrockneten Mangos, mit süßsäuerlichem Aroma, zum Würzen von Chutneys, Curries, Linsengerichten u. a. (vor allem *Indien*).

**Ameisen auf dem Baum:** eine chinesische Spezialität aus der Provinz Szechuan. Das bekannte Gericht besteht vor allem aus Glasnudeln, sehr fein geschnittenem Rind- oder Schweinefleisch, Mu-err-Pilzen und Frühlingszwiebeln, gewürzt mit Bohnenpaste (*toban jiang*), Chilischoten, Reiswein, Sojasauce u. a.

**Amer:** eine Art *franz.* starker Wermutwein (*franz.* für bitter).

**Americaine, à l'** *(franz.)*: Fisch wird mit amerik. Sauce, Hummerstücken, eventuell Trüffelscheiben, Geflügel dagegen mit Scheiben von süßen Kartoffeln und Maiskolben angerichtet.

**Amerikaner:** ein rundes, halbkugelförmiges Gebäck aus Rührteig, mit Schokolade- oder Zuckerglasur auf der flachen Seite.

**Amerikanische Art:**
s. *À l'Américaine.*

**Amerikanische Sauce:**
s. *Sauce américaine.*

**American potage:** nordamerikanische Suppe, die hauptsächlich aus gehacktem Rindfleisch und Gemüse besteht.

**American rarebit:** mit etwas Bier geschmolzener, mit Senf und Paprika gewürzter amerikanischer Cheddar, der über Röstbrotschnitten gegossen wird.

**American shad** *(engl.)*: s. *Alse.*

**Amourettes:** *franz.* Bezeichnung für Kalbs- und Rindermark und für kleine Gerichte aus solchem, aber auch für küchenfertige Stierhoden.

**Amorellen:** s. *Amarellen.*

**Amti:** scharfes süßsaures Linsengericht, vermischt mit Tamarinde *(Indien)*.

**Amuse-Gueule** *(franz.)*: kleine Happen, die den Appetit anregen und die Zeit bis zum Beginn des Menüs überbrücken sollen, z. B. *Gourmandises* (s. d.); vornehmer *amuse-bouche (franz.)*.

**Ananas:** *piña (span.), pine apple (engl.)*; wohlschmeckende, süßsäuerliche, saftige Tropenfrucht mit weißlichem oder gelbem Fruchtfleisch; es gibt mehr als 100 Sorten. Hat sehr viele Verwendungsmöglichkeiten, u. a. als Obst, Saft, Marmeladen, Saucen, Wein oder Essig, in Curries, auf Pizzas, Toast Hawaii und vielem mehr *(Thailand, Philippinen, Brasilien, Indien)*.

**Ananas-Kirsche:**
s. *Kap-Stachelbeere.*

**Ananasmelone:** s. *Melone.*

**Anatra** *(ital.)*: Ente; z. B. *Anatra in salmi* – ein Entenragout, gewürzt mit Nelken, Salbei und Rosmarin, etc., mit Marsala und Weißwein geschmort.

**Ancho:** s. *Chili.*

**Anchoas** *(span.)*: Sardellen.

**Anchoïade:** *franz.* Sardellensauce, vermischt mit Knoblauch, Salz, Pfeffer, Essig, Öl, abgerundet mit Eigelb. Wird insbes. als Dip zu rohem Gemüse serviert.

**Anchois** *(franz.)*: Sardellen.

**Anchova** *(port.)*: Sardellen.

**Anchovis** *(engl.)*: Sardellen.

**Ancienne, à l'** *(franz.)*: alte Art, Garnitur für pochierten Fisch oder Geflügel. Der Fisch wird mit Weißweinsauce bedeckt und mit Champignonscheiben, herzförmigen Croûtons, Petersilie und Zwiebeln angerichtet. Beim Geflügel bleibt in der Regel die Sauce weg.

**Andalusische Art:** *à l'andalouse (franz.)*: eine Garnitur für Fleisch und Geflügel mit gebundenem Kalbsjus, Scheiben von Auberginen, gefüllten Paprikaschoten und geschmolzenen Tomaten.

**Andalusische Gazpacho:** s. *Gazpacho*.

**Andalusische Sauce:** s. *Sauce andalouse*.

**Andalusischer Salat:** Salat, vor allem aus Paprika, Reis und Zwiebeln, gewürzt mit Knoblauch und Petersilie.

**Andarini:** eine ital., linsenförmige Teigware.

**Andouilles:** *andouillettes (franz.)*; pikant gewürzte Würste bzw. Würstchen, die hauptsächlich aus Innereien, namentlich Kutteln, gemacht sind. Die großen werden in Weißwein erhitzt, die kleinen gegrillt und zu Kartoffelpüree serviert.

**Andouille de Vire** *(franz.)*: Fleischwurst oder Schlackwurst.

**Andünsten:** s. *Anschwitzen*.

**Anelli:** *anellini*; Bezeichnung einer ringförmigen ital. Teigware.

**Anellini:** s. *Anelli*.

**Aneth** *(franz.)*: Dill.

**Angelica:** *Engelwurz;* Doldengewächs, wird als Gewürz und Heilpflanze verwendet, kandiert oder in Sirup eingelegt, zum Naschen oder zur Dekoration.

**Angels on horseback** *(engl. =* Engel zu Pferde): abgesteifte Austern in Speck gewickelt und auf Spießchen gegrillt (s. a. *Rumaki*).

**Anglais** *(franz.)*: Bezeichnung für eine Garstufe, die gleichbedeutend mit *englisch* ist und innen durchgehend rosa bedeutet.

**Anglaise, à l'** *(franz.)*: s. *Englische Art*.

**Anglerfisch:** s. *Lotte de mer*.

**Angostura:** Bitterbranntwein aus der Rinde eines in Südamerika beheimateten Baumes, für Mixgetränke und zum Würzen geeignet. Angostura hieß die Stadt Ciudad Bolìvar früher.

**Anguille** *(franz.)*: Aal.

**Anguille fumée** *(franz.)*: geräucherter Aal.

**Angulas:** *civelles, piballes (franz.);* junge Aale, die gekocht und in einer scharfen Sauce oder in Öl mit Knoblauch angerichtet werden (insbes. *Baskenland*), s. a. *Glasaale*.

**Angurie** *(franz.)*: Wassermelone.

**Angus-Rind, Aberdeen-Angus:** Mastrasse aus der gleichnamigen, ostschottischen Grafschaft, dessen Fleisch von bester Qualität ist.

**Anis:** aromatischer Samen der Anispflanze, einer Würz- und Heilpflanze, die im Mittelmeerraum beheimatet ist. Wird auch zur Herstellung von Likören und Branntweinen (Ouzo, Anisette, Pernod, Ricard, Raki usw.) verwendet.

**Anischampignon:** eine Art des allgemein bekannten Champignons, mit Anisgeruch.

**Anisette:** *franz.* Sammelbezeichnung für alle Anisliköre und -schnäpse.

**Anispfeffer:** s. *Sichuan-Pfeffer.*

**Anken** *(schweiz.)*: Butter.

**Anlaufen lassen:** s. *anschwitzen.*

**Annakartoffeln:** s. *Pommes de terre Anna.*

**Annatto:** s. *Achote.*

**Annone:** *Chrimoya, Guanaban (span.), Netzannone, Rahmapfel, Süßsack, Schuppenannone, Soursop, Stachelannone* usw. Zahlreich sind die Gattungen und Arten (ca. 2.000) der Südfrucht. Oval oder mit herzförmig samtiger, weißer oder bläulicher, glatter, schuppiger oder stacheliger Haut und gelblichem oder weißem Fruchtfleisch; cremig delikater Geschmack nach einer Kombination von Ananas, Erdbeere und Banane. Heimat u.a. *Karibik, Mexiko, Südamerika* usw.

**Anolini:** halbmondförmige gefüllte Teigtaschen aus der *italienischen* Region Emilia-Romagna.

**Anrösten:** s. *anschwitzen.*

**Anschwitzen:** andünsten, anlaufen lassen, anrösten; ganz leicht rösten, ohne dass das Röstgut Farbe annimmt, z.B. Gemüse in Butter bei kleiner Flamme nur so lange andünsten, bis es glasig wird.

**Anticuchos** *(peruanisch = Vorspeise)*: Grillspießchen vom Kalbsherz (*corazón*), das zuvor in einer Beize aus Limettensaft, Öl, Weinessig, Knoblauch, Kreuzkümmel, Lorbeerblättern, Chili, Pfefferkörnern, Pimentkörnern, Salz, Zucker und Zwiebeln mariniert wird. Dazu wird eine scharfe Sauce aus Öl, Limettensaft, Chili und Zwiebeln gereicht; in Peru ein Straßenimbiss, aber auch eine Vorspeise im Menü.

**Antillenkirsche:** s. *Acerola.*

**Antipasti** *(ital.)*: Vorspeisen.

**Antojitos** *(span.)*: mexikanische Snacks wie *tacos, tamales* oder *enchiladas* u.a. Zu Getränken gereicht heißen sie *botana.*

**A.O.C.:** *Appellation d'origine contrôlée* (franz.); bedeutet kontrollierte Herkunftsbezeichnung eines Weines.

**Aparanansa:** *westafrikanischer* Eintopf aus Bohnen, Fisch, gemahlen Maiskörnern, Palmnüssen und Zwiebeln.

**À part:** *(franz.)* s. *part, à.*

**Aperitif:** Getränk, Appetitanreger zur Eröffnung einer Mahlzeit, wie Byrrh, Cinzano, Martini, Pernod usw., auch Champagner.

**Apéro:** ugs. für Aperitif. In der Schweiz: kleine Häppchen mit Getränk

**Apfel-Beignet:** s. *Apfelküchlein.*

**Apfel im Schlafrock:** ein in Blätter- oder Mürbeteig gebackener, zuvor vom Kernhaus befreiter und mit Marzipan und in

Rum eingeweichten Korinthen gefüllter Apfel.

**Apfelkrapfen:** s. *Apfelküchlein*.

**Apfelkren:** eine dicke Sauce aus Meerrettich, rohen geriebenen Äpfeln und Sauerrahm oder wenig Öl, gewürzt mit Salz, Zitronensaft und Zucker, wird hauptsächlich zu gekochtem Rindfleisch gereicht *(Bayern* und *Österreich)*.

**Apfelküchlein:** Apfel-Beignets; vom Apfelkern befreite Apfelscheiben werden mit Zucker bestreut und mit Cognac, Kirschwasser oder dergleichen mazeriert, dann durch Ausbackteig gezogen und frittiert, mit Puderzucker bestreut und unmittelbar vor dem Servieren unter den Grill gegeben, damit der Zucker karamellisiert.

**Apfelsine:** s. *Orange*.

**Apfelstrudel:** Strudelteig gefüllt mit Apfelscheiben, Nüssen und Rosinen, die mit Zimt, Zitronenschale, Zucker und Rum gewürzt sind; Backzeit ca. 40 Min. *(Österreich* und *Ungarn)*, s. *Strudel*.

**Apfeltasche:** Blätterteig-Gebäck mit Apfelfüllung.

**À point** *(franz.)*: s. *Medium*.

**Apoldscher Herrgott:** *thür.* Schweinebauch, der zusammen mit Birnen und Kartoffeln in Kümmelsoße geschmort wird.

**Apostelkuchen:** s. *Brioche*.

**Appa**: *Appam* (Mehrzahl: *Appé*, auch *hoppers*); schalenförmige indische Pfannkuchen, hergestellt aus Reismehl, Kokosmilch und Hefe, in einer halbkugelförmigen Pfanne über Kohlenfeuer gebacken. In Sri Lanka werden *hoppers* zum Frühstück serviert.

**Appaloosa-beans:** rot-braun oder schwarz-beige gesprenkelte Bohnen aus dem Südwesten der USA.

**Appareil** *(franz.)*: in der Küche Bezeichnung für die benötigten Geräte zur Zubereitung einer Speise.

**Appeltaat:** Apfeltorte aus Hefeteig mit Apfelmus gefüllt (*Rheinland*).

**Appenzeller:** Schweizer Rohmilchkäse aus den Kantonen Appenzell, St. Gallen und Thurgau.

**Appetitsild:** s. *Sardellen*.

**Appetizer:** *US-amerikanisches* Wort für kleine Vorspeisen.

**Apple-Pie** *(engl.)*: pastetenartiger Apfelkuchen aus England und Nordamerika. Die Füllung besteht hauptsächlich aus Äpfeln, Butter und Mehl, gewürzt mit Muskatnuss, Zimt, Zitronensaft und Zucker, schmeckt am besten lauwarm.

**Aprikose:** *Marille (österr.)*; süßsäuerliche Steinfrucht, die nur in vollreifem Zustand weich und saftig ist. Verwendet vor allem für Süßspeisen, Konfitüren und Säfte sowie Schnaps und Likör.

**Apricot:** Bezeichnung für Aprikosen-Schnaps oder -Brandy.

**Aprikotieren:** mit Aprikosenmarmelade bestreichen oder dünn überziehen.

**Aquavit:** *Akvavit;* stammt vom lateinischen *aqua vitae* und heißt Lebenswasser. In Skandinavien versteht man darunter einen Schnaps aus Getreide oder Kartoffeln, der vor allem mit Kümmel aromatisiert wird.

**Arabische Petersilie:** s. *Koriander.*

**Aragosta** *(ital.)*: Hummer, Languste.

**Arame** *(jap.)*: leicht süßliche Alge.

**Arborio-Reis:** runder, klebriger Reis, bes. geeignet für Risotto.

**Arbuse:** s. *Melone* und *Wassermelone.*

**Ardenner Schinken:** in einem Netz unter Verwendung von Wacholderbeeren geräucherter Schinken ohne Knochen *(Belgien).*

**Arenque** *(span.)*: Hering.

**Argenteuil:** eine Garnitur für Fisch und Fleisch immer mit Spargelköpfen und einer hellen Sauce, wie Hollandaise oder Weißweinsauce.

**Arista di Maiale alla Fiorentina** *(ital.)*: Schweinebraten nach Florentiner Art; ein Schweinerücken wird mit Salz, Pfeffer und Muskat eingerieben, mit Knoblauchscheiben, Rosmarin und Salbeiblättern belegt. Zwiebelwürfel werden in Olivenöl angebraten, der Schweinerücken kommt dazu. Wenn er rundum gebräunt ist, wird mit Weißwein und Fleischbrühe abgelöscht. Dann gart der Braten im Backofen bei mittlerer Temperatur ca. 2 Stunden. Die klassische Beilage dazu ist *Polenta* (s. d.; *Toscana*).

**Armagnac:** Branntwein aus den Weinen der ehemaligen franz. Grafschaft Armagnac (*Gascogne*).

**Armer Ritter:** *versoffene Jungfer;* altbackene Weißbrotscheiben werden durch eine Mischung aus Eigelb, Milch, Salz, Zitronenschale und Zucker gezogen, mit Semmelbröseln paniert, ausgebacken und in Honig-Sherry-Sauce, Vanillesauce oder Weinschaum serviert.

**Arnaiki** *(griech.)*: Lamm.

**Arook taheem:** mit Fisch oder Fleisch gefüllte, scharf gewürzte und in Öl ausgebackene Weizenmehlkuchen *(Indien).*

**Aromaten, Aromen:** wohlriechende und -schmeckende Gewürze.

**Arrabiata, all'** *(ital.)*: s. *diavola, alla.*

**Arracacha:** *peruanische* Möhre, ein sellerieähnliches Gemüse mit aromatischen, stärkehaltigen Wurzelknollen, die Blattstiele werden wie Sellerie gegessen. Im Südwesten der USA gibt es eine Art, die auch roh schmeckt.

**Arrak:** ein ursprünglich aus Asien stammender, heute im ganzen Orient beliebter, hochprozentiger Schnaps aus verschiedenen Rohstoffen wie Datteln, Palmmilch, Reis, Rosinen, Zuckerrohr u. a. Hauptproduzenten sind *Indonesien, Sri Lanka* und *Thailand.*

**Arrosieren:** größere Fleischstücke mit dem eigenen Bratfett übergießen.

**Arrosto** *(ital.)*: Rostbraten.

**Arrowroot** *(engl.)*: Pfeilwurzelmehl; Bezeichnung für eine Stärke, die aus verschiedenen tropischen Knollen und Wurzeln gewonnen und als Bindemittel verwendet wird (s. a. *Kassawe*).

**Arroz** *(span.)*: Reis.

**Arroz à la valenciana:** *spanischer* Reiseintopf mit Fleisch, Muscheln, Schnecken u. a.

**Arroz Brasileiro:** Langkornreis mit Knoblauch und Zwiebeln gegart *(Brasilien)*.

**Arroz chaufa** *(span.)*: ein südamerikanischer Pilaw-artiger Eintopf aus Reis, Hühnerbrust, Schinken, Schweinebraten, Frühlingszwiebeln, Eier u. a. Statt Hühnerbrust werden oft auch Krustentiere verwendet.

**Arroz con pescado** *(span.)*: Eintopf aus gewürztem, gedünstetem Fisch, Reis, Knoblauch und Zwiebeln *(Bolivien, Chile* und *Peru)*.

**Arroz con pescada al ron** *(span.)*: kubanisches Gericht, Meeresfrüchte und Fische aller Art in Rum getränkt, mit Knoblauch, Lorbeer, Nelken, Oregano und Pfeffer gewürzt und immer von Reis begleitet.

**Artichaut** *(franz.)*: Artischocke.

**Artichauts à la grecque** *(franz.)*: Artischocken auf griechische Art; kleine, kalt servierte Artischocken, die in einem Sud aus Wasser, Weißwein, Olivenöl, Zitronensaft und Zwiebeln, gewürzt mit Fenchel, Koriander, Lorbeer, Petersilie, zerdrückten Pfefferkörnern, Salz, Sellerie und Thymian, gegart und mit dem Sud übergossen serviert werden.

**Artichauts à la provençale** *(franz.)*: eine typische Vorspeise aus der *Provence*. Junge geviertelte Artischocken werden in Olivenöl mit Knoblauch, Kräutern und Zwiebeln geschmort, zum Schluss mit Petersilie bestreut und mit Baguette gereicht.

**Artischocken:** die Knospen der besonders im Mittelmeerraum beheimateten Artischockenpflanze. Kleine Frühlingsartischocken könen im Ganzen frittiert werden. Sommerartischocken werden in Salzwasser mit etwas Zitronensaft so lange gekocht, bis sich die Blätter am Stielende leicht lösen lassen; besonders delikat sind die Böden und die Herzen.

**Artischockenböden:** der Boden der Artischocken ist der zarteste und begehrteste Teil des Edelgemüses. Um an die Delikatesse zu kommen, trennt man den Boden vom nicht genießbaren so genannten »Heu«. Die Böden werden oft gefüllt

**Artischocke, Jerusalem-:** s. *Topinambur*.

**Artischocke, spanische:** s. *Karde*.

**Artischocken auf griechische Art:** s. *Artichauts à la grecque*.

**Artischocken auf jüdische Art:** s. *Carciofi alla guidia*.

**Artischocken, Diepper Art:** Artischockenböden gefüllt mit Crevetten und kleinen Muscheln, die mit Mayonnaise gebunden sind.

**Artischocken Dubarry:** Artischockenböden gefüllt mit Blumenkohlröschen, Mayonnaise oder Mornaysauce; eventuell mit Käse gratiniert.

**Artischockenherzen:** junge, kleine Artischocken.

**Artois, à l'** *(franz.)*: Fleisch- und Geflügelgarnitur. Für Fleisch werden Kartoffelkroketten, gefüllt mit grünen Erbsen und Madeirasauce, verwendet, für Geflügel Artischockenböden, glacierte Karotten und Zwiebeln.

**Arwten und Wöddeln:** ein Gemüseeintopf aus Mecklenburg-Vorpommern vor allem aus Erbsen und Möhren, gewürzt mit Petersilie und Pfeffer.

**Asado** *(span.)*: Braten; in Argentinien ein meist im Freien bereitetes Grillgericht. Verwendet werden insbesondere die gereinigten Gedärme der verschiedenen Tiere. Dazu gibt es vielerlei Salate.

**Asam** *(indon.)*: *asem; Tamarinde* (s. d.), aber auch ein Tamarindenmus von säuerlichem Geschmack, zum Marinieren und Würzen von Fisch, Geflügel usw.

**Asant, Stinkasant:** auch Teufelsdreck genannt. Getrocknetes Gummiharz, das durch Anschneiden der Wurzeln einer Staude gewonnen wird. Riecht stark nach Knoblauch oder Zwiebeln. Wird gern in der ostasiatischen, indischen und orientalischen Küche verwendet.

**Aschantinuss:** s. *Erdnuss*.

**Aschantipfeffer:** s. *Guineapfeffer*.

**Äsche:** *Mailing, Sprengling; cefalo* (*ital.*); Süßwasserfisch, der in schnell fließenden Gewässern in fast ganz Europa beheimatet ist, mit hervorragendem Fleisch, das in seiner Qualität dem der Bachforelle nicht nachsteht.

**Aschenbrödelart:** eine Fleischgarnitur mit Artischockenböden, gefüllt mit einer Mischung aus Rahm, gehackten Trüffeln und Zwiebelpüree.

**Aschkloss:** eine Thüringer Klöße-Art in der Auflaufform überbacken. Der Kloßteig besteht aus rohen geriebenen Kartoffeln, Mehl und auch Backpflaumen, und gewürfeltem Speck. Er wird in eine Auflaufform gegeben, mit Weißbrötchenscheiben bedeckt, mit einer Mischung aus Eiern und Milch übergossen und im Ofen gebacken.

**Aschkuchen:** s. *Gugelhupf*.

**Aschlauch:** s. *Schalotten*.

**Aschtia** *(ind.)*: Bambussprossen.

**Asem:** s. *Asam*.

**Asiatische Birne:** s. *Nashi*.

**Asin** *(indon.)*: gepökelt, gesalzen.

**Asparago** *(ital.)*: Spargel.

**Asperge** *(franz.)*: Spargel.

**Aspik:** mit Gewürzen aromatisiertes Gelee, das aus Kalbs-, Schweins- und Ochsenfüßen, Kalbshaxen, Kalbsknochen und Schweineschwarten, Lauch, Möhren, Sellerie und Zwiebeln bereitet und mit Lorbeer und Thymian gewürzt wird. Geklärt wird Aspik dadurch, dass man es mit magerem Rinderhackfleisch und Eiweiß vermischt und filtriert. Heute wird Aspik weitgehend durch fertige Gelatine ersetzt, der man die gewünschte Geschmacksrichtung gibt. Als Aspik werden auch Speisen aus Fischfleisch, Geflügel usw. bezeichnet, die in Gelee bereitet werden.

**Assiette:** *(franz.)*: Vorspeisenteller.

**Assiette anglaise** *(franz.):* Teller mit kalten Fleischscheiben, z. B. Roastbeef und Schinkenscheiben.

**Assiette de Pêcheur** *(franz.)*: gemischter Fischteller.

**Asti Spumante:** ein Schaumwein aus Asti (*Piemont*).

**Asure:** *türk.* süße Suppe aus Bohnen, Erbsen, Weizen, Feigen, Mandeln, Nüssen und Rosinen.

**Ataif:** eine arabische Festtagsspeise. Ein Pfannkuchen aus Weizenmehl, der oft mit Sahne oder Zuckersirup übergossen und mit Mandeln, Nüssen u. a. bestreut wird.

**À temps** *(franz.)*: zur rechten Zeit, gerade richtig.

**Atjar** *(indon.)*: auch *Acar;* sauer, aber auch Bezeichnung für eingemachtes Essiggemüse.

**Atjar-atjar:** saure Beilagen zur Indonesischen Reistafel, wie Cornichons, Gurkenstückchen, kleine Zwiebelchen usw.

**Atole:** mexikanischer Maisbrei mit vielen Varianten.

**Atta** *(ind.)*: Weizenmehl, das aus naturbelassenem, d.h. nicht gebleichtem Korn gemahlen wird. Kann durch Vollkornmehl ersetzt werden *(Indien)*.

**Attachieren:** so bezeichnet man eine Garnitur, bei der man Geflügel oder Fleisch mit etwas Bouillon so lange einkocht, bis es sich nahezu völlig verkocht von den Knochen löst.

**Atún** *(span.)*: Thunfisch.

**Atum** *(port.)*: Thunfisch

**Auberginen:** *Eierfrüchte, Spanische Eier, melanzane (ital., österr.)*; eier-, birnen- oder keulenförmige auch runde Früchte eines aus Indien stammenden Nachtschattengewächses, das heute auch im gesamten Mittelmeerraum angebaut wird. Die Früchte haben eine weiße über dunkelrote bis violette Farbe und elfenbeinfarbenes Fleisch mit winzigen Samenkörnchen. Die Schale muss fest und glatt sein; Auberginen eignen sich zum Kochen, Backen und Braten; je nach Sorte vorher *AUSWEINEN* (s. d.), um ihnen den bitteren Geschmack zu nehmen. Ein beliebtes Auberginengericht ist die *Moussaka*, s. d. *(Griechenland u. a.)*.

**Auberginenkaviar:** gewürfelte Auberginen, fein gehackte Tomaten, gewüzt mit Salz, Pfeffer, Basilikum, Thymian, und Zitronensaft, werden im Backofen gegart und anschließend mit einer Vinaigrette vermischt; passt zu *Ta(r)tar* oder *Carpaccio* (Italien). (s. a. *CAVIAR D´AUBERGINES*).

**AUFGEB(L)ÄHTE KARTOFFELN:** s. *POLSTERKARTOFFELN*.

**AUFGEZOGENE:** s. *DAMPFNUDELN*.

**AUFLAUF:** In Auflaufformen zubereitete Speisen, die im Ofen überbacken werden. Zum Teil auch als deutsche Bezeichnung für Soufflé benutzt. Darunter versteht man mit Eischnee vermischte Zutaten, die beim Garen an Umfang zunehmen.

**AUFLAUF-OMELETT:** s. *OMELETTE SOUFFLÉE*.

**AUF MATROSENART:** s. *MATROSENART*.

**AUFMONTIEREN:** aufschlagen, *monter (franz.)*; mit dem Schneebesen schaumig schlagen (s. a. *MONTIEREN*).

**AU FOUR** *(franz.)*: Bezeichnung für eine Speise, die im Ofen gebacken oder überbacken wird.

**AUFSCHLAGEN:** montieren, eine Sauce locker- und schaumigschlagen, im Allgemeinen dadurch, dass man bei schwacher Hitze kalte Butter stückchenweise unter kräftigem Schlagen unterrührt.

**AUFSTOSSEN LASSEN:** eine dickflüssige Speise nur so weit zum Kochen bringen, bis sich Kochblasen bilden.

**AUFWALLEN LASSEN:** eine Flüssigkeit bis zum Siedepunkt erhitzen und vom Feuer nehmen, sobald die Oberfläche sich bewegt.

**AUFZIEHEN:** Püree mit Sahne oder Butter verrühren.

**AUGENBOHNE:** Kuhbohne; eine aus China stammende Bohnensorte, die auch in den Südstaaten der USA sehr beliebt ist. Sie ist von weißer Farbe mit einem schwarzen Auge (s. a. *BOHNEN*).

**AU GRATIN** *(franz.)*: im Backofen meist mit Sahne oder Ulmer Mutschelmehl, oft auch mit Käse und Semmelbröseln überbackenes Gericht.

**AULA:** mehlig kochende Kartoffelsorte.

**AURORASAUCE:** s. *SAUCE À L'AURORE*.

**AUSBACKEN:** frittieren, in tiefem Fett schwimmend garen.

**AUSBACKTEIG:** *Krapfenteig*; ein Teig, mit dem Lebensmittel eingehüllt und in tiefem Fett ausgebacken werden. Je nach Backgut ist die Zusammensetzung des Teiges verschieden. Für Fisch und Krustentiere z. B. eignet sich ein Teig auf Weinbasis, für Fleisch und Gemüse ein Teig auf Bierbasis, für Obst ein Teig mit Milch und speziell für Apfelringe ein Teig mit Likör. Der Basisteig besteht aus Eigelb, Mehl und Salz. Er muss zunächst ruhen, sodann wird er mit geschlagenem Eiweiß vermischt. Gemüse, insbesondere Auberginen, Blumenkohl, Zucchini usw. werden, bevor sie mit dem Ausbackteig umhüllt werden, blanchiert, evtl. auch wie z. B. Schwarzwurzeln, zuvor in Salzwasser gekocht.

**Ausfüttern:** das Auslegen einer Form mit dünn ausgerolltem Teig, mit dünnen Speckscheiben, Gemüseblättern u.a.

**Aus(ge)zogene:** ein *süddeutsches* Schmalzgebäck. Aus einem Hefeteig, der mit Zitronenschale gewürzt wird, werden zunächst Kugeln geformt und diese, sobald sie aufgegangen sind, von der Mitte nach außen so dünn ausgezogen, dass sie in der Mitte durchsichtig sind. Das Gebäck wird im Frittierfett auf beiden Seiten goldbraun gebacken und zum Schluss in Zucker gewälzt. In *Österreich: Bauernkrapfen.*

**Auskehlen:** nach einem Schnitt in Höhe der Kiemen die Eingeweide aus dem Fisch herausziehen.

**Auslassen:** Fett durch Erhitzen schmelzen (meist entstehen dadurch Grieben), aber auch Butter zergehen lassen, bis sie klar ist.

**Auslegeteig:** Mürbe- oder Sandteig zum Auslegen von Kuchenformen, Pastetenformen usw. Man unterscheidet den einfachen Auslegeteig aus Butter, Mehl, Salz, Wasser und Zucker, den feinen Auslegeteig aus Butter, Eiern, Mehl, Milch, Salz und Zucker, den sehr feinen Auslegeteig oder auch Sandteig genannt, bei dem mehr Butter als beim feinen Auslegeteig verwendet wird und den *königlichen Auslegeteig,* ebenfalls Sandteig genannt. Für diesen Teig werden die doppelte Menge Butter als beim einfachen Auslegeteig, mehr Eier als beim feinen Auslegeteig und ferner Crème fraîche verwendet. Gewürzt wird ebenfalls mit Salz und Zucker. Der Teig wird bereitet, indem man in eine Mehlmulde die jeweiligen Zutaten gibt und diese – außer beim königlichen Teig – stückchenweise mit dem Handballen durchwalkt. Vor Gebrauch muss der Teig mindestens eine Stunde lang im Kühlschrank ruhen.

**Auslese:** deutscher Qualitätswein mit Prädikat. Voraussetzung sind 83–105 ° Öchsle.

**Austern:** *huîtres (franz.), ostras (span.), oysters (engl.)*; zweischalige Weichtiere (Hermaphroditen), zu Hause in gemäßigten und warmen Meeren. Ihre Schalen sind dick, rundlich bis lang gestreckt und ihre Oberfläche ist glattblättrig bis zerklüftet. Es gibt ca. 90 Arten.Sie alle schmecken nach Meer und salzig-frischer Seeluft; namentlich in Europa werden viele davon nach ihrem Herkunftsort benannt wie z.B. die franz. *Arcachon, Cancale, Carnac, Marennes, Quiberon* oder *Roscoff,* die engl. *Colchester* oder *Whitstables*, die irischen Imperial oder *Rossemore* und die niederl. *Oostender-* oder Imperialaustern. Zu diesen Beispielen gesellen sich noch zahlreiche weitere, wohlschmeckende Muscheltiere – genannt Austern – wie die bretonischen *Belons* und *Bouziges* (die größten ihrer Art sind die pieds de cheval, franz. für Pferdefüße, mit bis zu 120 g Fleischgewicht; diese gibt es auch an der südamerikanischen Pazifikküste), die dänischen *Limfjord*, die holländischen *Zeelands*, die irischen *Red-Banks* u.v.a. Eine perfekte Begleitung zu Austern ist dunkles Brot

(wie Pumpernickel und dergl.) und ein Glas trockener Weißwein (z.B. Chablis) oder Champagner. Die Austern werden auch nach ihrer Zuchtmethode benannt, nämlich *Claires* oder *Huîtres de Parc,* das ist die einfachste Sorte; dann *Fines de Claires;* diese verbringen in Klärteichen, in die kieselhaltige Algen eingesetzt sind, ein bis zwei Monate und die *Spéciales de Claires,* die Spitzensorte, die vier Monate im Klärbecken bleiben. Diese sind mit Meerwasser gefüllt, der Ozean dringt periodisch ein. Alle Austern werden im Handel nach Größen unterschieden, die mit Nullen gemessen werden. Eine 00-Auster wiegt bis 77 Gramm, 000 bedeutet bis 87 Gramm usw. Sechs Nullen hat eine Auster, die 113 Gramm und mehr wiegt. Dabei hebt das größere Gewicht nicht unbedingt auch die Qualität, was besonders für die japanische Riesenauster gilt. Bei den Portugaises gibt es neue Normen. 1 bedeutet über 100 g, 2 sehr groß von 76 bis 100 g, 3 groß von 61 bis 75 g. 4 mittel von 46 bis 60 g und 5 klein von 30 bis 45 g. Die Austern aus Frankreich schmecken von Oktober bis März am besten. Auf dem Korb steht ein »B«, das bedeutet französische Züchtung und »K«, Züchtung in gereinigtem Wasser. Austern können bei einer Temperatur bis 7 °C bis zu 20 Tage gelagert werden, wenn man sie mit der gewölbten Schale nach unten legt, sodass das Meerwasser nicht austreten kann. Sie werden geöffnet, indem man ein Austernmesser in die Nahtstelle der beiden Schalen sticht und diese aufbricht. Meist werden Austern roh auf Eis, mit Zitrone und dünnen Scheiben Schwarzbrot serviert. Man kann sie aber auch zu Suppen verwenden, in der halben Schale überkrusten *(Austern Rockefeller)* u. ä.
Zusammenfassend lassen sich die Austern wie folgt klassifizieren: *Amerikanische Austern* (Blue Point, Kent Island u.v.a.), die – mit Ausnahme derer von der Westküste der USA, die ein nussig-sahniges Aroma besitzen – strenger im Geschmack sind als europäische Austern.
*Europäische Austern* mit runder Form und glatter Schale – mit Ausnahme der portugiesischen Auster (s.u.) – sowie angenehm mildem Geschmack. Eine deutsche Sorte ist z.B. die Sylter Royal. *Portugiesische Austern*, auch Felsenaustern genannt, haben eine längliche, zerklüftete Schale und besitzen ein würzigkräftiges, fettarmes Fleisch.
*Pazifische Felsenaustern*, auch japanische Austern genannt, mit viel, jedoch weniger aromatischem Fleisch.

**AUSTERNFISCH:** *Karbonadenfisch, Katfisch, Seewolf; loup Atlantique, loup de mer (franz.);* nordatlantischer Seefisch, wohlschmeckend, zum Räuchern geeignet und in Filets als Austern-, Karbonadenfisch oder Steinbeißer angeboten. Nicht zu verwechseln mit dem echten *STEINBEISSER* (s. d.).

**AUSTERNPILZ:** s. *AUSTERNSEITLING.*

**AUSTERNSAUCE:** Konzentrat von pürierten Austern, Sojasauce und Salzwasser, das den Eigengeschmack von Speisen intensiver macht und zu Schaltieren,

Geflügel, pfannengerührtem Fleisch usw. verwendet wird (hpts. *China*).

**Austernseitling:** *Austernpilz*, Speisezuchtpilz; im Herbst auch wild auf Baumstämmen zu finden; besonders gut gebraten.

**Auswällen:** s. *Abaissieren*.

**Auswalken** *(österr.)*: s. *Abaissieren*.

**Ausweinen:** bestimmte Gemüse, z. B. Auberginen, einsalzen, um bitteren oder gar ungenießbaren Saft abzusondern.

**Aux Fines Herbes** *(franz.)*: mit feinen Kräutern.

**Avellana** *(ital. und span.)*: Haselnuss.

**Aveline** *(franz.)*: Haselnuss.

**Aves** *(span.)*: Geflügel.

**Avgolémono** *(griech.)*: Mischung aus Eigelb und Zitronensaft zum Andicken von Eintöpfen (z. B. Lamm mit Artischocken) und Suppen, wird auch über gefüllte Weinblätter gegossen. In dickflüssiger Form reicht man sie als Beilage zu gefüllten Zucchini oder anderem gefülltem Gemüse *(Griechenland)*.

**Avocado:** *aguacate (span.)*; *palta (südamerik.)*; *Alligatorbirne;* birnenförmige Frucht mit großem Kern, in den Tropen beheimatet, aber auch in subtropischen Gebieten, z. B. Israel und Südafrika, kultiviert. Hat eine hellgrüne oder dunkelgrüne bis fast schwarze, glatte oder raue Schale und – in reifem Zustand – schmelzendes Fruchtfleisch mit leicht nussartigem Geschmack. In vorkolumbianischer Zeit genossen sie bereits die Azteken. Kann für Vorspeisen mit Eiern, Käse, Krabben usw. für Süßspeisen, für Salate, Saucen und Suppen verwendet werden.

**Avocado-Suppe:** s. *Sopa de aguacate*.

**Avocados Tel Aviv:** in ausgehöhlten Avocadohälften servierter Fruchtsalat aus Avocado-Fruchtfleisch, Bananen, Orangen etc. mazeriert mit Cognac, Curaçao etc. und meist gebunden mit Aprikosensauce.

**Avola:** Name einer Süßmandel-Sorte aus *Sizilien*.

**Ayam** *(indon.)*: Huhn, aber auch verschiedene indonesische Eintöpfe aus Gemüsen und Hühnerfleisch, gewürzt mit Curry und begleitet von scharfen Ingwer- und Knoblauchsaucen.

**Aylesburry-Enten:** s. *Enten*.

**Ayran:** ein *türkisches* Getränk aus Joghurt und Wasser, leicht gesalzen.

**Azaroldorn:** orangefarbene Früchte einer Weißdornart aus dem Mittelmeerraum mit apfelartigem Geschmack, meist für Kompott oder Likör verwendet; nicht zu verwechseln mit *Acerola* (s. d.).

**Azeite** *(port.)*: Olivenöl.

**Azem pilavi:** s. *Pilaw*.

**Baba** *(russ. = Großmutter)*: Babe, Napfkuchen, Topfkuchen; kleine mit Rum, Kirschwasser o. dgl. und Zuckersirup getränkte, oft noch mit Aprikosenmarmelade überzogene Kuchen, die mit den Savarins eng verwandt sind. Der Baba-Teig wird wie Savarin-Teig zubereitet, meist jedoch mit etwas weniger Butter. Statt des beim Savarin üblichen Zitronats werden beim Baba meist Korinthen, Rosinen oder Sultaninen verwendet.

**Babáco:** längliche, fünfeckige Frucht, ursprünglich aus Südamerika stammend, in reifem Zustand dunkelgelb; das helle Fleisch schmeckt wie eine Mischung aus Ananas und Bananen.

**Babi** *(indon.)*: Schwein.

**Babi panang:** bekanntes indon. Gericht aus in Scheiben geschnittenem Schweinefleisch, gewürzt mit *Djahé, Ketjap, benteng manis,* Knoblauch, Pfeffer, Salz, Zitronensaft und Zwiebeln, in Butter oder Öl angebraten und sodann geschmort; sehr scharf.

**Babka** *(russ.)*: Masse aus gekochten, durchgedrückten Kartoffeln und Quark, auf dem Blech im Ofen ausgebacken.

**Babka Wielkanocna:** *polnischer* Osterkuchen; er besteht aus gezuckertem Hefeteig, vermischt mit Orangen-, Zitronenschalen und Rosinen, wird in einer speziellen, einem türkischen Fez ähnlichen Form oder in einer Gugelhupfform gebacken und mit Zuckerglasur überzogen.

**Babotee** *(indon.)*: Lammpudding. Das auflaufartige Gericht besteht hauptsächlich aus püriertem Lammfleisch, Mandeln und Zwiebeln, gewürzt mit Currypulver, Knoblauch, Salz, Tomatenmark, Zitrone und Zucker. Die Masse wird mit einer Mischung aus Eiern, Milch, Speisestärke, Currypulver, Salz und Zucker übergossen und im Ofen gebacken.

**Babybanane:** s. *Banane.*

**Babylomo:** südamerikanische, insbesondere in *Argentinien* übliche Bezeichnung für ein gegrilltes Rinderfilet von ca. 1 kg Gewicht.

**Baby-Steinbutt:** gastronomische Bezeichnung für jungen Steinbutt.

**Bacalao** *(span.)*: Stockfisch; Klippfisch (s. *Kabeljau).*

**Bacalao à la Vizcaína:** eine *baskische* Spezialität, vor allem aus Stockfischstücken mit roten Paprikaschoten (*Piments d'Espelettes,* s. d.).

**Bacalhau** *(port.)*: Stockfisch; Klippfisch (s. *Kabeljau).*

**Bacalhau a Brasileira:** *bacalhau baiana,* Stockfisch auf brasilianische Art; gekochter Stockfisch in einer Sauce aus gewürfelten Tomaten, Knoblauch, Zwiebeln, Kräuterbund und Kartoffelwürfeln, in Kokosmilch gegart und serviert mit *Farofa* (s. d.) aus Maniokmehl.

**Bacalhau baiana:** s. *Bacalhau a Brasileira.*

**Bacalhau dourado:** *portugiesisches* Gericht, bereitet aus Klippfisch mit Zwiebeln, gebackenen Kartoffeln und Eiern, gewürzt mit Pfeffer und bestreut mit Petersilie. Die Eier müssen noch etwas flüssig sein.

**Baccalà** *(ital.):* Stockfisch.

**Bacardi:** ein nach der gleichnamigen, vormals kubanischen, Firma Bacardi benannter weißer Rum.

**Bachforelle:** eine in ganz Europa und Kleinasien vorkommende Süßwasserforelle mit zahlreichen schwärzlichen Flecken oberhalb der Seitenlinie. Sie ist kleiner als die Meer- und Seeforelle.

**Backen:** das Garen in trockener Hitze im Backofen oder in tiefem Fett (frittieren).

**Backen in tiefem Fett:** so bezeichnet man das Backen in so viel Fett, dass das Backgut darin schwimmen kann, s. a. *Frittieren*.

**Backerbsen:** kleine, erbsengroße Teigkügelchen aus Brandteig, Suppeneinlage.

**Backeskartoffeln:** *Backes-K/Grumbeere;* Mischung aus im Backofen auf dem Blech überbackenen Kartoffelscheiben und durchwachsenem Schweinefleisch, mit Sahne übergossen *(Hessen),* oder im Backofen auf dem Blech gebräunte Kartoffelwürfel mit Zwiebeln und Speck, evtl. mit Sahne übergossen, dazu Apfelkompott u. a. (*Saarland, Pfalz*).

**Backhenderl:** *österr.* Spezialität; ein meist flach geklopftes Hähnchen wird mit Ei und Semmelbrösel paniert und gebraten oder frittiert.

**Backhuhn:** heuriges Backhuhn; ganzes oder portioniertes, in Bröseln, Ei und Mehl paniertes und in der Fritteuse gebackenes Huhn *(Österreich).*

**Backkartoffeln:** s. *Backeskartoffeln.*

**Backobst:** s. *Dörrobst.*

**Backs** *(engl.)*: Stücke von Geflügelrücken.

**Backsteinkäse:** wegen seiner Form so genannt, heißt auch *Limburger* (s. d.).

**Backus:** Reibekuchen auf fränkisch.

**Bacon** *(engl.)*: *Frühstücksspeck;* aber auch gepökelte und geräucherte Schweinehälften.

**Bacon and eggs** *(engl.)*: gebratener oder gegrillter Speck mit Eiern.

**Badian:** s. *Sternanis.*

**Badische Art:** Fleisch wird mit Kartoffelpüree, Scheiben von Räucherspeck und Rotkraut angerichtet.

**Badische Ribele-Suppe:** s. *Ribele.*

**Badische Schneckensuppe:** besonders in den Weingegenden *Südbadens* beliebte Rahmsuppe mit Weinbergschnecken.

**Badisches Schäufele:** gepökelte, geräucherte Schweineschulter.

**Bäckerart:** *à la boulangère (franz.)*; im Backofen gebratenes Fleisch, vor allem Lamm, aber auch Fisch, angerichtet mit zerquetschten Kartoffeln und Zwiebeln.

**Bäckerkartoffeln:** *rheinhessischer* Eintopf aus Kartoffeln, Schweinebauch, Räucherspeck und Zwiebeln, gewürzt mit Lorbeer, Nelken und Zimt und gebunden mit Sahne und Weißwein.

**Bäckerofen:** *Baeckeofe, Baekeoffen; elsässischer*, im Backofen gegarter Eintopf mit zahlreichen Hausrezepten. Nach dem Originalrezept schichtet man in, zumeist aus Soufflenheim stammende, Keramikterrinen abwechselnd Kartoffelscheiben, kleine Schnitzel vom Hammel, Rind und Schwein sowie Lauch, Zwiebelscheiben und Knoblauch. Obenauf kommen ausgelöste Schweinsfüße. Zum Schluss wird mit elsässischem Riesling oder Sylvaner aufgegossen; gewürzt wird mit Pfeffer, Lorbeerblatt und Salz.

**Bäckle:** *schwäbischer* Name für das Backenfleisch vom Kalb und Schwein, auch Kinnbäckle genannt.

**Bael-Frucht:** *Beli-Frucht, Bengalische Quitte*, eine aus *Indien* stammende, heute vorwiegend in den Tropen Süd- und Südostasiens kultivierte Frucht von der Größe einer Orange mit harter Schale. Das orangefarbene Fruchtfleisch schmeckt erfrischend säuerlich und eignet sich gut für Cremes, Getränke und Sorbets (wird frisch und getrocknet verwendet).

**Bähen** *(österr., südd. u. schweiz.)*: Wieder aufbereiten oder Rösten von Semmeln u.a. im Ofen.

**Bärenfang:** hochprozentiges Getränk aus Alkohol, Honig und Gewürzen *(Ostpreußen)*.

**Bärenkrebs:** in verschiedenen Meeren vorkommende Krebsart mit wenig Fleisch, aber von hervorragendem Geschmack.

**Bärentatze:** *Geißbart, Goldgelbe Koralle, Hahnenkamm, Hirschschwamm, Keulenpilz, Korallenpilz, Ziegenbart;* Speisepilz in Laub- und Nadelwäldern vom Sommer bis Herbst. Aber auch Kleingebäck *(Süddeutschland)*.

**Bärlauch:** *Waldknoblauch;* nach Knoblauch riechendes Wildgemüse, für Suppen, Salate u.a. (nur die Blätter verwenden).

**Bagel:** s. *Jüdischer Bagel*.

**Baghar:** *indische* Gewürzmischungen, die in Öl oder *Ghee* (s.d.) gebraten werden, um ihr Aroma zu entfalten (auch *Tadka*).

**Bagna cauda** *(caôda)*: *norditalienische* warme Sauce aus Knoblauch, Olivenöl, Sardellen u.a., als Dip für rohes oder knackig gegartes Gemüse *(Piemont)*.

**Bago-bago:** *philippinischer* Eintopf mit vielen Abwandlungen. Vornehmlich besteht das delikate Gericht aus Hühnerfleisch, Hummerkrabben oder anderen Krustentieren, Langkornreis, Muscheln und Zwiebeln, ferner Ananas, Crabmeat, usw.; wird mit trockenem Weißwein, Sahne und Tomatenmark bereitet und mit Cayennepfeffer, Knoblauch, Salz und vielen exotischen Gewürzen abgeschmeckt.

**Bagoong:** philipp. Paste aus vergorenen Fischen und Garnelen. Für Reisgerichte und Suppen.

**Baguette:** stangenförmiges Weißbrot *(Frankreich).*

**Bahara:** mehlig kochende Kartoffelsorte.

**Baharat:** *arabische* Gewürzmischung mit unterschiedlicher Zusammenstellung: z. B. Koriander, Kardamom, Kreuzkümmel, schwarzer Pfeffer, Zimt, Nelken, Muskat und Paprikapulver. Für Fisch- und Fleischgerichte sowie Reisspeisen.

**Bahmi:** *bakmie, bami (indones.), ba mee;* asiatische Bezeichnung für – meist chinesische – (Eier-) Nudeln.

**Bahmi goreng:** bekanntes *indon.* Nudelgericht mit vielen Variationen, das aber zumeist aus chinesischen Nudeln, Bohnensprossen, Erbsen, Garnelen oder Krabben, Karotten, nach Belieben *kemiri,* Lauchzwiebeln wahlweise oder gleichzeitig Rindfleisch, Schweinefleisch oder Huhn sowie weiteren Gemüsen, wie Weißkohl, Bleichsellerie, Tomaten, Zwiebeln usw. besteht. Gewürzt wird mit Knoblauch, Pfeffer, Sojasauce, Salz, Ingwer, *Ve-tsin* (s. d.), *Terasi* (s. d.) Zitrone u. a.

**Baiguo** *(chin.)*: s. *Ginkgonuss.*

**Bai horapa** *(Ocimum basilicum)*: *thailändisches* Basilikum mit violetten Stängeln und sehr aromatischem Geschmack.

**Bain-marie** *(franz.)*: s. *Wasserbad.*

**Baiser:** *Meringe, spanischer Wind*, Schaumgebäck aus Meringenmasse. Die auf ein Backblech gespritzte Masse wird langsam bei niederer Hitze mehr getrocknet als gebacken. Danach werden die einzelnen Baisers durch Ausschaben von noch weicher Masse befreit und nachgetrocknet (s. *Meringen-masse*).

**Bakalíáros** *(griech.)*: Stockfisch.

**Baked beans:** weiße Bohnen mit Speck oder Dörrfleisch, Gewürzen und manchmal Tomaten gedünstet und überbacken (*Nordamerika*).

**Baked Potato:** s. *Papa Asada.*

**Baklaschannaja ikra** *(russ.)*: heißt wörtlich übersetzt *kaukasischer Kaviar*. Dabei handelt es sich aber nicht um eine Kaviarspezialität, sondern um eine kalte Gemüsespeise, dem *Kaviar des armen Mannes*. Bereits gegarte, fein gehackte Paprika und Auberginen, die teilweise zu Brei zerquetscht werden, verrührt man mit Olivenöl, geriebener Zwiebel, Knoblauch und Zitronensaft zu einer dicken Masse, die mit schwarzen Oliven und Tomaten garniert wird.

**Baklashany** *(russ.)*: Auberginen.

**Baklava:** aus dem Orient stammende, heute besonders in *Griechenland*, der *Türkei* und auf dem *Balkan* hergestellte Süßspeise aus Strudelteig, bis zu 40 Lagen mit einer süßen Füllung aus Mandeln, Pistazien oder Walnüssen, gewürzt mit Muskat und Zimt. Statt Strudelteig wird auch ein Teig aus Butter, Eiern, Joghurt, Mehl und Wasser verwendet. Nach dem Backen werden die Baklavas in gleichmäßige Stücke geschnitten und mit einem Sirup aus Honig und Orangenschale, Wasser, Zitronensaft, Zitronenschale, Zimt und Zucker übergossen.

**Bakmie:** s. *Bahmi*.

**Balachaung:** *burmesische* Würze aus getrockneten Garnelen, Ingwer, Knoblauch und Kurkuma, alles in Öl geröstet *(Myanmar)*.

**Baladi:** *ägyptisches* Fladenbrot aus Weizen-Sauerteig.

**Balah** *(arab.)*: Datteln.

**Balchen:** s. *Blaufelchen*.

**Balik:** eine *russische*, bei uns seltene Delikatesse, teuer aber von unvergleichlichem Geschmack, besser als der beste Lachs, ein nach einer besonderen Methode gesalzener und an der Luft getrockneter Störrücken.

**Ballebäuschen:** Teigkugel mit Rosinen, in einer Spezialpfanne gebacken (*Rheinland*).

**Ballen:** s. *Faschingskrapfen*.

**Balleron:** in der *Schweiz* dicke geräucherte Wurst.

**Ballotines:** kleine Galantinen von Fisch, Fleisch, Geflügel u. a. Insbesondere versteht man darunter mit Farce gefüllte Keulen von Geflügel, gerollte Schulterstücke vom Kalb, Lamm u. dgl., gedünstet oder geschmort.

**Balnamon skink:** eine irische mit Eigelb und Milch legierte Hühnersuppe, mit grünen Erbsen, Würfeln von Knollensellerie, Lauch, Möhren und Petersilienwurzeln als Einlage.

**Balsamapfel:** verwandt mit der Balsambirne (Bittermelone), mit eiförmigen, höckerigen Früchten; die Blätter dienen zur Teebereitung.

**Balsambirne:** s. *Bittermelone*.

**Balsamessig:** s. *Aceto balsamico*.

**Balsampflaume:** *Goldapfel, Rote Mombinpflaume;* pflaumenförmige, gelbe bis orangefarbene Frucht mit blassgelbem Fleisch, das roh oder gekocht verzehrt wird.

**Balut:** so heißen auf den *Philippinen* angebrütete Enteneier, die potenzfördernd sein sollen.

**Bamberger Hörnchen:** eine teure, fest kochende kleine Kartoffelsorte; vergleichbar mit den franz. *Rattes* (s. d.).

**Bamboo** *(engl.)*: anglisierte, ostasiatische Bezeichnung für Bambus.

**Bambus:** auch *Bamboo (engl.), Bambu (span.), Takenoko (jap.)*; allgemeine Bezeichnung für die Bambusgewächse, die zur Familie der Gräser gehören.

**Bambussprossen:** gelbe, zarte Schösslinge der asiatischen

Bambuspflanze, von der es nahezu 200 Arten gibt; bei uns frisch und in Konserven erhältlich; dient vor allem als Gemüse, Suppeneinlage oder Beilage. In China heißen Bambussprossen *suehn.*

**Bame:** s. *Okra.*

**Ba mee** *(thail.)*: Eiernudeln.

**Bamia:** s. *Okra.*

**Banana-pie:** s. *Bananenpudding.*

**Bananasplit:** *US-amerikanische* Eiscremekreation. Eiskugeln werden auf Bananenscheiben angerichtet und mit Marshmallows, Nüssen, geschlagener Sahne und anderem vollendet.

**Banane:** *Adamsfeige, Paradiesfeige, Pisangfeige;* exotische Frucht, säurearm, sehr leicht verdaulich und mineralstoffreich, es gibt viele verschiedene Sorten. Die Kochbanane z. B. ist roh nicht genießbar und wird meist als Kartoffelersatz zubereitet (s. a. *Platanos*). Die Babybanane (*Fingerbanane*) kommt vor allem auf den Kanarischen Inseln und in Südamerika vor und ist kleiner und süßer im Geschmack als unsere bekannte Obstbanane. Unter den vielen Sorten ist die rote Obstbanane noch zu erwähnen, die sowohl als Obst- als auch als Kochbanane angebaut wird. Bananen sind roh essbar, lassen sich aber auch braten, überbacken, grillen etc.

**Bananenpudding:** *banana-pie (engl.)*; ein Pie von den *Bahamas.* Aus pürierten Bananen, Butter, Kokosraspel, Speisestärke und Zucker wird ein mit Muskat gewürzter Teig bereitet und in einer Puddingform im Ofen gebacken *(Karibik).*

**Banda-Macis:** s. *Macis.*

**Bandera dominicana:** Nationalgericht der *Dominikanischen Republik* aus Reis, schwarzen Bohnen, Fisch und Fleisch, begleitet von Salat.

**Banica:** *Banitsa*; mit Schafskäse gefülltes Gebäck *(Bulgarien, Serbien).*

**Banik:** fladenartiges Brot der Eskimos, aus einem Teig von Mehl, Hefe und Seehundfett.

**Bankiersart:** *à la banquière (franz.)*; Garnitur, die meist für Fisch in Weißweinsauce verwendet wird. Sie besteht hauptsächlich aus Artischockenböden, Champignonköpfen, Hummerscheiben, Oliven und Trüffelscheiben.

**Bannock:** *schottisches* Brot aus ungesäuertem Teig.

**Banon:** ein nach dem gleichnamigen Ort in der *Haute-Provence* benannter Käse aus Kuh-, Schafs- oder Ziegenmilch, von mildem Geschmack und traditionell in Kastanienblätter gehüllt und mit Bast verschnürt.

**Banquière, à la** *(franz.)*: s. *Bankiersart.*

**Baobab:** s. *Affenbrotbaumfrucht.*

**Bap:** *koreanischer* Klebereis.

**Bappen** *(schweiz.)*: Brei und Püree.

**Bar** *(franz.)*: Bezeichnung für den *loupe de mer* (s.d.) im Atlantik.

**Barack Balinka** *(ung.)*: ein bekannter Aprikosen-Schnaps.

**Baranki:** *russische* Fastenbrezeln aus Nudelteig, in Wasser gegart und im Backofen gebacken.

**Bárány** *(ung.)*: Lammfleisch.

**Bárány paprikás** *(ung.)*: ein Paprikás, das im Wesentlichen aus Lammfleisch, ungarischem Rotwein, saurer Sahne und Zwiebeln besteht und mit Paprikapulver und Pfeffer gewürzt wird.

**Báránypörkölt** *(ung.)*: s. *Pörkölt.*

**Barbacoa:** *mexikanisches* Nationalgericht. Barbacoa wird abgeleitet vom indianischen *brabacot* und heißt grill aus grünen Ästen. Das Gericht wird in einem Erdloch zubereitet, das zuvor mit Agaven- (Maguey-) oder Bananenblättern ausgekleidet wurde. Der Boden des Lochs wird mit porösen Steinen belegt, auf die glühende Holzkohle kommt. In einen Topf legt man auf eine Schicht aus Gemüse, Kartoffeln und Reis, Lammfleisch und würzt mit Koriander, Pfeffer und Salz. Das Fleisch wird mit unterschiedlichen Blättern bedeckt, der Topf verschlossen und in das Erdloch gesetzt, das mit einer Matte bedeckt wird, auf die eine Schicht Erde kommt. Obenauf wird ein Holzfeuer entfacht. Die Garzeit beträgt etwa 5 Stunden. Es gibt zahlreiche Varianten. Die Ureinwohner Mexikos, die Mayas, kannten bereits das Garen in Erdgruben. In der *Karibik* bedeutet Barbacoa verschiedene Speisen vom Grill (s. a. *Pib*).

**Barbari:** ovales Sauerteigbrot aus Weizenmehl *(Iran)*.

**Barbarie-Enten:** s. *Enten*.

**Barbe:** *Flussbarbe; triglie* (*ital.*); bekannter Flussfisch mit wohlschmeckendem, aber grätenreichem Fleisch. Große Fische können pochiert werden; kleine eignen sich zum Braten, Grillen und für Matrosengerichte. Barben kommen in ganz Mitteleuropa, England und Frankreich vor und bevorzugen rasch fließende Flüsse mit klarem Wasser.

**Barbecued spareribs** *(engl.)*: vorgekochte und dann marinierte oder etliche Stunden marinierte und dann gegrillte oder im Ofen gebackene Riegelwand, Rippchen oder Rippenspeer. Das Grillgut muss häufig mit Barbecuesauce bestrichen werden *(Südwesten von Nordamerika)*.

**Barbecue-Sauce:** *US-amerikanische* Sauce für gegrilltes Fleisch, braune Grundsauce vermischt mit Essig, Fleischglace, Ketchup, Meerrettich, etwas Senf, Tomaten und angeschwitzten Zwiebeln. Gewürzt mit Cayenne, Estragon, Knoblauch, Worcestersauce, Zucker u. a. Oft selbst gemacht aber auch Industrieprodukt.

**Barbeau** *(franz.)*: Barbe.

**Barbera:** dunkle, säuerliche Traube; Spezialität des Piemont, die auch in der Lombardei, Friaul, Venetien und anderen Provinzen angebaut wird. Aus ihr wird ein bekannter Wein gleichen Namens gekeltert.

**Barberey:** *Fromage de Troyes; franz.* Kuhmilch-Weichkäse aus der *Champagne*, ähnlich dem Camembert.

**Barbine:** *italienische* Fadennudeln, zu Knäueln gewickelt.

**Barbue** *(franz.)*: *Butt, Glattbutt, Kleiss, Tarbutt;* gut schmeckender, schollenähnlicher Plattfisch, im Atlantik, im Mittelmeer und anderen europäischen Gewässern bis zur norwegischen Küste beheimatet. Es können alle Rezepte für Seezunge und Steinbutt angewendet werden.

**Barches:** *Berches; jüdisches* ungesäuertes Sabbatbrot aus Weizenmehl.

**Bardieren:** mit Speck umbinden oder belegen.

**Barolo:** berühmter Rotwein aus dem Piemont (*Italien*). Einer der edelsten Rotweine Italiens aus der *Nebbiolotraube* (s.d.), der Nebelrebe. Er muss mindestens drei Jahre in Holzfässern gelagert werden und besitzt bis zu 15 Vol.-% Alkohol.

**Baron:** Keulen und Rücken, insbesondere vom Lamm, in einem Stück bereitet.

**Baron d'agneau** *(franz)*: Lammrücken mit beiden Keulen.

**Barquettes** *(franz.)*: Krustaden in Schiffchenform, aus verschiedenen Teigen und gefüllt. Die meist als Vorspeise servierten Krustaden unterscheiden sich von den Tarteletts nur durch ihre Form und fallen unter den Oberbegriff der *Frivolitäten*.

**Barrakuda:** *Meerdorsch, Pfeilhecht;* bis 3 m langer, hechtförmiger Fisch mit vielen Arten, im Atlantik, im Mittelmeer und in den tropischen Meeren beheimatet. Nur der junge Barrakuda hat ein festes Fleisch und einen köstlichem Geschmack. In der Küche wird der Fisch manchmal auch unrichtig *Meerhecht* genannt.

**Barramundi:** Barschart mit wohlschmeckendem Fleisch aus dem tropischen und subtropischen Australien.

**Barrique:** 225 Liter fassendes Eichenholzfass, ursprünglich aus Bordeaux, für die Geschmacksverfeinerung eines Weines.

**Barsch:** *Egli, Flussbarsch, Kretzer, perche (franz.)*; farbenprächtiger Süßwasserfisch in europäischen, nordamerikanischen und nordasiatischen Gewässern zu Hause, mit weißem, festem und wohlschmeckendem Fleisch. Kleine Barsche werden in der Schweiz *Egli* genannt; vornehmlich zum Frittieren geeignet.

**Barschtsch:** *polnische* Cousine des russischen *Borschtsch* (s.d.).

**Barszcz:** *Borschtsch* (s.d.).

**Bart:** so heißen die widerstandsfähigen Haare, die zwischen Miesmuschelschalen herausragen (s.a. *Entbarten*).

**Basboosa:** süßer ägyptischer Grießkuchen mit Mandeln und Zitronensirup.

**Basilikum:** *Hirnkraut, Königskraut;* Küchenkraut mit süßlich scharfem Geschmack für Vorspeisen (Tomaten & Mozzarella), Fisch, Fleischsaucen, Suppen usw. Zum Würzen von Fisch wird Basilikum meist mit Rosmarin und Salbei vermischt. Auch Würzkraut für Pesto; viele Arten.

**Basilikumsauce:** s. *Pesto.*

**Basler Brunsli:** ein *schweizerisches* Weihnachtsgebäck aus Eiweiß, ungeschälten, geriebenen Mandeln, Puderzucker, Schokoladen-Couverture und Zucker, gewürzt mit Kirschwasser, Zimt und Nelkenpulver.

**Basler Lebkuchen:** *schweizerische* Lebkuchenspezialität aus Honig, Mehl und Zucker, gewürzt mit Anis, Kirschwasser, Muskatnuss, Nelkenpulver und Zitronenschale. Die fertigen Lebkuchen werden mit Nikolausbildchen beklebt. Nicht zu verwechseln mit *Basler Leckerli* und *Basler Brunsli* (s.d.).

**Basler Leckerli:** spezielle Lebkuchenart aus Bienenhonig, Haselnüssen, Mandeln, Mehl, Pottasche und Zucker, gewürzt mit Kirschwasser, Muskatpulver, Nelkenpulver, Zimt, Zitronenschale, Orangeat und Zitronat. Die fertigen Lebkuchen werden mit einer zum Faden gekochten Zuckerglasur bestrichen.

**Basler Mehlsuppe:** eine Suppe, die deshalb so bekannt ist, weil sie in Basel zur Fastnacht gereicht wird. Mehl wird in Butter gebräunt, dann werden Würfel von Schinkenspeck und Zwiebeln und zum Schluss Fleischbrühe hinzugefügt. Nach ca. 45 Min. wird die Suppe passiert und mit Rotwein vermischt. Getrennt wird geriebener Emmentaler dazu gereicht.

**Basmati-Reis:** eine der besten Langkornreisarten, die im Himalaya-Gebiet angebaut werden.

**Bastirma:** s. *Pastirma.*

**Basturma:** *kaukasische* Spezialität mit Abwandlungen. Ein in einer Mischung aus Weinessig, Basilikum, Pfeffer, Salz und Zwiebeln mariniertes Fleisch wird in Würfeln auf Spieße gesteckt und über Holzkohle gegrillt. Garniert wird mit Frühlingszwiebeln, Petersilie und Zitronen.

**Bataten:** *batates, camotes* (*span.*); *sweet potatoes* (*engl.*); Süßkartoffeln; weißgraue, gelbe oder rote kartoffelähnliche Knollenfrüchte, die von den malaiischen Inseln, nach anderer Meinung aus Mittel- und Südamerika stammen, heute aber auch in Afrika, Italien, Nordamerika und Südasien angebaut werden; werden wie Kartoffeln zubereitet.

**Batavia rouge:** eine aus Frankreich stammende Salatzüchtung mit sehr zarten, rasch welkenden, gezackten Blättern, die am Stiel grün und zur Spitze hin violett sind, würziger Geschmack.

**Bath:** *ostasiatisches* Wort für Reis.

**Batida:** Getränk aus Fruchtsaft, Zucker und Zuckerrohrschnaps

**Batida Paulista:** Mixgetränk aus Cachaça oder Rum, Limettensaft, Eiweiß und Zucker *(Brasilien).*

**Battuto:** Basis für Eintopfgerichte, Saucen, Suppen usw. aus einer Mischung von fein gehacktem Gemüse, Gewürzen und Kräutern, wie Knoblauch, Stangensellerie, Zwiebeln evtl. Schinken etc. Die Mischung wird in Öl angeröstet *(Italien);* s.a. *Soffrito* und *Refogado.*

**Batwinia:** s. *Botwinja.*

**Bauchlappen:** s. *Schlachtfleisch* (Rind).

**Bauernbratwurst:** s. *Polnische.*

**Bauernfrühstück:** Bauernomelette; Bratkartoffeln, zumeist vermischt mit Rührei, Schnittlauch und Speckwürfeln.

**Bauernkarpfen:** s. *Gareisl.*

**Bauernkrapfen** *(österr.)*: s. *Ausgezogene.*

**Bauernomelette:** s. *Bauernfrühstück.*

**Bauernschinken:** s. *Schweineschinken.*

**Bauernschmaus:** ein *österr.* und *südd.* Gericht, das hauptsächlich aus Sauerkraut, Kartoffeln, Knödeln, Schweinefleisch und Würsten besteht.

**Bauernseufzer:** schnittfeste, mittelkörnige Brüh- oder Rohwurst aus Rind-, Schweinefleisch und Speck, gewürzt mit Majoran *(Bayerischer Wald, Franken u.a.).*

**Baumé:** s. *Zuckergehalt.*

**Baumkuchen:** walzenförmiger Kuchen aus in Schichten gebackenem biskuitähnlichen Teig, mit Zuckerglasur oder dunkler Couverture überzogen *(Deutschland).*

**Baummelone:** s. *Papaya.*

**Baumnüsse** *(schweiz.)*: s. *Walnüsse.*

**Baumpilz:** s. *Mu-err.*

**Baumstachelbeere:** s. *Karambola.*

**Baumstamm:** auch *Bûche (franz.)* genannt; eine mit Kaffee-, Schokoladen- oder Nusscreme gefüllte Biskuitroulade, in *Frankreich* traditionelles Weihnachtsgebäck *(bûche de Noël).*

**Baumtomate:** *Tamarillo* (ein Nachtschattengewächs); pflaumenförmige, mattrot-gelbliche bis braunrote und bitter-süß schmeckende Früchte aus Brasilien, Peru und Kenia, die aber auch auf den Kanarischen Inseln, Madeira usw. angebaut und hauptsächlich zu Marmelade verarbeitet werden. Es empfiehlt sich, die Früchte nicht mit der Haut zu essen, da diese zu herb schmeckt.

**Baumwollsuppe:** eine deutsche Regionalsuppe, in die man Pfannkuchenmasse fadendünn einlaufen lässt.

**Bavaria Blue:** deutscher, fetter *Blauschimmelkäse,* s.a.d.

**Bavaroise** *(franz.)*: s. *Crème bavaroise.*

**Baxe:** eine Art Kartoffel-Eierkuchen *(Sachsen).*

**Bayerische Creme:** s. *Crème bavaroise (franz).*

**Bayerische Leberknödel:** Klöße aus Kalbsleber, Eiern, wenig Mehl, fettem Speck, gebratenen Weißbrotwürfeln, Zwiebeln und Gewürzen.

**Bayerische Povesen:** in Schmalz gebackene Weißbrotscheiben.

**Bayerische Rübe:** s. *Weisse Rübe.*

**Bayerischer Semmelknödel:** Kloß aus Milch, Semmeln, Petersilie und Zwiebeln, gewürzt mit Muskat und Salz; s. a. *Semmelknödel.*

**Bayerisch-Kraut:** gedünsteter Weißkohl mit Speck und Zwiebeln, in der Regel gewürzt mit Essig, Kümmel, Pfeffer, Salz und Zucker. Eventuell mit Mehlschwitze gebunden.

**Bayonner Schinken:** *jambon de Bayonne (franz.)*; mild geräucherter Schinken, saftig und leicht nussig schmeckend, aus dem Bezirk der westfranzösischen Hafenstadt Bayonne in Frankreich *(Baskenland)*.

**Beamtenstippe:** Ragoutsauce aus Hackfleisch; auch Speckstippe (*Berlin*).

**Beans** *(engl.)*: Bohnen.

**Béarner Sauce:** s. *Sauce béarnaise (franz.).*

**Beatrice:** Garnitur für Fleisch in Sherrysauce mit Artischockenböden, Karotten, Morcheln und Schmelzkartoffeln.

**Beauford:** *franz.* Hartkäse von hoher Qualität, der in den Bergen Savoyens hergestellt wird und leicht nach Walnüssen schmeckt.

**Beaufort:** Garnitur für Fisch in Hummersauce mit Austern, Champignons und Hummerwürfeln.

**Beaujolais:** Wein aus der Region Burgund; leichter, kurzlebiger, fruchtiger Rotwein.

**Beaujolais primeur:** im Schnellverfahren (4–5 Tage Gärung) bereiteter junger Beaujolais des jeweiligen Jahres, der am 3. Mittwoch im November um Mitternacht in den Handel gegeben wird.

**Beaumont:** *franz.* halbfester Schnittkäse aus Kuhmilch, der in Beaumont im Département Haute-Savoie hergestellt wird, mit gelblicher Rinde und speckigem Teig.

**Bebotee:** ein im Wasserbad gegarter malaiischer Lammpudding aus Lammhackfleisch, Brötchen, Eiern, Mandeln, Sahne und Zwiebeln, gewürzt mit Currypulver, Zitronensaft und Zitronenschale, Salz und Zucker.

**Bécasse** *(franz.)*: Waldschnepfe; ein Wildvogel, von dem außer dem Magen sämtliche Innereien, einschließlich Gedärme, mitverwertet werden.

**Bécassin** *(franz.)*: Sumpfschnepfe; dieser Wildvogel ist kleiner als die Waldschnepfe (s. *Bécasse*).

**Béchamelsauce:** s. *Sauce béchamel.*

**Bêche de mer:** *Trepang, Seegurke, Seewalze;* unansehnliches wurstförmiges Meerestier des Atlantiks und Stillen Ozeans, das zu der berühmten chinesischen *Trepangsuppe* verwendet wird. Sie wird aus dem in Streifen geschnittenen Tier, Kalbfleisch, Hühnerbrust, Wein und chinesischen Gewürzen gekocht und mit Cognac und Portwein parfümiert.

**Becherling:** orangeroter Becherling, Speisepilz, der meist an Böschungen und auf waldigem Boden von Frühling bis Spätherbst vorkommt und sich vor allem zum Garnieren und für Salate eignet.

**Becherpastete:** *Dariole, Füllpastete, Timbale,* gestürzte Farce, Püree, Ragout usw. mit oder ohne Teigumrandung und meist als Vorspeise serviert. Der Unterschied zwischen Becherpasteten, Dariolen und Timbalen in der Zubereitung und auch der Form ist geschichtlich überholt. Alle drei Begriffe werden heute synonym gebraucht. Dariolen waren früher pyramidenförmig, Timbalen dagegen von der Form kleiner Kesselpauken. Im Lauf der Zeit wurde daraus die Becherpastete in einer Teighülle. Die entsprechenden Formen werden heute in den Haushalts- und Fachgeschäften als Timbalen aus Metall oder Porzellan angeboten (in Frankreich auch als *darioles*).
Diese werden mit Auslegeteig, der aus vielen Teigsorten bestehen kann, ausgefüttert, mit Gelee oder einem Teigdeckel verschlossen und nach dem Backen gestürzt (s. *Dariole*).

**Beef** *(engl.)***:** Rindfleisch.

**Beefsteak** *(engl.)***:** Filetbeefsteak, Filetsteak; in Deutschland auch Bezeichnung für eine Rinderfiletscheibe. In Süddeutschland wird das Wort auch für andere Fleischscheiben, z. B. für Rostbraten, verwendet. In der Gastronomie werden als Beefsteak auch Scheiben aus dem flachen Roastbeef, der Hüfte oder der Kluft bezeichnet. Sie sollten nur blutig bis rosa gebraten oder gegrillt werden. Das Beefsteak ist auf einer Seite gar, wenn auf der rohen Seite das Blut zu perlen beginnt, dann wenden, ohne hineinzustechen.

**Beefsteak auf Béarner Art:** Beefsteak auf dem Rost gebraten, mit Béarner Sauce und *Pommes soufflées* oder Schlosskartoffeln angerichtet.

**Beefsteak auf Ta(r)tarenart:** s. *Beefsteak Ta(r)tar.*

**Beefsteak Ta(r)tar:** Beefsteak auf Ta(r)tarenart, *à la tartare (franz.)*; geschabtes rohes Rinderfilet mit Pfeffer, Salz und Paprikapulver (auch Senf und Worcestersauce) gewürzt, in handtellergroße Küchlein geformt, in dessen Mitte man ein rohes Eis setzt. Tatar wird garniert mit gehackten Zwiebeln, Kapern und Sardellenfilets; wird bei Tisch selbst angemacht und mit einem Schuss Cognac verfeinert.

**Beeftea** *(engl.)***:** Rindfleischtee; der aus fein geschnittenem Rindfleisch durch Kochen im Wasserbad ohne Zusatz von Wasser herausgezogene Saft.

**Beerenwein:** Wein, der aus von den Stielen befreiten Beeren bereitet wird.

**Beetenbarsch:** *ostpreußischer*, mit dem russischen Borschtsch vergleichbarer Eintopf, der ebenfalls vor allem aus Roten Rüben und Suppenfleisch besteht (auch *Baltikum*).

**Beid:** Sammelbezeichnung für vorderasiatische Eierspeisen; z. B. eine Art Eiersalat aus hart gekochten Hühnereiern, die mit Knoblauch, Kümmel, Zwiebel u. a. gewürzt werden; mit Käse, Tomaten u. a. auch für gefüllte Omeletts oder eine Suppe mit Reis und Zitronensaft und verquirlten Eiern, mit Geflügelbrühe aufgegossen.

**Beifuss:** *Wilder Wermut, Gänsekraut, Besenkraut, Johanniskraut;* Küchenkraut zum Würzen von Suppen, Kohl und anderen Gemüsen, vor allem aber für Enten, Gänse, Hammel, Schweinebraten, Aalgerichte usw.

**Beigel** *(österr.)*: Flügel oder Schenkel von Hähnchen.

**Beignet** *(franz.)*: Krapfen; Fleischstücke oder Früchte werden in Backteig getaucht und schwimmend in Fett gebacken; Früchtebeignets werden mit Zucker bestreut. Fälschlicherweise, weil aus einem anderen Teig hergestellt, werden auch *Berliner Pfannkuchen* als Beignets bezeichnet.

**Beignet soufflé** *(franz.)*: s. *Brandteigkrapfen.*

**Beilche:** *westfälisches* Schmorgericht aus Kartoffeln und Rindfleisch.

**Beinfleisch:** im Wurzelsud gekochte Scheiben von Kalbs- oder Rindshaxen, in Österreich bedeutet Beinfleisch Querrippe.

**Beinscheibe:** eine Fleischscheibe vom Bein des Rindes mit Knochen in der Mitte.

**Beinschinken:** mit Knochen gekochter, gepökelter oder geräucherter Hinterschinken vom Schwein.

**Beiried** *(österr.)*: Roastbeef.

**Beize:** s. *Marinade; Wildmarinade.*

**Beizen:** s. *Marinieren.*

**Bě-jíng-tián-ya:** *Pei-ching-kào-ya (chin.)*; Pekingente: Ein Nationalgericht Chinas. Die ausgenommene und mit Rohzucker bestreute Ente wird an der Luft getrocknet. Zwischen Haut und Fleisch wird Luft gepumpt. Die dann mit kochendem Wasser gefüllte Ente wird über offenem Holzkohlenfeuer gebraten und in mehreren Gängen serviert. Die krosse Haut wird in kleine Stücke, das Fleisch in Streifen geschnitten und zusammen serviert. Danach wird Entensauce auf einen Pfannkuchen gegeben und dieser mit Streifen von Frühlingszwiebeln und Gürkchen, etwas Haut und Fleisch gefüllt. Zum Schluss wird Entenbrühe mit Innereien, Kohl, Pilzen u. a. gereicht.

**Bekkula-Blätter:** Malvenblätter; die Pflanze gehört botanisch zu Hibiskus, Eibisch und zu Okra. Die Blätter werden im Winter und Frühling in Marokko auf den Märkten angeboten und wie Mangold oder Spinat verarbeitet (s. a. *Rosella*).

**Belegfrüchte:** *Confitfrüchte;* in Sirup eingelegte Früchte zum Garnieren.

**Beli-Frucht:** s. *Bael-Frucht.*

**Belle Hélène:** eine weniger bekannte, hauptsächlich aus Spargelspitzen und Trüffelscheiben bestehende Fleischgarnitur; hat nichts mit *Birne Hélène* (s.d.) zu tun.

**Belle-de-nuit** *(franz.)***:** Salat aus Krebsschwänzen und Trüffelscheiben in einer Essig-Öl-Sauce.

**Belons:** eine der bekanntesten Austernarten (s. *Austern*).

**Bel Paese:** ital. halbfester Schnittkäse. Erstmals 1921 in Melzo *(Lombardei)* hergestellt und als Firmenname geschützt. Der Geschmack reicht von sehr mild bis säuerlich.

**Belsöséppörkölt:** ein ungarisches Pörkölt aus Innereien.

**Beluga:** hochwertige Kaviarsorte (s. *Kaviar* und *Hausen*).

**Beluga-Linsen:** kleine, schwarze, ursprünglich aus Indien stammende Linsenart, kaum größer als ein Korn Beluga-Kaviar.

**Beluga malossol:** s. *Kaviar.*

**Bembel:** Apfelweinkrug aus Steingut *(Hessen).*

**Bemme** *(sächs.)***:** eine mit verschiedenen Aufstrichen bestrichene Brotscheibe; Buterbemmchen: mit Butter; Bemme mit Speckfett: mit Schmalz oder Speckfett bestrichen und mit Harzer Käse belegt.

**Bénédictine:** ein berühmter, von den Benediktiner-Mönchen erfundener Likör, der so beliebt und wohlschmeckend ist wie der *Chartreuse* (s.d.).

**Bengalische Quitte:** s. *Bael-Frucht.*

**Bengele:** elsässischer Name für ein Baguette-Brötchen.

**Berbere:** *Biribiri,* verwandt mit *Masala (Indien).* Gewürzmischung aus Pfeffer, Chili, Piment, Kardamom, Ajowan, Zimt, Nelken u.a. *(Äthiopien, arabische Länder).*

**Berberhuhn:** Frikassee vom Huhn mit Orangenschalen *(jüd.).*

**Berberitze:** *Sauerdorn;* die dunkelrote beerenartige Frucht eines europäischen Strauches, die hauptsächlich zu Gelee, Mus, Essig u.a. verarbeitet wird.

**Berches:** s. *Barches.*

**Bercy:** Fleischgarnitur mit Bercybutter und Kartoffelstäbchen.

**Bercy-Butter:** eine Buttermischung, die sich vornehmlich für Gegrilltes eignet. Gehackte Schalotten werden mit Weißwein eingekocht und mit Butter verrührt. Dann werden blanchiertes Rindermark und gehackte Petersilie darunter gemengt. Zum Schluss wird mit frisch gemahlenem Pfeffer und Zitronensaft abgeschmeckt.

**Bercy-Sauce:** s. *sauce Bercy.*

**Berenj** *(iran.)***:** Reis.

**Bergamotten:** runde oder birnenförmige, gelbe Zitrusfrüchte, hauptsächlich aus Italien; werden für Liköre, Parfüme und zum Aromatisieren von Tee verwendet.

**Bergbohnenkraut:** s. *Sarriette.*

**Bergerac:** leichte Rot- und Weißweine aus der Dordogne; jung zu trinken; bekannt ist der Montbazillac.

**Bergilt:** *Goldbarsch, Rotbarsch, Seebarsch;* roter, an verschiedenen Teilen golden schillernder Seefisch aus den nordischen Gewässern, mit festem, sehr gut schmeckendem Fleisch; für alle Zubereitungsarten geeignet.

**Bergkäse:** aromatischer Hartkäse mit Lochbildung aus dem Alpenraum.

**Berliner:** s. *Berliner Pfannkuchen.*

**Berliner Eisbein:** s. *Eisbein.*

**Berliner Knacker:** eine knackwurstartige Rohwurstspezialität aus Rind- und Schweinefleisch mit Knoblauch gewürzt und geräuchert.

**Berliner Pfannkuchen:** *Berliner;* apfelgroße, mit Marmelade gefüllte Hefeteigkugeln, in Fett ausgebacken und mit feinem Zucker oder Puderzucker bestreut; s. a. *Faschingskrapfen.*

**Berliner Presswurst:** Blutwurst mit Speckwürfeln.

**Berliner Schnitzel:** in Scheiben geschnittenes paniertes und gebratenes Kuheuter.

**Berliner Weisse:** säuerlich schmeckendes Bier aus Gersten- und Weizenmalz mit einem Schuss Himbeer- oder Waldmeistersirup.

**Berlingot:** heißen in *Frankreich* kleine Ringe aus Mandelteig, aber auch Frucht- und Pfefferminzbonbons.

**Berner Ratsherren-Platte:** eine bekannte, sehr üppige Spezialität der *Schweiz,* mit Bohnen und Sauer-kraut, Rindfleisch von der Brust, Kasseler, Speck, verschiedenen Würsten, wie Berner Zungenwürste, Cervelats, Schweinswürsten usw., gewürzt mit Knoblauch und Muskatnuss. Das in Scheiben geschnittene Rindfleisch und die übrigen Fleisch- und Wurstzutaten werden auf das Sauerkraut und die Bohnen gebettet und mit Salzkartoffeln umkränzt.

**Berner Rösti:** s. *Rösti.*

**Bernitschken:** F*uchsbeeren, Grandeln, Kronsbeeren, Riffelbeeren, Preiselbeeren, Steinbeeren;* erbsengroße, rote Früchte, herb und säuerlich schmeckend, werden meist zu Kompott und Marmelade verarbeitet, in Deutschland vor allem zu Wildgerichten.

**Berny-Kartoffeln:** Kartoffelbrei, der mit gehackten Trüffeln vermischt, zu kleinen Birnen geformt, in Ei und Mandelblättchen gewendet und im Fett schwimmend ausgebacken wird.

**Berro** (*span.*)**:** Brunnenkresse.

**Bertramskraut:** s. *Estragon.*

**Beryx:** s. *Alfoncino.*

**Besaka:** in Palmöl frittierte Hähnchen *(Elfenbeinküste).*

**Besan** *(ind.)*: Kichererbsenmehl.

**Bes(s)ara:** pürierte dicke Bohnen als Dip oder Suppe serviert, eine *marokkanische* Spezialität. Gewürzt wird mit *Harissa* (s.d.), Kreuzkümmel und Paprika und garniert mit gehackten Frühlingszwiebeln.

**Besenkraut:** s. *Beifuss.*

**Besi:** *westafrikanisches* Fladengebäck aus Hirse und Erdnüssen, mit Pfeffer scharf gewürzt.

**Besugo** *(span.* und *lateinamerik.)*: Meerbrasse.

**Betenbarsch:** s. *Beetenbarsch.*

**Bethmännchen:** Frankfurter Konfekt in Kugelform aus Marzipan, Rosenwasser und Puderzucker, mit drei Mandeln besteckt, mit Eiweiß bestrichen und goldgelb gebacken. Abgekühlt mit Zuckerglasur bepinselt.

**Betrunkenes Huhn:** s. *Tsui-dji.*

**Bette** *(franz.)*: Mangold.

**Bettelmann:** ein *westfälischer* Apfelauflauf aus Äpfeln, Pumpernickel, Haselnüssen und Korinthen, gewürzt mit Zimt und Zitronenschale, gebunden mit Eiern und vollendet mit Rum.

**Betterave** *(franz.)*: Rote Bete.

**Beugel:** *österr.* Hefegebäck, meist mit einer Nussmasse gefüllt.

**Beulschen:** *hessische* Kartoffelklöße.

**Beurre** *(franz.)*: Butter.

**Beurre aux crevettes** *(franz.)*: Krevettenbutter; Krevettenpüree mit Butter vermischt.

**Beurre aux Fines Herbes** *(franz.)*: feine Kräuterbutter, gewürzt mit frischen Kräutern, wie Estragon, Majoran, Petersilie, Salbei, Schalotten und Thymian sowie mit Knoblauch, Cognac, Dijon-Senf, Bratenjus, Madeira, Sherry, Worcestersauce, Tabasco und Zitronensaft.

**Beurre blanc** *(franz.)*: eine Mischung aus Butter, Essig und Wein, gewürzt mit Schalotten; Variation mit gehacktem Estragon – im Wasserbad aufgeschlagen. Zu allen pochierten Fischen.

**Beurre café de Paris** *(franz.)*: s. *Café-de-Paris-Butter.*

**Beurre Chivry:** s. *beurre ravigote.*

**Beurreck:** *boerek, buruk,* türkische Kroketten; eine im Orient, aber auch in den Balkanländern verbreitete Spezialität, die gedämpft, gebacken oder frittiert wird, mit verschiedener Schreibweise und zahlreichen Abwandlungen. In der Türkei z.B. versteht man darunter Pastetchen, Rissolen, Teigröllchen und dgl. mit Füllungen aus Hackfleisch, Käse, Spinat u.a. Nach einem beliebten Rezept wird eine dicke Béchamelsauce mit Quark oder Käse vermischt und mit Pfeffer und Salz gewürzt. Die Masse wird zu ca. 6 cm langen Streifen geformt und in Nudelteig oder anderen Teig eingerollt und frittiert. Dazu wird meist Tomatensauce, gewürzt mit Zitronensaft und Zucker, gereicht.

**Beurre d'ail** *(franz)*: s. *Beurre de Provence*.

**Beurre d'amandes** *(franz.)*: Mandelbutter.

**Beurre d'anchois** *(franz.)*: Sardellenbutter.

**Beurre d'écrevisses** *(franz.)*: Krebsbutter; Fleisch und Schalen von gekochten Krebsen werden zerstampft, mit Butter und *Mirepoix* (s.d.) aus Möhren und Zwiebeln vermischt und das Ganze passiert.

**Beurre d'escargots:** *beurre pour escargots (franz.)*; Schneckenbutter; Mischung aus Butter, Knoblauch, Petersilie, Pfeffer, Salz, Schalotten und manchmal zerstampften Mandeln, nach Geschmack mit Muskatnuss gewürzt.

**Beurre de homard** *(franz.)*: Hummerbutter; die Buttermischung wird zubereitet wie *beurre d'écrevisses*, jedoch mit Hummer statt mit Krebsen.

**Beurre de Provence** *(franz.)*: Knoblauchbutter aus der Provence, die grundsätzlich wie *aïoli* zubereitet wird, statt Olivenöl wird flüssige Butter verwendet.

**Beurre fondu** *(franz.)*: flüssige Butter, gewürzt mit Zitronensaft, Salz und weißem Pfeffer.

**Beurre maître d'hôtel** *(franz.)*: Haushofmeisterbutter, Petersilienbutter; cremig gerührte Butter wird mit viel gehackter Petersilie vermischt und mit Pfeffer, Salz und Zitronensaft gewürzt. Hauptsächlich für gegrillte Fische und gegrilltes Fleisch.

**Beurre manié** *(franz.)*: s. *Mehlbutter*.

**Beurre meunière** *(franz.)*: Müllerinbutter; gebräunte mit etwas Zitronensaft vermischte Butter, die sofort serviert oder schäumend über das Fleischstück gegossen wird. Bei Fisch wird noch etwas gehackte Petersilie darüber gestreut.

**Beurre mousseux** *(franz.)*: Schaumbutter. Etwas Zitronensaft wird in heiße goldbraun geschmolzene Butter gegeben.

**Beurre Noir** *(franz.)*: Gebräunte Butter, insbesondere für Fische.

**Beurre noisette** *(franz.)*: haselnussbraun geschmolzene Butter, in die häufig kurz vor dem Anrichten ein Tropfen Essig und Gewürze gegeben werden. Beurre noisette wird heiß über die Gerichte, z. B. Fisch, Kalbfleisch usw. gegeben.

**Beurre ravigote** *(franz.)*: *beurre Chivry*; würzige Kräuterbutter, hauptsächlich mit Estragon, Kerbel, Kresse, Petersilie, Pimpernelle, Schalotten, Kapern und Schnittlauch; für Canapées, gegrilltes Fleisch u.a.

**Beurre vert-de-pré** *(franz.)*: grüne Butter, die hauptsächlich mit Estragon, Kerbel, Kresse, Petersilie, Pfeffer, Pimpernelle, Salz und Schnittlauch bereitet wird. Der Unterschied zur *beurre ravigote* besteht darin, dass keine Schalotten und Kapern verwendet werden.

**Beusche(r)l** *(bayer., österr.)*: die Innereien der Schlachttiere, insbesondere die Kalbslunge, aus der die bekannte Beuschel-Suppe bereitet wird. Die Lunge wird in Streifen geschnitten und mit einer mit Lorbeer, Möhren, Pfefferkörnern, Salz und Zwiebeln gewürzten *Einmachsauce* (s.d.) gegart, mit gehackten Essiggurken und Kapern vermischt und mit saurer Sahne vollendet. Es gibt zahlreiche Rezepte, wie man Beusche(r)l zubereiten kann, dieses ist die so genannte *Wiener Art*.

**Bhagar:** s. *Baghar*.

**Bhara** *(ind.)*: gefüllt.

**Bhat:** Wasserreis, gut getrocknet *(Indien)*.

**Bhatura:** indisches Gebäck aus einer Mischung von Weizenmehl und Joghurt, gewürzt mit Ingwer, Kümmel und Pfeffer.

**Bibbelchesbohnensuppe** (*pfälz., saarl.*): Bohnensuppe zu der Pflaumenkuchen gegessen wird; s.a. *Quetschekuchen*.

**Bibeleskäs:** *Bibbeliskäs;* Quark *(Südd.)*.

**Biber:** in der Schweiz ein Honiggebäck, aber auch der Name des Tieres, das wie Kaninchen zubereitet wird und auch so ähnlich schmeckt.

**Bibernelle:** *Pimpernell, Pimpinelle;* europäische Gewürzpflanze, die nach Gurken schmeckt und zum Würzen von grünen Saucen, Fischgerichten, Gemüsen und Suppen verwendet wird.

**Bien cuit** *(franz.)*: durchgebraten.

**Bienenstich:** flacher Kuchen, meist aus Hefeteig, in der Regel gefüllt mit Vanillecreme und mit einer Mischung aus Butter, Mandeln und Zucker belegt *(Deutschland)*.

**Bier:** nach dem Deutschen Reinheitsgebot dürfen nur Hopfen, Hefe, Malz und Wasser verwendet werden. Man unterscheidet folgende Biersorten: Obergäriges Bier (die Hefe setzt sich nach Beendigung des Gärvorganges oben ab, z.B. Alt, Ale, Kölsch, Weißbier) und untergäriges Bier (Hefe setzt sich unten ab, z.B. Bock, Export, Lager, Märzen, Pils). Nach dem Stammwürzegehalt (Extraktgehalt der Bierwürze vor Beginn der Gärung) unterscheidet man die Biergattungen: Einfachbier (bis 7%, z.B. Malzbier, alkoholfreies Bier), Schankbier (7–11%), Vollbier (11–16 %, z.B. Alt, Export, Kölsch, Märzen, Pils) und Starkbier (16–28%, z.B. Bock, Doppelbock, Eisbock). Die wichtigsten Biersorten sind Alt, Bock, Braunbier, *Doppelbock* (s.d.), Eisbock, Export, Kölsch, Lager, Märzen, Pils, Porter, Rauchbier, Schwarzbier, Stout, Urquell, Weißbier usw.

**Bierfleisch:** Rindfleisch in Bier gegart *(Bayern)*.

**Bierkäse:** mitteldeutscher Name eines überreifen Sauermilchkäses, der mit Bier oder Essig bearbeitet wird und sehr gut zu Kartoffeln schmeckt. In Bayern und Tirol ist Bierkäse gleichbedeutend mit *Weisslacker* (s.d.).

**Bierschinken:** Brühwurst mit haselnussgroßer Einlage aus fettarmem Rind- und Schweinefleisch, abgefüllt in roter Hülle.

**Biersuppe:** Suppe aus dunklem Bier und Mehlschwitze, angereichert mit Butter, Eigelb, Ingwer, Kümmel, Muskat u.a.

**Biersuppe:** Zwiebeln werden angeschwitzt, mit Rindsbouillon abgelöscht, mit Bockbier aufgegossen. Zerkleinertes Bauernbrot und Schnittlauch kommen zuletzt dazu *(Bayern)*.

**Biersuppe mit Stuten:** eine in *Westfalen* beliebte Biersuppe, zumeist bestehend aus hellem Bier und Gemüsebrühe, altbackenen Brötchen, Mandeln, Rosinen und Zitronenschale.

**Bierteig:** ein Teig aus Bier, Mehl, Muskat, Salz und Zucker, mit Öl verrührt und mit steif geschlagenem Eiweiß vermischt; hauptsächlich zum Ausbacken von Gemüsen, Obst u.a. verwendet.

**Bierwurst:** grobe Brühwurst mit erbsengroßer Fleisch- und Speckeinlage.

**Biestmilch:** *ostfriesische* Spezialität. Sahne von Milch, die von Kühen in den ersten Tagen nach dem Kalben stammt, mit Mehl und Salz verrührt und im Wasserbad gekocht. Dazu schmeckt Zuckerrübensirup (s. *Rübenkraut*).

**Bife** *(port., span.)*: Steak.

**Bife à Portuguêsa:** ein Fleischgericht aus *Portugal*. Filetsteak vom Rind wird mit einer Paste aus Knoblauch, Essig, Pfeffer und Salz bestrichen, in einer Pfanne zusammen mit Knoblauch und Lorbeer gebraten und mit gebratenen Scheiben Räucherschinken belegt. Der Bratensatz wird mit Wein und Zitronensaft abgelöscht und über das Steak gegossen. Garniert wird mit Petersilie und Zitronenscheiben.

**Biff Lindström:** Rindfleisch nach Lindström; gebratene Fleischküchlein aus Rinderhackfleisch oder halb Tatar-Fleisch und halb Schweinehackfleisch, gekochten Kartoffeln, roten Beeten und Zwiebeln, gebunden mit Eigelb und Sahne und gewürzt mit Essig, Kapern, Pfeffer und Salz; nach Belieben mit einem Spiegelei serviert *(Schweden)*.

**Bifflamott:** aus dem Französischen von den *Bayern* übernommene Bezeichnung eines Ochsenfleisch-Gerichts. Das Ochsenfleisch wird in einer gesalzenen Beize aus Essig und Wasser, in die Möhren, Petersilienwurzeln, Zwiebeln, Lorbeer, Nelken, Pfefferkörner, Pimentkörner und Wacholderbeeren kommen, mehrere Tage mariniert und danach in der Marinade gegart. Aus der Beize wird mit Rotwein, Mehlbutter und Gewürzen eine Sauce bereitet. Dazu werden Salzkartoffeln gereicht (s.a. *Bœuf à la Mode*).

**Bifteck:** in Skandinavien der Ausdruck für Beefsteak, aber auch eine süddeutsche Verballhornung dieses Begriffes, indem es gleichzeitig auch für andere

Fleischscheiben, wie z. B. Rostbraten verwendet wird.

**Bifteki** *(griech.)*: griechische würzige Frikadelle mit Schafskäse gefüllt.

**Bi fun** *(chin.)*: s. *Fen see*.

**Bigarade:** *Bitterorange, Pomeranze;* kleine Zitrusfrucht aus Ostasien, mit bitterer Schale und säuerlichem Fruchtfleisch. Wird hauptsächlich für Liköre, wie Curaçao, aber auch Marmeladen und Orangeat verwendet.

**Bigarrieren:** spicken mit Speck, Trüffeln usw.

**Bigoli** *(ital.)*: dicke Spaghetti.

**Bigos:** *Bigosch;* ein *polnischer* Eintopf mit zahlreichen Zutaten wie Äpfeln, *Kielbasa,* trockenem Madeira, Hühnerbrühe, Rauchwurst, Rindfleisch, Sauerkraut, magerem Schweinefleisch, Speck, Steinpilzen sowie Weißkohl, Wildfleisch, Tomaten und Zwiebeln, gewürzt mit Kümmel, Lorbeer, Majoran, Paprika, Pfeffer, Pimentkörnern, Tomatenmark und Zucker (auch *Pommern* und *Ostpreußen*).

**Bigosch:** s. *Bigos*.

**Bihun-Suppe:** *indonesische* Nudelsuppe, die mit Hühnerfleisch, Paprikaschoten u. a. bereichert und mit verschiedenen Gewürzen vollendet wird.

**Biko:** *philippinische* Dessertspeise aus Kokosmilch, Reis und Zucker.

**Biltong:** Trockenfleisch *(Südafrika* und *Namibia)*. Streifen z. B. von Antilopen-, Rind- oder Springbockfleisch werden gesalzen, mit Korianderkörnern gewürzt und an der Luft getrocknet.

**Binätsch** *(schweiz.)*: Spinat.

**Binden:** eindicken oder sämig machen mit Agar-Agar, Eigelb, Mehl, Mehlbutter u. a.

**Bindenfleisch:** Hobelfleisch *(schweiz.)*; eine Art *Bündnerfleisch* (s. d.).

**Bindesalat:** s. *Römischer Salat*.

**Binia:** s. *Bintje*.

**Bintje:** *Binia*; Name einer leicht mehlig kochenden Kartoffel. Eignet sich sehr gut für Pommes frites.

**Biqi, Mati** *(chin.)*: Wasserkastanien.

**Birästunggis:** Nationalgericht des *schweizerischen* Kantons Uri, vor allem aus Birnen, Kartoffeln und Zwiebeln bestehend.

**Bircher-Müesli:** eine von dem Schweizer Diätarzt Dr. Bircher-Benner erfundene breiartige Mischung aus Äpfeln, Haferflocken, Honig, Milch, Nüssen, Rosinen und Zitronensaft.

**Biribiri:** s. *Berbere*.

**Bir(i)yani:** *indisches* Reisgericht (Eintopf) z. B. aus Lammfleisch, Kartoffeln, Basmati-Reis und Zwiebeln, vermischt mit Joghurt und Rosinen, garniert mit gerösteten Mandeln oder mit Fisch oder Geflügel. Bezeichnet auch nur zweifarbigen Reis.

**Birkenpilz:** *Kapuzinerpilz;* Speisepilz, der vor allem in Birkenhainen zu finden ist, mit grau- bis nussbraunem Hut. Die jungen Pilze sind wohlschmeckend.

**Birkhuhn:** ein mitteleuropäisches, seltenes Wildgeflügel, das vorwiegend in Birkenwäldern vorkommt und etwas kleiner als das Haushuhn ist. Das Huhn muss gespickt werden und eignet sich vor allem für Ragout oder zum Schmoren.

**Birne (belle) Hélène:** Birnen (schöne) Helene; geschälte und gedünstete Birnenhälften auf Vanilleeis, darüber heiße Schokoladensauce.

**Birnen, Bohnen und Speck:** s. *Gröner Hein*.

**Birnenmelone:** s. *Pepino*.

**Birne schöne Helene:** s. *Birne belle Hélène*.

**Bisbas:** eine scharfe Paste aus frischen oder getrockneten Chilis, mit Knoblauch und Salz im Mörser vermahlen (*Jemen*); s. a. *Harissa*.

**Bischofsbrot:** deutsche Kuchenspezialität aus Mehl, Backpulver, Eigelb, Muskat, Salz, Vanillezucker und Zucker, vermischt mit Feigen, Mandeln, Pistazien, Rosinen, Schokolade und Zitronat und – zum Schluss – steif geschlagenem Eiweiß.

**Bischofsmützen:** s. *Tortellini*.

**Biscotte** *(franz.)*: Zwieback, in Deutschland und Österreich auch Bezeichnung für Löffelbiskuit.

**Biscotti** *(ital.)*: Biskuits, Kekse.

**Biskuit:** luftiges Backwerk, Eigelb und Zucker werden sehr schaumig geschlagen, Mehl vorsichtig untergezogen und mit steif geschlagenem Eiweiß und Vanillezucker vermischt. Gebacken wird der Teig in einer mit Zucker ausgestreuten Biskuitform oder auf einem mit Backpapier belegten Blech bei ca. 180 °C. In England Bezeichnung für einen flachen harten Keks (s. a. *Savoyer Biskuit*). Ohne Zucker, dafür gesalzen, in Schnitten auch als Suppeneinlage (s. a. *Schöberl*).

**Bismarckhering:** in Essig, Zwiebeln und Gewürzen eingelegte, frische Heringsfilets.

**Bisque** *(franz.)*: Cremesuppe von Krustentieren, z. B. *bisque d'écrevisses*.

**Bisque d'écrevisses** *(franz.)*: eine der bekanntesten Sahnesuppen, an der sich nahezu alle großen Köche versucht haben. Es gibt unzählige Rezepte. Nachfolgend zwei dem Kochkunstführer von Escoffier entnommene Versionen: die gewöhnliche Krebssuppe und die *bisque d'écrevisses à l'ancienne*. Grundsätzlich wird eine *Mirepoix* in Butter angeröstet und zusammen mit den Krebsen so lange geschwitzt, bis die Krustentiere rot sind. Dann wird mit Cognac und Weißwein abgelöscht, mit Pfeffer und Salz gewürzt und die Flüssigkeit eingekocht, mit etwas Fleischbrühe aufgefüllt und weitergekocht. Das Krebsfleisch wird püriert, mit Butter und Rahm vollendet, mit Cayenne abgerundet und mit *Croûtons* garniert.

**Bisque d'écrevisses à l'ancienne** *(franz.)*: s. *Bisque d'écrevisses.*

**Bisque de homard** *(franz.)*: Hummersuppe mit Abwandlungen; z. B. wird *Velouté* mit Hummerresten und -schalen gekocht, passiert, mit Eidotter und Rahm legiert und mit Hummerbutter vollendet. Dann werden ausgelöste Hummer-stücke mit *Mirepoix* (s. d.) in Butter geröstet, mit Cognac flambiert, mit Weißwein abgelöscht und gedünstet und zusammen mit dem Fond zur *Velouté* gegeben. Falls keine *Velouté* zur Verfügung steht, werden Hummerstücke zusammen mit Möhren, Sellerie und Zwiebeln gekocht und mit Cayennepfeffer, Lorbeer, Pfeffer, Salz und Thymian gewürzt, sodann mit Cognac flambiert und mit Weißwein begossen. Getrennt wird Geflügelbrühe *(fond blanc de volaille)* mit Tomatenmark aufgekocht und über die Hummerstücke gegossen. Das Ganze wird mit Cognac, Hummerbutter und Sahne vollendet.

**Bissará** *(algerisch)*: Saubohnen (s. a. *Bessara*).

**Bistecca alla fiorentina** *(ital.)*: großes Lendenstück mit Filet und Knochen vom Rind, das 18 Monate lang auf den saftigen Wiesen des Chianatals (Chianina-Rind, die größte Rinderrasse der Welt) leben durfte; meist auf dem Grill gebraten, danach gepfeffert, gesalzen und mit Olivenöl begossen (*Toscana*).

**Bistecca alla milanese** *(ital.)*: Mailänder Schnitzel. Mit Ei, Mehl, Parmesan und Bröseln paniertes, mit Rosenpaprika gewürztes und mit Zitronenscheiben belegtes Kalbschnitzel.

**Bistecca alla pizzaiola:** italienisches Fleischgericht, ein Beefsteak, am besten vom Rinderfilet, nappiert mit einer *salsa pizzaiola,* einer Art Tomatensauce, die mit Knoblauch, Oregano, Petersilie und Pfeffer gewürzt wird.

**Bistort:** mildes Küchenkraut, dessen Stängel und Blätter wie Spinat verwendet werden können.

**Bistro(t):** kleines Restaurant in Frankreich, meist Familienbetrieb mit kleiner Karte und speziellem Angebot.

**Bis zur Rose rühren:** eine Creme so weit andicken, dass sie den Rührlöffel gleichmäßig überzieht und nicht abläuft.

**Bitki:** s. *Bitók.*

**Bitók:** *russisches* Gericht aus kräftig gewürztem Hackfleisch mit Abwandlungen. Entweder Hacksteaks oder kleine, runde Klopse aus Hammel- oder Rinderhackfleisch, vermischt mit anderen Zutaten, wie Pilzen, Zwiebeln usw., oft mit gebratenen Zwiebeln belegt und mit Sauerrahmsauce übergossen. Die Mehrzahl heißt *Bitki.*

**Bitók nowgorodski:** *russische* Spezialität. Kräftig gewürzte Klopse aus Rinderhackfleisch, Brot und Zwiebeln werden in Madeirasauce angerichtet und mit gerösteten Zwiebelringen bedeckt. Dazu passen am besten Bratkartoffeln (s. a. *Bitok*).

**Bittermelone:** *Bittergurke, Balsambirne, Karella;* in den Tropen und Subtropen verbreitete Pflanze der Gurkengewächse von länglicher Form mit knotiger Schale. Das Fruchtfleisch ist wohlschmeckend und bitter, es wird frittiert als Gemüse gegessen oder in Suppen sowie Eiergerichten kurz mitgekocht.

**Bitterorange:** s. *Bigarade.*

**Bitzler:** in Gärung befindlicher Wein, auch *Federweißer, Rauscher, Saußer, Susser, Risser (elsäss.)* und *Sturm (österr.)* genannt.

**Blac(h)an:** *malaiische* Würzpaste aus gesalzenen und getrockneten Garnelen, gewürzt mit Chili, Schalotten u. a., besonders für Reisgerichte (s. a. *Kapi* und *Trasi*).

**Blå Castello:** Blue Castello, *dänischer* Blauschimmelkäse.

**Black-Angus-Rinder:** s. *Angus-Rind.*

**Black bean cakes** *(engl.)*: Schwarze-Bohnen-Küchlein; eine *kalifornische* Spezialität. Aus einer Mischung von schwarzen Bohnen, Karotten, Bleichsellerie und Hühnerfond, gewürzt mit Chili, Kreuzkümmel und Salz werden kleine Küchlein geformt und in Öl oder Schmalz ausgebacken, mit einem *Cilantro*-Zweigchen (Koriandergrün) garniert und mit saurer Sahne und einer *Salsa* serviert.

**Blackberry** *(engl.)*: Brombeere.

**Blätterfleisch:** s. *Emincé.*

**Blätterkohl:** s. *Grünkohl.*

**Blätterkrokant:** dunkelgelbe, lamellenartige und knusprige Krokantart, hauptsächlich für Pralinen und Torten.

**Blättermagen:** dritter Teil des Vormagens der Wiederkäuer, Verwendung u. a. für saure Kutteln.

**Blätterteig:** *pâte feuilletée (franz.)*; ein sehr aufwendig herzustellender, bereits seit dem 13. Jahrhundert bekannter Teig, den es in guter Qualität auch als Tiefkühlprodukt gibt. Ein Kranz aus Mehl wird mit Wasser, einer Prise Salz von innen her zu einem Teig verarbeitet; 20 Min. ruhen gelassen. Dann wird ein runder Fladen geformt, darauf Butter platt gedrückt, sodass ein noch mehrere Zentimeter breiter Teigrand verbleibt. Dieser wird eingeschlagen, sodass die Butter vollständig verdeckt wird. Nach einer weiteren kühlen Lagerung wird der Teig rechteckig und ca. 1,5 cm dick ausgerollt. Dieses Stück wird so lange gefaltet, bis ein dreischichtiges Rechteck entsteht, das leicht ausgewellt und wieder gefaltet wird, dieses Mal jedoch in entgegengesetzter Richtung. Dieser Arbeitsgang, den man *Touren machen* nennt, wird sechsmal wiederholt, jeweils in entgegengesetzter Richtung. Blätterteig wird immer auf einem befeuchteten, niemals eingefetteten Blech gebacken.

**Blätterteighalbmonde:** *fleurons (franz.)*; gebackene Blätterteigstücke in Form kleiner Halbmonde, Dreiecke usw. zur Verzierung z. B. von *Kalbskopf en tortue,* Ragouts usw.

**Blätterteigpastetchen Suwarow:** Pastetchen, gefüllt mit Artischockenböden, Ragout vom Bries, Hühnerbrust und Gurken, gebunden mit deutscher Sauce.

**Blätterteigpastete:** *bouchée, vol-au-vent (franz.)*; neben der allgemein bekannten, etwa kaffeetassengroßen Blätterteigpastete gibt es die bouchées, sehr kleine Pastetchen und den vol-au-vent, eine suppenschüsselgroße Pastete, auch Pastetenhaus genannt, zum Servieren von Fischgerichten, Ragouts, Krustentieren usw.

**Blätterteigpastete auf Königin Art:** eine meist kaffeetassengroße Pastete, gefüllt mit einem abwandlungsfähigen Ragout, oft bestehend aus gewürfeltem Hühnerfleisch, Champignons und Trüffeln, gebunden mit Geflügelrahmsauce.

**Blam-Plo:** *thailändische* Glasnudeln.

**Blanc de Blancs** *(franz.)*: Weißwein, der ausschließlich aus weißen Rebsorten gewonnen wird.

**Blanchieren:** *abbrühen, abwällen, brühen, überbrühen;* Gemüse, Salate usw. kurz in kochendes Wasser tauchen oder in siedender Flüssigkeit ziehen lassen. Diese Methode zeigt verschiedene Wirkungen. Manche Nahrungsmittel werden dabei verfestigt, z. B. das Bries. Gemüse wird die Schärfe oder der bittere Geschmack genommen und die Farbe bleibt erhalten. Durch Blanchieren wird auch das Abziehen oder Häuten erleichtert. Die Zutaten mancher Gerichte, insbesondere Gemüse, sollten nur nach dem Blanchieren gegart werden. Gemüse anschließend in kaltem oder Eiswasser abschrecken.

**Blanc-manger** *(franz.)*: Mandelsulz; eine kalte Süßspeise aus so genannter Mandelmilch. Dafür werden geschälte Mandeln zerstampft, mit etwas Wasser und Sahne zu einer Paste verrührt und durch ein Tuch gepresst. Die so entstehende Mandelmilch wird mit Vanillezucker, Zucker, Gelatine und kurz vor dem Erstarren mit Schlagsahne vermischt.

**Blankett:** s. *Blanquette.*

**Blanquette (de veau)** *(franz.)*: *Blankett, Weißgericht;* bekanntes Gericht mit Variationen, eine Art Ragout aus weißem Fleisch, z. B. vom Huhn, Kalb (de veau) usw. in einer weißen Sauce, wobei die Sauce anders als beim Frikassee getrennt zubereitet wird. Ein Kalbsblankett z. B. wird bereitet, indem man Kalbfleischwürfel in einer Fleischbrühe mit Kräuterbündel, Möhren und Zwiebeln gart. Daneben wird ein *roux blanc* hergestellt, mit der Brühe abgelöscht und mit Eigelb und Sahne gebunden. Zum Schluss werden das Fleisch und die anderen Zutaten mit der weißen Sauce überzogen und eventuell noch mit Champignons vermischt (s. a. *Kalbfleisch, eingemachtes*).

**Blanquette de veau à l'ancienne** *(franz.)*: gekochtes Kalbfleisch in einer Sahnesauce nach alter Art. Kalbfleisch wird in kaltem Wasser aufgesetzt und zum Kochen gebracht. Dann werden Hühnerbrühe, Karotten, Lauch, Lorbeer, Petersilienstängel, Salz, Sellerie, Thymian und Zwiebeln hinzugefügt und alles zusammen gegart. Zum Schluss wird das abgeseihte Fleisch mit gedünsteten Champignons und Zwiebeln vermischt, mit einer Sauce aus heller *roux*, Eigelb und Sahne übergossen und mit Petersilie bestreut.

**Blatt:** s. *Schlachtfleisch*.

**Blatterbsen:** s. *Kichererbsen*.

**Blattkohl:** s. *Grünkohl*.

**Blattsellerie:** s. *Sellerie*.

**Blattzichorie:** *Catalogna*; eine aus Italien stammende Salatpflanze mit löwenzahnartigen Blättern.

**Blatz:** *Bloatz, Platz;* Blechkuchen mit Brotteig und verschiedenen Belägen; wird warm zu *Äppelwoi* (s. d.) gegessen *(Hessen)*.

**Blaubeeren:** s. *Heidelbeeren*.

**Blauchabis** *(schweiz.)*: Rotkohl.

**Blaue Krabbe:** an der Ostküste Amerikas, im Nord- und Südatlantik und im Mittelmeer beheimatete bläuliche Krabbe, die beim Kochen rot wird.

**Blaue Zipfel:** *saure Zipfel;* bayer./fränk. Spezialität. Rostbratwürstchen werden in einen mit Lorbeer, Salz und Zucker gewürzten Sud aus Essig, Wasser und Zwiebeln gegeben und ziehen darin ca. eine Viertelstunde lang; werden im Sud serviert.

**Blauer Heinrich:** Westfälischer Eintopf aus dem Ruhrgebiet, hauptsächlich aus Rindfleisch, Graupen, Kartoffeln, Lauch, Möhren und Zwiebeln bereitet.

**Blauer Ziegenfisch:** farbiger, im Nordwest-Atlantik vorkommender Meerfisch mit aromatischem Fleisch.

**Blaufelchen:** *Große Schwebrenke, Rheinanke;* Verwandte des Lachses aus den nördlichen Seen der Alpengebiete mit wohlschmeckendem Fleisch; wird wie Forelle zubereitet.

**Blaufisch, Blaubarsch:** Vorkommen in allen tropischen und subtropischen Gewässern, auch im Mittelmeer. Das gräulich gefärbte Fleisch wird sehr geschätzt.

**Blauhai:** ein in tropischen bis nordischen Meeren vorkommender Hai mit besonders in Japan geschätztem Fleisch.

**Blaukabis:** s. *Blauchabis*.

**Blaukochen:** eine bestimmte Methode, Fische zu garen. Dabei werden die frisch geschlachteten Fische, wie Aale, Forellen, Hechte, Karpfen u. a. in einem Sud gegart, der nicht kochen, sondern im Widerspruch zum Wortlaut, nur sieden darf.

**Blaukraut** *(österr, südd..)*: Rotkohl.

**Blauleng:** schlanker Dorschfisch der Nordmeere, mit festem schmackhaftem Fleisch, zum Braten, Räuchern und Trocknen (auch für *Stockfisch*).

**Bläuling:** *Lackpilz;* Speisepilz von Sommer bis Herbst in Laub- und Nadelwäldern.

**Blauschimmelkäse:** *blue cheese (engl.), fromage bleu oder persillé (franz.);* mit seiner Konsistenz zwischen halbfestem Schnittkäse und Weichkäse und seinem bläulichen Innenschimmel ist Blauschimmelkäse ein sehr vielseitiger Käse. Er wird in Aufstrichen, zum Überbacken, bei Pastagerichten, zur berühmten *Blue cheese sauce* etc. verwendet. Es gibt unzählige Sorten, bekannt sind u.a. *Bavaria Blue, Danablue, Gorgonzola, Roquefort*. Für den Schimmel sind Penicillin-Stämme verantwortlich.

**Blé noir** *(franz.)*: Buchweizen.

**Blei:** *Brachse, Brasse;* europäischer Süßwasserfisch, der bis zu 70 cm lang werden kann und ein wohlschmeckendes, aber grätenreiches, zum Grillen, Kochen und Räuchern geeignetes Fleisch besitzt.

**Bleichsellerie:** s. *Sellerie*.

**Blend** *(engl.)*: Teemischung, auch allgemein für Vermischen, Verschneiden bei Gewürzen, Spirituosen usw.

**Blending** (*engl.*): auch *Blend;* Verschneiden oder Vermischen von verschiedenen Whiskies; z.B. Malt und Grain zu Scotch oder z.B. von Whisky mit Kornsprit; auch in den USA und Japan üblich (Blended Whisk(e)y), s.a. *Vatted*.

**Blendling:** Bezeichnung für den vor allem in den Gewässern der Ostseeküste gefangenen Mischling zwischen Scholle und Flunder; ein beliebter Speisefisch.

**Bleu** *(franz.)*: Garstufe bei Fleisch, außen stark angebraten, im Innern völlig roh.

**Blikke:** s. *Güster*.

**Blindbacken:** eine Backmethode, bei der Springformen, Tortenringe, Tortenförmchen u.a. dünn mit Auslegeteig gefüttert, mit Hülsenfrüchten, Tonkugeln oder Reis gefüllt werden, damit die Form erhalten bleibt. So entstehen leere Formen aus gebackenem Teig, die z.B. zum Füllen verwendet werden können.

**Blindes Huhn:** s. *Westfälisches Blindhuhn*.

**Blini:** *Bliny (russ.) Plinsen, Plinzen, Buchweizenpfannkuchen;* in kleinen eisernen Spezialpfännchen hellbraun gebackene Pfannkuchen mit Abwandlungen bei der Zubereitung. Z.B.: Aus halb Buchweizenmehl und halb Weizenmehl oder nur Buchweizenmehl (auch Maismehl), Butter, Eiern, Hefe, Milch, saurer Sahne oder Sauermilch, Salz und Zucker wird ein Hefeteig hergestellt und dann portionsweise ausgebacken. Oft werden die fertigen Blinis mit geschmolzener Butter übergossen. Unter Feinschmeckern ist die *russische* Version beliebt: Blini (Plural; blin Singular) mit Kaviar und saurem Rahm.

**Blintschki** (*russ.*): Eierpfannkuchen, unter die vor dem Backen steifer Eischnee gehoben wird.

**Blitzblätterteig:** ein schnell zubereiteter Blätterteig. Der Teig besteht aus Mehl, viel Butter, Wasser und etwas Salz. Der ausgerollte Teig wird bis auf 2/3 der Fläche mit Butterstückchen belegt und in 3 Lagen übereinander geschlagen, dann um 90° gedreht, ausgerollt und viermal übereinander gelegt, erneut gedreht und wiederum viermal gefaltet.

**Blitzkuchen:** s. *Eclair*.

**Bloaters:** frische Heringe, die gleich nach den Fang gesalzen und kurz geräuchert werden.

**Blockwurst:** s. *Plockwurst*.

**Blöcher:** ein fränkisches Backwerk aus Mehl, Butter, Eigelb und Zucker mit Arrak aromatisiert und schwimmend in Fett goldbraun gebacken, mit Zimt und Zucker bestreut.

**Blondieren:** leicht in Butter bräunen, z. B. Zwiebelringe.

**Blood pudding** *(engl.)*: eine Art Pastete aus Schweinebauch, Speck, gewürzter Brühe, mit Roggenmehl gebunden *(Großbritannien* und *Skandinavien)*.

**Blootwoosch** *(rhein.)*: *Flönz;* Blutwurst, s. *Kochwürste*.

**Blue Castello:** s. *Blå castello*.

**Blue Cheshire:** *englischer Blauschimmelkäse* (s. a. d.).

**Blue Mountains-Kaffee:** s. *Kaffee*.

**Blume:** s. *Hüfte* (Fleisch).

**Blumenkohl:** *Karfiol (österr.)*; Kohlart von feinzartem Geschmack, schneeweiß bis elfenbeinfarben, hellgrün oder sogar violett, als Gemüse, für Salate, Pfannengerichte und Aufläufe geeignet.

**Blumenkohlpilz:** s. *Krause Glucke*.

**Blumenmädchenart:** Fleischgarnitur mit Artischockenböden, Blumenkohlröschen, klein geschnittenen grünen Bohnen, Erbsen, Perlen von Karotten, weißen Rüben und Schlosskartoffeln, alles nappiert mit Holländischer Sauce.

**Blunzen:** *bayer.* und *österr.* Bezeichnung für Blutwurst mit oder ohne Speckeinlage.

**Blutente:** Ente, die nicht in üblicher Weise geschlachtet, sondern erdrosselt wird.

**Blutig:** *rare, underdone (engl.), saignant (franz.)*; Garstufe beim Fleisch, außen braun gebraten, innen rosa mit blutigem Kern.

**Blutreizker:** *echter Reizker, Reizker;* Speisepilz in Nadelwäldern und an Waldrändern auf feuchtem Boden, von Juli bis November, von hervorragendem Geschmack, eignet sich besonders gut zum Braten.

**Blutwurst:** s. *Kochwürste*.

**Bobo:** marktgängige Bezeichnung für getrocknete Mangoscheiben.

**Bobó:** z. B. *Bobó de camarões (bras.)*; Maniokpüree mit Kokosmilch und Krabben (*Bahia*).

**Bobot(i)e:** *südafrikanisches* Nationalgericht (auch in *Namibia* heimisch) mit sehr unterschiedlichen regionalen Abwandlungen. Mancherorts versteht man darunter einen Auflauf, der aus durchgedrehtem Lammfleisch, Eiern, Mandeln, Rosinen und Zwiebeln besteht und mit Curry, Pfeffer, Salz und Zucker gewürzt wird. Nach einem anderen Rezept handelt es sich um einen Rindfleischeintopf, der hauptsächlich aus Rinderhackfleisch, Backpflaumen, Erdnusskernen, Rosinen, Weißbrot und Zwiebeln besteht, mit Eiern, Milch und Wasser gebunden und mit Curry, Lorbeer, Salz und Zitronensaft gewürzt wird.

**Bockbier:** ein starkes Bier, das seinen Namen von der alten Stadt Einbeck *(Niedersachsen)* hat; s. a. *Bier*.

**Bockshornklee:** *Fenugreek (engl.)*; bitteres Küchenkraut. In Indien oft Bestandteil von Masalas.

**Bockwurst:** Brühwurst, die meist mit Knoblauch, Koriander, Paprika, weißem Pfeffer, Salz und Schalotten gewürzt wird.

**Bodenkohlraben** (*südd.*)**:** s. *Kohlrüben*.

**Bodschwina:** s. *Botwinja*.

**Böhmische Dalken:** Gebäck, meist aus Hefeteig, aber auch aus Grieß-, Kartoffel- oder Quarkmasse und in der Regel mit *Powidl* (s. d.)bestrichen oder gefüllt und mit Puderzucker bestreut *(Tschechien, Slowakei* und *Österreich)*.

**Bölledünne, Bölleflade** *(schweiz.)***:** Zwiebelkuchen, mit dünnem Boden (Hefeteig).

**Börek:** s. *Beurreck*.

**Bœuf** *(franz.)***:** Rindfleisch.

**Bœuf à la bordelaise** *(franz.)***:** mariniertes Roastbeef mit einer Sauce, die mit Rindermark, Rotwein und Rahm zubereitet wird.

**Bœuf à la mode** *(franz.)***:** der klassische Schmorbraten mit unzähligen Varianten. Grundsätzlich wird ein gespickter Rinderbraten, vornehmlich von der Schwanzrolle oder Unterschale, in einer gewürzten Marinade aus rotem Burgunder mehrere Stunden lang gebeizt und danach, im Ganzen oder in Würfel geschnitten, mit Speck und Zwiebeln angebraten. Hinzu kommen Cognac, Piment, Pfeffer und Salz. Aus Bratensatz, Fleischbrühe, Marinade und Gewürzen wird die Sauce zubereitet.

**Bœuf bourguignon** oder **Bœuf à la bourguignonne** *(franz.)***:** Rindfleisch auf Burgunder Art. Nicht zu große Rindfleischwürfel werden mit einem Ansatz aus Speck- und Zwiebelwürfeln und Karotten angebraten. Gehackter Knoblauch und *bouquet garni* sowie kleine Champignons und ganze Schalotten kommen dazu und alles wird mit Burgunder aufgegossen. Bei geringer Hitzezufuhr gart das Gericht; ist der Wein eingekocht, wird wieder aufgefüllt. So köchelt das Gericht etliche Stunden. Gewürzt wird mit Salz und Pfeffer.

**Bœuf Stroganov:** *Rinderfilet Stroganow, Filet Stroganoff;*

Rindfleischgericht, ursprünglich aus Russland, das beinahe auf der ganzen Welt mit geringfügigen Abwandlungen zubereitet wird. Zum Beispiel werden blutig gebratene Filetstreifen mit sautierten Champignonscheiben, Pfeffergürkchen, goldgelb gerösteten Zwiebeln und saurer Sahne vermischt und mit Essig, Senf und Zitronensaft gewürzt.

**Bœuf Woronow** *(franz.)***:** s. *Rindfleisch Woronow*.

**Bogavante** *(span.)***:** Hummer.

**Bogen:** s. *Schlachtfleisch* (Rind).

**Bográcsgulyás** *(ung.)***:** Kesselgulasch.

**Bohémienne** *(franz.)***:** Gemüsebeilage, die vor allem aus Auberginen, Knoblauch, Tomaten und Zwiebelringen besteht.

**Bohnen:** ein Gemüse, das man nach Wuchs, Form der Hülsen und Farbe unterscheidet in *Gartenbohnen* (*Busch*- oder *Zwergbohnen*), *Stangen*- oder *Kletterbohnen*, *Schnittbohnen* (breite Hülsen), *Brechbohnen* (runde Hülsen), *Wachsbohnen* (gelbes Fleisch), *Spargelbohnen* usw. Die so genannten *Saubohnen* (*Dicke* oder *Puffbohnen*) haben große, nierenförmige Kerne. Die Bohnenkerne kommen frisch und getrocknet als *Hülsenfrüchte* (s.d.) auf den Markt. Die Dicken Bohnen gibt es auch bei uns vielfach als Gemüse, eingemacht oder frisch. Zu den wichtigsten Sorten gehören die Kidney-, Borlotti-, Augen- und Wachtelbohnen sowie die Weiße und die Schwarze Bohne u.v.m.

**Bohnen, Birnen und Speck:** s. *Gröner Hein*.

**Bohnenkäse:** s. *Bohnenquark*.

**Bohnenkraut:** *Aalkraut, Saturei, Pfefferkraut, Wurstkraut;* aus dem Mittelmeerraum stammendes Gartenkraut mit würzigem, scharfem Geschmack, für grüne Bohnen, Eintöpfe, Hammelgerichte, Kartoffelsalat, Kräuterbutter, Suppen usw.

**Bohnenquark:** *Bohnenkäse, Tofu, Sojabohnenquark, Sojabohnen-käse, doufu (chin.), Du Bu (Korea), tofu (jap.)*; ostasiatisches puddingartiges Produkt aus Sojamilch, mit vielseitiger Verwendbarkeit. Man unterscheidet gelben *(taukwa)*, getrockneten, gebratenen, geräucherten und roten Bohnenquark. Gepresster und meist in Reiswein fermentierter Quark wird auch *Tempeh* genannt und schmeckt erheblich schärfer als frischer Bohnenquark.

**Bohnensprossen:** die zarten Keimlinge der Mungobohne oder Sojabohne. Kann man in Einmachgläsern oder Keimgeräten gut selber ziehen; außerdem frisch geschnitten im Plastikbeutel oder konserviert in Dosen erhältlich. Das vielseitig verwendbare Gemüse kommt ursprünglich aus Ostasien und wird heute hauptsächlich in den USA angebaut. Sojabohnensprossen müssen blanchiert werden, sie sind roh nicht genießbar; s.a. *Sprossen*.

**Bohnensuppe:** in Deutschland gibt es viele regionale Rezepte. Zumeist ist es eine leicht sämige

Suppe aus weißen Bohnen (in manchen Landesteilen aus grünen Bohnen), Fleischbrühe, Speck, Fleisch, Kräutern, Kartoffeln. Auf der Iberischen Halbinsel nimmt man Hammelfleisch, Rotwein, Kartoffeln, braune Bohnen und Olivenöl; in Griechenland gart man Augenbohnen in einer Zwiebel-Knoblauch-Tomatensauce usw.

**Boiled dinner** *(engl.)*: US-amerikanischer Eintopf aus gepökeltem Rindfleisch, Kartoffeln, Möhren, Roten Rüben, Weißkohl und Zwiebeln *(Neuengland/USA)*.

**Bollen, Böllen** *(schweiz.)*: Zwiebeln.

**Bollenfleisch:** *Berliner* Spezialität. Es handelt sich um einen Eintopf, der hauptsächlich aus Lamm- oder Hammelfleisch, Quetschkartoffeln und Zwiebeln (Bollen) besteht und mit Kümmel, Lorbeer, Salz und Pfeffer gewürzt wird.

**Boller:** *skandinav.* Bezeichnung für Klöße.

**Bollito** *(ital.)*: gekocht.

**Bollito misto:** *italienischer* Fleischtopf mit Abwandlungen und zahlreichen Zutaten, wie Kalbfleisch, Kalbshüfte, Poularde, Rinderzunge oder Fehlrippe, gekochte und ungekochte Wurst, Lauch, Möhren, Zwiebeln etc., alles gegart in Wasser und Weißwein und gewürzt mit Nelken, Lorbeer, Petersilie, Pfefferkörnern, Salz, Selleriekraut u.a. Wird oft mit *Salsa verde* (s.d.) serviert.

**Bolo** *(bras., port.)*: Kuchen.

**Bollos:** *mexikanische* Hefeküchlein.

**Bolognese, alla** *(ital.)*: Zubereitung mit Sauce, die zumeist aus gehacktem Rind- und Schweinefleisch, Gemüsen, Pilzen, Schinken und Tomaten besteht und mit Knoblauch und vielen Kräutern gewürzt wird.

**Bombay duck:** ausschließlich in den *indischen* Gewässern vorkommender Tiefseefisch, zur Familie der so genannten Laternenfische zählend. Der Fisch wird meist gesalzen und getrocknet verwendet. Er wird in Stücke geschnitten und in Öl ausgebacken zu Reis gegessen.

**Bombilla:** Trinkgefäß für Mate-Tee, meist eine ausgehöhlte Kalebasse *(Süd-* und *Mittelamerika,* vor allem *Argentinien* und *Süd-Brasilien)*.

**Bongo bongo:** Gericht von den *Südseeinseln* mit vielen Abwandlungen. In einem Fischfond werden Muschelfleisch, insbes. Abalone, Austern mit Spinatblättern und Lotuswurzeln gekocht. Dann wird die Brühe abgeseiht und mit einem Brei aus Kokosfleisch und Kokossahne verrührt. Vor dem Servieren wird das Muschelfleisch wieder hinzugefügt.

**Bonito, Atlantischer:** *Pelamide*; Vorkommen im tropischen und subtropischen Atlantik, auch in der Nordsee und im Mittelmeer; wird wie Makrele oder Thunfisch zubereitet.

**Bonito, echter:** *gestreifter Thunfisch;* ein kleinerer Thunfisch; Vorkommen in warmen

Meeren; wirtschaftlich bedeutend für *Japan, Peru* und die *USA*.

**Bonne femme:** s. *Hausfrauenart.*

**Boquerón** *(span.)*: *Sardelle, Anchovis.*

**Bordeaux:** der aus dem Weinbaugebiet Bordelais stammende Wein.

**Bordelaiser Art:** *à la bordelaise (franz.)*, Garnitur für Fleisch mit Scheiben von pochiertem Ochsenmark und Bordelaiser Sauce.

**Bordelaiser Sauce:** s. *Sauce à la bordelaise.*

**Bordüre:** eine aus Reis o. dgl. bestehende essbare Einfassung von Speisen, aber auch für einen gepressten, gestürzten oder gespritzten Ring zum Füllen mit Speisen, wie Gemüse, Ragouts etc.

**Borjúpörkölt** *(ung.)*: Pörkölt aus Kalbfleischwürfeln, die mit gebräunten und paprizierten Zwiebeln gedünstet, mit Knoblauch und Salz gewürzt und zum Schluss mit Paprika und Tomaten vermischt werden. Als Beilage sind Nockerln oder *Tarhonya* (s. d.) üblich.

**Borkenschokolade:** lockere, borkenähnliche Röllchen aus Schokolade.

**Borlottibohne:** eine auch bei uns angebaute, italienische, ovale rötlich gefleckte Bohne, leicht bitter-süßer Geschmack, für Eintöpfe, z. B. Minestrone etc.; s. a. *Bohnen.*

**Borretsch:** Gurkenkraut; deutsche Würzpflanze mit Gurkengeschmack, die jungen Blättchen und Blüten schmecken auch in Salaten und als Gemüse, wird vielfach beim Einlegen von Gurken als Gewürz verwendet.

**Borsanske cufte:** gebratene Klößchen aus Rinderhack in einer Sauce aus Eiern und Joghurt, gewürzt mit Kümmel, Pfeffer und Salz. Die Klöße werden mit der Sauce zusammen so lange gegart, bis diese stockt *(Bosnien* und andere Länder aus dem ehemaligen Jugoslawien*)*.

**Borschtsch:** *barszcz, borschtsch malorussiski, borschtsch moskowskii;* berühmte *russische* rote Rüben-Suppe ukrainischer Herkunft mit regionalen Abwandlungen. Vor allem besteht die Suppe aus Roten Rüben oder einem Extrakt von solchen, Rindsbouillon und Zwiebeln, gewürzt mit Dill, Essig, Knoblauch, Lorbeer, Pfefferkörnern, Salz und Suppengrün. Die Brühe wird mit Mehl und Rahm gebunden und über klein geschnittenes Suppenfleisch gegossen. Unmittelbar vor dem Anrichten wird zu jeder Portion ein Löffel Sauerrahm gegeben. Eine Variante ist der *borschtsch malorussiski* oder *moskowskii,* eine Suppe aus einer Julienne von Lauch, Petersilienwurzeln, Roten Rüben, Sellerie und Weißkraut, aufgegossen mit Wasser und gewürzt mit Lorbeer, Pfefferkörnern, Salz und Tomatenpüree. In die Brühe kommt Räucherspeck, Rinderbrust und geräuchte Wurst. Wenn alles gegart ist, werden geriebene Rote Rüben, vermischt mit Sahne, hineingerührt. Dazu werden *Piroschki* (Piroggen) und *SMETANA* (s.d.) serviert.

**BORSCHTSCH MALORUSSISKI:** s. *BORSCHTSCH*.

**BORSCHTSCH MOSKOWSKII:** s. *BORSCHTSCH*.

**BORSOS-TOKÁNY:** *Pfeffer-tokány*; bekanntes *ungarisches* Fleischgericht. Fein geschnittene Zwiebeln werden goldgelb gedünstet, dann werden Tomaten und Streifen von Rindsfiletbraten dazugegeben. Das Ganze wird weiter gedünstet und zum Schluss mit Weißwein eingekocht. Gewürzt wird mit Knoblauch, Majoran, Pfeffer, Salz und Tomatenmark.

**BOSTON BAKED BEANS** *(engl.)*: ein Gericht aus Kidney- und weißen Bohnen sowie geräuchertem Fleisch oder Bauchspeck. Die Bohnen werden in Wasser, in das man zuvor braunen Zucker, Pfeffer, Salz und Senfpulver gegeben hat, gegart. Getrennt werden Knoblauch, Fleisch bzw. Speck und Zwiebeln angebraten. Sobald die Bohnen gar sind, das Wasser abschütten und das Bratgut hinzufügen. Tomatenmark oder Ketchup untermengen. Im Ofen backen und mit Gewürznelken, Pfeffer, Senf, Salz u.a. abschmecken (*Nordamerika;* im 19. Jh. das Sabbatgericht der Puritaner). Gelegentlich kam auch Rum dazu. Es gibt zahlreiche Varianten.

**BOTANA:** ein *mexikanischer* Snack oder Dip, der u.a. mit Maistortillas zu Getränken gereicht wird (s.a. *ANTOJITOS*).

**BOTERHAM** *(holl.)*: Butterbrot.

**BO(U)TIFARRA**: Oberbegriff für eine festfleischige spanische Wurst, die hauptsächlich aus Schweinefleisch, vielen Gewürzen, Weißwein u.a. besteht.

**BO(U)TIFARRA A LA CATALANA:** *span.* Würste, weiß oder schwarz, die aus mit Weißwein oder Rotwein gebundenem Schweinefleisch hergestellt und mit Nelken, Oregano, Pfeffer, Salz und Zimt gewürzt werden. Sie werden zunächst luftgetrocknet und dann in Salzwasser gekocht.

**BOTSCHAFTER ART:** *à l'ambassadeur (franz.)*; Fleischgarnitur mit gefüllten Artischockenböden, Herzogin-Kartoffeln und geriebenem Meerrettich.

**BOTSCHAFTERINSAUCE:** Sauce aus einer Geflügelvelouté, die mit Eigelb, Geflügelpüree und Sahne gebunden und mit weißem Pfeffer und Salz gewürzt wird; hauptsächlich für Geflügelgerichte.

**BOTTARGA** *(ital.)*: in *Italien* (hpts. Sardinien) gepresster und getrockneter Meeräschenrogen; in dünnen Scheiben als Vorspeise gereicht, aber auch als Gewürz für zahlreiche Gerichte verwendet (s.a. *BOUTARGUE*).

**BOTTERMELKSUPP:** in *Norddeutschland* Buttermilchsuppe mit Grießklößchen und Speck oder mit Reis.

**BOTWINJA:** kalte Suppe aus gedünstetem und püriertem Sauerampfer, Spinat und Roten Rüben samt Blättern, mit (Brot-) Kwas oder Weißwein aufgefüllt, mit Estragon, Fenchelgrün, Kerbel, Meerrettich, Petersilie, Salz, Zitronensaft und Zucker gewürzt und mit in Streifen geschnittenen Salatgurken, gekochtem Stör oder Lachs vermischt *(Polen* und *Russland).*

**BOUCHÉE:** s. *BLÄTTERTEIGPASTETE.*

**BOUDIN (NOIR):** *franz.* Blutwurst aus fettem Speck, Schweineblut, Sahne, Zwiebeln und Gewürzen; Abwandlungen mit Kastanien und Marc (*Burgund*) oder Petersilie, Milch und Reis (*Louisiana/ Südstaaten der USA*) u.v.m.

**BOUILLABAISSE:** *provenzalische* Fischsuppe aus verschiedenen Mittelmeerfischen, wie *Drachenkopf, Meeraal, Meerbarbe, Merlan, Petermännchen, Rascasse, Rotzunge* usw. Die Fische werden auf ein Bett aus gedünstetem Lauch und Zwiebeln gelegt, darüber kommt ganz wenig Anis, ferner Bohnenkraut, Fenchel, Knoblauch, Lorbeer, Petersilie, Pfeffer, Safran, Salz und Thymian. Dann wird alles mit Tomaten bedeckt und mit Fischfond aufgegossen. Die Fische sollen mehr garziehen als kochen. Mancherorts werden noch Langusten, Königskrabben und Muscheln hinzugefügt. Zum Schluss werden alle Fische (Krustentiere usw.) wieder herausgenommen und getrennt von der Suppe serviert. Die Suppe selbst wird in eine Terrine gegossen, in die man vorher gebratene, mit Knoblauch gewürzte Weißbrotscheiben gegeben hat. Separat wird eine *ROUILLE* (s.d.) serviert. Von dem Gericht gibt es zahlreiche Abwandlungen *(Südfrankreich,* besonders *Marseille).*

**BOUILLI:** *kanadischer* Eintopf mit Abwandlungen. Hauptsächlich besteht er aus grünen Bohnen, Hammelfleisch, Rindfleisch, gepökeltem Schweinefleisch, Suppenhuhn, Karotten, Kartoffeln, Rüben, Weißkraut und Zwiebeln. Gewürzt wird unter anderem mit Lorbeer, Pfeffer und Thymian.

**BOUILLON:** kräftige Fleischbrühe, die Basis der *CONSOMMÉ* (s.d.). Zur Herstellung von Bouillon werden Rindsabschnitte und -knochen kalt aufgesetzt und mit Wurzelwerk, wie Karotten, Lauch, Petersilienwurzel, Sellerie, Zwiebeln usw. sowie Knoblauchzehen mehrere Stunden lang gekocht. Anschließend wird in dieser Brühe Rindfleisch gegart, zum Schluss die Brühe passiert, entfettet und geklärt. Dunkle Bouillon bereitet man ebenso, nur werden zunächst das Gemüse und die Knochen gebräunt.

**BOUILLONKARTOFFELN:** Kartoffelwürfel, die zusammen mit Gemüse in einer kräftigen Bouillon gekocht und mit dieser serviert werden. Passt gut zu gekochter Ochsenbrust.

**BOULA BOULA:** eine der bekanntesten Suppen Ozeaniens, eine Palmweinsuppe, mit zahlreichen regionalen Abwandlungen. Ein Beispiel: Die reine *boula boula* wird ohne Einlage serviert, Zutaten, wie Perlzwiebeln oder Früchte, werden getrennt angerichtet. Die *boula boula maui* dagegen wird mit einer Fisch- oder Fleischeinlage bereitet, wobei meist Schweinehaut oder Fischmagen verwendet werden. Die Rinderbrühe wird mit Kardamom, Lorbeer, Pfefferkörnern, Piment, Thymian und Zimt gewürzt und mit süßem

Palmwein und zerdrückten Tomaten vermischt. Wird die Suppe kalt serviert, wird vor dem Servieren noch ein Esslöffel frische Sahne hinzugefügt.

**Boula boula maui:** s. *Boula boula*.

**Boulangère, à la** *(franz.)*: Bäckerinart.

**Bouquet garni** *(franz.)*: Gewürzsträußchen; Kräuter- und Wurzelsträußchen oder getrocknete Kräuter im Mullsäckchen, zum Würzen von Fleischgerichten, Brühen, Saucen und Suppen. Das *bouquet garni* wird mitgekocht und vor dem Anrichten entfernt. Wesentliche Bestandteile sind Lorbeer, Petersilienstängel und Thymian, manchmal auch Estragon und Kerbel.

**Bourbon:** s. *Whisk(e)y*.

**Bourbon-Vanille:** die Kletterpflanze stammt ursprünglich aus Zentralamerika und Mexiko, wo sie schon der Inka-Herrscher Moctezuma in seinem Schokoladengetränk schätzte. Sie ist eine der besten Vanillearten, die zuerst nur auf der Insel Réunion-Bourbon, später aber auch auf allen übrigen Inseln im indischen Ozean angebaut wurde und wird. Hauptproduzenten: *Madagaskar* und *Réunion*.

**Bourguignonne, à la:** s. *Burgunder Art*.

**Bourride:** provenzalische Fischsuppe. *Court bouillon* aus Fischköpfen, Gräten usw., Lauch, Wasser, Weinessig, Weißwein und Zwiebeln, gewürzt mit Apfelsinenschale, Fenchel, Lorbeerblättern und Salz, wird vermischt mit etwas *sauce aïoli* (s. d.). In dieser Brühe werden Filets von verschiedenen Fischen, wie Goldbrasse, Heilbutt, Kabeljau, Schellfisch, Steinbeißer, Steinbutt usw. gegart; gewürzt wird mit Pfeffer, Salz und Zitronensaft. Die Fischstücke und die restliche *sauce aïoli* werden separat serviert, die Suppe auf Croûtons angerichtet *(Frankreich)*.

**Boursin:** *franz.* Doppelrahm-Frischkäse aus der Champagne, mit pikantem Geschmack, der mitunter durch Knoblauch, Kräuter oder Pfeffer gesteigert wird.

**Boutargue:** wird auch *Weißer Kaviar* genannt: es handelt sich um gesalzenen und gepressten Meeräschenrogen *(Südfrankreich)*. In *Japan Karasumi* genannt (s. a. *Bottarga*).

**Bouza:** *ägyptisch-arabisches* bierähnliches Getränk aus vergorener Hirse oder Weizen.

**Boverli** *(schweiz.)*: frische grüne Erbsen.

**Bovril:** Name eines aus Kanada stammenden Fleischbrühekonzentrats.

**Boxty:** traditionelles *irisches* Gericht aus rohen geraspelten Kartoffeln, die zu Klößen, Pfannkuchen, nach Zusatz von Zucker sogar zu Kuchen verarbeitet werden.

**Boysenbeere:** Rückzüchtung aus *Loganbeere*, Brombeere und Himbeere, kräftiges Aroma, wird vor allem für Marmeladen und Kompotts verwendet.

**Bozzoli:** zylinderförmige *italienische* Teigware.

**Bo-zushi:** s. *Sushi*.

**Braai:** *südafrikanisches* Barbecue.

**Brachse:** s. *Blei*.

**Brägele:** *badisch-schwäbische* Bezeichnung für Bratkartoffeln.

**Brägeln:** schmoren, knusprig braten (*alemannisch*).

**Brägen:** s. *Bregen*.

**Brägenwurst:** s. *Bregenwurst*.

**Brät:** Rohmasse für Brühwurst aus magerem und rohem Rindfleisch, Schweinefleisch usw. sehr fein zerkleinert und gewürzt.

**Braise** *(franz.)*: stark gewürzte Schmorbrühe, zum Garen von Fleisch oder Geflügel.

**Brätling:** *Brotpilz;* gelblicher Speisepilz, der im Gebirge in Laub- und Nadelwäldern vorkommt. Wird nur gebraten gegessen.

**Braisé** *(franz.)*: geschmort.

**Braisière** *(franz.)*: verschließbarer Schmortopf, aber auch brauner Fond (s. *Fond*).

**Braisieren** *(franz.)*: schmoren, ein Garverfahren, das zwischen Braten und Kochen liegt (s. *schmoren*).

**Bramata:** grober Maisgrieß für Polenta.

**Bramborová polevká:** ein *tschechischer* und *slowakischer* Suppeneintopf aus Kartoffeln, Kohl, Möhren und Sellerie, angereichert mit Champignons und gebratenen Speckscheiben, gewürzt mit Knoblauch und Majoran.

**Brame:** s. *Brombeere*.

**Brandade:** *provenzalisches* Gericht. Gewässerten Stockfisch, zusammen mit Knoblauch in sehr heißes Öl geben und nach und nach Milch hinzufügen, bis die Masse eine püreeartige Konsistenz erhält. Mit gerösteten Croûtons servieren *(Frankreich)*.

**Brandhorn:** eine Mittelmeerschnecke in einem stacheligen Gehäuse, wenig ergiebig.

**Brandmasse:** *Brandteig* (s. d.).

**Brandteig:** *Brandmasse, Brühteig;* Teig für Vorspeisen und Gebäck, wie E*clair, Liebesknochen, Spritzkuchen, Windbeutel* usw. Wasser wird mit Butter, Milch, Salz und Zucker aufgekocht. Dann wird Mehl auf einmal hineingegeben und so lange gerührt, bis sich die Masse vom Gefäß löst. Schließlich werden Eier, eventuell auch Sahne untergezogen und die Masse mit Salz und Zucker gewürzt. Der Teig wird mit dem Spritzsack in kleinen Portionen auf das Backblech gespritzt und dann gebacken.

**Brandteigkrapfen:** *beignets soufflées (franz.)*; mit dem Löffel ausgestochene Brandteigkugeln werden in tiefem Fett gebacken und mit Puderzucker bestäubt sowie mit Creme u. a. gefüllt; s. a. *Duchesses*.

**Branntwein:** s. *Armagnac, Cognac* u.a.

**Brasato al Barolo** *(ital.)*: norditalienisches Gericht (namentlich Piemont). Kalbs- oder Rinderbraten wird zusammen mit Gemüsen, mehreren Gewürzen, Sardellen, Speck und Barolo (Rotwein) über Nacht mariniert und dann darin geschmort.

**Brasilkirsche:** s. *Pitanga*.

**Brasilnuss:** s. *Paranuss*.

**Brasse:** s. *Blei*.

**Braten:** Garmethode, bei der Eier, Fisch, Fleisch u.a. entweder in der Pfanne unter Verwendung von Fett oder im Backofen unter Zufügung von Flüssigkeit gegart werden.

**Braten oder garen, in tiefem Fett:** ein Vorgang, bei dem Speisen in viel Fett in der Pfanne oder Fritteuse schwimmend oder halbschwimmend ausgebacken werden.

**Brathähnchen:** s. *Huhn*.

**Brathering:** s. *Hering*.

**Bratkartoffeln:** Röstkartoffeln; rohe oder gekochte Kartoffeln werden in Scheiben oder Würfel geschnitten und in Öl, Schmalz oder Butter knusprig gebraten, dazu kommen je nach Geschmack oder Region Speck, Wurst, Schinken und/oder Gewürze, z.B. Kümmel.

**Bratklopse:** s. *Buletten*.

**Bratkluft:** nordd. Bezeichnung für die Oberschale des Rindes.

**Bratl** *(österr.)*: Schweinebraten.

**Bratling:** gebratener Gemüse- oder Getreideklops, zumeist vegetarischer Ersatz für Fleisch.

**Bratsatz:** beim Braten von Fleisch, Fisch u.a. austretender und am Boden der Kasserolle oder Bratpfanne zurückbleibender aromatischer Saft. Wird meist zur passenden Sauce verarbeitet (s.a. *Fond* und *Jus*).

**Bratwurst:** Roh-, Brüh- oder Kochwurst aus Kalb- oder Schweinefleisch, zum Grillen oder Braten geeignet.

**Braunbier:** landläufige Bezeichnung für ein schwaches, obergäriges Bier von brauner Tönung, das heute seltener hergestellt wird (s.a. *Bier*).

**Braune chaud-froid-Sauce:** s. *sauce chaud-froid*.

**Braune Grundsauce:** *espagnole, sauce espagnole*, spanische Grundsauce, spanische Sauce; Ausgangsbasis der braunen Saucen, wie der *sauce madère, sauce perigueux, sauce chevreuil, sauce bigarade* usw. Nach der so genannten modernen Methode werden Kalbsknochen, Rinderknochen, Schinkenknochen, Speckschwarten und Speckabgänge zusammen mit *Mirepoix* angeröstet, mit Mehl bestäubt und leicht weiter geröstet. Dann wird mit Fleischbrühe, Wasser oder Wein aufgefüllt; außerdem werden Knoblauch, Kräuterbündel und Tomaten oder Tomatenmark hinzugefügt. Das Ganze wird mehrere Stunden lang unter mehrmaligem Reduzieren bis zur gewünschten Konsistenz eingekocht. Diese Methode unterscheidet sich von der herkömmlichen, weil die separate Herstellung von braunem Fond und brauner *roux* eingespart wird. Für Wildsaucen werden Wildknochen, Wildabgänge und Wacholderbeeren verwendet.

**Brauner Fond:** s. *Fond.*

**Brauner Reis:** Braunreis, Naturreis; Bezeichnung für entspelzten, jedoch nicht polierten Reis von brauner Farbe, der bei uns als so genannter Naturreis auf den Markt kommt (hat noch Keimling und Silberhäutchen).

**Brauner Zucker:** *Farinzucker, Rohrzucker, Rohzucker*; meist aus Zuckerrohr gewonnener, ungebleichter Zucker von brauner Farbe für Lebkuchen, gebrannte Creme u. Ä. aber auch Eintöpfe.

**Braunhäubchen:** Maronenpilz, Maronenröhrling; feiner Speisepilz, der im September in Nadelwäldern gefunden wird.

**Braunkohl:** s. *Grünkohl.*

**Braunpilz:** s. *Mu-err.*

**Braunreis:** s. *brauner Reis.*

**Braunschweiger:** streichfähige, leicht geräucherte Mettwurst aus Schweinefleisch, Gewürzen und Speck.

**Braunsenf:** s. *Rau cai.*

**Breadfruit** *(engl.)*: s. *Brotfrucht.*

**Breakfast** *(engl.)*: Frühstück (s. a. *Brunch*).

**Brechbohnen:** s. *Bohnen.*

**Bredi:** südafrikanischer Eintopf, vor allem aus Gemüsen, Lammrippchen und Reis.

**Bregen:** *Brägen;* norddt. Bezeichnung für Hirn.

**Bregenwurst:** fette Rohwurst aus Rind- und Schweinefleisch, Zwiebeln, meist ohne Bregen, d.h. Hirn, gewürzt mit Ingwer, Muskat und Pfeffer, leicht geräuchert; zu Grünkohl (*Niedersachsen*).

**Breitling:** s. *Gareisl.*

**Bremer Klaben:** Hefestollen mit Korinthen, Mandeln und Rosinen.

**Bremer Labskaus:** berühmtes Seemannsgericht aus gepökelter Rinderbrust, Zwiebeln, gestampften Kartoffeln und Roten Rüben, mit Pfeffer und Senf gewürzt; alles zu einem Brei vermischt und mit Matjesfilet, Salzgurke und Spiegelei serviert.

**Brennnessel:** Wildkraut, dessen junge Schößlinge und Blätter für Salate, Saucen, Suppen und als Gemüse verwendet werden.

**Brennsuppe:** *schwäbische* Suppe auf der Grundlage einer Mehlschwitze.

**Brennt's Mus:** ein *schwäb.*, besonders im Allgäu bereitetes Gericht. In heißem Fett wird Musmehl, d.h. grob gemahlenes Weizenmehl, bei dem nur ein Teil der Getreidehülsen entfernt ist, angeröstet, mit Wasser oder Brühe aufgefüllt und zu Brei gekocht, gesalzen und so serviert.

Eine Abwandlung ist das Musmehlmus. Unter ständigem Rühren wird das Musmehl in kochende Milch gestreut. Unmittelbar vor dem Servieren werden zerlassene Butter und Schwarzbrotwürfel darüber gegeben.

**Breslauer:** eine schmackhafte Brühwurst aus Rind-, Schweinefleisch und Speck, mit der Lyoner verwandt.

**Bressane, à la** *(franz.)*: eine Garnitur für Bressegeflügel, das mit Champignons, Gänseleber, Trüffel u.a. gefüllt wird.

**Bressaola:** gepökeltes und luftgetrocknetes mageres Rindfleisch, in hauchdünnen Scheiben serviert und oft mit Olivenöl, frisch gemahlenem Pfeffer u.a. zusätzlich gewürzt *(Norditalien)*.

**Bresse bleu:** Bezeichnung für franz. Blauschimmelkäse aus der Landschaft Bresse.

**Bresse-Hühner:** *poulets de Bresse;* die besten Hühner der Welt aus der franz. Bresse-Region. Nach einem Gesetz von 1957 sind sie eine Art Warenzeichen. Der Züchter bedarf einer Lizenz, die Hühner werden nur mit natürlicher Nahrung wie Würmer, Mais und Buchweizen gefüttert und nach der Schlachtung in Milch getaucht. Die echten Bresse-Hühner tragen ein blau-weiß-rotes Gütesiegel.

**Bresse-Poularden:** s. *Bresse-Hühner*.

**Bretonische Art:** *à la bretonne (franz.)*; eine Fleischgarnitur, bestehend aus weißen Bohnen, die in einer Sauce aus Weißwein, Butter, Knoblauch, Tomatenmark und Zwiebeln zubereitet und mit Petersilie bestreut wird.

**Bretonne, à la** *(franz.)*: s. *Bretonische Art*.

**Brettljause:** eine *österreichische* Brotzeit z.B. mit Speck, Wurst, *Kren* (s.d.), *Verhackert* (s.d.) u.a. zum Bauernbrot.

**Brezel:** Gebäck in der typischen Brezelform, aus Hefe-, Mürbe- oder Blätterteig, mit Salz bestreut, mit Käse überbacken oder mit Butter bestrichen, passt gut zum Wein (s.a. *Laugenbrezel*).

**Bridieren** *(franz.)*: durch Binden oder Nähen die gewünschte Form geben, z.B. bei Geflügel; verleiht ein appetitliches Aussehen und ermöglicht ein allseitiges Bräunen.

**Brie:** Weichkäse aus Kuhmilch mit heller Schimmelrinde, ursprünglich aus Frankreich (Brie und Champagne) heute gibt es ihn überall.

**Bries:** *Kalbsmilch, Kalbsröschen, Milcher, Milken, Mönch;* Thymusdrüse des Kalbs oder Lamms, das längliche Bries liegt in der Nähe des Halses, das runde (begehrtere) hinter dem Brustbein, in der Nähe des Herzens. Eignet sich für *Ragouts, Salpicons* (s.j.d.), zum Panieren und Einbacken usw. und ist leicht verdaulich. Vor der Verarbeitung muss das Bries gewässert, blanchiert, enthäutet und unter leichtem Druck ausgekühlt werden.

**Brik:** *nordafrikanische,* besonders in Tunesien beliebte Spezialität, mit Ei, Hackfleisch o.a. gefüllte Taschen aus so genannter *MALSOUQUA/MALSUKA* (s.d.), einem seidenpapierdünnen Teig. In Marokko aus *WARKHATEIG* (s.d.) hergestellt. Werden auch mit *PHYLLO-(FILO-)TEIG* (s.d.) zubereitet.

**BRILLAT-SAVARIN:** eine kaum noch nachvollziehbare Garnitur für Wild und Wildgeflügel. Dazu werden Tarteletts mit Schnepfen-Soufflé gefüllt und mit Trüffelscheiben verziert. Als Sauce dient eine mit Wildessenz vollendete *demi-glace*. Eine gleichnamige Suppe besteht aus Püree von Hühner- und Kaninchenfleisch und *velouté*, mazeriert mit Madeira und garniert mit Möhren- und Trüffelstreifen. Denselben Namen trägt ein säuerlich-frisch schmeckender camembertartiger Doppelrahm-Weichkäse aus verschiedenen Gegenden Frankreichs, u.a. der Normandie.

**BRINSEN:** s. *LIPTAUER*.

**BRIOCHE:** *Apostelkuchen;* runder Hefekuchen, oft mit verschiedenen Füllungen aus Cremes, Fleisch, Früchten, Geflügel, Wild usw.; wird in speziellen Brioche-formen gebacken. Der Teig besteht im Wesentlichen aus Butter, Eiern, Hefe und Mehl. Nach einer Faustregel verwendet man für 500 g Mehl je nach Außentempertaur 5–10 g Hefe, 500 g Butter, 7 Eier, etwas Milch und Wasser und eine Prise Zucker. Zu starkes Gären macht das Produkt säuerlich, zu geringes Gären den Teig zu schwer. Die Hefe wird in Milch und Wasser aufgelöst. Es wird ein fester Teig geknetet, zur Kugel geformt und kreuzförmig eingeschnitten. Der Teig muss etwa eine halbe Stunde gehen (so genannter Vorteig). Aus dem übrigen Mehl wird mit Eiern, Salz und Wasser ein Teig so lange geknetet, bis er nicht mehr kleben bleibt. Dann wird er mit Butter und dem Vorteig vermischt und bis zu 3 Stunden zum Gehen zugfrei zur Seite gestellt, danach wieder zusammengeschlagen und nochmals ca. 3 Stunden gehen gelassen. Ohne Briocheform wird eine Kugel geformt, auf die eine kleinere Kugel, der so genannte Kopf, aufgesetzt wird. Vor dem Backen den Teig nochmals gehen lassen. Ein Pfund schwere Brioches benötigen ca. 25 Min. Backzeit. Die Garprobe mit einem Holzstäbchen durchführen. Der Unterschied zwischen Briocheteig und normalem Hefeteig liegt in der Buttermenge.

**BRIOCHE DE FOIE GRAS** *(franz.):* Gänseleber im Briocheteig; mit Trüffeln gespickte und mit einer Speckscheibe umwickelte Gänseleber in Briocheteig gebacken.

**BRIOUAT:** *marokkanisches* Gebäck aus *WARKHA-TEIGBLÄTTERN* (s.d.) in Dreieckform, pikant oder süß, gefüllt mit Fleisch, Fisch, Geflügel oder Nüssen, knusprig und goldbraun gebacken. Die süße Version wird anschließend in Honig getaucht.

**BRIQUE:** ein *franz.* Ziegenkäse.

**BRISOLETTEN:** feine Frikadellen aus Kalbfleisch, die vor dem Braten in ein Schweinenetz gehüllt werden; s. *BULETTE*.

**Broccio:** ein Quarkkäse aus Schafs- oder Ziegenmilch, der auch mit Rum und Zucker vermischt vorzüglich schmeckt *(Frankreich, Korsika)*.

**Broccoli:** *Brokkoli, Spargelkohl;* grünes blumenkohlartiges Gemüse, sehr vitaminreich; stammt von Kohlarten aus Kleinasien ab, wird inzwischen überall angebaut.

**Broche, à la** *(franz.)*: vom Spieß.

**Brochet** *(franz.)*: Hecht.

**Brochette** *(franz.)*: kleiner, mit Fleisch, Speck, Zwiebeln usw. bestückter Spieß bzw. an Spießchen gegrillt.

**Brockelbohnen:** *Pfälzer* Eintopfgericht aus jungen grünen Bohnen, Kartoffeln, Räucherspeck, Schweinenacken und Zwiebeln, gewürzt mit Bohnenkraut, Pfeffer und Salz.

**Brockel-Erbsen:** *südd.* Bezeichnung für grüne Erbsen.

**Brockfleisch:** s. *Bruckfleisch.*

**Brodet:** *serbokroatische* Fischsuppe mit vielen Variationen, hauptsächlich aus verschiedenen Sorten Meeresfischen, Reis, Tomaten und Zwiebeln. Eines der bekanntesten Rezepte ist die *brodet na dalmatinski način*, die aus verschiedenen angebratenen Fischen, Tomaten und Zwiebeln besteht. Die Zutaten werden zusammen mit Polenta oder Reis in einer mit Essig und Wein vermischten Flüssigkeit gegart. Gewürzt wird mit Knoblauch, Lorbeer, Petersilie, Pfeffer und Salz.

**Brodet na dalmatinski način:** s. *Brodet.*

**Brodetto** *(ital.)*: Suppe, meist Fischsuppe aus Aal, Muscheln, Tintenfischen, Weißfischen u. v. a. Es gibt davon unzählige Rezepte.

**Brodetto alla Romana** *(ital.)*: Suppe vom Rind und Lamm. Aus dem Fleisch, Bleichsellerie, Möhren, Petersilie und Zwiebeln wird eine Brühe bereitet, die mit Eigelb und Parmesan legiert und mit Majoran, Nelken usw. gewürzt auf Brotscheiben angerichtet wird. Das Fleisch und das Gemüse werden getrennt gereicht.

**Brød** *(norw.)*: Brot.

**Brodo** *(ital.)*: Brühe aus Fisch, Fleisch oder Gemüse.

**Bröschen:** *Kalbsbries* (s. d.); Bezeichnung in *Sachsen*.

**Brötchen:** *Semme(r)ln, Weckerl* (*österr.*), *Weggli* (*schweiz.*).

**Broiled oysters and bacon** *(engl.)*: in Speckscheiben gehüllte und mit Champignons auf Spießchen gesteckte Austern, auf dem Rost gebacken und mit Kräuterbutter angerichtet *(Nordamerika)*.

**Broiler:** regionaler Name für Grillhähnchen *(Ostdeutschland)*.

**Broil, to** *(engl.)*: braten, rösten.

**Broken:** Qualitätsbezeichnung für Tee aus fein zerbrochenen Blättern.

**Brombeere:** *Kratzbeere, Brame;* dunkelrote bis schwarze kugelige, aromatisch süßsäuerlich schmeckende, wild oder kultiviert wachsende Beere, für Gelees, Marmeladen, Säfte usw.

**Brosame:** Brot- oder Semmelbrösel.

**Brossé** *(franz.)*: gebürstet, Bezeichnung für Trüffeln, deren raue Schale glatt gebürstet wird, bevor die Pilze auf den Markt kommen.

**Brot:** ein Grundnahrungsmittel, hergestellt aus verschiedenen Mehlsorten, Wasser, Salz und Treibmittel, wird in zahllosen Formen gebacken. Hauptbestandteile können sein u.a. Roggen, Weizen, Mais, Gerste, Soja, Hirse, Hafer oder Reis, sowie Hefe oder Sauerteig und verschiedene Gewürze, manchmal auch Gemüse, Fleisch, Milch oder Milchprodukte. Typische Brotsorten sind z.B.: knuspriges Baguette aus Frankreich, türkisches Fladenbrot, Knäckebrot, das ursprünglich aus den skandinavischen Ländern kommt, deutsche dunkle Holzofenroggenbrote, Gewürzbrote aus Bayern, Pumpernickel aus Westfalen usw.

**Brotado:** mariniertes Rindfleisch mit Anchovis, Kapern und Knoblauch zu Ragout verarbeitet *(Südfrankreich)*.

**Brotfrucht:** *breadfruit (engl.)*; runde, kopfgroße Frucht mit einer gelbgrünen, noppigen Schale. Das Fleisch ist hellgelb, wird gekocht, frittiert oder gebacken und schmeckt leicht nach mehlig gekochten Kartoffeln (tropische Länder, namentlich *Karibik*).

**Broth** *(engl.)*: Brühe.

**Brotmantel:** Gericht, das in einen Brotteig, z.B. Roggenteig, gehüllt und gebacken wird (*Schinken im Brotteig*, s.d.).

**Brotpanade:** s. *Panade de pain blanc*.

**Brotpilz:** s. *Brätling*.

**Brotzeit** *(südd.)*: Nachmittagsvesper oder Zwischenmahlzeit.

**Broufado** *(franz.)*: Spezialität aus der Provence; mariniertes Rindfleisch mit gehackten Zwiebeln, Essig, Kapern und Sardellen, schichtweise gelegt.

**Brouillé** *(franz.)*: vermischt, geschlagen; Rührei heißt auf Französisch *œufs brouillés*.

**Brouilly:** einer der neun besten Crus aus dem Beaujolais (Frankreich), fruchtig, rund, erfrischend; der Lieblingswein von Paul Bocuse.

**Broutard** (*franz.*): Jungrind (3 bis 10 Monate alt).

**Brownie:** *US-amerikanisches* Gebäck mit viel Schokolade und gemahlenen Nüssen; aus einem großen Kuchen werden Rechtecke geschnitten.

**Bruch:** s. *Käsebruch*.

**Bruckfleisch:** *österr.* Spezialität. Innereien und Rindfleisch werden mit Wurzelwerk und Fleischbrühe gegart. Gebunden wird mit Blut und Mehl und gewürzt mit Essig, Majoran, Pfeffer und Salz; dazu werden im Allgemeinen Knödel gereicht.

**Brühen:** s. *Blanchieren* und *Abbrühen*.

**Brühkartoffeln:** Kartoffelscheiben, die in einer Mischung aus Bouillon, Butter, Karotten, Kerbel, Lauch, Petersilie und Zwiebeln gegart werden.

**Brühteig:** s. *Brandteig*.

**Brühwürste:** Wurstsorte, von der es mehrere hundert Arten gibt. Die Brühwurst besteht immer aus fein zerkleinertem Fleisch mit verschiedenen Einlagen. Nach dem Abfüllen wird die Wurst meist heiß geräuchert und dann gebrüht. Beispiele: *Bierwurst, Debrecziner, Knackwurst, Krakauer, Lyoner, Schinkenwurst, Weißwurst* u.a.

**Brüsseler Art:** Garnitur für Fleisch mit Madeirasauce, serviert mit gedünstetem Chicorée und *Schlosskartoffeln* (s.d.).

**Brüsseler Chicorée:** s. *Chicorée auf Brüsseler Art.*

**Brüsseler Kohl:** s. *Rosenkohl*.

**Brüsseler Poularde:** eine vorzugsweise in der verschlossenen Schweinsblase mit Gewürzen gedämpfte Poularde, die mit Kalbsbries, Champignons u.a. serviert wird.

**Brüsterl:** der hintere Teil der Kalbsbrust, für gefüllte Kalbsbrust, Ragouts und Rollbraten geeignet.

**Brunch** *(engl.)*: Zusammenziehung der Begriffe Breakfast und Lunch, eine Mahlzeit zwischen Frühstück und Mittagessen, bestehend aus kleinen Gerichten, gegrilltem oder kurz gebratenem Fleisch, Eierspeisen, Lachs u.v.a. Ersetzt heute oft das Mittagessen.

**Brunnenkresse:** groß- und dickblättrige Kresseart, die wild an klaren Wasserstellen wächst, aber auch angebaut wird.

**Brunoise** *(franz.)*: feinwürfelig geschnittenes Gemüse, insbesondere Wurzelgemüse, in Fett angeröstet.

**Brunsli:** *schweizerisches* Gebäck aus Eiweiß, Mandeln und Mehl, gewürzt mit Koriander, Nelken und Zimt sowie Kirschwasser und bitterer Schokolade.

**Bruschetta** *(ital.)*: Ursprünglich wurde geröstetes Weißbrot mit Knoblauch eingerieben, mit Olivenöl besprenkelt und mit Salz und Pfeffer bestreut. Diese Version hat sich weiterentwickelt zu einem warmen, ganz unterschiedlich belegten Snack, z.B. mit gehackten Tomaten und Zwiebeln usw.

**Brust:** beim Rind das Fleischstück zwischen den Vorderbeinen, unterhalb des Halses. Beim Kalb, Schwein und Hammel beginnt die Brust direkt hinter dem Kopf. Beim Rind setzt sich die Brust zusammen aus Brustspitze, Mittelbrust/Brustkern und Nachbrust. Beim Kalb aus Brustspitze und Brust oder Brüsterl. Beim Lamm und beim Hammel spricht man nur von Brust.

**Brustspitze:** vorderer Teil der Rinder-, Kalbs- und Schweinebrust, beim Kalb auch dünne Brust genannt. Die Brustspitze des Rindes ist u.a. zum Kochen (gekochte Rinderbrust) geeignet, die Brustspitze des Kalbes für eingemachtes Kalbfleisch, Ragouts u.a. und die des Schweines zum Kochen (z.B. für *Pichelsteiner Topf*, s.d.) und für Gulasch.

**Brut** *(franz.)*: sehr herb, insbesondere bei Champagner.

**Brut intégral/Brut Zéro** *(franz.)*: sehr trockener Champagner.

**Bruzzeln:** *süddeutscher* Ausdruck für sanftes Braten oder Kochen im Allgemeinen.

**B'stilla:** auch *Bastilla*; *marokkanische* Pastete aus hauchdünnen *Warkha-Teigblättern* (s.d.), deren Füllung aus Taubenfleisch, Mandeln u.a. besteht. Gewürzt wird z.B. mit Ingwer, Piment, Safran und Zimt; es gibt auch eine süße Variation.

**Bubbert:** im ehemaligen *Ostpreußen* und in *Russland* beliebte, puddingartige Eierspeise.

**Bubble and squeak** *(engl.)*: eine Mischung aus gebratenen Fleischresten vom Hammel, Kalb oder Rind, Kartoffeln und Kohl.

**Bube(n)spitzle** *(schwäb.)*: s. *Schupfnudeln*.

**Buca** *(ital.)*: Ochse.

**Bucatini** *(ital.)*: ca. 4cm lange, an beiden Enden schräg abgeschnittene Hohlnudeln aus Hartweizen.

**Buccelato:** Gebäck (Weihnachtskringel) aus Sizilien.

**Bucconi** *(ital.)*: delikate Mittelmeerschnecke, die besonders in Sardinien sehr beliebt ist; s.a. *Purpurschnecke*.

**Bûche:** s. *Baumstamm*.

**Buchteln:** kleine Hefeteigstücke, gefüllt mit Marmelade, Mohn, *Powidl* (s.d.) oder Quark; in der Pfanne oder im Ofen gebacken, ähnlich den Dampfnudeln *(Österreich* und *Tschechoslowakei)*.

**Buchweizen:** *alforfón (span.), blé noir (franz.), grano saraceno (ital.), Heidenkorn, Paterkorn;* kein Getreide, sondern anspruchsloses Knöterichgewächs, das in Nordeuropa, Frankreich, Nordamerika und Sibirien angebaut wird; Verwendung finden die enthülsten Samen roh oder als Mehl, Grütze oder Schrot, der Geschmack ist mehlig-nussig; wird insbesondere für russische *Blini* (s.d.) verwendet.

**Buchweizengrütze:** eingeweichter Buchweizen, in Milch gekocht, mit Zucker und Zimt bestreut (*Schleswig-Holstein*); s.a. *Kascha* und Grütze.

**Buchweizenpfannkuchen:** s. *Blinis*.

**Buck ging ngap** *(chinesisch)*: s. *Bě-jíng-tián-ya* (Pekingente).

**Bückling:** leicht gesalzener, heiß geräucherter ganzer Hering mit Kopf.

**Bügle:** s. *Büglein*.

**Büglein:** *Bügle*; die Vorderbeine kleiner Schlachttiere, wie Kaninchen, Zicklein u. dgl. *(Süddeutschland)*.

**Bülbora** *(ital.)*: ursprünglich aus dem Tessin kommende Suppe bestehend aus Kürbis, Fleischbrühe, Milch, Brot, Butter, Zwiebeln, Salz, Pfeffer und Rahm.

**Bündner Fleisch:** luftgetrocknetes Rindfleisch von der Keule; man serviert es mit Schwarzbrot, Butter und trockenem Weißwein (*schweiz.* Spezialität aus *Graubünden*).

**Bürgermeister-Kartoffeln:** s. *Maire-Kartoffeln*.

**Bürgermeisterstück:** *Pastorenstück*; das über der Kugel liegende Fleischstück der Rinderkeule (s. *Schlachtfleisch*), von hervorragendem Geschmack, zum blutig bis rosa Braten, für Gulasch, Ragout, Sauerbraten und Schmorbraten geeignet.

**Bürli:** *schweizerisches* dunkles Brötchen mit krosser Rinde, mehrere kranzförmig zusammengebacken.

**Budín** *(span.)*: Pudding; aber auch mit dem *Flan* (s. d.) verwandtes, aus Gemüse, manchmal auch mit Fleischfüllung zubereitetes und mit Käse überbackenes Gratin *(Mexiko)*.

**Bug:** Stück von der Schulter des Schlachtfleisches. Man unterscheidet beim Rind zwischen dickem Bug und Mittelbug. Der dicke Bug vom Rind eignet sich u. a. für Rollbraten und Rouladen, der Mittelbug, ein Teil der Schulternaht, ist sehr gutes Kochfleisch. Beim Kalb wird der dicke oder flache Bug mit Vorliebe für Ragout verwendet, beim Schwein zu Vorderschinken und beim Hammel zu Ragout, Rollbraten usw. verarbeitet. Beim Schwein und beim Hammel ist Bug gleichbedeutend mit Blatt und Schulter.

**Bugschaufelstück:** s. *Schlachtfleisch* (Rind).

**Bukett:** in der Weinsprache die Gesamtheit der aus dem Glas aufsteigenden Aromen.

**Bulbenik:** jüdischer Kuchen aus rohen Kartoffeln, Mehl, Eiern, Hefe, Öl und etwas Zucker.

**Bulbenzwiebel:** *Luftzwiebel, Ägyptische Zwiebel;* Variante der Speisezwiebel, bildet unterirdisch und oberirdisch kleine Zwiebeln (in den Blütenständen und zwischen den Blüten) aus.

**Bulette:** *Bratklopse, Brisoletten, Deutsches Beefsteak, Frikadellen, Frikandellen, Hacksteak;* etwa handtellergroße, abgeflachte und gut gewürzte Fleischklopse, die zumeist aus Hackfleisch von Schlachttieren, Geflügel, Wild oder Fisch, Eiern, eingeweichtem Brot und Zwiebeln bestehen und mit Kräutern, Pfeffer, Salz und Senf gewürzt werden. *Bulette* ist eine Berliner Wortschöpfung und kommt vom französischen Wort *boulette,* was Fleischkloß heißt. *Fleischpflanzerl* oder *-laiberl* heißen die Buletten in Österreich, *Hackplätzli* in der Schweiz, *Fleischküchlein* in Süddeutschland, *Frikadeller* in Skandinavien.

**Bulgogi:** *koreanisches* Nationalgericht. Mariniertes Rindfleisch wird gegrillt, mit Knoblauch gewürzt und mit scharfen Beilagen und Saucen serviert.

**BULGUR:** s. *BURGHUL*.

**BULLA:** *afrikanisches*, aus einer bananenähnlichen Frucht gewonnenes Mehl, das zu Brei oder Fladenbrot verarbeitet wird.

**BUMBU:** malaiisch-indonesischer Sammelbegriff für Gewürze, Gewürzmischungen, trocken oder flüssig.

**BUNDAALE:** gebündelte junge, dünne Räucheraale.

**BUNTE BOHNE:** s. *WACHTELBOHNE*.

**BUNTE FINKEN:** *nordd.* Eintopf mit Variationen, hauptsächlich aus weißen Bohnenkernen, Kartoffeln, Lauch, Möhren, weißen Rüben, gewürzt mit Pfeffer, Salz und Zucker.

**BURAHOCKERLE:** eine Art *FLÄDLE*, hergestellt aus Eierkuchenteig mit geschlagenem Eiweiß, mit dem Löffel im Fett schwimmend ausgebacken *(Österreich)*.

**BUREHAMME** *(schweiz.)*: geräucherter Schinken.

**BURGER:** *(engl.)* Kurzform für Hamburger. Abwandlungen sind Chiliburger, Cheeseburger, Hawaiiburger, Gemüseburger u.v.a.

**BURGHUL:** *bulgur*, gekochte, gedarrte und geschrotete Weizenkörner, als Zutat von Füllungen, Salaten, Suppen usw., nussiger Geschmack. Die Körner werden von der äußeren Schicht befreit und zerstoßen (*arabische* Getreidespezialität).

**BURGONYA** *(ung.)*: Kartoffel.

**BURGUNDER:** ein Begriff aus der Weinsprache. Er steht sowohl für Weine aus dem Burgund als auch für bestimmte Rebsorten, wie blauer Burgunder, grauer Burgunder, weißer Burgunder u.a.

**BURGUNDER ART:** *à la bourguignonne (franz.)*; Garnitur für geschmortes Fleisch oder Schinken, aber auch für Fisch oder Schnecken. Über das Fleisch wird eine Mischung von Champignonköpfen, Würfel von Räucherspeck und gebratenen Zwiebelchen gegeben. Der Schmorsaft wird mit Rotwein zu einer Sauce verkocht. Zu Fisch wird lediglich eine Rotweinsauce bereitet.

**BURGUNDERSAUCE:** s. *SAUCE BOURGUIGNONNE*.

**BURGUNDER SCHINKEN:** gekochter Schinken, in Burgunder Sauce angerichtet.

**BURMA TAK:** *pers.* Spezialität; Weinblätter werden mit einer gut gewürzten Farce aus Hammelfleisch, Hühnerleber und Reis gefüllt, in Salzwasser gegart und in tiefem Fett ausgebacken.

**BURRIDA:** *ital.* Fischtopf mit zahlreichen Rezepten (vgl. auch *BOURRIDE*).

**BURRITO:** mit Grieben oder Fleisch gefüllter mexikanischer Pfannkuchen (*TACO*, s.d.), in tiefem Fett gebacken.

**BURRO** *(ital.)*: Butter.

**BURRO NOCCIOLA** *(ital.)*: Nussbutter, d.h. gebräunte Butter.

**BURUK:** s. *BEURRECK*.

**Burzelkraut:** s. *Portulak*.

**Busa:** s. *Buza*.

**Buschbohnen:** s. *Bohnen*.

**Busecca:** *bussega*; eine *ital.-schweiz.* Spezialität aus dem Tessin; ein Eintopf aus Kutteln, weißen Bohnen, Kartoffeln, Kohl, Lauch, Sellerie, Räucherspeck, Rübli und Zwiebeln, gegart in Brühe und Weißwein und gewürzt mit Tomatenmark u.a. Das Rezept kennt zahlreiche Variationen.

**Bush tucker:** *australisches* Traditionsgericht bestehend aus viel Fleisch, deftig zubereitet, hauptsächlich Rindfleisch, aber auch Kamel, Känguru oder Krokodil.

**Bussega:** s. *Busecca*.

**Busserln** *(österr.)*: Kleingebäck (oft mit Eiweiß).

**Butt:** s. *Barbue (franz.)*.

**Butter:** Fettprodukt aus mind. 80 % Kuhmilch; die abgerahmte Sahne wird zu Butter verarbeitet. Die fertige Butter kann gesalzen oder mit Kräutern vermischt werden.

**Buttercreme:** *crème au beurre (franz.)*, Tortenfüllung aus schaumig gerührter Butter, Eigelb, Milch, Puderzucker und der gewünschten Geschmackszutat, wie Likör, Schokolade, Vanille, Zitronenschale usw. Der Einfachheit halber wird auch oft schaumig geschlagene Butter mit englischer Creme (*Crème anglaise*, s.d.) vermischt und je nach Geschmack aromatisiert.

**Butterfisch:** schmackhafter Speisefisch mit festem weißem Fleisch (Küstengewässer *Nordamerikas*).

**Butterkäse:** deutscher, halbfester Schnittkäse aus Kuhmilch von mildem, fein säuerlichem Geschmack.

**Butterkuchen:** Kuchen, der meist mit Zucker und Zimt oder zusätzlich noch mit Mandelblättchen bestreut wird. In einer Mehlmulde wird ein Vorteig aus Hefe, Zucker, etwas Milch und Mehl bereitet. Nach ca. 15 Min. werden reichlich Butterflöckchen, weitere Milch, Salz und Zucker hinzugefügt und die Mischung zu einem glatten Teig verarbeitet. Dieser wird so lange geschlagen, bis er Blasen wirft. Nach ca. 20 Min. wird der Teig gleichmäßig auf ein Backblech verteilt und mit Butterflocken belegt.

**Buttermilch:** beim Buttern verbleibende Restmilch, fast fettfrei (0,5 % Fett), guter Durstlöscher. Auch für Pfannkuchenteig und *Marinaden* (s.d.).

**Butternuss-Kürbis:** ein aus Südamerika stammender, jetzt auch in Nordeuropa angebauter Kürbis, birnenförmig und von gelber Farbe. Das wohlschmeckende Fleisch kann vielseitig verwendet werden.

**Butterpilz:** wohlschmeckender Speisepilz mit buttergelbem Fleisch, in Nadelwäldern vom Sommer bis Herbst.

**Buttersauce:** s. *Sauce Chantilly*.

**Butterschmalz:** geschmolzene, geklärte Butter; s. a. *Ghee* (in der Schweiz: eingesottene Butter).

**Butterteig** *(österr.)*: Blätterteig.

**Buza:** *busa;* ta(r)tarisches Hirsebier.

**By-dish** *(engl.)*: Beigericht.

**Byrrh:** französischer chininhaltiger Aperitif auf Rotweinbasis.

**Cabanossi:** würzige, pikante Rind- und Schweinefleischwurst mit viel Paprika, vom Balkan.

**Cabbage** *(engl.)*: Kohl, Weißkohl.

**Cabra** *(span.)*: Ziege.

**Cabrales:** asturischer Blauschimmelkäse, der aus Kuhmilch, manchmal auch aus einer Mischung von Schaf- und Ziegenmilch hergestellt wird *(Spanien)*.

**Cabrito** *(span.)*: Zicklein.

**Cacahue(a)te:** von den Azteken stammender, in die Sprache übernommener *spanischer* Name für Erdnuss.

**Cacahouète** *(franz.)*: Erdnuss.

**Cacciatore, alla** *(ital.)*: nach Jägerart; Huhn, Kaninchen oder Lamm werden in Rot- oder Weißwein zusammen mit Pilzen, Tomaten und Zwiebeln zubereitet. Gewürzt wird mit Knoblauch, Lorbeer, Rosmarin u. a.

**Cacciucco:** *italienischer* Fischeintopf, hauptsächlich aus Drachenkopf, Knurrhahn, Meeraal, Krebsen, Tintenfischen u. a. mit vielen Varianten.

**Cachaça:** *pinga, aguardente de cana;* brasilianischer Zuckerrohrschnaps, wasserklar oder braun (Fasslagerung); u. a. für *Caipirinha* (s. d.).

**Cacio** *(ital.)*: alter Ausdruck für Käse.

**Caciocavallo:** *ital.* Käse aus der Römerzeit, birnenförmig, aus Kuh- oder Schafsmilch, manchmal sogar Stutenmilch.

**Cadgery:** s. *Kedgerree*.

**Caesar salad** *(engl.)*: ein international ursprünglich aus Mexiko (*Tijuana*) stammender Salat aus Römischem Salat und gekochten Eiern, gewürzt mit Knoblauch, Pfeffer und Zitronensaft und vollendet mit Olivenöl, Croûtons, Parmesankäse und Sardellenfilets *(USA)*.

**Café-de-Paris-Butter:** *beurre Café de Paris (franz.)*; eine Buttermischung mit vielen Gewürzen und Aromaten, wie Apfelsinenschale, Cayennepfeffer, Currypulver, Dill, Estragonblätter, Kapern, Knoblauch, Madeira, Majoran, Orangenschale, Paprikapulver, Petersilie, Pfefferkörner, Rosmarin, Sardellenfilet, Salz, Senf, Schalotten, Schnittlauch, Thymian, Tomatenketchup, Weinbrand, Worcestersauce, Zitronensaft und Zitronenschale. Alles einen Tag durchziehen lassen, pürieren und unter die schaumig geschlagene Butter rühren.

**Café-de-Paris-Sauce:** s. *Sauce Café de Paris*.

**Caidu:** senegalesischer Eintopf aus Fisch und Reis.

**Caille** *(franz.)*: Wachtel.

**Caillettes** *(franz.)*: *provenzalische* Würstchen aus Innereien, Brät, Schalotten und Knoblauch, im Schweinenetz im Ofen gebacken.

**Caillettes aux herbes** *(franz.)*: Fleischklöße mit Kräutern; sie bestehen hauptsächlich aus Hackfleisch, Schweineleber, Mangold, Spinat, gewürzt mit Petersilie, Salbei etc. und werden im Schweinenetz in einem *Tian* (s.d.) mit Weißwein übergossen im Backofen gegart. Können warm oder kalt gegessen werden.

**Caimak:** eine Süßspeise der arabischen Länder aus Rahm, Schokolade und Zucker. Diese Zutaten werden zum Ballen gekocht, auf ca. 1 cm Stärke plattgewalzt und in Vierecke geschnitten. Nicht zu verwechseln mit *Kaimak* (*türk.* für Sahne).

**Caipirinha:** *brasilianisches* Nationalgetränk aus einer Mischung von *Cachaça* (s.d., Zuckerrohrschnaps), Limettenachtel, Rohrzucker und Eis.

**Caissettes** *(franz.)*: s. *Kästchen*.

**Cajú** *(bras.)*: Cashewnuss und -frucht.

**Cajun-Küche:** Name der ländlichen, etwas derben Küche der katholischen Siedler französischer Herkunft (ursprünglich in Kanada beheimatet) in Louisiana (im Gegensatz zur feinen Küche der Kreolen), deftig und indianisch beeinflusst, oft sehr scharf. Deshalb fehlen auch Krokodile und Schildkröten nicht. Typische Cajun- Rezepte sind zum Beispiel *Jambalaya, Gumbo* usw. *(USA)*. Ein wichtiges Gewürz: *Filépulver* (s.d.), gewonnen aus *Sassafras* (s.d.).

**Cake** *(engl.)*: Torte und Kuchen.

**Calabacines** *(span.)*: Zucchini.

**Calabaza** *(span.)*: Kürbis.

**Calamares** *(span.)*: Tintenfische.

**Calamares en su tinta** *(span.)*: Zubereitungsart für Tintenfische, bei der gegarte Sepien in einer Sauce serviert werden, die aus deren sog. Tinte bereitet, mit Mehl gebunden und mit Knoblauch, Muskatnuss, Pfeffer und Salz gewürzt wird.

**Calamari** *(ital.)*: Tintenfische.

**Caldeirada de peixe** *(port.)*: regional variierender Fischtopf, der meist Weißfische, Krustentiere u.v.a. enthält.

**Caldillo** *(span.)*: auch *Cazuela* (s.d.); in Nordmexiko ein Rindfleischtopf mit Tomaten, Zwiebeln und Chilis; meist von Männern zubereitet.

**Caldo** *(port., span.)*: Fleischbrühe, auf *ital.* heißt es warm.

**Caldo costero (de pescado):** Fischsuppe von den Kanarischen Inseln, die mit Meeresfischen, Krabben, Muscheln etc. bereitet wird. Dazu wird eine »Majado« serviert: Zwiebel, Knoblauch, Petersilie, Pfeffer-schoten und Brotbrösel werden gemörsert und mit Essig vermischt.

**Caldo de higado** *(span.)*: Suppe aus Fleischbrühe, pürierter Kalbsleber und Käse, mit Petersilie und gerösteten Weißbrotscheiben garniert (*Venezuela*).

**Calebasse** *(franz.)*: Flaschenkürbis.

**California Chile:** *Anaheim-Chile;* milde, grüne, lange Chilischoten, ursprünglich aus der Gegend von Anaheim (*Los Angeles, USA*), die bei uns meist eingelegt werden.

**Californiaroll:** kalifornische Sushi-Spezialität. In Klebereis werden Avocados, Fischrogen (*TOBIKO*, s.d.) und Gurken eingerollt; erscheint von dort wieder zurückimportiert in *Japan* als *ura maki* (s.a. *INSIDE OUT ROLL*).

**CALLALOO:** *callali, callau* u.a.; *karibisches* spinatartiges Gemüse, aber auch grüne Suppe aus den jungen, spinatähnlichen Blättern der Dasheen- oder Taropflanze (*Eddo*), einer ursprünglich aus Asien stammender Sumpfpflanze. In Westindien, namentlich auf Barbados, ist *Callaloo* auch eine Suppe aus Callaloo-Blättern, Hühnerbrühe, crabmeat, Okraschoten und Kokosnussmilch, gewürzt mit Knoblauch, schwarzem Pfeffer, *PICKAPEPPA-SAUCE* (s.d.) und fein gehackten Zwiebeln.

**CALLOS** *(span.)*: Kuttelfleck.

**CALVADOS:** Apfelschnaps aus *CIDRE* (s.d.) bzw. Äpfeln der Normandie (*Frankreich*); geschützte Bezeichnung.

**CALZONE** *(ital.)*: zugeklappte Pizza oder Hefeteigtasche mit vielerlei Füllungen (*calzone* heißt Schuh).

**CALZONI ALLA NAPOLITANA** *(ital.)*: neapolitanische Teigtaschen, gefüllt mit Mozzarellakäse, entsteinten grünen Oliven und gekochtem Schinken, gewürzt mit weißem Pfeffer und Salz.

**CAMARÕES** *(port.)*: Garnelen.

**CAMARÓNE** *(span.)*: Garnelen.

**CAMARÓNES À LA CRIOLLA** *(span.):* Hummerkrabben in Tomatensauce, vermischt mit scharfem Chili, Staudensellerie, Tomaten und Zwiebeln, gewürzt mit Lorbeer, Petersilie, schwarzem Pfeffer und Worcestersauce und gereicht mit Reis und Parmesankäse (*Dominikanische Republik*).

**CAMARÓNES CON SALSA DE ALMENDRAS** *(span.):* Suppe aus *Kolumbien* mit Abwandlungen, die jedoch hauptsächlich aus *camarónes*, Brühe, Mandeln, Rahm, Semmelbröseln, Wein und Zwiebeln besteht und mit Knoblauch, Paprikapulver und Zitrone gewürzt ist.

**CAMEMBERT:** der bekannteste Weichkäse mit Außenschimmel aus Rohmilch, kommt ursprünglich aus Frankreich und vor allem aus der *Normandie*.

**CAMOTE** *(span.)*: Süßkartoffel.

**CAMPARI:** *ital.* Bitterspirituose aus verschiedenen bitteren destillierten Kräutern mit anschliessendem Kräuteraufguss. Seine Bitterkeit verdankt Campari u.a. Orangenblättern und -schalen; beliebter Aperitif.

**CANA** *(bras., port)*: Zuckerrohr.

**CANAPÉS:** zugeschnittene oder ausgestochene Brotscheiben, die geröstet werden (oder nicht), mit Butter bestrichen und mannigfach belegt werden (s.a. *SANDWICH*).

**CANARD** *(franz.):* Ente.

**CANARD À L'ALSACIENNE** *(franz.):* s. *ENTE AUF ELSÄSSISCHE ART*.

**CANARD À L'ORANGE** *(franz.)*: Ente mit Orangensauce; die Ente wird sorgfältig dressiert und im Ofen gebraten. Der Bratensatz wird mit *FOND LIÉ* (s. d.) gelöst, mit Weinessig und Zucker vermengt und reduziert. Danach werden Orangensaft, Zitronensaft, Butterflocken, Grand Marnier und eine Julienne aus blanchierten Orangenschalen hinzugefügt. Mit dieser Sauce wird die Ente übergossen und zusätzlich mit Körbchen aus Orangenschalen, Spießchen usw. garniert.

**CANARD AU SANG** *(franz.)*: Ente in Blutsauce.

**CANARD BIGARADE** *(franz.)*: s. *ENTE BIGARADE*.

**CANARD ROUENNAISE** *(franz.)*: s. *ROUENNER ENTE*.

**CANCALE-AUSTERN:** s. *AUSTERN*.

**CANCHA** *(span.)*: in Lateinamerika übliche Bezeichnung für gerösteten Mais, der mit Pfeffer und Salz gewürzt wird.

**CANDY:** *US-amerikanischer* Sammelbegriff für Süßigkeiten.

**CANETON** *(franz.)*: junge Ente.

**CANETON ROUENNAIS »FÉLIX-FAURE«** *(franz.)*: ein berühmtes Blutentengericht, das zum ersten Mal auf dem Passagierschiff *Félix-Faure* serviert wurde. Es handelt sich um eine gegrillte Ente, angerichtet in einer Sauce aus Kalbsfond, rotem Bordeaux, den Innereien der Ente und Schalotten, gewürzt mit Lorbeer, Pfeffer, Portwein, Salz, Thymian und etwas Zitronensaft, flambiert mit Cognac und mit Butter aufgeschlagen.

**CANETTE DE BRESSE** *(franz.)*: s. *ENTEN*.

**CANGREJO** *(span.)*: Krebs.

**CANH CHUA:** säuerliche Fischsuppe, u. a. mit Tamarindenpaste, Ananas, *NUOC MAM* (s. d.), diversen Gewürzen und Kräutern *(Vietnam)*.

**CANH MIÊN:** Suppe aus Glasnudeln, Hühnerfleisch, Morcheln und *TONGKU-PILZEN* (s. d.), gewürzt mit Koriander und Schnittlauch (*Vietnam*).

**CANNELLE** *(franz.)*: Zimt.

**CANNELLINI-BOHNEN:** eine *italienische* Bohnensorte mit mittelgroßen weißen Kernen.

**CANNELONI:** große Röhrennudeln, zumeist mit Fleischfarce gefüllt und mit einer Tomaten-Béchamelsauce nappiert. Für die Füllungen werden hauptsächlich Eier, Hühnerleber, Parmesankäse, Rinderhackfleisch, Sahne, Spinat und Zwiebeln verwendet, gewürzt wird mit Oregano, Pfeffer und Salz *(Italien)*.

**CANNELONI ALLA NEAPOLITANA** *(ital.)*: Canneloni auf Neapolitanische Art. Hackfleisch, Knoblauch, Möhren, Petersilie und Zwiebeln werden in Olivenöl gedünstet und mit etwas Mehl bestreut. Dann wird Basilikum, Fleischbrühe, Muskatnuss, Oregano, Pfeffer, Salz und Weißwein hinzugefügt und gekocht. Zum Schluss wird Ei, Semmelbrösel und Parmesan untergemischt. Mit dieser Farce werden die Teigröhren gefüllt, in eine feuerfeste Form gelegt, mit Butterflöckchen, Parmesan sowie Tomatensauce bedeckt und ca. 40 Min. im Ofen gebacken *(Italien)*.

**Canneloni auf neapolitanische Art:** s. *Canneloni alla neapolitana*.

**Cannelons** *(franz.)*: gefüllte Hörnchen. Zur Herstellung wird *Halbblätterteig* (s.d.) um ein rundes Holz gerollt. Nach dem Backen werden die Röhren mit beliebigen Farcen gefüllt. Der Begriff wurde aus dem Italienischen übernommen.

**Cannolo:** eine ursprünglich aus Süditalien, namentlich Sizilien, stammende Süßspeise; eine in Öl ausgebackene knusprige Waffelrolle die mit kandierten Früchten, Schokolade, Ricotta u.a. gefüllt ist.

**Cantal:** einer der ältesten franz. Schnittkäse aus Kuhmilch *(Auvergne)*; eine Art Cheddar-Käse (darf nur zwischen dem 1. Mai und 31. Oktober aus Rohmilch hergestellt werden).

**Cantaloup-Melone:** glattschalig oder genetzt; bekannteste Sorte: *Charentais (Frankreich)* und *Ogenmelone (Israel)* mit warziger, stark gerippter Schale und sehr aromatischem Fruchtfleisch.

**Cantuccio:** *italienisches* Gebäck; ein trockener Mandelkeks, in den auch Anissamen und Pinienkerne verarbeitet werden. Wird meist vor dem Verzehr in *Vin Santo, Marsala* u.a. getaucht.

**Capella:** mehlig kochende Kartoffelsorte von kräftigem Geschmack.

**Capelletti:** *ital.* Teigwaren in Hütchenform, meist mit Fleischfüllung.

**Capellini** *(ital.)*: kommt vom italienischen *capello* – das Haar – und bedeutet haarfeine Nudeln, ähnlich unseren Fadennudeln.

**Cape-Malay:** Im 17. Jahrhundert brachten die Holländer muslimische Sklaven von der Insel Java nach Südafrika mit (damals Kapkolonie). Deren Nachkommen, Kapmalaien genannt, verwenden noch heute üppig wie gekonnt die Gewürzschätze Asiens bei der Zubereitung ihrer typischen Gerichte wie delikate Geflügelcurries, Fleischragouts mit Lamm, Springbock oder Strauß, *Bobote* (s.d.), die teilweise mit Eiern, Käse und Sahne überbacken werden.

**Caponata** *(ital.)*: saures Gemüse aus Auberginenwürfeln, Stangensellerie, Zwiebeln, Tomaten, Knoblauch, auch Oliven und Kapern. Alle Zutaten werden aufgekocht oder im Backofen gegart, mit Essig, Lorbeer, Salz, Pfeffer und Zucker gewürzt und kalt serviert, regional unterschiedliche Rezepte *(Süditalien, Sizilien)*.

**Caprice de Dieux:** franz. Doppelrahmkäse mit Außenschimmel.

**Capuns:** Mangoldwickel; in der Schweiz, insbesondere in *Graubünden*, gefüllte Mangoldblätter. Die Füllung variiert und besteht zumeist aus Brot- und Speckwürfeln, Korinthen, Lauch, Zwiebeln u.a. Die gefüllten Blätter ziehen in Salzwasser gar und werden mit Käse bestreut und mit geschmolzener Butter begossen.

**Caquelon:** Fondue-Gefäß.

**Caracola** *(span.)*: Weinbergschnecke.

**Caracoles a la Catalana** *(span.)*: Schnecken auf Katalonische Art. Die Schnecken werden mit Knoblauch, gehackter Petersilie, gehackten Schalotten und wenig Thymian in Olivenöl geschmort (s. a. *Schnecken*).

**Carambola:** s. *Karambole*.

**Carbonada criolla:** *südamerikanischer* Eintopf mit zahlreichen regionalen Abwandlungen. Hauptsächlich besteht das Gericht aus Hammel- und/oder Rindfleisch, Äpfeln, Kartoffeln, Kürbis, Mais, Möhren, Paprikaschoten, Pfirsich, Rosinen, Süßkartoffeln, Tomaten, Zucchini und Zwiebeln. Gewürzt wird mit Knoblauch, Lorbeer, Oregano, scharfem Paprikapulver, Salz und Zucker. Die chilenische Abwandlung sieht außerdem die Verwendung von Reis vor.

**Carbonade à la flamande** *(franz.)*: geschmorter Rostbraten oder Rindersteaks auf flämische Art. In ca. 50 g-Scheiben geschnittenes Rindfleisch von der Schulter, dem hinteren Rippenstück oder der Keule wird zusammen mit Zwiebeln angebraten. Aus dem Bratensatz wird mit Bier, Fleischbrühe und heller *roux* eine Sauce gebunden, die mit Essig, Salz, Thymian und Zucker gewürzt wird. Das Fleisch und die Zwiebeln werden in einen Topf geschichtet. Dann wird mit Sauce aufgefüllt, obenauf kommt ein *bouquet garni*. Der Topf wird hermetisch abgeschlossen, indem man zwischen Topf und Deckel eine Teigschicht klebt. Das Gericht wird im Ofen ca. 3 Stunden gegart, dann entfettet, abgeschmeckt und serviert *(Belgien)*.

**Carbonara, alla** *(ital.)*: Teigwaren, die zumeist mit gebratenen Speckstreifen, Eiern, Parmesan, schwarzem Pfeffer, manchmal Sahne zubereitet werden.

**Carciofi** *(ital.)*: Artischocken.

**Carciofi alla giudea** *(ital.)*: Artischocken auf jüdische Art. Junge Artischocken werden vom Heu befreit, in Olivenöl frittiert und mit Pfeffer, Salz und Zitronensaft gewürzt; eine *italienische* Spezialität.

**Cardamom:** s. *Kardamom*.

**Cardinale, à la:** *(franz.)* s. *Kardinalsart*.

**Cardy:** s. *Karden*.

**Carême** *(franz.)*: Garnitur für Fisch oder Fleisch. Fisch wird von Rahmsauce begleitet und mit Fischklößchen, *Fleurons* und Trüffelscheiben gereicht, Fleisch mit Madeirasauce, Kartoffelkroketten und Oliven, die mit Schinkenpüree gefüllt sind, serviert.

**Cari** *(indisch)*: Curry.

**Carne** *(ital.* und *span.)*: Fleisch.

**Carne cruda** *(ital.)*: eine *Piemonteser* Spezialität aus fein gehacktem, besten Kalbfleisch, mit Öl und Zitronensaft beträufelt und mit gehackten Steinpilzen bestreut.

**Carne de porco á Alentejana:** ein in ganz *Portugal* beliebtes Gericht aus gebratenen Schweinefleischwürfeln und Muscheln, gegart in Weißwein und gewürzt mit Knoblauch und Lorbeer.

**Carne seca** *(port.)*: gesalzenes Trockenfleisch *(Brasilien).*

**Carobe:** s. *Johannisbrot.*

**Caroline:** s. *Karoline.*

**Carpaccio** *(ital.)*: hauchdünn geschnittene Scheiben von Fleisch oder Fisch, auch Gemüse, manchmal sogar Jakobsmuscheln, werden in einer Mischung von Olivenöl, Pfeffer, Salz und Zitronensaft mariniert und manchmal mit ebenfalls hauchdünn geschnittenen Pilzen und *Granakäse* garniert.

**Carpetbag Steak** *(engl.)*: mit frischen und geräucherten Austern gefülltes Filetsteak; *carpetbag* = alte Reisetasche (*Südstaaten, USA*).

**Carré** *(franz.)*: *Karree*; das unzerteilte Zwischenrippenstück des Kalb-, Lamm- oder Schweinerückens.

**Carré d'agneau** *(franz.)*: Lammkarree; das unzerteilte Rippenstück des Lammrückens.

**Carré de l'est** *(franz.)*: ein Weichkäse aus Kuhmilch, camembertartiger Geschmack, aus der *Champagne* und *Lothringen.*

**Carré de veau** *(franz.)*: s. *Kalbskarree.*

**Cartoccio, al** *(ital.)*: s. *(en) papillote.*

**Carurú:** klein gehackte Zwiebeln, Knoblauch, Chilis, und Koriander werden in Palmöl *(Dendê-Öl)* angebraten. Dazu kommen getrocknete, zerkleinerte Krabben und Nüsse (Erdnüsse und Cashew). Zuletzt werden in Ringe geschnittene Okraschoten zugegeben und alles sämig geköchelt. Dazu wird Reis gereicht (*Bahia, Brasilien*).

**Caş** *(rum.)*: *Kasch;* Käsebruchmasse von sog. gebrühtem Knetkäse, der auf dem Balkan auch frisch gegessen wird. Ähnlich hergestellt wird der italienische *Formaggio a pasta filata*. Die Knetmasse wird verschieden geformt. Einer der bekanntesten Vertreter ist der *Provolone*.

**Casalinga** *(ital.)*: nach Hausmacher-Art.

**Casareccia:** italienische Teigwaren in Stäbchenform, die am Ende überdreht sind.

**Caşcaval** *(rum.)*: s. *Kaschkaval.*

**Cashewnuss:** s. *Acajou.*

**Cassaree:** irdener Topf in dem der würzige *Pepper pot* (s.d.) gekocht und serviert wird *(Karibik).*

**Cassareep:** der Saft der Maniokwurzel, der in der karibischen Küche zum Andicken von Speisen verwendet wird. Dick eingekocht macht er Fleisch haltbar (s.a. *Pepperpot*).

**Cassata:** Eisspeise aus verschiedenen, geschichteten Eissorten und anderen Zutaten, oft mit einer harten Kruste aus Schokolade o.a. *(Italien).*

**Cassave:** auch *Mandioca (port.), Yucca;* stärkehaltige Wurzel, wächst in den Tropen der ganzen Welt; s. a. *Kassave*.

**Cassia:** *Kassia;* eine Art Zimt von der Rinde des immergrünen Cassia-Baumes. Etwas bitterer als echter Zimt (s. a. *Zimt*).

**Cassis** *(franz.)*: schwarze Johannisbeere; auch Name eines franz. Branntweins aus schwarzen Johannisbeeren sowie eines aus schwarzen Johannisbeeren gewonnenen Likörs *Crème de Cassis* (s. a. *Kir*).

**Cassoulet** *(franz.)*: Eintopf aus weißen Bohnen (*Fève*, s. d.), Enten-, Gänse-, Hammel- oder Schweinefleisch, Brühwurst (z. B. Lyoner), Speck u. a., gewürzt mit Knoblauch, Kräutersträußchen, Tomatenpüree, Thymian und Zwiebeln. Die Zutaten werden in eine Kasserolle geschichtet, mit Semmelbröseln bestreut und gratiniert *(Südwestfrankreich)*.

**Cassoulet de Castelnaudary** *(franz.)*: eine verfeinerte Abwandlung mit weißen, aber auch andersfarbigen Bohnen, eingelegter Gans, Hammelfleisch, Schweinevorderrippen, durchwachsenem Speck, Knoblauchwurst, Möhren, Tomatenpüree und Zwiebeln, gewürzt mit Knoblauch und *bouquet garni*. Die Zutaten werden ebenfalls schichtweise in eine Kasserolle oder Terrine gegeben, mit Bröseln bestreut und im Ofen bei mäßiger Hitze gratiniert *(Roussillon, Frankreich)*.

**Cassoulet languedocien** *(franz.)*: Eintopf der sich vom normalen Cassoulet hauptsächlich durch die zusätzliche Würze einer mit Nelken gespickten Zwiebel unterscheidet. Weitere Zutaten: weiße Bohnen, magerer Brustspeck, Hammelschulter, Schweinerücken, *confit d'oie*, Knoblauchwurst, Möhren und Zwiebeln. Gewürzt wird mit Knoblauch, *bouquet garni*, Pfeffer, Thymian und Tomatenpüree. Zum Schluss wird alles mit Semmelbröseln bestreut, mit Gänsefettflocken belegt und gratiniert (nach Art von Carcassonne).

**Castanha-do-Pará** (*bras.*): *Paranuss* (s. d.).

**Catalane, à la** *(franz.)*: s. *Catalonische Art*.

**Catalogna:** s. *Blattzichorie*.

**Catalonische Art:** *à la catalane (franz.)*; Fleischgarnitur mit Abwandlungen. Für kleine Fleischstücke verwendet man tomatisierte *Demi-glace*, Artischockenböden und gegrillte Tomaten, für große Stücke meist Champignons, *Chipolata*-Würstchen, glacierte Maronen, gefüllte Tomaten und glacierte Zwiebelchen.

**Cataplana, Amêijoas na** *(port.)*: ein Pfannengericht der Algarve aus Muscheln, Schinken und *linguaça* (geräucherte Knoblauchwurst) in Tomatensauce, gewürzt mit Chili und Knoblauch.

**Catfisch** *(engl.)*: Zwergwels; Ein besonders in Nordamerika beliebter Süßwasserfisch, mit dem Wels verwandt, wird aber auch in Europa gezüchtet.

**Catsup:** s. *Ketchup*.

**Causa a la limeña:** *peruanische* Spezialität. Dafür werden gehackte Zwiebeln in Zitronensaft und Olivenöl mit Chilischoten, Salz und Knoblauch mariniert und unter ein besonders festes Kartoffelpüree gemengt. Garniert wird mit Käse, hart gekochten Eiern, süßen Kartoffeln, schwarzen Oliven und evtl. mit Garnelen und Mais.

**Cava** *(span.)*: offizielle Bezeichnung für die nach dem klassischen französischen Champagnerverfahren hergestellten *spanischen* und *portugiesischen* Schaumweine.

**Cavaillon-Melone:** saftige und süße europäische Cantaloup-Melone, benannt nach ihrem wichtigsten Marktort in Frankreich, Cavaillon; auch Charentais-Melone genannt.

**Cavatappi:** *italienische*, spiralförmige Teigware.

**Caviar:** s. *Kaviar*.

**Caviar d'aubergines** *(franz.)*: Auberginenkaviar; d.h. eine Paste auf der Grundlage von gebackenen, pürierten Auberginen, Olivenöl, Zitronensaft, Knoblauch, Petersilie und Gewürzen.

**Càvolo nero:** *italienische* dunkelgrüne Kohlart mit langen, schmalen, gekräuselten Blättern. Wird wie Grünkohl zubereitet.

**Cay xa** *(vietn.)*: Zitronengras, dem weißen Mark der Halme entströmt ein zitronenähnlicher Duft (vom ätherischen Zitronengrasöl).

**Cayennekirsche:** s. *Pitanga*.

**Cayennepfeffer:** sehr scharfes, fein gemahlenes Pulver verschiedener Sorten von *Capsicum frutescens*. Ursprünglich aus Cayenne *(Franz. Guyana)*.

**Cayuga-Ente:** s. *Ente*.

**Cazuela** *(span.)*: Kasserolle; wird auch *Caldillo* genannt (s.d.).

**Cazuela de cordero** *(span.)*: Eintopf aus Lammkeule oder Schulter, grünen Bohnen, Erbsen, Karotten, Kartoffeln, Kürbis, Mais und Zwiebeln, gewürzt mit Knoblauch, Oregano, Paprikapulver, Petersilie und Salz. Von diesem in Spanien und Südamerika bekannten Gericht gibt es mehrere regionale Abwandlungen. Zum Beispiel die Chilenische Cazuela, ein Suppentopf, der hauptsächlich aus Hühnerfleisch, Kartoffeln, Kürbis, Mais und zahlreichen weiteren Gemüsen besteht.

**Cazuela de habas** *(span.)*: Bohneneintopf aus der Gegend von Granada, aus Artischocken, frischen dicken Bohnen und Tomaten, wird gewürzt mit Kreuzkümmel, Lorbeer, Petersilie, Pfeffer und Safran.

**Cazuela de repollo** *(span.)*: Eintopfgericht mit Weißkohl und anderen Gemüsen und durchwachsenem Speck (Bolivien).

**Cazzöla:** s. *Cazzuola*.

**Cazzuola:** *italo-schweizerischer* Eintopf aus Schweinefleisch, Speck, verschiedenen Gewürzen, Wirsing u.a. in Fleischbrühe und Weißwein gegart.

**Cebiche** *(span.)*: s. *Seviche*.

**Cebolla** *(span.)*: Zwiebel.

**Célestines** *(franz.)*: *Flädle (südd.), Frittaten (österr.)*; dünne Eierpfannkuchen, die in sehr feine Streifen geschnitten als Einlage für Kraftbrühe dienen. Auch die fertige Suppe selbst wird oft *Célestine* genannt. *Célestines* sind auch kleine, meist panierte und schwimmend herausgebackene Leckerbissen, wie z. B. Streifen von Fleisch, Gänseleber, Geflügel u. a., die mit der entsprechenden Farce gebunden oder bestrichen werden. Oft begegnet man auch der falschen Schreibweise *Cölestinen*.

**Cellophan-Nudeln:** s. *Glasnudeln*.

**Cena** *(ital., span.)*: Abendessen.

**Cendre** *(franz.)*: Asche.

**Cendré de Champagne** *(franz.)*: in Rebholzasche gereifter Schimmelkäse aus Kuhmilch.

**Cendre, à la** *(franz.)*: *sous la cendre*; in Asche gebraten, eine nicht mehr übliche Methode. Heute bedeutet es in übertragenem Sinn in Blätterteig eingebacken.

**Cèpe** *(franz.)*: Steinpilz.

**Cerdo** *(span.)*: Schwein.

**Cerealien:** Bezeichnung für Feldfrüchte, vor allem Getreide.

**Cereza** *(span.)*: Kirsche.

**Cerf** *(franz.)*: Hirsch.

**Cerfeuil** *(franz.)*: Kerbel.

**Cerise** *(franz.)*: Kirsche.

**Cervelatwurst:** s. *Zervelatwurst*.

**Cervelle** *(franz.)*: Hirn.

**Česke knedliky:** *böhmische* Knödel aus Butter, Eiern, Mehl, Semmeln, Semmelbröseln, Salz, in Salzwasser pochiert.

**Cevap:** im ganzen Orient meist Bezeichnung für einen Spießbraten. Das Wort erscheint mit verschiedenen sprachlichen Abwandlungen.

**Ćevapčići:** eine in Osteuropa, vor allem in den südslawischen Ländern und Griechenland, beliebte Grillspezialität; kräftig gewürzte, etwa daumenlange Hackfleischwürstchen, die auf dem Balkan vornehmlich aus Kalb- und Rindfleisch und in Griechenland aus Lammfleisch bereitet werden. Gewürzt wird mit Knoblauch, Oregano und scharfem Paprika. Dazu werden *Djuvečreis, Ajvar* (s. d.) und gehackte Zwiebeln gereicht.

**Ceviche** *(span.)*: s. *Seviche*.

**Cha** *(nordchin.)*: Tee.

**Chá** *(port; bras.)*: Tee.

**Chabichou:** *französischer* Ziegenmilchkäse in weißem Schimmel oder mit Holzkohlebelag in der sog. »Bonde«-Form (Spundform).

**Chablis:** ein kleines Weinbaugebiet mit bekannten Weinen im franz. Département *Yonne* im Norden Burgunds mit hervorragenden Weißweinen, die einen eleganten Körper und ein feines Bukett haben.

**Chäs** *(schweiz.)*: Käse.

**Chässchnitte:** eine *schweizerische* Toastspezalität mit vielen Variationen. Eine geröstete Brotscheibe wird mit geeignetem Käse belegt, goldgelb überbacken und meist zusammen mit Schinken, Spiegelei u.a. serviert.

**Chäswähe:** Kuchen mit dünnem Teig, belegt mit Emmentaler, Greyerzer u.a., Eiern und Milch oder Sahne, gewürzt mit Muskat, Pfeffer u.a. *(Schweiz)*.

**Cha giò:** *vietnamesische* Frühlingsrolle; ein Reispapierblatt gefüllt mit einer Masse aus Ei, Glasnudeln, Hummer- oder Schweinehackfleisch, Karotten, Morcheln, Sojakeimen, Frühlingszwiebeln u.a., gewürzt mit Minze oder Koriander, in Öl ausgebacken.

**Chai** *(indisch)*: Tee mit Milch und Gewürzen.

**Challe:** *Challah; jüdisches* Festtagsbrot aus Weizenmehl, Eiern, Zucker etc. und Pflanzenfett, kunstvoll geflochten und mit Mohnsamen bestreut.

**Chalupitas** *(mex.)*: gefüllte Tortillas aus Maismehl, entweder rot: mit Chili-Tomatensauce oder grün: mit Tomatillo-Zwiebel-Koriander-Mischung gefüllt. Dazu kommt noch zerfasertes Schweinefleisch.

**Champagner:** Schaumwein aus dem eingegrenzten Gebiet der Champagne *(Frankreich)*, bekannteste Hersteller: *Bollinger, Charles Heidsick, Dom Pérignon, Geldermann, Joseph Perrier, Krug, Laurent-Perrier, Moët & Chandon, Mumm, Piper-Heidsick, Pol Roger, Pommery, Roederer, Taittinger, Veuve Clicquot,* etc.; die *méthode champenoise* ist ein weltweit geschützter Begriff.

**Champagnerkraut:** *choucroute au champagne (franz.)*; mit Weißwein, hellem Fond, Speck und Zwiebeln gedünstetes Sauerkraut, das zum Schluss mit Champagner aufgekocht wird.

**Champignon:** *Egerling;* ein Lamellenpilz mit etwa 30 Arten, davon ca. 20 in den gemäßigten Breiten Deutschlands.

**Champignons à la crème** *(franz.)*: Champignons in Sahnesauce. Die mit gehackten Schalotten gedünsteten Champignonscheiben werden in dickem Rahm gegart.

**Champignons à la grecque** *(franz.)*: Champignons auf griechische Art; kalt angerichtetes Gericht mit Champignons, die in einem Sud aus Wasser, Weißwein und Zitronensaft, gewürzt mit *bouquet garni,* Fenchel, Gewürzkörnern, Knoblauch, Koriander, Lorbeer, Pfeffer, Salz, Sellerie, Thymian und Zucker 5 Min. lang gekocht werden. Zum Schluss werden einige Esslöffel Olivenöl hinzugefügt.

**Champurrado:** *mexikanischer* Maismehlbrei, vermischt mit Schokolade und Zucker und gewürzt mit Muskat, Zimt u.a.

**Chana dal** *(ind.)*: halbierte Kichererbsen.

**Chancho** *(span.)*: besonders in Lateinamerika gebräuchlicher Name für Schwein.

**CHANCHO ADOBADO:** auch *Adobo de chancho (span.)*; Schweinefleischwürfel, die mit einer Paste aus *ACHOTE-SAMEN* (s. d.), Knoblauch, Kümmel, Salz und Pfeffer eingerieben, mit Wein begossen, mariniert, angebraten, in Orangen- und Zitronensaft geschmort und mit Bataten oder Reis serviert werden *(Südamerika,* v. a. *Peru)*.

**CHANFÁINA** *(span.)*: Lebergericht, mit Variationen bei der Zubereitung. Grundsätzlich verwendet man Hammel- oder Schweinsleber. Man mariniert die Leber in Milch und pochiert sie in Salzwasser und Weißwein halb gar. In einer Mischung aus in Öl weich gebratenen, zerquetschten Knoblauchzehen und gehackten Zwiebeln, Kümmel, Nelken, Paprikapulver, Petersilie, Pfeffer, Pfefferminze, Safran und Zimt wird die würfelig geschnittene Leber mit etwas Kochbrühe dann fertig gegart, mit Semmelbröseln vermischt und mit Orangen- und Zitronenscheiben garniert. Das Gericht wird kalt mit Weißbrot serviert.

**CHANTILLY** *(franz.)*: Stadt in der Île de France; geschlagene Sahne mit Zucker und Vanille gewürzt sowie Gerichte, die mit Sahne zubereitet werden.

**CHANTILLY-SAUCE:** s. *SAUCE CHANTILLY*.

**CHANUKKAKRAPFEN:** *jüdisches* in Öl gebackenes Hefegebäck, ähnlich wie *BERLINER*.

**CHAOUA:** im *couscoussier (franz.)* auf Kartoffelscheiben über Dampf gegartes Lammfleisch, gewürzt mit Kreuzkümmel und Salz *(Marokko)*.

**CHAPAT(T)I:** *ind.* Brotfladen aus *ATTA-MEHL* (s. d.), Salz, Öl und Wasser, auf einem Blech oder in einer Pfanne ohne Fett gebacken; s. a. *ROTI*.

**CHAPELURE** *(franz.)*: Paniermehl. Die so genannte *chapelure blonde* wird aus der Kruste von altbackenem Weißbrot hergestellt (s. a. *PANIEREN*).

**CHAPON** *(franz.)*: geröstetes Weißbrot, mit Knoblauch eingerieben; auch für Kapaun.

**CHARENTAIS-MELONE:** französische Melonenart mit grün-gelb gesprenkelter Schale und Fruchtfleisch (s. a. *CANTALOUP-MELONE*).

**CHARIOT:** *chariot de dessert, chariot de fromages, (franz.)*; Wagen für Desserts, Käse oder auch für Vorspeisen.

**CHARLOTTE:** gestürzte Süßspeise. Der Innenrand einer zylindrischen Form wird mit Löffelbiskuits verkleidet. Sodann wird der Innenraum mit Creme, Gelee, Speiseeis, Zabaione o. a. gefüllt.

**CHARLOTTE À LA RUSSE:** Russische Charlotte; dazu wird eine Charlottenform mit Pergamentpapier oder Alufolie ausgelegt und innen mit Löffelbiskuits verkleidet, dann mit Bayerischer oder Englischer Creme, die mit Gelatine und aromatisierter Schlagsahne vermischt wird, gefüllt und dann gestürzt.

**Charlotte Malakoff:** mit Kirschwasser aromatisierte Charlotte.

**Charlottka:** nach dem originalrussischen Rezept besteht die vanillierte Creme dieser Charlotte aus Eigelb, Gelatine, Milch, süßer und saurer Sahne und Zucker.

**Charolais-Rinder:** Frankreichs berühmtestes Rind, nach der südburgundischen Kreisstadt Charolles benannt, hellhäutig und kurzbeinig mit besonders zartem Fleisch, das auf die fetten Weiden der Zuchtgegend zurückzuführen ist.

**Charque** *(port., bras.)*: wird auch *Carne seca, Carne de sol* oder *Carne do Ceará* (Bundesstaat im *Nordosten Brasiliens)* genannt. Bezeichnet verschiedene Arten Trockenfleisch *(Brasilien)*.

**Charqui:** getrocknetes Rindfleisch, gemahlen oder in kleinen Stücken; wird zum Würzen vieler Gerichte, zu der Charqui-Suppe oder auch zu Rührei verwendet *(Lateinamerika,* v.a. *Chile)*.

**Charuf** *(arab.)*: Hammel.

**Chartreuse:** französischer Klosterlikör, der auch heute noch von den Kartäusermönchen hergestellt wird. Er wird aus über 130 Kräutern und edlen Weinen destilliert und ist grün oder gelb. Chartreuse ist aber auch das französische Wort für *Kartäusergericht* (s.d.).

**Chasselas:** Traubensorte; in Baden Gutedel genannt.

**Chat** *(ind.)*: eine Art Salat-Snack aus Papaya, Bananen, Guaven usw.; wird mit einer *Masala* auch als Vorspeise gereicht.

**Châteaubriand:** doppeltes Lendensteak; 400 bis 500 g schweres Stück aus der Mitte des Rinderfilets; wird gebraten oder im Ofen gegart. Klassische Beilage sind *pommes de terre soufflées* und *Haushofmeisterbutter* oder *Béarner Sauce*.

**Château d'Yquem:** berühmtester süßer Wein der Welt (*Sauternes*, südl. Bordeaux-Anbaugebiet); nur geringe Produktion, späte Lesezeit, dadurch stärkere Konzentration von Zucker und Extraktstoffen im Traubensaft.

**Châteauneuf-du-Pape:** bedeutender Weinbaubereich an der Rhône zwischen Avignon und Orange.

**Chat masala** *(ind.)*: säuerliche Gewürzmischung aus getrockneten Granatapfelkernen, *Amchur* (s.d.), *Ajowan* (s.d.), Kreuzkümmel, *Asafötida*, Ingwer, Chilis, getrockneter Minze und Salz; zu Joghurtspeisen und in Curries verwendet.

**Chatniyaan:** *indischer* Sammelbegriff für Chutneys.

**Chatrieren** *(franz. châtrer = kastrieren)*: das Herausziehen des Darms bei lebenden Krustentieren (bei uns nach dem Tierschutzgesetz verboten).

**Cha-ts'ai** *(chin.)*: sauer eingelegtes Gemüse.

**Chaudeau** *(franz.)*: s. *Sabayon*.

**Chaud-froid** *(franz.)*: kalte Vorspeise aus meist hellem Fleisch wie Geflügel oder Fisch, die in *Chaud-froid-Sauce* oder mit einer solchen überzogen oder glaciert gereicht wird.

**Chaud-froid-Sauce:** s. *Sauce Chaud-froid.*

**Chaumes:** franz. sehr würziger Kuhmilchweichkäse.

**Chausson** *(franz.)*: das Blätterteiggebäck gehört zu den sog. *Viennoiseries* (s.d.); ursprünglich mit einem Musklecks in der Mitte (meist Apfel); heute werden die *chaussons* = Hausschuhe, auch pikant gefüllt.

**Chaval/Chawal** *(ind.)*: einfache Reiszubereitungen (s.a. *Pulao*).

**Chawruma:** *libanesisches* Nationalgericht: Lamm wird am senkrechten Grillspieß geröstet und in dünnen Scheiben zu Reissalat serviert.

**Chayote:** *Christophene, Xuxú;* aus Mexiko, Mittelamerika und Brasilien stammender, auch in Afrika, im Mittelmeerraum und auf den Westindischen Inseln kultivierter birnenförmiger Kürbis von grüner, grünlich-gelber oder weißer Farbe mit glatter, noppiger oder stacheliger Haut. Bei uns von November bis April erhältlich. Wird hauptsächlich als Gemüse und zum Füllen mit einer Fleischfarce verwendet. Es empfiehlt sich, das Gemüse vor Gebrauch zu schälen. *Chocho* ist der westindische Name für Chayote.

**Cheddar:** ein weitverbreiteter Käse; besonders in *Großbritannien*; aus Kuhmilch, von weißer bis gelblicher oder rötlicher Farbe, teilweise mit *Annatto* gefärbt. Er schmeckt mild aromatisch, leicht nussartig; auch mit Salbei u.a. der gleichmäßig im *Bruch* (s.d.) verteilt wird.

**Cheegay:** *koreanischer* Eintopf aus Meerestieren aller Art, Algen, Bohnenpaste, Pilzen, Zwiebeln u.a.

**Chee How Sauce:** eine scharfe *chinesische* Sojasauce.

**Cheese** *(engl.)*: Käse.

**Cheeseburger:** scharf gewürztes, gebratenes Schabefleisch wird mit Tomatenscheiben und geschmolzenem Käse bedeckt und zwischen Weißbrotscheiben serviert (*Nordamerika*).

**Chelo:** gedämpfter, gekochter oder nur angekochter (d.h. vorgekochter), in Butter und Wasser fertig gedünsteter Reis *(Iran)*.

**Chelo(u)-Kabab:** Reis mit Hammel- oder Lammspießen; Nationalgericht des *Iran*. Das Fleisch wird in einer Flüssigkeit aus Joghurt, Oregano, Pfeffer, Zimt, Zitronen- und Zwiebelsaft mariniert und dann gegrillt; dazu Grilltomate und rohe Zwiebeln.

**Chemisieren:** die Innenseite einer Form mit Gelee oder anderen Materialien bestreichen oder auskleiden.

**Cherbah:** arabische Tomaten- und Zwiebelsuppe mit zahlreichen regionalen Abwandlungen. Hauptsächlich besteht die Suppe aus angeschwitzten Chili, frischer Minze, Tomaten und Zwiebeln. Dazu werden Aprikosen, Hammel- oder Lammfleisch und Nudeln gegeben und alles zusammen mit Fleischbrühe gegart. Gewürzt wird zumeist mit Knoblauch, Pfeffer, Salz und Zitronensaft, gebunden wird mit Eigelb.

**Cherimoya:** s. *Annone*.

**Chermoula:** *Chermula;* trockene »Marinade« aus Korianderblättern, Knoblauch, Petersilie Zitronensaft, auch Zwiebeln, vollendet mit edelsüßem Paprika, Safran und Salz, manchmal noch Essig und Öl, auch Honig, Rosinen und Zimt u. a. Wird warm oder kalt für Fisch, Geflügel, Lamm, Wild usw. verwendet *(Marokko)*.

**Cherry-Brandy** *(engl.)*: Kirschbrandy.

**Cherry Cobbler** *(engl.)*: Kirschauflauf.

**Cheshire:** alte Käsesorte (englischer Hartkäse), der auch mit festerem Teig hergestellt wird. Letzterer schmeckt kräftiger.

**Chester:** Bezeichnung in Frankreich für *Cheshire* (s. d.).

**Chestnut** *(engl.)*: Kastanie.

**Chèvre** *(franz.)*: Ziege, Ziegenkäse.

**Chevreuil** *(franz.)*: Reh.

**Chianina:** *Chiana;* größte Rinderrasse der Welt, die aus der Toscana stammt, im Alter von 15–17 Monaten geschlachtet wird und fettarmes Fleisch mit hohem Filet- und Steakanteil liefert (*Italien*).

**Chianti:** italienischer Wein aus der Toscana mit kontrolliertem Anbaugebiet.

**Chicha:** stark berauschendes Getränk aus *Südamerika*. Es wird hergestellt, indem Frauen Maiskörner oder -fladen kauen und der mit Speichel vermischte Brei zum Gären gebracht wird. Neben Mais finden auch Maniok und Quinoa u. a. Verwendung.

**Chicharrones** *(span.)*: bedeutet in Spanien kross gebratene Schweineschwarten und in ganz Lateinamerika Grieben; auch Bezeichnung für bestimmte Gerichte, z. B. s. u.

**Chicharrones de pollo** *(span.)*: in einer Mischung aus Limettensaft, Rum und Sojasauce marinierte, mit Pfeffer und Salz gewürzte und in Mehl gewälzte kleine Hähnchenteile, die in Öl gebraten und mit gedünstetem Reis serviert werden *(Dominikanische Republik)*.

**Chicken** *(engl.)*: Huhn.

**Chicken à la King:** das Gericht stammt aus dem Brighton Beach Hotel in New York. Der Küchenchef widmete es dem Inhaber des Hotels, Mister Clark King III. Zu dieser Zeit wurden französische kulinarische Gepflogenheiten kopiert, deshalb wurde das Gericht »à la King« genannt. Hühnerbrüstchen werden mit Suppengrün angeschwitzt, mit Weißwein abgelöscht und zusammen mit Champignons gar gedünstet. Aus dem Fond wird mit Eigelb, Sahne und Sherry eine *Liaison* bereitet, die mit Cayenne abgeschmeckt und über die zu Ragout verarbeiteten Brüstchen kommt. Das Gericht wird auf Toast angerichtet und mit in Butter gedünsteten Paprikastreifen garniert. Von dem Rezept gibt es mehrere Variationen *(Nordamerika)*.

**Chicken Bienville:** ein Hühnergericht aus Louisiana; der Name geht auf den ersten Franzosen zurück, der die Mündung des Mississippis erreichte.

**Chickenburger:** eine Art Hamburger mit Hühnerfleisch.

**Chicken-Curry:** Hühner-Curry; aus dem Orient stammendes Hühnergericht mit zahlreichen Abwandlungen. Ein Beispiel: portioniertes Huhn wird kräftig mit Curry gewürzt und mit klein geschnittenen Äpfeln vermischt, dann wird beides mit Zwiebeln zusammen angeschwitzt, mit Weißwein und Geflügelfond abgelöscht und gegart. Der Fond wird passiert, mit *beurre manié* gebunden, mit Zitronensaft abgeschmeckt und mit Rahm vollendet. Zum Schluss werden die Geflügelstücke mit der Sauce nappiert und mit geriebener Kokosnuss bestreut.

**Chicken liver Rumaki:** Hühnerleber-Rumaki; Hühnerleberstücke werden in einer Marinade aus Sojasauce, Honig und Tabasco über Nacht eingelegt. Dann werden in Frühstücksspeckscheiben jeweils ein Leberstück und eine Wasserkastanie eingewickelt, mit einem Zahnstocher zugesteckt und gegrillt. Man kann *Rumaki* (s.d.) auch mit Früchten, z.B. Kumquats, zubereiten *(USA, Südsee)*. Bekannteste Variante: *Angels on horseback (s.d.)* – ursprünglich in Speck gewickelte Austern, heute Dörrpflaumen mit Nüssen oder Mangostücken.

**Chicken-pie:** s. *Pies (engl.)*.

**Chicken wings** *(engl.)*: Hähnchenflügel, meist frittiert.

**Chicorée:** längliche Blattsprossen einer Zichorienwurzel, die an den Spitzen hellgelb sind. Chicorée hat ein reizvolles, knackiges, leicht herbes Aroma, wird als Salat, gedämpft oder gebraten gegessen. Chicorée ist mit der Endivie nah verwandt; in Frankreich ist Endivie *Chicorée* und umgekehrt Chicorée *Endivie*, weil beide das Grün einer Zichorienart sind.

**Chicorée auf Brüsseler Art:** *Brüsseler Chicorée, Chicorée Mornay;* gedünsteter Chicorée in *Sauce Mornay,* mit Käse bestreut und gratiniert. Manchmal wird das Gemüse außerdem mit Schinkenscheiben belegt.

**Chicorée Mornay:** s. *Chicorée auf Brüsseler Art.*

**Chiffonade** *(franz.)*: in sehr feine Streifen geschnittener und in Butter gedünsteter Kopfsalat, Endivie, Spinat usw. Dient als Einlage für Suppen, die dann ebenfalls *chiffonades* genannt werden. Schließlich versteht man darunter aber auch allgemein nudelig geschnittene Salate, vermischt mit *Julienne* von Knollensellerie, roten Rüben etc., mit Essig und Öl angemacht und mit Brunnenkresse und gehacktem Schnittlauch garniert.

**Chiffonade d'oseille** *(franz.)*: Julienne von Sauerampfer in Butter gedünstet und mit Salz und Zucker gewürzt, dient als Suppeneinlage.

**Chikuwa:** gedämpfte *japanische* Fischbällchen, in Bambusblätter eingewickelt.

**Chilenische Cazuela:** s. *CAZUELA DE CORDERO*.

**Chiles rellenos** *(span.)*: gefüllte Chilischoten (*Chile poblano*); die Farce besteht traditionell aus Käse, Fleisch und Bohnen. Die gefüllten Schoten werden mit Ei und Semmelbröseln paniert und frittiert *(Mexiko)*. Das Gericht findet man auch im Südwesten Nordamerikas. Dort werden die Schoten im Ofen gebacken bis die Haut schwarz ist, sodann geschält, mit Hartkäse gefüllt, mit einem Zahnstocher zusammengehalten und in Ausbackteig gehüllt frittiert. Dazu wird eine Chilisauce serviert.

**Chili:** Gewürzpaprika *(Capsicum frutescens)*; kleine Paprikaschotenfrucht, die schon die Azteken verwendeten. Heute hauptsächlich in Afrika, Südostasien, China, Indonesien, Mexiko, Mittel- und Südamerika und Westindien angebaut. Es gibt hunderte von Sorten mannigfaltiger Formen, Farben und Schärfegrade. Auch sind zahlreiche Bezeichnungen gebräuchlich. Die Schärfeskala reicht von 1 bis 120, vom frisch pikanten Jalapeño über den mittelscharfen Poblano bis zu den scharfen Sorten, wie (z. T. getrockneten Schoten) *Ancho, Chipotle, Güero, Mulato, Pequin, Serrano, Tabasco* usw. *Peperoncini* oder *Pfefferonie* werden bei uns allgemein die scharfen Sorten genannt. Die Schärfe sitzt in den weißen Scheidewänden und den Kernen. Chili gehören botanisch nicht zu den Pfefferpflanzen *(Piper nigrum)*.

**Chili con carne** *(span.)*: *mexikanischer* und *US-amerikanischer* Bohneneintopf, ursprünglich aus *Texas*, ist aber auch in anderen Teilen des südwestlichen Nordamerikas beheimatet. Die Zubereitung ist sehr unterschiedlich. Meist werden Kalb-, Rind- oder Schweine-fleisch entweder in Würfeln oder als Hackfleisch mit Knoblauch und Zwiebeln angebraten und mit Chilipulver gewürzt. Dann folgt eine Mischung verschiedenfarbiger Chilischoten, möglichst vorgegarte Bohnen und verschiedene Gewürze, wie Kreuzkümmel, Oregano, Tomatenmark u. a. Mit Rinderbouillon und Rotwein wird aufgegossen und fertiggegart. Zum Schluss wird mit Pfeffer und Salz abgeschmeckt.

**Chili fine shrimp sauce:** eine *vietnamesische* Garnelensauce, bestehend aus Süßwassergarnelen; hat einen starken Duft und ist von grau-rosa Farbe.

**Chilisauce:** hauptsächlich für gegrilltes Fleisch verwendete Würzsauce aus Chili, Paprika und Tomaten.

**Chimichurri:** *argentinische* scharfe Sauce aus Essig und Öl, Cayennepfeffer, Knoblauch, Oliven, Oregano, Petersilie, schwarzem Pfeffer, Salz und

Zwiebeln; zu gebratenem und gegrilltem Fleisch.

**Chinakohl:** *pe-tsai*, Pekingkohl, Chinesischer Kohl; Kohlart aus Asien, auch in Europa kultiviert; hellgrüne, längliche Köpfe ohne Strunk (es gibt mehrere Variationen); für Salat und Gemüse geeignet.

**Chinarinde:** die bitter schmeckende, chininhaltige Rinde des Chinarindenbaumes aus Indonesien wird wegen ihrer belebenden Wirkung Getränken, wie z. B. dem Tonic Water, zugesetzt.

**Chinesische Artischocke:** s. *Stachys*.

**Chinesische Dattel:** *Jujube*; nussgroße, süßsaure Frucht, als Tafelobst oder für Marmelade u. a. verwendbar, ursprünglich aus *Nordchina* stammend, wird heute auch in den Mittelmeerländern und in USA angebaut.

**Chinesische Dattelpflaume:** s. *Kaki*.

**Chinesische Eier:** *tausendjährige Eier*, verfaulte Eier; Eier werden in einer Mischung von Kalk, Asche und Salz 100 Tage lang in der Erde vergraben. Das Eiweiß wird geleeartig und bernsteinfarben, das Eigelb spinatgrün *(China)*.

**Chinesische Honigtaube:** die in mundgerechte Stücke zerteilte Taube wird mit Honig eingerieben und gebraten. Vor dem Verzehr werden die Stückchen in Sojasauce getaucht.

**Chinesische Morcheln:** s. *Mu-err*.

**Chinesische Nudeln:** Teigwaren aus verschiedenen Rohstoffen, wie Erbsen-, Reis-, Sojabohnen-, Weizenmehl usw., hergestellt; sie sind von unterschiedlicher Form und Aussehen (s. z. B. *Fen see*).

**Chinesische Petersilie:** identisch mit Cilantro und Koriander; hat nichts mit der hiesigen Petersilie gemein (s. *Cilantro* und *Koriander*).

**Chinesische Wassernuss:** s. *Wassernuss*.

**Chinesischer Blütenkohl:** *Choi* oder *Choy sum*; man verwendet die ganze Pflanze, auch die Blüten; kurze Garzeit.

**Chinesischer Brokkoli:** Kohlgemüse mit blaugrünen Blättern, fleischigen Stielen und weißen Blüten. Heißt auch *Gai lan* oder *Kaai laan tsoi*.

**Chinesischer Champignon:** s. *Shiitake*.

**Chinesischer Feuertopf:** s. *Mongolischer Feuertopf*.

**Chinesischer Rettich:** *Lao bo* oder *Luobo*; ein saftiger, knackiger, leicht süßlich schmeckender Rettich – identisch mit dem japanischen *Daikon-Rettich* (s. d.).

**Chinesische Sauce:** s. *süsssaure Sauce*.

**Chinesische Stachelbeere:** s. *Kiwi*.

**Chinesische Wintermelone:** s. *Wachskürbis*.

**Chinkan** *(chin.)*: s. *Kumquat*.

**CHINOIS** *(franz.)*: Bezeichnung für ein Spitzsieb; auch kandierte Pomeranzen.

**CHIPOLATA:** Garnitur für Fleisch und Geflügel, bestehend aus Chipolata-Würstchen, glacierten Karotten, gedünsteten Maronen, gebratenen Speckwürfeln und glacierten Zwiebelchen; nappiert mit einer mit Fleisch- oder Geflügelfond verkochten *Demi-glace*.

**CHIPOLATA-WÜRSTCHEN:** kleine Bratwürstchen aus rohem Fleisch, die mit viel Zwiebeln zubereitet werden.

**CHIPOTLE:** getrockneter und geräucherter *Chile jalapeño*, sehr scharf, etwa 5 cm lang, braun oder rostrot (*Mexiko*).

**CHIRIMOYA:** auch Cherimoya; s. *ANNONE*.

**CHIRONJA:** Kreuzung zwischen Grapefruit und Orange.

**CHIVRY-SAUCE:** s. *SAUCE CHIVRY*.

**CHLEB** *(russ.)*: Brot.

**CHKEMBÉ TCHORBA:** *bulgarische* Kaldaunensuppe, vermischt mit Tomaten und gerösteten Zwiebeln, gewürzt mit Chili und vielerlei Kräutern, zum Schluss mit Käse bestreut.

**CHLODNIK:** *szlodni, cholodnik (russ.)*; aus dem Baltikum stammende, heute bei vielen slawischen Völkern beliebte Suppe, die kalt serviert wird. Grundbestandteil bilden Tomaten, Zwiebeln, Schnittlauch und Dill. Gewöhnlich isst man die Suppe mit hart gekochten Eiern, die im Teller zerdrückt werden. Abwandlungen dieser Suppe enthalten festes, weißes Fischfleisch, Möhren, Petersilienwurzel, Rote Rüben, weiße Rüben u.a. Die Suppe kann mit Dill, Estragon, Petersilie, Pfeffer, Salz, Zitronensaft u.a. gewürzt und gewöhnlich mit saurer Sahne gebunden werden.

**CHOCHO:** s. *CHAYOTE*.

**CHOCOS CON HABAS** *(span.)*: kleine Tintenfische mit Dicken Bohnen und Knoblauch (*Andalusien/Spanien*).

**CHOCLO** *(peruan.)*: Mais, der entweder als Kolben oder als Körner vorgekocht wird.

**CHOLERMUES:** ähnlich dem Kaiserschmarrn zerstückeltes Eieromelette, mit Zimt und Zucker bestreut und oft mit Äpfeln serviert *(Zentralschweiz)*.

**CHOP** *(engl.)*: Kotelett.

**CHOP CHAI:** auch *Chap tschae* und *Zap tschae*; koreanisches pfannengerührtes Gericht aus Rind- oder Schweine- auch Geflügelfleisch, mit verschiedenen Gemüsen, Glasnudeln und Omelettstreifen, gewürzt mit Knoblauch, Sojasauce u.a., bestreut mit Sesam.

**CHOPPED** *(engl.)*: gehackt (Fleisch).

**CHOP SUEY:** eine in den USA erfundene *chinesische* Spezialität mit Abwandlungen. Zumeist werden in einer Marinade aus Reiswein, Sojasauce, Ingwer, Pfeffer und Salz gebeizte und dann gebratene Schweinefleischstreifen mit Glasnudeln, chinesischen Pilzen, Bambussprossen, Sojabohnenkeimlingen, Bleichsellerie usw. vermischt. Gewürzt wird mit Glutamat, Sojasauce und Zucker, zum Binden verwendet man in Reiswein gelöstes *AGAR-AGAR* (s. d.).

**CHORBA** *(Balkan, Vorderer Orient, Algerien, Tunesien)*: Suppe (s. a. *ÇORBA*).

**CHORBA ADASS:** *libanesische* Linsensuppe, gewürzt mit Knoblauch und Minze.

**CHORIÁTIKI SALATA** *(griech.)*: griechischer Bauernsalat.

**CHORIZO** *(span.)*: mehr oder weniger scharfe Würste aus grob gehacktem Schweinefleisch, gewürzt mit Knoblauch, Chili und Rosenpaprika, meist schwach geräuchert. Die noch weichen Würste sind für die Paella geeignet.

**CHORON:** Fleischgarnitur mit *Choron-Sauce*, Pariser Kartoffeln und Artischockenböden, die mit grünen Erbsen gefüllt sind.

**CHORON-SAUCE:** s. *SAUCE CHORON*.

**CHORTA:** griechischer Salat aus wilden Pflanzen wie Brennnessel, Löwenzahn, Spitzwegerich u. a.

**CHORTA VRASTA** *(griech.)*: Blattsalatmischung aus Löwenzahn, Endivien und Spinat.

**CHOU** *(franz.)*: Kohl.

**CHOU DE BRUXELLES** *(franz.)*: Rosenkohl.

**CHOUCROUTE** *(franz.)*: Sauerkraut.

**CHOUCROUTE AU CHAMPAGNE** *(franz.)*: s. *CHAMPAGNERKRAUT*.

**CHOUCROUTE ALSACIENNE:** s. *CHOUCROUTE GARNI*.

**CHOUCROUTE GARNI** *(franz.)*: *choucroute alsacienne*; garniertes Sauerkraut, eine besonders im Elsass beliebte Spezialität. Es handelt sich um mit Nelken, Wacholderbeeren, Lorbeerblatt, Schmalz, Weißwein (Riesling) und Zwiebeln bereitetes Sauerkraut, das mit geräucherten Knackwürsten und Frankfurtern, mit geräuchertem Schinken, geräuchertem und durchwachsenem Speck, gepökelter Schweineschulter, Schweinshaxe oder Schweineschwänzen und ganzen Kartoffeln u. a. angerichtet wird.

**CHOU-FLEUR** *(franz.)*: Blumenkohl.

**CHOW** *(chin.)*: s. *PFANNENRÜHREN*.

**CHOW-CHOW:** eine Mischung aus tropischen Gurkengewächsen, anderen Gemüsen und Früchten sowie Gewürzen, alles eingelegt in einem dicken Ingwersirup. Bei uns in Dosen und Gläsern erhältlich. Als Nachtisch und als Beilage zum Fondue geeignet. Mitunter wird auch das Ganze mit *chow-chow* servierte Gericht so bezeichnet *(China)*.

**CHOWDER** *(engl.)*: in *England* und den *USA* gebräuchliche Bezeichnung für eine sämige Suppe; abgeleitet von *chaudron* = franz. für Kessel; ursprünglich Milchsuppen, die durch Zugabe von Fisch, Muscheln (s. a. *CLAM-CHOWDER*) oder Pökelfleisch Geschmack bekommen. Oft mit Kartoffeln und Lauch gegart.

**Chow mein** *(chin.)*: *chow min*; kross ausgebackene Nudeln, insbesondere Reis- oder Cellophannudeln. Als Chow mein wird aber auch ein chinesisches Gericht bezeichnet, von dem es zahlreiche Abwandlungen gibt und das im Wesentlichen aus Hühnerfleisch, gebratenen Nudeln, *Abalone* (s.d.), Bleichsellerie, Bohnensprossen, Champignons, Chinakohl, Frühlingszwiebeln, gegrilltem und in Scheiben geschnittenem Schweinefleisch, Wasserkastanien usw. besteht. Gewürzt wird mit frischem Ingwer, Knoblauch und Sojasauce.

**Chow min:** s. *Chow mein*.

**Chräbeli** *(schweiz.)*: Aniskekse.

**Chratzete:** *Kratzete, Kratzede;* in Baden und Württemberg eine beliebte Beilage zu Spargel; ein in Stücke zerrissener und knusprig gebratener Pfannkuchen.

**Chriesi** *(schweiz.)*: Kirsche.

**Chriesiwasser** *(schweiz.)*: Kirschwasser.

**Chriesitütschli** *(schweiz.)*: im Kanton Aargau eine in Öl gebackene Süßigkeit, bei der Kirschen mit Stiel in Pfannkuchenteig getaucht werden.

**Christmas Cake** *(engl.)*: s. *English Christmas Cake*.

**Christmas-Pudding:** s. *Plumpudding*.

**Christophene:** s. *Chayote*.

**Christstollen:** s. *Dresdner Christstollen*.

**Chrosle** *(schweiz.)*: Stachelbeere.

**Chrut** *(schweiz.)*: Kohl, Kraut, Spinat.

**Chrutwähe:** auch Chrutwäie; Spinatkuchen aus der Schweiz. Der Kuchen besteht aus Mürbeteig und einer Masse aus Spinat, Eigelb und Sahne, Würfeln von magerem Speck und Zwiebeln, gewürzt mit Majoran, Muskatnuss, Pfeffer und Salz.

**Chrysanthemen:** Zierpflanze, wird aber auch als Gemüsepflanze benutzt; besonders in Japan *(Shungiku)* beliebt als Salat; ähnelt im Geschmack dem Blumenkohl.

**Chüngel** *(schweiz.)*: Kaninchen.

**Chufanuss:** *Erdmandel*; eine Staude ähnlich der Kartoffel, in Spanien wird daraus ein sirupartiges Getränk bereitet, das nach Bittermandel schmeckt; s.a. *Horchata de Chufa*.

**Chuleta** *(span.)*: Kotelett, Rippenstück.

**Chuletas de cordero** *(span.)*: Lammkoteletts.

**Chuletas de cordero a la Navarra:** *span.* Spezialität; Lammkoteletts werden angebraten und ein *Sofrito* (s.d.) aus Schinken, Zwiebeln und Tomaten hinzugefügt. Gewürzt wird mit Salz, Pfeffer und Thymian. Das Ganze wird mit Scheiben von *Chorizo* bedeckt und so lange im Backofen gegart, bis die Chorizoscheiben geschmolzen sind.

**Chum-chum:** süßsauer eingelegtes Gemüse *(Iowa, USA)*.

**Chun-juan:** *Ch'un chüan (chin.)*; Frühlingsrollen, auch Eierkuchenrollen.

**Chuño:** *Moraya*; getrocknete Kartoffel der Indios in den Anden.

**Chuoi xanh** *(vietn.)*: grüne Banane. Wird in Vietnam vielseitig genutzt. Rohe Bananen werden gewaschen und in Scheiben geschnitten (Beilage); Bananenblüten werden roh oder gekocht verzehrt, aus Bananenstaudenherzen Salat bereitet.

**Chupe:** in den meisten *lateinamerikanischen* Ländern bereiteter Suppentopf. Der bekannteste ist der peruanische oder *chupe à la limeña,* von dem es zahlreiche Variationen gibt. Gewöhnlich besteht die Suppe aus Filets von verschiedenen Fischen, Kartoffeln, Krustentieren, Tomaten, Schafs- oder Ziegenkäse und Zwiebeln, manchmal Eiern, gewürzt mit Knoblauch, Oregano und Tomatenmark. Die Zutaten werden zum Schluss mit Fleischbrühe übergossen.

**Chupe a la limeña:** s. *Chupe*.

**Churrasco:** ein Nationalgericht *Brasiliens* mit vielen Variationen. In den zahlreichen Churrascarias werden Unmengen von Hühner-, Rind- und Schweinefleischstücken, Innereien und Würste am Spieß gebraten. Dazu werden *Farofa* (s.d.), Gemüse, Reis oder Salate serviert. Üblicherweise wird das Fleisch vorher in einem so genannten *Tempero* (s.d.) aus Knoblauch, Limettensaft, Zwiebeln, gewürzt mit Pfeffer und Salz, mariniert.

**Churros** *(span.)*: kleine *mexikanische* Windbeutel, in Öl ausgebacken, in Sternaniszucker gewälzt, mit einem Zimtsirup serviert.

**Chuschan:** *kirgisisches* Nationalgericht aus Fleisch, Gemüse und Nudeln.

**Chutney:** dickliche Würzsauce, die zu Curry- und Reisgerichten gereicht wird. Sie enthält unterschiedliche Früchte, Gemüse und Gewürze, wie Äpfel, Bleichsellerie, Paprika, Rosinen, Tomaten, Zitronen, Zwiebeln usw., alles mit Essig, Ingwer, Salz und Zucker verkocht. Der Hauptbestandteil gibt dem jeweiligen Chutney den Namen z.B. Dattel-, Koriander-, Mango-, Minz-, Stachelbeer-, Tomatenchutney usw. *(Indien, Pakistan* und *England)*.

**Chworost:** russ. Gebäck aus einem Teig von Eiern, Mehl, Rum, Salz, Wasser und Zucker; Streifen geschnitten, meist geflochten, in viel Fett goldbraun herausgebacken und zum Schluss mit Zucker und Zimt bestreut.

**Ciabatta:** *ital.* knusprige Brotsorte, ohne Salz.

**Cidre:** *französischer*, leicht moussierender Apfelwein aus der *Normandie* und *Bretagne*. Die Herstellung ist festen Regeln unterworfen; s.a. *Zider*.

**Ciernikis:** kleine *russische* Kuchen aus Butter, Eiern, weißem Käse und Mehl, gewürzt mit Muskat, Pfeffer und Salz. Aus dem Teig werden kleine runde Kuchen geformt, in kochendem Wasser pochiert und mit zerlassener Butter serviert.

**Cigala** *(span.)*: Kaisergranat

**Cigale de mer** *(franz.)*: Bärenkrebs.

**Cilantro:** *Saw leaf herb (engl.), Ngo gai (vietnam.)*, auch *mexikanischer* Koriander; frische grüne Blättchen des *Korianders* (s.a.d.), fein gehackt als Würzkraut; bei uns auch Koriandergrün genannt.

**Cimier** *(franz.)*: Wort für Rücken (Ziemer), besonders Wildrücken.

**Cimier de cerf** *(franz.)*: Hirschrücken.

**Cinghiale:** in Italien, namentlich in den *Abruzzen* gezüchtete Wildschweine, die bevorzugt unter anderem mit Pinienkernen und Rosinen gefüllt, mit Essig gewürzt und in Zedernöl gegart werden.

**Cinnamon** *(engl.)*: Zimt.

**Cinzano:** bekannter italienischer Wermut *(Piemont)*.

**Ciorba:** ein traditioneller Suppentopf aus dem *Moldaugebiet*, mit dem russischen *Borschtsch* verwandt. Es gibt zahlreiche Variationen mit Hammelfleisch, Hähnchen, Kalbskutteln, Fischen u.v.a. Wesentlicher Bestandteil ist *Kwas* (s.d.) und Sahne. In einer kräftigen Brühe werden z.B. Hammelfleisch, Karotten, Kartoffeln, Kohl, Petersilienwurzeln, Rote Rüben und Sellerie gekocht. Gewürzt wird in der Regel mit Essig, Knoblauch, Lorbeer, Nelken, Petersilie, Zucker u.a.

**Cipolla** *(ital.)*: Zwiebeln.

**Citron-givré** *(franz.)*: s. *Givrieren*.

**Citrusfrüchte:** Sammelbegriff für die botanische Gattung Citrus z.B. Orangen, Zitronen usw.

**Civelle** *(franz.)*: s. *Angulas*.

**Civet** *(franz.)*: Wildpfeffer oder Ragout, wie Hasen- oder Rehpfeffer, Lammragout usw. Das Blut des Tieres wird für die Sauce mitverwendet. Am bekanntesten ist das *civet de lièvre*.

**Civet de chevreuil** *(franz.)*: Rehpfeffer (s.a. *Pfeffer*).

**Civet de lièvre** *(franz.)*: *Hasenpfeffer* (s.d.).

**Clafoutis:** ein in Frankreich sehr beliebter Auflauf, der meist aus einer Mischung von luftigem Biskuit-Teig und reifen Früchten, hauptsächlich Kirschen (s.a. *Kirschenmichel*), besteht. Oft wird der Teig noch durch Eischnee aufgelockert und mit dem entsprechenden Alkohol, z.B. Calvados zu Äpfeln, aromatisiert.

**Claires** *(franz.)*: Teiche, ehemalige Salzgärten, in denen an der französischen Atlantikküste die Austern »veredelt« werden (s.a. *Fines de Claires*).

**Clair oxtail** *(engl.)*: klare Ochsenschwanzsuppe.

**Clam** *(engl.)*: Bezeichnung für 200 Arten essbarer Muscheln an den Küsten *Nordamerikas (USA)* wie Venusmuscheln, Quahog, Sandklaffmuscheln u.v.a.

**Clamart:** Fleischgarnitur mit gebundener Kalbsjus, *Macaire-Kartoffeln* und *Tarteletts*, die mit Erbsen gefüllt sind.

**Clambake** *(engl.)*: Lebensmittel auf heißen Steinen in einer Grube zwischen Seetang garen, z.B. der südamerikanischen *Pachamanca* (s.d.) ähnlich. Auf diese Weise werden hauptsächlich Fleisch, Geflügel, Meeresfrüchte, aber auch Gemüse wie Kartoffeln, Maiskolben u.a. gegart (im *Nordosten Amerikas*).

**Clam-chowder** *(engl.)*: Muschelsuppe, die aus zerkleinerten Venusmuscheln und in Butter angerösteten und mit Fischbrühe aufgegossenen Kartoffelwürfeln, Lauch, Speck, Zwiebeln, sowie Milch oder Tomatenpüree und Tomaten besteht. Gewürzt wird mit Petersilie, Salz, Pfeffer und Thymian; s.a. *Manhattan Clam Chowder*.

**Clarifizieren:** klären.

**Clementinen:** kernlose, saftige Mandarinen aus dem Mittelmeerraum, bei uns von Dezember bis Januar erhältlich.

**Clivia:** fest kochende Kartoffelsorte.

**Cloche** *(franz.)*: Wärmehaube (Glocke) für den Teller.

**Clovisse** *(franz.)*: Venusmuschel.

**Clubsandwich:** eine typische amerikanische Kreation. Im Allgemeinen werden drei Lagen Toast mit Schinken, Speck, Tomaten u.a. gefüllt und mit Zahnstochern zusammengehalten.

**Clubsteak:** ein Steak, das dem T-Bone-Steak ähnlich ist. Eine Scheibe aus dem Rippenstück des Rindes zur Hochrippe hin ohne Filet. Wiegt ca. 1 Pfund, wird 3–6 cm dick geschnitten und wie ein *entrecôte* bereitet *(England* und *Nordamerika)*.

**Cobbler** *(engl.)*: Mixgetränk mit Früchten; auch Auflauf.

**Cocada** *(bras.)*: geraspeltes Kokosnussfleisch wird mit Kokosmilch, Zucker, Zimt und Nelken unter Rühren zu einer dicken Masse gekocht – *Cocada branca* (weiß). Zur *Cocada preta* (schwarz) wird Melasse statt Zucker verwendet.

**Cochinillo** *(span.)*: Spanferkel.

**Cochon** *(franz.)*: Schwein.

**Cochon de lait** *(franz.)*: Spanferkel.

**Cocido** *(span.)*: gekocht; so heißt auch ein Fleisch-Suppentopf, hauptsächlich aus *Chorizos* (s.d.), Kartoffeln, Kichererbsen, Möhren, *Morcilla* (s.d.), Lauch, Rinderbrust, gepökeltem Schweinespeck, Serrano-Schinken, Suppenhuhn, Weißkohl und Zwiebeln, gewürzt mit Lorbeer, Knoblauch, Petersilie und Pfeffer.

**Cocido andaluz:** *spanischer* Eintopf aus Kartoffeln, Kürbis, Rinderbrust, Schweinebauch, verschiedenen Würsten, wie Blutwurst und *Chorizo* (s.d.), grünen Bohnen, Mangold, Kichererbsen usw., gewürzt mit Knoblauch, Paprika und Safran.

**Cock a-leekie:** Suppentopf aus *Schottland*. Die Brühe wird aus Hühnern, Kalbshaxen und Lauch hergestellt. Als Einlagen dienen im allgemeinen Graupen, Streifen von Hühnerfleisch, Lauch und getrocknete und entsteinte Pflaumen. Zum Schluss wird mit Petersilie bestreut.

**Coco-Bohne** *(franz.)*: Breite Bohne (vorzugsweiße aus der *Bretagne*).

**Coco de mer** *(franz.)*: Seychellennuss; größte Kokosnuss der Welt, die nur auf den Seychellen gedeiht.

**Cocotte** *(franz.)*: Schmortopf aus Gusseisen.

**Coda di bue** *(ital.)*: Ochsenschwanz.

**Coda di Rospo** *(ital.)*: Seeteufel.

**Coddle:** ein *irischer* Eintopf aus Kartoffeln, Schinken oder Speck, Würsten und Zwiebeln, mit Petersilie gewürzt.

**Codfish** *(engl.)*: Kabeljau.

**Cölestinen:** s. *Célestines*.

**Cœurs d'artichauts** *(franz.)*: Artischockenherzen.

**Cognac:** der berühmteste *französische* Weinbrand. Er darf sich nur dann Cognac nennen, wenn er aus Weißweinen des Weinbaugebiets Cognac gebrannt wurde (gesetzlich geschützte Herkunftsbezeichnung). Voraussetzung ist die zweimalige Destillation und mindestens zwei Jahre lange Lagerung in Eichenfässern. Das Alter eines Cognacs spielt eine wichtige Rolle: *** bedeutet: der Cognac war mindestens zwei Jahre im Fass; *V.S.O.P.* (s. d.) mindestens vier Fassjahre usw.

**Cointreau:** *französischer* Edellikör des Hauses Cointreau unter Verwen-dung von Orangen und anderen Früchten.

**Cojones** *(span.)*: Hoden.

**Colbert:** Garnitur für Fisch, Fleisch und Kalbsmilch. Die Speisen werden mit Colbert-Sauce gereicht, Fleisch und Kalbsmilch werden außerdem mit Geflügelkroketten und Trüffelscheiben garniert. Den gleichen Namen trägt eine klare Geflügelkraftbrühe mit pochierten Eiern und Frühlingsgemüse.

**Colbert-Kartoffeln:** *pommes Colbert (franz.)*; goldgelb gebratene und zum Schluss in Butter, Kalbsglace und Petersilie geschwenkte Kartoffelwürfelchen.

**Colchester:** eine runde Nordseeauster, aus dem Mündungsgebiet der Themse, mit kräftigem Geschmack (Ursprungsbezeichnung).

**Colle** *(franz.)*: bedeutet in der Küchensprache gebunden, z. B. Mayonnaise, die mit Gelee stürzfähig gemacht wird.

**Colombines:** Kolombinen; Grießkroketten, meist gefüllt mit Fleischragout oder -püree, *Salpicon* (s. d.) usw. Die süße Version wird mit Kirschwasser aromatisiert und mit Confit-Kirschen u. a. garniert.

**Colombo:** Gewürzmischung (Curryart) aus Jamaikapfeffer, Senfkörnern, Koriander, Kurkuma, Safran, Zimt u. a. *(Franz. Antillen)*.

**Colonel:** s. *Livarot*.

**Colorieren:** Farbe annehmen lassen, färben, bräunen.

**Com** *(vietnam.)*: Reis, geröstet und zerstoßen.

**Communes** *(franz.)*: Bezeichnung für die größten oder nicht sortierten *Kapern* (s. d.).

**Compotte** *(franz.)*: Kompott; Bezeichnung für Eingemachtes, in Frankreich aber auch für sehr lange Garzeit bei niedrigen Temperaturen (weich gekochtes Fleisch und gedämpfte Täubchen).

**Comté:** dem Greyerzer ähnlicher Hartkäse aus dem *französischen* Jura, mit einem fast fruchtigem Geschmack.

**Comtesse** *(franz.)*: Gräfinart; mit Trüffeln gespicktes Fleisch in gebundenem Kalbsjus, garniert mit Kalbsklößchen und Kopfsalat.

**Concassé de tomates** *(franz.)*: *tomates concassées*; geschmolzene Tomaten; Bezeichnung für das gewürfelte Fleisch von gehäuteten Tomaten, das ohne Kerne und Saft blanchiert wird. Oft werden die Tomatenwürfel zusätzlich in Butter zusammen mit Zwiebeln gedünstet und mit Pfeffer, Salz und Zucker gewürzt; die Fruchtflüssigkeit muss vollständig verdampft sein.

**Conch** *(engl.)*: sehr beliebte Trompetenschnecke, ein Meeresweichtier, dessen Muskelfleisch gehäutet, weich geklopft oder gehackt wird *(Barbados, Florida, Louisiana* und *USA Westküste)*.

**Concha** *(span.)*: Muschel.

**Conchiglia** *(ital.)*: Muschel.

**Conchiglie** *(ital.)*: muschelförmige Teigwaren.

**Concombre** *(franz.)*: Gurke.

**Condé** *(franz.)*: Fleischgarnitur mit gebutterter Rotweinsauce, Püree von roten Bohnen, verkocht mit in Dreiecke geschnittenem Räucherspeck. Bezeichnet auch ein süßes Backwerk aus Blätterteig. Der in Streifen geschnittene Teig wird mit Eiweißglasur und fein gehackten Mandeln bestrichen, mit Puderzucker bestäubt und im Ofen gebacken.

**Condiment** *(franz.)*: Würze, Gewürz.

**Conejo** *(span.)*: Kaninchen.

**Conejo con aceitunas:** spanisches Kaninchengericht; Kaninchenfleisch-Portionen werden zusammen mit Möhren gebraten und mit Tomaten, grünen und schwarzen Oliven vermengt. Gewürzt wird mit Brandy und Pfeffer.

**Conejo criollo** *(span.)*: ein Kaninchengericht aus *Puerto Rico*. Ein portioniertes Kaninchen wird angebraten und mit glasig geschwitzten Zwiebeln und Knoblauch vermischt. Aus dem Bratensatz wird mit Hühnerbrühe und Weinbrand eine mit Chili gewürzte Sauce bereitet, in der die Kaninchenteile garkochen. Als Beilagen werden Jamsknollen-Soufflé oder gedünsteter Reis serviert.

**Confit** *(franz)*: eingemacht, eingelegt.

**Confit d'oie** *(franz.)*: eingemachtes Gänsefleisch; in einem Steinguttopf vollkommen in Gänse- und Schweineschmalz eingebettete Gänsefleischstücke. Zuvor werden die Stücke ca. einen Tag lang in einer Mischung aus Salz, Pfefferkörnern, Gewürznelken, Lorbeer, Thymian und evtl. Zucker gepökelt und danach im eigenen Fett so lange gegart, bis das Schmalz klar ist.

**Confitfrüchte:** s. *Belegfrüchte*.

**Congee:** *chin.* Reisgericht. Rundkornreis wird in Brühe oder Wasser zu einer Art Suppe sehr weich gegart und beliebig mit Fisch, Gemüse, Geflügel, Pilzen usw. vermischt.

**Congre** *(franz.)*: Meeraal.

**Coniglio** *(ital.)*: Kaninchen.

**Consommé** *(franz.)*: Kraftbrühe; eine besonders kräftige Fleischbrühe, hergestellt aus *Bouillon* und Rindfleisch. Das Rindfleisch wird mit entfetteter, kalter Fleischbrühe und Wurzelwerk aufgesetzt. Kochzeit ca. 2 Stunden. Geklärt wird die Brühe, indem man Hackfleisch und Eischnee eine Stunde mitsiedet.

**Consommé à la duchesse:** Consommé Herzoginart; mit Sago gebundene Geflügelkraftbrühe, garniert mit Eierstich und Streifen von Kopfsalat.

**Consommé à la queue de bœuf** *(franz.)*: klare Ochsenschwanzsuppe.

**Consommé aux profiteroles** *(franz.)*: Consommé mit winzigen Brandteigkrapfen, so genannten Backerbsen.

**Consommé Brillat-Savarin:** Geflügelkraftbrühe mit Selleriegeschmack und einer *Julienne* aus Champignons, Karotten und Trüffeln.

**Consommé brunoise** *(franz.)*: Fleischbrühe mit in Würfel geschnittenen und gerösteten Möhren, weißen Rüben, Sellerie und Lauchstangen, gewürzt mit Kerbel u.a.

**Consommé célestine** *(franz.)*: *Flädlesuppe (südd.), Fritattensuppe (österr.)*, Kraftbrühe auf Celestiner Art; Geflügel- oder Rinderkraftbrühe mit einer Einlage von *Célestines (s.d.)*. Nach einer interessanten Abwandlung wird der Teig mit *Fines Herbes* vermischt, sodass die *Célestines* eine grüne Farbe bekommen.

**Consommé Colbert:** Rinderkraftbrühe mit *verlorenem Ei* (s.d.) und Gemüsewürfeln.

**Consommé double** *(franz.)*: doppelte Kraftbrühe; im Verhältnis zur Consommé wird die doppelte Menge Fleisch genommen.

**Consommé de faisan:** Fasanenkraftbrühe; Kraftbrühe von Fasanen mit Streifen von der

Brust und gerösteten Weißbrotwürfelchen.

**Consommé de gibier** *(franz.)*: Wildconsommé.

**Consommé de poisson** *(franz.)*: Fischconsommé.

**Consommé de volaille** *(franz.)*: Geflügelconsommé.

**Consommé Herzoginart:** s. *Consommé à la duchesse*.

**Consommé julienne** *(franz.)*: Consommé mit einer Einlage von in Butter gedünsteten und in feine Streifen geschnittenen Karotten, Kohl, Lauch, Sellerie, aber auch Erbsen u.v.m; zum Schluss wird die Consommé mit Kerbelblättchen bestreut.

**Consommé Lucullus:** Rinderkraftbrühe mit Blumenkohlröschen, Perlen von Karotten und weißen Rübchen sowie Hühnerklößchen, die mit Karotten, Spinat, Safran u. dgl. verschieden gefärbt sind.

**Consommé Madrilène** *(franz.)*: Hühnerconsommé, geeist serviert.

**Consommé mockturtle** *(franz.)*: *mockturtle soup (engl.)*, unechte Schildkrötensuppe; Rinderkraftbrühe mit Kalbskopf- und Kalbfleischeinlage, gewürzt mit Cayennepfeffer, Champignons, Madeira, Sellerie und *Schildkrötenkräutern* (s.d.).

**Consommé Navarin:** Rinderkraftbrühe mit einer Einlage aus Krebsschwänzchen, blanchierter Petersilie und Eierstich, in den grüne Erbsen eingelassen sind.

**Consommé Royal** *(franz.)*: Consommé mit Eierstich.

**Consommé Sarah-Bernhardt:** Geflügelkraftbrühe, aufgeschlagen mit Krebsbutter und vervollständigt mit Geflügelklößchen, Rindermarkscheiben, Spargelspitzen und Trüffel.

**Consommé Xavier:** Rinderkraftbrühe mit Eierkuchen-Streifen, gewürzt mit Madeira.

**Conti:** Fleischgarnitur aus Linsenpüree und Scheibchen von Räucherspeck.

**Contrefilet** *(franz.)*: Bezeichnung für dasjenige Stück des Rindes, das von der Spitze der Hüfte bis zu den ersten Rippen am Rückgrat reicht, der allgemein als Roastbeef bezeichnete Teil. Fälschlicherweise wird zuweilen auch Fleisch von der Nuss als Contrefilet angeboten.

**Coo-Coo:** eine Art Maispudding (flacher Kuchen) aus Maismehl, Okraschoten und Hühnerbrühe *(Barbados)*.

**Coppa:** eine *italienische* Wurstspezialität; gesalzenes und in Darm gerolltes luftgetrocknetes Fleisch aus der Vorderkeule vom Schwein, mit bis zu hälftigem Fettanteil.

**Coq** *(franz.)*: Hahn.

**Coq au chambertin** *(franz.)*: s. *Coq au vin*.

**Coq au Riesling** *(franz.)*: in Riesling gegartes Huhn.

**Coq au vin:** *coq au chambertin (franz.)*, Hähnchen in Weinsauce. In Burgund verwendet man Rotwein (Landwein), im Elsass meist den herben Riesling. In die mit Rahm und Eidotter gebundene Sauce werden Champignons gegeben; gewürzt wird mit Cognac, Estragon, Knoblauch, Lorbeer usw. (s. a. *coq au vin à la bourguignonne*).

**Coq au vin à la bourguignonne** *(franz.)*: Hahn oder Poularde in Rotwein auf Burgunder Art. Hähnchen- oder Hühnerstücke werden mit Speckwürfeln und Schalotten angebraten, mit Mehl bestäubt und weiter gebräunt. Dann werden Champignons und roter Burgunder dazugegeben. Das Ganze wird zusammen mit Knoblauch, Lorbeer, Kräuterstrauß und Thymian gegart. Aus der Kochflüssigkeit und der Geflügelleber (manchmal auch Blut) wird eine cremige Sauce bereitet, die über das Huhn gegossen wird. Das Gericht wird in der Kasserolle mit Petersilie bestreut serviert.

**Coq de bruyère** *(franz.)*: Birkhahn.

**Coquelet** *(franz.)*: kleines Hähnchen.

**Coquillages** *(franz.)*: Schaltiere, wie Austern und Muscheln.

**Coquille** *(franz.)*: Muschel, aber auch für Muschelschalen oder Imitationen von solchen für Ragouts etc.

**Coquilles Saint-Jacques** *(franz.)*: Jakobsmuscheln, Pilgermuscheln, *scallops (engl.)*; gehören zu den Kammmuscheln. Die vorzüglich schmeckenden Muscheln, die vornehmlich an den europäischen Küsten des Atlantiks und im Mittelmeer vorkommen, haben festes, weißgelbes Fleisch. Die besten Jakobsmuscheln stammen aus den Buchten von Erquy und Quiberon *(Bretagne)*. Öffnen der Coquilles: Muschel mit einem Handtuch festhalten, die flache Schale nach oben. Ein Austernmesser zwischen die Schalen schieben und den Schließmuskel an der flachen Innenseite durchtrennen.

**Corail** *(franz.)*: Rogen der Krusten- und Schaltiere. Bei der Jacobsmuschel ist der Corail rot, beim Hummer grünlich, wird beim Kochen ebenfalls rot.

**Coratella** *(ital.)*: s. *Fressure*.

**Çorba** *(serbisch, türk.)*: Suppe, insbesondere für eine solche aus verschiedenen Fischen, die mit einer Mischung aus Eidotter und Essig legiert und mit Lorbeer, Petersilie und Sellerie gewürzt wird; s. a. *Tschorba*.

**Çorbasi** *(türk.)*: Suppe.

**Cordero** *(span.)*: Lamm.

**Cordero a la chilindron:** Eintopf aus zartem Lammfleisch, in einer feurig-scharfen Sauce gegart *(Spanien)*.

**Cordial Médoc:** einer der edelsten Liköre Frankreichs auf der Basis von 20 % Weindestillat, Iriswurzeln und vielem anderen.

**Cordon bleu** *(franz.)*: panierte und in Butter gebratene, mit einer Scheibe Emmentaler und einer Scheibe gekochtem Schinken gefüllte Kalbsschnitzel.

**Cordon rouge:** eine Anlehnung an das *Cordon bleu*. Meist wird eine Rinderfiletscheibe mit Streifen von Parmaschinken gespickt, mit *foie gras* gefüllt und kurz gebraten. Aber auch Name für Champagnersorte *(Mumm)*.

**Corned beef** *(engl.)*: gepökeltes und haschiertes, mageres Rindfleisch in Dosen. Stammt ursprünglich aus Südamerika.

**Cornet:** *französische* Teighörnchen, meist mit Schlagsahne gefüllt.

**Cornflakes:** aus Nordamerika stammende geröstete und gewalzte Maisflocken in vielen Variationen.

**Cornichons** *(franz.)*: Essiggürkchen.

**Cornish pasties:** einer der berühmtesten englischen Pies mit zahlreichen Variationen, vor allem bei der Füllung. Die Originalfüllung besteht immer aus feinen Rind- oder Hammelfleischstücken, vermischt mit Kartoffeln, Zwiebeln oder einem anderen Gemüse. Die Umhüllung besteht meist aus Mürbeteig, jedoch keineswegs selten auch aus Blätter- oder Hefeteig.

**Corozo:** Früchte einer mittelamerikanischen Palme. Schmecken süßsäuerlich und ergeben einen erfrischenden Saft sowie Konfitüre.

**Corvina:** Meer- oder Seerabe; ein Seefisch, der im Mündungsgebiet des La Plata bis in den Südatlantik sowie im Ostatlantik und im Mittelmeer vorkommt. Zur Familie der Umberfische gehörend, eignet er sich für nahezu alle Methoden der Zubereitung.

**Costata** *(ital.)*: Rippenkotelett.

**Costoletta alla Milanese** *(ital.)*: Kalbsschnitzel nach Mailänder Art. Die Schnitzel werden in Mehl, Ei, Semmelbröseln und Parmesan paniert, in Öl gebraten und mit Petersilie und Zitronen garniert.

**Côte** *(franz.)*: Rippe, Rippenstück, Kotelett.

**Côte à l'os** *(franz.)*: Ochsenkotelett mit Knochen serviert.

**Cotechino:** eine norditalienische Schweinswurst, die häufig zu Linsen oder als Bestandteil eines *bollito misto* serviert wird.

**Côte d'agneau** *(franz.)*: Lammkotelett.

**Côte de bœuf** *(franz.)*: Rindskotelett mit Rippe, eine Scheibe vom Rippenstück des Rindes.

**Côte de porc** *(franz.)*: Schweinekotelett.

**Côte de Veau** *(franz.)*: Kalbskotelett.

**Côtelette d'agneau** *(franz.)*: Lammkotelett.

**Côtes du Rhône:** allgemein die Weine aus etwa 150 Gemeinden des Rhônetales, zumeist aber vom südlichen Rhônetal.

**Cotriade:** Eintopf, ursprünglich aus der *Bretagne,* mit vielen Abwandlungen. Hauptsächlich besteht er aus dem Fleisch verschiedener Fische (¼ Fettfische), Kartoffeln und Zwiebeln, gegart in Weißwein und gewürzt mit Anissamen, Bohnenkraut, weißem Pfeffer und Salz. Meist werden die Fisch- und Kartoffelstücke getrennt von der Brühe, die man aus tiefen Tellern mit Croûtons verspeist, serviert.

**Cottage cheese** *(engl.)*: aus den USA stammender kalorienarmer, feuchter, körniger Frischkäse mit leicht säuerlichem Geschmack, in Deutschland als Hüttenkäse bekannt.

**Cottage pie** *(engl.)*: s. *Shepherd's pie*, aber mit Rindfleisch zubereitet.

**Couenne** *(franz.)*: Schwarte.

**Couleur** *(franz.)*: dunkler Karamell zum Färben.

**Coulibiac** *(franz.)*: *Kulebjaka* (s.d.).

**Coulis** *(franz.)*: flüssiges Püree von Gemüse (z.B. *coulis de tomates*) oder Obst. *Coulis blanc* ist eine weiße Grundsauce und *coulis brun* eine braune. Coulis dient als Grundlage für Saucen und Suppen.

**Coulis blanc** *(franz.)*: s. *coulis*.

**Coulis brun** *(franz.)*: s. *coulis*.

**Coulis d'ecrevisses:** Püree aus Süßwasserkrebsen.

**Coulommiers:** franz. Weichkäse mit Außenschimmel, wird den Briekäsen zugerechnet (Ile-de-France).

**Coupe** *(franz.)*: Eisbecher, z.B. Coupe Danmark, Eisgefäß oder -schale.

**Coupe Melba** *(franz.)*: *Pfirsich Melba* (s.d.).

**Courgettes** *(franz.)*: Zucchini.

**Couronne** *(franz.)*: ringförmig gebackenes Brot.

**Court-bouillon:** s. *Fischsud.*

**Court-bouillon blanc** *(franz.)*: heller Sud für Buttfische aus Wasser, Milch, Salz und Zitronen.

**Court-bouillon au vinaigre** *(franz.)*: Sud aus Wasser, Essig, Lorbeer, Möhren, Petersilienstängeln, Pfefferkörnern, Thymian und Zwiebeln.

**Court-bouillon au vin blanc** *(franz.)*: Weißweinsud, wird wie *Court-bouillon au vinaigre* bereitet, statt Essig wird jedoch Weißwein verwendet.

**Court-bouillon pour crustacés** *(franz.)*: Sud für Krustentiere aus Wasser, Weißwein, Essig, Lorbeer, Petersilie, Pfefferkörnern, Salz, Staudensellerie, Thymian und Zwiebeln. Der Sud wird ca. 20 Min. lang gekocht und abgeseiht, bevor die Krustentiere hineingelegt werden.

**Court nage** *(franz.)*: konzentrierter Fischsud (Fischfond) mit Weißwein, sehr fein geschnittenen Gemüsen für Krustentiere, Meeres- und Süßwasserfische und Muscheln.

**Couscous:** Mais- oder Weizengrieß; Beilage für Fleisch-, vor allem Hammelgerichte, in allen nordafrikanischen Mittelmeerländern. Als Couscous werden auch einige nordafrikanische Nationalgerichte bezeichnet, von denen es zahlreiche Zubereitungsarten gibt. In den Heimatländern des Couscous wird ein spezielles Kochgeschirr, der *Couscoussier (franz.)* verwendet, der aus zwei übereinander stehenden Töpfen besteht. Im oberen Topf mit durchlöchertem Boden wird Couscous im Dampf der im unteren Topf garenden Gemüse- und Fleischmischung gequollen. Nachstehend vier Beispiele der Zubereitung und des Anrichtens dieses köstlichen Gerichts aus Algerien, Marokko und Tunesien. In Algerien wird es im wesentlichen aus Couscous-Grieß, Hammel- und Rindfleisch, Kichererbsen, roten Paprikaschoten und Zwiebeln bereitet und mit Cayennepfeffer, Safran und Zimt gewürzt. Die Zutaten des marokkanischen Couscous sind neben Couscous-Grieß, Auberginen, grüne Bohnen, Kichererbsen, Lammkeule, Lauch, Möhren, grüne und rote Paprika, Poularde, Tomaten und Zucchini, alles gewürzt mit Chili, Petersilie, *Ras El-Hanout* (s. d.) schwarzem Pfeffer und Zimt. In Marokko wird das Gericht serviert, indem man den Grieß auf eine Platte schüttet, eine Vertiefung bildet und in diese die Gemüse- und Fleischmischung gibt. Der tunesische Couscous besteht neben Couscous-Grieß aus Hammelschulter oder Lammkeule, Kichererbsen, Lauch, Möhren, Poularde, Weißkohl, Zucchini und Zwiebeln. Gewürzt wird mit Knoblauch, Lorbeer, schwarzem Pfeffer, Rosmarin und Tomatenmark, vor allem aber mit der bekannten scharfen Würzsauce *Hrisa* oder *Harissa,* wie überhaupt zu jeder Art Couscous eine scharfe Sauce gehört *(Nordafrika).*

**Couscous-Griess:** Grieß aus Mais oder Weizen, vornehmlich Hartweizen. Dient als Beilage für Couscous-Gerichte, ist aber auch ähnlich vielseitig einsetzbar wie Reis. Der bei uns erhältliche Coucous-Grieß ist vorbehandelt und daher schnell und einfach zuzubereiten, er muss ca. 7 Minuten in kochender Flüssigkeit garen.

**Couve mineira:** Blätter vom Minaskohl; Ersatz: Krautstiele, Schnittmangold oder Stängelkohl *(ital.: Rapa)*; beliebte Beilage in *Brasilien*, u. a. zur *Feijoada* (s. d.).

**Couvert** *(franz.)*: Besteck und Geschirr, aber auch eine Art *Amuse bouche,* das in manchen Restaurants zur Überbrückung der Zeit bis zum Beginn des Essens geradezu aufgedrängt und am Schluss zur Überraschung des Gastes berechnet wird.

**Couverture** *(franz.)*: Kuvertüre, Schokoladenüberzugmasse.

**Cozido:** *portugiesisch-brasilianischer* Eintopf mit Gemüse, Fisch oder Fleisch u. a.

**Cozze** *(ital.)*: Miesmuscheln.

**Crab** *(engl.)*: Krabbe, Krebs.

**Crabe** *(franz.)*: Krabbe, Krebs; nicht zu verwechseln mit den *Nordseekrabben*.

**Crab meat** *(engl.)*: Fleisch von gekochten Krabben, Krebsen und Tiefseekrabben.

**Crab pilau:** Langkornreis, vermischt mit Crabmeat und gewürzt mit Chili, Currypulver, Knoblauch, Limettensaft, schwarzem Pfeffer und Schnittlauch, gebunden mit Kokosnussmilch *(Karibik, Tobago)*; von indischen Auswanderern mitgebracht, s. a. *Pulao*.

**Cracker:** keksartiges Gebäck aus gesalzenem Biskuitteig *(Amerika)*; manchmal mit Fischgeschmack.

**Crambambuli:** historisches Studenten-Getränk aus der Schweiz. In Tresterschnaps werden große Stücke Zucker gegeben. Dann wird die Flüssigkeit angezündet und so lange verbrannt, bis eine dickflüssige Mischung aus Alkohol und Zucker übrig bleibt. Das Getränk wird heiß genossen.

**Cranberry** *(engl.)*: *Moosbeere* (s. d.).

**Crawfish** *(engl.)*: Bezeichnung für Sumpfkrebse in Louisiana.

**Crayfish** *(engl.)*: Flusskrebs (Edelkrebs).

**Cream** *(engl.)*: Sahne.

**Crema catalana** *(span.)*: eine Eier-Milchcreme, aromatisiert mit Zimt und Zucker und mit Karamellzucker überkrustet, namentlich Katalonien.

**Crémant** *(franz.)*: leicht perlend. Bedeutet in der Champagne *Perlwein*, in anderen Gegenden Frankreichs auch Schaumwein hoher Qualität (z. B. *Elsass*).

**Crème** *(franz.)*: Wort für süßen Rahm. Die deutsche Schreibweise ist *Creme*. Es gibt verschiedene Sorten, die je nach Fettgehalt verschieden dick sind. *Crème double* (s. d.) oder Doppelrahm hat einen Mindestfettgehalt von 40 %. Unter *Crème fraîche* (s. d.) versteht man allgemein eine eingedickte Sahne. Bei uns kommt Crème fraîche leicht gesäuert auf den Markt. Wenn Crème double oder Crème fraîche verlangt werden, kann man Sahne auf die gewünschte Konsistenz einkochen. Crème ist aber auch die franz. Bezeichnung einer Béchamelsauce, die statt nur mit Milch, zum größten Teil mit frischer Sahne bereitet wird. Crème ist schließlich die Bezeichnung für süße Liköre verschiedenster Sorten wie z. B. *Crème de Cacao*, *Crème de Menthe* (Pfefferminzlikör) u. v. a.

**Crème, à la** *(franz.)*: mit Sahne.

**Crème à l'oseille** *(franz.)*: Sauerampfercreme zu pochiertem Fisch, gekochtem Rindfleisch u. a.

**Crème anglaise** *(franz.)*: englische Creme; Creme aus Eigelb, Milch, Puderzucker, Vanille, Zitronenschale oder anderen Aromaten. Die Zubereitung ist zeitaufwändig. Zu einer sehr schaumig gerührten Eigelb- und Zuckermischung wird unter Rühren langsam Milch gegossen. Unter ständigem Weiterrühren wird diese Mischung vorsichtig erhitzt, bis sie cremig dick wird. Man rechnet bis zu 20 Eigelb je Liter Milch. Zum Schluss kann noch Crème fraîche untergezogen werden. Die Creme sollte mindestens 30 Min. lang kalt gerührt werden.

**Crème au beurre:** Buttercreme.

**Crème bavaroise** *(franz.)***:** *Bavaroise (franz.)*, Bayerische Creme; stark gekühlte Creme auf Sahne- oder Früchtepüreebasis. Sie wird wie englische Creme bereitet. Der Unterschied zu dieser besteht darin, dass immer Schlagsahne und Gelatine untergezogen werden, bevor die Creme stockt. *Crème bavaroise* auf Sahnebasis wird – wie die englische Creme – aus Eigelb, Gelatine, Milch, Vanille und Zucker bereitet. Sie kann beliebig aromatisiert werden. Wählt man z. B. eine Fruchtbasis, so wird Früchtepüree, Orangensaft, Zitronensaft o. dgl. mit Gelatine, Zuckersirup und zum Schluss mit Schlagsahne vermischt. Vor dem Stürzen muss die Crème bavaroise mindestens 3 Stunden lang gekühlt werden.

**Crème bavaroise à l'orange** *(franz.)***:** gestürzte Bayerische Creme mit Orangengeschmack, bereitet aus Eigelb, Gelatine, Grand Marnier oder Cointreau, Milch, Orangensaft, abgeriebener Orangenschale, Schlagsahne und Zucker, mit Apfelsinenscheiben garniert.

**Crème brûlée** *(franz.)***:** *gebrannte Creme*; eine gestockte Creme aus Eiern, Sahne und Zucker, die abgekühlt mit einer karamellisierten Zuckerschicht versehen wird.

**Crème caramel** *(franz.)***:** Karamellcreme, deren Herstellung oft Probleme bereitet. Kleine Förmchen werden mit Karamellzucker, d. h. mit einem bis zu teebrauner Farbe karamellisierten Zucker ausgegossen und dann mit einer Creme aus Eiern, Milch, Vanille und Zucker gefüllt. Die Förm-chen werden in ein *bain-marie* gestellt und im Ofen gebacken, bis die Masse schnittfest ist. Nach dem Erkalten wird die Creme gestürzt und mit dem Rest Karamellsirup übergossen (s. a. *Flan*).

**Crème chantilly** *(franz.)***:** gesüßte, gelegentlich mit Vanille, Zitronensaft etc. aromatisierte Schlagsahne; *à la chantilly* bedeutet immer *mit Schlagsahne*.

**Crème de Cacao** *(franz.)***:** hellbrauner oder dunkelbrauner Likör aus Kakaoextrakten und Vanille.

**Crème de Cassis:** berühmter *franz.* Likör aus schwarzen Johannisbeeren (Grundlage für *Kir*, s. d.).

**Crème de Framboises:** *franz.* Himbeerlikör.

**Crème double** *(franz.)***:** Doppelrahm, dicke Sahne mit einem Mindestfettgehalt von 40 % (s. a. *crème*).

**Crème fleurette** *(franz.)***:** ganz frisch abgeschöpfte Sahne.

**Crème fraîche** *(franz.)***:** dicke, zähflüssige Sahne, die man erhält, wenn man Vollmilch lang genug stehen lässt, wodurch sich das Fett an der Oberfläche absetzt. Den Vorgang kann man dadurch beschleunigen, dass man Sahne dick einkocht oder aber mit Joghurt oder saurer

Sahne vermischt und einen Tag stehen lässt. Crème fraîche ist für Saucen geeigneter als frische Sahne oder normale saure Sahne (heute gibt es gute industrielle Produkte).

**Crème frangipane** *(franz.)*: Makronencreme aus Eiern, Eigelb, Mehl und Zucker, verrührt mit vanillierter Milch und so lange unter ständigem Rühren erhitzt, bis sie dick wird; zum Schluss werden Butter und zerdrückte Makronen dazugegeben (ursprünglich mit geriebenen Mandeln zubereitet).

**Crème Nesselrode** *(franz.)*: Bavaroise, vermischt mit Maronenpüree und garniert mit glasierten Maronen und Schlagsahne.

**Crème pâtissière** *(franz.)*: *Konditorcreme, Patisseriecreme*; Füllcreme aus Eigelb, Mehl, vanillierter Milch und Puderzucker; wird wie *Crème-frangipane* hergestellt, jedoch beliebig aromatisiert, z. B. mit Kaffee, Orangenschale, Vanille usw., für Crêpes, Torten u. a.

**Crème russe** *(franz.)*: s. *Russische Creme*.

**Crème Saint-Honoré:** *franz.* Cremespezialität. Eine gekochte Mischung aus Eigelb, Mehl, Milch, Vanille und Zucker wird über steif geschlagenes Eiweiß gegossen und gut vermischt, in Gläser abgefüllt und z. B. mit Aprikosentörtchen serviert. Die Rezeptur kennt Variationen.

**Creme-Suppen:** diese Suppen tragen den Namen des jeweiligen Hauptbestandteiles, z. B. Huhn, Hummer, Kresse, Spargel usw. Hauptgrundlage ist eine dünne Béchamel aus weißer Mehlschwitze und Milch, gegebenenfalls noch Fleischbrühe. Cremesuppen werden im Übrigen wie *Samtsuppen* (s. d.) zubereitet, jedoch werden zur Bindung statt Eigelb und Sahne immer Butter oder Béchamel verwendet.

**Crème vichyssoise** *(franz.)*: s. *Vichyssoise*.

**Créole, à la** *(franz.)*: s. *Kreolenart*.

**Crêpes** *(franz.)*: ganz dünne Eierpfannkuchen, aus Weizen- oder Buchweizenmehl, süß oder pikant gefüllt. Um die Crêpes möglichst dünn auszubacken, verwendet man eine auch bei uns erhältliche Spezialplatte.

**Crêpes Suzette** *(franz.)*: weltbekannte Süßspeise. Hauchdünne Crêpes aus Butter, Eiern, Mehl, Milch, Sahne und Zucker werden in Orangenbutter gewendet, bis sie sich vollgesaugt haben, dann zweimal zusammengefaltet und mit Cognac flambiert. Orangenbutter wird aus Butter, Orangensaft, Orangenschale, Grand Marnier, etwas Zitronensaft und Zucker bereitet.

**Crépinettes** *(franz.)*: Mettwürste, Bezeichnung auch für bratwurstähnliche Netzwürstchen. Dafür wird feine Bratwurstfülle mit Petersilie, Cognac und evtl. mit gehackten Trüffeln vermischt und in ein Schweinsnetz eingehüllt. Die Würstchen werden in der Regel mit Bröseln paniert und in der Pfanne oder auf dem Rost gebraten.

**Crespella:** eine ital. Crêpe, gefaltet und mit herzhafter Füllung.

**Cresson** *(franz.)*: Kresse.

**Cressonière à la** *(franz.)*: mit Brunnenkresse garniert.

**Cresti di gallo** *(ital.)*: eine hahnenkammförmige Teigware.

**Crêtes de coq** *(franz.)*: Hahnenkämme.

**Crevettes** *(franz.)*: Garnelen.

**Crevette grise** *(franz.)*: sehr kleine Crevette mit kurzer Kopfspitze. Das Fleisch wird beim Kochen grau-rosa und ist weich.

**Crevette rose** *(franz.)*: der Kopf dieser Crevettenart hat eine längere Spitze als die *Crevette grise*; das Fleisch wird beim Kochen rosa und fest.

**Croissant** *(franz.)*: Hörnchen aus Blätterteig.

**Cromesquis** *(franz.)*: s. *Kromeski*.

**Croquant** *(franz.)*: knusprig, krustig.

**Croquembouche** *(franz.)*: Krachgebäck, kleine Windbeutelchen mit Vanillecreme gefüllt. Üblicherweise wird damit eine Kegelform aus Pappe besetzt. Die einzelnen Windbeutel werden mit Zuckersirup bestrichen und so aneinander geklebt. Zum Schluss wird mit gebrannten Mandeln und kandierten Orangenschnitzen garniert und evtl. mit Zuckerfäden überzogen.

**Croque-monsieur:** zwei in Butter gebratene oder überbackene Scheiben Toast mit Schinken und Käse, manchmal noch Spargel, gefüllt *(Frankreich)*.

**Croquettes** *(franz.)*: Kroketten.

**Crostata di Ricotta** *(ital.)*: pastetenartige Käsetorte, eines der ältesten römischen Gerichte. Der Auslegeteig ist mit Marsala und geriebener Zitronenschale aromatisiert, die Füllung besteht aus Ricotta oder Quark mit Zucker, Vanille-Extrakt, Orangenschalenabrieb, Eigelb, Sultaninen, Orangeat und Zitronat.

**Crostini** *(ital.)*: kleine geröstete Brotschnitten mit verschiedenen Aufstrichen und Belägen, meist als Antipasto serviert, z. B. *Crostini alla neapoletana* mit Mozzarellascheibe, einem Sardellenstückchen und einer Tomatenscheibe.

**Crostini al fegato** *(ital.)*: geröstetes Weißbrot, bestrichen mit einer Paste aus Hühnerleber, gehackten Gemüsen, Salbei und Knoblauch (*Toscana*).

**Crottin de Chavignol:** *franz.* Weichkäse aus Ziegen- oder Schafsmilch.

**Croustades** *(franz.)*: s. *Krustaden*.

**Croustade à la financière** *(franz.)*: Blätterteigpastete nach Finanzmanns-Art. Die Zubereitung variiert. Klassisches Beispiel: eine Füllung aus pochierter Gänseleber, Hahnenkämmen, Hühnernieren und Trüffeln, gebunden mit brauner Grundsauce und mit Cognac parfümiert.

**Croûte** *(franz.)*: Kruste; darunter versteht man eine getrocknete und in Stücke geschnittene Brotkruste als Suppeneinlage, panierte und in Butter gebackene Schwarz- oder Weißbrotscheiben von verschiedener Form (Halbdreieck, Halbmond, Herz usw.) als Beilage, oder Tortenboden sowie Blätterteigpasteten.

**Croûte (en) de sel** *(franz.)*: Salzkruste.

**Croûtons** *(franz.)*: geröstete Brotwürfelchen oft mit Knoblauch gewürzt, zum Garnieren von Salaten, Suppen usw. oder beliebig zugeschnittene, geröstete Weißbrotscheiben als Unterlage für kleine Gerichte aus Fleisch, Fisch, Schnecken usw. oder zur *Bouillabaisse* (s.d.).

**Crown roast of lamb** *(engl.)*: Kronenbraten vom Lamm; aus zwei Kotelettstücken vom Lamm wird eine Krone geformt, gewürzt und im Backofen gegart.

**Cru** *(franz.)*: roh; Wein, Gewächs.

**Crudité** *(franz.)*: Rohkost, rohes Gemüse, meist als Vorspeise mit verschiedenen Dips serviert.

**Crudo** *(ital.)*: roh.

**Crumpets** *(engl.)*: flache runde Kuchen aus ungesüßtem Hefe-Backpulverteig; wird getoastet und heiß gebuttert.

**Crustacés** *(franz.)*: Krustentiere, wie Hummer, Garnelen, Krebse, Krabben usw.

**Csikós tokány** *(ung.)*: so genannter Hirtengulasch aus Schweinefleisch, Räucherspeck, Paprikaschoten, Tomaten und Zwiebeln. Die Zutaten werden in Schweineschmalz angebraten, mit Knoblauch und Paprika gewürzt und mit saurer Sahne gebunden. *Tokány* (s.d.) bedeutet in Streifen geschnittenes Fleisch *(Ungarn)*.

**Csirke** *(ung.)*: Huhn, z.B. *Paprikás-csirke* (s.d.) heißt Paprika-Huhn.

**Cuba libre**: ein Cocktail, der zumeist aus Rum, Coca-Cola und Zitronensaft besteht.

**Cufte**: Wort arabischen Ursprungs für gehacktes Fleisch; heute in den Ländern des ehemaligen Jugoslawien für Hackfleischklößchen, insbesondere für Hammel- und Rindfleischklößchen aus *Bosnien*. Das Wort begegnet uns in unterschiedlicher Schreibweise in der ganzen arabischen Welt von Marokko bis Pakistan, aber auch in Griechenland, Russland und anderen Staaten (vgl. *Köfte* u.a.).

**Cuisse** *(franz.)*: Schenkel.

**Cuisses de grenouilles** *(franz.)*: Froschschenkel, s.a. *Froschschenkel provençale*.

**Cuissot** *(franz.)*: große Keule, Keule vom Wild.

**Cuit** *(franz.)*: gebraten, gekocht, gebacken.

**Culantro**: s. *Cilantro*.

**Culatello**: Fleisch aus dem Hinterteil des Schweins, das gesalzen und gewürzt mindestens ein Jahr reifen muss. Eine Spezialität aus der Emilia-Romagna *(Parma)*.

**CULOTTE** *(franz.)*: das so genannte Schwanzstück vom Rind, ein Teil der Hüfte (Oberschale), in Österreich Tafelspitz genannt.

**CUMBERLANDSAUCE:** Sauce für Fondue Bourguignonne, Hammelfleisch, Wildbret, Schinken usw., hauptsächlich hergestellt aus Johannisbeergelee, Orangen, Orangenschale, Zitrone, Zitronenschale und Zucker *(England)*.

**CUMIN:** *Kreuzkümmel;* kümmelähnliches Gewürz, botanisch aber nicht mit dem Kümmel verwandt. Eignet sich auch zum Mischen mit Gewürzen, Bestandteil ind. *Masalas*. Das Gewürz stammt ursprünglich aus dem Nildelta, wird heute fast überall in Asien, Afrika, im Orient und in Mittel- und Südamerika verwendet.

**CUMQUATS:** s. *KUMQUATS*.

**CURAÇAO:** blauer Likör, der seinen Namen von der Antilleninsel Curaçao hat, wo eine zur Herstellung des Getränks verwendete Bitterorange angebaut wird.

**CURAMBA:** Weizengrieß oder andere *Cerealien*, mit Mango verkocht *(Indien)*.

**CURNONSKY:** s. *TOURNEDOS CURNONSKY*.

**CURRY:** bei uns als Gewürzmischung bekannt. Curries heißen aber auch Gerichte, die mit Curry gewürzt sind, z. B. Geflügelcurry, Lammcurry o. dgl.; außerdem gibt es Curryblätter, ein südostasiatischer, immergrüner Strauch, dessen Stängel und Blätter curryähnlichen Geschmack entfalten. Die kleinen, grünen frischen Blätter werden samt Stängel mitgekocht (aber nicht mitgegessen).

**CURRY GOAT:** *jamaikanisches* Nationalgericht, eine Art Ragout, hauptsächlich aus Ziegenfleisch und Zwiebeln, gewürzt mit Curry und Chili (von den Indern importiert).

**CURRYPOWDER** *(engl.)*: s. *CURRYPULVER*.

**CURRYPULVER:** *Curry*, *Currypowder (engl.)*; indische Gewürzmischung aus mindestens 9 Gewürzen (z. B. Gewürznelken, Ingwer, Cardamom, Koriander, Kurkuma, Kreuzkümmel, Chili, schwarzer Pfeffer, Bockshornklee, Zimt usw.); für Ragouts, Reisgerichte, insbesondere indonesische Reistafel, Saucen usw.

**CURRYWURST:** gebratene Schweinswurst in mundgerechte Stücke geschnitten, mit Curry-Ketchup bedeckt und anschließend mit Currypulver bestäubt (usprünglich in Currysauce).

**CURUBA:** blassgelbe, längliche Frucht aus den Andenländern mit säuerlichem Fleisch und feinem Aroma, lässt sich auslöffeln oder zu Cremes, Speiseeis u. a. verarbeiten.

**CUVÉE** *(franz.)*: Verschnitt.

**CUY:** Meerschweinchen, eine Nationalspeise *Perus,* meist gebraten, gebacken oder gegrillt *(Lateinamerika)*.

**CYNAR:** *ital.* Kräuterbitter auf der Basis von Artischocken.

**Czernina:** aus *Polen* stammender Suppentopf mit regionalen Varianten. Grundlage ist eine Geflügelbrühe, vermischt mit Tierblut und Püree von Geflügelleber, gewürzt mit Essig, Nelken, Piment und Pfeffer. Als Einlagen dienen zumeist Petersilienwurzeln, Möhren und Sellerie, Brotstückchen, Dörrobst, Reis oder Teigwaren.

**Dá-dou:** auch *Ta-tou* und *Hei-tou (chin.)*; Sojabohne.

**Daging Babi** *(indon.)*: Schweinefleisch.

**Daging Sati** *(indon.)*: Rindfleisch.

**Dahorb:** ein serbischer Eintopf, der zumeist aus Hammelfleisch, Paprikaschoten, Reis und Zwiebeln besteht und gewürzt ist mit etwas Essig, Knoblauch, Pfeffer und Salz. Von dem Gericht gibt es zahlreiche regionale Rezepte.

**Daikon:** *japanischer* weißer Rettich mit mildem Geschmack.

**Daiquiri:** Cocktail aus weißem Rum, Zitronensaft, etwas Zucker und Eiswürfeln. Die süßen Variationen enthalten Grenadine, Orangensaft usw., entsprechen jedoch nicht dem Originalrezept.

**Dal:** *Dhal*, auch *Daal*; geschälte Hülsenfrüchte; auch Gerichte, die hauptsächlich aus Hülsenfrüchten bestehen und unterschiedlich gewürzt werden (*Indien*). In *Malaysia* bezeichnet es einen würzigen Eintopf mit gelben Linsen.

**Dalken:** s. *Böhmische Dalken*.

**Damaszenerkirsche:** s. *Kirsche*.

**Dame blanche:** weiße Dame; Fischgarnitur aus weißer Rahmsauce mit gehackten Trüffeln, dazu *Fleurons* (s.d.). So wird in Frankreich auch ein Dessert aus Vanilleeis und Mandelcreme genannt.

**Damhirsch:** s. *Damwild*.

**Dampfapfel:** *Dunstapfel*; kleine mit Ingwer, Korinthen u.a. aromatisierte Äpfelchen als Beilage zu verschiedenen Gerichten.

**Dämpfen:** in Wasserdampf garen. Gedämpft werden vorwiegend nicht fetthaltige Nahrungsmittel, wie Fische, Gemüse, Kartoffeln u.a. Dazu gibt es spezielle Töpfe mit Dampfeinsätzen, wie Gitter, Drahtkörbe u. dgl., s.a. *Steam basket*.

**Dampfkartoffeln:** Bezeichnung für im Dampfkocher gegarte ganze Kartoffeln.

**Dampfl** *(bayr., österr.)*: Vorteig.

**Dampfnudeln:** aus leicht gesüßtem Hefeteig werden etwa apfelgroße Kugeln geformt. Sobald diese aufgegangen sind, werden sie in einer verschließbaren Kasserolle in eine Flüssigkeit aus kochender Milch, Butter und Zucker gegeben und ca. 15 Min. lang gekocht, bis die Flüssigkeit aufgesogen ist und die Dampfnudeln eine goldbraune Kruste haben *(Süddeutschland/Österreich)*.

**Damwild:** gehört zum Schalenwild, ist kleiner als das so genannte Rotwild und trägt ein schaufelartiges Geweih. Sein Fleisch ist zarter und schmackhafter als das des Rotwildes, z. B. Damhirsch.

**Dan** *(chin)*: Ei.

**Danablu:** dänischer *Blauschimmelkäse* (s.a.d.), kräftig im Geschmack, einige Sorten auch fast scharf.

**Dan hua tang** *(chin.)*: Eierblumensuppe; eine der bekanntesten chinesischen Suppen, die dick oder brühig bereitet und mit verschiedenen Gemüsen wie Pilzen (*Tongku*), Erbsen, Tomaten, Bambussprossen sowie Hühnerbrust und Krabben angereichert wird oder einfach nur aus Hühnerbrühe besteht, die mit Pfeffer, Salz und etwas Sesamöl aromatisiert wird. Die verquirlten Eier werden in die kochende Brühe gegeben, sodass sich Blumen bilden.

**Danish Pastry:** englisches Blätterteiggebäck.

**Dan min:** auch *Dahn min (chin.)*; Eiernudeln.

**Danziger Goldwasser:** ein Likör, in dem winzige Goldblättchen schwimmen *(Ostpreußen)*.

**Dao** *(chin.)*: ungeschälter Reis.

**Dão:** DOC-Anbaubereich (s.d.) südlich des Douro, liefert sehr gute Tafelweine *(Portugal)*.

**Dardois:** Fleischgarnitur mit Bleichsellerie, Karotten, Röstkartoffeln und weißen Rüben.

**Dariole** *(franz.)*: konische, sich nach oben erweiternde Form; auch warme Vorspeise, z.B. Käseflan in der Form im Ofen gebacken. Die Form ist zudem zur Zubereitung von Gemüse- oder Reisküchlein, aber auch für gestürzte Desserts u.dgl. geeignet.

**Darjeeling:** indische Stadt in West-Bengalen, ca. 2.200 m ü.M., Zentrum des Teeanbaus; liefert feine weiche Tees; auch Teesorte.

**Darrmalz:** gedörrtes Malz.

**Dartois** *(franz.)*: Bezeichnung für streifenförmige Blätterteigschnitten, die mit Mandelcreme und *Salpicon* (s.d.), Farcen von Fisch, Fleisch, Geflügel u.a. gefüllt sind.

**Dasheen:** s. *Taro*.

**Dashi:** klare, leichte oder konzentrierte Brühe oder Grundlage für Brühen und Suppen, die hauptsächlich aus *Katsuobushi* und *Kombu* (s.d.) hergestellt wird (*Japan*).

**Dätscherkuchen:** *thüringischer* Kartoffelpuffer mit Eiern, saurer Sahne, Speckwürfeln u.a.

**Datschi** *(südd.)*: s. *Kartoffelpuffer; Zwetschgendatschi*.

**Dattel:** nahrhafte Frucht der in Australien, Afrika, Asien, Kalifornien und Mexiko u.a. angebauten Dattelpalme (es gibt über 1.000 Sorten). Sie werden frisch oder getrocknet gegessen, in Kuchen, Brot etc. und zu Saft, Sirup, Essig, Mehl und Alkohol verarbeitet.

**Dattelpflaume:** s. *Kaki*.

**Datura:** mehlig kochende Kartoffelsorte.

**Daube** *(franz.)*: ein in einem hermetisch abgeschlossenen Gefäß bereitetes Schmorgericht. Klassisches Beispiel ist die *daube à la provençale*, bei der gespicktes, in Weißwein und Öl mariniertes Rindfleisch zusammen mit Speckschwarten, Brustspeck, Champignons, Karotten, Knoblauch, Lorbeer, schwarzen Oliven, Tomaten, Thymian und Zwiebeln schichtweise in einer mit Teig hermetisch abgeschlossenen Terrine 3–6 Stunden geschmort wird.

**Daube à la provençale** *(franz.)*: s. *Daube*.

**Daubière** *(franz.)*: Gefäß aus gebranntem, glasierten Ton. Darin gegarte Gerichte heißen *en daube*.

**Dauerwurst:** getrocknete, oft auch geräucherte Rohwurst, z. B. Landjäger, Salami usw.

**Daun jeruk purut** *(indon.)*: Kaffir-Limetten-Blatt. Das Blatt sieht wie ein Lorbeerblatt aus, hat aber einen erheblich strengeren Geruch. Das Gewürz wird z. B. für das bekannte *Serundeng* (s. d.) verwendet. Bei uns ist es in Spezialgeschäften frisch oder getrocknet zu erhalten.

**Daun pandan** *(indon.)*: langes, schmales Blatt des Schraubenbaums. Das wohlriechende Küchenkraut verleiht den Speisen einen sehr feinen Geschmack (Kombination von Vanille und Karamell), s. a. *La dua*.

**Daun salam:** aromatisches Blatt, größer als das Curryblatt; findet Verwendung in der indonesischen Küche.

**Dauphin:** ein Weichkäse mit Kräutern in verschiedenen Formen als Herz, Wappenschild oder Mondsichel (s. a. *Maroilles*).

**Dauphine:** übersetzt »Thronfolgerart«; Garnitur für Fleisch mit Madeirasauce und *Dauphine-Kartoffeln*.

**Dauphine-Kartoffeln:** s. *Pomme dauphine*.

**Daurade:** s. *Goldbrasse*.

**Dawadawa:** westafrikanische Backware aus einer getrockneten und fermentierten Bohnensorte.

**Debreceni káposztaleves** *(ungar.)*: Bezeichnung für eine Krautsuppe, die im Wesentlichen aus Fleischbrühe, Sauerkraut, Debrecziner Würsten, saurer Sahne und Zwiebeln, gewürzt mit Knoblauch, Paprika, Petersilie u. a. besteht.

**Debrecziner:** *Debreciner*; mittelkörnige und schnittfeste Rohwurst (s. a. *polnische Bauernbratwurst, Brühwurst*).

**Debrecziner Gulasch:** ein bekanntes ungarisches Gulaschgericht, das in der Regel aus gleichviel Fleisch und Zwiebeln bereitet und mit Knoblauch, Kümmel und Paprikapulver gewürzt wird, oft werden noch saure Gurkenstücke, Sauerkraut und in Stücke geschnittene Debrecziner untergemischt.

**Déchargement** *(franz.)*: Ablöschung.

**Decksaucen:** deutsche Bezeichnung für Chaudfroid-Saucen (s. *Sauce chaud-froid*).

**Découpage** *(franz.)*: Fisch und Fleisch, Geflügel und anderes Getier am Tisch mundgerecht zerlegen.

**Degenfisch:** im tropischen Atlantik vorkommender Meeresfisch mit ausgezeichnetem

Fleisch, das sich zum Backen, Braten und Grillen eignet.

**Deglacieren:** ablöschen von Bratensatz mit Bouillon, Wein, Wasser o. dgl. und aufkochen lassen.

**Degorgieren:** wässern, um von Unreinheiten zu befreien.

**Degraissieren:** entfetten, Fett abschöpfen.

**Dégustation** *(franz.)*: Verkostung.

**Deidesheimer Pfannkuchen:** s. *Pfälzer Pfannkuchen*.

**Déjeuner à la Fourchette** *(franz.)*: kleine Mahlzeit am Vormittag, bei uns auch Brunch oder Gabelfrühstück genannt.

**Deka:** *österreichisches* Gewicht; ein Dekagramm sind 10 Gramm.

**Dekantieren:** eine Flüssigkeit sorgfältig ab- oder umgießen, damit der Satz zurückbleibt. In der Weinsprache bedeutet der Begriff das vorsichtige Umgießen von Rotwein in eine Karaffe, sodass das so genannte Depot in der Flasche zurückbleibt.

**Délice** *(franz.)*: Bezeichnung für ein delikates Gericht, schlicht für das Köstliche

**Délices Impériales** *(franz.)*: kaltes Büffet von höchstem Niveau.

**Délicieuse** *(franz.)*: auf köstliche Art; eine Fischgarnitur mit Kartoffelkugeln und holländischer Sauce, vermischt mit *geschmolzenen Tomaten*.

**Della Casa** *(ital.)*: nach Art des Hauses.

**Delmonico Steak:** nach einem berühmten Restaurant in New York benannt; meist aus dem Endstück des Roastbeefs geschnitten. Das *Rib Eye Steak* (s. d.) ohne Knochen angeboten, kann auch den Namen *Delmonico Steak* tragen.

**Demi-anglais** *(franz.)*: s. *Halbdurchgebraten*.

**Demi-deuil, en** *(franz.* = Halbtrauer): dunkel oder hell verzieren, z. B. Kalbsbries mit Trüffeln garnieren.

**Demidoff:** eine Geflügelgarnitur mit Gänseleber, Trüffeln u. a. in weißer Sauce.

**Demi-glace** *(franz.)*: Kraftsauce, *sauce demi-glace (franz.)*; wichtiger Bestandteil zahlreicher Saucen. *Parüren* (s. d.) von Rindfleisch, Schinkenabschnitten, Wurzelwerk, Champingnonschalen und Zwiebeln werden angeröstet und mit Weißwein abgelöscht. Dann werden zwei Teile braune Grundsauce und ein Teil Kalbsfond zugefügt, mit Lorbeer, Pimentkörnern, Thymian und Tomatenpüree gewürzt und die Flüssigkeit bis zur nötigen Konsistenz reduziert, entfettet und passiert.

**Demi-sec** *(franz.)*: halbtrocken.

**Demi-sel** *(franz.)*: mit wenig Kochsalz versetzter Frischkäse oder gesalzene Butter.

**Demoulieren:** aus der Form stürzen.

**Deng deng:** eine indon. Spezialität, bei der sehr dünne Scheiben Büffel- oder Rindfleisch in einer Mischung aus *jinten* bzw. *jintan* (Kreuzkümmel), Knoblauch, Laos (*Galgant*, s. d.)und Salz mariniert, im Ofen getrocknet und zum Schluss in Öl knusprig gebraten werden.

**Dent de Lion** *(franz.)*: Löwenzahn.

**Dente, al** *(ital.)*: mit Biss, bissfest.

**Depot:** kristalline Ablagerung im Wein (Bodensatz), die während der Flaschenreife entsteht.

**Deppedotz**: s. *Dippedotz*.

**Desayuno** *(span.)*: Frühstück.

**Desirée:** eine leicht mehlige Kartoffelsorte.

**Désossieren:** ausbeinen (*os*, *franz.* = Knochen).

**Dessechieren:** abtrocknen oder abtropfen lassen.

**Deutsche Art:** *à l'allemande*; Fleisch mit gebundenem Bratensaft, Kartoffelpüree oder Nudeln; oder mit Madeirasauce, Bratkartoffeln, Scheiben von gebratener Kalbsleber, Paprika und glacierten Zwiebelchen.

**Deutscher Kaviar:** s. *Seehase*.

**Deutsches Beefsteak:** s. *Buletten*.

**Deutsche Sauce:** s. *Sauce allemande*.

**Devilled** *(engl.)*: scharf gewürzt.

**Dhal** *(ind.)*: Hülsenfrüchte, s. *Dal*.

**Dhania** *(ind.)*: s. *Koriander*.

**Dhudi:** *D(o)udhi, doodhi*; keulenförmiger hellgrüner Flaschenkürbis aus *Afrika* und *Indien* mit weißem Fleisch ohne besonderen Geschmack.

**Diable:** s. *Lotte de mer*.

**Dialog der Früchte:** pürierte Früchte, die auf dem Teller dekorativ mithilfe eines Löffels angerichtet werden.

**Diamanti** *(ital.)*: längliche rautenförmige Teigware.

**Diavolo, alla** *(ital.)*: *auf Teufelsart;* pikantes, meist mit viel Chili oder Pfeffer zubereitetes Gericht.

**Dibbelabbes:** saarländischer Auflauf aus Kartoffeln und Dörrfleisch; auch Kartoffelpuffer, knusprig gebraten, in Stückchen zerpflückt.

**Dickbein:** s. *Eisbein*.

**Dicke Bohnen:** s. *Puffbohnen*.

**Dickkopf:** s. *Döbel*.

**Diebchen:** mit einem Dauerwurstwürfel gefüllte Klöße, die ihren Grünstich Majoran, Petersilie und Schnittlauch verdanken *(Hessen)*.

**Dieppe Art:** *à la dieppoise*; Garnitur für Fisch in Weißweinsauce, mit Garnelenschwänzchen und Muscheln, garniert.

**Dieppoise, à la** *(franz.)*: s. *Dieppe Art*.

**Digestif** *(franz.)*: Verdauungsschnaps, wie Cognac, Obstwasser, Grappa, Branntwein, u.v.a., auch Liköre, die nach dem Essen gereicht werden.

**Dihe:** mittelafrikanisches Fladenbrot aus Algen.

**Dijonaise, à la:** s. *Dijoner Art.*

**Dijoner Art:** *à la dijonaise*; Fleischgarnitur mit Madeirasauce, Kalbsklößchen, gebratenen Kartoffelvierteln und gehackter Pökelzunge.

**Dijon dijon:** Reis-Bohnen-Gericht mit schwarzen Pilzen (*Haiti*).

**Dijon-Senf** (s.a. *Senf*): Senf aus Dijon (Burgund), seit dem 13. Jh. aus dunklen Senfkörnern (Braunsenf) hergestellt. Mit ihm zubereitete Speisen tragen häufig den Zusatz *dijonnaise*.

**Dill:** Gurkenkraut; ein Würzkraut, aus dem Mitelmeerraum, Russland und Westasien, das heute jedoch überall angebaut wird. Verwendet wird zumeist das Kraut u.a. zum Würzen von Fisch (vor allem Aal), Salaten und hellen Saucen (z.B. *Frankfurter grüne Sauce*, s.d.). Darf nicht mitgekocht werden, weil dabei das Aroma verloren gehen würde. Die Samen sind ungleich schärfer im Geschmack und werden vor allem zum Würzen von eingelegtem Gemüse verwendet.

**Dillsauce:** vor allem für gekochten Fisch, Rindfleisch, Rinderzunge u.a. *Sauce allemande* oder *Sauce hollandaise* werden mit Dill gewürzt, den man zuvor mit gezuckertem Essig überbrüht hat. Falls die beiden Saucen nicht vorrätig sind, wird in Butter angeschwitztes Mehl mit Bouillon abgelöscht und gekocht. Zum Schluss werden fein gehackter Dill, Eigelb und Sahne untergezogen und mit etwas Essig und Salz gewürzt.

**Dim sum** (*chin.* = des Herzens Freude): kleine Häppchen, zur Mittagszeit in chinesischen Restaurants serviert; auch kleine Snacks, oft in Teigtaschenform; meist im Bambusdämpfkorb gegart. Zu ihnen gehören Frühlingsrollen, *Won-tan-Taschen* (s.d.), *shãoi mài (s.d.)* u.v.a.

**Dinde** *(franz.)*: Pute, Truthahn.

**Dinkel:** *Schwabenkorn, Spelz*; alte Weizenart, die in der Antike die am weitesten verbreitete Getreideart war. Heute wird sie hauptsächlich in Bayern angebaut und zu Mehl, Schrot o.a. verarbeitet. Dinkel findet meist als Brot, Brei, vegetarischer Bratling, in Eintöpfen oder Aufläufen Verwendung. Die noch grün geernteten Körner heißen *Grünkern* (s.d.).

**Dip:** kalte pikante Sauce zum Eintauchen von kleinen Happen.

**Diplomate** *(franz.)*: Diplomaten-Creme, Diplomaten-Pudding, Kabinett-Pudding; Bavaroise vermischt mit kandierten Früchten, die in Kirschwasser, Maraschino, Rum oder Weinbrand mariniert und mit zerkrümelten Makronen oder Löffelbiskuits und Rosinen vermengt werden. Diese Creme wird im *bain-marie* pochiert, dann gestürzt, mit kandierten Früchten umlegt und mit

Fruchtsauce, *Sabayon* o. dgl. nappiert (bedeckt). Wird warm oder kalt serviert. Als *Charlotte* angerichtet wird die Speise mit Löffelbiskuits umkränzt, die zuvor in verdünnte Aprikosenmarmelade eingetaucht wurden.

**Diplomate, à la:** *(franz.)* s. *Diplomatenart.*

**Diplomatenart:** *à la diplomate (franz.);* hauptsächlich für Zwischengerichte verwendete Garnitur mit Champignons, Hahnenkämmen, Hahnennieren und Kalbsbries, alles mit Madeirasauce gebunden.

**Diplomaten-Creme:** s. *Diplomate.*

**Diplomaten-Pudding:** s. *Diplomate.*

**Diplomaten-Salat:** eine international bekannte Salatmischung, die hauptsächlich aus Ananas, Kirschen, gekochtem Knollensellerie und Walnusskernen besteht, mit Ananassaft, Mayonnaise und Weinessig gebunden und auf Salatblättern angerichtet wird.

**Diplomatensauce:** s. *Normannische Sauce.*

**Dippedotz:** *Deppedotz;* eine Mischung aus Kartoffelteig, Brötchen und Eiern wird mit gehackten Äpfeln und Fleischresten vermengt und in Speckfett im Backofen gebacken, dazu Kompott und Kaffee (*Hessen*).

**Dippehas:** ein *hessisches* Wildhasengericht, im Schmortopf bereitet, das neben Wildhase, Bauchlappen, Schwarzbrot, Tomaten und Zwiebeln enthält. Mit Rotwein aufgießen und mit saurer Sahne binden, mit Lorbeer, Pfeffer und Wacholderbeeren würzen. In der *Pfalz* und im *Rheinland* wird *Dippehas* wie folgt zubereitet: der Hase wird im Topf mit Speck und fettem Schweinebauch geschmort; die Sauce wird mit Hasenblut gebunden.

**Dippelkuchen:** s. *Döppekooken.*

**Dirty rice** *(engl.)***:** Eintopf aus Louisiana (*USA*) bestehend aus Langkornreis, vermischt mit Hühnerleber und -mägen, Schweinefleisch, Bleichsellerie, Frühlingszwiebeln u. a. und gewürzt mit Knoblauch, Tabasco usw.

**Distelkohl:** s. *Karden.*

**Distelöl:** Öl aus Distelsamen, nussiger Geschmack, für Salate; möglichst nicht erhitzen.

**Ditali:** *italienische*, kurze, röhrenförmige Teigware.

**Ditali cannolichi** *(ital.)***:** ganz kurze, ca. 1 cm lange Makkaronistückchen.

**Dithmarscher Ananas:** Steckrüben mit Schweinebauch und Kartoffeln *(Norddeutschland).*

**Dithmarscher Mehlbeutel:** s. *Jan im Sack.*

**Djuveč:** s. *Duveč.*

**Do** *(chin.):* Bohnen.

**DOC:** Bezeichnung für Weine mit kontrollierter Herkunft; *Denominazione di Origine Controllata (ital.), Denominacão de Origem*

*Controlada (port.)* und *Vin cu Denumire de Origine Controlata (rumän.).*

**Dodine:** franz. Bezeichnung für ein Daube-Gericht mit Ente, Gans- oder Wildgeflügel. Das Geflügel oder Teile davon werden vollständig von den Knochen gelöst und neu in Form gebracht mithilfe von Küchengarn. Das Gericht wird immer mit Wein in einem irdenen Schmortopf bereitet.

**Döbel:** ein Raubfisch; karpfenartiger Süßwasserfisch, mit zartem, festem aber grätenreichem Fleisch; wird wie Karpfen zubereitet.

**Döner Kebab:** eine *türkische* Spezialität, die heute in ganz Europa häufig als Fast Food zu kaufen ist, aus Rindfleisch, Lamm, Pute oder Kalb. Nach dem Originalrezept wird schieres Hammel- und Lammfleisch in hauchdünne Scheiben geschnitten. Diese werden bis zu 20 Stunden mariniert in Milch, Eiern, Olivenöl u.a. und mit Kreuzkümmel, Paprika, Piment, Pfeffer und Zwiebeln gewürzt. Die Scheiben werden dann in Spindelform auf den Spieß geschichtet, der sich senkrecht vor dem Grill dreht. Sobald die Oberfläche des Fleisches knusprig geröstet ist, wird sie in dünnen Scheiben von oben nach unten abgeschält und serviert; s.a. *Gyros*.

**Döppekooken:** *rheinländischer* und an der Mosel beliebter Kartoffelkuchen, vor allem aus Kartoffelpufferteig, Speck und Zwiebeln, wird mit Eiern gebunden; heiß zu Apfelmus oder Pflaumenkompott.

**Dörrfleisch:** gepökelter und geräucherter Bauchspeck. In USA *jerky* genannt und auch aus luftgetrocknetem Rinder- *(beef jerky)* oder Putenfleisch *(turkey jerky)* hergestellt.

**Dörrobst:** *Backobst, Kletzen (österr.), Trockenfrüchte*; getrocknete Früchte, die dabei ein eigenes Aroma entwickeln, z. B. Apfelringe, Bananen, Zwetschgen etc.

**Dolci** *(ital.)*: Nachtisch, Süßigkeit.

**Dôle:** Bezeichnung für guten Walliser Rotwein aus der Pinot-Noir- oder Gamay-Traube oder aus beiden *(Schweiz).*

**Dolmades** *(griech.)*: *Dolmas (türk.)*; gefüllte Weinblätter; die Füllung besteht regional unterschiedlich aus kräftig gewürztem Hammelfleisch, Pinienkernen und Reis, gewürzt mit Dill (s.a. *Abelodolmádes*).

**Dolma(s)** *(türk.)*: gefülltes Gemüse.

**Domata** *(griech.)*: Tomate.

**Domates** *(türk.)*: Tomaten.

**Domburi:** Gerichte, die in einem irdenen oder Porzellantopf bereitet und serviert werden. Hauptsächlich bestehen sie aus Reis, Eiern, Fleisch, Geflügel und Gemüsen. Gewürzt wird u.a. mit *mirin*, s.d. *(Japan).*

**Domherrenschnitten:** ohne diese Leckerei wird im südlichen Rheinland kein Wein serviert. Es handelt sich um einen mit delikat zubereitetem Kalbshirn belegten und mit Käse überbackenen Toast.

**Donaulachs:** s. *Rotfisch.*

**Dongfen:** *Dai choy goh (chin.)*: s. *Agar-Agar.*

**Dongo, Doong gwoo:** s. *Shiitake.*

**DOP:** *Denominazione d'Origine Protteta;* geschützte Ursprungsbezeichnung, z. B. für Olivenöl usw. *(Italien).*

**Doppelbock:** eine Erfindung der Franziskaner Mönche, die es *Salvator* nannten. Es ist noch stärker als Bockbier und muss mindestens 18 % Stammwürze enthalten. Der stärkste Doppelbock ist der *Kulminator* aus Kulmbach mit 28 % Stammwürze und einem Alkoholgehalt bis zu 9 %; s. a. *Bier.*

**Doppelrahm:** s. *crème double.*

**Doppelrahm-Frischkäse:** streichfähiger Frischkäse, der sich auch zum Mischen mit Früchten oder als Füllung eignet. Fettgehalt zwischen 60 % und 80 % Fett i. Tr. (Rahmfrischkäse mind. 60 % Fett i. Tr.).

**Doppelstück:** s. *Double.*

**Doppelte Kraftbrühe:** s. *consommé double.*

**Doppeltes Lendenstück:** s. *Châteaubriand.*

**Dorada** *(span.)*: Goldbrasse.

**Dorade commune** *(franz.)*: Goldbrasse.

**Dorée** *(franz.)*: gebräunt, goldgelb, aber auch für ein vollendetes Gericht.

**Dornhai:** *palombo (ital.); Seeaal, Steinaal;* ein lebend gebärender kleiner Haifisch, der am häufigsten im Nordatlantik, aber auch im Mittelmeer und im Süden bis Nordwestafrika vorkommt.
Er hat ein sehr schmackhaftes Fleisch, das bei uns hauptsächlich geräuchert als *Schillerlocken* oder in Gelee mariniert als *Seeaal* sowie als *Fish'n Chips* angeboten wird.

**Dorsch:** *merluzzo (ital.);* Kabeljau vor der Geschlechtsreife (s. a. *Kabeljau).* In einigen Ländern des ehemaligen Preußens und im Plattdeutschen *Pomuchel* genannt.

**Dortmunder:** Gattungs- und Herkunftsbezeichnung für untergäriges, schwach gehopftes, etwas dunkleres Bier.

**Dotterpilz:** s. *Pfifferling.*

**Double:** Doppelstück; Bezeichnung für die beiden zusammenhängenden Keulen des Hammels, Lamms u. a.

**Double Gloucester:** *Gloucester;* ein engl. Hartkäse der Cheddar-Familie aus Kuhmilch, ungefärbt oder gefärbt, von nussigem, mildem Geschmack.

**Douchi** *(chin.)*: auch *Dowsee;* fermentierte, gesalzene, schwarze Sojabohnen, die in allen Regionen Chinas geschätzt und als Geschmacksgeber verwendet werden.

**Dou foo** *(chin)*: auch *Doufu; Dow fou, Tofu (japan.); Bohnenquark* (s.d.).

**Dough:** *iranisches*, salziges Joghurtgetränk; verdünnt mit Mineralwasser; manchmal mit geraspelter Gurke oder gehackter Minze serviert.

**Doughnut:** *Donut; angloamerikanisches* kringelförmiges Gebäck aus verschiedenen Teigen mit diversen Zucker- und Schokoladenglasuren.

**Doux** *(franz.)*: süß.

**Drachenauge:** s. *Longan*.

**Drachenfrucht:** s. *Pinkrote Pitahaya*.

**Drachenkopf:** s. *Rascasse*.

**Dradiwixpfeiferl:** auch *Drahdi-Wichspfeiferl (bayr.)*; aus Mehl, Eiern, Öl und Salz einen Teig herstellen, fingerdicke Nudeln davon formen und in Salzwasser garen; in Schmalz oder Butter anbraten. Dies ist die bayerische Variante der schwäbischen *Bubaspitzle* und der fränkischen *Bauchstacherle;* sind aber nur halb so groß.

**Dragon:** s. *Estragon*.

**Drambuie:** *schottischer* Whiskylikör, der aus einem Blend alter Malt-Whiskys sowie Heidehonig und Kräutern besteht.

**Dreikönigskuchen:** traditionell zum 6. Januar gebackene kleine Kuchen, aus Halbblätter- oder Hefeteig, in denen je ein Bohnenkern oder eine Mandel als Symbol des Christkinds versteckt sind *(Süddeutschland, Schweiz)*.

**Dreistern:** international gebräuchliche Kennzeichnung für Weinbrand mit mindestens 2 Jahren Fasslagerung.

**Dresdner Christstollen:** *Christstollen, Stollen, Striezel;* aus Mitteldeutschland stammendes oval-längliches Gebäck zur Weihnachtszeit mit vielen regionalen Rezepten: ein schwerer Hefeteig mit viel Butter, ausgelassenem Kalbsnierentalg, Mandeln, Zitronat, Rosinen; oder vermischt mit kandierten Kirschen, Korinthen, Mandeln, Nüssen, Orangeat u.a., gewürzt mit Kardamom, Mandelextrakt oder bitteren Mandeln, Rum und Zitronenschale und mit Puderzucker bestreut.

**Dressage:** s. *Dressieren*.

**Dressieren:** Festbinden von Keulen und Flügeln (Geflügel), um beim Braten die Form zu halten; auch ästhetisch anrichten, einer Speise eine ansehnliche Form geben, z.B. bei Geflügel die Keulen an den Rumpf binden.

**Dressiersack:** andere Bezeichnung für Spritzbeutel oder Spritzsack.

**Dressing** *(engl.)*: Salatsauce, Marinade. Der Begriff stammt aus den USA, Dressing wird hier mit Zurichten bzw. Ankleiden übersetzt – dies beschreibt die Anrichteweise recht genau, da die Salatblätter im letzten Moment mit dem Dressing überzogen werden. Im Einzelnen: *American-Dressing:* Olivenöl und Weinessig im Verhältnis 3:1, Wasser, hartgekochte Eier, Senf, Zucker, Salz und Pfeffer mit

Sahne oder Joghurt und Tomatenpüree verquirlt.
*French-Dressing:* Grundsätzlich ist das die klassische Vinaigrette aus Olivenöl und Weinessig 3:1 oder 4:1, Senf, Salz und Pfeffer (evtl. mit einem frischen Eigelb). Heute ist meist noch Mayonnaise, Sahne, evtl. Tomatenmark oder Ketchup enthalten.
*Italian-Dressing:* Eine klassische Vinaigrette, zu der noch einige Kräuter, zerdrückter Knoblauch sowie etwas Gewürz-paprika kommen. Zwiebelwürfelchen und Senfpulver können ebenso enthalten sein.
*Russian-Dressing: Thousand-Island-Dressing* (s. u.), vermischt mit Roten Rüben, Petersilie und Schnittlauch, garniert mit echtem Kaviar.
*Thousand-Island-Dressing:* Das beliebteste Dressing in den USA, für den poetischen Namen gibt es viele Erklärungen, die jedoch nicht authentisch sind. Die Rezepturen weichen stark voneinander ab, hier ein Beispiel: Mayonnaise wird mit Ketchup, Tabasco, klein gehackten gefüllten Oliven, grüner Paprikaschote sowie Petersilie, hartgekochten Eiern, alles fein gehackt, vermischt.

**Dried cod** *(engl.)***:** s. *Stockfisch*.

**Dry** *(engl.)***:** trocken.

**Dschì** *(chin.)***:** Sauce.

**Dschusun:** *auch Zhusun (chin.)*; Bambussprossen.

**Dschuwetsch:** s. *Duveč*.

**Dùa** *(vietn.)***:** Kokosnuss; auch zu Kokosmilch und Kokosessig verarbeitet, vielseitig verwendet in Curries und Fischgerichten, für Desserts und Kuchen, besonders im Süden Vietnams gebräuchlich.

**Dubarry:** *à la Dubarry (franz.)*; eine Fleischgarnitur aus mit Käsesauce überbackenem Blumenkohl und Schlosskartoffeln.

**Dublin bay prawns** *(engl.)***:** *Kaisergranaten* (s.d.) in Butter, mit Zitronensaft serviert.

**Du-bu** *(korean.)***:** Bohnenquark.

**Dubonnet:** franz. starker Wermut.

**Duchesse, à la** *(franz.)***:** s. *Herzoginart*.

**Duchesse-Kartoffeln:** s. *Pommes de terre duchesse*.

**Duchessemasse:** Kartoffelmasse, vermischt mit Eigelb und Butter.

**Duchesses:** gefüllte Brandteigkrapfen; Windbeutel, die mit einer pikanten Farce gefüllt und in der Regel mit Gelee überglänzt sind. Der Unterschied zu den *Carolines* (s. *Karoline*) besteht darin, dass diese mit *Chaud-froid-Sauce* überzogen sind.

**Dudhi:** s. *Dhudi*.

**Dünnung:** s. *Schlachtfleisch*.

**Dünsten:** im Gegensatz zum Schmoren ist beim Dünsten die Temperatur niedriger, sie sollte 85 °C nicht überschreiten. Das Fleisch wird meist klein geschnitten und im geschlossenen Topf in Dampf und Flüssigkeit gegart. Vom Garziehen unterscheidet sich Dünsten dadurch, dass wenig Flüssigkeit benötigt wird, die sich während des Garens noch reduziert und so eine konzentrierte Sauce entsteht.

**Düsseldorfer Senf:** s. *Mostert.*

**Duftreis:** ostasiatischer Langkornreis, fein duftend und festlichen Anlässen vorbehalten (auch *Jasminreis* genannt).

**Dugleré-Sauce:** s. *Sauce Dugleré.*

**Dukatenkartoffeln:** in *Österreich*: dicke Kartoffelscheiben in Butter gebacken.

**Dukatennudeln:** *österreichische* Süßspeise. In der Pfanne gebackene, dukatengroße Hefeteigscheiben mit Zucker bestreut.

**Dukkah:** *ägyptische* Gewürzmischung aus gemahlenen Haselnüssen (auch Kichererbsen) und Sesam, gewürzt mit Koriander, Kreuzkümmel, Pfeffer und Salz, Minze oder Thymian, meist zu Fladenbrot gereicht.

**Dulce de leche** *(span.)*: eine besonders in Lateinamerika bereitete Spezialität aus karamellisierter Milch. Diese wird langsam unter fortwährender Zugabe von Zucker gekocht und gerührt, bis eine hellbraune honigdicke Masse entsteht (auf 4 Liter Milch kommt 1 kg Zucker).

**Du luf:** ein Eintopf, der vor allem aus Haxe und Füßen vom Rind oder Ochsen besteht *(Tschad).*

**Dulse:** spinatartiger, an den Küsten des Atlantiks und Pazifiks vorkommender Seetang.

**Dumas:** Fleischgarnitur mit *Demi-glace*, glacierten Karotten, gedünsteten Rosenkohlköpfchen und gewürfeltem, gebratenem Räucherspeck.

**Dumpling** *(engl.)*: Knödel.

**Dundees:** *englisches* Kleingebäck, hauptsächlich aus Mehl, Mandel-, Butter- und Zuckerschaummasse, vermischt mit Orangeat und Zitronat, auch Sultaninen und Korinthen.

**Dunst:** Mahlprodukt zwischen Grieß und Mehl.

**Dunstapfel:** s. *Dampfapfel.*

**Dunstkoch:** veraltete *österr.* Bezeichnung für Pudding.

**Dur** *(franz.)*: hart.

**Durchgebraten:** *bien cuit (franz.), well done (engl.)*; Garstufe beim Fleisch, völlig durchgebraten.

**Durchschlag:** Sieb, Seiher.

**Durchschwenken:** in erhitzter Butter schwingen, sodass das Schwenkgut nur bleicht und saftig bleibt. Das Durchschwenken dient auch dem Vermischen verschiedener Zutaten in einer Pfanne.

**Durchwachsen:** ein Fleischstück mit Fettschichten.

**Durham-Rind:** s. *Schlachtfleisch* (Rind).

**Durian:** *Durion, Stinkfrucht;* eine aus *Südostasien* stammende Frucht mit einer grünen stacheligen Schale, die einen penetranten Geruch nach saurer Milch ausströmt, weshalb sie auch Stinkfrucht genannt wird. Das Fleisch der bis kindskopfgroßen Frucht ist cremig gelb und von sahnigem Geschmack. Die Früchte sind reich an Vitamin E und vielseitig verwendbar, vor allem in der Küche Südostasiens. Die Durian wird heute auch in *Afrika* und *Südamerika* angebaut.

**DURION:** s. *DURIAN*.

**DURRAH:** eine in Afrika und Asien angebaute Hirseart.

**DURUM:** eine Art Hartweizen, der heute noch in Italien und Frankreich angebaut und für Bulgur, Pasta und Couscous verwendet wird.

**DUVEČ:** *Djuveč, Dschuwetsch;* eines der bekanntesten Reisgerichte der Balkanländer, insbesondere des ehemaligen Jugoslawien mit unterschiedlicher Schreibweise und Rezeptur. Beispiele: in *Bulgarien* ist Duveč ein Reiseintopf aus Hammelfleisch, Auberginen, grünen Bohnen, Kartoffeln, grünen Paprika, Zucchini und Zwiebeln und u. a. mit Knoblauch kräftig gewürzt. Der Eintopf wird im Ofen gedünstet. Im *ehemaligen Jugoslawien*, dem eigentlichen Heimatland des Djuveč, gibt es unzählige regional verschiedene Rezepte. Beispiel: Reis wird in Fleischbrühe einfach mit Paprikaschoten und mit Tomaten und evtl. Erbsen gegart. Nach einem *mazedonischen* Rezept ist Djuveč ein Eintopf aus Lauch, roten Paprika, Reis und Tomaten, gewürzt mit scharfem Paprika und Zitronen. Die *Serbo-Kroaten* verstehen unter Djuveč einen Eintopf, der hauptsächlich aus schichtweise angeordnetem Rind- oder Hammelfleisch, Kartoffeln, Paprika, Auberginen, Reis, Tomaten und Zwiebeln besteht. Gewürzt wird in der Regel mit Majoran, Paprikapulver, Petersilie, Pfeffer, Salz und Thymian.

**DUXELLES:** allgemeine Bezeichnung für eine Füllung aus Champignons, Schalotten oder Rauchfleisch und Zwiebeln, gebunden mit *DEMI GLACE (s. d.)* und gewürzt mit Madeira, Paprikapulver, Pfeffer und Salz und etwas Zitronensaft. Es gibt viele Abwandlungen. Die wichtigsten sind die *DUXELLES SÊCHE DE CHAMPIGNONS* (s. d.) = *trockene Duxelles,* für gefüllte Gemüse, die Duxelles auf Hausfrauenart usw. Die Duxelles wird in vielen Fällen gebraucht zum Umlegen, Garnieren etc. (vgl. z. B. *FILET WELLINGTON*).

**DUXELLES À LA BONNE FEMME:** s. *DUXELLES NACH HAUSFRAUENART.*

**DUXELLES FÜR GEFÜLLTE GEMÜSE:** trockene Duxelles wird vermischt mit tomatisierter *demiglace,* zerdrückter Knoblauchzehe, Weißbrot und Weißwein.

**DUXELLES NACH HAUSFRAUENART:** *Duxelles à la bonne femme (franz.)*; trockene Duxelles, vermischt mit Bratwurstbrät.

**DUXELLESSAUCE:** s. *SAUCE DUXELLES.*

**DUXELLES SÊCHE DE CHAMPIGNONS** *(franz.)*: eine Füllmasse, die insbesondere für das *Filet Wellington* benötigt wird und allgemein auch kurz trockene

Duxelles genannt wird. Dafür werden Schalotten, Zwiebeln, eventuell auch Rauchfleisch, in Butter angebraten und mit fein gehackten Champignons vermischt. Mit Madeira oder Weißwein wird abgelöscht und mit Paprika, Pfeffer, Salz und Zitronensaft gewürzt. Dann wird das Ganze so lange gedünstet, bis die Mischung trocken ist. Zum Schluss wird frische Petersilie beigefügt. Nach Geschmack oder Rezept kann Tomatenmark untergemischt oder das Ganze mit *Demi-glace* (s.d.) oder Paniermehl gebunden werden.

**Dyelou Khabab:** die *persische* Version eines Gerichts, das von Nordafrika über den Nahen Osten bis nach Indien verbreitet ist, mit unzähligen Variationen und verschiedener, jedoch immer ähnlicher Schreibweise. Der Dyelou Khabab besteht aus mit Pfeffer und Kurkuma scharf gewürzten Hammelsteaks, bedeckt mit gebuttertem Reis (s.a. *Kebab*).

**Eau-de-vie** *(franz.* = Wasser des Lebens): Branntwein, klarer (Obst-) Schnaps.

**Eberesche:** *Vogelbeere;* die Früchte schmecken herb-bitter, nach dem ersten Frost etwas süßlich, sehr hoher Vitamin C-Gehalt, wird für Saft, Schnaps, Torten, Desserts usw. verwendet.

**Eberraute:** Würzstrauch, die Blättchen haben ein bitteres Zitronenaroma, gut für Braten, Salate, Saucen u. a.

**Eberswalder Spritzkuchen:** Brandteiggebäck, in Schmalz ausgebacken (*Brandenburg*).

**Écaillers** *(franz.)*: Muschel- und Austernhändler.

**Échalotes:** s. *Schalotten*.

**Echter Reizker:** s. *Blutreizker*.

**Echter Ritterling:** s. *Grünling*.

**Éclair:** *Blitzkuchen, Liebesknochen;* Brandteigstangen werden mit einer Creme gefüllt und mit Couverture oder einer anderen Glasur überzogen.

**Écrevisse** *(franz.)*: Krebs.

**Écrevisses à la nage** *(franz.)*: soviel wie schwimmende Krebse; eines der bekanntesten Rezepte für Süßwasserkrebse. Aus einer *Brunoise* (s. d.) von Bleichsellerie, Mohrrüben, Petersilienstielen und Zwiebeln wird mit Fischfond ein Sud bereitet, in dem die Krebse gegart werden. Die Krebse werden in dem Sud, der mit Butter und einer Prise Cayennepfeffer vollendet wird, serviert.

**Edamer:** ein halbfester, nach der holländischen Stadt Edam benannter, Schnittkäse aus Kuhmilch, zum Teil mit erbsengroßen Löchern und mildem Geschmack.

**Edelkastanien:** s. *Kastanie* und *Marone*.

**Edelkrebs:** ein hoch geschätzter Süßwasserkrebs, der im ehemaligen Jugoslawien, Mitteleuropa, Russland und Skandinavien beheimatet ist. Er kann bis zu 15 cm lang und 150 g schwer werden. Gekocht ist der Krebs leuchtend rot.

**Edelschimmelkäse:** ein halbfester Käse mit Innenschimmel.

**Egalisieren:** Gemüse so schälen oder zuschneiden, dass es ein ästhetisches Aussehen und eine gleichmäßige Form erhält.

**Egerling:** s. *Champignon*.

**Eggah:** *Koo-Koo (iran.)*; Eierpfannkuchen in der arabischen Küche, in die Fleisch, Gemüse u. a. eingebacken wird; s. a. *Tortilla*.

**Eggnogg:** ein *US-amerikanischer* heißer Eierpunsch aus Brandy oder Rum, Eigelb, Sahne und Zucker, vermischt mit steif geschlagenem Eiweiß.

**Eggs Benedict:** ein typisch amerikanisches Frühstück. Ein Muffin wird mit pochierten Eiern und Schinken beladen und mit einer *Sauce Hollandaise* (s. d.) überzogen; nach einem New Yorker Börsenmakler benannt.

**Egli:** eine kleine Barschart aus den schweizerischen Seen. Am

Bodensee wird derselbe Fisch Kretzer genannt (s.a. *BARSCH*).

**EI:** eines der vielseitigsten, küchentechnisch wichtigsten und verbreitesten Lebensmittel. Vorallem, da auch die einzelnen Bestandteile des Eis – Eigelb und Eiweiß – in der Küche eine wichtige Rolle spielen. Das Ei ist reich an Inhaltsstoffen, egal welcher Größe oder Aussehen, ob vom Huhn oder vom Strauß. Hühnereier werden in verschiedenen Größen und Gewichtsklassen angeboten, in Rezeptangaben sind meist mittelgroße Eier gemeint.

**EICHBLATTSALAT:** *Eichenlaubsalat;* eine neue Salatzüchtung aus der Gruppe der Schnitt- und Pflücksalate, mit an Eichenlaub erinnernden Blättern, die am Stiel grün sind und zur Spitze hin braun-violett werden. Die Blätter sind zarter als Endivie, jedoch fester als *BATAVIA ROUGE* (s.d.).

**EICHELKÜRBIS:** eigentlich Acom; dickschalige amerikanische Kürbisart mit dunkelgrüner, manchmal auch heller Schale und gelblichem, süßem, haselnussähnlichem Geschmack (viele Sorten).

**EIDOTTER** *(österr.)*: Eigelb.

**EIER FU YUNG:** eine Art chin. Rührei, vermischt mit Sojabohnenkeimen, Krabben, Streifen von Hühner- oder Schweinefleisch, getrockneten Pilzen u.a., gewürzt mit Salz, Sojasauce und Zucker.

**EIER IM GLAS:** 3–5 Min. gekochte Eier, die dann in warmem Wasser gepellt und ganz im Glas serviert werden; aber auch Bezeichnung für Eier, die im Glas im *WASSERBAD* (s.d.) pochiert werden.

**EIERBLUMENSUPPE:** s. *DAN HUA TANG*.

**EIEREINLAUF:** s. *EINLAUF*.

**EIERFRÜCHTE:** s. *AUBERGINEN*.

**EIERGRAUPEN:** in Ungarn nennt man diese Nudelbeilage, die durch ein Lochsieb gedrückt und in Wasser gekocht wird, *Tarhonya*.

**EIERHABER:** *Kratzete* (*badisch*); in Stücke zerrissener Pfannkuchen, der vor allem in Südbaden zu Stangenspargel gereicht wird.

**EIERKÄSE:** eine Spezialität aus dem *Westerwald;* Eier werden mit Milch im *WASSERBAD* (s.d.) aufgeschlagen und abgeseiht; wird mit Zucker und Zimt bestreut serviert.

**EIERKRAUT:** ein Nachtisch aus in Streifen geschnittenen Pfannkuchen, vermischt mit Rosinen und Wein *(Rheinpfalz)*.

**EIERSCHECKE, SÄCHSISCHE:** Hefeteigblechkuchen mit extrafeinem Belag aus Quark, Eiern und Sahne.

**EIERSCHWAMM:** *Eierschwammerl (österr.),* Pfifferling.

**EIERSTICH:** *royale (franz.)*; im Wasserbad bereitete, aus Eiern bestehende und mit Muskat, Pfeffer und Salz gewürzte Einlage für klare Suppen; wird meist in Würfel oder Streifen geschnitten.

**EIKLAR** *(österr.)*: Eiweiß.

**EINBACK:** Bezeichnung für ein frisches Hefeteiggebäck, das bisweilen auch unter Verwendung von Butter und Eiern bereitet wird (*Schweiz*). Einback bedeutet in manchen Gegenden auch Zwieback.

**EINBRENNE:** *Einmach (österr.)*, Mehlschwitze, *roux (franz.)*; Bindemittel für Gemüse, Saucen usw., hauptsächlich aus Mehl, Butter und Fett, angeschwitzt oder geröstet. Man unterscheidet u.a. den *roux brun*, Ursprung der spanischen Grundsauce, den *roux blond*, Ursprung der Samtsauce und den *roux blanc*, Ursprung der Béchamel. Der Unterschied liegt darin, dass beim *roux brun*, der braunen Mehlschwitze, das Mehl in der Butter geröstet wird; der *roux blond*, die blonde Mehlschwitze dagegen bleibt nur so lange auf dem Feuer, bis das Mehl blonde Farbe angenommen hat. Beim *roux blanc*, der weißen Mehlschwitze schließlich, darf das Mehl gar keine Farbe bekommen. Die dunkle Einbrenne wird – von ihrer Verwendung für die braune Grundsauce abgesehen – nur für spezielle Gerichte, wie *Brennsuppe* (z.B. schwäbische *Brennte Mehlsupp*), gebundene *Ochsenschwanzsuppe* o. dgl. benötigt. Dafür wird Mehl zusammen mit Zwiebeln braun geröstet, mit Flüssigkeit (Brühe, Sud u. dgl.) aufgefüllt und gekocht, bis die Masse cremig ist. Die blonde *roux* findet z.B. Verwendung für helle Cremesuppen, Fleischgerichte in heller Sauce usw., das Mehl wird angeschwitzt und dann weiterverarbeitet, wie die dunkle Einbrenne. Vorsicht ist geboten bei der Verwendung von Zwiebeln wegen der Geschmacksbeeinträchtigung.

**EINBRENNSUPPE** *(österr., südd.)*: eine braune Mehlsuppe, die meist mit Kümmel gewürzt ist.

**EINFACHER AUSLEGETEIG:** s. *AUSLEGETEIG*.

**EINGEMACHTES GÄNSEFLEISCH:** s. *CONFIT D'OIE*.

**EINGEMACHTES HUHN** *(österr.)*: eine Art Hühnerfrikassee.

**EINGEMACHTES KALBFLEISCH:** s. *KALBFLEISCH, EINGEMACHTES*.

**EINLAUF:** Eiereinlauf; eine Suppeneinlage aus Eiern, mit Mehl und Milch verquirlt, die man in Fäden in die kochende Suppe einlaufen lässt.

**EINMACH** *(österr.)*: s. *EINBRENNE*.

**EINMACHSAUCE:** s. *SAUCE BLANQUETTE*.

**EINSIEDLERKREBS:** Meereskrebs mit feinem Fleisch.

**EINSPÄNNER:** ein einzelnes Wiener Würstchen (mit Meerrettich); aber auch: Schwarzer Kaffee im Glas mit Schlagobers (Sahnehaube; *Wien*).

**EIPANADE:** ein wichtiges Bindemittel für Farcen und Klöße. Dafür wird Mehl in kochendes Wasser und Butter gegeben und klumpig gekocht. Dann wird Eidotter untergezogen und die Masse unter ständigem Rühren leicht geröstet, bis sich der Teig ballenförmig vom Kochgeschirr löst. Gewürzt wird mit Muskat, Pfeffer und Salz.

**Eisbein:** *Dickbein, Spitzbein, Stelze, Surhaxe;* Bezeichnung für gepökelte Schweinshaxe, wird in einem Sud gekocht und zusammen mit Sauerkraut, Erbspüree und Salzkartoffeln serviert, dazu *Mostrich* (s.d.); *Berliner Spezialität.*

**Eisbergsalat:** *Eissalat, Krachsalat;* aus den USA stammender, auch in Deutschland, Italien und Spanien angebauter Kopfsalat mit festen, knackigen Blättern (meist grün, aber auch rot).

**Eisbock:** Bezeichnung für einen dunklen Doppelbock aus Kulmbach, dem man durch Einfrieren Wasser entzieht, wodurch das Bier noch stärker wird (12 Vol.-%); s.a. *Bier.*

**Eisbombe:** eine Bombenform mit verschiedenen Eiscremes auskleiden, mit einer Eigelb-, Zucker-, Sahnemasse sowie kandierten Früchten und Spirituosen füllen und gefrieren. Zum Servieren stürzen und verzieren.

**Eischwer:** Mengenangabe in Backrezepten, die bedeutet, dass soviel Mehl, Fett oder Zucker zu verwenden sind, wie ein Ei wiegt, d.h. zu gleichen Teilen. Das Ei wird mit der Schale gewogen.

**Eissalat:** s. *Eisbergsalat.*

**Eiszapfen:** ein kleines langgestrecktes, weißes, nicht scharfes Radieschen.

**Eläés** oder **Elaies** *(griech.)*: eingelegte Oliven.

**Elaichi** *(ind.)*: Kardamom.

**Elbe:** s. *Finte.*

**Elefantenlaus:** s. *Acajou.*

**Elegante:** *mexikanischer* Eintopf aus Kürbis, Tomaten und Zwiebeln, gewürzt mit Chili und vielerlei Kräutern.

**Eleólado** *(griech.)*: Olivenöl.

**Elisenlebkuchen:** auf Oblaten gebackene Lebkuchen mit Haselnüssen, Mandeln oder Walnüssen.

**Elixier:** konzentrierte klare Suppe, auch als Essenz oder *Beeftea* (s.d.) bezeichnet.

**Elritze:** kleiner Karpfenfisch, wurde früher zumeist mariniert gegessen.

**Elsässische Art:** *à l'alsacienne (franz.)*; eine hauptsächlich für Fleisch und Geflügel verwendete Garnitur. Zu Fleisch gibt man *demi-glace,* mit Sauerkraut gefüllte Tarteletts und eine Scheibe Schinken obendrauf. Zuweilen serviert man Fleisch oder Geflügel auch mit gebutterten Nudeln und gewürfelter Gänseleber und Trüffeln. Manchmal wird auch eine einfache Garnitur mit Salzkartoffeln und Sauerkraut als *elsässische Art* bezeichnet.

**Elsässer Sauerkraut:** s. *Choucroute garni.*

**Emincé** *(franz.)*: Blätterfleisch; sehr dünne und kleine Scheibchen von manchmal schon gegartem Fleisch, Geflügel oder Wild, in einer Sauce serviert.

**Emincé de veau** *(franz.)*: in sehr dünne Scheibchen geschnittenes und sautiertes Kalbfleisch, meist in einer Rahm-Weißweinsauce angerichtet.

**Emincé St. Hubert** *(franz.)*: Mischung aus Scheibchen von gebratenem Haarwild und Champignons, mit Wildsauce gebunden und im Reisring angerichtet.

**Emincieren:** in feine Scheiben schneiden.

**Emmentaler:** fester Schnittkäse, nach seinem ursprünglichen Herstellungsgebiet benannt, auch als *Schweizer Käse* bekannt. Er wird stets aus roher Kuhmilch bereitet und sollte eine gleichmäßige, nicht zu enge Lochung haben.

**Emmer:** eine alte Getreidesorte, auch *Flach-* oder *Stärkeweizen, Gerstenspelz, Sommerdinkel* und *Zweikorn* genannt. Früher zu Grieß und Graupen verarbeitet, heute zumeist nur noch auf dem Balkan oder auf der Schwäbischen Alb angebaut.

**Empanada** *(span.)*: in Argentinien, Chile und Mexiko bekannte Teigtaschen, die im Ofen oder schwimmend in Öl gebacken und meist pikant, aber auch süß (z. B. mit Guavenpaste oder Kürbis) oder mit Käse gefüllt werden. Die pikante Farce kann aus Chili, Eiern, Gewürzen, Hackfleisch, Oliven, Zwiebeln usw. bestehen. In Spanien eine herzhafte Fleischpastete, meist in runder Kuchenform.

**Emperor:** s. *Kaisersnapper*.

**Em sua tinta** *(port.)*: abgekürzt für Tintenfisch, der in der eigenen Tinte gegart wird.

**En Chemise** *(franz. = Hemd)*: in der Papierhülle oder Schale gegart, z. B. *pommes de terre en chemise*, heißt Pellkartoffeln.

**Enchilada:** Maismehltortilla, mit unterschiedlicher Füllung, gebacken, mit verschiedensten Füllungen. Um die Tortillas geschmeidig zu machen, diese zuerst kurz in Öl tauchen und anschließend in Sauce; dann füllen *(Mexiko)*.

**Enchilada de pollo:** Tortilla, mit einer Farce aus Hühnerfleisch, Oliven, Paprika, Rosinen, Tomaten und Zwiebeln gefüllt, mit Salz und Pfeffer gewürzt und mit Tomatensauce gebunden. Als Garnitur verwendet man Avocadoscheiben, Radieschen, Salatblätter usw. *(Mexiko)*.

**Enchilada roja:** Tortilla mit Wurst-Farce in scharfer Sauce. Die Farce wird aus *Chorizo* (s. d.), geriebenem Käse und scharfer Sauce bereitet; die Sauce aus Chili, Eiern, Knoblauch, schwarzem Pfeffer, Salz, Tomaten, Zucker, Zwiebeln, einheimischen Gewürzen; im Ofen überbacken *(Mexiko)*.

**Enchilada verde:** gebratene und mit Käse überbackene Tortilla, gefüllt mit Hühnerfleisch oder Farce aus anderem Fleisch und serviert mit einer scharfen Sauce aus *Tomatillos*, grünen Chilis u. a.; ein *mexikanisches* Gericht mit vielen Abwandlungen.

**En croûte** *(franz.)*: ein Gericht, das mit Teig umhüllt im Ofen gebacken wird.

**En daube** *(franz.)*: im Schmortopf (*Daubière*, s.d.) gegarter Braten.

**Endivie:** *Eskariol, glatte Endivie;* ganzjährig angebotener Salat. Die jungen haben breite, die ausgewachsenen krause Blätter. Eine weitere Endivienart ist die *krause Endivie* oder *Frisée-Salat*. Die Sommerendivie mit ihren aufrecht stehenden Blättern heißt auch *Römischer Salat, Bindesalat* oder *Romana*.

**Endives** *(franz.)*: s. *Chicorée*.

**En dôme** *(franz.)*: erhaben angerichtet.

**Engadiner Nusstorte:** schweizerische Spezialität mit vielen Variationen. Nach einem klassischen Rezept wird eine Springform mit einem sehr butterhaltigen Mürbeteig ausgelegt, mit Johannisbeergelee bestrichen, gleichmäßig mit einer Masse aus mit Zucker gerösteten Baum (Wal-)nüssen, Rahm und Honig gefüllt, mit Teig abgedeckt und bei mittlerer Hitze gebacken.

**Engelhai:** s. *Meerengel*.

**Engelkuchen:** berühmter *US-amerikanischer* Kuchen, der aus Mehl, Zucker und Eiweiß sowie Weinstein, Vanille- und Mandel-Extrakt und 1 Prise Salz besteht. Er wird in einer speziellen Weißblechform gebacken.

**Engelshaar:** Fadennudeln (*Capelli d'angelo, ital.*), die als Suppeneinlage dienen.

**Engelwurz:** s. *Angelica*.

**Englisch:** s. *Anglais*.

**Englische Art:** *à l'anglaise (franz.)*; u.a. Garnitur für gekochtes Fleisch, Geflügel und Fisch. Gekochtes Fleisch wird mit Petersilie oder gekochtem Speck oder mit Kapernsauce, Pastinaken-Püree oder weißen Rüben und Salzkartoffeln serviert. Zu gebratenem Fisch gibt man einfach Kräuterbutter und gekochtes Geflügel wird in Rahmsauce mit Bleichsellerie, grünen Bohnen, tournierten Karotten, Scheiben von Pökelzunge und weißen Rüben (auch Mairüben) serviert (s.a. *Gemüse kochen auf englische Art*).

**Englische Creme:** s. *Crème anglaise*.

**Englischer Käse:** ein mit Puderzucker bestreuter Kuchen, der Mandeln, Orangeat, Zitronat, Rosinen u.a. enthält.

**Englischer Kuchen:** s. *Königskuchen*.

**Englisches Gewürz:** s. *Piment*.

**Englisch panieren:** s. *Panieren*.

**English Christmas Cake:** *Christmas Cake*; ein *englischer* Weihnachtskuchen mit regionalen Abwandlungen. Zutaten sind u.a. ein Teig aus schaumig gerührter Butter, braunem Zucker, Backpulver, Eiern, Mandeln, Mehl und Milch, vermengt mit einer Mischung aus kandierten Kirschen, Korinthen, Rosinen und *Succade* (s.d.), gewürzt mit *Angelica* (s.d.). Zum Schluss wird mit Sherry oder Rum aromatisiert. Die Masse wird in einer Springform ca. 5 Stunden gebacken. Sobald der Kuchen abgekühlt ist, wird er mit einer

Glasur von Johannisbeergelee bedeckt oder nur mit Rum getränkt und in Marzipan eingehüllt. Unmittelbar vor dem Servieren wird er noch mit Zuckerguss überzogen.

**ENOKI (TAKE):** japanischer Zuchtpilz mit langem Stiel, cremefarbenen Kappen und champignonähnlichem Geschmack.

**EN PAPILLOTE** *(franz.)*: in Pergamentpapier, Folie u. a. gegart.

**ENSALADA DE COCO:** Salat aus geraspelter Kokosnuss, Ananas und Weißkohl, angemacht mit Mayonnaise, Tomatenketchup und Worcestersauce und mit Salatblättern garniert *(Costa Rica)*.

**EN SURPRISE** *(franz.)*: s. *SURPRISE*.

**ENTBARTEN:** Austern, Muscheln und andere Schaltiere von dem so genannten Bart befreien.

**ENTE:** die Stammform aller Hausenten ist die *STOCKENTE* (s. d.); aus der gleichen Wildform – aber vermutlich früher – entwickelten sich Enten in Asien. Eine weitere Wildform ist die *Warzenente*, die nur in Mittel- und Südamerika beheimatet ist (nicht verwandt mit der Stockente!) Es gibt zahlreiche Arten und Züchtungen. Berühmte Züchtungen sind z. B.: in England die *Aylesburry*, in China die *Peking-Ente* und in Deutschland die *Vierländer-Ente*, nahe Hamburg. Die bekanntesten Enten kommen aus Frankreich, aus der *Bresse*, einer Grafschaft nordöstlich von Lyon und aus dem *Périgord*. Sie haben viel Auslauf und ihr Wachstum wird in keiner Weise künstlich beeinflusst. Von den *Rouenner-* und *Nantaiser-Enten* sollen die Weibchen die besten sein. Eine Besonderheit ist die *Canette de Bresse*, eine Entenneuzüchtung mit viel Brustfleisch. Eine weitere Neuzucht aus Frankreich ist die *Barbarie-Ente*. Sie ist eine Halbwildente, eine Kreuzung aus einem Hausentenweibchen mit einem wilden Erpel. Bei den *Wildenten* unterscheidet man die *Flugenten* von den *Sumpfenten*. Die Flugenten sind beliebter als die Sumpfenten, weil sie mager sind und nie tranig schmecken. Für die Küche von Bedeutung sind auch die *Knäkenten*, *Krickenten* und *Löffelenten*.

**ENTE BIGARADE:** *canard bigarade (franz.)*; blutig gebratene Entenbrust, wird in einer Mischung aus *DEMI-GLACE* (s. d.), Kalbsjus, blanchierter *JULIENNE* (s. d.) von Apfelsinenschalen, Pomeranzensaft und mit Essig aufgelöstem, karamellisierten Zucker ca. 5 Min. lang gekocht. Danach wird die Brust in Streifen geschnitten, nappiert und mit Orangenscheiben garniert.

**ENTE MIT ORANGENSAUCE:** s. *CANARD À L'ORANGE*.

**ENTENMUSCHEL:** s. *PERCEBES*.

**ENTENPRESSE:** zum Auspressen der Entenkarkassen.

**ENTEN-STOPFLEBER:** s. *FOIE GRAS*.

**ENTE, VIERLÄNDER ART:** vorzügliche Mastente, gefüllt mit ganzen Äpfeln oder mit Lüb'scher Füllung; s. a. *LÜB'SCHE ENTE*.

**En tortue** *(franz.)*: nach Schildkrötenart, ein Gericht, das mit so genannten *Schildkröten-Kräutern* gewürzt wird (s.d.).

**Entradas** *(port., span.)*: Vorspeisen.

**Entrecôte** *(franz.)*: Rindfleischscheibe aus, wie der Name sagt, zwischen den Rippen liegendem Fleisch. Es wird aus dem so genannten flachen Roastbeef (*Contrefilet*, s.d.) oder flachen Rippenstück geschnitten, oft wird auch die Fehlrippe (Halsgrat, Mittelrippenstück, Siegelstück, Zungenstück) für *Entrecôtes* verwendet. Das Portionsstück wiegt 180 bis 200 g, das *Entrecôte double* das Doppelte. Das aus dem *Roastbeef* (s.d.) geschnittene Entrecôte wird oft fälschlicherweise als *Rumpsteak* (s.d.) bezeichnet.

**Entrecôte à la bordelaise** *(franz.)*: Zwischenrippenstück nach Bordelaiser Art, Rostbraten auf Bordelaiser Art; Entrecôte mit blanchierten Markscheiben und in einer *sauce bonnefoy* (weiße Bordelaiser Sauce) oder einer Rotweinsauce angerichtet; gewürzt mit Schalotten, Pfeffer, Salz, Thymian und Petersilie *(Frankreich)*.

**Entrecôte à l'os** *(franz.)*: ein zusammenhängendes Rippenstück mit Knochen aus dem flachen Roastbeef von ca. 1.000 g.

**Entrecôte Strindberg**: eine von Alfred Walterspiel, dem bekannten Kochkünstler kreierte Zubereitungsart für dieses Fleischstück. Das Entrecôte wird mit englischem Senf bestrichen, mit fein gehackten Schalotten bestreut, gesalzen, mit Pfeffer und Paprikapulver gewürzt und in Butter gebraten.

**Entrée** *(franz.)*: der erste Gang eines Menüs aber auch der Zwischengang, Gang vor dem Hauptgang.

**Entremeses** *(span.)*: Vorspeisen.

**Entremetier**: der Gemüsekoch der Küchenbrigade.

**Entremets** *(franz.)*: Zwischengericht vor dem Nachtisch; bezeichnet aber auch alle Süßspeisen, die zum Dessert gereicht werden – nur keine Konditoreiwaren.

**Enzian**: ein bekannter bitterer Branntwein der Alpenländer aus den Wurzeln des gelben, sog. punktierten Enzians.

**Epaule d'agneau** *(franz.)*: Lammschulter, besonders zum Braten oder Schmoren geeignet.

**Epigramme** *(franz.)*: ein Fleischgericht, meist mit Hammel oder Lamm. Verschiedene Stücke, in der Regel entbeintes Brustfleisch, evtl. auch Lammkoteletts, werden paniert, auf dem Rost oder in der Pfanne gebraten, kranzförmig garniert und mit beliebigen Beilagen serviert.

**Epinard** *(franz.)*: Spinat.

**Epoisses**: ein sehr aromatischer burgundischer Kuhmilchweichkäse, mit Rotschimmel, in reifem Zustand fast flüssig.

**Epok-epok** *(Epog-epog)*: frittierte ravioliähnliche Teigwaren, die mit einer Farce aus kräftig mit

Chili, Knoblauch u.a. gewürzten Anchovis und Kokosraspel gefüllt werden *(Malaysia)*.

**Erbse:** Hülsenfrucht mit weltweit 250 Sorten, wie Schalerbsen, Markerbsen, Zuckererbsen, die auch Kaiserschoten *(Kefen)* genannt werden sowie Trockenerbsen. Erbsen sind ein sehr eiweißhaltiges, altes Gemüse, das frisch, mit Schote oder getrocknet usw. in vielerlei Gerichten verwendet wird.

**Erbswurst:** von einem Berliner Koch erfundene Mischung aus Erbsenmehl, Gewürzen, Salz, Speck und Zwiebeln, wurstförmig in Papier verpackt, als Grundlage für Erbsenpüree und Erbsensuppen: das erste *convinience food*.

**Erdartischocke:** s. *Topinambur*.

**Erdapfel** *(österr., südd.)*: Kartoffel.

**Erdbeere:** eine der bekanntesten Beerenfrüchte; wird nahezu in allen Ländern der Erde angebaut. Es gibt über 1.000 Sorten; vielseitig verwendbar.
Die *Walderdbeere*, d.h. die wild gewachsene Frucht ist weniger saftig, aber aromatischer.

**Erdbirne:** s. *Topinambur*.

**Erdélyi rakott káposzta:** *ungarisches* Krautgericht aus Siebenbürgen mit mehreren Abwandlungen. Ein Beispiel: Eine Schicht Sauerkraut wird mit einer würzigen Fleisch- und Wurstmischung bedeckt und darüber Reis. Dann werden Milch und Sahne darüber gegossen und das Ganze mit in Streifen geschnittener Speckschwarte belegt, mit Paprika und Pfeffer gewürzt und im Ofen gegart.

**Erdélyi tokány:** ein *Tokány* (s.d.) aus Siebenbürgen. Zumeist werden Streifen von Räucherspeck zusammen mit Knoblauch und Zwiebeln gebräunt. Im selben Fond werden Streifen von Rindslende angebraten. Dann werden Tomatenmark und Weißwein hinzu gegeben und mit Majoran, Kümmel und Salz gewürzt. Bevor das Fleisch vollständig gegart ist, werden noch Paprikastreifen und zum Schluss die Speckstreifen untergemischt *(Rumänien)*.

**Erdmandel:** s. *Chufanuss*.

**Erdnuss:** *Aschantinuss, Kamerunnuss, peanut (engl.)*; Frucht der Erdnusspflanze, eine Hülsenfrucht, aus Südamerika stammend, heute in vielen tropischen und subtropischen Ländern angebaut. Meist liegen zwei Nüsse in einer blassen, strohig-spröden 3–6 cm langen Schale; s.a. *Cacahuete*.

**Erpel:** männliche Ente.

**Errötendes Mädchen** *(Jungfrau)*: eine historische Süßspeise, von der es mehrere sehr unterschiedliche Rezepte gibt. In der Regel handelt es sich um eine Art Vanillecreme, die schichtweise mit Preiselbeeren serviert wird. Oder eine Buttermilchspeise, mit roter Gelatine gebunden (*Schleswig-Holstein*).

**Erwtensoep met kluif** *(holl.)*: Erbsensuppe mit Eisbein, gepökeltem Schweinefleisch, Kartoffeln, Gemüse, Wurst u.a.

**ESCABECHE** *(span):* allgemein ein in scharfer Marinade gebeiztes Gericht aus Meeresfrüchten, das mancherorts auch mit Huhn bereitet wird (s. *ESCABECHE DE GALLINA*). Die Marinade besteht aus *BOUQUET GARNI* (s.d.), Essig, Karotten, Knoblauch, Olivenöl, Wasser und Zwiebeln, gewürzt mit Cayennepfeffer oder Chili, schwarzem Pfeffer und eventuell Senfpulver. Das Gemüse wird in Olivenöl angeröstet und mit Essig abgelöscht, mit Wasser aufgefüllt und wenige Minuten gekocht. In die heiße Marinade kommen gebratener Fisch, geröstete Garnelen etc. Vor dem Verzehr werden die Meeresfrüchte mindestens 24 Stunden lang mariniert. Von dem Gericht gibt es zahlreiche Abwandlungen (*Portugal, Spanien, Lateinamerika und Karibik*), s. a. *ESCOVITCH*.

**ESCABECHE DE GALLINA** *(span.)*: *Esabeche de pollo;* lateinamerikanische Spezialität. Angebratene Hühnerteile werden in einer Marinade aus Wasser, Wein, Essig, Gewürznelken, Chilischoten, Salz, Oregano und Zwiebeln ca. ½ Stunde lang geschmort und mindestens einen halben Tag lang im Kühlschrank gekühlt, damit die Marinade geliert.

**ESCABECHE DE CAMARONES:** *(span.)* geröstete Garnelen, mariniert in einer heißen und scharfen Sauce aus Essig, Olivenöl, Chili, Senfpulver, Salz und Zwiebeln.

**ESCALIVADA:** katalanischer Begriff; marinierte, zuvor gegrillte Gemüse in mundgerechten Stücken mit Oregano garniert *(Roussillon, Südfrankreich)*.

**ESCALOPE** *(franz.)*: Scheibe Fisch, Fleisch oder ein Schnitzel.

**ESCALOPE DE VEAU** *(franz.)*: Kalbsschnitzel.

**ESCALOPE DE RIS DE VEAU***(franz.)*: ein, besonders auf französischen Speisekarten häufig zu findendes, Gericht, dessen Hauptbestandteil in Scheiben geschnittenes Bries ist.

**ESCALOPE DE VEAU BRILLAT-SAVARIN** *(franz.)*: in Butter sautierte und mit Cognac flambierte Kalbsschnitzel in einer mit Champignons vermischten Sahnesauce.

**ESCALOPIEREN:** in Scheiben, Schnitzel schneiden.

**ESCARGOT** *(franz.)*: Schnecke.

**ESCARGOTS À LA BOURGUIGNONNE** *(franz.)*: Schnecken, *BURGUNDER ART* (s.d.).

**ESCARIOLE** *(franz.)*: Endivie.

**ESCHLAUCH:** Schalotten.

**ESCOVITCH:** wird auch manchmal *caveached fish* genannt. Gebratenes Fischfilet, zumeist vom Barsch, in einer Marinade gebeizt, die häufig aus Chili, Zwiebeln, Möhren, grünen Paprikaschoten, schwarzem Pfeffer, Piment, Macis, Ingwer, Salz und Wasser besteht (*Jamaika*).

**ESPADA** *(port., span.)*: Schwertfisch.

**ESPADON** *(franz.)*: Schwertfisch.

**ESPAGNOLE** *(franz)*: s. *BRAUNE GRUNDSAUCE*.

**Espagnole, à l'** *(franz.)*: s. *Spanische Art*.

**Espelette-Pfeffer:** s. *Piment d'Espelette*.

**Esrom:** *dänischer* Butterkäse, halbfester Schnitkäse, aus pasteurisierter Kuhmilch, auch *dänischer Port Salut* genannt, kräftig und leicht säuerlich im Geschmack.

**Essence de poisson** *(franz.)*: Fischfond.

**Essenz:** stark eingekochter Aufguss, Fond oder Sud z. B. aus Champignons, Fischen, Geflügel usw.; s. a. *Elixier*.

**Essig:** wird aus Alkohol vergoren und war zum Haltbarmachen schon bei den alten Ägyptern bekannt. In der Küche wird er nicht nur zum Säuern oder Konservieren gebraucht, sondern auch zum Verfeinern von Speisen. Es gibt viele Sorten aus verschiedenen Grundmaterialien und mit verschiedenen Säureanteilen. Beispiele: Rotweinessig mit 6% Säure aus reinem Traubenwein, Apfelessig mit 5% Säure aus vergorenem Apfelwein, Aceto Balsamicoessig mit 6% Säure zumeist aus Weinessig und Traubenmost, Obstessig mit 7% Säure z. B. aus Himbeeren, Speiseessig mit 5% Säure aus Branntwein, Reisessig mit 5–6% Säure aus Reiswein u. a. Der Speiseessig lässt sich gut mit Kräutern aromatisieren. Als Essigessenz wird die 25%ige Lösung gereinigter, industriell gefertigter Essigsäure in Wasser bezeichnet, die für den Verzehr nur verdünnt verwendet werden darf.

**Essigkraut:** s. *Ysop*.

**Essigsauce:** s. *Sauce vinaigrette*.

**Esterhazy Rostbraten:** s. *Esterhazy rostélyos*.

**Esterhazy rostélyos** *(ung.)*: Esterhazy Rostbraten; zunächst angebratener Rostbraten wird mit Möhren, Petersilienwurzeln oder Pastinaken, Speckwürfeln und Zwiebeln unter Mehlzugabe geschmort, mit Lorbeer, Piment, Zitronenschale, Petersilie, Thymian und etwas Essig gewürzt. Die Sauce wird durch ein Sieb gegossen und der Rostbraten zum Schluss mit einer *Julienne* (s. d.) von Essiggurken, Möhren und Petersilienwurzeln garniert; die Rezepte variieren.

**Estofado** *(span., lat.-amerik.)*: Schmorbraten.

**Estouffade** *(franz)*: Schmorgericht, Gestovtes; ein gulaschähnliches Ragout, das in einem verschlossenen Gefäß im Ofen in Weinsauce mit Aromaten zubereitet wird. Es gibt davon zahlreiche Rezepte (*Südwestfrankreich* und *Midi*). Als *estouffade* wird aber auch brauner Fond bezeichnet.

**Estouffade de bœuf** *(franz.)*: geschmortes Rindsragout aus gewürfeltem Rindfleisch (vornehmlich Schulterblatt). Das Fleisch wird mit Speck und Zwiebeln angebraten, mit Rotwein abgelöscht und mit Knoblauch, Pfeffer und Salz gewürzt. Dann kommt Kalbsfond oder Fleischbrühe und *Bouquet garni* (s. d.) und evtl. Thymian dazu. Im gut verschlossenen Topf wird alles so lange geschmort, bis das

Fleisch gar ist. Man kann noch Champignons oder – wie im *Midi* üblich – schwarze Oliven zugegeben. Statt Rotwein kann auch Weißwein verwendet werden. Als Beilage werden in der Regel Salzkartoffeln serviert. Das Rezept kennt viele Variationen.

**ESTRAGON:** *Bertramskraut (österr.), Dragon;* überwinternde Staude der Beifußfamilie und somit ein Verwandter des Wermuts, stammt ursprünglich aus den Steppen Mittelasiens, wird heute jedoch in fast allen europäischen Ländern kultiviert. Vornehmlich für Fischgerichte, Hammelfleisch, Pilzgerichte, Salate, Sauerbraten und Wildgerichte, vor allem aber für die *Sauce béarnaise* und Estragonessig. Hauptsächlich durch die Verwendung dieses Küchenkrautes unterscheidet sich die *Sauce béarnaise* von der *Sauce hollandaise*. Das Gewürz eignet sich auch zur Mischung mit Dill und Petersilie.

**ESTRAGONESSIG:** ein Rot- oder Weißweinessig mit frischem Estragon. Der Essig soll erst verwendet werden, nachdem er einen Monat lang geruht hat.

**ÉTAMINE** *(franz.)*: Leinentuch zum Passieren von Saucen und Suppen.

**EVA:** Bezeichnung für eine schmackhafte, schwach mehlige Kartoffelsorte, besonders für Knödel und Puffer geeignet.

**EXPORTBIER:** Bezeichnung für untergäriges Vollbier mit einem Stammwürzgehalt von mindestens 12,5 %, ist von heller Farbe und hat einen Alkoholgehalt von etwas über 4 %; s. a. *BIER*.

**EZME** *(türk.)*: Speisen, die aus gekochten, schaumig gerührten und oft mit Joghurt oder Olivenöl vermischtem Gemüse (z. B. Möhren) bestehen und die mit Brot aufgetunkt werden. Wird als *MEZE* (s. d.), *Mazza* oder *Marza* serviert.

**FABADA:** *asturischer* Eintopf aus weißen Riesenbohnen, Blutwurst *(morcilla)*, Chorizo, Schinken *(JAMÓN SERRANO*, s.d.*)* und Zwiebeln sowie Knoblauch und Gewürzen.

**FAÇONNIEREN:** Fleischstücke zuschneiden, um ihnen ein schönes Aussehen zu verleihen, indem z.B. anhängende Fett- oder Fleischteile abgeschnitten werden; Lendenschnitten werden umbunden, um sie hoch und rund erscheinen zu lassen.

**FADENNUDEL:** *vermicelles (franz.), vermicelli (ital.);* fadenförmige Nudel, die meist als Suppeneinlage dient.

**FADENZUCKER:** Zucker zum Faden kochen; mithilfe von Wasser hergestellte, konzentrierte Zuckerlösung zur Bereitung von Glasuren. Bei der Fingerprobe müssen sich Fäden bilden (s.a. *ZUCKERGEHALT*).

**FAGARA:** s. *SICHUAN-(SZECHUAN)-PFEFFER*.

**FAGIOLI** *(ital.)*: getrocknete weiße Bohnenkerne.

**FAGIOLINI** *(ital.)*: grüne Bohnen.

**FAISAN** *(franz.)*: Fasan.

**FAISAN À L' ALSACIENNE** *(franz.)*: gewürzter, mit Räucherspeck umwickelter Fasan, im Backofen gegart und auf Weinsauerkraut und darin gegartem Speck angerichtet. Dazu reicht man Salz- oder Pellkartoffeln.

**FAISAN SOUWAROFF** *(franz.)*: Name eines der bekanntesten und teuersten Fasanengerichte. Der mit einer Farce aus *FOIE GRAS* (s.d.), in Cognac und Weißwein angebratener Hühnerleber und mit Trüffeln gefüllte Fasan wird *BRIDIERT* (s.d.) und im Backofen rundum gebräunt. Zusammen mit Trüffeln, dem Bratensatz, der mit Cognac, Sherry, Portwein und Wasser abgelöscht wurde, wird das Tier gar geschmort. Pro Person wird eine in Sherry marinierte Scheibe *foie frais* auf beiden Seiten kurz angebraten, mit Trüffel belegt und zusammen mit dem Fasan serviert. Einfacher kann das Gericht zubereitet werden, indem man den Fasan in fünf Teile tranchiert und mit einer aus dem Fasanenklein und *FOND LIÉ* (s.d.) bereiteter, mit Gänseleber und Trüffeln vermischter Madeirasauce anrichtet.

**FALAFEL:** frittierte Bällchen aus gemahlenen Kichererbsen, Bohnen oder anderen Hülsenfrüchten, gewürzt mit Knoblauch, Koriander, Chili, Kreuzkümmel, Petersilie u.a. Die Bällchen werden mit Salat, *TAHINI* (s.d.) oder mit *PITA*-Brot (s.d.) serviert. Falafel heißt auch die Trockenmischung zur Herstellung der Bällchen (*Israel, Vorderer Orient* und *Ägypten*).

**FALSCHER HASE:** s. *HACKBRATEN*.

**FALSCHES FILET:** s. *SCHLACHTFLEISCH (RIND)*.

**FAN** *(chin.)*: gekochter Reis.

**FANESCA:** in *Peru* eine Suppe mit sieben Gemüsen, die in der Karwoche gegessen wird; in *Ecuador* ein Fasteneintopf aus Bohnen, Linsen, Mais, Stockfisch und Eiern sowie Käse.

**Fan tze:** s. *Fen see.*

**Far:** *bretonische* Spezialität aus Eiern, Zucker, Mehl, Milch und Rosinen (eine Art *Flan*, s.d.); die Teigmasse wird in einer flachen gebutterten Form gebacken; wird warm gegessen.

**Farce:** verschiedenartige Füllungen aus fein gehackten und oft noch pürierten Zutaten, wie Fisch, Fleisch, Wild, Geflügel, Pilze u.a., delikat gewürzt und meist gebunden mit Brot, Ei, Sahne u.a. Farcen dienen zum Füllen von Galantinen, Pasteten, Terrinen etc. Fischfarce z.B. wird hauptsächlich aus Hechtfleisch und *Eipanade* (s.d.) hergestellt, Klößchenfarce aus Kalb- oder Geflügelfleisch, Eiern und Mehlpanade, Pastetenfarce aus Schweinefleisch und fettem Speck, Gratinfarce aus Geflügel, Kalbs- oder Wildleber, fettem Speck, Petersilie, gehackten Schalotten und Gewürzen; Mousselinefarce hauptsächlich aus Kalbfleisch, Eiweiß und süßer Sahne.

**Farci** *(franz.)*: gefüllt.

**Farcieren:** andere Bezeichnung für Füllen.

**Farfalle** *(ital.)*: Teigwaren in Schmetterlingsform.

**Farfel:** s. *Ferfels.*

**Farferl:** auch *Faferl(n);* Nocken aus Kartoffelteig mit Eiern, Mehl und anderen Zutaten, z.B. Käse oder Speck und Zwiebeln ziehen in Salzwasser oder Bouillon gar. Die Nocken werden in der Suppe serviert *(Österreich).*

**Farigoule** *(provenz.)*: Thymian.

**Farina** *(ital.)*: Mehl.

**Farine** *(franz.)*: Mehl.

**Farinha** *(port.)*: Mehl; in *Brasilien* Maniokmehl.

**Farinzucker:** brauner Zucker.

**Farofa** *(bras.)*: mit Butter oder Palmöl geröstetes Maniokmehl, das mit Grieben oder Apfelstückchen oder gehacktem Ei u.a. angereichert wird. Wird zu fast allen Hauptgerichten serviert.

**Farsumagru:** bekannte *sizilianische* Fleischroulade. Eine *plattierte* (s.d.) Kalbskeulenscheibe wird mit Farce belegt, die hpts. aus hart gekochten Eiern, Schinken und Bratwurstbrät besteht und mit Muskatnuss, Petersilie und Thymian gewürzt ist. Dann wird das Fleisch zusammengerollt, angebraten und in Brühe, evtl. vermischt mit Tomatenmark und Wein, gar geschmort. Dazu passt Reis.

**Fasan:** schmackhaftes Wildgeflügel, das heute immer mehr auch gezüchtet wird. Ein Fasan ist jung, wenn die Brustbeinspitze bei Daumendruck biegsam ist.

**Fasanenkraftbrühe:** s. *Consommé de faisan.*

**Faschieren** *(österr.)*: durch den Wolf drehen, fein hacken.

**Faschiertes** *(österr.)*: Hackfleisch.

**Faschingskrapfen:** *Fastnachtskrapfen, Ballen, Berliner, Berliner Pfannkuchen, Fasnetsküchle* usw.

In Ausbackfett gebackene Hefeteigkugeln, die mit Marmelade gefüllt und evtl. mit einer Zuckerglasur o. Ä. überzogen oder nur in Zucker gewälzt werden.

**Fasolákia:** *(griech.)*: grüne Bohnen.

**Fasoli** *(griech.)*: Bohnen.

**Fassbohnen:** Schnittbohnen *(Westfalen)*.

**Fastenkraut:** *Hechtenkraut;* Fischfilet (z. B. Hecht, grüne Heringe, auch Flusskrebs) mit Sauerkraut, saurer Sahne und Semmelbröseln u. a. im Ofen gebacken *(Bayern)*.

**Fastnachtsküchle:** s. *Faschingskrapfen*.

**Fasulja** *(arab., ägypt.)*: Bohne.

**Fasulye** *(türk.)*: Bohnen.

**Fata:** ägyptische Festtagssuppe aus Lammfleisch und Reis über getoasteten Brotscheiben.

**Faux-filet** *(franz.)*: auch *Contrefilet;* nicht so zart wie Filet, aber geschmackvoller; *Roastbeef* (s. d.).

**Fave** *(ital.)*: große Bohnenkerne oder Saubohnen.

**Favories:** ein feines Gebäck aus Mürbe- und Brandteig. Zumeist werden Plätzchen von Mürbeteig mit Brandteig in Form einer Acht bespritzt und die Hohlräume mit Konditorcreme (s. *Crème pâtissière*) gefüllt.

**Fedeli** *(ital.)*: sehr dünne, zylindrisch geformte Teigware.

**Fedelini** *(ital.)*: s. *Fedeli*.

**Federweisser:** s. *Bitzler*.

**Federwild:** jagd- und essbare Wildvögel.

**Fegato** *(ital.)*: Leber.

**Fegato alla veneziana:** s. *Leber auf venezianische Art*.

**Fehlrippe:** s. *Hochrippe*.

**Feige:** *fig (engl.), figo (port.), higo (span.);* birnenförmige Früchte mit grüner oder dunkelvioletter Haut, ursprünglich aus *Kleinasien*, werden getrocknet oder frisch gegessen und zu Alkohol, Feigenpaste, Kuchen, Kompott u. a. verarbeitet oder wegen ihres süßsauren Geschmacks als Begleitung zu Wildgerichten u. a. gereicht.

**Feijão** *(port.)*: Bohnen; in *Brasilien* vor allem für schwarze Bohnen.

**Feijão guisado:** *(guisado = Gulasch)*; Eintopf, der zumeist aus weißen oder schwarzen Bohnen, Speck und roten Paprikaschoten besteht *(Portugal, Brasilien)*.

**Feijoa:** eine aus *Südamerika* stammende, heute auch in *Neuseeland, USA* und *Afrika* angebaute Frucht, die mit der Guave verwandt ist. Das gelbliche Fruchtfleisch schmeckt süß wie eine Mischung aus Ananas und Erdbeeren und ist für Obstsalate und Cremespeisen geeignet.

**Feijoada completa:** *brasilianisches* Nationalgericht mit vielen regionalen Abwandlungen, hauptsächlich aus schwarzen Bohnen und viel Fleisch, auch Gepökeltem und Geräuchertem, wie geräuchertem oder getrocknetem Rindfleisch, gepökelter Rinderzunge, gepökeltem und geräuchertem Schweinenacken, *Fehlrippe* (s.d.), *Spitzbein* (s.d.), durchwachsenem Speck, Knoblauchwurst, geräucherter Kochwurst usw. Dazu gibt es *Farofa* (s.d.), ersatzweise Couscous-Grieß, *Arroz brasileiro* (s.d.), Scheiben von frischen Orangen und eine sehr scharfe Sauce aus *Pimenta Malagueta* (s.d.), Knoblauch, Limettensaft und Zwiebeln. Gleichzeitig wird *Batida Paulista* (s.d.) und zum Abschluss *Chacaça* (s.d.) gereicht.

**Feine Kräuter:** Bezeichnung für frische, grüne Küchenkräuter, wie Basilikum, Bohnenkraut, Dill, Estragon, Kerbel usw.

**Feiner Auslegeteig:** s. *Auslegeteig*.

**Felafel:** s. *Falafel*.

**Felchen:** *Renke;* lachsartiger forellenähnlicher Süßwasserfisch aus den Seen der Schweiz und dem Bodensee; weißes, zartes und sehr schmackhaftes Fleisch (s.a. *Blaufelchen*).

**Feldgeschrei:** ein *norddeutscher* Eintopf aus Gemüsen, die in einer Brühe gegart werden.

**Feldhasen:** Wildhasen, die außerhalb von Wäldern leben. Die Ohren (Löffel) sind länger als der Kopf und die Hinterläufe doppelt so lang wie die Vorderläufe. Das Fell der Feldhasen ist braun. Am besten schmecken die 3–8 Monate alten Hasen, die man daran erkennt, dass die Löffel leicht einreißbar und der Brustkorb leicht einzudrücken ist.

**Feldhuhn:** s. *Rebhuhn*.

**Feldkieker:** *Feldkicker, Eichsfelder;* schnittfeste, luftgetrocknete Rohwurst in Schweinsblasen aus Schweinefleisch und Speck, grobkörnig, meist mit Knoblauch, Muskatnuss, weißem Pfeffer und Salz gewürzt *(Thüringen)*.

**Feldsalat:** s. *Rapunzel*.

**Felsenchampignon:** aus Frankreich stammende Zuchtchampignons mit bräunlichem Hut.

**Felsen-Entenmuschel:** in *Frankreich, Italien* und *Spanien* beliebter Leckerbissen mit feinstem Fleisch *(Entenmuschel,* s. *Percebes*).

**Felsengarnele:** Sägegarnele; eine Garnelenart von 6–10 cm Länge, sehr delikat. Kommt vor allem bei *Südirland* und vom Ärmelkanal bis ins Mittelmeer vor (s.a. *Garnelen*).

**Fen** *(chin.)***:** Reis.

**Fenelår:** gepökelte, geräucherte und gedörrte (im Freien getrocknete) Hammelkeule *(Norwegen)*.

**Fenchel:** *fenouil (franz.);* eine uralte Gemüse- und Gewürzpflanze, die aus den Mittelmeerländern stammt. Die Knolle und vor allem auch die feinen Blättchen enthalten viel Vitamin C und E. Das zarte Fenchelkraut eignet sich auch für Garnituren.

**Fen chiew, Fenjiou** *(chin.)*: ein hochprozentiger, sehr geschätzter chinesischer Schnaps aus *Sorghum* (s.d.) und dem Wasser eines bestimmten Flusses.

**Fenouil** *(franz.)*: Fenchel.

**Fen see:** *Fan tze, Bi fun, Fun see;* chinesische Glasnudel, die aus Mungobohnen hergestellt wird und hauchdünnen Cellophan-Schnüren ähnelt.

**Fenugreek** *(engl.)*: Bockshornklee.

**Ferfels:** ein Gericht russischer Juden zum Chabbat; ein Teig aus Eiern, Mehl oder Kartoffelmehl, Öl, Salz und Wasser wird zu kleinen hellen Crêpes ausgebacken. Davon werden entweder kleine Häppchen oder Streifen abgeschnitten, die in kochendem Wasser garziehen.

**Fermentieren:** durch Enzyme verursachte Gärung, Säuerung, z.B. Bier, *Chicha* (s.d.), Sauerkraut, Wein usw.

**Fernet Branca:** ein weltberühmter Bitter, auf der Basis verschiedener Kräuter, nach einem italienischen Arzt benannt.

**Fersenfleisch:** Fleisch von Rindern, die noch nicht gekalbt haben.

**Fessih:** gesalzene und im Wüstensand getrocknete Fische, zusammen mit Fladenbrot als Snack oder Vorspeise serviert *(Vorderer Orient)*.

**Festonati:** eine italienische Teigware, die geriefelt ist und entfernt an eine Girlande erinnert.

**Festtagssuppe:** *fränkische* Eintopfsuppe aus Grießklößchen, Leberklößchen und Markklößchen in Rindfleischbrühe.

**Feta:** halbfester Schnittkäse, sog. *Lake-Käse*, original aus Schafmilch hergestellt, pikant-säuerlich im Geschmack. Er kommt ursprünglich aus Griechenland und dem ehemaligen Jugoslawien, heute wird er international und teilweise auch aus Ziegen- oder Kuhmilch hergestellt.

**Fettammer:** s. *Ortolan*.

**Fette Henne:** s. *Krause Glucke*.

**Fettleber:** *Stopfleber;* die Leber gestopfter Gänse, die bis zu 3 Pfund schwer werden kann, die beste stammt aus Frankreich (*Elsass, Périgord*).

**Fettuccine** *(ital.)*: ca. 5–15 mm breite Bandnudeln.

**Fettuccine all' Alfredo:** ital. Gericht *nach Alfredo-Art;* Nudeln mit geschmolzener Butter und Parmesankäse.

**Feuerbohnen:** s. *Bohnen*.

**Feuertopf:** s. *Mongolischer Feuertopf*.

**Feuerzangenbowle:** eine Art Rotweinbowle. Ein mit hochprozentigem Rum getränkter brennender Zuckerhut tropft langsam in den heißen Wein.

**Feuilletage** *(franz.)*: Herstellung von Blätterteig.

**Feuilletée** *(franz.)*: warme Vorspeise aus Blätterteig, gefüllt mit einer Farce; s.a. *Pâte feuilletée*.

**Fève** *(franz.)*: kleine Saubohne; im Sommer nach der Ernte frisch und im Winter getrocknet verwendet. Unverzichtbar im *Cassoulet* (s. d.).

**Fiakergulasch** *(österr.)*: Gulasch mit Spiegelei, Fächergurken und Würstchen.

**Fiambre** *(span.)*: lateinamerikanisch für Aufschnitt; in *Guatemala* aber auch der Name für eine Vorspeise aus zahlreichen Zutaten, wie in Essig mariniertem Gemüse, Zwiebeln, Corned Beef, gepökelter Zunge, verschiedenen Würsten usw., mit hart gekochten Eiern, Hühnerfleisch, Oliven, Paprika etc. garniert.

**Ficellieren:** das Umbinden von Fleisch o. dgl.; s. a. *à la ficelle*.

**Fig** *(engl.)*: Feige.

**Figo** *(port.)*: Feige.

**Figue** *(franz.)*: Feige, *figue de Barbarie* = Kaktusfeige.

**Filderkraut:** s. *Spitzkohl*.

**Filépulver:** aus den Blättern des Sassafrasbaumes gewonnen und in der kreolischen Küche verwendet. Nicht mitkochen! Dient zum Andicken (*USA, Südstaaten*).

**Filet:** *Lende, Lummel.* Beim Schlachtfleisch bezeichnet man so den beiderseits des Rückgrats liegenden Rückenmuskel, beim Fisch die von den Gräten gelösten Seitenteile, beim Geflügel die ausgelösten Brüste. Beim Schlachtfleisch ist das Filet der zarteste und teuerste Teil, in Österreich und Süddeutschland auch *Lungenbraten* oder *Lummel* genannt. Beim Rind liegt das Filet zwischen dem flachen Roastbeef und der Querrippe, beim Kalb im unteren Bereich des Nierenstücks (auch Rückenstück oder Sattelstück genannt) und des Kotelettinterstücks (auch Mittelstück oder Rippenstück genannt), beim Schwein im Filetkotelettstück (auch Möhrbraten genannt), zwischen dem Kotelettstück und der Keule.

**Filetbeefsteak:** s. *Filetsteak*.

**Filet de bœuf** *(franz.)*: Rinderfilet.

**Filet de bœuf Brillat-Savarin** *(franz.)*: s. *Rinderfilet Brillat-Savarin*.

**Filet de bœuf à la financière** *(franz.)*: Rindsfilet nach Finanzmannsart; gebratenes oder *poëliertes* (s. d.) Rinderfilet, garniert mit gedünsteten Champignons, gekochten Hahnenkämmen und -nieren, Kalbsbries oder Kalbsklößchen.

**Filet (de bœuf) Wellington:** berühmtes Gericht mit Rinderfilet. Ein ganzes Filet wird angebraten, mit trockener *Duxelles* (s. d.) bestrichen und in Blätterteig eingeschlagen. Backzeit ca. 20 Min., dazu Madeirasauce.

**Filet de sole** *(franz.)*: Seezungenfilet.

**Filet de sole à la bonne femme** *(franz.)*: s. *Seezungenfilet bonne femme*.

**Filet Dubarry:** Rinderfiletgericht mit Variationen. Das Filet wird grundsätzlich mit Blumenkohlröschen und *Sauce Mornay* (s. d.) angerichtet.

**Filetes de lulas** *(port.)*: frittierte Tintenfischringe.

**Filetieren:** das Ablösen von Filets vom Knochen oder von den Gräten.

**Filetkopf:** s. *Filetspitze*.

**Filetkotelettstück des Schweins:** das zwischen Nacken und Keule liegende Teilstück des Schweins, welches das in *Flomen* (s.d.) eingebettete Filet enthält; besonders für Koteletts und Schnitzel geeignet.

**Filet mignon** *(franz.)*: kleines Filet (*Lendchen*) in Form einer kleinen Schnitte aus der Filetspitze.

**Filet Nischnij Nowgorod:** ein delikates *russisches* Gericht mit Filetstreifen vom Rind. Grundsätzlich werden die blutig gebratenen Filetstreifen vermengt mit einer gedünsteten Mischung aus Gurken, Roten Rüben, Steinpilzen, gebratenem Speck, Zwiebelscheiben u.a., mit *Kabulsauce* (s.d.) oder *OK-Sauce* (s.d.) vollendet, mit Klecksen von *Smetana* (s.d.) bedeckt und mit Petersilie bestreut.

**Filets de soles Walewska** *(franz.)*: eine üppige Kombination aus Seezungenfilets und Langustenmedaillons in Hummersauce, mit Trüffeln garniert *(Frankreich)*.

**Filetspitze:** *Filetkopf, Lendenspitze;* das dem Kopf des Tieres zugewandte, spitz zulaufende Ende des Rinderfilets.

**Filetsteak:** *Filetbeefsteak, Lendensteak;* Scheibe aus dem dicken Teil des Rinderfilets; s.a. *Beefsteak, Bifteck*.

**Filetsteak Palmito:** Grillsteak mit Palmenherzen und Schalotten garniert.

**Filetsteak Massena:** sautierte Lendenschnitte auf *Croûtons* (s.d.), mit Rindermark belegt und mit Trüffelsauce nappiert. Garniert wird mit Artischockenböden, gefüllt mit *Sauce béarnaise* (s.d.).

**Filet Stroganow:** s. *Boeuf Stroganow*.

**Filetto** *(ital.)*: Filetsteak, Lendenscheibe, wird auch luftgetrocknet als eine Art Schinken angeboten.

**Filetto di Pesce** *(ital.)*: Fischfilet.

**Filfil** *(arab.)*: Pfeffer.

**Filo:** s. *Phyllo*.

**Filosoof:** s. *Stamppott*.

**Financier** *(franz.)*: rechteckiges Biskuitgebäck, in Förmchen gebacken; gelegentlich in *Fondant* (s.d.) getaucht.

**Financière, à la** *(franz.)*: s. *Finanzmannsart*.

**Finanzmannsart:** *à la financière;* Garnitur für Fleisch, Geflügel und Kalbsmilch, hauptsächlich aus Champignonköpfen, Geflügelschaumbrötchen, Hahnenkämmen, Hahnennieren, Oliven und Trüffelscheiben.

**Finanzmannsauce:** s. *Sauce financière*.

**Fines** *(franz.)*: Bezeichnung für die drittgrößte Kapernsorte (s.a. *Kapern*).

**Fines de Claires** *(franz.)*: Austern, die nach Erreichen der Marktgröße noch ein bis zwei Monate in den *Claires* (s. d.) verbringen. z. B. die Portugiesische Felsenauster, die grüne Marennes und die Pazifische Felsenauster (*Ile de Ré* und *Centre Ouest/Frankreich*).

**Fines Herbes** *(franz.)*: französische Kräutermischung, zu der neben anderen Kräutern, wie Estragon, Kerbel usw., immer Petersilie gehört.

**Fines Herbes de Provence** *(franz.)*: s. *Provence-Kräuter*.

**Fingerfood:** moderner Begriff für kleine Appetithappen.

**Fingernudeln:** Kartoffelbrei vermischt mit Eiern und Mehl wird fingerdick in Fett gebraten, eine schwäbische Spezialität.

**Finkenwerder Maischolle:** bekannte Zubereitungsart aus *Norddeutschland*. Die mit Zitronensaft beträufelte Scholle wird in Mehl gewendet und mit Würfel von Räucherspeck goldbraun gebraten.

**Finn Crisp:** finnisches Knäckebrot, dunkel und sehr dünn.

**Finocchio** *(ital.)*: Fenchel.

**Finte:** *Elbe;* ein oft mit der Alse verwechselter heringsähnlicher Wanderfisch, auch *Maifisch* genannt, der in den europäischen Küstengewässern beheimatet und vom Aussterben bedroht ist. Sein Fleisch ist weniger geschätzt als das der Alse, wird zumeist geräuchert.

**Fjordlachs:** norwegischer Zuchtlachs von hoher Qualität.

**Fische:** Frische Fische erkennt man an den klaren Augen, den hellroten Kiemen, den fest sitzenden Schuppen und am frischen Geruch nach Meer oder Fluss. In der Küche sehr vielseitig zu verwenden; siehe die einzelnen Arten.

**Fische backen:** man unterscheidet drei Methoden, verglichen mit der jeweiligen Art des Panierens: die *englische Art,* die *französische Art* und das *Arbeiten mit Backteig*. Nach der englischen Methode wird der Fisch in Mehl gewendet, durch geschlagenes Ei gezogen und in frischer, weißer Brotkrume gewendet. Nach der französischen Art wird der Fisch durch leicht gesalzene Milch gezogen und sodann in Mehl gewendet. Bei der dritten Methode schließlich wird der Fisch durch Backteig gezogen. In allen drei Fällen erfolgt das *Backen in tiefem Fett* (s. d.) oder Öl.

**Fischfarce:** s. *Farce*.

**Fischfond:** *Essence de poisson (franz.)*, vgl. auch *fumet*; Grundlage für Fischsuppen. Ein Fond aus Abgängen von Seefischen u. a. Man unterscheidet zwei Arten, nämlich den auch als *fumet de poisson* gekannten Fischfond und die Fischessenz, die *essence de poisson*. Der *fumet de poisson* wird aus Fischabgängen, Gräten und Köpfen, Champignons, Lorbeer, Petersilienstängel, Pfefferkörnern, Thymian oder frischem Fenchel, manchmal wenig Zitrone, Zwiebelscheiben, Wasser und Weißwein hergestellt. Die Fischessenz ist ein konzentrierter *fumet de poisson*, indem man Letzteren mit Weißwein im Verhältnis von drei Teilen zu einem Teil mischt und erneut mit Fischgräten und -köpfen, angeschwitzten Champignonschalen, Petersilienstielen und Schalotten sowie wenig Zitronensaft ca. 20 Min. lang kochen lässt (nicht länger) und passiert.

**Fischfumet:** s. *Fischfond.*

**Fisch, geschmort:** s. *Geschmorter Fisch.*

**Fischgrundsauce:** s. *Fischvelouté.*

**Fischmagen:** s. *Yudu (chin.).*

**Fischmarinade:** Fische oder Fischstücke, die in Mischungen aus Essig, Öl, Salz, Würzzutaten kalt eingelegt werden; s. a. *Marinieren.*

**Fischmilch:** Fischsperma.

**Fischrogen:** Fischeier (Rogener: laichreifer, weiblicher Fisch).

**Fischsud:** *court-bouillon (franz.)*; Sud zum Kochen oder Pochieren von Fischen. Die Feinschmeckerküche kennt zahlreiche Fischsude. Im neuesten Kochkunstführer von Escoffier z. B. sind 6 verschiedene Sude beschrieben. Grundsätzlich besteht der Sud für Süßwasserfische aus Fischköpfen und -gräten, Wasser, trockenem Weißwein oder trockenem Sekt, Kerbel, Möhren, Lorbeer, Petersilie, Pfefferkörnern, Salz, Thymian und Zwiebeln. Für Seefische werden grundsätzlich nur Wasser und Salz und nur ausnahmsweise für ganz weißes Fleisch etwas Zitronensaft verwendet. Kleine Fische kommen in den siedenden Sud, große werden kalt aufgesetzt.

**Fischvelouté:** Fischgrundsauce, weiße Fischgrundsauce; Grundlage für Fischsaucen. Eine weiße Mehlschwitze wird mit Fischfond verrührt und mit Pfeffer und Salz gewürzt.

**Fish muddle** *(engl.)*: ein amerikanischer Eintopf aus Fischen, Gemüsen, Kartoffeln und Muscheln *(Arkansas, North Carolina).*

**Fisk** *(norw.)*: Fisch.

**Fiskeboller** *(dän.)*: Fischklöße, meist in Kapernsauce angerichtet.

**Fisolen** *(österr.)*: grüne Bohnen.

**Flaches Rippenstück:** s. *Entrecôte.*

**Flaches Roastbeef:** s. *Entrecôte.*

**Flachrippe:** s. *Querrippe des Rindes.*

**Fladenbrot:** ohne Treibmittel hergestelltes flaches Gebäck oder ungesäuertes Brot aus Gersten-, Mais- oder Hafermehl, das vor allem im südlichen Mittelmerraum aber auch in verschiedenen Bergregionen gebacken wird.

**Flädle** *(südd.)*: s. *Célestines.*

**Flädlessuppe:** s. *Consommé Célestine.*

**Flämmen:** Oberfläche eines Gerichts bräunen.

**Flageolets** *(franz.)*: grüne Bohnenkerne, sehr fein im Geschmack, wenn sie frisch geerntet sind; auch getrocknet und in Dosen erhältlich.

**Flambieren:** abflämmen, mit Alkohol übergießen und entzünden. Für kurz gebratenes Fleisch eignen sich Calvados, Cognac und Whisky, für Früchte und Pfannkuchen Calvados, Cognac, Rum und Liköre über 40%. Nicht ganz korrekt wird der Begriff flambieren oft auch für *Absengen* (s.d.) verwendet.

**Flamiche:** auch *Flamique;* eine franz. Teigpastete, gefüllt mit einer Mischung, die hauptsächlich aus Lauch und gewürzten Eiern besteht (aus der *Picardie*).

**Flammeri:** kalte, puddingartige Süßspeise aus in Milch oder Wein gekochtem Grieß, Reis u.a. Mit Fruchtsauce, *Sabayon* (s.d.) oder dgl. serviert.

**Flammkuchen:** *Flammekueche;* eine *elsässische* Spezialität, früher im Bäckerofen gebacken. Eine Art Pizza aus dünn ausgerolltem Hefeteig, belegt mit Mischungen aus Sahne oder Quark sowie Speck und Zwiebeln, gewürzt mit Muskat, Pfeffer und Salz (klassische Art). Es gibt zahlreiche Abwandlungen, auch mit süßem Belag.

**Flan** *(franz., span.)*: in Frankreich Bezeichnung für eine leichte Creme oder flache Kuchen (süß oder pikant), in Spanien und Lateinamerika für eine bestimmte Art von Creme und süße Aufläufe. Bekannt ist der *flan de caramel:* Das klassische Rezept schreibt Eigelb, Milch und karamellisierten Zucker vor. Die Mischung wird im Wasserbad zum Stocken gebracht, gestürzt und mit Karamellsauce übergossen. In *Kolumbien* ist der *flan de bananas* beliebt, ein Auflauf aus Bananen, Butter, Sahne, Sahnequark, Zimt und Zucker und der *flan de piña*: Ein altes Kolonialrezept, zubereitet mit Ananassaft (piña = Ananas), der sirupartig eingekocht wird. In der internationalen Küche bedeutet *flan* auch ein Gemüsepüree, das mit Eiern und geschlagener Sahne gebunden wird.

**Flan de caramel:** s. *Flan*.

**Flaschenkürbis:** s. *Kalebasse*.

**Flavor** *(engl.)*: Aroma, Wohlgeschmack, Gewürzextrakt.

**Fleck:** *Kaldaunen, Krumen, Kutteln, Kuttelfleck, Löser, Pansen, tripes (franz.), trippa (ital.)*; regional verschiedene Bezeichnung für den so genannten Vormagen vom Kalb, Lamm und Rind; gilt besonders in Süddeutschland, Frankreich und Italien als eine Delikatesse, s.a. *Königsberger Fleck*.

**Fleckerln** *(österr.)*: kleine Quadrate aus Nudelteig, die als Suppeneinlage oder in Hauptgerichten verwendet werden (z.B. Kraut- und Schinkenfleckerl).

**Fleckerlsuppe** *(österr.)*: Rindfleischsuppe mit Teigwareneinlage, d.h. daumennagelgroße viereckige Teigflecken.

**Fleeschknepp:** Klöße aus Kalb-, Rind- und Schweinefleisch, Eiern und geriebenem Weißbrot, gewürzt mit Majoran, Thymian, Salz, Pfeffer und Muskat *(Rheinland-Pfalz)*.

**Fleisch:** s. *Schlachtfleisch*.

**Fleischbrühe:** s. *consommé*.

**Fleischextrakt:** zur Paste eingedickte Fleischglace, das Wasser entzogen.

**Fleischglace:** s. *Glace de viande*.

**Fleischkäse:** in Laibform gegartes Fleischbrät, unrichtigerweise auch *Leberkäs* genannt.

**Fleischküchlein:** s. *Bulette*.

**Fleischlaiberl:** Fleischlaberl; s. *Bulette*.

**Fleischpflanzerl:** s. *Bulette*.

**Fleischsaft:** die beim Braten oder Dünsten von Fleisch austretende Flüssigkeit.

**Fleischsalat:** meist industriell hergestellter Salat aus verschiedenem Fleisch, Fleischkäse oder Wurst mit Mayonnaise, Gurken, manchmal Äpfeln und diversen Gewürzen.

**Fleischvögel** *(schweiz.)*: Rouladen.

**Flétan** *(franz.)*: Heilbutt.

**Fleur de sel** *(franz.)*: beste Meersalzqualität, handgeschöpfte Salzkruste.

**Fleurons** *(franz.)*: Blätterteighalbmonde.

**Fleury:** Garnitur für Fleisch in tomatisierter *demi-glace* (s.d.), mit nestförmigen Kartoffelkroketten, die mit Kalbsnierenwürfeln gefüllt sind.

**Fliederbeeren** *(nordd.)*: Holunderbeeren.

**Fliederbeersuppe:** süße Holunderbeerensuppe, mit Grieß-, Schwemm- oder Schneeklößchen; heißt auch *Knicksuppe (Schleswig-Holstein)*.

**Flomen:** um das Schweinefilet gelagertes Fett, aus dem Grieben gewonnen werden.

**Flönz:** s. *Blootwoosch (Rheinland)*.

**Florentiner**: scheibenförmiges Gebäck aus einer Masse von Mandeln oder Haselnüssen, Honig und Zucker. Die Rückseite ist mit Schokolade überzogen.

**Florentiner Art:** Garnitur für Fisch und Fleisch. Fisch wird auf Blattspinat angerichtet und von *Sauce Mornay* (s.d.) begleitet, Fleisch dagegen wird in tomatisierter *demi-glace* (s.d.) angerichtet und mit Grieß-Kroketten, Parmesan und Spinat garniert.

**Flouden:** mit Orangenblütenwasser aromatisierter Hefeteig; wird mit einer Mischung aus aprikotisierten Apfelstückchen, Mandeln, Rosinen oder gehackten Datteln gefüllt *(Israel)*.

**Flowery orange pekoe:** Blattgradbezeichnung bei Tee, auch *Golden Flowery Orange Pekoe (GFOP)* und *Tippy Golden Flowery Orange Pekoe (TGFOP)*; ist ein dünnes, gedrehtes Blatt, aus den oberen, feinsten, noch behaarten jungen Trieben des Teestrauchs (Sortierungsgrad).

**Flügelbohne:** *Goabohne (Asien);* die jungen unreifen Hülsen und die jungen Blätter und Triebe werden als Gemüse verwendet und sogar roh gegessen, selbst die Samen und Wurzeln werden verspeist *(Karibik, Ost-* und *West-afrika* und *Ostasien).*

**Flügelbutt:** *Glasbutt;* Meeres-Plattfisch mit festen, schmackhaften Fleisch (*Mittelmeer, Nordsee* und *Nordostatlantik*).

**Flugente:** Haustierform der Wildente (s. *Ente*) bzw. der wilden Moschusente.

**Flunder:** *Ostseescholle;* bis zu 50 cm lang, gelblich bis braun, mit Flecken; die Kreuzung mit Schollen wird als *Blendling* bezeichnet. Die Flunder wird auch geräuchert angeboten.

**Flush** *(engl.)*: junger Trieb eines Teestrauches mit Blätterknospe und zwei Blättern, der bei der Ernte gepflückt wird. *First flush,* erste Ernte nach dem Frühjahrsmonsunregen, ist von sehr feinem, zartem Aroma, *Second flush,* nordindische Ernte, zwischen Ende Mai und Juli, ist kräftiger im Aroma als *First flush;* gehören zu den teuersten Tees.

**Flussbarbe:** s. *Barbe.*

**Flussbarsch:** s. *Barsch.*

**Flusskrebs:** Süßwasserkrebs, zur Familie der Krustentiere gehörend. Auf deutschen Märkten werden vor allem der *Sumpfkrebs* (aus der Türkei) und der amerikanische Flusskrebs (*Signalkrebs*) angeboten, der galizische Krebs, der so genannte *Edelkrebs,* spielt kaum eine Rolle. Genossen wird vor allem das Muskelfleisch des Hinterteils und der beiden Scheren.

**Flûte** *(franz.)*: dünnes, überlanges Stangenbrot, das nur gebrochen serviert werden darf, wird in Deutschland auch belegt und überbacken.

**Flutten:** s. *Pflutten.*

**Focaccia** *(ital.)*: mit Hefe gelockertes Fladenbrot, oft belegt mit Artischocken, Käse, Oliven, Zwiebeln u. a., aber auch süß, z. B. mit Weintrauben (*Italien*).

**Fogas** *(ung.)*: s. *Fogosch.*

**Fogas fehérbor mártásban** *(ung.)*: Fogosch in Weißweinsauce.

**Fogasszelet Gundel módra** *(ung.)*: Fogasfilet à la Gundel. Gundel ist der Name der berühmtesten ungarischen Gastwirtsfamilie. Die gebratenen Filets werden auf gedünstetem Spinat angerichtet, mit Béchamelsauce nappiert, gratiniert, mit *Pommes duchesse* (s. d.) garniert und mit geriebenem Käse bestreut und gratiniert.

**Fogasszelet molnárné módra** *(ung.)*: Fogosch nach Müllerinart.

**Fogosch** *(ung.)*: *Fogas;* Fisch aus der Donau und dem Plattensee mit weißem, wohlschmeckendem Fleisch, eine Zanderart; wird wie dieser zubereitet.

**Foie** *(franz.)*: Leber.

**Foie de canard** *(franz.)*: Entenleber.

**Foie d'oie** *(franz.)*: Gänseleber.

**Foie gras** *(franz.)*: Entenleber, Fettleber, Gänseleber, Stopfleber; die Leber gestopfter Gänse oder Enten, besonders aus dem *Périgord* und der *Gascogne*, aber auch aus dem *Elsass* und der *Bretagne;* auch Bezeichnung für die fertige Spezialität, die berühmte Straßburger *Gänseleberpastete* (s. d.). Gänseleber war schon im Altertum eine begehrte Delikatesse.

**Foie gras de canard** *(franz.)*: Entenfettleber, wird frisch oder als Terrine genossen.

**Fokelschnitten:** eine Spezialität der *schweizerischen* Küche. In Milch getauchte, durch Eier gezogene und in heißem Fett gebackene Brotscheiben bestreut mit Zimtzucker (s. a. *Armer Ritter*).

**Foncieren:** eine Form, Kasserolle etc. mit Teig, Speckscheiben und dgl. auslegen.

**Fond:** allgemein jede Flüssigkeit, die beim Braten, Dünsten oder Kochen von Fisch, Fleisch, Geflügel, Gemüse usw. entsteht. Besonders für Saucen wichtig sind der *braune Fond,* der *braune Kalbsfond* und der *helle* oder *weiße Kalbsfond,* kurz auch *weißer Fond* genannt. Zur Herstellung der verschiedenen Fonds gibt es unterschiedliche Methoden. Brauner Fond wird in der Regel bereitet, indem man Rinds- und Kalbsknochen, Speck- und Schinkenabfälle braun anbrät, Zwiebeln und Wurzelwerk beifügt und weiter brät, bis die Zwiebeln goldgelb geröstet sind. Dann wird Tomatenpüree hinzugegeben, kurze Zeit weiter geröstet und sodann mit Wasser aufgefüllt. Das Ganze muss mindestens 5 Std. lang kochen. Zum Schluss wird das Fett abgeschöpft und der Fond passiert. Für braunen Kalbsfond werden klein gehackte Kalbsknochen und *-Parüren* (s. d.) mit *Mirepoix* (s. d.) in Fett gebräunt, mit Brühe aufgefüllt und zusammen mit einem Kräuterbündel mehrere Stunden lang gekocht. Im Übrigen wird wie beim braunen Fond verfahren. Für weißen Fond schließlich werden nur Kalbsknochen verwendet.
In der Patisserie bedeutet Fond z. B. auch die Basis für einen Kuchen oder nur Teig, auch Pastetenteig usw.

**Fondant** *(franz.)*: jede Art von Patisserie, die man als *fondante,* d.h. auf der Zunge zergehend, beschreiben kann. Aber auch Zuckerglasur, bei uns im Handel auch in Pulverform erhältlich. Der Zucker wird zum kleinen Ballen gekocht (s. *Zuckergehalt*) und mit einem Holzspatel so lange bearbeitet und geknetet, bis er weiß und fest ist. Sodann wird das gewünschte Aroma hinzugegeben. Beim Glacieren ist darauf zu achten, dass der Fondant nicht zu warm ist, was die Glasur glanzlos macht.

**Fondants:** s. *Schmelzkrusteln*.

**Fond blanc** *(franz.)*: weißer Fond (s. *Fond*).

**Fond blanc de volaille** *(franz.)*: dieser Fond wird wie Kalbsfond, jedoch mit Suppenhühnern zubereitet oder aber mit einfachem Kalbsfond und reichlich Geflügel-Abgängen.

**Fond brun** *(franz.)*: brauner Fond (s. *Fond*).

**Fond d'artichauts** *(franz.)*: Artischockenböden.

**Fond de poisson** *(franz.)*: s. *Fischfond*.

**Fond de tarte** *(franz.)*: Kuchenboden

**Fond lié** *(franz.)*: gebundene braune Grundsauce aus *fond brun de veau* und Pfeilwurzelmehl oder einem anderen Bindemittel, verkocht mit Champignons und Petersilie und zum Schluss passiert.

**Fondue** *(franz.)*: Erforderlich sind ein *Réchaud*, ein *Caquelon* und spezielle Fonduegabeln. Man unterscheidet:
*1. Fondue chinoise:* Fleischfondue (und auch gemischt mit Huhn, Fisch, Gemüsen und Garnelen); bei dem dünn geschnittene Fleischscheiben (am besten Filet) mit der Fonduegabel in konzentrierter Fleischbrühe gegart werden. Dazu Würzsaucen usw. (Urspung ist der *Chinesische Feuertopf*).
*2. Fondue Bourguignonne:* Fleischfondue; in fast siedendem Öl werden aufgespießte Fleischstücke (am besten Filet) gebraten, dazu verschiedene Würzsaucen, Perlzwiebeln usw.
*3. Fondue Neuchâteloise:* Käsefondue; in einem *Caquelon* auf dem *Réchaud* mit Gewürzen und Weißwein geschmolzener *Emmentaler* und *Greyerzer* Käse, aromatisiert mit Kirschwasser, evtl. Knoblauch, gewürzt mit Muskat und Pfeffer aus der Mühle. Zum Eindicken kann Speisestärke verwendet werden. Die cremige und heiße Mischung wird mit aufgespießten Brotstücken ausgetunkt, wobei Schwarzbrot bevorzugt wird.
*4. Süße Fondues:* Früchte werden in geschmolzene Schokolade (weiß oder dunkel) oder in heiße süße Saucen getunkt.

**Fondue Bourguignonne:** s. *Fondue*.

**Fondue chinoise:** s. *Fondue*.

**Fondue de tomate** *(franz.)*: geschmolzene Tomaten. Dafür werden Zwiebeln in Butter geschwitzt und zusammen mit dem Tomatenfleisch so lange gedünstet, bis die Tomaten schmelzend weich sind.

**Fondue-Varianten:** *Freiburger Fondue*, bestehend aus halb *Vacherin* und halb *Greyerzer*, mit Weißwein; *Waadtländer Fondue*, bestehend aus verschiedenen *Greyerzer*- und wenig *Jurakäse* und angeschwitztem Knoblauch; *Fondue Savoyarde*, bestehend aus altem und jungem *Beaufort*, weitere Zutaten wie *Neuchâteloise*.

**Fonduta:** ein Käsefondue, das aus *Fontina*, ersatzweise aus *Emmentaler* oder *Gruyère*, Eigelben, Milch, gelegentlich Weißwein und weißem Pfeffer bereitet wird. Die Käsecreme wird mit hauchdünnen Scheiben von weißen Trüffeln angerichtet, s. a. *Fontina* (*Piemont, Italien*).

**Fontainebleau:** *franz.* Frischkäse aus Kuhmilch, ungesalzen, wird in einem *Musselintuch* verkauft; eignet sich gut als Dessert mit Früchten.

**Fontina:** *ital.* Schnittkäse aus dem *Aosta-Tal,* aus roher Kuhmilch hergestellt, mit süßlich-würzigem Geschmack.

**Foo-foo:** auch *foufou* oder *fufu;* Kochbananen-Bällchen *(Karibik).*

**Forelle:** *Bachforelle, trucha (span.), trotta (ital.), truite (franz.);* bei uns einer der bekanntesten und oft verwechselten Fische. Die Forelle gehört zur Familie der Lachse. Man unterscheidet *Bachforelle, Lachsforelle* oder *Meerforelle, Regenbogenforelle* und *Seeforelle.* Die Bachforelle wird *BLAU GEKOCHT* (s.d.), gebraten oder geräuchert. Eine Variation ist die Regenbogenforelle, bei der seitlich ein Streifen in Farben eines Regenbogens schimmert. Die Meerforelle ist unter ihrem Stichwort *LACHSFORELLE* beschrieben und wird oft mit der Seeforelle verwechselt. Letztere ist ein Süßwasserfisch und kommt in den tiefen Seen der Alpen, des Voralpengebiets, Schottlands und Skandinaviens vor, bei uns u.a. im Boden-, Chiem- und Walchensee.

**Forelle mit Mandeln:** *Truite aux amandes (franz.);* Forelle durch Milch und Mehl ziehen, in Butter goldbraun braten, pfeffern und salzen. Mandelstifte separat in Butter leicht bräunen. Geschmolzene Butter über die Forelle gießen und mit Mandeln bestreuen. Mit Zitronenscheibe und Petersilie servieren.

**Forelle blau:** frisch geschlachtete Forellen siedend gegart in einem Fischsud, der mit Essig gewürzt wird und mit Weißwein oder Sekt verfeinert werden kann. Die Fische bleiben so lange im Sud, bis sie sich hellblau verfärben; dazu in der Regel Dampfkartoffeln und cremige oder flüssige Butter.

**Forelle Müllerin:** s. *TRUITE À LA MEUNIÈRE.*

**Forellenschaumbrot:** s. *MOUSSE DE TRUITES.*

**Forellenstör:** s. *LOTTE DE MER.*

**Forestière, à la** *(franz.)*: s. *FÖRSTERART.*

**Formaggio** *(ital.)*: Käse.

**Formfleisch:** industriell in bestimmte Formen gepresstes Fleisch oder Fleischreste vom Schwein, Geflügel, Fisch u.a., meist paniert.

**Forno, al** *(ital.)*: s. *AL FORNO.*

**Forschmack:** s. *VORSCHMAK.*

**Försterart:** *à la forestière (franz.);* Fleischgarnitur mit Morcheln, *PARMENTIER*(s.d.)-Kartoffeln und Räucherspeck.

**Förtchen, Friesische Art:** in einer speziellen Form ausgebackene mit Korinthen vermischte Pfannkuchen, in Zimt-Zucker gewendet (*Schleswig-Holstein*); auch Hefeteigkugeln in einer Spezialpfanne mit Vertiefungen ausgebacken (*Friesland*).

**Fougasse:** auch *Gibassié* und *Pompe de Noël (franz.); provenzalisches* Hefegebäck, ursprünglich ein Brot, das in der Asche gebacken wurde; heute wird hauptsächlich ein ovales Brot mit strahlenförmigen Einschnitten so bezeichnet; traditionell zu Weinachten mit Orangenblütenwasser und Olivenöl zubereitet.

**Four, au** *(franz.)*: überbacken.

**Fourme d'Ambert:** franz. Blauschimmelkäse aus Kuhmilch, in Trommelform, eine sehr alte Käsesorte (*Auvergne*).

**Fourré** *(franz.)*: gefüllt.

**Fowl** *(engl.)*: Geflügel.

**Fraas:** ein *hessischer* Weißkrautauflauf, der unter anderem mit Weißkraut, Brötchen, Hackfleisch, Speck und Zwiebel zubereitet und dann noch mit Milch gebunden wird.

**Fraise** *(franz.)*: Erdbeere; Gekröse (*Fraise de veau, franz.* für Kalbsgekröse).

**Fraises Romanoff:** eine delikate Süßspeise mit Erdbeeren, in Grand Marnier, Cointreau oder Curaçao mariniert und mit *Crème Chantilly* (s.d.) und kandierten Veilchen garniert.

**Framboise** *(franz.)*: Himbeere.

**Frambuesa** *(span.)*: Himbeere.

**Française, à la** *(franz.)*: eine Fleischgarnitur, die aus mit Gemüsen gefüllten Tarteletts, Blumenkohlröschen, Kopfsalat und Spargelspitzen oder Blattspinat und Annakartoffeln (s. *Pommes de Terre Anna*) besteht. Die Spargelspitzen und Blumenkohlröschen werden mit *Sauce Hollandaise* (s.d.) nappiert.

**Frangipane** *(franz.)*: Bezeichnung für verschiedene Produkte, namentlich für Mandelbackwerk, aber auch für eine Füllcreme aus Eiern, Mandeln, Milch, Vanille und Zucker.

**Frango** *(port.)*: Hähnchen.

**Frankfurter Grüne Sauce:** *Grie Sooß;* vielseitig verwendbare Sauce aus hart gekochtem Eigelb, vermischt mit Essig, Öl und einem Püree aus Borretsch, Estragon, Kerbel, Dill, Pimpinelle, Petersilie, Sauerampfer und Liebstöckel *(Hessen)*.

**Frankfurter Kranz:** Teig aus Butter, Eiern, Mehl, Zitronenschale und Zucker sowie Backpulver wird in einer hohen Ringform gebacken. Nach dem Abkühlen wird der Teig in drei Schichten geschnitten, zwischen die einzelnen Schichten eine steife Creme aus Butter, Eigelb, Rum, Wasser und Zucker gegeben und das Ganze mit einer Schicht aus Buttercreme, gerösteten Mandeln und Zucker oder Krokant überzogen.

**Frankfurter Würstchen:** Brühwürstchen aus Schweinefleisch, heiß geräuchert.

**Franzosensuppe:** Rindfleischsuppe mit viel Gemüse; mit Lorbeer, Nelken, Petersilie usw. gewürzt *(Hessen, Rheinland-Pfalz)*.

**Französische Art:** s. *Française, à la*.

**Frappé** *(franz.)*: eine Speise bzw. ein Getränk, das stets eisgekühlt, jedoch nicht gefroren serviert wird.

**Frappieren:** schnell stark abkühlen.

**Frappiert:** s. *Frappé*.

**Frauenschenkel:** s. *Kadin budu köfte*.

**French beans** *(engl.)*: *Prinzessbohnen* (s. d.).

**French dressing** *(engl.)*: s. *Dressing*.

**French fries** *(engl.)*: Pommes frites.

**Fresa** *(span.)*: Erdbeere.

**Fresco** *(ital.)*: frisch, ungekocht.

**Fressure** *(franz.)*: Ragout aus Herz, Leber, Lunge und Milz von Schlachttieren, im gesamten Mittelmeerraum verbreitet.

**Friandises** *(franz.)*: Leckereien.

**Friands** *(franz.)*: kleine Blätterteigpastetchen, gefüllt mit gehacktem Fleisch, Würstchen u. a.; warm als Vorspeise; aber auch kleiner Mandelkuchen mit Löffelbiskuits umkränzt.

**Friands de foie gras** *(franz.)*: Leckerbissen, die immer mit *Foie gras* (s. d.) bereitet und in Blätterteigpastetchen angerichtet werden.

**Fricandeau** *(franz.)*: Fleisch von der Kalbskeule, insbesondere von der Ober- und Unterschale und der Nuss. Das Stück wird immer gespickt und geschmort. Das Fricandeau wird wahlweise aus 3 Teilen der Keule geschnitten, nämlich aus der Oberschale, der Unterschale oder der Nuss (s. a. *Schlachtfleisch*). Als Fricandeau werden manchmal auch Nussstücke vom Schwein oder Wild bezeichnet. Auf der internationalen Speisekarte findet man den Begriff sogar für Fischfiletstücke. Die Bezeichnung Fricandeau steht aber auch für die Zubereitungsart. Das Kalbsfricandeau z. B. wird in der Regel auf klassische Art geschmort, mit Karotten, Zwiebeln, *Bouquet garni* (s. d.) und Kalbsfond. Dann lässt man es im geschlossenen Gefäß in kräftiger, mit Weißwein vermischter Kalbsbrühe simmern, später wird der Deckel abgenommen und bei starker Hitze unter ständigem Begießen weitergeschmort, bis der Braten einen goldbraunen Glanz hat.

**Frico** *(ital.)*: ein Bauernessen, eine Art Resteverwertung. Original werden *Montasio* oder *Asiago* (Käsesorten) mit etwas Butter in einem Fonduetopf bei kleiner Flamme flüssig gerührt. Nach einiger Zeit bildet sich eine Art Omelett, das man umdreht, damit es auch auf der anderen Seite knusprig wird. In den Frico wurden früher Würfel von Kartoffeln, Zwiebeln oder Rüben gegeben. Man kann gebratene Polenta dazu essen (*Friaul/ Italien*).

**Fried** *(engl.)*: gebacken.

**Friesische Bohnensuppe:** Getränk aus Rum, Arrak oder Weinbrand, mit Kandiszucker und Rosinen zubereitet.

**Frijol** *(span.)*: Bohne.

**Frijoles negros** *(span.)*: schwarze Bohnen

**Frijoles de la olla** *(span.)*: Bohnen aus dem Tontopf. Bohnen werden mit Zwiebel und evtl. etwas Schmalz in Wasser gar gekocht. Dazu kommen gehackte Chilischoten *(Chiles serranos)*, *epazote* (Teekraut, ersatzweise Zitronenmelisse), Knoblauch, Räucherspeck und Zwiebeln. Das Ganze wird sämig gekocht (*Mexiko*).

**Frijoles rancheros** *(span.)*: schwarze Bohnen nach Viehzüchterart. Die Bohnen werden zusammen mit Zwiebeln in Wasser gegart; sobald sie aufspringen, werden Öl oder Schweineschmalz, kurz bevor sie gar sind, Maiskörner und fein gehackte Zwiebeln hinzugefügt. Gewürzt wird mit Chili, Minze und Salz *(Mexiko)*.

**Frijoles refritos** *(span.)*: Bohnenpüree; hauptsächlich schwarze Bohnen werden gekocht, zerstampft und vorzugsweise in Schmalz gebraten, bis alle Feuchtigkeit verdampft ist. Dienen in *Mexiko* häufig als Beilage oder als Dip.

**Frikadelle:** s. *Bulette*.

**Frikadellen im Schweinenetz:** die Füllung besteht aus Kalbfleisch, Schweineleber, Kräutern und Zwiebeln *(Schweiz* und *Nordfrankreich)*.

**Frikandelle:** s. *Bulette*.

**Frikadeller:** s. *Bulette*.

**Frikassee:** Ragout von weißem Fleisch (Huhn, Kalb oder Lamm) in weißer Sauce.

**Frischkäse:** Käse, die in ungereiftem oder nur in leicht angereiftem Zustand (1–2 Wochen) verzehrt werden.

**Frischling:** *marcassin (franz.)*; junges Wildschwein im ersten Lebensjahr, 25–35 kg schwer; s. a. *Wildschwein*.

**Frischwurst:** landläufige Bezeichnung für Brüh- und Kochwurst.

**Frisedda** *(ital.)*: Mahlzeit aus Brot, Olivenöl, Salz und Tomaten.

**Frisée-Salat:** eine franz. Salatzüchtung, eine Endivie mit geschlitzten Blättern; verwendet wird das große, helle Herz.

**Fritatten** *(österr.)*: s. *Célestines*.

**Fritattensuppe:** s. *Consommé Célestine*.

**Fritots** *(franz.)*: s. *Fritters*.

**Frittata** *(ital.)*: Rührei oder Omelette.

**Fritters** *(engl.)*: eine Art Beignets oder Krapfen, d. h. Stückchen aus Fisch, Fleisch, Früchten, Geflügel, Gemüse u. a., in Backteig knusprig ausgebacken.

**Frittieren:** in Fett schwimmend ausbacken. Ideal ist Erdnussöl, da geschmacksneutral; niemals verschiedene Öle mischen! Spezielle Frittierfette sind die so genannten gehärteten Fette, da sie hohen Temperaturen widerstehen.

**Fritto** *(ital.)*: gebacken, frittiert.

**Fritto misto** *(ital.)*: in einen flüssigen Teig aus Butter, Eiern, Mehl, Milch und Salz werden Stücke von Fischen, Hühnerbrüsten, Kalbsbries und Gemüsen, wie Auberginen, Artischockenherzen, Blumenkohl, Zucchini usw. getaucht und in Öl gebacken.

**Frittura mista** *(ital.)*: ein Gericht aus kleinen Stückchen von allen möglichen Fleischsorten, Gemüsen, Käsesorten, aber auch Fischen, Krustentieren usw., mit Salbei, Rosmarin u. a. gewürzt und in unterschiedlichem Teig in Öl ausgebacken. Von diesem Gericht gibt es unzählige regionale Variationen.

**Friture** *(franz.)*: Back- oder Bratfett, Fettbad zum Frittieren; Schweiz auch: in heißem Fett schwimmend Gebackenes.

**Frivolitäten**: *Frivolités;* sehr kleine Vorgerichte wie Fondants, gefüllte Tartelettes, Schiffchen usw.

**Frivolités** *(franz.)*: s. *Frivolitäten*.

**Fromage** *(franz.)*: Käse.

**Fromage Blanc** *(franz.)*: Quark.

**Fromage de tête** *(franz.)*: entbeinte Kalbskopfwürfel werden mit Aromaten und *Fines herbes* (s. d.) unter Zugabe von Aspik in eine Form gegossen und zum Erstarren gebracht; als kalte Vorspeise oder zu Salat servieren.

**Fromage du charriot** *(franz.)*: Käseauswahl von einem Wagen am Tisch serviert.

**Froschschenkel provençale:** beliebtes Rezept für Froschschenkel. Die Keulen werden in Olivenöl, Wein, Knoblauch und Pfeffer mariniert, gebraten und in einer Sauce aus Tomaten und gerösteten Zwiebeln, gewürzt mit Petersilie, Knoblauch, Pfeffer, Salz und Zucker angerichtet.

**Frou-Frou:** eine Salatgarnitur, bei der Bleichsellerie, Chicorée, hart gekochtes Eiweiß und Rote Rüben mit einer Essig-Öl-Marinade angemacht und mit Trüffelstreifen und Kerbel bestreut werden.
*Sautiertes Huhn Frou-Frou* nennt man ein Gericht, bei dem man die Hühnerteile sautiert, mit Madeira ablöscht, mit *Demi glace* (s. d.) verkocht und mit Artischockenböden, Oliven-Kartoffeln, Spinatkroketten und Trüffelscheiben garniert.

**Frühjahrslorchel:** s. *Lorchel*.

**Frühlingsart:** *à la printanière (franz.);* Garnitur für Fleisch oder Geflügel, mit verschiedenen, tournierten Gemüsen, wie olivenförmigen Karotten, grünen Erbsen, Spargelspitzen etc.

**Frühlingsrollen:** *guen yüen,* auch *Chun juan (chin.), loempia, lumpia (indon., philipp.)*; ostasiatisches, besonders in China beliebtes Gericht; Teighüllen mit verschiedenen Füllungen, hauptsächlich solchen aus Sojabohnensprossen, gehacktem Fleisch, Kohl, Pilzen u. a. Der Teig besteht aus Mehl, Eiern, Salz und Wasser. Die Rollen werden schwimmend in Öl ausgebacken.

**Frühlingszwiebeln:** flachrunde Zwiebeln, von denen auch das grüne Laub verwendet wird. Das ganze Jahr über verfügbar; werden vor ihrer Reifung zur vollen Knolle geerntet. Als Frühlingszwiebeln werden aber auch oft die *Lauchzwiebeln* bezeichnet.

**Frühstücksfleisch:** ein aus Nordamerika eingeführtes, brühwurstartiges Konservenfleisch, das hauptsächlich aus Rindfleisch, Schweinefleisch und Speck hergestellt wird. Auf Englisch heißt Frühstücksfleisch *luncheon meat.*

**Frühstücksspeck:** *Karbonadenspeck;* ein Schweineschinken vom mageren Rücken des Tieres.

**Fruit** *(engl., franz.)*: Frucht.

**Fruits de mer** *(franz.)*: Meeresfrüchte.

**Fruta** *(span.)*: Frucht.

**Fruta bomba:** lateinamerik., insbesondere auf *Kuba* gebräuchliche Bezeichnung für Papaya.

**Frutti** *(ital.)*: Früchte.

**Frutti di Mare** *(ital.)*: Meeresfrüchte. *Frutti di Mare* werden auch ganze Gerichte mit Meeresfrüchten, wie Fische, Muscheln, Scampi, Tintenfische usw., genannt. Meist werden die Zutaten in Öl und Zitronensaft mariniert, dann paniert oder durch Ei gezogen und in Öl gebacken.

**Fuchsbeeren:** s. *Bernitschken.*

**Fuchshai:** ein im westlichen Mittelmeer und an der nordamerikanischen Pazifikküste vorkommender Hai, dessen Fleisch etwas zäh ist.

**Füllpastete:** s. *Becherpastete.*

**Füllsel:** Farce, Füllung.

**Fünf-Gewürze-Pulver:** *chinesische* Gewürzmischung bestehend aus Szechuan-/ Sichuanpfeffer *(Fagara)*, Fenchelsamen, Nelken, *Kassia* (= chinesische Zimtrinde) und Sternanis.

**Fufu, foufou:** s. *Foo-Foo.*

**Fugu** *(jap.)*: äußerst delikates Fleisch vom Kugelfisch, wird zu *Sashimi* (s.d.) verarbeitet, also in hauchdünne Scheiben geschnitten und roh verzehrt. Zuvor hat ein speziell ausgebildeter Koch die hochgiftigen Eierstöcke und die ebenso giftige Leber zu entfernen, ohne sie zu verletzen.

**Ful** *(arab., ägypt.)*: kleine *Saubohne* (s.d.), hauptsächlich für Suppen und Eintöpfe.

**Ful medames:** auch *Foul medames;* ägypt. Name für die *Dicke Bohne, Saubohne,* aber auch für ein *ägyptisches* Nationalgericht, hauptsächlich aus solchen Bohnen und Eiern, gewürzt mit Knoblauch und Kreuzkümmel.

**Fumé** *(franz.)*: geräuchert.

**Fumet** *(franz.)*: eine stark reduzierte *Court-Bouillon* (s.d.), aber auch für Essenz (Auszug) von Geflügel, Wild, Champignons usw.

**Fumet de poisson** *(franz.)*: s. *Fischfond.*

**Functional Food** *(engl.)*: Lebensmittel, die um bestimmte Wirkstoffe zur Steigerung der Gesundheit angereicht werden.

**Funghi** *(ital.)*: Pilze.

**Funghi porcini** *(ital.)*: Steinpilze.

**Fun see** *(chin.)*: s. *FEN SEE.*

**Fürst-Pückler-Eis:** eine Dessertdelikatesse, die aus Speiseeis, Erdbeerpüree, Makronen, Maraschino und Schokolade besteht. Nach der ursprünglichen Methode wird das Dessert bereitet, indem man eine Eisform mit drei Lagen verschiedener Schlagsahne füllt. Dazu wird ein Teil Schlagsahne mit Makronen und Maraschino vermengt, ein Teil mit Erdbeerpüree und ein Teil mit geriebener Schokolade. Nach dem Gefrieren wird die Bombe gestürzt und mit Schlagsahne verziert.

**Fusilli:** *ital.* Teigware vom Aussehen eines Korkenziehers, Spindelnudeln; bei uns auch Birelli genannt.

**Gabelbissen:** Heringsfilet, in kleine Stücke geteilt und mit Kräutern gewürzt, oft süßsauer eingelegt.

**Gabelfrühstück** *(österr.)*: Vormittagsjause; s.a. *Dejeuner à la Fourchette*.

**Gadden:** s. *Merlan*.

**Gado-Gado:** *indon.* Salat; auch ein Gemüsegericht mit Abwandlungen, das hauptsächlich aus Bohnensprossen, verschiedenen anderen Gemüsen und hart gekochten Eiern in Erdnuss-Sauce besteht, gewürzt mit *Galgant* (s.d.). Dazu werden meist *kroepoek* (s.d.) und gebratene Zwiebeln gereicht.

**Gänseklein:** Flügel, Unterkeulen und Innereien von Gänsen.

**Gänsekraut:** s. *Beifuss*.

**Gänseleber im Briocheteig:** s. *Brioche de foie gras*.

**Gänseleberparfait:** die feinste Zubereitung von *foie gras* (s.d.), die Vollendung dieser Delikatesse schlechthin.

**Gänseleberpastete:** Straßburger Gänseleberpastete, *pâté de foie gras de Strasbourg, foie gras;* eine der besten Terrinenspezialitäten der Welt mit unzähligen Variationen und so genannten Hausrezepten, welche die Besitzer geheim halten und auf die sie stolz sind. Der französische Koch ist zutiefst beleidigt, wenn man seine Kreation *pâté de foie* oder Gänseleberpastete nennt, er bereitet und serviert nur *foie gras. Foie gras* bedeutet *Stopfleber.* Bei Entenleber wird der Zusatz *de canard* verlangt. Eine Stopfleber wiegt bis zu 800 g, die besten kommen aus Frankreich. Die echte *foie gras* besteht praktisch nur aus in Portwein marinierter Gänsestopfleber oder aus Lebern von nicht gestopften Gänsen. Die Lebern werden sorgfältig von Adern und Häuten befreit. Die Weiterbehandlung ist verschieden und umstritten. Jeder Koch beansprucht für sich das einzig wahre Rezept. Nach einer von vielen Methoden wird die Leber geknetet, gepfeffert und gesalzen. In diesem Stadium können nach Belieben weitere Gewürze untergearbeitet werden. Sodann wird die Leber in einer Marinade aus Portwein, Armagnac, Cognac, Pfeffer und Salz 24 Stunden lang mariniert und danach in eine Terrine gegeben, wobei in die Mitte des Blocks oft Trüffelstifte gelegt werden. Die Terrine wird verschlossen und ca. 40 Min. im *Bain-marie* (s. *Wasserbad*) mit 80 °C Wassertemperatur gegart. Vor Gebrauch muss die Delikatesse mindestens einen Tag lang ruhen. Die *Arme-Leute-Gänseleberpastete* enthält außer Gänsestopfleber Kalbsleber, Kalbsnuss, Schweineleber, fetten Speck. Gewürzt wird im Allgemeinen mit Cognac, Lorbeer, Madeira, Pfeffer, Salz und Thymian, wobei zu betonen ist, dass jeder selbst entscheiden muss, wie er würzt, besonders fertige Gewürzmischungen sind mit Vorsicht zu verwenden. In Frankreich gilt für die industrielle Herstellung von Gänseleberpasteten die Regel, dass eine Pastete *truffé* mindestens 5 % Trüffeln enthalten muss. Die *foie gras au naturel* wird aus ganzen Lebern, mit oder ohne

Trüffeln bereitet. Der so genannte *bloc* (auch *linguot, massif de foie* oder *tombeau* genannt) besteht aus mindestens 75% Leber, der Rest aus anderer Farce, mit oder ohne Trüffeln. Leberpüree (auch *crème* oder *mousse de foie gras* genannt) wird aus 75% Leberpüree 25% aus anderer Püree-Farce mit oder ohne Trüffeln bereitet, die gewöhnliche *pâté de foie d'oie* schließlich aus 50% Leber und der Rest aus anderer Farce.

**Gänseschwarzsauer:** eine pommersche Spezialität aus Gänseklein, zusammen mit Wurzelwerk und Backobst in Wasser gegart, mit Gänseblut und Lebkuchen gebunden und mit Essig, Gewürznelken, Lorbeer, Piment, Pfeffer und Salz gewürzt.

**Gänsestopfleber:** s. *Foie gras* und *Gänseleberpaste*

**Gänseweisssauer:** ein bekanntes Gericht aus *Mecklenburg* und *Pommern*, das hauptsächlich aus Gänseklein und zusätzlich Gänsekeulen besteht. Diese Zutaten werden zusammen mit Kräuterbündel, Wurzelwerk und anderen Gewürzen in Gansbrühe gegart. Danach wird die Brühe passiert, mit Essig und Zitronensaft gewürzt, über das ausgelöste Fleisch gegeben und gekühlt, bis es geliert; dazu Bratkartoffeln.

**Gärtnerinart:** *à la jardinière (franz.)*; Garnitur für mit holländischer Sauce nappiertes Fleisch, serviert mit Blumenkohlröschen, grünen Bohnenkernen, grünen Bohnen, grünen Erbsen, Möhren und weißen Rüben.

**Gaisburger Marsch:** deutscher Eintopf *schwäbischer* Herkunft. Nach dem Dichter Thaddäus Troll soll der Name daher rühren, dass die so genannten Einjährigen der Stuttgarter Bergkaserne die Küche der Bäckerschmiede in Gaisburg bevorzugten, deren Spezialität dieser Eintopf war. Dahin marschierten die Soldaten täglich, deshalb Gaisburger Marsch. Es gibt zahlreiche Abwandlungen dieses schmackhaften Eintopfs. Grundsätzlich besteht er aus einer guten Fleischbrühe, Kartoffeln, Rinderhaxe oder Brustkern, Spätzle, Lauch, Möhren, Petersilienwurzeln, Sellerieknolle und Zwiebeln, gewürzt mit Lorbeer, Petersilie, Pfeffer und Salz. Mit goldgelb gebratenen Zwiebelringen servieren.

**Galantine:** dieser Begriff ist französischen Ursprungs und bedeutet soviel wie *galante Pastete*. Ursprünglich wurden mit Farce gefülltem Teig die Tiere nachgebildet, die dann das Füllmaterial lieferten, wie Gänse, anderes Geflügel, Wildtiere usw. Dabei wurde das Füllmaterial entweder in der Teigkruste, einem Kunstwerk besonderer Art, angerichtet oder mit ausgebeintem Fleisch die Haut des Tieres gefüllt. Beispiele sind Galantinen von Enten, Fasanen, Poularden und viele mehr. Aber auch Teile von Tieren werden zu Galantinen verarbeitet, wie z.B. Kalbsbrust, Lammschulter oder Schweinsfuß *(Zampone s.d.)*. Heute wird der Begriff der Galantine nicht mehr so ernst genommen, was die korrekte Nachbildung der Tiere angeht. Die moderne Küche begnügt sich mit der so genannten

Rollpastete. Galantinen ohne Teigkruste werden in der entsprechenden Brühe pochiert und anschließend weiterbehandelt, z. B. geräuchert oder überbacken. Ein Beispiel: Fleischwürfel vom Kalb, Lamm oder Reh werden mit Fleischfarce und *Fines Herbes* (s. d.) vermischt und in einer passenden Form mit Kalbsfond gegart, gestürzt und mit *Chaud-froid-Sauce* (s. d.) überzogen.

**Galathée rouge:** ein besonders in Frankreich beliebter, an den französischen und spanischen Atlantikküsten vorkommender Tiefseekrebs von hervorragendem Geschmack.

**Galatópitta:** *griechischer* Nachtisch, eine Art Blätterteig, gefüllt mit Vanillepudding.

**Galette** *(franz.)*: Bezeichnung für verschiedenes Backwerk; z. B. Dreikönigskuchen, aber auch andere flache trockene Blechkuchen von unterschiedlicher Größe oder ein Fladen oder Pfannkuchen aus Buchweizen: eine Spezialität der französischen Jahrmärkte, wo man Grillwürstchen mit Galetten umwickelt anbietet.

**Galette de pommes de terre** *(franz.)*: kleine, runde, in Fett gebackene Puffer aus rohen oder gekochten Kartoffeln (s. a. *Kartoffelpuffer*).

**Galette Suisse** *(franz.)*: Rösti.

**Galgant:** *Laos-, Siam-Ingwer, Rieng (vietn.)*; ostasiatisches, ingwerähnliches, scharf brennendes Gewürz vom Rhizom der Galgantpflanze (es gibt den *Großen*, den *Echten* und den *Kleinen Galgant*); hauptsächlich in Gewürzmischungen, z. B. in manchen Currysorten, enthalten.

**Galia-Melone:** eine israelische Netz-Melonenart von grüner bis goldgelber Farbe.

**Galicischer Krebs:** einer der beliebtesten Süßwasserkrebse, dessen Heimat Osteuropa ist. Seine Scheren sind länger und schmaler als beim Edelkrebs (s. a. *Krebse*). Er wird heute hauptsächlich aus der Türkei importiert.

**Galinha** *(port.)*: Huhn.

**Gallert:** s. *Gelee*.

**Gallina** *(ital., span.)*: Huhn.

**Gallo** *(ital.)*: Hahn.

**Galloway:** schottische hornlose Zottelrinderrasse.

**Galuschel:** s. *Pfifferling*.

**Galuschki** *(russ.)*: leichte Klöße aus einem Teig von Backpulver, Butter, Eiern, Grieß, Mehl, Milch und Salz. Mit dem Löffel werden Klöße in siedendes Salzwasser gegeben und herausgenommen, sobald sie an der Oberfläche schwimmen. Dienen hauptsächlich als Beilage z. B. zu Braten; unterschiedliche Schreibweisen.

**Galuska** *(ung.)*: Nockerln aus Butter, Eiern, Mehl, Salz, saurem Rahm und Wasser, durch einen speziellen großlochigen Hobel in siedendes Salzwasser gerieben. Sobald die Nockerln oben schwimmen, werden sie herausgehoben, abgespült und durch ausgelassene Butter geschwenkt; dienen hauptsächlich als Beilage für Geflügel und *PÖRKÖLTS* (s.d.; *Ungarn*).

**GALUSKHI:** *ukrainischer* Kuchen, der mit Sauerrahm serviert wird.

**GAMALOST:** alt gereifter, harter brauner Sauermilchkäse mit Schimmelbildung aus *Norwegen*.

**GAMBAS** *(span.)*: Garnelen.

**GAMBAS A LA PLANCHA:** *span.* Spezialität, bei der Garnelen meist in der Schale auf Blechen oder Rosten gebraten oder gegrillt werden.

**GAMBERETTI** *(ital.)*: Tiefseegarnelen (Shrimps), s. *GARNELEN*.

**GAMBERI** *(ital.)*: *GARNELEN* (s.d.), Gambas, Prawns.

**GAMBO:** s. *OKRA*.

**GAME** *(engl.)*: Wild, Wildbret.

**GANACHE** *(franz.)*: sog. *Konditorencreme* aus Butter, Crème fraîche und Schokolade; für Gebäck, *PETIT FOURS* (s.d.), Torten u.a.

**GANDULES** *(span.)*: Taubenerbsen.

**GANMODOKI:** eine Beilage oder Suppeneinlage. Gehackte Ginkgonüsse werden vermischt mit Möhren, Tofu u.a., dann gebraten *(Japan)*.

**GANSJUNGES** *(österr.)*: Gänseklein.

**GAPERON:** *französischer* pikanter halbfester Schnittkäse, der aus Buttermilch hergestellt und mit Knoblauch und Pfeffer aromatisiert wird *(Auvergne)*.

**GAPI** *(ital.)*: s. *TERASI*.

**GARAM MASALA:** *indische* Gewürzmischung aus Kardamom, Kreuzkümmelsamen, Koriandersamen, Lorbeer, Muskatnuss, Muskatblüte, Nelken, Zimt, u.v.a. (*garam* bedeutet »warm«)

**GARBANZOS** *(span.)*: Kichererbsen.

**GARBURE:** *franz.* Suppentopf aus grünen Bohnen, *BOUQUET GARNI* (s.d.), Möhren, weißen Rüben, Wirsingkohl, Tomaten und Zwiebeln, eingemachter Gans und Brustspeck, gewürzt mit Knoblauch und Thymian. Die gegarten Zutaten werden schichtweise in eine Terrine gegeben, mit Käse und frisch gemahlenem Pfeffer bestreut und im Ofen gratiniert. Von diesem Eintopf gibt es zahlreiche Abwandlungen, z.B. werden vielerorts auch Kartoffeln, Knoblauch, Lauch sowie Wurst usw. verwendet. Der suppige Eintopf wird auch in der Suppenschüssel oft auf *CROÛTONS* (s.d.) angerichtet und der Speck und die Wurst getrennt serviert.

**GARDE-MANGER** *(franz.)*: Kalte Küche; der mit der Kalten Küche betraute Koch. Chef Garde-Manger ist der Leiter der Kalten Küche.

**GAREISL:** *Bauernkarpfen, Breitling, Karausche, Schneiderkarpfen;* mit dem Karpfen verwandter Süßwasserfisch, hauptsächlich in stehenden Gewässern Mittel- und Osteuropas; wohlschmeckendes, aber grätenreiches Fleisch. Wird wie Karpfen zubereitet.

**Gari:** *westafrikanisches* Maniok-(s. *Kassave*)-Produkt: Vergorene Maniokstücke werden geröstet oder gebraten. Das Erzeugnis ist als Brei oder verdünnt als Getränk verwendbar. Auch wird es mit Fisch oder Eiern und Gewürzen vermischt gegessen.

**Garida** *(griech.)*: Furchengarnele.

**Garidhes saganáki** *(griech.)*: mit Feta-Käse überbackene Garnelen in pikanter Tomatensauce.

**Garlic** *(engl.)*: Knoblauch.

**Garnelen:** *camarones, gambas (span.), crevettes (franz.), gambaretti (ital.), Granaten (holl.), prawns, shrimps (engl.), Krevetten*; besonders in der ausländischen Küchensprache werden die vorgenannten Begriffe oft nicht streng auseinander gehalten. Auch gibt es manchmal für zoologisch verschiedene Tiere nur einen Namen. Bei uns z. B. werden die bekannten Nordseegarnelen oft als *Krabben* bezeichnet, was falsch ist, weil Krabben kurze Schwänze haben. Die Hauptfanggebiete für die europäischen Märkte sind die europäische Atlantikküste, die Mittelmeerküste, die Ostseeküste und bei uns vor allem die deutsche Nordseeküste. Auf unseren Märkten werden hauptsächlich *Geiselgarnelen, Felsengarnelen, Nordseegarnelen* und *Steingarnelen* angeboten. Sie sind allesamt von grauem, glasigem Aussehen, ohne Scheren, aber mit stark entwickeltem Hinterleib. Die längeren *Tiefseegarnelen* sind von rosarotem Aussehen und werden bei Alaska, Australien und Norwegen gefangen. Dagegen haben Krebstiere aus dem Meer, wie *Kaisergranat, Tiefseekrebse, Scampi* usw. immer Scheren.

**Garnelen-Sambal:** s. *Sambal* und *Sambal oedang*.

**Garnieren:** das Belegen, Umlegen oder Verzieren eines Gerichts, das Gericht nach einer bestimmten Garnitur anrichten.

**Garniertes Sauerkraut:** s. *Choucroute garni*.

**Garnitur:** unter der Garnitur versteht man die typische Beilage, Begleitung oder Umlage eines Gerichts, aber auch eine bestimmte Suppen- oder Sauceneinlage, kurz das Anrichten eines Gerichts im Ganzen. Man unterscheidet Garnituren nach Standes- oder Berufsbezeichnungen wie *auf Diplomaten-Art, Hausfrauen-Art* oder *Gärtnerin-Art* usw., von solchen, deren Bezeichnungen von einer Landschaft oder einem Ort abgeleitet werden, wie *auf Burgunder Art* und Garnituren, die nach Persönlichkeiten genannt sind, wie *Mozart, Nelson,* usw.

**Gar sieden:** s. *Pochieren*.

**Garstufen des Fleisches:** die erste Stufe heißt *blau gebraten (engl. raw, franz. bleu)*. Die nächste Stufe ist *blutig gebraten,* wobei das Fleisch rosa und im Kern noch blutig rot ist *(engl. rare, franz. saignant)*. Dann folgt *rosa,* auch *englisch* genannt, was durchgehend rosa bedeutet *(engl. rare medium, franz. à point, auch anglais)*. Die vorletzte Stufe ist *halb durchgebraten,* d.h. das durchgebratene Fleisch weist noch einen rosafarbenen Kern auf *(engl. medium, franz. demi-anglais)*. Die letzte Stufe ist *vollständig durchgebraten (engl. well done, franz. bien cuit)*.

**Gar ziehen lassen:** s. *Pochieren*.

**Garudiya:** Eintopf aus verschiedenen Fischen und Zwiebeln, gewürzt mit Zitronensaft (*Madagaskar*).

**Garyn:** gefüllter Hammel- oder Ziegenmagen, im Wüstensand gegart *(Turkmenistan)*.

**Gastropoden:** andere Bezeichnung für Weichtiere, wie *Abalone* (s.d.), Weinbergschnecken und dgl. (= Bauchfüßer).

**Gaufres** *(franz.)*: eine Art Waffeln, die es auch in der französischen Schweiz gibt und die meist mit Rum, Zitronenschale und Vanillezucker aromatisiert sind und mit Chantillycreme oder eingedicktem Fruchtsaft serviert werden.

**Gausbradel:** ein Gänsegericht aus *Mecklenburg-Vorpommern*. Man benötigt eine wegen ihrer Qualität bekannte Mecklenburger Gans, diese wird mit einem Gemenge aus Äpfeln, Pflaumen, Schwarzbrot und Speck gefüllt und in einer mit heißem Wasser gefüllten Pfanne gegart.

**Gaz:** *iranische* Schleckerei aus Pistazien oder Mandeln u.a., vermischt mit Zuckersirup; eine Art weißes Nougat.

**Gazpacho** *(span.)*: kalte Suppe, von der es zahlreiche Rezepte gibt (wird bereits in der Bibel und alten griechischen und römischen Schriften erwähnt). Am bekanntesten ist die *gazpacho andaluz* (Andalusische Gazpacho). Gurken, Paprika, Tomaten, Zwiebeln, Weißbrot und Knoblauch werden mit Hühnerbrühe oder Wasser und etwas Essig püriert, Tomatenmark und Öl untergerührt und mit Pfeffer, Salz und Zucker gewürzt. Die Suppe wird sehr kalt serviert. Getrennt gereicht und nach Geschmack hinzugefügt werden Würfel von gerösteten Weißbrotscheiben, grünen Paprika, Tomaten, Zwiebeln und Gurken.

**Gazpacho andaluz** *(span.)*: s. *Gazpacho*.

**Gebackene Mäuse:** in Fett gebackene Hefeteigstücke *(Österreich)*.

**Gebleichter Löwenzahn:** in abgedunkelten Räumen gezüchteter Löwenzahn; nicht so bitter wie der Wildwuchs.

**Gebrannte Creme:** s. *Crème brûlée*.

**Gebundener Kalbssaft:** s. *Jus de veau lié*.

**Geelchen:** s. *Pfifferling*.

**Gelber Braten:** Berner Spezialität; ein Schweinebraten, der mit einer Mischung aus Brühe, Essig und Safran begossen wird.

**Gefillte Fisch** *(jüd.)*: s. *Kimška zuvis*.

**Geflügelcreme-Sauce:** s. *Sauce suprême*.

**Geflügelessenz:** sehr stark eingekochte Hühnerbrühe.

**Geflügelfond:** wird wie Kalbsfond bereitet, jedoch mit Geflügelabschnitten und Karkassen (s. *Fond*).

**Geflügel-glace:** wird genauso bereitet wie Fleischglace. Geflügelglace soll jedoch eine wesentlich hellere Farbe behalten als die gewöhnliche Fleischglace (s. *Glace de Viande*).

**Geflügelklein:** Flügel, Füße, Hals, Herz, Magen u.a. von Geflügel.

**Geflügelvelouté:** Velouté aus Geflügelfond, weißer *roux*, Champignons oder Champignonfond und Zwiebeln; die Mischung wird ca. 1½ Std. lang gekocht und dann passiert.

**Gefüllte Brandteigkrapfen:** s. *Duchesses*.

**Gefüllte Kalbsbrust:** eine südd. Kalbfleischspezialität. In Kalbsbrustfleisch wird eine Tasche geschnitten und diese mit einer Farce gefüllt, für die es verschiedene Rezepte gibt. Meist wird sie aus Brät, Brot, Champignons, Ei, Rinderhack, Schweinehack, Speck und Zwiebeln hergestellt und mit Cognac, Estragon, Petersilie, Pfeffer, Salz und Thymian gewürzt. Die gefüllte und zugenähte Kalbsbrust wird rundherum stark angebraten und im Schmortopf gleichmäßig zusammen mit *bouquet garni* (s.d.), Brustknochen, Möhren und Zwiebeln in Fleischbrühe oder Kalbsfond und Weißwein gegart, dem Lorbeer, Nelken, Pfeffer und Salz hinzugefügt sind. Mit der stark reduzierten Sauce wird die Brust glaciert und die Sauce mit Sahne verfeinert.

**Gefüllte Paprikaschoten:** s. *Chiles rellenos (span.)*.

**Geheimratskäse:** kleiner, in Paraffin getauchter, holländischer oder deutscher Schnittkäse von mildem Geschmack.

**Geissbart:** s. *Bärentatze*.

**Geissfuss:** s. *Giersch*.

**Geiselgarnelen:** eine Garnelenart mit zahlreichen Unterarten. Es handelt sich um großwüchsige Garnelen von der Länge zwischen 10–30 cm. Sie bevorzugen wärmere Meeresgebiete und dringen bis in Süßwasser vor (s.a. *Garnelen*).

**Geklärte Butter:** zerlassene Butter, abgeschäumt, die vorsichtig vom Bodensatz getrennt wird (s.a. *Ghee*).

**Gekröse:** *Geschlinge, Inster;* Bezeichnung für Vormagen, Magen und Fettdarm des Kalbes und des Rindes. Das Kalbsgekröse und das Gekröse des Lamms bestehen aus Magen, Darm und so genanntem Netz. Sobald das Kalb zum Rind herangewachsen ist, spricht man im Allgemeinen nicht mehr von Gekröse, sondern von Flecken, Kaldaunen oder Kutteln.

**Gelatine:** Geliermittel, das aus Knochen hergestellt und in pulverisierter Form und Blättern angeboten wird. Pflanzliche Gelatine wird hauptsächlich aus Meeresalgen hergestellt (s.a. *Agar-Agar*).

**Gelato** *(ital.)*: Speiseeis.

**Gelber Fisch:** s. *Huang yu (chin.)*.

**Gelber Ingwer:** s. *Gelbwurz*.

**Gelbe Rübe:** *Möhre, Mohrrübe, Karotte;* vitaminreiche Gemüsepflanze mit süßlich nussigem Geschmack. Im Frühjahr werden die jungen Gelben Rüben als Bundmöhren mit ihrem Blattgrün verkauft, die rundlichere und delikatere Version wird auch Karotte genannt.

**Gelber Zentner:** Bezeichnung des großen Sommerkürbis, für die Küche sind die kleineren Exemplare besser geeignet

**Gelbfuss:** s. *Kuhmaul*.

**Gelbling:** s. *Pfifferling*.

**Gelbwurst:** eine Hirnwurst mit Kalb- und Schweinefleisch in gelber Haut; wurde früher mit Safran gelb gefärbt (*Hessen, Südd.*).

**Gelbwurz:** *Haldi, Kurkuma, gelber Ingwer, indischer Safran, Turmeric*. Die Gelbwurz kommt aus Südostasien und wird heute weltweit in den Tropen angebaut. Verwendet wird das *Rhizom* (Wurzelstock), gemahlen und getrocknet als Gewürz und Färbemittel, es schmeckt würzig, säuerlich und leicht bitter. Geeignet für Hühner- oder Kalbsragout, Lammfleisch, orientalische Gerichte, Reisgerichte usw. Hauptbestandteil des Currypulvers. Es sollte nur sparsam verwendet werden, da es eine sehr intensive Färbewirkung hat.

**Gelee:** aus Gemüse oder Fleisch und Knochen gewonnener, gegebenenfalls mit Essig, Wein u. a. aromatisierter und durch Erkalten erstarrter Sud.
Gelee heißt auch aus Obstsaft, evtl. Gewürzen und Gelierzucker zubereiteter süßer Brotaufstrich.

**Gelierzucker:** mit Pflanzenpektin und Zitronensäure vermischter Zucker, zum Gelieren von Marmeladen.

**Gemüse à la grecque** *(franz.)*: s. *Griechische Art*.

**Gemüse auf griechische Art:** s. *Griechische Art*.

**Gemüsebananen:** s. *Pferdebananen*

**Gemüse kochen auf englische Art:** in Salzwasser gekochtes, gut abgetropftes und mit frischer Butter angerichtetes Gemüse.

**Gemüsepaprika:** s. *Paprika*.

**Genever:** Nationalspirituose *Hollands*. Ein Getreidebrand, der mit leichter Wacholdernote aromatisiert ist (s. a. *Genièvre*).

**Geng** *(chin.)*: *tang;* Suppe.

**Genièvre** *(franz.)*: Wacholder.

**Génoise** *(franz.)*: Genueser Biskuit, Genueser Kuchen, Genueser Teig; eine Biskuit-Kuchenspezialität. Unter im Wasserbad schaumig geschlagene Eier und Zucker werden vorsichtig Mehl, Aromastoffe, wie Liköre, Wein, Zucker etc. und zum Schluss zerlassene Butter gezogen. Beim Backen muss die

Ofentür einen Spalt offen bleiben.

**Gentleman's Relish:** *englische* Anchovispaste.

**Genueser Biskuit:** s. *Génoise*.

**Genueser Brot:** mit Mandeln oder Marzipan angereicherter Genueser Biskuit.

**Genueser Kuchen:** s. *Génoise*.

**Genueser Sauce:** s. *Sauce génoise*.

**Genueser Teig:** s. *Génoise*.

**Geriebener Teig:** ein Mürbeteig, für den man zunächst Fett und Mehl zusammen bröselig reibt. Dann erst werden die übrigen Zutaten untergemischt.

**Germ** *(österr.)*: Hefe.

**Germkipferl** *(österr.)*: Hefeteighörnchen.

**Germknödel:** mit Pflaumenmus gefüllte Hefeteigknödel, in leicht gesalzenem Wasser gekocht, dann mit zerlassener Butter übergossen und meist mit Mohn und Puderzucker bestreut oder mit *beurre noisette* (s.d.) übergossen *(Österreich)*.

**Germteig** *(österr.)*: Hefeteig.

**Gerste:** eine sehr vielseitige, alte, gehaltvolle Getreideart, die heute vor allem der Bier- und der Malt-Whisky-Herstellung dient und das Malz liefert, aber vermehrt auch zu Brei, Fladenbrot, Graupen, Grütze usw. verarbeitet wird.

**Geschabtes:** mit dem Messer geschabtes Fleisch, das echte *Ta(r)tar* (s.d.).

**Geschlinge** *(österr.)*: Gekröse.

**Geschmälzte, G'schmälzte:** die *Süddeutschen* meinen damit in der Regel Teigwaren, hauptsächlich Maultaschen, aber auch Spätzle, die mit in Schweineschmalz gerösteten Zwiebeln übergossen werden.

**Geschmolzene Kartoffeln:** s. *Schmelzkartoffeln*.

**Geschmolzene Tomaten:** s. *Concassé de tomates*.

**Geschmorter Fisch:** bei dieser Zubereitung wird gewürzter Fisch auf ein Gemüsebett aus Champignons, Lauch, Möhren, Paprika, Zwiebeln usw. gelegt und Fischfond sowie Wein dazugegeben. Das Gericht wird im Ofen gegart, wobei der Fond langsam einkocht. Der Fisch muss häufig übergossen werden, wodurch die Fischhaut glaciert und wohlschmeckend wird.

**Geschnetzeltes:** s. *Émincé* und *Émincé de veau*.

**Geschwollene:** s. *Wollwurst*.

**Geselchtes:** s. *Selchfleisch*.

**Gesinka:** *poln.* Name für eine Graupensuppe mit Variationen. Beispiel: ein Püree aus Knollensellerie, Möhren, Petersilienwurzeln, Pilzen und Zwiebeln wird mit Eigelb, Fleischbrühe, gegarten Graupen und saurer Sahne aufgefüllt und mit Zitronensaft abgeschmeckt.

**Gesponnener Zucker:** eine Art Zuckerwatte zum Dekorieren von Backwaren.

**Gest:** s. *Hefe*.

**Gestovt:** geschmort; aber auch Gemüse mit einer Mehlschwitze übergossen.

**Gestovtes:** s. *Estouffade*.

**Getzen:** *Gätzen;* ein Pfannkuchenteig entweder aus Kartoffeln oder Semmeln, auch Eierkuchenmasse; oft wie *Schmarrn* (s.d.) zubereitet *(Erzgebirge)*.

**Gewürzkörner:** s. *Piment*.

**Gewürzkuchen:** Kuchen aus schaumig gerührter Butter, Zucker, Eiern und Mehl, gewürzt mit Ingwer, Kardamom, Muskatblüte, Nelken, Zitronenschale und Zimt. Die Masse wird dünn auf ein Blech gestrichen, goldbraun gebacken und zum Schluss in fingerlange Stücke geschnitten. Von diesem klassischen Rezept gibt es mehrere Abwandlungen.

**Gewürznelken:** *Nägelchen;* stark aromatisches Gewürz, das von den *Molukken* stammt, heute aber auch u.a. auf *Madagaskar* und *Sansibar* angebaut wird. Sie werden zum Würzen von vielen Gerichten verwendet.

**Gewürzsträusschen:** s. *Bouquet garni*.

**Gezogener Zucker:** der von den Zuckerbäckern für Dekorationen und Zuckerfiguren verwendete Zucker.

**Ghee:** *indisches* Butterfett aus Butter, die man längere Zeit kocht bis sie vollständig geklärt ist, die Molke sich abgesetzt hat und das Fett nussartig schmeckt. Ghee aus Büffelmilch hat einen feineren Geschmack.

**Gibelotte** *(franz)*: Kaninchenragout mit Speck, kleinen Zwiebeln, Knoblauch, *Bouquet garni* (s.d.); in Rot- oder Weißwein gegart.

**Gibier** *(franz.)*: Wild.

**Giblet** *(engl.)*: Geflügelklein, Wildklein u. dgl.

**Giersch:** *Geißfuß;* würziges Wildkraut, im Garten nicht geschätzt, da es sich wild durch *Rhizome* vermehrt. Wird in der jungen Küche wieder vermehrt als Gemüse benutzt, nach Spinat schmeckend.

**Gigot** *(franz.)*: Keule.

**Gigot de chevreuil** *(franz.)*: Rehkeule. Als Garzeit rechnet man pro 500 g etwa 9–10 Min. im Ofen und 11–12 Min. am Spieß.

**Gigot d'agneau** *(franz.)*: Lammkeule.

**Gin:** ein Abkömmling des holländischen Genevers ursprünglich aus England, ein Wacholderbranntwein, der zusätzlich mit Kräutern und Aromaten gewürzt ist.

**Gingembre** *(franz.)*: Ingwer.

**Ginger Ale:** ein alkoholfreies Getränk, mit Ingweraroma gewürzt *(England)*.

**Ginkgonuss:** Fruchtkern (Samen) des Ginkgobaums mit süßem Fleisch. Bei uns in Dosen erhältlich; dient vornehmlich als Geflügel- oder Fischbeilage; wird in Ostasien auch geröstet verwendet (*China, Japan*).

**Ginnan** *(jap.)*: Ginkgonuss.

**Giorno** *(ital.)*: bedeutet auf italienischen Speisekarten tagesfrisch.

**Girolle** *(franz.)*: Eierschwamm, *Pfifferling* (s.d.); aber auch eine Käsereibe für *Tête de Moine* (s.d.), ein schmackhafter, zum Schaben mit der Girolle gut geeigneter Käse aus der Schweiz. Es entstehen tulpenartige Gebilde, die sich u.a. zum Garnieren eines Käsebuffets eignen.

**Gitzi** *(schweiz.)*: eine junge Ziege.

**Givrieren:** das Bedecken einer Speise mit geraspeltem, gezuckertem und aromatisiertem Eis oder mit steif geschlagenem Eiweiß. Bekannte Beispiele sind *citron givré* und *orange givrée*. Unter den genannten Bezeichnungen versteht die Küche aber auch ausgehöhlte Orangen oder Zitronen, die mit dem entsprechenden Speiseeis gefüllt und so dekorativ serviert werden. Auch das *Eisen* eines Glases: Eiswürfel schnell im Glas kreisen lassen und so die Oberfläche undurchsichtig beschlagen lassen.

**Gjetost:** *Gjedost, Geitost; schwedischer* Molkenkäse aus Ziegenmilch. Brauner, schnittfester Käse, der süßlich und karamellartig schmeckt.

**Glace** *(franz)*: stark eingekochter Fond zum Glacieren, zur Intensivierung des Saucengeschmacks und zum Herstellen von Saucen überhaupt. Außerdem werden so Gefrorenes, Speiseeis und Zuckerüberzug bezeichnet.

**Glace de viande** *(franz.)*: Fleisch-Glace, was gleichbedeutend ist mit einem *fond brun*, der auf ein Viertel reduziert wird.

**Glacieren:** ein Begriff, der für mehrere Methoden, eine Speise zu überglänzen, verwendet wird z.B. bedeutet er, mit Glace bestreichen oder mit einem Zuckerguss überziehen oder ein geschmortes Gericht ständig mit dem eigenen Saft übergießen, bis eine glänzende Schicht entsteht, oder einfach mit Gelee überglänzen.

**Glacierter Schinken:** s. *Schinken glacieren*.

**Glacierte Zwiebeln:** für helle Garnituren werden die Zwiebeln in stark reduzierter Fleischbrühe gegart und zum Schluss in der mit Butter vermischten Reduktion geschwenkt. Für dunkle Garnituren verwendet man angebratene Zwiebeln, die in einer Reduktion aus Fleischbrühe, Salz und karamellisiertem Zucker gegart und zum Schluss ebenfalls in der Reduktion geschwenkt werden.

**Glasaal:** *Pibales (franz.);* etwa fingerlanger durchsichtiger Jungaal, eine teure Spezialität, besonders in der Gascogne, im Baskenland und in der Toscana hoch geschätzt. Glasaal ist zum Braten und Frittieren geeignet; s.a. *Angulas*.

**Glasbläser Hering:** ein schwedisches Heringsgericht. In Streifen geschnittene Salzheringe, Karotten und Zwiebeln werden in einer mit Ingwer, Koriander, Meerrettich, Pimentkörnern, Senfkörnern, evtl. Lorbeerblättern und Zucker gewürzten Mischung aus Essig und Wasser im Kühlschrank mehrere Tage mariniert.

**Glasbutt:** s. *Flügelbutt.*

**Glasmästarsill** *(schwed.)*: s. *Glasbläserhering.*

**Glasnudeln:** eine Art Nudeln aus Ostasien, auch Cellophan-Nudel genannt, nicht zu verwechseln mit den so genannten chinesischen Reisnudeln, *mifen* genannt und den japanischen *shiritaki.* Die Glasnudeln heißen in Japan *harusame* und in China *fen see* oder *fan tze.* Sie werden aus Mungobohnen-, Süßkartoffel- oder Pfeilwurzstärke oder Meeresalgen hergestellt; die *mifen* dagegen aus Reis und die *shiritaki* aus *konnyaku-Mehl,* das aus den Knollen der so genannten *Teufelszungenpflanzen* gewonnen wird. Sie dienen als Suppeneinlage und werden für Füllungen verwendet.

**Glasur:** heißt generell Überzug von Speisen, insbesondere Süßspeisen und Torten. Im letzteren Falle besteht die Glasur im Wesentlichen aus Zuckersirup, der mit Eiweiß, *Fondant* (s.d.), Wasser usw. gebunden und mit Branntwein, Schokolade etc. aromatisiert wird.

**Glattbutt:** s. *Barbue,* auch Flügelbutt.

**Glattes Seeohr:** abalonenartige Muschel, in Südaustralien vorkommend, oft zäh und nicht jedermanns Geschmack.

**Glatthai:** ein im Mittelmeer und Ostatlantik vorkommender vorzüglicher Speisefisch, der sich grundsätzlich für alle Garmethoden eignet.

**Gliesche:** s. *Rotzunge.*

**Glitscher:** *Klump, Wetzstein;* ein hessischer länglicher Kloß aus Kartoffeln und Mehl, mit Ei und Wasser vermischt, als Beilage.

**Gloucester:** s. *Double Gloucester.*

**Gloucestersauce:** kalte Sauce aus Mayonnaise, vermischt mit englischem Senf und Worcestershiresauce, vollendet mit saurer Sahne und garniert mit Fenchelkraut *(England).*

**Glumse:** *ostpreußischer* Name für Quark.

**Gluschtig** *(schweiz.)*: appetitanregend.

**Glutamat:** Natriumglutamat (Natriumsalz der Glutaminsäure); dient als Geschmacksverstärker; s.a. *Ajinomoto.*

**Gnagi** *(schweiz.)*: Eisbein, gepökelte Schweinshaxe u.a.

**Gnocchi** *(ital.)*: Nocken, Klößchen aus Mehl-, Grieß- oder Kartoffelteig und gewürzt mit Muskat. Gnocchi können auch aus einem Gemüsebrei bereitet werden. In der Regel werden sie zum Schluss mit Butter und Parmesankäse gratiniert. Nicht zu verwechseln mit den österreichischen *NOCKERLN* (s. d.).

**GNOCCHI ALLA ROMANA** *(ital.)*: römische Nocken; eine Art Grießnocken, d.h. Klößchen aus Butter, Milch, Grieß, Eigelb und Käse, gewürzt mit Muskatnuss, Pfeffer und Salz. Der Teig wird verschiedenförmig ausgestochen, mit Butter begossen, manchmal mit Weckmehl und Käse bestreut und im Ofen goldgelb überbacken.

**GNOCCHI AL PESTO:** *ital.* Bezeichnung für eine Art Brandteignocken. Mit Parmesan verarbeiteter Brandteig wird zu Klößen geformt, in Salzwasser abgekocht und mit *PESTO* (s. d.) übergossen.

**GNOCCHI DI PATATE** *(ital.)*: eine Art *KARTOFFELNOCKEN* (s. d.).

**GOABOHNE:** s. *FLÜGELBOHNE*.

**GOBO:** Klettenwurzel; Wurzel einer ostasiatischen Pflanze, ähnelt der Schwarzwurzel und ist ein beliebtes Gemüse in *Japan* (mild, leicht süßlich im Geschmack).

**GODA MASALA:** Gewürzmischung aus der Gegend von Bombay mit 7 verschiedenen Zutaten, z. B. Mohn- und Sesamsamen, Kokosraspel u. a., teilweise angeröstet und alles fein gemahlen.

**GODIVEAU** *(franz.)*: Farce aus Kalbfleisch, manchmal auch aus Hechtfleisch. Die Kalbsfarce wird aus Kalbfleisch, Eiern, Ochsennierenfett und manchmal Rahm hergestellt und mit Muskatnuss und Pfeffer gewürzt. Die daraus bereiteten Klößchen werden vorwiegend als Garnitur oder Pastetenfüllung verwendet.

**GOFIO:** geröstete, gemahlene Mais- und Weizenkörner, auch Gerste oder Hirse, mit Milch, Öl oder Wasser verteigt und leicht gesalzen. Wird als Brei oder in Form von Klößen oder Laiben als Begleitung von Fleisch, Käse u. a. verzehrt *(Kanarische Inseln)*.

**GOHAN** *(jap.)*: Reis, Reisgericht.

**GOLATSCHER:** s. *KOLATSCHEN*.

**GOLDAPFEL:** s. *BALSAMPFLAUME*.

**GOLDBARSCH:** s. *BERGILT*.

**GOLDBRASSE:** *daurade (franz.); dorada (span.), orata (ital.), tsipura (griech.);* einer der feinsten Seefische, im Atlantik und Mittelmeer beheimatet, ist von Juli bis Oktober am besten, eignet sich zum Backen, Grillen und Schmoren.

**GOLDBUTT:** s. *SCHOLLE*.

**GOLDEN JOICH:** *jüdische* klare Hühnersuppe mit Gemüseeinlage, traditionelles Sabbatgericht.

**GOLDMAKRELE:** eine Fischart mit vielen Unterarten, die im Atlantik, Mittelmeer und Pazifik beheimatet ist. Ihr Fleisch ist weiß, fest und von vorzüglichem Geschmack. Es eignet sich zum Backen, Grillen und Schmoren.

**GOLDORANGE:** s. *KUMQUAT*.

**GOLD UND SILBER:** *schwäbischer* Eintopf aus Schweinefleisch, Bohnenkernen, gelben Rüben und Knoblauch.

**Golubzi** *(russ.)*: *Golubzy;* Weißkohlkopf (Strunk ausgeschnitten) wird als Ganzes vorgekocht und dann z. B. mit Hackfleisch gefüllt, dabei werden die Blätter etwas auseinander gezogen. Mit Butter und Sahne übergossen und mit Kümmel und Muskat gewürzt wird der Kopf im Ofen fertig gegart.

**Gomasio:** Gewürzmischung aus geröstetem Sesam und Meersalz, für Gemüse, Salat und Reis *(Asien,* vor allem *Japan).*

**Gombo:** s. *Okra.*

**Gomolya:** ungarischer Weißkäse aus eingekochter Milch.

**Gomser:** schweiz. Hartkäse aus dem *Wallis*, hauptsächlich für Fondue und Raclette verwendet.

**Gomser Fladen:** *Schweizer* Kuchen mit Rosinen belegt und mit Eiersahne übergossen.

**Goor** *(ind.)*: auch *Gur;* s. *Palmzucker.*

**Gooseberry** *(engl.)*: Stachelbeere.

**Gordales:** *spanische* Bezeichnung für eine große Olivenart.

**Gordon's-Gin-Tomate:** eine inzwischen weltweit verbreitete Tomatensuppe, die von Werner Fischer, einem bekannten Künstler der deutschen Küche, kreiert worden war. Leider wurde auch diese köstliche Suppenspezialität, wie so viele berühmte Gerichte, verballhornt. Nach dem Originalrezept wird die Gordon's-Gin-Tomate vor den Augen der Gäste u. a. mit frischen Champignons, Gordon's Gin, Pfeffer aus der Mühle, süßer Sahne und Speckbutter bereitet. Zuvor werden in Formen aus Tomatenfleisch, anderen Gemüsen, *Agar-Agar* (s. d.), Gewürzen u. a. tomatenförmige Kugeln gefertigt und garniert, die bei der Zubereitung in der Flambierpfanne zerschmolzen werden. Die Gebilde sehen echten Tomaten täuschen ähnlich.

**Gorgonzola:** berühmter ital. halbfester Schnittkäse aus Kuhmilch mit Blauschimmel. Sein pikant würziger Geschmack eignet sich sehr gut auch zum Würzen von Speisen (s. a. *Blauschimmelkäse).*

**Goreng** *(indon.)*: gebacken.

**Götterspeise:** *Wackelpeter;* verschiedene, auch industriell hergestellte Geleespeisen. Oder eine Mischung aus Schlagsahne, geriebenem Pumpernickel und Schokolade (*Pommern*).

**Gouda:** der bekannteste *holländische* Schnittkäse, nach der Stadt Gouda benannt. Es gibt ihn in den unterschiedlichen Reifegraden von mild bis pikant: Der junge Gouda ist sehr mild, hellgelb und fast geschmeidig; der mittelalte Gouda ist in Geschmack und Konsistenz bereits kräftiger und der alte Gouda ist fest, leicht bröckelig, dunkelgelb und würzig im Geschmack.

**Gou-lao-lo** *(chin.)*: s. *T'in suan ku lao jou.*

**Gourmandises** *(franz.)*: kleine würzige Naschereien aus verschiedenen Teigen mit pikanten

Füllungen; geeignet als *amuse-bouche*.

**Gourmet** *(franz.)*: *Feinschmecker;* Garnitur für Fleisch mit Madeirasauce, Artischockenböden, Champignons und Trüffelscheiben.

**Goût** *(franz.)*: Geschmack.

**Gowjadina Stroganow** *(russ.)*: Filet Stroganow (s. *Bœuf Stroganoff*).

**Gräfinart**: s. *Comtesse.*

**Grahambrot**: Brot aus Weizenvollkornschrot, ursprünglich ohne Hefe und Salz, nach einem Rezept des amerikanischen Arztes *Graham*.

**Graisse** *(franz.)*: Fett, insbesondere das beim Kochen entstehende Fett.

**Graissieren**: Bratgut etc. mit Fett bepinseln.

**Gramatka**: eine *polnische* Suppe, die hauptsächlich aus Bier, Wein und Brot besteht und mit etwas Zimt und Zucker gewürzt wird.

**Gramigna** *(ital.)*: verschnörkelte Teigware.

**Grammeln** *(österr.)*: Grieben.

**Grammelschmalz** *(österr.)*: Griebenschmalz.

**Grammel-Pogatscherln** *(österr.)*: faschierte (gehackte) Grammeln mit Mehl, Hefe, Eiern und Salz zu einer Teigmasse vermischen. Plätzchen von ca. 4 cm Durchmesser ausstechen, mit einem gitterartigen Muster versehen und dann backen.

**Gramolata**: s. *Granité.*

**Grana**: Sammelbegriff für Hartkäse aus der *Emilia* und der *Lombardei*. Der Bekannteste ist der Parmesan *(Italien)*.

**Granadilla**: s. *Passionsfrucht.*

**Grana Padano**: Parmesanartiger Hartkäse aus der *Poebene*, mindestens ein Jahr gereift.

**Granäsche**: s. *Meeräsche.*

**Granat**: *Sandgarnele, Nordseekrabbe*. Eine beliebte Speisegarnele, die im Ostatlantik, in der Nord- und Ostsee im Mittelmeer und dem Schwarzen Meer vorkommt. Sie hat einen grauen, durchsichtigen Körper und ist mit einem gut entwickelten Scherenpaar ausgestattet. Fälschlicherweise, aber ganz offiziell wird sie Nordseekrabbe genannt, obwohl Krabben ausschließlich Kurzschwanzkrebse sind. Ihr nussiges Fleisch ist hoch geschätzt und sollte nur in Salzwasser pochiert werden. (s. a. *Garnelen, Krabben* und *Krebse*).

**Granatapfel**: aus Persien stammende, in Kalifornien, aber auch in den Mittelmeerländern und tropischen Ländern angebaute Frucht mit gelber bis roter Farbe von der Größe eines mittleren Apfels, mit saftigem, süßsaurem, nach Wein schmeckenden Fruchtfleisch mit vielen Kernen.

**Grandeln**: s. *Bernitschken.*

**Grand Marnier:** *franz.* Edellikör aus Cognac und Curaçao-Orangen.

**Grand-mère, à la** *(franz.)*: s. *Grossmutterart;* auch hausgemacht.

**Granita** *(ital.)*: ähnlich wie *Sorbet* (s.d.), jedoch mit Eiskristallen; s.a. *Granité*.

**Granité** *(franz.)*: *Gramolata*; Speiseeisart. Grob pürierte Früchte mischt man mit leichtem Sirup. Durch den geringen Zuckergehalt bilden sich beim Überfrieren kleine Kristalle.

**Grano saraceno** *(ital.)*: Buchweizen

**Grapefruit:** *Paradiesapfel, Adamsapfel;* Kreuzung zwischen Apfelsine und Pampelmuse. Heimatland ist Zentralamerika; heute ferner angebaut in Afrika, Mittelmeerraum, Südamerika und USA. Vitaminreiche Frucht mit vielen Sorten mit süßsäuerlich, leicht bitterem Geschmack.

**Grappa:** *ital.* Branntwein aus Traubentrester, in *Frankreich* und in der *franz. Schweiz Marc* (s.d.), in Deutschland Hefe genannt.

**Grappe** *(franz.)*: Weintraube.

**Gras-double** *(franz.)*: Kaldaunen, Kutteln u.dgl.

**Graslauch:** s. *Schnittlauch*.

**Grata:** etwas fest kochende Kartoffelsorte.

**Gratin:** franz. Kurzbezeichnung für ein gratiniertes Gericht.

**Gratin dauphinois** *(franz.)*: gratinierte Kartoffeln, Kartoffelgratin. Rohe oder halbgare Kartoffelscheiben werden in einer Mischung aus Eiern, Milch, Salz und Sahne, gewürzt mit Knoblauch und Pfeffer, im Backofen überbacken. Es gibt für dieses Kartoffelgericht zahlreiche Versionen, z.B. mit Muskatnuss gewürzt, geriebenem *Gruyère* oder anderem Käse untergemischt usw.

**Gratin de queues d' Écrevisses:** *französisches* Krebsgericht mit vielen Abwandlungen. Ein Beispiel aus der franz. Küche: in der Bratpfanne werden Knoblauchzehen, Kräutersträußchen, weißer Pfeffer, Schalotten, Tomaten und Zwiebelringe geschmort. Dann folgen die lebenden, *chatrierten* (s.d.) Krebse, die mit etwas Likör flambiert und mit trockenem Weißwein abgelöscht werden. Nach kurzer Kochzeit werden die Schwänze ausgelöst, einige Schalen zerstoßen und in die Pfanne gegeben. Sobald die Sauce fertig gekocht ist, wird sie mit süßer Sahne verrührt und über die Krebsschwänze gegeben. Dann wird *Gruyère* darübergestreut und das Ganze überbacken. Dazu passt *Kreolenreis* (s.d.).

**Gratinfarce:** Füllung für Artischockenböden, *Croûtons* (s.d.) usw. aus Geflügel-, Kalb- oder Wildleber, Speck, verschiedenen Gewürzen u.a.

**Gratinieren:** ein Gericht bei starker Oberhitze – oft mit Käse oder Semmelbröseln bestreut – überkrusten.

**Gratinsauce:** Sauce zum Überkrusten, insbesondere von Fischgerichten. Es handelt sich dabei in der Regel um eingedickte Saucen aus dem entsprechenden Fond, einer trockenen *Duxelles* (s. d.) und Wein.

**Grauer Ingwer:** s. *Ingwer*.

**Grauhai:** ein in gemäßigten und warmen Meeren vorkommender Haifisch mit weißem, wohlschmeckendem Fleisch.

**Graukappe:** *Graukopf, Herbstblattel, nebelgrauer Trichterling, Nebelkappe;* Speisepilz in Laub- und Nadelwäldern ab September.

**Graukopf:** s. *Graukappe*.

**Graupen:** *Kälberzähne*; geschälte, geschliffene und polierte, oft auch noch gedörrte Gersten-,körner oder Weizenkörner, die als Einlage für Suppen oder für Süßspeisen Verwendung finden. Zur Herstellung der so genannten *Perlgraupen* werden die Körner rundgeschliffen.

**Graute Baunen mit Speck:** *westfälische* Spezialität, die vor allem aus Puffbohnen und Räucherspeck besteht. Dazu werden in der Regel Salzkartoffeln und Steinhäger gereicht.

**Gravad Lax:** *Graved Lachs,* gepökelter Lachs. Das Lachsstück wird in einer Mischung aus Salz, Zucker, gemahlenen weißen Pfefferkörnern und frischem Dill bis zu 36 Stunden lang gepökelt *(Skandinavien)*.

**Grecque, à la** *(franz.)*: s. *griechische Art*.

**Gremolata** *(ital.)*: eine besonders für Schmorgerichte, wie z. B. *Ossobuco alla milanese* (s. d.) geeignete Würzmischung aus Knoblauch, Petersilie, Orangen- und Zitronenschale.

**Grenadierfisch:** die Familie der Grenadierfische ist in vielen Arten in allen Weltmeeren vertreten; die Tiefseefische haben einen riesigen Kopf mit großen Augen und einen dicken Leib mit einem sich zuspitzenden Schwanz. Gleichermaßen gut geeignet zum Braten und als Backfisch. Das Fleisch ist sehr mager und fast grätenfrei.

**Grenadine:** s. *Granatapfel;* auch Likör.

**Grenadins** *(franz.)*: Bezeichnung für runde und bardierte Fleischscheiben, die dicker sind als gewöhnliche Schnitzel (bis zu 150 g schwer). Die *Grenadins de veau* werden aus der Nuss oder dem Filet geschnitten. Die Fleischscheiben werden gebraten und geschmort. Zuweilen werden fälschlicherweise auch Fischgerichte als Grenadins bezeichnet.

**Grenadins de veau** *(franz.)*: s. *Grenadins*.

**Grenouille** *(franz.)*: Frosch.

**Greyerzer:** schweiz. Hartkäse aus Kuhmilch. In Frankreich heißt er *Gruyère* und ist im Geschmack dem Emmentaler ähnlich, jedoch etwas rezenter. Greyerzer ist Hauptbestandteil des Käsefondues (s. a. *Fondue, Fonduta*).

**Gribiche:** s. *Sauce gribiche*.

**Grieben:** Grammeln, knusperige Rückstände nach dem Auslassen von tierischem Fett oder Speck.

**Griebenschmalz:** hauptsächlich ausgelassenes Schweineschmalz, vermischt mit den beim Auslassen verbliebenen knusprigen Resten, den Grieben.

**Griechische Art:** *à la grecque (franz.);* Gemüse wird in einer *court-bouillon* (s. d.) aus Olivenöl, Wasser und Weißwein, gewürzt mit *bouquet garni* (s. d.), Pfeffer, Fenchel, Knoblauch und Koriander *al dente* (s. d.) gegart. Eine Beilage, die hauptsächlich für Kalb- und Lammfleisch verwendet und auch kalt als Vorspeise serviert wird. Dazu reicht man gewöhnlich *Risotto* (s. d.), vermischt mit grünen Erbsen und Würfeln von grünen Paprikaschoten. Auf diese Art können Artischockenherzen, Champignons, grüne Bohnen, Lauch, Zucchini, Zwiebeln usw. zubereitet werden.

**Griechischer Bauernsalat:** Salatmischung, hauptsächlich aus Gurken, Paprika, Oliven, Tomaten, Zwiebelringen und Schafskäse.

**Griechische Sauce:** Sauce für Fisch; eine mit Butter, Eigelb und Sahne aufgeschlagene *Fischvelouté* (s. d.), die mit Cayennepfeffer, Knoblauch und frischem Sauerampfer gewürzt wird.

**Griess:** geschälte und geschrotete Getreidekörner. Man unterscheidet Hartweizengrieß für Teigwaren u. a. und Weichweizengrieß für *Flammeri* (s. d.), sowie Maisgrieß für *Polenta* (s. d.) u. a.

**Griese Grete:** westfälische Süßspeise aus zerbröseltem Brot, vermischt mit Rosinen und Zucker und mit Buttermilch zur Suppe verdünnt.

**Griessflammeri:** Dessert aus Grieß, gekocht zusammen mit Wasser und Weißwein, mit Vanille aromatisiert, dann vermischt mit Eigelb, steif geschlagenem Eiweiß und Zucker und im Wasserbad pochiert. Der gestürzte Flammeri wird in der Regel mit Johannisbeersauce, die mit Kirschwasser *mazeriert* (s. d.) ist, serviert. Es gibt mehrere Rezepte, z. B. wird eine andere Art nur mit Grieß, Milch und Zucker, vermischt mit Gelatine und Eiweiß, bereitet.

**Griglia** *(ital.)*: Grill, Rost, *alla griglia* heißt auf Deutsch: auf dem Rost gebraten oder gegrillt.

**Grillade** *(franz.)*: auf dem Rost Gegrilltes.

**Grillé** *(franz.)*: gegrillt.

**Griottes** *(franz.)*: Sauerkirschen.

**Grissini** *(ital.)*: kleine, knusprige Weißbrotstange; im Piemont fertigen Bäcker bis zu 1,50 m lange Teigstangen.

**Grives** *(franz.)*: Drosseln oder Krammetsvögel.

**Grochówka:** *polnische* gelbe Erbsensuppe mit Graupen.

**Gröner Hein:** *Grüner Heinrich; schlesw.-holst.* Eintopf aus ganzen Birnen, grünen Bohnen und durchwachsenem Speck.

**Grönland-Shrimps:** s. *Tiefseegarnele.*

**Gröstl:** gebratene Kartoffeln vermischt mit Ei, Fleisch und Wurst, meist Blutwurst *(Österreich).*

**Groseille** *(franz.)*: Johannisbeere.

**Grosella** *(span.)*: tropische Frucht mit sternförmigem Querschnitt; wegen des hohen Säuregehalts meist zu Chutneys, Konfitüren etc. verarbeitet.

**Grosse pièce** *(franz.)*: das große Fleischstück, im Menü das Parade- und Hauptstück.

**Grosse Sapote:** *Mamey;* Frucht, ursprünglich aus dem tropischen und subtropischen Mittelamerika; heute auch in Australien und auf den Philippinen beheimatet. Rotes süßes Fleisch, nicht zu verwechseln mit der *Mammey* (Mammiapfel).

**Grosser Gelbfuss:** s. *Kuhmaul.*

**Grosser Hans:** s. *Jan im Sack*

**Grosskopf:** s. *Meeräsche.*

**Grossmutterart:** *à la grand-mère (franz.);* Garnitur für Fisch oder Geflügel. Fisch wird in Butter gebraten, mit brauner Butter, olivenförmig zugeschnittenen Kartoffeln, Petersilie, etwas Zitronensaft und glacierten Zwiebelchen gereicht. Geflügel dagegen wird mit Farce aus Brot, Geflügelleber, Petersilie und Räucherspeck gefüllt, gebraten und mit Kalbsjus, Olivenkartoffeln, Speckwürfeln und glacierten Zwiebelchen serviert.

**Grotterheini:** s. *Gröner Hein.*

**Grouse:** Moorhuhn aus den *schottischen* Hochländern.

**Gründling:** Grundel, kleiner Süßwasserfisch, der in fast allen europäischen Meeren beheimatet ist; delikates aber grätenreiches Fleisch; eignet sich hauptsächlich zum Backen.

**Grüne Bohnen:** grüne Fisolen (*österr.*); meist Busch- oder Stangenbohnen; s.a. *Bohnen.*

**Grüne Mandeln:** s. *Pistazien.*

**Grüner Hering:** s. *Hering.*

**Grüner Meerrettich:** s. *Wasabi.*

**Grüner Speck:** frischer Speck.

**Grüne Sauce:** eine weit verbreitete Sauce, die auf verschiedene Arten, aber immer mit zahlreichen Kräutern zubereitet wird. Verwendet werden z.B. Brunnenkresse, Bohnenkraut, Dill, Estragon, Kerbel, Petersilie, Sauerampfer, Spinat, Schnittlauch und Zwiebeln. Die Kräuter werden vermischt mit Mayonnaise oder Essig und Öl und meist noch mit hart gekochten und fein gehackten Eiern. Zum Schluss kann mit Cayennepfeffer, Zucker und Zitronensaft abgeschmeckt werden (s.a. *Frankfurter grüne Sauce, salsa verde* und *sauce verte*).

**Grüne Tigergarnele:** vom Mittelmeer bis in den Indischen Ozean vorkommende und im Ganges-Delta sogar gezüchtete große Garnele.

**Grüne Zwiebeln:** s. *Frühlingszwiebeln*.

**Grünkern:** aromareiches vollwertiges, noch unreif geerntetes Korn des Dinkels. Das Korn wird gedörrt und geschält; vornehmlich als Suppeneinlage, aber auch als Beilage wie Reis verwendet. Angeboten werden vom Grünkern *Graupen, grober Grünkern, Grünkernschrot* und *Grünkernmehl*.

**Grünkernsuppe:** eine badische Suppe, deren Hauptbestandteil geschroteter Grünkern ist.

**Grünkohl:** *Braunkohl, Blätterkohl, Blattkohl;* eine vitaminreiche Winterkohlart mit krausen Blättern, die nach dem ersten Frost am besten schmecken. Begleitet viele norddeutsche Gerichte.

**Grünkohl und Pinkel:** *Bremer* Traditionsessen, Hauptgang des *Schaffermahls*, Spezialität auch in *Niedersachsen, Schleswig-Holstein* und *Westfalen*. Deftiger Eintopf aus braungekochtem Grünkohl, Kasseler, Kochwürsten, frischem Speck, Schweinebacke, aber vor allem *Pinkel* (s. d.). Es gibt viele regionale Rezepte mit kleinen Unterschieden.

**Grünling:** *echter Ritterling, Grünreizker;* Speisepilz, der im Spätherbst in sandigen Kieferwäldern anzutreffen ist; als Gemüse und zum Einlegen geeignet.

**Grünreizker:** s. *Grünling*.

**Grütze:** Bezeichnung für geschälte und in verschiedenen Feinheitsgraden geschrotete Getreidekörner, z. B. von Buchweizen, Gerste, Grünkern, Hafer, Hirse usw.; dient vornehmlich für Suppen und Brei (s. a. *rote Grütze*).

**Grützwurst:** eine frische Schweinswurst, die hell mit Grütze und Brühe, dunkel mit Grütze, Blut, evtl. Leber, manchmal Rosinen und diversen Gewürzen zubereitet wird; zu Sauerkraut, Kartoffelpüree oder Apfelkompott (*Nord-* und *Nordostdeutschland*).

**Grumbeere:** *Grumbir; südwestdeutsche*, insbesondere *pfälzische* Bezeichnung für Kartoffel. Der Name kommt von dem Wort Grundbirne.

**Grumbeln** *(elsäss.)*: Kartoffeln.

**Grumbir:** s. *Grumbeere*.

**Grundel:** s. *Gründling*.

**Grundhai:** ein Seefisch aus dem Nordatlantik; wird als so genannter geräucherter Speckfisch angeboten.

**Grundsaucen:** Saucen, die Ausgangsbasis für andere Saucen bilden, wie die *espagnole, velouté* usw.

**Gruyère** *(franz.)*: s. *Greyerzer*.

**Gsälz:** südd. für Marmelade.

**Gschmackig:** österreichisches Lob für ein gutes Essen.

**Gschwellti** *(schweiz.)*: Pellkartoffeln.

**Gschwungener Nidel** *(schweiz.)*: Schlagsahne.

**Gschwollne:** s. *Wollwurst.*

**Gspritzter** *(österr.)*: 1/8 l Wein wird mit 1/8 l Sodawasser vermischt; s. a. *Schorle (-Morle).*

**Guacamole:** *mexikanisches* Avocadopüree aus Avocados, Essig oder Limettensaft, Olivenöl, Tomaten und Zwiebeln, gewürzt mit Chili, Knoblauch, Koriander, Pfeffer und Salz.

**Guanábana:** s. *Annone.*

**Guarkernmehl:** ein Dickungsmittel aus dem Samen der indischen Guarbohne.

**Guave:** *Guayave, Goiba (bras.)*; eine in den Tropen, besonders in Südamerika heimische, apfelförmige Frucht von hellgrüner bis hellroter Farbe mit grünem bis rosafarbenem, süßem und sehr aromatischem, an Quitten erinnerndem Fleisch; wird als Dessertfrucht, Marmelade, Nektar und Saft angeboten; Erntezeit von April bis August.

**Guayave:** s. *Guave.*

**Guchul Pan:** kleine koreanische Pfannkuchen, die meist mit Sesamsauce und verschiedenen Beilagen, wie Hackfleisch, Karotten, Rettich u. a. serviert werden.

**Gudek:** Reis wird zusammen mit unreifer *Jackfrucht* (s. d.) in süßlicher Sauce gekocht und mit Galgant, Knoblauch, Koriander u. a. gewürzt. Dazu reicht man Eier, Hühnerfleisch, Tofu, Schwarte vom Wasserbüffel u. a. *(Java).*

**Güggeli** *(schweiz.)*: Hähnchen.

**Gugelhopf glacé** *(franz.)*: eine Art Eisbombe in Gugelhupfform *(Elsass).*

**Gugelhupf:** *Kugelhupf, Napfkuchen;* bekannter, besonders im Elsass, in Österreich und in Süddeutschland beliebter Kuchen aus einem Hefeteig ähnlich dem *Babateig,* jedoch etwas geschmeidiger und mit etwas mehr Zucker zubereitet. Der Teig besteht aus Butter, Eiern, Hefe, Mehl, Milch, Rosinen, Rum und Zitronenschale. Er wird in einer speziellen hohen Kranzform gebacken, die zuvor mit gehackten oder ganzen Mandeln und evtl. Sultaninen ausgestreut wird. Der fertige Kuchen wird manchmal noch mit Mandelstiften gespickt. Die Rezepte sind regional verschieden.

**Guggumere** *(schweiz.)*: Gurke.

**Guineahuhn:** ein ursprünglich aus Westafrika stammendes Wildhuhn

**Guineapfeffer:** *Aschantipfeffer;* getrocknete Samen des zentralafrikanischen Pfefferbaumes, lokal wie Pfeffer verwendet; s. a. *Malagueta-Pfeffer* u. *Paradieskörner.*

**Guisado** *(span.)*: Gulasch oder Ragout vom Hammel oder Rind mit anderen Zutaten.

**Guisos** *(argentin.)*: Eintöpfe.

**Gulasch:** *(ung. Gulyás = Rinderhirte),* das bekannteste Fleischgericht aus Ungarn. Ursprünglich wurde Gulasch nur mit großen Rindfleischwürfeln im eigenen Saft gedünstet und mit reichlich Paprika und Zwiebeln versehen. Im Lauf der Zeit sind zahlreiche Abwandlungen entstanden, die mit dem ursprünglichen Gulasch wenig gemein haben. Erwähnt seien z. B. *Filetgulasch, Lammgulasch* und *Rahmgulasch*. Neben Fleisch wurden als weitere Zutaten Kartoffelwürfel, grüne Paprikaschoten und Tomaten üblich. Manchmal gibt man auch einen trockenen Nudelteig hinein, den man Stück für Stück zwischen Daumen und Zeigefinger zerreibt. Gewürzt wird mit Knoblauch, Kümmel, Paprika, Pfeffer, Salz u. a. Der Unterschied zu *Paprikás* (s. d.), *Pörkölt* (s. d.) und *Tokány* (s. d.) besteht darin, dass für *Paprikás* auch Fisch, Huhn, Kalb- oder Lammfleisch verwendet werden kann und die dicke Sauce mit saurer oder süßer Sahne oder einer Mischung von beiden bereitet wird. *Pörkölt* enthält ebenfalls fein geschnittene Zwiebeln, Paprika und Fleisch, größere und fettere Stücke von Gans, Ente, Hammel, Kalb, Schwein oder Wild. Beim *Tokány* (s. d.) schließlich wird das Fleisch meist rechteckig geschnitten. Dazu kommen gewöhnlich saure oder süße Sahne, Pilze, Petersilienwurzeln, Spargelspitzen usw. Gulasch heißt in der Schweiz auch Voressen.

**Gül-recel** *(türk.)*: Rosenmarmelade.

**Gulyásleves** *(ung.)*: ungarische Gulaschsuppe. Nach dem Originalrezept werden Zwiebeln goldbraun gedünstet, Fleischwürfel vom Wadenfleisch des Rindes hinzugefügt und geschmort. Später kommen gewürfelte Karotten, Kartoffeln, Paprika, Sellerie, Tomaten und Zwiebeln hinzu; gewürzt wird mit Knoblauch, Kümmel und viel Paprikapulver.

**Gumbo:** s. *Okra;* auch Name eines *kreolischen* Suppeneintopfes mit vielen Abwandlungen. Verwendung finden z. B. Krustentiere aller Art, Muscheln, Kichererbsen, Paprika, Tomaten und Zwiebeln, in Hühnerbrühe gegart. Gewürzt wird mit Cayennepfeffer, Estragon, Knoblauch, Lorbeer usw.; heute überall in den *Südstaaten* der *USA*.

**Gummeli** *(schweiz.)*: Kartoffeln.

**Gundelkraut:** s. *Thymian*.

**Gundermann:** Küchenwürzkraut mit minzeartigem Geruch und bitterem Geschmack *(Europa, Asien, Nordamerika)*.

**Gung** *(vietn.)*: s. *Ingwer*.

**Gunkan-Maki** *(jap.)*: sushiartige Vorspeise aus Sushi-Reis, Reisessig, Gurke, Wasabipulver, Ingwer u. a., außerdem Noriblätter zum walzenförmigen Umwickeln und Forellenkaviar zum Bedecken.

**Gunpowder:** stark teeinhaltiger Grüntee aus China und Taiwan, dessen zusammengerollte Blattform an kleine Schrotkugeln erinnert, daher der Name; s. a. *Marokkanischer Tee*.

**Gurjeffski Kascha:** eine mit der *Kascha* (s. d.) verwandte Nachspeise aus einer Mischung von Butter, Eigelb, Grieß und vanillierter Milch sowie mit Likör *mazerierten* (s. d.) Früchten, verziert mit gehackten Mandeln und Zucker und mit Aprikosensauce serviert (*Russland*).

**GURKENKRAUT:** s. *BORRETSCH* und *DILL*.

**GURKE:** Frucht aus der Kürbisfamilie; sehr kalorienarm, basen- und wasserreich. Es gibt sehr viele verschiedene Sorten, die ganz unterschiedlich in der Küche Verwendung finden, z. B. sauer eingelegt, geschält als Pfeffer- oder Senfgurke, als Bestandteil von *MIXED PICKLES* (s. d.), als Schmorgurke u. a.

**GÜSTER:** Blik; karpfenartiger Süßwasserfisch, der in langsam fließenden oder stehenden Gewässern Europas lebt; eignet sich zum Braten und Grillen.

**GUTER HEINRICH:** Wildkraut, aus der Mode gekommenes, wie Spinat verwendetes Blattgemüse mit viel Eisen und Vitaminen.

**GÜVEÇ:** *türkischer* Reiseintopf mit Fleisch- und Gemüse, dazu wird Joghurt serviert.

**GWICHSTE:** *bayerische* Knödel, hauptsächlich aus Roggenmehl und Wasser.

**GYROS:** geschichtetes und zusammengepresstes Fleisch, das vertikal am Grillspieß rotiert, bei dem die jeweils garen Außenschichten abgeschabt und hauptsächlich mit Tsatsiki und Zwiebeln serviert werden. Ursprünglich aus *Griechenland* und der *Türkei*, wo das Produkt *DÖNER KEBAB* (s. d.) heißt.

**GYUNIKU TERIYAKI** *(jap.)*: s. *TERIYAKI*.

**Haarsieb:** Sieb aus feinstem Draht.

**Haarwild:** Wild, das ein Fell hat; im Gegensatz zum Federwild.

**Habañero:** *Habañeros* gehören zu den schärfsten Chilis; etwa 4 cm im Durchmesser, je nach Reifegrad dunkelgrün bis rot, laternenförmig.

**Habichtspilz:** *Rehfelchen;* Speisepilz, nur jung schmackhaft, vorwiegend im Herbst in Kieferwäldern.

**Haché** *(franz.)*: s. *Hachis.*

**Hachis:** klein Gehacktes (s. a. *Haschee).*

**Hachse:** Haxe, s. *Schweinshaxe.*

**Hack:** Hackfleisch in Form von durch den Fleischwolf gedrehtem, gehacktem oder geschabtem Fleisch, regional auch *Hackepeter* (s. d.) oder *Mett* (s. d.) genannt, wenn es vom Schwein stammt und kräftig gewürzt ist.

**Hackbraten:** *Falscher Hase, polpettone (ital.), Wiener Hackbraten;* bekanntes Fleischgericht meist in Brotform, bereitet aus Rinder- und Schweinehackfleisch, altbackenen Brötchen oder Semmelmehl, Eiern, Gewürzen, Zwiebeln u. a.

**Hackepeter:** gewürztes, rohes, durch den Fleischwolf gedrehtes Schweinefleisch, eine Berliner Spezialität.

**Hacksteak:** s. *Buletten.*

**Haddock** *(engl.)*: Schellfisch.

**Häcker-Brotzeit:** *fränkisches* Vesper, hauptsächlich aus Schweinerippchen, Wurst und geräuchertem Schinken.

**Häckerle:** ein typisch *schlesisches* Gericht, das hauptsächlich zu Pellkartoffeln gereicht wird. Es handelt sich um eine Mischung aus klein geschnittenen Salzheringen, Äpfeln und hart gekochten Eiern, angemacht mit saurer Sahne und Senf, mit Pfeffer und Zucker gewürzt.

**Hägenmark:** s. *Hagebutten.*

**Hähnchen:** s. *Huhn.*

**Hähnchen Marengo:** sautiertes Hähnchen, nappiert mit einer Sauce, die aus dem mit Weißwein abgelöschten Bratensatz, Champignons, Kalbsjus, Knoblauch, Tomaten, Tomatenpüree und Zwiebeln bereitet wird. Garniert wird mit Eiern, Krebsen, Petersilie u. a.

**Hämmchen met suure Kappes** *(kölsch)*: Hinterhaxe vom Schwein, gepökelt, gekocht und dann gegrillt, mit Sauerkraut und Erbsenpüree.

**Härdöpfel** *(schweiz.)*: Kartoffeln

**Hafekäs:** *oberrheinischer* Sauermilchkäse.

**Hafer:** wertvolles Getreide, das u. a. zu Brei, Brot, Flocken und Suppen verarbeitet wird.

**Hagebutte:** *Hägen (süddt.);* Scheinfrucht der wilden Heckenrose mit glänzend roter Schale und haarigen Samenkörnern, sehr vitaminreich. Die Schalen werden u. a. zu Saft, Saucen,

Alkohl, Konfitüre (so genanntes *Hägenmark)* verarbeitet.

**Hagelzucker:** grober Kristallzucker.

**Haggis:** s. *Scotch Haggis.*

**Haggis bannocks:** s. *Scotch haggis.*

**Hahnenkamm:** roter Kopfschmuck des männlichen Geflügels. Früher beliebte Schlemmergarnitur, vornehmlich für Vor- oder Zwischengerichte. Den Namen *Hahnenkamm* trägt auch ein mit Nussmasse gefülltes Blätterteiggebäck und ein Speisepilz (s. *Bärentatze).*

**Hahp** *(thail.)***:** ursprünglich Bambusrohre, an deren Enden je ein Korb mit Lebensmitteln und Kochgeschirr hängt. Heute werden auch mobile Restaurants in Thailand, die sog. *Street Food* verkaufen, so bezeichnet.

**Haifisch:** aus der Familie der Knorpelfische. Von den etwa 250 Arten sind nur einige Speisefische, so *Heringshai, Dornhai,* der bei uns als *Seeaal* oder *Schillerlocke* auf den Markt kommt, *Katzenhai, Makrelenhai* und *Blauhai,* letzterer gilt vor allem in Japan als Delikatesse (s. a. *Dornhai).*

**Haifischflossen:** getrocknete Knorpel von Haifischflossen, hauptsächlich für Suppen.

**Haifischflossensuppe:** klare *chinesische* Suppe aus Hühnerbrühe und der Rückenflosse verschiedener Haie. Bei uns gibt es Haifischflossen getrocknet.

**Hájdučki čevap:** Spießgericht aus dem *ehemaligen Jugoslawien* mit zahlreichen Rezepten. Beispiel: Kalbsfilet, Lammfleisch, Rinderfilet und Schweinefilet werden mit kleinen Zwiebelchen auf dem Spieß gebraten und mit *Duveč* (s. d.) angerichtet.

**Hákarl** *(isländisch)***:** Haifischfleisch.

**Halászlé:** eine bekannte *ungarische* Fischsuppe, zu der allerlei Fische, hauptsächlich Süßwasserfische, wie Schill, Wels u. a. in einer Brühe aus Wasser, Weißwein, Tomaten und angeschwitzten Zwiebeln gegart werden. Gewürzt wird mit Knoblauch und scharfem Paprika.

**Halbblätterteig:** für manches Backwerk wird ein leichterer als der gewöhnliche Blätterteig benötigt. Dazu werden gleichviel Butter und Mehl verwendet und dem Teig nur 2–3 Touren gegeben. Dient z. B. für Apfeltaschen, Dreikönigskuchen, Käsestangen u. a. Als Halbblätterteig wird aber auch ein Teig bezeichnet, der aus Resten echten *Blätterteigs* (s. d.) besteht.

**Halbdurchgebraten:** *demi-anglais (franz.), medium (engl.), à point (franz.);* Garstufe beim Fleisch; das Fleisch hat nur noch einen rosafarbenen Kern, während es im Übrigen durchgebraten ist.

**Halbfester Schnittkäse:** nach der deutschen Käseverordnung muss er mindestens 44 % Trockenmassegehalt haben. Zu dieser Gruppe gehören u. a. die Innenschimmelkäse wie

*Roquefort* (s. d.), *Stilton* (s. d.), *Port-Salut* (s. d.) usw.

**Halbgefrorenes:** auch *Parfait* genannt. Eine gefrorene Mischung aus Schlagsahne und Geschmackszutaten aller Art.

**Haldi** *(ind.)*: s. *Gelbwurz*.

**Halia** *(malaiisch)*: s. *Ingwer*.

**Hallacas:** Bananenblätter, gefüllt mit einer Farce aus Maismehlbrei, Hühnerfleisch, Kapern, Paprikaschoten, Oliven, Schweinefleisch, Sultaninen, Tomaten und Zwiebeln, gewürzt mit Chili, Essig, Knoblauch und Salz; es gibt zahlreiche Variationen *(Venezuela)*.

**Hallimasch:** *Honigpilz;* Speisepilz, der büschelweise in Nadelwäldern, besonders auf Baumstümpfen, wächst; Ende Oktober und November. Als Gemüse und zum Einlegen geeignet.

**Haloumi:** ursprünglich aus *Zypern* stammender halbfester, meist aus Ziegenmilch hergestellter milder Käse zum Grillen.

**Hals:** Fleischstück unmittelbar hinter dem Kopf der Schlachttiere, beim Rind auch *äußeres Blatt, Gratstück, Kammstück, Nacken, Dicke Rippe, Stich* usw. genannt; zum Kochen und Schmoren geeignet. Der Hals des Kalbes hat ebenfalls mehrere Bezeichnungen wie *Kamm, Stich* usw. Er wird zum Kochen, für Frikassee, Gulasch usw. verwendet. Der Schweinehals heißt auch *Kamm, Nacken, Roulade, Zungenstück* usw., sehr gut zum Grillen und außerdem für Sauerbraten u. a. geeignet. Der Hals vom Hammel, auch *Nacken* genannt, wird gebraten und für Eintöpfe, *Stews* (s. d.) u. a. m. verwendet.

**Halsgrat:** beim Rind das zwischen dem Hals und der Hochrippe sitzende Fleischstück, auch *Kamm, Siegelstück* oder *Zungenstück* genannt; u. a. für Fleischfondue und Sauerbraten geeignet. Beim Kalb und beim Schwein ist der Begriff gleichbedeutend mit Hals.

**Halva:** *Halwa;* eine nahezu im ganzen Orient und in den Balkanländern zu findende Süßspeise mit zahlreichen Rezepten. In *Indien* und *Pakistan* z. B. wird Halva aus Grieß, Kürbisfleisch, Linsen, Möhren oder Weizen hergestellt, die zu einem Sirup gekocht werden. Zur Herstellung von Kürbishalva z. B. verwendet man gewiegtes Kürbisfleisch, das mit Milch und braunem Zucker zusammen steifgekocht wird, dann werden Butter, Kokosnussflocken, Mandeln und Rosinen hinzugefügt. Alles wird weiter gekocht, bis zur schnittfesten Konsistenz. Zum Schluss wird mit Kardamom, Muskat oder Safran bestreut und mit Mandeln und Pistazien verziert. Im ehemaligen *Jugoslawien* gibt es eine Variante aus geröstetem Grieß und Mandeln, vermischt mit Butter und Zucker. Grieß und Mandeln werden leicht angeröstet und mit kochendem Wasser, in das man Butter und Zucker gegeben hat, aufgefüllt und unter ständigem Rühren so lange gekocht, bis die Masse dick ist. Nach einem anderen Rezept werden verschiedene Arten gemahlener Nüsse mit karamellisiertem Zucker vermischt und mit einer schaumig gerührten Masse aus Butter, Eigelb, Kakao und Zucker zu einer steifen Creme verrührt. Eine nach einem speziellen Rezept bereitete Halva wird auch *Türkischer Honig* genannt und bei uns hauptsächlich auf Jahrmärkten angeboten. Es handelt sich um eine Mischung aus Eiweiß, Haselnüssen, Honig, kandierten Früchten, Sesam, Walnüssen und Zucker, aromatisiert mit Rosenwasser. Aus Honig, Wasser und Zucker wird ein Sirup gekocht, unter den steif geschlagenes Eiweiß gezogen wird. Zum Schluss werden Früchte, Nüsse und Rosenwasser zugegeben.

**Halver Hahn:** *Rheinische* Spezialität; ein halbes Roggenbrötchen, u.a. belegt mit altem Gouda und Senf; in *Düsseldorf* mit Handkäse.

**Halwa:** s. *Halva*.

**Ham** *(engl.)*: s. *Schinken*.

**Hamal** *(arab.)*: Lamm.

**Ham and eggs** *(engl.)*: Schinken mit Eiern.

**Hamantaschen:** *jüdische*, besonders am Purimfest gegessene Backware; mit Quark-, Mohn- oder Pflaumenmus gefüllte Teigtaschen.

**Hamburger:** gebratene flache *Buletten* (s.d.) aus gut gewürztem, mit Sahne gebundenem Rinderhackfleisch, zwischen Brötchenhälften oder Weißbrotscheiben gereicht (*USA*).

**Hamburger Aalsuppe:** in einer Fleischbrühe werden grüne Erbsen, klein geschnittene Möhren, Petersilienwurzeln, Sellerie und Zwiebeln gegart. In diese Brühe, die man mit einer weißen *roux* binden kann, gibt man bereits gegarte Aalstücke, Backobst und *Schwemmklösse* (s.d.). Gewürzt wird mit Bohnenkraut, Basilikum, Majoran, Petersilie und Thymian sowie Johannisbeersaft *(Deutschland)*.

**Hamburger-Enten:** s. *Enten*.

**Hamburger Küken:** 6–8 Wochen alte gemästete Küken.

**Hamburger Mehlklüten:** s. *Klüten*.

**Hamburger National:** ein Gericht aus karamellisierten Steckrüben und Schweinebauch.

**Hamburger Plockfinken:** s. *Plockfinken*.

**Hamburger Rauchfleisch:** s. *Rauchfleisch*.

**Hamburger Sauerbraten:** s. *Sauerbraten*.

**Hamine-Eier:** orientalische Eierspezialität. Die Eier werden stundenlang bei niedriger Temperatur in einer Zwiebelbrühe gekocht, wobei das Eiweiß cremig wird und eine hellbraune Farbe annimmt.

**Hamme** *(schweiz.)*: gekochter Schinken.

**Hammel:** *Schöps*; kastrierter Schafsbock, liefert in jungen Jahren sehr zartes Fleisch, bei uns etwas vom Lammfleisch verdrängt.

**Hammelkotelett:** Scheibe des gespaltenen Hammelrückens mit Rippenknochen, zum Braten und Grillen.

**Hammelmöhre:** s. *Pastinake.*

**Hammelnüsschen:** s. *Lammnüsschen.*

**Hammelschnitzel:** dünne Scheiben aus der Hammelkeule.

**Hammelschulter:** s. *Schlachtfleisch.*

**Handkäse:** Sauermilchkäse, ursprünglich von Hand geformt, wie der *Harzer Handkäs* oder *Mainzer Handkäs;* mit Kümmel und Pfeffer serviert.

**Handkäs mit Musik:** mit Essig und Öl, Zwiebeln, Pfeffer und Salz, manchmal auch mit Kümmel angemachter Handkäse (*Hessen*).

**Hanh la** *(vietn.)*: Frühlingszwiebeln.

**Hannoversche Plochfinken:** s. *Plochfinken.*

**Hansa:** fest kochende Kartoffelsorte, so genannte Salatkartoffel.

**Haoyou** *(chin.)*: s. *Austernsauce.*

**Hareng** *(franz.)*: s. *Hering.*

**Hareng gendarme** *(franz.)*: stark gesalzener und geräucherter Hering, in Frankreich meist als *Hors d'œuvre (s.d.)* gereicht.

**Hari chutney ka pulao:** *indischer Pilaw* (s.d.) aus Reis und Kartoffeln, gewürzt mit Chili, Kokosnuss, Minze, Nelken, Zimt u.a.

**Haricots** *(franz.)*: Bohnen.

**Haricots verts** *(franz.)*: grüne Bohnen, insbes. *Prinzessbohnen* (s.d.).

**Harira:** *jüdische* Fastensuppe mit Lammfleisch und Linsen; aber auch einer der bekanntesten marokkanischen Eintöpfe, der hauptsächlich aus Kichererbsen, Lammfleisch, Linsen, Tomaten und Zwiebeln besteht. Gewürzt wird mit Knoblauch, Kreuzkümmel, Koriander und Zitrone u.a., gebunden wird mit verquirlten Eiern oder Mehl und Hefe. Es gibt zahlreiche Variationen.

**Harissa:** sehr scharfe Gewürzpaste, hauptsächlich aus scharfen Chilischoten (frisch oder getrocknet), Knoblauch, Kreuzkümmel, Koriander, Minze, Salz, evtl. anderen orientalischen Gewürzen und Olivenöl *(Marokko, Tunesien, Algerien),* s.a. *Bisbas.*

**Hartweizengriess:** feinkörnig gemahlene Körner des Hartweizens, einer vor allem im Mittelmeergebiet, in Nordafrika und in tropischen Steppengebieten angebauten Weizenart mit harten Körnern; in den arabischen Ländern hauptsächlich für *Couscous* (s.d.) verwendet und in Italien Hauptbestandteil der *Pasta* (s.d.).

**Hartwurst:** laienhafte Bezeichnung für harte, schnittfeste Wurst wie Landjäger, Salami usw.

**Harusame:** die *jap.* Version der chinesischen *Cellophan-Nudeln,* feine, durchsichtige Nudeln, hauptsächlich aus Mungobohnenmehl.

**Harzer Handkäse:** s. *Handkäse*.

**Harzer Käse:** mithilfe von Milchsäurebakterien wird aus Magermilch Sauermilchquark hergestellt und zu Käsespezialitäten weiterverarbeitet, wie *Harzer Roller;* ähnlich *Mainzer Handkäse, Olmützer Quargel* u.a. (s.a. *Handkäse*).

**Has im Topf:** eine bekannte *rheinische* Wildspezialität mit Variationen. Ein Beispiel: Ein in Stücke geschnittener Hase wird mit Roggenbrot und Schweinebauch bedeckt und mit braunem Fond und Rotwein übergossen, mit Essig gewürzt und im Ofen gedünstet. Die Sauce wird mit Hasenblut und saurer Sahne abgerührt. Dazu Kartoffelklöße.

**Haschee:** fein gehacktes Fleisch, Fisch, Geflügel, Innereien usw. in entsprechender Sauce. Haschee wird meist aus bereits gegartem Material hergestellt.

**Haschieren:** fein hacken oder durch den Wolf drehen.

**Hase:** wild lebendes Nagetier mit aromatischem Fleisch. Waldhasen schmecken besser als *Feldhasen* (s.d.) und dürfen nie frisch zubereitet werden, sondern müssen mindestens eine Woche im Fell abhängen. Bei jungen Hasen lassen sich die Löffel (=Ohren) ohne Anstrengung einreißen, außerdem sind die Zähne weiß und spitz, bei alten Hasen abgeschliffen und dunkel.

**Haselhuhn:** selten angebotenes, in Wäldern beheimatetes Wildgeflügel mit magerem wohlschmeckendem Fleisch, das wie Rebhuhn zubereitet wird.

**Haselnuss:** beliebte Frucht des Haselnussstrauches, mit köstlichen Geschmack und hohem Fettgehalt; Bestandteil von *Krokant* (s.d.), *Nougat* (s.d.), *Studentenfutter* (s.d.) u.v.a.

**Hasenpfeffer:** *civet de lièvre (franz.);* eine Wildspezialität mit Variationen. Grundsätzlich wird ein in Rotweinmarinade gebeizter Hase portioniert, in Mehl gewendet und mit magerem Speck, Knoblauch und Schalotten angebraten. Dann werden Johannisbeergelee, Lorbeer, Rosmarin, Thymian und Weinbrand dazugegeben und das Ganze geschmort. Zum Schluss wird mit Pfeffer und Zitronensaft abgeschmeckt und das Hasenblut, das man mithilfe von Essig vor Gerinnung schützt, unter die Sauce gerührt.

**Hasenrücken:** s. *Râble de lièvre*.

**Haspel:** gekochtes Eisbein (*Hessen*).

**Hâtelet** *(franz.)*: alte Bezeichnung (aus dem 17. Jh.) für *Brochette* (s.d.). Kleine Spießchen zum Verzieren von Speisen aller Art, oft bestückt mit Krebsschwänzchen, Oliven u.a.

**Häuptlsalat** *(österr.)*: Kopfsalat.

**Hausen:** *Beluga (russisch);* größter Störfisch von einer Länge bis zu 9 m, aus dem Kaspischen und Schwarzen Meer. Sein Rogen liefert den berühmten Belugakaviar.

**Hausfrauenart:** *bonne femme (franz.);* eine Garnitur für Fisch mit *Fischvelouté* (s.d.), Champignonscheiben, Petersilie und Schalotten.

**Haushofmeisterart:** *à la maître d'hôtel (franz.);* Garnitur für Gegrilltes mit Brunnenkresse, Pommes frites oder aufgeblähten Kartoffeln und Kräuterbutter.

**Haushofmeisterbutter:** s. *Beurre maître d' hôtel.*

**Haushofmeister-Kartoffel:** s. *Pommes à la maître d'hôtel.*

**Haushofmeistersauce:** s. *Sauce maître d' hôtel.*

**Hausmacher-Art:** nach hauseigenen Metzgerrezepten zubereitete Würste und Wurstprodukte.

**Haute cuisine:** Spitzengastronomie in Küche und Keller.

**Hautgoût** *(franz.)***:** der strenge Geruch und Geschmack des Wildes oder Wildgeflügels, das längere Zeit im Fell oder Federkleid abgehangen wurde.

**Havarti:** halbfester *dänischer* Schnittkäse, milder bis würziger Geschmack, je nach Alter, eine Tilsitersorte.

**Hawayij:** eine scharfe Gewürzmischung aus dem *Jemen* mit Piment, Kümmel, schwarzem Pfeffer und Kardamom.

**Haxe:** s. *Schweinshachse.*

**Hazelnut** *(engl.)***:** Haselnuss.

**Hecht:** *Schnock;* europäischer Süßwasserraubfisch mit sehr geschätztem, aber grätenreichen Fleisch.

**Hecht auf Badische Art:** den ausgenommenen und geschuppten Fisch salzen, pfeffern und anbraten. Später Zwiebeln und Butter hinzufügen. Der gegarte Fisch wird mit Petersilie bestreut und mit Zitronensaft beträufelt. Der Fond wird mit Rahm vermischt und über den Fisch gegeben.

**Hechtdorsch:** s. *Seehecht.*

**Hechtenkraut:** s. *Fastenkraut.*

**Hecht in Bier gedünstet:** *stikă na pivă (tschech.), böhmische* Fisch-Spezialität. Der mit Ingwer, Salz und Zucker gewürzte Hecht wird in Bier gegart. Aus Bier, der Garflüssigkeit und Rahm wird eine Sauce bereitet, die mit Mandeln vermischt über den Fisch gegeben wird. Dasselbe Rezept kann auch auf Aal oder Karpfen angewendet werden.

**Hechtklösschen:** Klößchen aus Hechtschaumfarce, meist mit einer Hummersauce (s. *Sauce Homard)* nappiert. Schieres Hechtfleisch wird püriert und mit Eiern und Panade vermischt, gewürzt und gut gekühlt. Zum Schluss wird süßer Rahm untergemengt. Die geformten Klößchen werden in Salzwasser oder Fischfond pochiert.

**Hefe:** *Germ (österr.), Gest;* ein Nutzpilz, der zum Vergären von Zucker zu Alkohol und zum Aufgehen von Teigen führt.

**Hefekranz:** ein Brioche- oder Hefeteig-Gebäck in Kranz- oder Zopfform.

**Hefeteig:** ein aufgegangener Vorteig aus Mehl, Milch oder lauwarmem Wasser, Hefe und einer Prise Zucker wird mit Eigelb oder Eiern, weiterem Mehl, Milch, etwas Salz und zuletzt mit zerlassener Butter verarbeitet und nochmals gehen gelassen.

**Hefevorteig:** *Dämpfl (österr.);* Teigansatz mit Mehl, Hefe, lauwarmem Wasser oder Milch und etwas Zucker.

**Heidegrütze:** in Wasser gekochtes Buchweizenschrot *(Niedersachsen* und *Russland);* u.a. für Pfannkuchen.

**Heidelbeeren:** *Blaubeeren, Heiti (schweiz.), Schwarzbeeren, Blickbeeren (Nordd.);* in ganz Europa verbreitetes Heidekrautgewächs mit erbsengroßen, blauschwarzen Beerenfrüchten. Kultivierte Heidelbeeren sind süßsauer im Geschmack, die wilden Waldheidelbeeren jedoch sind viel geschmacksintensiver und enthalten mehr Vitamine und Mineralstoffe.

**Heidenkorn:** s. *Buchweizen.*

**Heidenmehl** *(österr.)*: Buchweizenmehl

**Heidensterz:** *österreichisches* Gericht, vor allem aus Buchweizenmehl und Grieben (dort Grummeln genannt).

**Heidesand:** deutsches Kleingebäck aus Butter, Mehl, Milch, Zucker, Salz und Vanillezucker, wird vor allem in der Vorweihnachtszeit gebacken.

**Heidschnucken:** kleine Schafrasse mit grauen Hörnern, zumeist aus der *Lüneburger Heide,* besonders zartes mageres Fleisch mit leichtem Wildgeschmack.

**Heilbutt:** größter zur Familie der Schollen gehörender Plattfisch aus dem Norden mit sehr wohlschmeckendem Fleisch; zum Braten, Grillen, Beizen und Kochen geeignet.

**Heiti** *(schweiz.)*: Heidelbeeren.

**Hela:** fest kochende Kartoffelsorte.

**Heller Fond:** s. *Fond.*

**Heller Kalbsfond:** s. *Fond.*

**Helmbohne:** *Ägyptische Bohne, Lablab-Bohne* u.a.; vor allem in Afrika und Asien, aber auch Mittel- und Nordamerika angebaute Bohnensorte mit großem Formenreichtum und verschieden farbigen Samen.

**Hendljunges** *(österr.)*: Hühnerklein.

**Herbadox:** industriell hergestellte, starke Kräuter- und Gewürzreduktion.

**Herbes** *(franz.)*: Kräuter.

**Herbes de Provence** *(franz.)*: s. *Provence-Kräuter.*

**Herbstblattl:** s. *Graukappe.*

**Herbstlorchel:** gekröseförmiger Speisepilz von fast weißer Farbe, an den Rändern der Waldwege und in Laub- und Mischwäldern im Spätsommer und Herbst zu finden. Roh giftig!

**HEREFORD-RINDER:** s. *SCHLACHTFLEISCH.*

**HERING:** *hareng (franz.), arenque (span.);* sehr wertvoller Fisch mit wohlschmeckendem Fleisch. Kommt im Nordatlantik in großen Schwärmen vor. In der Nordsee und in der Ostsee wird auch die kleinere Form, die *Strömling* genannt wird, gefangen. Der Hering wird in mannigfacher Zubereitungsart angeboten. *Grüner Hering* z.B. wird der frische Hering genannt, der am besten frittiert, gegrillt oder nach *MÜLLERIN ART* (s.d.)zubereitet werden kann, dazu eine würzige *SAUCE RÉMOULADE* (s.d.). Der *Bismarckhering* ist ein in einer würzigen Essigmarinade eingelegter Hering ohne Kopf und entgrätet. *Bückling* nennt man den geräucherten Hering, *Brathering* den kopflosen panierten, dann gebratenen und zum Schluss marinierten Hering. *Matjes-Hering* ist ein besonders zarter, junger Hering, der noch keine Milch bzw. Rogen besitzt und von Mitte Mai bis Anfang Juni gefangen wird. Er wird wegen seiner leichten Verderblichkeit gesalzen oder mariniert angeboten. *Rollmöpse* sind in Essig marinierte, gewürzte und gerollte Heringsfilets, die üblicherweise mit einem Stück Gurke und/oder einer Zwiebelscheibe gefüllt und durch ein Holzspießchen zusammengehalten werden. Vollheringe nennt man die Heringe kurz vor dem Laichen (*Milchner* = männlich, *Rogner* = weiblich).

**HERINGSFISCH:** s. *HERINGSKÖNIG.*

**HERINGSHAI:** ein Haifisch, der vor allem auf beiden Seiten des nördlichen Atlantiks, im Südpazifik und in der Nordsee vorkommt. Als Speisefisch wegen seines festen Fleisches sehr begehrt, da es im Geschmack dem Kalbfleisch ähnelt, wird er oft auch als *Kalbfisch* angeboten.

**HERINGSKÖNIG:** *Heringsfisch, John Dory, Martinsfisch, Petersfisch, Saint-Pierre, Sonnenfisch;* besonders im Mittelmeer, um Australien, Japan und in den Küstengewässern des Ostatlantiks verbreiteter, schollenähnlicher Fisch (mit nach oben gerichtetem Mund), mit außerordentlich schmackhaftem und deshalb sehr geschätztem Fleisch, das einem Vergleich mit dem der Seezunge durchaus standhält. Alle Rezepte für Seezunge und Steinbutt sind anwendbar.

**HERINGSMILCH:** Sperma des so genannten vollreifen Herings.

**HERINGSSTIPP:** Streifen von Salz- oder Matjeshering mit Zwiebel und Apfelscheiben in einer gewürzten Sahnesauce.

**HERRENPILZ:** s. *STEINPILZ.*

**HERVE KAAS:** *Fromage d'Herve;* ein Kuhmilchweichkäse mit braungelber bis orangeroter Schmiere, mit starkem Geruch und pikantem Geschmack *(Belgien).*

**HERZMUSCHELN:** *palourdes (franz.);* eine essbare Muschel mit strahlenförmig gerieften Schalen. Das Tier ist in fast allen Meeren verbreitet. Im Allgemeinen werden diese Meeresfrüchte roh verzehrt, doch können sie auch wie Miesmuscheln bereitet werden.

**Herzoginart:** *à la duchesse (franz.)*; eine Garnitur für Schlachtfleisch und Geflügelgerichte, bestehend aus *Herzoginkartoffeln* (s. *Pommes de terre Duchesse*) und getrennt gereichtem Jus.

**Herzoginkartoffeln:** s. *Pommes de terre duchesse (franz.)*.

**Herzogin-Sauce:** *Béchamelsauce* (s. *Sauce Béchamel)* wird mit Champignonfond vermischt, mit Butter und Sahne aufgeschlagen und mit Cayennepfeffer und Zitronensaft gewürzt. Zum Schluss werden Würfel von Schinken oder Zunge und Champignons beigefügt. Hauptsächlich für Eier und Geflügel.

**Herzschlagsuppe:** Suppe aus Brühe, Graupen, Kartoffeln, Möhren, Porree, Zwiebeln, Kalbfleisch, Kalbsherz und Kalbslunge und gewürzt mit Petersilie und Pfeffer *(Mecklenburg-Vorpommern)*.

**Hesse:** Fleisch von den Waden des Kalbes oder Rindes; zum Kochen und für Gulasch geeignet. Aber auch die ganze Hachse wird oft *Hesse* genannt.

**Heurige** *(österr.)*: Frühkartoffeln

**Heuriger** *(österr.)*: junger Wein, in *Süddeutschland* in Besenwirtschaften angeboten. Auch Bezeichnung für Buschenschank *(österr.)*.

**Heuriges Backhuhn:** s. *Backhuhn*.

**Heuschreckenkrebs:** eine Krebsart aus dem Mittelmeer, die auf den Fischmärkten Italiens, Spaniens und Portugals angeboten wird und deren Aussehen an eine Gottesanbeterin erinnert.

**Hibachi:** ein aus *Japan* stammender, mit Holzkohle betriebener Tischgrill.

**Hibes** *(türk.)*: Sesampüree aus *Tahini* (s.d.) und Knoblauch, gewürzt mit Kreuzkümmel, Salz und Zitrone, gebunden mit Öl.

**Hickorynuss:** s. *Pecannuss*.

**Hierba santa** *(span.)*: ein mexikanisches Küchenkraut mit leichtem Fenchelgeschmack.

**Highballs:** Mixgetränke aus Alkohol nach Wahl, vermischt mit Soda und mit Eis serviert; die Gläser werden in der Regel mit einer Zitronenspirale verziert.

**Higo** *(span.)*: Feige.

**Hijiki:** eine Meeralge, die von den Japanern frisch als Gemüse genossen, bei uns als getrockneter, gepresster Block angeboten wird (vor Gebrauch 30 Minuten einweichen).

**Hilbeh:** scharfe jemenitische Sauce aus Bockshornklee, Chili, Cilantro, Kardamom, Knoblauch, Zitronensaft, Zucker und Tomaten, als Dip für Brot.

**Himalaja:** s. *Vacherin*.

**Himbeere:** süße aromatische Beerenfrucht, die ursprünglich aus Nordeuropa stammt. Himbeeren haben ein unvergleichlich wohlschmeckendes Aroma, sehr zartkörniges

Fruchtfleisch und sind vielseitig verwendbar.

**Himmel und Erd:** *Himmel un Äd; Himmel on Ahd;* bodenständiges Gericht aus dem *Rheinland,* eine Mischung aus Stampfkartoffeln, Apfelmus, gebratenen Speckwürfeln und gerösteten Zwiebelscheiben, meist begleitet von gebratenen Blutwurstscheiben, aber auch Leberwurst oder gekochtem Schweinebauch etc.

**Himmelreich:** *Schlesisches Himmelreich;* schlesische Spezialität mit Variationen. Zumeist wird Rauchfleisch mit Dörrobst weich gekocht und mit Salz, Zitronensaft und Zucker abgeschmeckt. Dazu gibt es gewöhnlich Kartoffeln oder Hefeklöße.

**Hinava:** in Limettensauce marinierte, rohe Fischstücke, meist von der Makrele, gewürzt mit Chili, Ingwer und Schalotten und vermischt mit Gurkenstücken *(Malaysia).*

**Hinterkamm:** s. *Hochrippe.*

**Hintermeisel:** Beinfleisch beim Rind.

**Hippen:** *Hohlhippen;* deutsche Backspezialität. Von einem nicht zu festen Teig aus Eischnee, Mehl, Milch, Zucker, Salz und Vanillezucker werden dünne Plätzchen mit einem Durchmesser von ca. 5 cm gebacken. Diese Hippen werden in noch heißem Zustand über einen runden Gegenstand, z. B. einem Kochlöffelstiel zu Rollen gedreht, dann mit Sahne o.a. gefüllt. Hippen schmecken auch ungefüllt ausgezeichnet, wenn man den Teig mit geriebenen Mandeln oder Haselnüssen mischt.

**Hirnkraut:** s. *Basilikum.*

**Hirnpavesen** *(österr. Hirnpofesen)*: Scheiben von Kalbshirn oder fein gehacktes Püree davon, vermischt mit Ei, Zwiebel, Petersilie und Gewürzen werden auf getoastetes Weißbrot gegeben, mit getoastetem Weißbrot bedeckt, durch Eiermilch gezogen und in Fett ausgebacken. Als Suppeneinlage oder als Imbiss.

**Hirnschöberl:** *österr.* Suppeneinlage. Die Zubereitungen variieren. Ein Beispiel: unter eine Mischung aus schaumig gerührter Butter, Champignons, Eiern, Kalbshirn, Petersilie und Semmeln, gewürzt mit Pfeffer und Salz, wird sehr steifer Eischnee gerührt. Die Masse wird auf Pergamentpapier gestrichen, im Ofen gebacken und zum Schluss in kleine Stücke geschnitten.

**Hirsch:** hochwertiges Wild, *Damwild, Elch, Reh, Ren, Rot-* und *Sikawild* sind Unterarten, männliche Jungtiere nennt man *Spießer* und weibliche *Schmaltiere.* Sollte vor der Zubereitung ausgenommen ungefähr eine Woche abhängen. Den Rücken nennt man *Ziemer.*

**Hirschmöhre:** s. *Pastinake.*

**Hirschschwamm:** s. *Bärentatze.*

**Hirse:** eine Getreideart, deren Hauptanbau- und Verwendungsgebiet in Afrika, Ostasien, Nord- und Südamerika liegen. Bei uns durch die Vollwertkost und Ernährungswissenschaft wieder in den Vordergrund gerücktes Getreide. Für Brei, Fladen und Pudding u. a., kann aber auch wie Reis zubereitet als Beilage verwendet werden.

**HIRTENGULASCH:** s. *CSIKÓS TOKÁNY (ung.)*.

**HIRVENPAISTI** *(finn.)*: *Elgstek (norw.)*; Elchbraten.

**HOBELFLEISCH:** s. *BÜNDNERFLEISCH*.

**HOBELSPÄNE:** *Räderkuchen;* ein in tiefem Fett ausgebackenes, mit Puderzucker bestreutes Backwerk aus einem Teig von Mehl, Backpulver, Butter, Eiern, Salz, Zucker, etwas Zitronensaft und Zitronenschale. Aus dem Teig werden Streifen und in deren Mitte jeweils ein Schlitz geschnitten, durch den ein Teigende hindurchgezogen wird.

**HOCHEPOT:** *hutspot (holl.), hodgepodge, hotchpotch (schott.), Hotpot (engl.)*, Schottisches Allerlei. Einer der bekanntesten Eintöpfe von Belgien bis Großbritannien mit zahlreichen Variationen, die manchmal nur noch wenig gemeinsam haben. In einzelnen Ländern ist der Hochepot sogar ein Nationalgericht. Hauptsächlich besteht er aus Hammelfleisch, Hühnerfleisch und Schweinefleisch. Die weiteren üblichen Zutaten sind Schweinsfüße, Schweineohren, gut gewürzte Würstchen, Graupen, Kartoffeln, Lauch, Navets, gelbe Rüben, Sellerieknollen und Zwiebeln. Gewürzt wird unter anderem mit Knoblauch, Lorbeer, Petersilie und weißem Pfeffer. In England verwendet man darüber hinaus Nieren, Pilze und manchmal sogar Austern. Bei der schottischen Version, dem *hotchpotch*, handelt es sich um ein kräftig gewürztes Fleischragout mit viel Gemüse als Beilage.

**HOCHRIPPE:** *Fehlrippe, Schorrippe;* das eigentliche Rostbratenstück des Rindes zwischen Halsgrat und Roastbeef. Das Fleischstück hat noch viele weitere Namen, wie *Hinterkamm, Rindsrippenstück, Rippenstück, Rostbraten, Schaufelrippen, Vorderrippe* usw. Die Hochrippe eignet sich zum Braten, Grillen oder Schmoren. In der Gastronomie wird sie auch für *ENTRECÔTE, ROASTBEEF, RUMPSTEAK* und *SCHMORBRATEN (s. jeweils dort)* verwendet. Der Gargrad wird mit der Nadel überprüft, der austretende Bratensaft muss rosafarben sein.

**HOCHWILD:** Oberbegriff für bestimmtes Feder- und Schalenwild, wie *Damwild, Rotwild, Elche, Gämse, Auerhahn, See-* und *Steinadler* u. a.

**HOCHZEITSSUPPE:** zumeist in *Norddeutschland,* aber auch in *Schwaben* und *Baden,* eine nach dem Gang zum Traualtar oder in der Hochzeitsnacht um Mitternacht servierte Suppe, deren Brühe mit Fleisch, Klößchen und Gemüse angereichert ist; in *Süddeutschland* mit Mark- und Grießklößchen, Backerbsen, Leberknöpfle, Flädle u. a.

**HOCHZEITSWURST:** *niedersächsische* Kochwurst aus Rind- und Schweinefleisch, mit Zimt gewürzt.

**HODEN:** *Cojones (span.), testicoli (ital.)*. Für Kenner eine Delikatesse, sautiert oder *à la crème* serviert.

**Hodge-podge** *(engl.)*: s. *Hochepot.*

**Hörnle:** *süddeutsche*, etwas gebogene Hohlnudel, für Aufläufe, Nudelsalate und als Beilage für vielerlei Hauptgerichte.

**Ho fan:** chin. Reisnudeln.

**Hohes Roastbeef:** s. *Schlachtfleisch* (Rind).

**Hohlhippen:** s. *Hippen.*

**Hohlnudeln:** s. *Makkaroni.*

**Hohlpastete:** s. *Vol-au-vent.*

**Hoisinsauce:** *Pekingsauce;* eine Art *chinesische* Barbecue-Sauce, ursprünglich aus Kanton. Sie besteht im Wesentlichen aus Chilipulver, Knoblauch, Sesamöl, roten fermentierten Bohnen, Reisessig, Salz und Zucker. In der Küche dient sie als Dip, Marinade und Würze. Sie wird zumeist zur Peking-Ente oder zu kurz- oder durchgebratenen Speisen gereicht.

**Holländische Sauce:** s. *Sauce hollandaise.*

**Holler** *(österr.)*: Holunder.

**Hollerkoch** *(österr.)*: Holundermus mit Zucker, Zimt und Zitrone gekocht, mit Mehl gebunden.

**Hollerküchle:** *Hollersträuble;* in Teig ausgebackene Holunderblüten, eine Spezialität aus *Franken, Baden-Württemberg,* dem *Elsass* und *Österreich.*

**Hollischkes:** *jüdische* Kohlroulade mit Rindfleisch.

**Holsteiner Katenschinken:** s. *Katenschinken.*

**Holsteiner Schnitzel:** s. *Schnitzel à la Holstein.*

**Holunder:** ein schon seit der Antike hoch geschätzter Strauch mit schwarzen, in Dolden wachsenden Beeren, die einen säuerlich-bitteren Geschmack haben. Für Marmelade, als Füllung für Pfannkuchen, Saft, Suppen u.a. Beliebt sind die in Bierteig ausgebackenen Blüten, Holundersirup und Holunderblütensekt. Roh sind die Beeren leicht giftig, s.a. *Hollerküchle.*

**Holzohr:** s. *Mu-err.*

**Homard** *(franz.)*: Hummer.

**Homard à l' américaine** *(franz.)*: Hummer auf amerikanische Art; die Herkunft des Rezeptes ist umstritten und variiert. Richtigerweise heißt es *homard à l'armoricaine,* benannt nach der Landschaft Armorica (der heutigen Bretagne). Der lebende Hummer wird mit dem Kopf in kochendes Wasser gehalten. Sodann wird der so betäubte Hummer in Stücke geschnitten und das so genannte Hummergrün (Eingeweide) sowie der in Höhe des Kopfes liegende Magen entfernt. Die Stücke werden in Öl scharf angebraten, dann mit Cognac flambiert. Sodann kommen Schalotten, Kräuter, Tomaten und Butter dazu, sowie Fischsud und Wein.

**Homard à l'armoricaine** *(franz.)*: s. *Homard à l'américaine.*

**Homard thermidor** *(franz.)*: Hummer Thermidor; den gegarten Hummer der Länge nach teilen. Gehackte Schalotten in Butter anschwitzen, mit Weißwein ablöschen, mit *Béchamel* oder *Sauce Bercy* und Sahne vermischen, mit Senfpulver würzen. Das Hummerfleisch aus den Scheren lösen, mit etwas Sauce binden und zusammen mit dem abgelösten, in Scheiben geschnittenem Fleisch des Panzers in die Hummerhälften füllen. Mit der restlichen Sauce nappieren, mit Käse bestreuen und mit flüssiger Butter beträufeln; im Ofen gratinieren.

**Home-cured** *(engl.)*: hausgebeizt; gepökelt.

**Hominy**: eine Spezialität der Indianer im Süden der USA. Traditionell wurde der Mais wiefolgt zubereitet: getrocknete Körner wurden mit Holzasche (oder Kalk) in heißem Wasser eingeweicht, dann gekocht oder mit einem Stock geschlagen, bis sich die Außenhaut der Körner löste. Waren die Körner gequollen, wurden sie gewaschen, in frischem Wasser gekocht und zu Brei, Suppe, Eintopf, Pudding, Omelett weiter verwendet oder zu Getränken vergoren. Getrocknet bildeten sie Vorrat; sie wurden auch geschrotet und zum Brotbacken verarbeitet. In Mexiko ist Hominy als *Pozole* (s.d.) bekannt.

**Hóngmèn** *(chin.)*: in Sojasauce gegart.

**Hongo**: s. *Kombuchá.*

**Hongroise, à la** *(franz.)*: s. *Ungarische Art.*

**Honig**: eines der ältesten Nahrungsmittel; klebrige, aromatische Flüssigkeit, die Bienen aus dem gesammelten Nektar herstellen. Mineral- und vitaminreicher Süßungsstoff, der jedoch je nach Honigsorte unterschiedlich ausfallen kann. Sortenhonige, deren Nektar aus überwiegend einer Pflanzenart kommt, werden nach der Pflanzenart benannt, z.B. *Kleehonig, Lindenblütenhonig* usw.

**Honigkuchen**: s. *Lebkuchen.*

**Honigmelone**: Zuckermelone; eine ovale Melonenart mit glatter gelber Haut und hellgrünem, sehr delikaten Fruchtfleisch.

**Honigpilz**: s. *Hallimasch.*

**Honigtaube**: s. *Chinesische Honigtaube.*

**Hontaka**: eine rote, dünne und sehr scharfe Pfefferschote bis zu 5 cm Länge, die hauptsächlich in Japan angebaut wird.

**Hopfenkäse**: ein deutscher Sauermilch-Hartkäse, der in Hopfenblättern reift.

**Hopfensprossen**: *Hopfenspargel;* unterirdische Triebe des Hopfens, die den zur Herstellung von Bier wichtigen Bitterstoff enthalten und auch als Gemüse verschiedenartig bereitet werden können.

**Hopfenspargel**: s. *Hopfensprossen.*

**Hoppel-Poppel:** *Berliner* Gericht, ähnlich dem Bauernfrühstück: Scheiben von gekochten Kartoffeln werden zusammen mit gedünsteten Zwiebeln angebraten, mit gebratenen Rindfleisch-, Schinken- oder Speckwürfeln bedeckt, mit einer Mischung aus Eiern, Milch, Petersilie, Sahne und Salz übergossen und mit Pfeffer gewürzt. Das Ganze wird so lange weiter gebraten, bis die Eiermischung gestockt, aber noch feucht ist. Aber auch: Getränk aus Rum, Eigelb und Sahne (*Friesland*).

**Hoppin'(g) John** *(US-amerik.)*: traditionelles Neujahrsgericht im Süden der USA; Hauptzutaten sind *Augenbohnen* (s.d.), Reis, Frühstücksspeck oder geräuchertes Fleisch.

**Horchata de chufa** *(span.)*: ein spanisches Getränk, das auch Mandelmilch genannt wird. Es wird aus der *Chufanuss* (s.d.) hergestellt.

**Horly:** international für in Teig gehüllte und frittierte Fisch- oder Fleischstücke, mit Tomatensauce serviert.

**Hornhecht:** ein im Nordostatlantik beheimateter Meerfisch mit trockenem aber feinem Fleisch und vielen Gräten, für alle Garmethoden geeignet.

**Hors d'œuvres** *(franz.)*: Vorspeisen.

**Hors d'œuvres variés** *(franz.)*: gemischte Vorspeisen.

**Hoso maki** *(jap.)*: s. *Sushi*.

**Hotdog:** *nordamerikanischer* Imbiss mit vielen länderspezifischen Variationen: Ein heißes Würstchen wird in einem Brötchen gereicht. In dem Brötchen befindet sich meist ein Loch, durch das das Würstchen gesteckt wird.

**Hotchpotch** *(fläm.* und *schott.)*: s. *Hochepot*.

**Hotpot** *(engl.)*: s. *Mongolischer Feuertopf*.

**HP-Sauce:** pikante, *britische* Würzsauce auf Tamarindenmusbasis mit orientalischen Gewürzen, Datteln, Essig, Tomaten und Zucker; passt zu Eiern, Fisch und Fleisch.

**Hrissa:** s. *Harissa*.

**Huachinango** *(mex.)*: *Red Snapper* (s.d.).

**Huancaina, a la** *(span.)*: s. *Papas a la huancaina*.

**Huang dou ya** *(chin.)*: Sojabohnensprossen (s.a. *Sojabohnen*).

**Huang yu** *(chin.)*: *Rot-* oder *Goldbarsch*. Ein bekannter Salzwasserfisch aus den Küstengewässern Ostchinas, zu der Familie der Umberfische gehörend. Der gelbe Fisch kann gebraten, gedämpft, geschmort oder in Salz eingelegt werden. Die Blase wird getrocknet und als *Fischmagen, Yudu* (s.d.) gehandelt .

**Huchen:** s. *Rotfisch*.

**Hueva seca** *(span.)*: getrockneter und gesalzener Rogen von

Kabeljau, Thunfisch u.a. (*Spanien*), in Italien *BOTTARGA* (s.d.) genannt.

**HUEVO** *(span.)*: Ei.

**HUEVOS FRITOS** *(span.)*: gebackene Eier, wobei die Eier gebacken werden, bis die Masse unten braun, in der Mitte jedoch noch weich ist.

**HUEVOS RANCHEROS** *(span.)*: Tortillas mit Spiegeleiern und einer Sauce aus Käse, Paprika, Olivenöl, Tomaten und Zwiebeln, gewürzt mit *Cilantro*, Knoblauch, Chili und Salz *(Mexiko)*.

**HUEVOS REVUELTOS** *(span.)*: Rühreier.

**HÜFTDECKEL:** kugeliges Rindfleischstück aus der oberen Keule, in Norddeutschland runde Nuss genannt, für Geschnetzeltes und Gulasch (s.a. *NUSS*).

**HÜFTE:** *Blume; culotte (franz.)*; oberstes, meist noch zur Keule gerechnetes Schwanzstück beim Kalb und Rind, zwischen dem flachen Roastbeef bzw. dem Sattelstück und der Keule liegend. Die Kalbshüfte kann im Ganzen gebraten, zu Grill-Steaks oder zu Schnitzel zum Kurzbraten verarbeitet werden, auch für *POT-AU-FEU* (s.d.) und Schmorgerichte. Die Rinderhüfte wird hauptsächlich zum Braten oder für Rouladen verwendet. Die Hüfte junger Tiere eignet sich auch für *KLUFT-STEAKS* (s.d.).

**HÜFTSTEAK:** s. *RUMPSTEAK*.

**HÜHNERBRÜSTCHEN:** *Suprêmes de volaille (franz.)*; die enthäuteten und ausgelösten Brustteile von Hühnern (Hühnerfilets).

**HÜHNERBRÜSTCHEN MARYLAND:** gastron. Bezeichnung für panierte und gebratene Hühnerbrüstchen, die hauptsächlich mit gebratenen Bananen, Maiskroketten, gebratenem Speck und Meerrettichsauce serviert werden.

**HÜHNERBRÜSTCHEN SANDEMANN:** gebratene Hühnerbrüstchen, die mit Whisky flambiert und mit Sherry von der Marke *Sandemann* abgelöscht werden. Aus dem Bratsatz wird mit Fleischglace und Sahne eine Sauce bereitet, die mit Paprikapulver, Salz und Zitronensaft gewürzt wird. In dieser Sauce werden die Brüstchen, bedeckt mit einer *JULIENNE* (s.d.) von rotem Paprika, angerichtet.

**HÜHNERBRUST POJARSKI:** ein bekanntes, aus *Russland* stammendes Gericht mit Hühnerbrüstchen, das auf die verschiedensten Arten zubereitet wird. Beispiel: Die Filets werden bis zur Hälfte eingeschnitten und mit einer Mischung aus *RAGOUT FIN* (s.d.), klein gehacktem Schinken, Semmelbröseln und Eiern gefüllt, mit Mehl und Paprikapulver paniert und in Butter gebraten.

**HÜHNER-CURRY:** s. *CHICKEN CURRY*.

**HÜHNERFILET:** s. *HÜHNERBRÜSTCHEN*.

**HÜHNERPÖRKÖLT:** *ungarisches* Hühnergericht aus portioniertem Huhn, das zusammen mit Paprikaschoten, angeröstetem Speck, Zwiebeln und Tomaten in

Bouillon weich gedünstet wird. Der Fond wird mit Speisestärke gebunden. Gewürzt wird u.a. mit Knoblauch. Von diesem Gericht gibt es zahlreiche Abwandlungen (s.a. *Pörkölt*).

**Hühnersuppe à la Úyházy:** s. *Úyhàzy Tíu-kleves*.

**Hülsenfrüchte:** Sammelbegriff für Samen; gehören zur Familie der *Leguminosen*, wie *Bohnen*, *Erbsen*, *Kichererbsen*, *Linsen*, *Sojabohnen* (s. jeweils dort) usw. Sie sind sehr eiweißreich und daher in vielen Ländern Grundnahrungsmittel. Herkunft der meisten Hülsenfrüchte ist Mittel- und Südamerika; einige kommen aus Asien.

**Hün-t'un-t'ang** *(chin.)*: *won-ton-Suppe,* eine Hühnerbrühe mit *won-ton-Teighüllen* als Einlage. Die Teighüllen werden in der Regel mit einer Farce von Schweinefleisch, Ingwer, Spinat, Salz und Sojasauce gefüllt, kleinen Maultaschen ähnlich (s.a. *Won Tan*).

**Hüttenkäse:** s. *Cottage cheese*.

**Huhn:** *chicken (engl.), poulet (franz.), pollo (ital./span.)*; die wichtigsten Handelsformen sind Brathähnchen, 7–8 Wochen alte Tiere mit einem Gewicht bis zu 1.150 g. Brathühnchen sind Jungmasthühner beiderlei Geschlechts vor der Geschlechtsreife (der Brustbeinfortsatz muss biegsam sein). Jungmasthähne sind Tiere mit mehr als 450 g Gewicht. Suppenhühner, d.h. Legehühner, werden normalerweise im Alter von höchstens 2 Jahren geschlachtet. So genannte *Stubenküken* sind besonders kleine Hähnchen mit zartem Fleisch und einem Gewicht bis 300 g; in Frankreich werden sie *poussins* genannt.

**Huhn auf kreolische Art:** *Ginger-coconut chicken (engl.)*; ein Hühnergericht von den Antillen. Hühnerstücke werden mit Zwiebeln und Kokosflocken angebraten, mit Knoblauch, Chili, Ingwer, Safran, Salz und Zucker gewürzt und in Kokosmilch gar gedünstet.

**Huhn auf tscherkessische Art:** *tscherkes taugu (russ.)*; ein Hühnergericht mit Abwandlungen. Meist wird das Huhn angebraten und mit Knoblauch, Lorbeer, Majoran und Nelken gar gedünstet. Aus dem Bratensatz wird mit Brot, Nüssen und Hühnerbrühe eine Sauce bereitet, die mit Cayennepfeffer, Knoblauch, Kräutern, Paprika und Zimt gewürzt wird. In dieser Sauce wird das portionierte Huhn angerichtet.

**Huhn calypso:** ein bekanntes Hühnergericht aus der Karibik. Hühnerstücke werden zunächst angebraten und dann mit Paprika, Reis, Zwiebeln und evtl. Champignons geschmort, mit Chili, Knoblauch, Limettensaft, Pfeffer und Safran gewürzt und mit Angostura und Rum vollendet *(Karibik)*.

**Huhn Frou-Frou:** s. *Frou-Frou*.

**Huhn Marengo:** franz. Hühnertopf aus Suppenhühnern, Tomaten und Weißwein, gewürzt mit Cognac, Knoblauch, Salz, Thymian und Zucker.

**Huile d'olive vierge extra** *(franz.)*: kalt gepresstes Olivenöl, entspricht der Qualität *Nativ extra* (s. d.); s. a. *Jungfernöl, Olivenöl*.

**Huîtres** *(franz.)*: s. *Austern*.

**Huîtres portugaises** *(franz.)*: Portugiesische Austern mit zerklüfteter Schale, s. a. *Austern*.

**Humidor:** klimatisierte Zigarrenkiste.

**Humitas** *(span.)*: in Südamerika, besonders *Argentinien* und *Peru*, verbreitetes Gericht. Es wird gewöhnlich aus unreifen, geriebenen Maiskörnern hergestellt, die mit angebratenen Zwiebeln, Chilis, Tomaten, Salz, Zucker, Zimt und gelegentlich mit Käse gewürzt werden. Die traditionellste indianische Form sind *humitas en chala*. Hierfür wird der gewürzte Mais löffelweise in Maiskolbenblätter gewickelt, diese zugebunden und zwei Stunden gedämpft (s. a. *Hominy*).

**Hummer:** *aragosta (ital.), bogavante (span.), homard (franz.), lobster (engl.)*; zehnfüßiger Krebs in den europäischen Meeren und an den Ostküsten der USA und Kanadas; kann bis zu 75 cm lang und 4 kg schwer werden. Das Fleisch des Hummers ist äußerst schmackhaft, saftig, eiweißreich und fettarm. Lebende Hummer sind grau bis schwarz. Der *Maine-Lobster* aus dem gleichnamigen Bundesstaat im Nordosten der USA und der dunkelbraune norwegische Hummer zählen zu den besten Qualitäten. Ferner zählen dazu die weiblichen aus der Bretagne oder von den Küsten Irlands mit hellblauem oder blauschwarzem Panzer. Die weniger wertvollen, grünbraunen Hummer kommen aus Kanada. Sie sind, weil ihnen zu wenig Plankton zur Verfügung steht, weniger schmackhaft. Frischer Hummer hat einen nach innen gerollten Schwanz. Der lebende Hummer wird in siedendes Salzwasser oder in mit Essig, Möhren, Pfefferkörnern und Salz versehenes Wasser geworfen. Hummer, der kalt serviert werden soll, sollte im Sud erkalten, damit das Fleisch saftig bleibt. 1 kg Hummer benötigt ca. 20–30 Minuten Garzeit. Den Sud kann man dadurch noch verfeinern, indem man Cognac und Estragon dazugibt und mit Weißwein auffüllt. Vor dem Verzehr den unmittelbar hinter dem Kopf befindlichen sackartigen Hummermagen und den Darm im Schwanz entfernen. Den Hummer tranchiert man, indem man ihn der Länge nach von Kopf bis zum Schwanz halbiert. Zum Verzehr gibt es spezielle Hummergabeln und -zangen.

**Hummer auf amerikanische Art:** s. *Homard à l'américaine*.

**Hummer Bellevue:** Hummer schöne Aussicht. Man bezeichnet damit einen fantasievoll garnierten, mit Gelee überglänzten Hummer; kalt mit einer würzigen Mayonnaise servieren.

**Hummer Brillat-Savarin:** Hummermedaillons und gebratene Scheiben von Zucchini werden kranzförmig angerichtet und mit amerikanischer Sauce nappiert. In die Mitte des Kranzes kommt ein mit *amerikanischer Sauce* gebundenes Ragout von Hummerfleisch, Champignons und Trüffeln.

**Hummerbutter:** s. *Beurre de homard.*

**Hummergrün:** Die von Feinschmeckern geschätzte grünliche Leber des Hummers. Experten warnen vor dem Genuss wegen Giftstoffen.

**Hummerkrabben:** in der Küche übliche, zoologisch nicht korrekte Bezeichnung für größere, Garnelen, z. B. *Geißelgarnele, Kaisergranat, Scampo (ital.), Shrimp (engl.).* Die Terminologie geht aufgrund der Unwissenheit mancher Autoren und Gastronomen wild durcheinander. (s. a. *Garnelen*).

**Hummerkrabbenschwänze:** kräftige, etwa daumenstarke und bis zu 10 cm lange Schwänze der Hummerkrabben mit sehr wohlschmeckendem Fleisch.

**Hummer Newberg:** Hummerfleisch wird in Scheiben oder Würfel geschnitten, mit Cayennepfeffer und Salz gewürzt, in Butter angebraten und mit Madeira oder Sherry abgelöscht. Aus dem *Hummergrün* (s. d.) wird mit Eigelb und Sahne eine Sauce bereitet und über den Hummer gegossen. Dazu wird meist *Kreolenreis* (s. d.) gereicht (ein Rezept karibischen Ursprungs des Restaurants *Delmonico* in New York).

**Hummer-Parfait:** feinst püriertes Hummerfleisch wird mit rohem Eiweiß, Schlagsahne und gemahlenem Trüffel vermischt, mit Dill, gemahlenem Kümmel, Salz und Zucker gewürzt und im Wasserbad gegart. Es gibt unterschiedliche Rezepte.

**Hummer-Pilaw:** ein im Reisring oder in Kuppelform angerichtetes Hummergericht. Hummerstücke werden mit Würfeln von angebratenen Auberginen, Paprikaschoten, Tomaten und Safranreis vermischt und nach dem Garen in einen Reisring oder in eine Kuppelform gepresst und gestürzt; dazu wird üblicherweise Hummersauce gereicht.

**Hummersauce:** s. *Sauce homard.*

**Hummerschaumbrot:** s. *Mousse de homard.*

**Hummersuppe:** s. *Bisque de homard (franz.).*

**Hummer thermidor:** s. *Homard thermidor.*

**Hummus:** Name einer Kichererbsen-Paste (Dip) aus gemahlenen Kichererbsen und *Tahini* (s. d.), gebunden mit Oliven- oder Sesamöl, gewürzt mit Knoblauch und Zitronensaft *(Naher Osten).*

**Huo-kuo:** auch *Hua kuo (chin.)*; Feuertopf.

**Hure** *(franz.)*: Presskopf, Schweinskopfsülze.

**Hure de sanglier** *(franz.)*: Wildschweinskopfsülze.

**Hure de saumon** *(franz.)*: Lachssülze.

**Husaini kabab:** am Spieß gegrilltes Lammfleisch von der Keule. Das Fleisch wird zuvor in einer Mischung aus Ingwer, Joghurt, Zwiebeln, Knoblauch und einer Gewürzmischung aus Muskat, Zimt, Nelken, Kardamom und Pfeffer sowie Mohnsamen mariniert *(Indien)*. Das Wort *kabab* ist mit dem Begriff *kebab* verwandt und in vielen Ländern des Nahen Orients, namentlich in der *Türkei* in dieser oder ähnlicher Schreibweise zu finden. Im Vorderen Orient bedeutet er ebenfalls hauptsächlich am Spieß Gebratenes (s. *KEBAB)*.

**HUSARENFLEISCH:** *österr.* Fleischgericht mit Abwandlungen. Hauptsächlich besteht das Gericht aus Scheiben von Kalb-, Rind- und Schweinefleisch sowie Zwiebelscheiben, gar geschmort in brauner Grundsauce, gewürzt mit Essig und Paprikapulver und mit Sahne vollendet. Dazu werden meist Salzkartoffeln serviert.

**HUTSPOT** *(holl.)*: s. *HOCHEPOT.*

**HUTZELBROT:** Früchtebrot aus *Süddeutschland*, vor allem mit getrockneten Birnen, Äpfeln, Pflaumen (*Hutzeln*), aber auch mit Rosinen, Feigen, Pinienkernen oder Nüssen und Orangeat, gewürzt mit Anis, Fenchel, Koriander, Nelken, Zitronenschale und Zwetschgenwasser. Die klein geschnittenen Früchte werden über Nacht eingeweicht. Meist mit Hefeteig, aber auch mit Sauerteig gebacken.

**Idaho-Kartoffel:** eine Kartoffelsorte aus den *USA*, die in vulkanischem Boden angebaut wird und sehr mehlig ist, deshalb eignet sie sich besonders zum Backen im Ofen oder in der Folie.

**Idiazábal:** berühmter Baskenkäse aus Schafsmilch, mit vielen anderen Namen.

**Idli** *(ind.)*: gedämpfte Reis-Linsenkuchen aus *Indien*. Eingeweichter Reis und Linsen werden püriert, mit *Bockshornklee* (s. d.) und Salz vermischt und die Masse zum Gären gebracht. Dann wird die Teigmasse in speziellen Dämpfern gegart und mit Chutney und *Sambhar* (s. d.) serviert.

**Ika** *(jap.)*: Tintenfisch.

**Ikan** *(indon.)*: Fisch.

**Ikan Kacang** *(ind.)*: Fisch mit Erdnusssauce.

**Ikan kering** *(indon.)*: getrockneter Fisch.

**Ikanmas** *(indon.)*: Goldfisch, dort eine Spezialität.

**Ikra** *(russ.)*: Kaviar.

**Ikura:** orangeroter Rogen eines pazifischen Lachses, hauptsächlich Zutat für *japanische* Vorspeisen wie *Gunkan Maki* und *Maki-Shushi* (s. jeweils d).

**Îles flottantes** *(franz.)*: Süßspeise; Eiweiß-Zuckerklößchen werden auf einer *Crème anglaise* (s. d.) mit Karamell nappiert. Man nennt bisweilen auch die *Œufs à la neige* so.

**Imam bayildi** *(türkisch = der Imam fiel in Ohnmacht)*: türkisches Auberginengericht mit unterschiedlichen Methoden der Zubereitung. Oft versteht man darunter einfach gefüllte Auberginen, wobei die Füllung aus dem Auberginenmark, Tomaten, Zwiebeln und viel Knoblauch besteht, gewürzt mit Lorbeer, Petersilie, Pfeffer, Salz und Zimt. Origineller ist das Gericht, wenn in die Auberginenhälften in Längsrichtung Einschnitte gemacht werden und diese mit einem Tomaten-Zwiebel-Gemisch gefüllt werden. Dann werden sie in eine mit Olivenöl gefettete, feuerfeste Form gegeben und mit Zwiebeln, viel (!) Knoblauch und Oliven bedeckt. Selbstverständlich können dazu noch andere Gemüse, wie z. B. Artischockenherzen verwendet werden. Zum Schluss wird das Ganze mit Olivenöl beträufelt und im Ofen gebacken.

**Imli** *(ind.)*: *Tamarinde* (s. d.), auch als *Indische Dattel* bekannt.

**Immos:** *libanesisches* Gericht, Lammkeule an einer Sauce aus Joghurt, Knoblauch und Koriander, begleitet von Safranreis.

**Imperiale:** s. *Austern*.

**Impériale, à la** *(franz.)*: s. *Kaiserliche Art*.

**Imtaba:** Name eines bekannten Ragouts aus dem Orient mit unterschiedlichen Arten der Zubereitung. Gewöhnlich besteht das Ragout aus Hammel, Zucchini, Reis und Zwiebeln. Gewürzt wird mit Rosenblättern und Zimt. Zum Schluss werden Joghurt und Petersilie darübergegeben.

**Indian** *(amer., österr.)*: Truthahn.

**Indianerkorn:** s. *Wildreis.*

**Indianerkrapfen:** österr. Backware; Krapfen mit einer gezuckerten und vanillierten Schlagsahne gefüllt und mit einer Schokoladenglasur überzogen.

**Indianische Feige:** *Stachelbirne, Tuna (span.)*; grüne bis rotbraune, längliche Kakteenfrucht aus *Mexico* mit süßlichem Geschmack; wird roh gegessen *(Tunas blancas al anis)*.

**Indische Dattel:** s. *Tamarinde*

**Indische Feige:** s. *Kaktusfeige.*

**Indisches Fladenbrot:** s. *Chapati, Naan, Paratha, Puri Roti.*

**Indischer Safran:** s. *Gelbwurz.*

**Indischer Senf:** s. *Rau cai.*

**Indisches Fladenbrot:** s. *Naan.*

**Indonesische Reistafel:** ein berühmtes Mahl, auch in China und Indien beliebt. Es besteht aus einer Unzahl unterschiedlichster Einzelgerichte, Beilagen und Zutaten, alles in kleinen Schälchen serviert. So die *saijoor*, eine Gemüsesuppe, *Satay* (s. d.), Fleischspieße, *Gado-Gado-Gemüse* (s. d.), die Hauptplatte, die *Sambals* (s. d.) und *Atjar-Atjar* (s. d.), nämlich Süßsaures, dazwischen *Kroepoek* (s. d.)und zahlreiche Dips, *Chutneys* (s. d.) und Tamarinden-Sauce.

**Infusion:** Flüssigkeit von Gewürzen oder Kräutern, die dadurch entsteht, dass diese z. B. mit heißer Fleischbrühe übergossen und durch ein Tuch passiert werden. Man sagt außerdem Infusion, wenn Vanille in Milch zieht oder Zimt in Wein.

**Inghera:** *äthiopisches* Nationalgericht. Ein in großen Tonöfen gebackener Fladen, meist aus *Teff* (s. d.), Weizenmehl oder anderem Getreide, der stückweise mit einer scharfen Sauce verspeist wird. Inghera dient beim Verzehr von Speisen als Besteck und wird zu jedem Gericht gereicht.

**Ingwer:** *gingembre (franz.) ginger (engl.), gun (vietn.), jahé (indon.)*; Schilfartige Staude, mit knollig verzweigtem Wurzelstock *(Rhizom)*; kommt frisch, als ganze Ingwerwurzel oder pulverisiert sowie kandiert auf den Markt; von brennend würzigem Geschmack. Man unterscheidet weißen Ingwer, der entrindet angeboten wird, vom aromatischeren grauen. Die Ingwerpflanze stammt ursprünglich aus Südostasien. Hauptanbauland ist Indien, er wird jedoch heute auch in den gesamten Tropen kultiviert; wird zum Würzen von Obst, Saucen, Suppen und Gemüse usw. und für Konfekt, Mischgewürze und Getränke (z. B. *Ginger Ale* oder *Tea*) verwendet.

**Inkakorn:** s. *Quinoa.*

**Inkaweizen:** s. *Quinoa.*

**Inky pinky:** eine *schottische* Resteverwertung, hauptsächlich aus Bratenresten, Karotten und Zwiebeln, gewürzt mit Essig.

**Innereien:** Teile von Schlachtvieh, wie Herz, Kutteln, Leber, Nieren usw.

**Insalata** *(ital.)*: Salat.

**Inside out Roll** *(engl.)*: *ura maki (jap.)*; eine in Kalifornien entstandene Sushi-Creation, bei der der Reis außen und das Nori-Blatt innen liegt. Die Füllung kann aus Garnelenfleisch, Gurke, Avocado und Fischrogen bestehen; oft sind die Häppchen außen von einer Sesamhülle oder Fischrogen umgeben *(Japan, USA)*; s.a. *Sushi*.

**Inster:** s. *Gekröse*.

**Involtini alla cacciatora** *(ital.)*: *auf Jägerart*; Kalbfleischrouladen mit *prosciutto* (s.d.), Hühnerleber und Schalotten gefüllt und mit Salbei gewürzt.

**Irish Coffee** *(engl.)*: heißer süßer Kaffee mit Whiskey vermischt und mit Schlagsahne gekrönt.

**Irish stew** *(engl.)*: Eintopf aus verschiedenen Fleischstücken des Hammels sowie Kartoffeln, Kohl und Zwiebeln. In einer Kasserolle werden schichtweise Hammelfleisch, Kartoffelscheiben, Kohl und Zwiebeln in Brühe geschmort. Gewürzt wird mit Lorbeer, Petersilie, Pfeffer, Salz und Thymian *(Irland)*.

**Irländisch Moos:** *carrageen*; ein vor allem in Frankreich, Kanada, Portugal aber auch in Ostasien verwendetes Bindemittel aus getrockneten Rotalgen.

**Irmgard:** mehlig fest kochende Kartoffelsorte.

**Isaña:** *Mashua*; Wurzelknollen einer Kapuzinerkresse-Pflanze; Vorkommen in den Hochtälern der Anden, zitronengelb bis braunviolett, scharfer, senfähnlicher Geschmack. Verwendung als Gemüse, die frischen jungen Blätter werden auch zu Salat oder Gewürz genommen.

**Isarwasser:** Weißbier mit Apfelsaft und etwas *Curaçao blue* (s.d.) vermischt.

**Iscas** *(port.)*: Leber, aber auch ein Gericht aus Leber mit zahlreichen Abwandlungen. Beispiel: Kalbs- oder Rindsleber wird in einer Flüssigkeit aus Essig, Knoblauch, Lorbeer, Pfeffer, Rotwein und Salz mariniert, sodann angebraten, mit der eingekochten Marinade übergossen und – nach manchen Rezepten zusammen mit Kartoffeln und Schinken – fertig gegart.

**Ischler Törtchen:** runde Plätzchen aus zusammengesetzten Scheiben (obere manchmal mit Loch) von Mandel- und Schokoladenteig, dazwischen Marillenmarmelade; mit Puderzucker bestreut oder mit Couvertüre überzogen *(Österreich)*.

**Islandmuschel:** eine essbare, im Nordatlantik und bis in die Ostsee hinein verbreitete Muschel, die wie Venus- und Herzmuscheln zubereitet wird.

**Islim kebab:** *türkisches* Auberginen-Gericht. Auf gebratene Auberginenscheiben wird ein Stück mit Zwiebeln geschmortes und gewürztes Lammfleisch gegeben, darauf eine geschmorte Tomatenscheibe und obendrauf eine gebratene Paprikahälfte. Die Auberginenscheiben werden nach oben gestülpt und mit Zahnstochern an der Paprikahälfte befestigt, sodass ein

Paket entsteht. Dann wird die Sauce aus dem Schmortopf darüber gegossen, nach Geschmack Käse darüber gestreut und im Backofen gebacken.

**Italian-dressing:** s. *Dressing.*

**Italico:** unter dieser Bezeichnung wurden am 10. Mai 1941 in Italien viele sich ähnelnde Käse zusammengefasst. Der bekannteste unter ihnen ist der *Bel-Paese.*

**Italienischer Salat:** Fantasiename für einen Salat auf Mayonnaisebasis mit Äpfeln, grünen Bohnen, Erbsen, Gewürzgurken, gebratenem Kalbfleisch, Kartoffeln, Karotten, Knollensellerie, Salami, Sardellen und Tomaten, garniert mit Anchovisfilets, hart gekochten Eiern, Kapern, Oliven usw.

**Iwwer die Platt:** geschmelzte Kartoffelstifte mit Zwiebelringen (*Saarland*).

**Izgara köfte** *(türk.)*: flache Fleischküchlein, die hauptsächlich aus einer Mischung von Lamm- oder Rinderhackfleisch, Eiern, eingeweichtem Brot und Zwiebeln bestehen, gewürzt mit Knoblauch, Paprika, Petersilie, Pfeffer, Salz und Thymian.

**Izmir köftesi** *(türk.)*: gut gewürzte, gebratene Klößchen oder Röllchen aus Hackfleisch, gegart und angerichtet in einer Sauce aus Paprika und Tomaten, gewürzt mit Kümmel oder Kreuzkümmel, Pfeffer, Salz und Zucker.

**Jabalí** *(span.)*: Wildschwein.

**Jabugo** *(span.)*: s. *Serrano-Schinken.*

**Jackfrucht:** *Jaca;* unregelmäßig geformte, melonenähnliche, tropische Frucht von manchmal enormer Größe und bis zu 50 kg schwer, mit grüner oder gelber warziger Schale und mit weichem, gelblichem Fruchtfleisch mit feigenähnlichem Geschmack. Die unreifen Früchte werden gekocht, geröstet oder gebacken als Gemüse gegessen, die reifen Früchte enthalten sehr viel Stärke und werden gern roh gegessen. Die Samenkerne erinnern im Geschmack an Maronen, werden geröstet und gelten in Indien als Delikatesse *(Indien, Brasilien).*

**Jagdwurst:** eine Brühwurst aus Brät und kleinen Rindfleisch-, Schweinefleisch- und Speckstücken.

**Jägersauce:** s. *Sauce Chasseur.*

**Jagertee:** ein *österreichisches* Getränk aus Tee, Rum u.a.

**Jaggery** *(engl.)*: s. *Palmzucker.*

**Jahé** *(indon.)*: s. *Ingwer.*

**Jaíza** *(russ.)*: Rührei

**Jakobsmuscheln:** s. *Coquilles Saint-Jacques.*

**Jalapeño:** kleine Chilischote (rundlich, grün) mit frischem pikant-scharfen Geschmack; auch eingelegt *(en escabeche,* s.d.*)* erhältlich.

**Jalebi:** ein *indisches* Hefeteig-Konfekt. Es handelt sich um spiralförmig ausgebackenen Hefeteig in einen Sirup getaucht, der hauptsächlich aus Zucker, Wasser und Rosenessenz besteht. In den sehr glatten Hefeteig werden u.a. Joghurt und Safran hineingearbeitet.

**Jam** *(engl.)*: Marmelade.

**Jamaica pepperpot:** ein bekannter Suppentopf aus *Jamaica.* Die Suppe wird bereitet aus Rinderbrühe, passiertem Gemüse, wie Auberginen, Frühlingszwiebeln, Okras, Spinat, Zwiebeln, Bataten sowie Riesengarnelen, Schweineschwänze u.a. Zum Würzen werden Knoblauch, Chili, Salz und Thymian und zum Binden *Cassareep* (s.d.) und Kokosmilch verwendet.

**Jamaikapfeffer:** s. *Piment.*

**Jambalaja:** *jambalaya, yambalay;* die Heimat dieses bekannten Gerichts ist in der Literatur umstritten. Eine Anzahl Autoren verlegt das Gericht nach *Indien* und versteht darunter einen Eintopf hauptsächlich aus Hühnerfleisch, gedünsteten Paprika, Pilaw-Reis, Schinken und Zwiebeln. In *New Orleans* bereitet man *jambalaya,* indem man zunächst Speck und Zwiebeln anbrät, dann folgen grüne Paprika und nach wenigen Minuten Reis. Sobald der Reis zu quellen beginnt, werden Knoblauch, Pfeffer, gekochter Schinken, Tomaten und Thymian hinzugefügt und die Mischung mit Hühnerbouillon aufgegossen. Zum Schluss werden noch Shrimps hinzugegeben und alles fertig gegart. Der Name soll von spanischen Einwanderern stammen, die das Rezept an die *PAELLA* (s.d.) anpassten und es *jambon la yaya* nannten (*yaya* = afro-amerikanisch für Reis).

**JAMBON** *(franz.)*: Schinken.

**JAMBON DE BAYONNE:** s. *BAYONNER SCHINKEN*.

**JAMBON D'YORK:** Yorker Schinken; bekannte Spezialität aus der englischen Stadt York; magerer, mit Knochen mild geräucherter und gepökelter sehr schmackhafter Schinken von feinstem Aroma; eignet sich besonders für warme Gerichte *(England)*.

**JAMBON PERSILLÉ** *(franz.)*: französischer, in Weißwein gekochter Schinken in Gelee, vermischt mit frischer Petersilie (*Burgund*).

**JAMÓN** *(span.)*: s. *SCHINKEN*.

**JAMÓN SERRANO** *(span.)*: s. *SERRANOSCHINKEN*.

**JAMSWURZEL:** s. *YAM*.

**JAN HINNERK:** ein *niedersächsischer* würziger Pfannkuchen aus Buchweizen- und Weizenmehl, Eiern, Speck und etwas Kaffeepulver, wird heiß mit Honig oder Preiselbeeren gegessen *(Emsland)*.

**JAN IM SACK:** *schleswig-holsteinische* Bezeichnung für einen Serviettenknödel aus Mehl, Eiern, evtl. Brötchen und Rosinen, im Wasserbad gegart. Mit Schweinebraten oder -backe, Fruchtsauce oder Backobst serviert. Heißt auch: *Großer Hans* oder *Dithmarscher Mehlbeutel*.

**JANSSONS VERSUCHUNG:** *schwedische* Spezialität aus Anchovis, Kartoffeln und Zwiebeln, mit Sahne und Paniermehl überbacken *(Schweden)*.

**JAPANISCHE APRIKOSE:** s. *KAKI*.

**JAPANISCHE BIRNE:** s. *NASHI*.

**JAPANISCHE KARTOFFEL:** auch *Japanziest* und *crosne de Japon;* s. *STACHYS*.

**JAPANISCHE MISPEL:** s. *LOQUAT*.

**JAPANISCHE PETERSILIE:** s. *MITSUBA*.

**JAPANPERLEN:** kugelige Suppeneinlage aus Tapioka (s. *KASSAVE*).

**JAPANZIEST:** s. *STACHYS*.

**JAPONAIS:** Tortenprodukt aus Meringue, vermischt mit gerösteten Haselnüssen oder Mandeln und oft mit Mokka-Buttercreme gefüllt.

**JARDINIÈRE, À LA** *(franz.)*: s. *GÄRTNERINART*.

**JARPACH DOLMASSY:** gefüllte Weinblätter. Die Füllung besteht hauptsächlich aus Erbsen, Hammelhackfleisch, Reis und Zwiebeln, gewürzt mit frischem Koriander, Dill, Minze, Pfeffer und Salz *(Kaukasien)*.

**JARRET DE VEAU** *(franz.)*: Kalbshaxe.

**JAUERSCHE WÜRSTE:** schlesische, heute in *Norddeutschland* populär gewordene Bratwürstchen aus Rind-, Schweinefleisch und Speck.

**Jause** *(österr.)*: Vesper, Zwischenmahlzeit.

**Ja-tsai** *(chin.)*: Sojabohnen.

**Javaapfel:** birnen- oder glockenförmige Beerenfrucht eines ursprünglich malaiischen Baumes mit knackigem, saftigem süßsäuerlichem Fruchtfleisch, einem Apfel ähnlich; die roten Früchte sind saftiger und aromatischer als die grün-weißen.

**Jeera** *(ind.)*: Kreuzkümmel, s. *Cumin*.

**Jelly Sauce:** *nordamerikanische* Sauce aus Johannisbeergelee und Gewürzen.

**Jengganan:** *malaiischer* Salat aus gekochten Gemüsen, Bohnen, Kohl, Sprossen, *Tempeh* (s.d.), *Taukwa* (s. *Bohnenquark*) u.a., zunächst in Öl frittiert und dann mit würzigem Dressing oder Erdnusssauce angerichtet.

**Jerk:** *jamaikanische* Gewürzmischung aus Chili, Piment und vielen Kräutern, zum Marinieren von Hühner- und Schweinefleisch *(Jamaica)*.

**Jerkfood:** *jamaikanische* Grillgerichte, insbesondere *jerk pork*, gegrilltes Schweinefleisch. Das Grillgut wird meist zwischen Wellblechen gegrillt, mit *Jerk* (s.d.) gewürzt und mit scharfen Saucen serviert.

**Jerky:** s. *Dörrfleisch*.

**Jerusalem-Artischocke:** s. *Topinambur*.

**Jeruk purut** *(indon.)*: s. *Kaffir-Limette*.

**Jésus:** grobe Schweinefleischwurst *(Jura)* aus der Franche-Comté und in der Schweiz, abgefüllt in echten Därmen, leicht geraucht und am Ende mit einem hölzernen Querpflock versehen, an dem sie in den Rauch gehängt werden.

**Jeung** *(chin.)*: s. *Ingwer*.

**Jia Ting Huo Guo** *(chin.)*: s. *Mongolischer Feuertopf*.

**Jiang yong** *(chin.)*: s. *Sojasauce*.

**Jiaozi** *(chin.)*: Teigtaschen oder Klößchen mit Fleischfüllung. Auch als chinesische Ravioli bezeichnet.

**Jintan** *(indon.)*: Kreuzkümmel, s. *Cumin*.

**Joghurt:** durch spezielle Joghurtbakterien gesäuerte Milch, ursprünglich aus Vorderasien, wo Joghurt aus Schafsmilch hergestellt wurde. In verschiedenen Fettstufen erhältlich, wird u.a. als fettärmerer Ersatz für Sahne zu Cremes, Kuchenfüllungen und Eis verarbeitet, gerinnt jedoch schnell.

**Johannisbeere:** *Ribisl (österr.); Trübeli (schweiz.); Träuble (südd.); currant (engl.); groseille (franz.);* säuerliche, appetitanregende, saftige Beerenfrucht. Die schwarze Johannisbeere (Wanzenbeere) ist herb würzig, hat viel Vitamin C und eignet sich für Kompott, Gelees, Saft, aber auch für Alkohol (s. *Cassis*). Die rote Johannisbeere ist erfrischend säuerlich und lässt sich gut verarbeiten wie auch die weiße, die im Geschmack etwas milder ist.

**Johannisbrot:** *Carobe, Karube;* dunkelbraune Frucht des im Mittelmeerraum beheimateten Johannisbrotbaumes mit süßlichem Geschmack; kommt bei uns getrocknet auf den Markt und wird gemahlen als Bindemittel verwendet.

**John Dory:** s. *Heringskönig.*

**Joinville:** eine ragoutartige Garnitur für Fisch mit Champignons, Garnelen oder Krebsschwänzen und Trüffeln, mit Joinville-Sauce (s. *Sauce Joinville*) gebunden.

**Jollof:** ein schmackhafter *liberianischer* Eintopf mit Variationen. Unter anderem werden grüne Bohnen, Garnelen, Hühnerfleisch, Reis, durchwachsener Speck, Tomaten oder Tomatenmark, Zwiebeln und verschiedene Gewürze verwendet.

**Joulu kukko:** *finnischer* Weihnachtsschinken; auch weihnachtliches Festessen mit Heringssalat, Kartoffelauflauf u.a.

**Judasohr:** s. *Mu-err.*

**Judias verdes** *(span.)*: grüne Bohnen.

**Jüdische Bagel:** ähnlich dem österreichischen *Beugel* (s.d.). Aus dem Hefeteig werden gleichmäßige Ringe geformt, kurz in kochendes Wasser gegeben, danach mit Mohn, Salz oder Sesam bestreut und gebacken.

**Juice** *(engl.)*: Saft.

**Jujube:** s. *Chinesische Dattel.*

**Julep:** erfrischende Mischung aus Fruchtsäften und Spirituosen; abgeleitet vom persisch-arabischen *gulab (Südosten der USA).*

**Julienne** *(franz.)*: in gleichmäßig feine Streifen geschnittenes Fleisch, Gemüse, Schinken, Trüffel etc. als Beilage, Einlage oder Verzierung. Julienne wird auch eine *consommé* mit Gemüsestreifen, grünen Erbsen und einer *Chiffonade* (s.d.) von Kerbelblättern, Kopfsalat und Sauerampfer genannt.

**Jungfernbraten:** so heißt in *Österreich* allgemein das Filet vom Kalb, Rind oder Schwein, aber auch ein Gericht aus Schweinefilet, das kräftig mit Kümmel gewürzt wird.

**Jungfernöl:** *huile vierge (franz.), olio vergine (ital.);* kaltgepresstes *Olivenöl* (s.d.) mit maximal 1 % Fettsäure.

**Jungmasthahn:** s. *Huhn.*

**Junkfood** *(engl.)*: neumodischer Begriff für (minderwertiges) Fast Food.

**Jus** *(franz.)*: fettfreier, beim Braten oder Erhitzen von Fleisch austretender Bratensaft, meist verfeinert. Auch in der führenden Literatur sind die Beschreibungen verschieden, ebenso wie die Zutaten und Methoden zur Herstellung von Jus. Einige Autoren verwenden z.B. den Begriff Kalbsjus synonym mit braunem Fond, während andere viele Worte aufwenden, um einen Unterschied zu begründen. Wichtig ist zu wissen, dass Jus völlig fettfrei sein muss und beim Erkalten geliert. Weiter ist festzustellen, dass auch der Jus im Grunde ein Fond im Sinne einer Basis für Saucen und Suppen ist. *Jus de viande* oder so genannter einfacher Bratensatz wird dadurch gewonnen, dass nach dem Braten des Fleisches der Bratensatz mit etwas braunem Fond gelöst und verkocht, zum Schluss durchgeseiht und entfettet wird. Kalbsjus *(jus de veau)*, von manchen synonym mit Kalbsfond gebraucht, wird nur aus Kalbfleisch, Kalbsknochen und *MIREPOIX* (s.d.) hergestellt. Die Zutaten werden kräftig angebraten, mit Wasser oder weißem Fond abgelöscht und wiederholt stark reduziert. Dann wird nochmals mit Wasser oder Fond aufgefüllt, 6 Stunden lang gekocht, zum Schluss passiert und vollkommen entfettet. Echter Kalbsjus geliert so stark, dass er in Würfel geschnitten und zur Garnitur verwendet werden kann (vgl. auch *BRAUNER FOND* und *FOND*).

**JUS DE VEAU** *(franz.)*: *Kalbsjus*, s. *JUS*.

**JUS DE VEAU LIÉ** *(franz.)*: *gebundener Kalbsjus, gebundener Kalbssaft;* Kalbsjus wird auf ein Viertel der ursprünglichen Menge eingekocht und mit *ARROWROOT* (s.d.) oder einem anderen Bindemittel gebunden.

**JUS DE VIANDE** *(franz.)*: s. *JUS*.

**JUST UP** *(engl.)*: frisch zubereitete Speisen.

**JUWELENBARSCH:** Salzwasserfisch, zu den Zackenbarschen gehörend, mit saftigem Fleisch, nach allen Methoden zubereitbar, kommt unter anderem in afrikanischen Küstengewässern und vor den Malediven vor.

**Kabab:** s. *Kebab.*

**Kabanossi:** sehr dicke, geräucherte *polnische* Würste aus gehacktem Schweinefleisch, kräftig gewürzt.

**Kabeljau:** *Laberdan, merluzzo (ital.), merluza (span.);* bedeutender Speisefisch aus dem Nordatlantik. Im frischen Zustand ist das Fleisch des Kabeljaus zart, wohlschmeckend und zum Braten, Grillen, Kochen, zur Zubereitung nach Müllerinart, für Fischklößchen usw. geeignet. Der noch nicht geschlechtsreife Kabeljau wird als *Dorsch* bezeichnet. Der bereits am Fangort eingesalzene und in Fässern verschickte Fisch wird als so genannter *Laberdan* angeboten. Der gesalzene und getrocknete Kabeljau heißt *Klippfisch,* weil er früher an den Klippen der Küsten getrocknet wurde. Den an der Luft auf Holzgestellen getrockneten, nennt man *Stockfisch* (ungesalzen), s. *Bacalhau.* In Öl eingelegter Kabeljau kommt als Lachsersatz auf den Markt.

**Kabinett-Pudding:** s. *Diplomate.*

**Kabis** *(südd., schweiz.)*: Weißkohl

**Kabli chana** *(ind.)*: s. *Kichererbse.*

**Kabu:** japanische, weiße Rübensorte.

**Kabulsauce:** industriell hergestellte süßliche Sauce nach russischem Rezept.

**Kačamak:** Polenta aus Maismehl, Fett, Schafskäse, Wasser oder Milch (*Balkanländer*).

**Kacang goreng:** Bezeichnung für geröstete Erdnüsse in *Indonesien* und *Malaysia* (s. a. *Serundeng).*

**Kadin budu köfte** *(türk.)*: bedeutet wörtlich übersetzt *Frauenschenkel.* Aus einer Mischung von schierem Hammel- oder Rinderhackfleisch, Eiern, Käse, Mehl, Reis und Zwiebeln werden *Frauenschenkel* geformt. Die Köfte werden gewürzt mit Dill, Petersilie, Pfeffer und Salz, in Ei und Mehl gewendet und ausgebacken *(Türkei).*

**Käferbohnen** *(österr.)*: Feuerbohnen, s. *Bohnen.*

**Kälberzähne:** andere Bezeichnung für *Graupen* (s. d.).

**Känguru:** australisches Wildtier mit schmackhaftem, zartem Fleisch.

**Känguruschwanzsuppe:** klare Bouillon aus dem dickfleischigen Schwanz des Kängurus.

**Kärrnersbraten:** Spezialität der *Würzburger* Küche; mit einer Brötchen-Zwiebel-Mischung gefüllter Rinderrippenbraten (*Kärrner* = Fuhrmann).

**Käse:** *cheese (engl.), fromage (franz.), formaggio (ital.), queso (span.);* kann aus Kuh-, Schafs-, Ziegen- oder Büffelmilch hergestellt werden. Käse wird nach verschiedenen Kriterien klassifiziert.
*1.* Nach Art der Gerinnungsmittel: Sauermilchkäse wird mit Milchsäurebakterien, Süßmilchkäse wird mit *Lab* (s. d.) hergestellt.

2. Nach seinem Gehalt an Trockenmasse, das sind die Bestandteile außer Wasser wie Eiweiß, Fett, Mineralstoffe und Kohlenhydrate: *Sauermilchkäse* kein Mindestgehalt (z. B. *Harzer, Mainzer Handkäse, Olmützer Quargel*), Frischkäse mindestens 18 % (müssen nicht reifen, *Hüttenkäse, Mascarpone, Ricotta*), Weichkäse mindestens 35 % (z. B. *Brie, Camembert, Romadur*), halbfeste Schnittkäse mindestens 44 % (z. B. *Appenzeller, Belpaese, Blue Stilton, Gorgonzola, Jerome, Roquefort*), fester Schnittkäse mindestens 49 % (z. B. *Fontina, Emmentaler*), Hartkäse mindestens 60 % (z. B. *Chester, Gruyère, Manchego, Parmesan*).
3. Nach seinem Fettgehalt in der Trockenmasse (Fett i. Tr.): Magerstufe weniger als 10 % Fett i.Tr., Viertelfettstufe mindestens 10% Fett i.Tr., Halbfettstufe mindestens 20 % Fett i.Tr., Dreiviertelfettstufe mindestens 30 % Fett i.Tr., Fettstufe mindestens 40 % Fett i.Tr., Vollfettstufe mindestens 45 % Fett i. Tr., Rahmstufe mindestens 50 % Fett i.Tr., Doppelrahmstufe mindestens 60 % Fett i.Tr.

**KÄSEBRUCH:** zur Käseherstellung wird Milch erhitzt, gerührt und mit Hilfe von Lab oder anderen Mikroorganismen »dick gelegt« *(Gallerte)*. Mit der sog. Käseharfe oder Dickmilchschneider wird die Gallerte »gebrochen«, d.h. zerschnitten. Weiche Käse haben einen größeren Bruch und mehr Wasser (Molke) als feste Käse, die kleine Bruchkörner haben.

**KÄSESAUCE:** s. *SAUCE MORNAY.*

**KÄSSPÄTZLE:** *Kasnocken (österr.);* eine alpenländische Spezialität. Spätzle werden schichtweise mit reichlich geriebenem Emmentaler, oft vermischt mit Appenzeller oder anderem würzigen Käse, in einer Schüssel angerichtet, mit Käse bestreut und unmittelbar vor dem Servieren mit *BEURRE NOISETTE* (s. d.) und gebräunten Zwiebeln übergossen.

**KÄSTCHEN:** *caissettes (franz.);* kleine eckige oder runde Gefäße aus verschiedenem Material für Kleinragouts und andere warme oder kalte Vorspeisen; s. a. *COCOTTE*.

**KÄSWÄHE** *(schweiz.)*: ein Käse-Zwiebelkuchen mit regionalen Rezepten. Grundsätzlich wird ein blindgebackener Hefeteig-Boden belegt mit einer Mischung, die hauptsächlich aus Eiern, Gruyère oder Emmentaler, Sahne und Zwiebeln besteht.

**KAFFEE:** Getränk aus den gerösteten und zermahlenen Bohnen des Kaffeestrauches. Die ursprüngliche Heimat dieser Pflanze, die nur in einem bestimmten tropischen Gürtel rund um die Erde gedeiht, ist das Hochland von *Äthiopien*. Die zwei wichtigsten Kaffeesorten sind *Arabica* und *Robusta*. Hauptanbaugebiete sind Brasilien, Guatemala, Mexiko, die Karibik (einer der besten und teuersten Kaffees stammt aus den »Blue Mountains« von der Insel Jamaica), Kolumbien, Angola, Kenia usw. und Südostasien. Wird der Kaffeebaum nicht gestutzt, kann er bis zu 10 m hoch werden. Wirtschaftlicher ist eine Höhe von ca. 2 Metern. Für die Qualität eines Kaffees ist auch die Höhenlage entscheidend, in der er wächst; je höher, desto besser, denn die Pflanze wächst langsam, die Kaffeekirschen bleiben kleiner und die Bohnen werden aromatischer. Ebenso wichtig ist die Röstung. Es gibt viele Arten, Kaffee zu genießen: in Brasilien, Italien, Österreich, der Türkei, im Orient schätzt man ihn u.a. stark, mit oder ohne Milch, nur mit Zucker, mit Alkohol, sogar gewürzt mit Kardamom oder Kakao u.v.m. Allein in Wien gibt es dutzende Varianten

**Kaffee-Erbse:** s. *Kichererbse.*

**Kaffeeküchle:** kleine gebackene Klöße, aus einer Art Brandteig, mit Schlagsahne gefüllt *(Baden).*

**Kaffir-Limette:** die Heimat dieser Zitrusfrucht reicht von den Philippinen über Thailand bis Burma; mit dicker Schale und charakteristischem Geschmack. Verwendet werden die aromatischen Blätter und die Schale der Früchte, eine wesentliche Würze der Curry-Pasten.

**Kafta:** s. *Köfte.*

**Kahler Krempling:** wohlschmeckender Speisepilz von hellbrauner Farbe; wächst im Herbst in Tannenwäldern und Mooren.

**Kai lao:** ein in Kokosmilch gekochtes Hühnchen, gefüllt mit Erdnüssen und Kräutern *(Laos).*

**Kaiserfleisch** *(österr.)***:** der vordere, sich unmittelbar an den Kopf des Schweines anschließende Teil der Brust; wird meist geräuchert und mit Sauerkraut und Semmelknödeln serviert. In Deutschland versteht man unter Kaiserfleisch gepökeltes und geräuchertes Schweinefleisch. In Österreich und Bayern auch *Schweinebauch* (s.d.).

**Kaisergranat:** *cigala (span.), langostim (port.), langoustine (franz.), Norway lobster (engl.), scampo (ital.);* in den tiefen Gewässern an den Küsten der Bretagne, Norwegens, der spanischen und portugiesischen Atlantikküste und des Mittelmeeres, insbesondere in der Adria vorkommende Meereskrebse mit schlanken Scheren. Sie werden bis 24 cm lang und sind eine Hummerart, im Gegensatz zum *Granat*, der zu den *Garnelen* gehört. Die Kaisergranaten werden wie Hummer zubereitet und beim Kochen rosarot. Ihr Fleisch ist von delikatem Geschmack. Die Terminologie ist nicht einheitlich, oft wird fälschlicherweise auch die Nordseegarnele, der Granat, als Kaisergranat bezeichnet.

**Kaiserliche Art:** *à l'impériale (franz.);* Garnitur für Geflügel mit Champignons, Hahnenkämmen, Hahnennieren, Hühnerklößchen, Kalbsmilch, Stopfleber und Trüffelscheiben. Dazu Madeirasauce.

**Kaiserschmarrn:** eine *österreichische* Spezialität; Eigelb, Zucker, Salz, Milch, Vanille und Mehl werden zu einem Teig geschlagen. Da hinein kommen in Rum eingelegte Rosinen; dann wird vorsichtig sehr steif geschlagenes Eiweiß untergezogen. Der Teig wird ca. ½ cm hoch in eine mit Butter gefettete Pfanne gegossen, angebacken, dann gewendet, wobei wieder Butter zugegegeben wird. Wenn der Schmarrn fertig gebacken ist, reißt man ihn mit zwei Gabeln oder einer Backschaufel auseinander und serviert ihn locker aufgetürmt mit Puderzucker bestreut. Dazu passt Kompott, sehr gut *ZWETSCHGENRÖSTER* (s.d.).

**KAISERSCHOTEN:** *Zuckerschoten; pois gourmands (franz.);* eine besondere sehr zarte Erbsenschotensorte, die so jung wie möglich mit der ganzen Schote zubereitet wird. Kaiserschoten unterscheiden sich zu anderen Erbsensorten dahingehend, dass sie keine Pergamentschicht ausbilden und einen besonders hohen Zuckergehalt haben.

**KAISERSNAPPER:** *Emperor;* ein besonders in Australien beliebter Fisch der Snapper-Familie mit wohlschmeckendem Fleisch.

**KAJMAK:** *kaimak (türk.)*; Käsespezialität der *Balkan-Länder*. Gekochte Schafsmilch wird in flache Gefäße gegossen. Während der Abkühlung bildet sich an der Oberfläche eine dicke Schicht, die in ein hölzernes Gefäß gegeben und gesalzen wird. Dieser Vorgang wird ständig wiederholt, bis das Holzgefäß voll ist. Kajmak kann auch vor seiner Reife verbraucht werden. Unreifer Kajmak ist weiß und hat einen angenehmen milden, sahnigen Geschmack. Im Laufe des Stehens setzt ein Gärvorgang ein, wobei nachgesalzen werden muss. Der Kajmak wird dabei schärfer und nimmt eine gelbe Farbe an.

**KAKAVIÁ:** *griechische* Suppe aus Gemüsen und kleinen Fischen, sog. *Felsenfischen,* manchmal Fischfilets, gegart in Weißwein oder Wasser, gewürzt mit Salz und Pfeffer. Die Suppe wird so lange geköchelt, bis die Fische zerfallen. Anschließend den Topfinhalt durch ein Sieb treiben und die Suppe mit Zitronensaft würzen.

**KAKI:** *Chinesische Dattelpflaume, Japanische Aprikose, Kakipflaume, Kakifeige, Persimone;* tomatenförmige, orangefarbene oder rote Früchte aus Ostasien, die heute auch in Brasilien, Italien, Nordamerika usw. kultiviert werden. Das Fleisch ist in der Vollreife angenehm süß, jedoch ohne besonderen Eigengeschmack. In der Regel wird das Fleisch aus der Schale gelöffelt, ist aber auch für Obstsalat, Kompott etc. geeignet.

**KAKIPFLAUME:** s. *KAKI*.

**KAKTUSFEIGE:** *Indische Feige, Kaktusfrucht, Opuntia;* stachelige Früchte einer Kakteenart aus dem tropischen Amerika, heute jedoch weit verbreitet, insbesondere auch im Mittelmeerraum kultiviert. Die Frucht ist von grüner bis gelbroter und brauner Farbe, hat gelbes bis rötliches, kernreiches Fleisch von süßem, birnenartigem Geschmack; zum Auslöffeln und für Fruchtsalat und Konfitüren geeignet.

**KAKTUSFRUCHT:** s. *KAKTUSFEIGE*.

**KALAKUKKO:** heißt wörtlich übersetzt *Fischhahn,* eines der bekanntesten *finnischen* Gerichte; eine Fischpastete aus einer Roggen- und Weizenmehlteighülle, die schichtweise gefüllt ist mit *muikku,* einem lachsartigen Süßwasserfisch und Streifen von fettem Schweinefleisch.

**Kalámaría** *(griech.)*: Tintenfisch.

**Kalamata:** die beste *griechische* Olive.

**Kalb:** ein Jungrind bis zum Alter von 3 Monaten, Lieferant vieler Delikatessen, wie *Bries, Kalbskopf, Kalbsleber, Kalbsnierenbraten, Kalbshaxe, Ossobuco, Piccata, Saltimbocca, Vitello tonnato* u.v.a.

**Kalbfisch:** s. *Heringshai.*

**Kalbfleisch, eingemachtes:** eine *südd.* Spezialität. Kalbfleisch wird in mundgerechte Stücke geschnitten, zusammen mit Zwiebeln, Lorbeer und Nelken in Weißwein und Salzwasser weich gekocht. Eine helle Mehlschwitze wird mit der Kochbrühe aufgefüllt, gekocht, bis eine sämige Sauce entsteht, mit Eigelb legiert und darin das Fleisch, mit Petersilie überstreut, serviert (s.a. *Blanquette*).

**Kalbfleischröllchen:** Kalbsrouladen, *Kalbsvögel, paupiettes de veau (franz.)*; Kalbsschnitzel aus der Nuss oder der Oberschale werden plattiert und mit einer Farce gefüllt, die z.B. aus Kalbfleisch, Essiggurken, mageren Speckstreifen, Zwiebeln u.a. besteht. Gewürzt wird gewöhnlich mit Petersilie, Pfeffer, Salz und Senf. In der Regel werden die Röllchen mit Scheiben frischen Specks umwickelt, mit Küchengarn verschnürt, rundum angebraten und in Fleischbrühe und Weißwein zusammen mit Kräuterstrauß, Lorbeer, Möhren, Zwiebeln und Zitronensaft gegart. Der Fond wird mit Eigelb gebunden und kann mit Kapern und Sardellen vermischt werden.

**Kalbsblankett:** Ragout von Kalbfleisch in weißer Sauce. Fleisch und Sauce werden, anders als beim *Frikassee* (s.d.), getrennt zubereitet (s.a. *Blanquette*).

**Kalbsblatt:** s. *Kalbsschulter.*

**Kalbsbries:** *Kalbsmilch, Milcher, Milken (schweiz.); Schweser; ris de veau (franz.)*; s. *Bries.*

**Kalbsbrühe:** Brühe für die Zubereitung von Saucen, Suppen etc., von der Haxe, Bein, Nacken und Rippen des Kalbes, mit kaltem Wasser und Gemüsen aufgesetzt. Die Brühe muss während des langsamen Kochvorganges wiederholt vom Schaum befreit werden.

**Kalbsbrust, gefüllt:** s. *Gefüllte Kalbsbrust.*

**Kalbsbug:** s. *Kalbsschulter.*

**Kalbsfond:** s. *Fond.*

**Kalbsfricandeau** *(franz.)*: heißt wörtlich übersetzt *Kalbssteak;* s. *Fricandeau.*

**Kalbsfrikassee:** ein Kalbsragout in weißer Sauce. Das Kalbsfrikassee unterscheidet sich vom *Kalbsblankett* (s.d.) dadurch, dass das Fleisch in Butter steif gemacht, zusammen mit Möhren und Zwiebeln ca. eine Viertelstunde lang gedünstet, sodann mit Mehl bestäubt, nach einigen Minuten mit Fleischbrühe begossen und zusammen mit einem Kräutersträußchen gegart wird. Zum Schluss werden Champignons hinzugegeben. Die Garbrühe wird stark reduziert und mit Eigelb und Rahm gebunden; gewürzt wird mit Muskat und Zitronensaft. Als Beilagen eignen sich Salzkartoffeln oder Kreolenreis.

**Kalbsgekröse:** s. *Gekröse.*

**Kalbsgeschnetzeltes:** *Kalbsgeschnetzeltes Zürcher Art;* sehr kleine dünne Scheibchen von Kalbfleisch werden in Butter geschwenkt und dann aus der Pfanne genommen. Dann werden gehackte Schalotten oder Zwiebeln in Butter angeschwitzt, mit Mehl bestäubt und mit Weißwein und süßem Rahm abgelöscht. Das Fleisch wird mit der Sauce vermischt (*schweiz.* Spezialität). Manche Rezepte geben noch Champignons oder Kalbsnieren bei.

**Kalbsgeschnetzeltes Zürcher Art:** s. *Kalbsgeschnetzeltes.*

**Kalbsglace:** so reduzierter Kalbsfond, dass er beim Erkalten erstarrt.

**Kalbsgrenadins:** s. *Grenadins.*

**Kalbshaxe auf bayerische Art:** *Kalbshaxn;* die Haxe wird zunächst in Wasser mit Lorbeer, Pfefferkörnern, Salz, Suppengrün, Zitronenschale und Zwiebeln gekocht und dann im Backofen gebacken. Zum Ende der Bratzeit wird wiederholt mit Bier übergossen. Aus dem Bratensatz wird eine Sauce bereitet und über die Haxe gegossen.

**Kalbsjus:** Kalbfleischsaft (s. *Jus*).

**Kalbskarree:** *carré de veau (franz.),* Kalbsrippenstück; das Rippenstück des Kalbes, aus dem auch die Koteletts geschnitten werden. Der Wirbelknochen wird entfernt und gehackt. Das Rippenstück wird wie *Kalbsnierenbraten* (s. d.) bereitet.

**Kalbskopf auf Schildkrötenart:** *Kalbskopf en tortue (franz.), tête de veau en tortue (franz.);* eine Spezialität mit einigen Varianten. Das Gericht besteht zumeist aus gekochtem und in Stücke geschnittenem Kalbskopf, Kalbshirn, Kalbfleischklößchen und Kalbszunge. Gewürzt wird mit Madeira und *Schildkrötenkräutern* (s. d.), garniert mit Champignonköpfen, *Croûtons* (s. d.), hart gekochten Eiern, *Fleurons* (s. d.), Oliven sowie Pfeffergürkchen und Trüffelscheiben.

**Kalbskopf vinaigrette:** *tête de veau à la vinaigrette (franz.);* gekochte Kalbskopfstücke, Kalbshirn und Kalbszunge serviert mit *Sauce vinaigrette* (s. d.), vermischt mit hart gekochtem Ei und Kapern.

**Kalbskotelett:** *côte de veau (franz.);* Scheibe aus dem Rippenstück des Kalbes mit Knochen.

**Kalbskoteletts auf Mailänder Art:** Kalbskoteletts werden durch verquirlte Eier gezogen und mit geriebenem Weißbrot in Butter gebraten. Manchmal wird etwas Käse unter die Eier gezogen. Die Koteletts werden mit Makkaroni und Tomatensauce angerichtet, s. a. *Mailänder Art.*

**Kalbsleber auf Berliner Art:** Kalbsleber (gebraten), mit gebratenen Apfelscheiben und Zwiebelringen garniert.

**KALBSLEBER AUF TIROLER ART:** Kalbsleber mit gebratenen Zwiebeln und Tiroler Speck.

**KALBSLENDCHEN:** s. *KALBSMEDAILLON.*

**KALBSLUNGE:** s. *LÜNGERL.*

**KALBSMEDAILLON:** *Kalbslendchen, Kalbsnüsschen;* ca. 100 g schwere Scheiben vom Kalbsfilet oder *FRICANDEAU* (s. d.), die dicker als normale Schnitzel, aber kleiner als diese geschnitten werden. Die Medaillons dürfen nur sautiert werden, da sie sonst hart und trocken werden; wie Kalbskotelett und *TOURNEDOS* (s. d.) zubereitet.

**KALBSMILCH:** s. *BRIES.*

**KALBSNIERENBRATEN:** aus den Knochen zusammen mit den Nieren gelöstes Nierenstück des Kalbes, auch *Kalbssattel* genannt. Leider erhält man im Metzgerladen nur selten einen gewachsenen Kalbsnierenbraten angeboten. Bei einem solchen wird der Sattel der Länge nach halbiert und der Knochen ausgelöst. Die Niere wird gespalten, aber nicht ganz durchschnitten. Dann rollt man das Fleisch zusammen, verschnürt und salzt es; zum Braten, Schmoren oder *POËLIEREN* (s. d.).

**KALBSNÜSSCHEN:** s. *KALBSMEDAILLON.*

**KALBSRIPPENSTÜCK:** s. *KALBSKARREE.*

**KALBSROULADEN:** s. *KALBFLEISCHRÖLLCHEN.*

**KALBSRÜCKEN:** *selle de veau (franz.);* wird in der Regel im Ganzen gebraten, indem man zuvor die zu langen Rippen abhackt, die Filets und Nieren ablöst, die Lappen nach innen schlägt und mit Bindfaden befestigt.

**KALBSRÜCKEN PRINZ ORLOFF:** *Orloff, selle de veau prince Orloff (franz.);* eines der bekanntesten Gerichte vom Kalbsrücken mit Variationen. Ein Beispiel: Der Kalbsrücken wird mit *BOUQUET GARNI* (s. d.), Möhren, Sellerie, Tomaten und Zwiebeln im Ofen geschmort. Danach wird das Rückenfleisch in ca. 0,5 cm dicke Scheiben geschnitten. Diese werden mit einer Mischung aus *BEURRE MANIÉ* (s. d.), Sahne, Champignonpüree, Gänsestopfleber und Trüffelscheiben belegt. Danach werden die Filets auf die Karkasse so zurückgesetzt, dass der Rücken seine ursprüngliche Form zurückgewinnt. Zum Schluss wird der Rücken mit der restlichen Champignon-*SOUBISE* (s. d.)-Mischung und mit Mornaysauce bestrichen, mit Käse bestreut und im Ofen ca. 15 Min. lang glaciert.

**KALBSRÜCKENSTÜCK:** s. *KALBSKARREE.*

**KALBSSAFT:** s. *JUS.*

**KALBSSATTEL:** Kalbsnierenbraten.

**KALBSSCHÄUFERL:** *süddeutscher* Name für eine Scheibe aus der Kalbsschulter.

**KALBSSCHNITZEL:** *escalope de veau (franz.);* herzförmige, ovale oder runde Scheibe meist aus der Kalbsnuss oder der Unterschale; zum Sautieren paniert oder unpaniert geeignet.

**Kalbsschnitzel à la Holstein:** s. *Schnitzel à la Holstein*.

**Kalbsschulter:** *Kalbsblatt, Kalbsbug;* der von der Seite gesehen oberste Teil der vorderen Kalbskeule, rechts und links von der Kalbsbrust begrenzt. Wird meist ausgelöst und zu Rollbraten verarbeitet.

**Kalbsrippenstücke:** s. *Kalbskotelett*.

**Kalbssteak:** Kalbfleischscheiben, die etwas dicker sind als Kalbsschnitzel. Sie werden aus denselben Stücken wie diese, aber auch aus dem Sattelstück geschnitten. Gewöhnlich werden sie leicht plattiert und in Butter gebraten.

**Kalbsvelouté:** s. *Sauce velouté*.

**Kalbsvögel:** *Kalbfleischröllchen* (s.d.); nicht zu verwechseln mit *Kalbsvögerl*.

**Kalbsvögerl** *(österr.)*: ausgelöste *Kalbsstelze* (*Kalbshaxe*).

**Kaldaunen:** s. *Fleck*.

**Kalebasse:** *Flaschenkürbis;* eine tropische Kürbisart. Essbar sind nur die jungen unreifen Früchte, solange die Schale noch weich ist. Das Fruchtfleisch ist zart und mild; in Japan Beilage zu *sushi* (s.d.).

**Kali dal** *(ind.)*: Gericht aus schwarzen Linsen mit Bohnen.

**Kalkuhnenbraten:** Putenbraten *(Pommern, Ostpreußen)*.

**Kalkwasser:** in Wasser aufgelöster, ungelöschter Kalk zum Bleichen und Konservieren von Früchten und Gemüsen für Marmeladen (*Vorderer Orient*); s.a. *Nixtamal*.

**Kalmar:** *calmar, encornet, chipiron (franz.); squid (engl.); calamaro (ital.); calamar (span.);* ein in fast allen Meeren beheimateter, in mehreren Arten vorkommender Kopffüßler mit schlankem, sackartigem Körper, zehn Greifarmen und sehr wohlschmeckendem Fleisch, das vielseitig verwendbar ist.

**Kalmus** *(echter)*: auch deutscher Ingwer genannt. Stammt aus Amerika und Asien, eine Wurzel des dortigen Aronstabgewächses. Wird zumeist gemahlen und findet in Gewürzpulvermischungen Verwendung, kann auch wie Muskat verwendet und eingelegt werden (Magenmittel).

**Kalops:** *schwedischer* Eintopf mit Rindfleischwürfeln und saurer Sahne, gewürzt mit Lorbeer und Piment. Nicht zu verwechseln mit *scallops,* die englische und amerikanische Bezeichnung für eine bestimmte Kamm-Muschelart.

**Kalte Ente:** eine mit Sekt aufgefüllte Bowle aus Weißwein und Zitronenschale.

**Kalte Nase:** *Schaltenosen;* eine Süßspeise der Deutschen im Baltikum und Memelland *(Ostpreußen)*. Mit einer süßen Quarkmischung gefüllte Hefeteigtaschen werden in kochendem Wasser gegart, mit brauner Butter begossen, mit Zimtzucker bestreut und heiß serviert.

**Kalt räuchern:** s. *Räuchern.*

**Kaltschale:** kalte süße Suppe, zumeist mit Fruchteinlage.

**Kalua pig:** in einer Grube auf heißer Lava gegartes Schwein *(Hawaii).*

**Kameruner:** kleine, schmalzgebackene Kringel oder Vierecke aus Hefe- oder anderem Teig.

**Kamerunnuss:** s. *Erdnuss.*

**Kamin:** die Öffnung, z.B. im Pastetenteig, durch die der beim Backen entstehende Dampf entweichen kann.

**Kaminwurz:** Name einer geräucherten Mettwurst *(südd.).* In *Tirol* dagegen ist eine Kaminwurz eine geräucherte Hartwurst.

**Kamm:** das unmittelbar an den Hals oder Nacken anschließende Teilstück der Schlachttiere, beim Rind Halsgrat genannt.

**Kammlott:** *norddeutsch* für eine Rinderbeinscheibe.

**Kammmuschel:** die berühmteste Vertreterin dieser Muschelart ist die *Große Jakobsmuschel,* doch es gibt auch kleinere wie die *méditeranéen* und die *Queen scallop.* Ihre Heimat ist der Atlantik, das Mittelmeer und die Nordsee; s. a. *Coquilles Saint-Jacques.*

**Kampa:** ein Lammragout vom *Balkan* mit regionalen Rezepten. Hauptsächlich werden Würfel von der Lammschulter mit Knoblauch und Zwiebeln angebraten, mit Lammbrühe abgelöscht und mit reichlich Paprikapulver gewürzt. Sobald das Fleisch fast gar geschmort ist, werden noch Spinatblätter hinzugefügt und das Gericht fertiggeschmort. Dazu wird meist Weißbrot gereicht.

**Kampyo:** *Kampio;* dünne Streifen aus dem Fruchtfleisch von Kalebassenkürbissen. Die getrockneten Streifen werden mit Salzwasser angefeuchtet und dann eingeweicht. Sie dienen in der japanischen Küche als Füllung von *Maki-Sushi* (s.d.).

**Kamtschatkakrabben:** gehören zu den Mittelkrebsen; meist als Königskrabbenfleisch in Konserven *(crab-meat)* aus Russland, s.a *Königskrabbe.*

**Kandieren:** Früchte u.a. in konzentrierten Zuckersirup einlegen und anschließend trocknen.

**Kaneel:** s. *Zimt.*

**Kang kong:** auch *Kong lung, Wasserspinat, Wasserwinde;* südost-asiatische Sumpfpflanze, deren junge Blätter und Triebe wie Spinat zubereitet werden, auch für Suppen und zum Einlegen geeignet.

**Kaninchen:** man unterscheidet *Haus-* und *Wildkaninchen.* Auch das Wildkaninchen hat weißes Fleisch, schmeckt würzig und wird ebenso wie Hase zubereitet. Das gezüchtete Kaninchen dagegen erinnert im Geschmack mehr an Huhn als an Wild.

**Kannelieren:** Verzieren von Früchten oder Gemüsen durch Rillen an der Oberfläche, insbesondere bei Champignons.

**Kantalupmelonen:** s. *Cantaloup-Melonen*.

**Kantengarnele:** *camarón (span.);* sehr gut schmeckende pazifische Garnele, die 6–12 cm lang wird.

**Kao** *(chin.)*: backen, grillen.

**Kaoliang** *(chin.)*: Spirituose aus dem Norden Chinas, u. a. aus *Sorghum* (s. d.).

**Kao ya** *(chin.)*: Peking-Ente, s. *Bĕ-jíng-tián-ya*.

**Kapaun:** junger kastrierter und gemästeter Hahn.

**Kapern:** die noch geschlossenen Blütenknospen des in Südeuropa beheimateten Kapernstrauches. Nach dem Pflücken werden die Kapern gesalzen und entwickeln dabei ihren säuerlich pikanten Geschmack. Die besten Kapern kommen aus Marseille, Nizza und Toulon, auch von Santorin *(Griechenland)*, Salina und Pantelleria (kleine Inseln vor *Sizilien)*. Sie werden in fünf Größen eingeteilt: *Nonpareilles, Surfines, Fines, Mifines, Communes.* Die besten Kapern sind die ganz kleinen Nonpareilles. Surfines oder *Capucines* werden die nicht ganz so kleinen Kapern genannt. Kapern mittlerer Größe heißen Fines oder ebenfalls Capucines, ziemlich große Mifines und die größten Communes oder *Capotes.* Falsche Kapern werden aus Knospen der Kapuzinerkresse oder Sumpfdotterblume hergestellt.

**Kapernäpfel:** große Kapern mit Stiel, in Essigmischung eingelegt.

**Kapi:** *thailändische* Garnelenpaste, dient als Speisewürze (s. a. *Blachan* und *Trasi)*.

**Káposztáskocka:** *ung.* Spezialität; Krautfleckerl, d. h. Teigvierecke, die meist in Salzwasser gegart und dann mit gehobeltem, gut angebräuntem und gewürztem Kohl vermischt werden.

**Káposztás leves** *(ung.)*: Kohlsuppe.

**Kappes:** auch *Kabbes* (Kohl, Grünkohl); wird meist mit Speck und Mettwürsten gekocht *(Rheinland);* s. a. *Grünkohl mit Pinkel*.

**Kapstachelbeere:** *Ananaskirsche, Physalis, Inkapflaume, Uchuba (Peru), Uchuva (Kolumbien);* mittelgroße, gelb bis grüngelbe Frucht mit glatter Haut und süßsaurem Geschmack. Sie wächst in einer zarten, lampionförmigen beigen Hülle. Die Frucht stammt aus Südamerika, wird aber heute auch in Afrika, namentlich in der Kapregion, Indien, Neuseeland und den USA angebaut. Bei uns ist die Frucht von Dezember bis Juni erhältlich und für Tortenbelag, Bestandteil von Fruchtsalat usw. geeignet.

**Kapuska:** ein *türkischer* Eintopf, der vor allem aus Rinderhackfleisch, Tomaten, Weißkohl und Zwiebeln besteht und mit scharfem Paprika kräftig gewürzt wird.

**Kapusniak:** Krautsuppe, deren wesentliche Bestandteile Weiß- oder Sauerkraut, geräucherter Schweinebauch, geräucherter Speck, Würstchen, Möhren, Petersilienwurzeln, Sellerie und Zwiebeln sind; gebunden wird mit saurem Rahm (*Polen* und

*Russland;* in *Kaschubien* ohne Fleisch).

**Kapusta** *(poln., russ., tschech.)*: Kraut.

**Kapusta kwaschnaja** *(poln., russ., tschech.)*: Sauerkraut.

**Kapustny pirog** *(russ.)*: *Krautpirogge;* russische Mürbeteig-Pastete, hauptsächlich mit Weißkraut, hart gekochten, gehackten Eiern und Schinkenwürfeln gefüllt.

**Kapuzinerkresse:** Kresseart, deren Blüten die Form von Kapuzinermützen haben. In Südamerika beheimatet, bei uns als Gartenpflanze bekannt. Die Blätter werden als Salat verwertet, die Triebe dienen als Würze z. B. für Salate, die Knospen sind Kapernersatz und die essbaren Blüten dienen als Dekoration.

**Kapuzinerpilz:** s. *Birkenpilz.*

**Karambole:** *Sternfrucht, Carambola, Baumstachelbeere;* Baumfrucht aus Südostasien, der Karibik, dem südpazifischem Raum u. a. mit sternförmig gerippter Frucht von hellgelber Farbe und bis zu 12 cm Länge. Das Fruchtfleisch ist von erfrischend säuerlichem Geschmack. Bei uns sind die Früchte von Dezember bis April zu haben. Sie dienen als Frischobst oder Zutat zu Obstsalat und anderen Süßspeisen sowie als Dekoration.

**Karamellcreme:** s. *Crème caramel.*

**Karamellisieren:** Zucker bräunen, Karamell herstellen.

**Karasumi** *(jap.)*: s. *Boutargue.*

**Karanjis:** *indische,* in Fett ausgebackene Halbmonde aus Nudelteig, gefüllt mit süßen Kokosraspel.

**Karausche:** s. *Gareisl.*

**Karbonade:** in der deutschen Gastronomie beim Kalb, Schaf und Schwein der Name eines Fleischteiles zwischen Rippenstück und Keule, aber auch die Bezeichnung für ein Gericht aus gebratenen oder geschmorten Fleischscheibchen aus der Karbonade mit zahlreichen Variationen. Die Karbonade vom Rind stammt aus der Hüfte oder dem Lendenbraten. Der Begriff der Karbonade ist in der Literatur schillernd und nicht unumstritten, was vor allem die Frage betrifft, aus welchem Teil der einzelnen Schlachttiere das Fleisch für die Karbonade geschnitten wird.

**Karbonadenfisch:** s. *Austernfisch.*

**Karbonadenspeck:** s. *Frühstücksspeck.*

**Kardamom:** *Cardamom;* Gewürz aus dem süd- und ostasiatischen Raum von kräftig würzigem, an Zitrone erinnernden Geschmack. Wird aus den Samenkörnern der Kardamomkapsel, der Frucht eines asiatischen Ingwergewächses, gewonnen. Den besten Geschmack haben zartgrüne Kapseln. Kardamom kommt bei uns in Pulverform oder als Kapseln auf den Markt; für Gebäck, asiatische Gerichte, Pilaw, Wurst u. a., wichtiger

Bestandteil des Curry, auch zum Verfeinern von Tee geeignet.

**KARDE:** *Cardy, Kardi, Distelkohl, Kardone, Spanische Artischocke;* Distelgewächs, ursprünglich aus dem Vorderen Orient, meist in Südeuropa angebaut mit fleischigen Blattstielen. Karden werden als Gemüse zubereitet. Dazu werden die Stiele von den Fasern und der Haut befreit, in Stücke geschnitten und in mit Zitronensaft versetztem Wasser gegart.

**KARDINALSART:** *à la cardinale (franz.)*: Garnitur für Fisch mit Kardinal-Sauce, Hummer- und Trüffelscheiben.

**KARDINALSAUCE:** s. *SAUCE CARDINAL*.

**KARDONE:** s. *KARDE*.

**KARDY:** s. *KARDE*.

**KARFIOL:** *österr.* Bezeichnung für Blumenkohl.

**KARI:** *malaiische* und *kambodschanische* Bezeichnung für Curry.

**KARIE:** *südindisches* Wort, bedeutet ursprünglich Sauce; wurde angliziert in *Curry*.

**KARI-KARI:** ein *philippinisches* Rindfleischgericht, hauptsächlich aus geschmortem Ochsenschwanz, Beinscheiben, Knoblauch und Zwiebeln sowie anderen Gemüsen, gebunden mit Erdnüssen und Reismehl, gefärbt mit Annattosamen, s. *ACHOTE*.

**KARJALAN PAISTI:** Pfeffertopf aus *Karelien* mit Abwandlungen; zumeist bestehend aus Hammel-, Kalb- und Schweinefleisch, gewürzt mit Lorbeer, Pfeffer, Piment und Salz.

**KARKASSE:** Bezeichnung für das Gerippe der Schlachttiere, Geflügel, Fische, Krustentiere etc.

**KARLSBADER KOLATSCHEN:** Hefeteigplätzchen mit Himbeermarmelade gefüllt. Der Hefeteig wird aus Mehl, Butter, Eigelb, lauwarmer Milch, Puderzucker, Salz und Hefe bereitet, ausgerollt und in Plätzchen zerschnitten. Darauf gibt man je einen Löffel voll Marmelade; die Ränder der Plätzchen werden hochgezogen und mit Eiweiß bestrichen. Die im Ofen gebackenen Kolatschen können mit Baisermasse überzogen und nochmals in den Ofen gegeben werden. Üblich ist auch eine Quark- oder Mohnfüllung *(Tschechien)*.

**KARLSBADER OBLATEN:** *Eisenkuchen;* hauchdünne Waffeln mit süßer Füllung *(Tschechien)*.

**KARLSBADER SAHNEFLEISCH:** ein mit Paprika gewürztes Kalbsragout in Tomaten-Sahne-Soße *(Tschechien)*.

**KARMENATL:** Frikadelle *(Tirol)*.

**KAROLINE:** *Blitzkuchen, Caroline (franz.);* kleine Brandteigstangen *(ÉCLAIRS, s.d.)*, die mit beliebiger Farce gefüllt und meist mit *CHAUD-FROID-SAUCE* (s.d.) überglänzt werden.

**KARPATENKÄSE:** Bezeichnung für verschiedene Käsesorten, die in den Karpaten hergestellt werden.

**Karpfen:** europäischer Süßwasserfisch. Man unterscheidet *Lederkarpfen* ohne Schuppen, *Schuppenkarpfen* mit kleinen Schuppen und *Spiegelkarpfen* mit großen Schuppen. Bekanntestes Rezept ist *Karpfen blau* (s.d.); für dieses Rezept wird der Fisch nicht entschuppt.

**Karpfen auf jüdische Art:** *karp po jewrejski (russ.);* Karpfenscheiben werden in Öl mit Schalotten und Zwiebeln angebraten und mit Mehl bestäubt. Dann wird mit Fischfond oder Kalbsfond und Weißwein aufgefüllt und mit Cayennepfeffer, Knoblauch, Kräutersträußchen, Nelken, Pfeffer, Salz und geriebener Zitronenschale gewürzt. Nach ca. 20 Min. schwachem Sieden wird der Sud abgeseiht, mit Öl aufgeschlagen, nachgewürzt und über die Karpfenstücke gegossen. Nach dem Erkalten muss die Sauce gelieren.

**Karpfen auf polnische Art:** in Bier und Rotwein mit Zwiebeln pochierte Karpfenstücke, gewürzt mit Lorbeer, Nelken, Petersilie, Pfefferkörnern und Thymian. Der Sud wird passiert, mit Pfefferkuchen gebunden und mit Karamellzucker und gehackten Mandeln vollendet.

**Karpfen blau:** Nicht geschuppter Karpfen mit noch intakter Schleimschicht, der mit Essig überbrüht und in siedendem, mit Gewürzen versehenem Salzwasser gegart wird. Dazu werden gewöhnlich zerlassene oder braune Butter und Salzkartoffeln gereicht.

**Karpfen Pompadour:** kaltes Karpfengericht, bei dem der Karpfen auf Scheiben von Möhren und Zwiebeln in Rotwein und Fischfond braisiert (s. *braisieren*) und nach dem Erkalten mit Fischgelee nappiert (s. *nappieren*) wird. Dazu werden üblicherweise Artischockenböden, mit *Russischem Salat* (s.d.) gefüllt, serviert.

**Karree:** s. *Carré*.

**Kartäusergericht:** eine Art Fleisch- und Gemüseauflauf, der warm oder kalt serviert wird. Man legt eine Auflaufform mit Fleischfarce, fein geschnittenem Gemüse, Champignonscheiben, Kohl usw. aus. Dann füllt man den Hohlraum mit einem Ragout aus Gemüse, Wild, Geflügel o.a. Fleisch aus, verschließt den Auflauf mit Farce und deckt ihn mit Speckscheiben ab. Das Ganze wird im Wasserbad gegart.

**Kartäuser Kloss:** von der Rinde befreite, runde Brötchen werden in einer Mischung aus Eiern, Milch und Zucker getränkt, zu Klößen gedrückt, in Weckmehl gewälzt und schwimmend ausgebacken. Vor dem Anrichten werden die Klöße in Zimt und Zucker gewälzt. Als Beilage eignet sich Weinschaumsauce (s. *Sabayon*).

**Kartoffel:** *Erdapfel;* eines der wichtigsten Grundnahrungsmittel der Erde, mit hohen Vitamin- und Kohlenhydratanteilen. Man unterscheidet fest kochende Kartoffeln (*Hansa, Sieglinde,* für Salate und zum Braten), vorwiegend fest kochende Kartoffeln (*Clivia, Grata, Hela,* für Salz- und Pellkartoffeln geeignet), mehlig kochende Kartoffeln (*Bintje, Datura,*

*Irmgard*, für Klöße, Pürees, Puffer, Suppen).

**Kartoffeln à la dauphinoise:** *Kartoffeln auf Dauphiner Art;* s. *Gratin dauphinois*.

**Kartoffeln auf Kronprinzessin-Art:** s. *Pommes Dauphine*.

**Kartoffelausstecher:** s. *Pariser Messer*.

**Kartoffelfäden:** s. *Schneekartoffeln*.

**Kartoffelflut(t)en:** s. *Pflutten*.

**Kartoffelfuchs:** nussgroße Kartoffelbreibällchen werden mit Zimt gewürzt und in Butter goldgelb gebraten *(Schweiz)*.

**Kartoffelgratin:** s. *Gratin dauphinois*.

**Kartoffelklösse:** Klöße aus gekochten und geriebenen Kartoffeln, Butter, Eiern, Grieß und Mehl, gewürzt mit Muskatnuss und Salz. Beim Formen der Klöße werden geröstete Semmelwürfel in die Mitte hineingedrückt. Die Klöße werden gekocht und vor dem Servieren in gerösteten Semmelbröseln gewälzt.

**Kartoffelkroketten:** aus Herzoginkartoffelmasse (s. *Pommes Duchesse*) oder *Kartoffelteig* (s.d.) kleine Kugeln oder Rollen formen, panieren und ausbacken.

**Kartoffellöffel:** s. *Pariser Messer*.

**Kartoffelnocken:** *gnocchi (ital.);* kleine Kartoffelklöße. Gekochte und pürierte Kartoffeln werden mit Butter, Eiern, Käse und Mehl vermischt, gepfeffert und gesalzen. Daraus werden nussgroße Kugeln geformt, mit dem Gabelrücken eingekerbt und in Salzwasser pochiert, dann auf einem Backblech mit Käse bestreut im Ofen überbacken; oder die pochierten Gnocchi in Salbeibutter servieren. In *Italien* beliebte Beilage.

**Kartoffelpüree:** *Stock (österr., schweiz.)*.

**Kartoffelpuffer:** *Datschi (österr.), Puffer, Reiberdatschi (südd.), Reibekuchen, Rievkooke (rheinl.);* handtellergroße Fladen aus einem Teig von geriebenen, rohen oder gekochten Kartoffeln, Eiern, Mehl, Salz und evtl. Zwiebeln, mal kross schwimmend in Fett ausgebacken, mal in der Pfanne gebraten. Dazu passen z. B. Preiselbeerkompott, Apfelmus, Speckwürfel, Räucherlachs.

**Kartoffelschnee:** schaumig geschlagenes Kartoffelpüree.

**Kartoffelstock** *(schweiz.)*: Kartoffelpüree.

**Kartoffelteig:** ein Teig aus gedämpften, mehligen Kartoffeln, Eiern, Mehl und Salz. Der Teig kann z. B. Verwendung finden für Kartoffelknödel, -nocken, -küchlein, -kroketten u. a. m.

**Kartoshkis** *(russ.)*: Kartoffel.

**Karube:** s. *Johannisbrot*.

**Kascha** *(russ.)*: Brei, Grütze; meist aus Buchweizen, aber auch aus Hirse, Hafer und anderen Getreiden. Es gibt dünne (suppenähnliche), körnige oder dicke

Kascha. Die Grütze wird mit Ei vermischt und angeröstet. Dann wird gesalzen, Butter und kochendes Wasser, nach Geschmack Zwiebeln und Pilze oder aber Backpflaumen hinzugefügt. Die Masse wird bei mittlerer Hitze und ständigem Rühren gegart. Zum Frühstück oder als Beilage. Auch der Name für geröstete Buchweizenkörner.

**Kaschamak** *(bulg.)*: Polenta.

**Kascher:** s. *Koscher*.

**Kaschk** *(iran.)*: *kashk;* eine Art Buttermilch aus Schafs- oder Ziegenmilch mit kräftigem Geschmack; wird getrocknet z. B. auf Suppen gegeben.

**Kaschkaval:** *Kaskaval;* ein gebrühter schnittfester Hartkäse von pikantem, leicht scharfem Geschmack, aus roher Kuh- oder Schafsmilch. Gibt es in unterschiedlicher Schreibweise in vielen Ländern Südosteuropas *(Balkan)*.

**Kashu maki** *(jap.)*: s. *Californiaroll*.

**Kaskrut:** *marokkanischer* Imbiss; Weißbrot, gefüllt mit Paprikasalat, Thunfisch, Tomatensalat u. a. und vollendet mit Kapern, Oliven usw., vor allem aber scharf gewürzt mit *Harissa* (s. d.).

**Kasnocken:** *steirische* Spezialität. Ohne Beigabe von Ei zubereitete *Nockerl* (s. d.) werden mit Steirer-Kas vermischt (*Österreich*).

**Kasnudeln:** *Kärtner* Spezialität; ein Nudelteig wird z. B. mit Topfen (=Quark)-Kartoffelmasse oder Topfen-Brein (=Hirse)-Masse gefüllt; *Nudeln*, d. h. gefüllte Teigtaschen, werden mittels eines Teigrädchens getrennt und in Butter gebraten.

**Kassave:** *Cassave, Maniok, Sabudana (ind.), Tapioka, Yucca (südamerik.);* große unförmige Wurzelknolle einer tropischen Pflanze, mit rosaroter, rauer Schale und weißem, sehr stärkehaltigem Fleisch. Sie wird erst genießbar durch Kochen oder Wässern, da sie das bitter schmeckende giftige Linamarin enthält. Aus dem Fruchtfleisch werden *Arrowroot* (s. d.), Maniokmehl, *Tapiokastärke* usw. hergestellt. Tapiokastärke kann durch ein bestimmtes Verfahren zu *Perl-Tapioka* verarbeitet werden, das gelegentlich auch als *Sago* (s. d.) angeboten wird. (Echtes Sago stammt jedoch von den südasiatischen Sagopalmen.) Hauptanbaugebiet der Kassave ist *Südamerika* und *Westindien.*

**Kasseler:** *Kassler Kotelett, Kasseler Rippenspeer; Selchkaree (österr.); Rippli (schweiz.);* gepökeltes und geräuchertes Schweinefleisch, meist Kotelettscheiben mit oder ohne Rippenknochen. Beliebt ist der Kasseler Rippenspeer aus dem Rückenstück, gepökelt und geräuchert; kann kalt gegessen werden, eignet sich aber auch zum Braten, Grillen, Schmoren und Einbacken. Das Kasseler hat seinen Namen von seinem Erfinder, dem Berliner Fleischermeister Kassel.

**Kasseri:** *griechischer* gebrühter Schafmilch-Käse, in Laib- oder Blockform, der auch in Olivenöl gebraten wird.

**Kasserolle:** *casserole (franz.),* Brat- oder Schmortopf, meist oval.

**Kassia:** s. *Cassia.*

**Kassoletten:** *cassolettes (franz.);* verschiedenförmige Porzellannäpfchen für *Salpicons* (s.d.) und Ragouts.

**Kasspatzen** *(bayr.)*: im *Allgäu* auch *Kässpätzle* genannt. Mit geriebenem Hartkäse vermischte Eierspätzle.

**Kastanie:** *Edelkastanie; Keschte; Marone;* werden im Herbst geröstet zu Neuem Wein (s. *Bitzler*) serviert; s. a. *Marone.* Stärkehaltig, daher auch zur Gewinnung von Mehl (Kastanienmehl) verwendet.

**Kastenpastete:** *Krustenpastete;* d.h. eine mit einer Teighülle versehene, in einer länglichen, kastenförmigen Form gebackene Pastetenfarce, s. a. *Pasteten.*

**Kastradina:** *montenegrinischer* Hammeleintopf mit Kartoffeln und Kohl.

**Kasy:** *Schuschuk; kasachische* Pferdewürste.

**Katenrauchwurst:** eine feste Rohwurst aus grob gehacktem, geräuchertem Schweinefleisch. Die Wurst wurde ursprünglich in Katen, d.h. Bauernhütten, hergestellt.

**Katenschinken:** *Holsteiner Katenschinken;* Schinkenspezialität aus Holstein, die besonders mild, leicht süßlich aber trotzdem würzig schmeckt. Der Schinken wird trocken gepökelt, wobei der Knochen im Schinken bleibt. Sodann wird der Schinken warm in Buchenholzrauch und anschließend ca. einen Monat lang in kaltem Rauch geräuchert.

**Katfisch:** s. *Austernfisch.*

**Katschkaval:** s. *Kaschkaval.*

**Katsuo** *(jap.)*: getrockneter, fein geriebener oder geschnittener Fisch zum Bestreuen von Speisen. Wird wie Reibekäse in *Italien* verwendet.

**Katsuobushi** *(jap.)*: getrockneter *Bonito* (s.d.), ein wesentlicher Bestandteil der jap. Küche; dient u. a. zur Herstellung von *dashi* (s.d.).

**Katzenbergers Aalpastete:** eine bekannte Pastete vom Aal in Hechtfarce. Den Kern der Pastete bilden in der Regel Flusskrebschen und eine *brunoise* (s.d.) von Paprikaschoten und *tomates concassées* (s.d.). Die Pastete wird mit Kräutern in Aspik garniert.

**Katzengeschrei** *(bayer.)*: mit einer Farce aus Bratenresten, Eiern, Mehl und Milch gefüllte Omeletts.

**Katzenhai:** kleiner Haifisch mit wohlschmeckendem Fleisch, der an den europäischen Küsten in drei Arten vorkommt. Bei uns bezeichnet man junge Katzenhaie fälschlicherweise oft als Seeaal.

**Katzenhochzeit:** *kočiči svatba (böhm.);* Schweinefleisch mit weißen Bohnen, Graupen, Champignons und Zwiebeln, gewürzt mit Petersilie und überstreut mit geriebenem Käse.

**Katzenschrei** *(schwäb.)*: in Schmalz gedünstetes Sauerkraut mit Spätzle (heißt auch *Krautspatzen* oder *Riedemer Gmootz)*.

**Katzenzungen:** zungenförmiges Spritzgebäck. Der Teig besteht aus Butter, Eiern, steif geschlagenem Eiweiß, Mehl, Milch oder Sahne, Vanillezucker und Zucker; Backzeit ca. 8 Min. Nach dem Backen werden die Katzenzungen mit Couverture überzogen. Als Katzenzungen werden auch dünne, katzenzungenförmige Schokoladentäfelchen bezeichnet.

**Kaulbarsch:** *Pfaffenlaus;* kleiner, wohlschmeckender Süßwasserfisch, der in den Gewässern Mittel- und Osteuropas beheimatet ist.

**Kaviar:** *Caviar;* sehr teure und edle Spezialität der Feinschmecker – der *Rogen* (s.d.) verschiedener Störarten, insbesondere aus dem Kaspischen und dem Schwarzen Meer. Seit einiger Zeit wird mit Erfolg auch Störzucht in der Gironde *(Südwestfrankreich)* betrieben. Der am wenigsten gesalzene Kaviar ist der Beste und trägt den Zusatz *malossol (russ.)*, was mild gesalzen heißt. Es gibt viele Arten von Kaviar, die nach ihrer Herkunft und Qualität unterschieden werden. Ein sehr begehrter Kaviar stammt von Stören aus dem Wolgadelta, in der Gegend von Astrachan. Den Kaviar mit den größten Eiern liefert der *Hausen*, der auch *Beluga* genannt wird. Dann folgt der etwas kleinkörnigere *Osiotr (Osietra)*, der *Ship* (mittlere Körnung vom *Waxdick)*. Der feinkörnige *Sevruga* wird dem *Sternhausen* oder *Sevruga* entnommen. Der allerbeste Kaviar ist der *parnaja malossol-Rogen* von im Winter gefangenen Stören. Die Qualität wird auf den Originaldosen mit 000, 00 oder 0 gekennzeichnet. Früher aßen die Russen nur Kaviar, der nicht länger als fünf Tage dem Fisch entnommen und nicht gesalzen war, so genannten *parnaja sadkowy*. Der legendäre weiße Kaviar, der angeblich dem Schah von Persien vorbehalten war, stammt aus blutarmen Fischen und schmeckt nicht besser. Inzwischen ist auch Kaviar von einigen anderen Fischen auf dem Markt, so der *Keta-Kaviar* (s.d.) vom *Keta-Lachs*, der *Forellenkaviar*, im Geschmack ähnlich dem *Keta-Kaviar* und der *Deutsche Kaviar* (s. *Seehase)*. S.a. *Tobiko*.

**Kaviarbrot:** Bezeichnung für stangenförmiges Weißbrot mit ca. 5 cm Durchmesser. Wird zu Kaviar gereicht oder beliebig belegt serviert.

**Kaviarlinse**: s. *Linse*.

**Kawa:** leicht bitter schmeckendes alkoholisiertes Getränk, das aus den Wurzeln der Rauschpfeffer-Pflanze gewonnen wird. Die zerstampften Wurzeln werden mit Speichel von Eingeborenen zum Fermentieren gebracht. Das Getränk wird auch bei bestimmten Zeremonien gereicht *(Südseeinseln)*.

**Kawage:** *arabischer* Suppentopf mit vielen Variationen. Hauptsächlich besteht das Gericht aus

Hammelbrühe, Hammelfleisch, Tomaten und orientalischen Gewürzen.

**Kawal:** Paste aus bestimmten Blättern einer Hülsenfrucht, die fermentiert und zum Schluss getrocknet wird. Wird als Brei verzehrt, dient aber auch als Suppeneinlage *(Sudan)*.

**Kazunoko** *(jap.)*: gesalzener, getrockneter Heringsrogen.

**Kebab:** *kabap, khabab;* im ganzen *Orient* von der *Türkei* bis *Indien* gebräuchliche Art der Zubereitung von Hammelfleisch, Rindfleisch, Kalbfleisch, Geflügel, Frikadellen, Früchten, Gemüsen, Meerestieren usw. Die Eigenart dieser Speise besteht darin, dass man die Zutaten mit Chili, Ingwer, Koriander, Nelken, Zimt u.a. scharf würzt und in der Regel an Spießen brät. Als Beilagen werden Eier, Reis, Zwiebeln u.a. gereicht.

**Kebab çömlek** *(türk.)*: Hammelfleischstücke mit Gemüse und Zwiebeln.

**Kebab kágit** *(türk.)*: mit Zwiebeln gebratenes Fleisch, in Papier eingewickelt.

**Kebab patlican** *(türk.)*: s. *Patlican kebab*.

**Kebab pidelli** *(türk.)*: am Spieß gebratene Fleischstücke, serviert auf gerösteten, mit Butter getränkten Fladen.

**Kebaptschi:** auf dem Rost an Spießchen gebratene Würstchen, die hauptsächlich aus Hammel- und Schweinehackfleisch bestehen und mit Knoblauch, Petersilie, Pfeffer und Salz gewürzt werden; dazu gehackte Zwiebeln und Salat *(Bulgarien)*.

**Kedboller** *(dän.)*: Fleischklöße.

**Kedger(r)ee:** *cadgery;* ursprünglich ein indisches Gericht, eine Art Ragout, das hauptsächlich aus Fisch, Reis und Zwiebeln besteht, mit Curry gewürzt und mit hart gekochten Eiern garniert wird *(England)*; s.a. *Khidchari*.

**Kefalotiri:** *griechischer* Rohmilchkäse aus Schafs- oder Ziegenmilch mit unterschiedlich langer Reifezeit; alt als Reibekäse verwendet.

**Kefen** *(schweiz.)*: Zuckerschoten, s.a. *Kaiserschoten*.

**Kefir:** würziges Sauermilchprodukt, das durch einen Hefepilz mit Kuhmilch hergestellt wird. Im Kaukasus und in Sibirien wurde das Getränk früher aus Stutenmilch, im Orient aus Kamelmilch bereitet; kommt schnittfest oder flüssig auf den Markt.

**Kefta:** *marokkanische* Spießchen mit spindelförmigen Klößchen aus Lamm- oder Rindfleisch, die gewöhnlich gewürzt werden mit Cayennepfeffer, frischen Korianderblättern, Kreuzkümmel, Paprikapulver, Petersilie, frischen Pfefferminzblättern, Salz und Zimt. Es gibt zahlreiche Rezepte (s.a. *Köfte*).

**Keftés:** s. *Köfte*.

**Kefthédes** *(griech.)*: s. *Köfte*.

**Keilchen:** kleine Klößchen, oft aus Quark, warm mit Butter übergossen (*Ostpreußen*).

**Keiler:** männliches Wildschwein.

**Keitetyt ravut** *(finn.)*: mit Dill gekochte Flusskrebse. In Finnland gibt es Ende Juli/Anfang August sogar ein Krebsfest.

**Kekunori** *(jap.)*: getrocknete Blätter von essbaren Chrysanthemen.

**Kelp:** s. *Kombu*.

**Kemiri:** Nuss vom Kemiribaum aus Indonesien und Ostindien mit eckigem, hellbraunem Kern von mandelartigem, leicht wässrigem Geschmack. Verleiht Curries gemahlen Sämigkeit.

**Kenia-Böhnchen:** aus Kenia stammende, sehr dünne grüne Bohnen, s. a. *Bohne*.

**Kentjoer** *(indon.)*: *Kencur;* Blätter und Wurzeln des *kleinen Galgants,* einer Gewürzlilie mit pfeffrigem, an Ingwer erinnernden Geschmack. Wichtiger Bestandteil der *indonesischen* Reistafel und Würze für Fleisch- und Geflügelgerichte.

**Kerbel:** *cerfeuil (franz.);* westeuropäisches Küchenkraut mit würzig-süßlichem Geschmack für Salate, Kerbelsuppe, Saucen usw.; erst zum Schluss zugeben, damit das Aroma erhalten bleibt; Kerbel kann auch allein zu einem delikaten Salat verarbeitet werden; zusammen mit Dill und Petersilie für grüne Saucen, Hammelgerichte, Kräuterbutter usw.; frisch erhältlich von April bis August.

**Kerner:** die Rebe ist eine Kreuzung zwischen Riesling und (rotem) Trollinger; ein fruchtiger würziger Weißwein mit guter Säure.

**Kernöl:** s. *Kürbiskernöl*.

**Kernschinken:** s. *Rollschinken*.

**Kerscheplotzer** *(pfälz.)*: s. *Kirschenmichel*.

**Keschte(n):** so heißen Edelkastanien in der *Pfalz* und in *Südtirol;* s. a. *Kastanie, Marone*.

**Keshar** *(ind.)*: Safran.

**Keskek:** *türkisches* Traditionsgericht, das vor allem aus Hühnerfleisch, Weizengrieß und geschmolzener Butter besteht.

**Keskül:** *türkische* Süßspeise. Milch und Rahm werden mit Mandeln und Zucker aufgekocht, mit Reismehl eingedickt und mit Granatapfelkernen, gehackten Mandeln und Pistazien garniert.

**Kesra:** *arabische* Brotsorte.

**Kesselfleisch:** s. *Wellfleisch*.

**Kesselgulasch:** Gulaschgericht. Fleisch, Kartoffeln, Paprika, Tomaten und Zwiebeln werden in Wasser oder Brühe gegart und mit Knoblauch sowie Kümmel gewürzt.

**Keta-Kaviar:** Lachs-Kaviar, roter Kaviar; der rote großkörnige Rogen des *Chum Salmon* oder *Keta,* eines im nördlichen Eismeer und an den pazifischen Küsten Asiens und Amerikas beheimateten Lachsfisches.

**Keta-Lachs:** s. *Alaska-Lachs* und *Keta-Kaviar*.

**Ketchup:** *Catsup;* eine fruchtig-süße bis süßsaure, ursprünglich aus Ostindien stammende Würzsauce auf Tomatenbasis mit variierenden Zutaten und Gewürzen, wie Essig, Zwiebeln, Ingwer, Knoblauch, Muskat, Nelken u.v.a.

**Ketjap** *(indon.)*: s. *Sojasauce*.

**Ketjap asin:** gesalzene *indonesische* Sojasauce.

**Ketjap benteng** *(indon.)*: gewürzte Sojasauce.

**Ketjap manis** *(indon.)*: dickflüssige, dunkle, süße *Sojasauce* (s.d.).

**Kett-Kaviar:** s. *Keta-Kaviar*.

**Ketumbar:** *malaiische* Bezeichnung für Koriander.

**Keuftés** *(türk.)*: s. *Köfte*.

**Keule:** Hinterbeine der Schlachttiere und des Haarwildes.

**Keulenpilz:** s. *Bärentatze*.

**Khaa:** *thailändische* Bezeichnung für den *Grossen Galgant* (s.d.).

**Khamir:** lockere Fladen aus einer Mischung von Weizenmehl, Joghurt, Salz und Zucker. Der Teig muss über Nacht ruhen *(Indien)*.

**Khao** *(thail.)*: Reis.

**Khidchari:** auch *Kicheri* und *Khidchi; indisches* Reisgericht mit gelben oder roten Linsen, Ghee und Zwiebeln, gewürzt mit Garam Masala, Ingwer, Knoblauch, Kreuzkümmel, Nelken, Zimt, Zitrone und Salz; s.a. *Kedger(r)ee*.

**Khoreshta** *(iran.)*: Oberbegriff für Ragouts und Eintöpfe aus Fleisch, Geflügel, Gemüse oder Früchten, kräftig gewürzt mit Muskat, Pfeffer, Zimt, Zitrone u.a.

**Khoresht-e-badenjan** *(pers.)*: Auberginen-Lamm-Schmortopf u.a. mit Tomaten und unreifen Weintrauben (säuerlicher Geschmack).

**Kibbe:** s. *kibbeh (arab.)*.

**Kibbeh:** *kobba, kibbe;* Gericht des Vorderen Orients mit verschiedenen Schreibweisen und Zubereitungsarten. Besonders im *Libanon* und in *Syrien* beliebt. Grundsätzlich wird rohes Lammhackfleisch zusammen mit Weizenschrot *(Bulgur, s. Burghul)* zu einer glatten Masse verarbeitet und gewürzt mit gerösteten Pinienkernen, Zwiebeln, Zimt und Piment. Der Brei wird zu Frikadellen geformt und roh, gegrillt oder gebraten meist mit Salaten verzehrt.

**Kichererbse:** *garbanzo (span.); pois chiche (franz.); Kicherling, Kaffee-Erbse;* erdnussgroße Hülsenfrucht, blassgelb bis schwarz, vornehmlich in den Mittelmeerländern und den Tropen angebaut. Ein guter Eiweiß- und Kohlenhydratlieferant; junge Hülsen und Triebe werden als Gemüse zubereitet; die reifen Samen können gekocht, geröstet oder gemahlen werden; (namentlich in der *Türkei* auch als Naschwerk genossen); s. a. *FALAFEL*, *HUMMUS* und *PUCHERO*.

**KICHERERBSENMEHL:** *besan (indisch)*; gegarte, zu Mehl verarbeitete *KICHERERBSEN* (s. d.).

**KIDNEY** *(engl.)*: Niere

**KIDNEYBOHNEN:** s. *BOHNEN*.

**KIELBASA:** Wurst aus Schweinefleisch, mit Knoblauch und Pfeffer gewürzt *(Polen)*.

**KIELER SPROTTEN:** s. *SPROTTEN*.

**KILKIS:** *norwegische*, in einer Salzlake und Gewürzen eingelegte Sardellen.

**KIM:** getrockneter roter Seetang *(Korea)*.

**KIM CHEE:** *Kimchi; koreanisches* Pickle, Salzgemüse, ähnlich unserem Sauerkraut. Es besteht zumeist aus *PAK-CHOI* (s. d.), Rettichen und Zwiebeln oder aus Gurken, Kürbis und Rettichen. Gewürzt wird mit Ingwer, Knoblauch und Paprika.

**KIMŠKA ZUVIS:** *gefillte Fisch; jüdisches* Gericht, das kalt oder warm serviert wird. Es handelt sich um einen mit Fischfarce gefüllten und bei schwacher Hitze gegarten Fisch.

**KINDLESBREI:** süße Teigfäden in heißer Milch *(Schwaben)*.

**KINDSTAUFSCHÜSSEL:** ein *thüringisches* Gericht aus Kalbsbrust, garniert mit Kapern, Mandeln und Rosinen.

**KING CRAB** *(engl.)*: s. *KÖNIGSKRABBE*.

**KINNBÄCKLE:** s. *BÄCKLE*.

**KINOKO** *(jap.)*: Pilz.

**KIPFERL** *(österr.)*: Hörnchen. Häufig ein mit Vanille aromatisiertes, mit geriebenen Mandeln oder Nüssen vermengtes Mürbeteiggebäck (*Vanillekipferl*). Aber auch andere Teigarten sind möglich.

**KIPFLER** *(österr.)*: fest kochende, speckige Kartoffelsorte mit gebogener Form.

**KIPPER:** auseinander geklappter, mehrere Stunden gepökelter und kalt geräucherter Hering.

**KIR:** Mischgetränk aus acht Teilen *Chablis* oder einem anderen trockenen Weißwein und einem Teil *CASSIS* (s. d.). Für den bei uns außerdem angebotenen *Kir Royal* verwendet man statt Weißwein Champagner.

**KIRSCH:** ein aus Kirschen gebrannter Schnaps *(Schweiz)*.

**KIRSCHE:** Steinobst mit etwa 400 Sorten von weißlich gelb über rot bis fast schwarz und von süß bis sauer. Man unterscheidet drei Hauptgruppen: die *Süßkirsche*, eine wohlschmeckende Tafelfrucht mit knackigem Fleisch, die *Bastardkirsche* mit süßsaurem Geschmack und die *Sauerkirsche*, auch *Morelle* und *Weichsel (Österreich)*, am bekanntesten ist die *Schattenmorelle*. Aus Dalmatien stammen die *Maraschinokirschen*, die in Likör oder Bittermandel-Sirup eingelegt werden und auch *Damaszenerkirschen* heißen.

**KIRSCHEN FÜR ROM:** nach dem gleichnamigen Theaterstück von

Hans Hömberg benanntes Dessert. *Lucullus* hat seine Vorliebe für Kirschen dadurch bekundet, dass er sie durch Staffelläufer von Germanien nach Rom bringen ließ. Es gibt von dem Rezept zahlreiche Abwandlungen. Hier die Kreation von Werner Fischer, einem Meisterkoch aus Berlin: Es wird eine Wurst aus einer Mischung von Nougat, gehackten Walnüssen, Orangenschale, in Rum marinierten Rosinen, Zitronat sowie Schokoladenbiskuit bereitet. Dann werden Sauerkirschen mit Zimt und Zucker aromatisiert, mit Speisestärke gebunden und mit Rum flambiert. Zum Schluss wird portionsweise eine Scheibe Nougatmasse auf die Kirschen gelegt, dieses mit *SAUCE ROMANOFF* (s.d.) überzogen und das Ganze mit Pistazien garniert.

**KIRSCHENKNÖDEL:** *vestkové knedliky (tschech.);* Kartoffelknödel mit Kirschen, ähnlich dem Zwetschgenknödel, aber statt Zwetschgen werden Kirschen verwendet.

**KIRSCHENMÄNNLA:** *fränkisch* für *KIRSCHENMICHEL* (s.d.).

**KIRSCHENMICHEL:** *Kirschenplotzer; Kerscheplotzer; süddeutscher* Kirschenauflauf aus einer schaumigen Mischung von Grieß, Mehl oder altbackenen Brötchen und Kirschen in einer Form gebacken (s.a. *CLAFOUTIS*).

**KIRSCHENPLOTZER:** s. *KIRSCHENMICHEL*.

**KISHK:** s. *TARHANA*.

**KISHIMEN:** auch *Sapuki udon;* breite *jap.* Weizenmehl-Nudeln.

**KISJELI** *(russ.)*: Süßspeise, die aus einem Püree von Kartoffeln mit Mehl und Beerenobst hergestellt wird; dazu kommt Sahne.

**KISLAJA KAPUSTA** *(russ.)*: Sauerkraut.

**KISLE MLEKO** *(bulg.)*: Joghurt.

**KISRA:** dünne Fladenbrote aus einem fermentierten Teig, der aus einer Mischung von Hirse-, *SORGHUM*- (s.d.) oder Weizenmehl besteht *(Sudan)*.

**KISSEL** *(russ.)*: aus Früchten oder Beeren etc. mit Waser und Speisestärke, evtl. Gewürzen, bereitete Süßspeise. Wird flüssig oder fest (je nach Zugabe der Speisestärke) zubereitet.

**KISS KASS** *(jap.)*: s. *KUMQUATS*.

**KITZ:** Zicklein, besonders in *Österreich* Bezeichnung für junge Ziege.

**KIWANO:** *Hornmelone;* Frucht einer hauptsächlich in Mittel- bis Südafrika beheimateten Wildgurke mit vielen Namen. Die bis 15 cm langen grünen bis gelben Früchte sind bewehrt mit hornartigen Dornen. Im reifen Zustand ist das Fruchtfleisch pikant süßsauer. Die zahlreichen Kerne können mit dem gallertartigen Inhalt mitgegessen werden. Erst seit einigen Jahren kultiviert (vor allem in *Neuseeland)*.

**KIWI:** *Chinesische Stachelbeere;* aus Ostasien stammende, in Neuseeland, England, Frankreich, Holland, Italien und zum Teil auch in Deutschland angebaute, braune und behaarte Frucht von der Größe eines Hühnereies und mit zartgrünem oder gelblichem, angenehm säuerlich schmeckendem Fruchtfleisch, das an Stachelbeeren erinnert; kann ausgelöffelt, aber auch für Obstsalat, Sorbet, Tortenbelag usw. verwendet werden.

**Kiwicha:** s. *Quinoa*.

**Kjottboller:** *norwegische,* mit den russischen *bitki (s. Bitók)* verwandte Hackfleischklößchen aus Rinder- und Schweinehack, gebunden mit Kartoffelpüree und Milch, gewürzt mit Ingwer, Pfeffer und Salz. Die Klöße werden angebräunt, mit Wasser abgelöscht und gekocht. Sobald das Wasser verkocht ist, wird süße Sahne hinzugefügt und weitererhitzt, bis auch die Sahne verkocht ist.

**Kjufteta:** s. *Köfte*.

**Klaben:** s. *Bremer Klaben*.

**Klachlsuppe:** *österr.* Suppe, in der in einer gut gewürzten, manchmal mit saurem Rahm gebundenen Brühe Stücke von Schweinshaxen, -pfoten usw. serviert werden.

**Klackerlieben:** *Kliebensuppe, Sanfter Heinrich;* nudelartige Eierteigstückchen werden in einer süßen Milchsuppe serviert (*Mecklenburg, Pommern*).

**Kladderadatsch:** historisches Gebäck aus *Preußen*. Ein mit Korinthen vermischter Butter-Hefeteig wird in viereckigen Stücken gebacken und mit einer Zuckerglasur überzogen.

**Klärfleisch:** Fleisch, das zusammen mit Eiweiß zum Klären von Brühen verwendet wird, z. B. Ochsenwade.

**Klare Ochsenschwanzsuppe:** *clair oxtail (engl.), consommé de queue de bœuf (franz.), oxclair;* eine berühmte *Consommé* (s. d.) mit Abwandlungen. Grundsätzlich wird Ochsenschwanz zusammen mit Möhren und Zwiebeln angeröstet, mit Kraftbrühe aufgefüllt und mit Kräuterstrauß und Sellerie weitergekocht. Nach einer anderen Methode wird der Ochsenschwanz zusammen mit Kalbshaxe, Lauch, Möhren, weißen Rüben und mit Nelken gespickter Zwiebel gar gekocht und passiert. Dann wird die Suppe über angeröstetes, zum Zwecke der Bindung mit Kartoffelmehl bestäubtes Rindfleisch gegossen, weitergekocht, abermals passiert und geklärt. Zum Schluss wird die Suppe mit Cognac, Madeira oder Sherry aromatisiert und eventuell mit klein gewürfeltem Wurzelgemüse und Ochsenschwanzfleisch garniert.

**Klarer:** Sammelbezeichnung für klare Schnäpse, aus Korn oder Weizen gebrannt, wie *Genever, Korn, Aquavit* usw.

**Klarifizieren:** Klären von Brühen und Gelees. Dies geschieht bei Fleischsuppen oder Brühen mit einer Mischung von magerem Rindfleisch und Eiweiß, bei Fischsuppen mit Seefisch und Eiweiß und bei Gelees nur mit Eiweiß, das in kaltem Wasser oder Weißwein gut geschlagen wird (s. a. *Klärfleisch*).

**Klausenburger Krautauflauf:** s. *Kolozsvári rakott káposza*.

**KLEB(E)REIS:** chinesische Reisart, die beim Kochen stark klebrig und u.a. zu *SAKE* (s.d.) und sog. Reiskrusteln verarbeitet wird.

**KLECKSELKUCHEN:** ein gefüllter *sächsischer* Hefeteigkuchen, stammt vermutlich aus Böhmen.

**KLEIE:** Mahlrest beim Getreide, samt dem Keimling.

**KLEIN:** minderwertige Teile von Geflügel und Wild, wie Flügel, Füße, Hals, Magen usw.

**KLEINER SUPPENTOPF:** s. *PETITE MARMITE*.

**KLEISS:** s. *BARBUE*.

**KLETTENWURZEL:** s. *GOBO*.

**KLETTERBOHNEN:** s. *BOHNEN*.

**KLETZEN** *(österr.)*: gedörrte Birnen, Dörrobst.

**KLETZENBROT** *(österr.)*: meist Roggenbrot vermischt mit getrockneten Früchten oder die Früchte in den Brotteig eingeschlagen (Gebäck für die Weihnachtszeit); s.a. *HUTZELBROT*.

**KLEZKI** *(russ.)*: s. *KLOSSKI*.

**KLIESCHE:** ein Plattfisch aus den europäischen Meeren, der oft mit der Rotzunge verwechselt wird. Sein Fleisch ist weniger geschätzt als das der Flunder oder Scholle; empfohlen wird Zubereitung nach Müllerinart. Wird auch in der japanischen Küche verwendet.

**KLIPPFISCH:** gesalzener, getrockneter *KABELJAU;* s.a. *BACALHAU* und *STOCKFISCH*.

**KLIPPFISK** *(norw.)*: Klippfisch.

**KLOEBEN:** s. *KLÖVEN*.

**KLÖVEN:** *Kloeben;* in *Norddeutschland*, insbesondere in Bremen, Bezeichnung für ein halbmondförmiges Hefegebäck, gefüllt mit Korinthen, Mandeln u.a.

**KLOPFSCHINKEN:** in Milch eingeweichte Räucherschinkenscheiben werden in Eierkuchenteig gewendet und gebraten (*Pommern*).

**KLOPSE:** *nord-* und *ostdeutsche* Bezeichnung für gekochte oder gebratene Fleisch- oder Fischbällchen; s.a. *KÖNIGSBERGER KLOPSE*.

**KLOSSKI:** *klezki; russ.* Klöße aus einer Farce von Butter, Eiern, Mehl, gekochtem Schinken, Salz, Weißbrotwürfeln und Zwiebeln, in Salzwasser gegart und mit saurer Sahne angerichtet.

**KLOSTERKÄSE:** Fantasiebezeichnung für verschiedene Weichkäse mit Schmiere *(Österreich)*.

**KLÜTEN:** *nordd.* Wort für Klöße (z.B. *Hamburger Mehlklüten*), die aus Mehl oder Grieß hergestellt werden und zumeist Suppenbeilage sind.

**KLÜTENRAGOUT:** ein *Bremer* Ragout aus Klüten, d.h. Klößchen, Kalbsbries, Kalbszunge und Pilzen.

**KLUFTSTEAK:** Beefsteak aus der Kluft des Rindes (s.a. *SCHLACHTFLEISCH)*.

**KLUMP:** s. *GLITSCHER*.

**Kluntjes:** weißer und brauner Kandiszucker *(Friesland)*.

**Kluten:** ein würfelförmiger *Fondant* (s. d.) mit Pfefferminzgeschmack und oft mit Schokolade überzogen; *Bremer* Spezialität.

**Knäckebrot:** knuspriges Flachbrot aus Vollkorn, Roggen, Weizen oder Mischungen.

**Knackwurst:** Brühwurst aus gepökeltem Rind- und Schweinefleisch, gewürzt mit Muskat und Pfeffer.

**Knäkente:** eine in Mitteleuropa beheimatete, kleinere Wildente; meist blutig gebraten; s. a. *Ente*.

**Knedlik** *(poln.)*: Knödel.

**Knedliky** *(tschech.)*: Knödel.

**Knepfle** *(elsäss.)*: kleine Klößchen.

**Knepp:** *Pfälzer* Bezeichnung für alle Arten von Klößen, s. a. *Lewwerknepp*.

**Knetteig:** anders als so genannte Massen wird dieser Teig geknetet. Hauptsächlich besteht er aus Mehl, Fett und Zucker.

**Knicksuppe:** s. *Fliederbeerensuppe*.

**Knipp:** *niedersächsischer* Eintopf aus Bauchfleisch, Schweineklein und Graupen oder Hafergrütze, mit Bouillon gebunden.

**Knobel:** s. *Knoblauch*.

**Knoblauch:** würzige, aromatische, sehr gesunde Knolle eines Zwiebelgewächses; auch *Knobel, Knuf, Knafloch* oder *Knofel* genannt. Weltbekannte und geschätzte Würzpflanze; in einigen Ländern auch als Gemüse verwendet.

**Knoblauchsauce:** s. *Sauce Aïoli*.

**Knochenschinken:** Schinken, in dem der Knochen noch enthalten ist, lange gepökelt und kalt geräuchert, ein besonders wohlschmeckender und zarter Schinken, wie z. B. beim *Holsteiner Katenschinken*.

**Knödel:** Klöße; etwa faustgroße Kugeln aus Kartoffeln, trockenem Brot, Milch, Eiern, Speck u. a., gewürzt mit Muskatnuss, Petersilie, Pfeffer, Salz Zwiebeln etc. mit unzähligen Variationen, auch süß aus Hefeteig, aromatisiert mit Rum, Zimt u. a. oder gefüllt z. B. mit Pflaumenmus. Die pikante Version ist meist Beilage zu Fleischgerichten.

**Knöpfle** *(südd.)*: *Knöpfli (schweiz.); alemannische* Mehlspeise, die meist aus Brühteig hergestellt wird. Der Teig wird durch ein Sieb in kochendes Wasser gedrückt, sodass kleine Teigknöpfchen entstehen. Die Knöpfle sind gar, wenn sie an der Oberfläche des Wassers schwimmen. In der Schweiz wird gewöhnlich noch Grieß in den Teig hineingearbeitet. Üblich ist auch, die Knöpfle mit Käse zu bestreuen und zu überbacken (s. a. *Spätzle)*.

**Knöpfli** *(schweiz.)*: s. *Knöpfle*.

**Knofel** *(bayer., österr.)*: Knoblauch.

**Knollensellerie:** s. *Sellerie*.

**Knollenziest:** s. *Stachys.*

**Knüppel:** Brötchen in länglicher Form (*Berlin*).

**Knurrhahn:** s. *Seehahn.*

**Kobba:** s. *Kibbeh.*

**Kobe-Rinder:** das aus der Region Kobe in *Japan* stammende teuerste Rindfleisch der Welt. Die Rinder werden angeblich u. a. mit Bier ernährt und täglich mit Bier und Gin massiert, weshalb das Fleisch besonders zart sein soll.

**Kobicghi bhaij** *(ind.)*: Weißkohl, geschmort und mit Curry, Koriander und Zitronensaft gewürzt.

**Koch** *(österr.)*: Auflauf, Puddingähnliche Süßspeise, Brei, auch Soufflé.

**Kochbananen:** s. *Pferdebananen.*

**Kochkäse:** durch Erhitzen geschmolzener Sauermilchquark mit Zusätzen wie Nelken, Kümmel oder Sahne. Es gibt ihn in verschiedenen Fettstufen; zumeist als Brotaufstrich.

**Kochsalat** *(österr.)*: Lattich, Kopfsalat, Buttersalat.

**Kochschinken:** Stück von der Keule oder Schweineschulter, das nach milder Pökelung evtl. im Warmrauch ca. ½ Stunde geräuchert und anschließend gekocht wird. Rindersaftschinken ist ebenfalls Kochschinken, s. a. *Schinken.*

**Kochwürste:** Würste, die zumeist aus vorgekochtem Fleisch und anderen Zutaten, wie Blut, Innereien und Gewürzen hergestellt werden. Sie werden nach dem Abfüllen nochmals gekocht und dann gegebenenfalls geräuchert. Beispiele: *Blutwurst, Leberwurst, Schwartenmagen* usw. Es gibt unzählige Kochwürste mit den verschiedensten Namen.

**Kočiči svatba** *(tschech.)*: s. *Katzenhochzeit.*

**Kodboller** *(dän.)*: *Bulette* (s. d.), hauptsächlich aus Kalb- und Schweinefleisch, Paniermehl und Zwiebeln.

**Köfte:** *cufte, kafta, kefta, keftédes, keftés, kjufteta, kofta, kufta;* in unterschiedlicher Schreibweise bedeutet dieser Begriff, von Marokko über Osteuropa bis in den fernen Orient, kleiner Fleischkloß bzw. Klößchen mit zahlreichen Variationen bei der Zubereitung. In der *Türkei* z. B. sind die *köfte* gebratene Klößchen oder Röllchen aus Hammelfleisch, Brot und Eiern, gewürzt mit Knoblauch, Salz und Zimt. So auch die *marokkanischen kefta,* die mit Fladenbrot serviert werden. *Kefthédes* ist die *griechische* Variation mit Lamm- oder Rinderhackfleisch, vermengt und gewürzt mit Hartkäse, Minze, Ouzo und Zitrone und in Mehl gewendet. Die *bulgarischen kjufteta* sind Würstchen aus Schweinefleisch, Semmeln und rohen, geriebenen Kartoffeln, die mit Petersilie bestreut und mit Tomatenscheiben belegt auf Zwiebeln gegart werden. In *Indien* schließlich finden wir *kofta kari* (auch *kofta curry*), Hackfleischbällchen mit Mandeln oder Aprikosen u. a. gefüllt, hauptsächlich aus Rinderhack und

Zwiebeln, gebunden mit Kichererbsenmehl und zumeist gewürzt mit Cayennepfeffer, Curry, Ingwer und Safran.

**Köhler:** s. *Seelachs.*

**Kölle:** s. *Bohnenkraut.*

**Kölsch:** obergäriges Bier aus Köln, leicht und mild gehopft, hat viel Kohlensäure, Alkoholgehalt von rund 5 %, s. a. *Bier.*

**Kölsche Kaviar:** *Kölner* Blutwurstgedeck; gewürfelte Blutwurst, vermischt mit Senf und Zwiebelringen zu Roggenbrötchen.

**Kölsch-Flönz:** s. *Blootwoosch.*

**Königinart:** *à la reine (franz.)*: Garnitur für pochiertes Geflügel mit Geflügelrahmsauce und pochiertem, mit Eigelb gebundenem Geflügelpüree, gestürzt und mit einer Trüffelscheibe serviert.

**Königin-Drückerfisch:** ein in der Karibik beliebter Fisch mit zartem Fleisch.

**Königinpastetchen:** Blätterteigpastetchen gefüllt mit Hühnerfleisch, Champignons, Zunge u. a., meist gebunden mit Geflügelrahmsauce und aromatisiert mit Worcestersauce.

**Königlicher Auslegeteig:** s. *Auslegeteig.*

**Königsberger Fleck:** *ostpreußisches* Kuttelgericht aus klein geschnittenen, zusammen mit Wurzelgemüsen in Brühe gegarten Kutteln, gewürzt mit Essig, Piment, Lorbeer, Majoran, Pfefferkörnern und Salz.

**Königsberger Klopse:** Klöße aus Hackfleisch vom Kalb, auch vom Rind und Schwein, Brot, Eiern, Petersilie, Sardellenfilets oder Sardellenpaste, Zitronenschale und gedünsteten Zwiebeln, gewürzt mit weißem Pfeffer, Salz, etwas Zimt und mit Sahne gebunden. Die Klöße werden in Salzwasser, in das man Lorbeer, Gewürznelken und Zwiebeln gegeben hat, unter dem Siedepunkt gegart und mit einer Sauce aus Butter, Mehl, Eigelb, Kapern, saurer Sahne und Zitronensaft angerichtet *(ostpreußische* Spezialität, heute in ganz Deutschland verbreitet).

**Königsberger Marzipan:** s. *Marzipan.*

**Königsfisch:** s. *Weissbarsch.*

**Königskrabbe:** *Kamtschatkakrabbe;* sog. *Mittelkrebse,* die bei den Kurilen, einer Inselkette im Pazifischen Ozean vor Alaska, vorkommen. Sie werden bei uns hauptsächlich in Konserven als *crab meat* angeboten.

**Königskraut:** s. *Basilikum.*

**Königskuchen:** *englischer Kuchen*; eine Kuchenspezialität aus einer schaumigen Masse von Butter, Eiern und Zucker, vermischt mit Korinthen, Orangeat, Rum, Sultaninen, Vanillezucker und Zitronat. Unter diese Masse wird vorsichtig Mehl gezogen und zum Schluss etwas Backpulver hinzugefügt. Der Kuchen wird in einer Kastenform bei etwa 200 °C ca. 50 Min. gebacken.

**Kött** *(schwed.)*: Fleisch.

**Köttbullar:** Frikadellen aus Hackfleisch vom Kalb, Rind oder Schwein, mit Eiern, Kartoffeln, Mehl oder Semmelbröseln, Petersilie, Pfeffer, Sahne, Salz und Zwiebeln vermengt und in Butter gebraten (*Skandinavien*, mit variierenden Rezepten und unterschiedlicher Schreibweise in den einzelnen Ländern).

**Kofern:** *schwäbische* Waffelart.

**Kofta kari:** mit Curry gewürzte Frikadellen (*Indien, Indonesien)*.

**Kohl:** Oberbegriff für zahlreiche Arten des mineralreichen, vitaminhaltigen Gemüses, z. B. *Blumenkohl, Brokkoli, Chinakohl, Grünkohl, Kohlrabi, Pak-Choi, Rosenkohl, Rotkohl, Spitzkohl, Wirsing* u. a.

**Kohlrabi:** eine knackige Gemüseknolle mit grüner oder violetter Färbung, die insbesondere gedünstet eine zarte Beilage bildet.

**Kohlrübe:** *Bodenkohlraben, Steckrübe, Wruken; rutabaga (franz.);* europäische Gemüsepflanze; eine große Rübe mit orangefarbenem oder weißem festem Fleisch, oft kindskopfgroße Knollen. Junge Knolen eignen sich zur Zubereitung von Gemüse, besonders auch von schmackhaften Eintöpfen unter Verwendung weiterer Zutaten, wie Schweinefleisch, Räucherspeck usw. In Notzeiten war sie Kartoffelersatz.

**Kohlsprosse** *(österr.)*: *Rosenkohl* (s. d.).

**Kokada:** *ostafrikanisches* Dessert aus Eischnee und Kokosraspel, mit Schokolade bestreut und mit Schlagsahne garniert (s. a. *Cocada*).

**Koko:** *zentralafrikanischer* Brei aus Hirse, Mais oder *Sorghum* (s. d.), fermentiert und oft mit Erdnüssen, Milch, Zucker u. a. vermischt. Es gibt zahlreiche Variationen.

**Kokosmilch:** milchige Flüssigkeit, die aus feinst gemahlenen Flocken oder geriebenem und gepresstem Kokosnussfleisch gewonnen wird. In manchen Teilen Ostasiens und Brasiliens ist die Küche ohne Kokosnussmilch undenkbar.

**Kokosnuss:** Steinfrucht der so genannten Kokospalme, bis kopfgroß, eingehüllt von grüner, 4–6 cm dicker Faserhülle. Das von einer harten holzartigen Schale umgebene Fruchtfleisch enthält im Innern das so genannte Kokoswasser. Das Fleisch ist Ausgangsprodukt für Kokosmilch und -sahne, eine zarte milchige, leicht süßlich schmeckende Creme für Cocktails, Saucen etc., kommt eingedickt auch in Form kleiner Täfelchen auf den Markt. Das Fruchtfleisch der Kokosnuss wird auch zu Kokosflocken und Pflanzenfett, sog., Weißfett, verarbeitet.

**Kokossahne:** eingedickte Kokosmilch, in Dosen erhältlich. Sie wird u. a. zur Herstellung von *Leche flan* (s. d.) verwendet.

**Kokotte:** s. *Cocotte*.

**Kolàce české** *(tschech.)*: s. *Kolatschen*.

**Kolatschen:** *kolàce české (tschech.);* kleine Hefeteigküchlein, in die Mitte eine Vertiefung gedrückt, gefüllt mit Quark und anderen Füllungen, im Backofen bei 200°C ca. 35 Minuten gebacken und mit Zucker bestreut. Der Unterschied zu den Buchteln besteht darin, dass der Hefeteig mehr Butter und mehr Eier enthält *(Tschechien,* insbesondere *Böhmen),* s.a. *KARLSBADER KOLATSCHEN.*

**KOLBÁSZ:** *ungarische* Wurst aus Rind-, Schweinefleisch und Speck, gewürzt mit Paprika und Pökelsalz.

**KOLJANKA** *(russ.)*: s. *SOLJANKA.*

**KOLOMBINE:** s. *COLOMBINE.*

**KOLOSZVÁRI RAKOTT KÁPOSZA** *(ung.)*: Klausenburger Krautauflauf; Sauerkraut, Reis, winzig klein geschnittenes Schweinefleisch, Debreziner und geröstete Zwiebeln werden so in eine Kasserolle geschichtet, dass eine Schicht Sauerkraut den Abschluss bildet. Dann wird mit Paprikapulver, Pfeffer und Salz gewürzt, mit Knochenbrühe und saurem Rahm aufgegossen und im Backofen gegart.

**KOLUNDY:** kleine Teigklößchen aus dem *Baltikum* und *Polen,* den *VARENIKIS* (s.d.) ähnlich. Die Klößchen sind immer mit einer Fleischfarce gefüllt, werden in siedendem Salzwasser gegart, mit brauner Butter übergossen und mit saurem Rahm serviert.

**KOMBU:** *jap.* Braunalgenart, die getrocknet, sowohl gekocht als auch sautiert wird; dient u.a. als Gemüse, Gewürz, Salat und zur Herstellung von *DASHI* (s.d.).

**KOMBUCHÁ:** *Hongo;* osteuropäisches und asiatisches Erfrischungsgetränk aus mit dem Kombuchapilz vergorenem süßem Tee (der Gärvorgang dauert sieben Tage).

**KOME** *(jap.)*: Reis.

**KOMPOTT:** *compotte (franz.);* bedeutet landläufig gekochtes Obst, in Frankreich aber auch für sehr weich gekochtes Fleisch und gedämpfte Täubchen.

**KONDITORCREME:** s. *CRÈME PÂTISSIÈRE.*

**KONFITFRÜCHTE:** s. *BELEGFRÜCHTE.*

**KONFIT-KIRSCHEN:** kandierte Dekorations-Kirschen.

**KONFITÜRE:** Konfitüren besitzen einen Mindestzuckergehalt von 60% und können mit Obst (auch Saft der Früchte) oder aber z.B. mit Zwiebeln oder Tomaten hergestellt werden. Werden Zitrusfrüchte verwendet, heißt es *MARMELADE* (s.d.).

**KONKOMMERSCHLOT:** *rheinische* Bezeichnung für Gurkensalat.

**KONNYAKU:** durchsichtige Masse aus Stärkemehl von den Knollen der *Stachys.* Eine *japanische* Spezialität, die als Beilage, Einlage für Suppen u.a. dient (s.a. *STACHYS*).

**KOOL UND KLUMP:** Schweinebauch und Kartoffeln, kräftig mit Lorbeer gewürzt *(Sachsen-Anhalt).*

**KOPENHAGENER GEBÄCK:** s. *WIENER BRØD.*

**Kopfsalat:** *Häuptelsalat (österr.).*

**Kopra:** aus dem *Portugiesischen* stammende Bezeichnung für das Fleisch der Kokosnuss; es ist sehr fettreich. Durch Auspressen erhält man Kokosfett.

**Korallenpilz:** s. *Bärentatze.*

**Korbbrot:** in Körben gebackenes Brot.

**Korbkäse:** anderes Wort für Handkäse, ein Sauermilchkäse, z. B. *Harzer, Mainzer.*

**Koriander:** *Arabische Petersilie, Chinesische Petersilie, Cilantro, Dhania* (*ind.*), *Wanzendill;* eine in Asien, den Mittelmeerländern, Nordafrika u. a. gern verwendete Würzpflanze. Das frische Korianderkraut nennt man *cilantro.* Die südostasiatische und die brasilianische Küche sind ohne Koriandergrün undenkbar. Die runden Spaltfrüchte dienen als Würze insbesondere für Lamm, Fisch, Geflügel, Gemüse, Wild, aber auch für Gebäck und Pasteten und vieles andere.

**Korila:** aus *Mexiko* stammende wilde Gurkenart.

**Korinthen:** s. *Rosinen.*

**Korma:** heißt in *Afghanistan* und *Indien* schmoren, geschmort. In Afghanistan z. B. gibt es zahlreiche Kormas, zum Beispiel den *Korma Sabzee* aus Lamm oder Rind, Zwiebeln und Spinat, gewürzt mit Chili, Knoblauch, Koriander und Kreuzkümmel. *Korma Shulgun* enthält Kartoffeln oder weiße Rüben. Indisches Korma, z. B. mit Lamm, besticht durch raffinierte Gewürzmischungen, sowie Zugabe von Cashewnüssen oder Mandeln und Joghurt.

**Korn (Branntwein):** Bezeichnung für einen klaren Branntwein aus Buchweizen, Gerste, Roggen, Hafer oder Weizen.

**Kornelkirsche:** eine gelb- bis dunkelrote längliche Steinfrucht, bei uns auch *Gelber Hartriegel* genannt, schmeckt säuerlich herb, wird am besten nach dem ersten Frost geerntet; wird hauptsächlich zu Marmelade verarbeitet (ist keine Kirsche).

**Koschari:** *ägyptischer* Gemüsetopf aus Linsen, Oliven und Zwiebeln.

**Korsan:** ein auf heißen Platten gebackenes Fladenbrot mit vielen Namen *(Saudi-Arabien).*

**Koscher** *(jüd.)*: auch *kascher;* nach den Regeln des Kashruth zubereitet. Fleisch nur von geschächteten Wiederkäuern (s. a. *Schächten*) und Tieren mit gespaltenen Hufen (Ziege, Schafe), sowie Geflügel. Fleisch und Milch dürfen nicht zusammen gekocht und gegessen werden.

**Koscherer Wein:** vom Rabbiner gesegneter Wein für orthodoxe Juden; extra gekennzeichnet.

**Koshin** *(jap.)*: wenig fleischiger Shiitakepilz; s. *Shiitake.*

**Kotelett:** *chop (engl.);* Scheibe aus dem Rücken von Schlachttieren, aus den so genannten Kotelettstücken, Rippenstücken und Karrees. Die Bezeichnung der Stücke, aus denen die Koteletts geschnitten werden, sind bei den einzelnen Schlachttieren verschieden. Man unterscheidet das *Filetkotelett* mit wenig Knochenanteil, das *Stielkotelett* mit der Rippe, das *Zwischenrippenkotelett* ohne Stiel und das *Nackenkotelett*.

**Kotelettinterstück:** s. *Filet.*

**Kotletki** *(russ.)*: Kotelett.

**Kotópoulo** *(griech.)*: Huhn.

**Kouglof** *(franz.)*: s. *Gugelhupf*

**Kourabiédes:** *griechisches* Buttergebäck mit *Mastix* (s. d.).

**Koyun** *(türk.)*: Hammel.

**Krabben:** *Krebse* (= Oberbegriff), *crabs (engl.), crabes (franz.), gallo (ital.);* es handelt sich um eine Unterart der Zehnfußkrebse, die überwiegend im Salzwasser, aber auch im Süßwasser oder an Land vorkommen. Sie haben einen kleinen Hinterleib und vier Beinpaare. Man unterscheidet über 4.000 Arten, von denen viele essbar sind, z. B. die *Maskenkrabbe* und die *Seespinne*, die für die europäischen Märkte hauptsächlich im Mittelmeer und vor der französischen Atlantikküste gefangen werden, die *Kamtschatkakrabbe* aus den Tiefen der kalten Meere und den *Taschenkrebs*, der in den Spalten der felsigen Küsten lebt. Man unterscheidet ferner die kleinen grauen *Krabben*, die beim Kochen rote Tupfer bekommen und die *Blaukrabben*. Diese werden unmittelbar nach der Häutung (Panzerwechsel) gefangen (*Softshell Crabs* oder *Butterkrebse;* man kann sie im Ganzen essen). Weitere Arten: *Felsenkrabbe, Kreuzkrabbe, Lady Krabbe, Schwimmkrabbe* u.v.a.m. (s. a. *Krebse*).

**Krabbenbrot:** s. *Kroepoek.*

**Krabben-Paste:** s. *Terasi.*

**Krachai:** *Echter Galgant* (s. d.), gehört zur Ingwerfamilie, ist aber milder.

**Kracherl** *(österr.)*: Limonade.

**Kracherle** *(südd.)*: geröstete Brotwürfel, eine Suppeneinlage.

**Krachgebäck:** s. *Croque en bouche.*

**Krachsalat:** s. *Eisbergsalat.*

**Krächerle:** s. *Kracherle.*

**Kräppel:** s. *Kreppel.*

**Kräuterbündel:** s. *Bouquet garni.*

**Kräuterbukett:** s. *Bouquet garni.*

**Kräuter der Provence:** s. *Provence-Kräuter*

**Kräutersauce:** s. *Sauce aux fines herbes.*

**Kräuterseitling:** ein einheimischer Pilz, der auch auf Stroh gezüchtet wird; das Fleisch ist weiß und fest, der Geruch und Geschmack nussig angenehm.

**Kräwe:** an der *Mosel* übliche Mischung von Sauerkraut und Kartoffelbrei als Beilage zu Schweinefleischgerichten.

**Kraftbrühe:** s. *Consommé.*

**KRAFTBRÜHE ROYALE:** s. *CONSOMMÉ ROYAL.*

**KRAFTSAUCE:** s. *DEMI-GLACE.*

**KRAKAUER:** Brühwurst mit erbsengroßer Einlage aus Rind- und Schweinefleischstücken und Speck, gibt es frisch und geräuchert.

**KRAKE:** *Achtfuß, Octopus, Polyp; poulpe, pieuvre (franz.); octopus (engl.); polpo (ital.); pulpo (span.);* achtarmiger Kopffüßler mit Saugnäpfen besetzten Armen. Der Krake lebt in den Felsenspalten der Meeresküsten und kann sehr groß werden. Die jungen Tiere mit einem Gewicht bis zu einem Kilogramm besitzen ein sehr schmackhaftes Fleisch, das vielseitig verwendbar ist.

**KRAMBAMBULI:** s. *CRAMBAMBULLI.* Krambambuli heißt auch eine polnische Likörspezialität aus Veilchenwurzeln, Pomeranzenschalen, Kamille, Pfeffer, Piment, Wacholderbeeren und Wermutkraut.

**KRAMMETSBEERE:** s. *WACHOLDER.*

**KRAMMETSVOGEL:** *Kronawetter, Kranewitter, Wacholderdrossel;* Singvogel, eine Delikatesse seit dem Altertum, heute unter Naturschutz.

**KRANAWETT:** s. *WACHOLDER.*

**KRANBEERE:** *Cranberry, Amerikanische Moosbeere;* verwandt mit der Preiselbeere; Cranberries sind jedoch größer und von dunkel-blassroter Farbe. Hoher Eisen- und Vitamin-C-Gehalt. Es gibt etliche Sorten; Importe aus den *USA* und *Kanada.*

**KRANEWITTER:** s. *KRAMMETSVOGEL.*

**KRANICHBEERE:** s. *MULTBEERE.*

**KRAPFEN:** der Begriff *Krapfen* soll von *Cäcilie Krapfl* stammen, die im 17. Jahrhundert in Wien diverses Gebäck *erfand.* Es handelt sich um Hefeteiggebäck, das in Fett, meist in Schmalz, ausgebacken wird.

**KRAPFENTEIG:** s. *AUSBACKTEIG.*

**KRATZETE** *(badisch)*: *EIERHABER* (s.d.).

**KRAUSE GLUCKE:** *Blumenkohlpilz; Fette Henne;* Speisepilz im Herbst, wächst in der Nähe alter Kiefern, hervorragender Geschmack. Eignet sich zu allen Pilzgerichten und zum Trocknen.

**KRAUSE HENNE:** s. *KRAUSE GLUCKE.*

**KRAUTFLECKERL:** s. *KÁPOSZTÁS KOCKA.*

**KRAUTNUDELN:** *oberschwäbische* Spezialität; Nudelteig wird in 5 cm breite Streifen geschnitten und mit einer Farce aus Sauerkraut, geräuchertem Speck und Zwiebeln gefüllt. Dann werden die Teigstreifen zusammengerollt und in einen flachen Topf, in dem man Schmalz zergehen lässt, aufrecht dicht nebeneinander gestellt. Die Nudeln werden bei geschlossenem Topf so lange gedünstet, bis sich an der Unterseite goldbraune Krusten bilden. Sie werden im Topf serviert.

**KRAUTPIROGGE:** s. *KAPUSTNY PIROG.*

**Krautsuppe:** s. *Kapusniak.*

**Krautwickel** *(südd.)*: Kohlrouladen; Rouladen aus Weißkohl oder Wirsing mit einer würzigen Füllung aus Hackfleisch, Sauerkraut u. a., gewürzt mit Kümmel, Petersilie, Pfeffer.

**Krautwurst:** ursprünglich aus *Schlesien* stammende Streichwurst aus Schweinefleisch, Leber, gekochtem Weißkraut u. a., frisch oder geräuchert auf dem Markt.

**Krebsbutter:** s. *Beurre d'écrevisses.*

**Krebse:** *crayfishes, crawfishes (engl.); écrevisses (franz.), gamberi (ital.), cangrejos (span.);* in allen Meeren und Süßwassern verbreitete Gliederfüßer mit nahezu unzähligen Arten. Man unterscheidet z. B. *Langschwanzkrebse* (zu denen u. a. die *Süßwasserkrebse* zählen) und *Kurzschwanzkrebse* (zu denen u. a. die echten *Krabben* gehören). In der Gastronomie werden grundsätzlich nur Süßwasserkrebse, so genannte *Flusskrebse,* als Krebse (in *England crayfishes* genannt) bezeichnet. Diese schmecken am besten in den Monaten ohne »r«. Ihre Saison beginnt ab Mitte Juni. Heute werden die Süßwasserkrebse hauptsächlich vom Balkan, Rumänien und aus der Türkei importiert. Süßwasserkrebse werden bis zu 15 cm lang und bis 125 g schwer. Die holsteinischen und niederbayerischen Krebse sind nur ca. 50 g schwer, jedoch feiner, von nussartigem Geschmack. Süßwasserkrebse werden in sprudelndem Sud je nach Größe drei bis fünf Min. gekocht. Dem Kochwasser können Bier, Kümmel, Salz *(polnischer Sud)* oder Dill, Salz und Weißwein *(schwedischer Sud)* oder aber nur Dill, Fenchel oder Kümmel zugesetzt werden. Es ist darauf zu achten, dass die Krebse die Schwänze beim Abkochen einrollen, da sie sonst bereits vorher tot waren und möglicherweise giftig sind. Krebse, die kalt verzehrt werden, sollen im Sud erkalten.

**Krebsnasen:** abgekochte Flusskrebse ohne Scheren und Schwanz, geschält und hauptsächlich zum Dekorieren verwendet.

**Krebssuppe:** s. *Bisque d'écrevisses (franz.).*

**Kren** *(österr.)*: Meerrettich.

**Krenfleisch:** gekochtes Rindfleisch oder Schweinefleisch mit Meerrettich *(Österreich).*

**Kreolenart:** *à la créole (franz.)*: Garnitur für Geflügel und Zwischengerichte mit Kreolensauce, Risotto und gefüllten Paprikaschoten.

**Kreolenreis:** in Salzwasser, in das ein Stück Butter gegeben wurde, körnig gekochter Reis; unter den gegarten Reis wird nochmals Butter gegeben.

**Kreolensauce:** s. *Sauce créole.*

**Kreolische Küche:** die »feinere« *Cajun-Küche* (s. d.) im Süden der USA, auch für andere exotische Küchen; verwendet Butter und Sahne.

**Kreplach:** *Krepler;* mit Hackfleisch und Zwiebeln oder

Weißkäse o.a. gefüllte Teigtaschen in der jüdischen Küche *(Polen, Russland).*

**Kreppel:** *Kräppel;* Hefeteigschmalzgebäck in länglicher oder rechteckiger Form zur Karnevalszeit (*Hessen*).

**Kresse:** artenreiche Salatpflanze, pikant bis scharf, dient auch als Garnitur: *à la cressonière (franz.);* s.a. *Brunnenkresse, Kapuzinerkresse.*

**Kretzer:** Barschart vom Bodensee.

**Kreuzkümmel:** s. *Cumin.*

**Krevettenbutter:** s. *Beurre aux crevettes.*

**Krevettensauce:** s. *Sauce crevettes.*

**Krickenten:** s. *Enten.*

**Krill:** es gibt hunderte von Arten dieser kleinen Minikrebse in den antarktischen Gewässern. Ihr kulinarischer Wert ist umstritten.

**Kritharáki:** reiskorngroße Teigware *(Griechenland).*

**Kroatzbeere** *(schles.)*: s. *Brombeere.*

**Kroepoek** *(indon.)*: *krupuk;* so genanntes Krabben- oder Garnelenbrot. Es handelt sich um getrocknete, hauptsächlich aus gemahlenen Krabben oder Garnelen und Tapiokamehl bestehende Scheiben, die in tiefem Fett ausgebacken werden und sich dadurch zu knusprigen, etwas aufgeblähten Fladen vergrößern; eine ostasiatische, besonders in *Indonesien* und *Malaysia* beliebte Beilage. *Krupuk udang* heißt auf *indonesisch* Krabben.

**Kröte im Loch:** s. *Toad-in-the-hole.*

**Krokant:** Konfekt aus Haselnüssen, Mandeln oder Walnüssen und karamellisiertem Zucker.

**Kroketten:** *Krusteln, croquettes (franz.); Salpicon* (s.d.) oder Püree von Fisch, Fleisch, Gemüse, Kartoffeln u.a. wird meist mit Eigelb gebunden, beliebig geformt, englisch paniert und frittiert; als Beilage oder Zwischengericht. Kartoffelkroketten bestehen aus Kartoffelpüree, das mit Butter und Eigelb vermischt wird. Aus dieser Masse werden Rollen oder Kugeln geformt, englisch paniert und in tiefem Fett goldgelb gebacken.

**Kromeski:** *cromesquis (franz.);* eine Art Kroketten, jedoch nicht paniert, sondern wie z.B. in Frankreich, nur durch Backteig gezogen, in *Polen* werden *kromeski* in dünne Pfannkuchen gewickelt, die durch Backteig gezogen werden. Nach der *russischen Art* werden die Kroketten in ein Schweinsnetz gehüllt und dann durch den Backteig gezogen. Alle werden in tiefem Fett ausgebacken.

**Kronawetter:** s. *Krammetsvogel.*

**Kronenbraten:** s. *Crown roast of lamb.*

**Kronfleisch:** ein schmackhaftes Fleischstück aus der Innenbrust des Rindes, das mit Suppengemüse gekocht und gewöhnlich mit Essiggurken, grobem Salz und Senf auf Holztellern angerichtet wird, eine *bayerische* Brotzeitspezialität.

**KRONSARDINEN:** kleine, in einer Flüssigkeit von Essig, Pfefferkörnern und Wacholderbeeren, Zwiebeln usw. marinierte Heringsfische.

**KRONSBEERE** *(niederd.)*: s. *BERNITSCHKEN*.

**KROPPKAKOR** *(schwed.)*: gefüllte Kartoffelklöße; aus gekochten Kartoffeln, Mehl, Eigelb, Salz und Pfeffer einen Kloßteig herstellen und Klöße formen. Jeweils mit Speck (geräuchert oder ungeräuchert) und Zwiebelwürfeln füllen und in Salzwasser garen. Dazu reicht man Preiselbeeren.

**KRÜLLBOHNE:** s. *FLAGEOLETS*.

**KRUMBEERE:** s. *GRUMBEERE*.

**KRUNG GAENG:** Sammelbegriff für *thailändische* Würzpasten auf Currygrundlage.

**KRUPNIK:** *polnischer*, heiß servierter Honiglikör; aber auch der Name einer Gerstensuppe.

**KRUPUK:** s. *KROEPOEK*.

**KRUSPELSPITZ:** Zwischenrippe.

**KRUSTADEN:** *croustades (franz.)*; kleine, meist törtchen- oder pastetchenförmige Gerichte aus pikanten Füllungen in Hüllen aus Grieß, Herzoginkartoffelmasse, Reis, Teig u.a.; zumeist heiß serviert.

**KRUSTELN:** s. *KROKETTEN*.

**KRUSTEN:** s. *CROÛTES*.

**KRUSTENBRATEN:** normalerweise gepökelte Schweinekeule, wobei die Schwarte rautenförmig eingeschnitten und zum Schluss unter dem Grill knusprig gebraten wird, ähnlich wie die spanischen *CHICHARRONES* (s.d.).

**KRUSTENPASTETEN:** s. *KASTENPASTETEN*.

**KRUSTENTIERE:** Wasserbewohner mit chitin- und kalkhaltigem Panzer, wie Garnelen, Flusskrebse, Hummer, Krabben, Langusten usw.

**KUBEEBA:** *arabische* Klößchen aus zerkleinertem Hammel- oder Rindfleisch mit *BURGHUL* (s.d.) oder Reis und Zwiebeln.

**KUDDU:** kleine Melonenart aus Vorderasien.

**KÜCHENKRÄUTER:** Gewürzkräuter, die hauptsächlich im Inland angebaut werden, wie Basilikum, Bohnenkraut, Borretsch, Dill, Estragon, Knoblauch, Liebstöckel, Majoran, Petersilie, Rosmarin, Salbei usw.

**KUEH LAPIS:** ein bunter Schichtkuchen aus *Singapur;* die Teigmassen bestehen aus Reis- und Klebereismehl, Zucker und Kokosmilch sowie Lebensmittelfarbe. Der Kuchen wird im Topf gedämpft.

**KÜKENRAGOUT:** ein feines Ragout von *Stubenküken* (s. *HUHN*).

**Kümmel:** getrockneter Samen der europäischen Kümmelpflanze, leicht süßlicher Geschmack, vornehmlich zu fettem Hammelfleisch, Käse, Kartoffeln, fettem Schweinefleisch und zum Würzen von Kohlgerichten, Brot, Käse, Likör u.a.

**Kürbis:** ein Gurkengewächs, das mit der Gurke, Melone und dem Zucchino verwandt ist. Es gibt unzählige farbenfrohe Arten und Formen. Zu der Familie der Kürbisse gehören beispielsweise Butternusskürbis, tropische *Chayote*, Flaschenkürbis, auch Kalebasse genannt, afrikanische *Rondini*, japanische *Hokkaido (Moschuskürbis), Potimarrons* (eine Varietät des Riesenkürbis in Japan und Frankreich), Wachsgurke u.v.a. Kürbis kann als süßsaures Gemüse, als Suppe, als Gemüse usw. verarbeitet werden.

**Kürbiskernöl:** dunkelgrünes, dickflüssiges und nussig schmeckendes Öl aus gerösteten Kürbiskernen (*Österreich,* hauptsächlich *Steiermark*).

**Kufta:** s. *Köfte.*

**Kugel:** *Mehlkloß,* auch *Nudelpudding;* traditionelles Gericht bei den osteuropäischen *Juden*; wird nach dem *Cholent (Tscholent)* am Sabbat serviert und besteht aus Fleisch, Gemüse, Zerealien u.v.a., alles in Brühe gegart und kräftig gewürzt.

**Kugelfisch:** s. *Fugu (jap.).*

**Kugelhupf:** s. *Gugelhupf.*

**Kuhfisch:** *Arapaima*; größter Süßwasserfisch mit vorzüglichem Fleisch (nördliches Südamerika).

**Kuhmaul:** *großer Gelbfuß;* Speisepilz in Nadelwäldern von Juli bis Oktober.

**Kuhpilz:** ein auch bei uns in der Zeit von Juli bis Oktober vorkommender minderwertiger Speisepilz mit zähem Fleisch.

**Kuka** *(griech.)*: *gigantes; Dicke Bohne* (s. *Bohnen).*

**Kukummer:** *hessisch* für Gurke.

**Kukuruz:** Bez. für *Mais* (s.d.) in *Österreich* und anderen *Donauländern.*

**Kulebjaka:** *russische* Pastete in einer Teighülle, die hauptsächlich aus Hefeteig hergestellt wird. Für die Füllung gibt es zahlreiche Variationen. Verwendung finden vor allem hart gekochte Eier, Kalbfleisch, *Kascha* (s.d.), Kohl, Lachs, Reis, saure Sahne, *Vesiga* (s.d.), Weizengrieß und Zwiebeln; gewürzt wird mit Pfeffer und Salz. Auf rechteckig ausgerollten Hefeteig werden z.B. schichtweise *kascha,* Lachsscheiben, *vesiga,* gekochte Eier, Petersilie, Zwiebeln, Champignons und obenauf wieder *kascha* gegeben. Der Teig wird zusammengerollt, mit einem *Kamin* (s.d.) versehen und gebacken (ohne Kuchenform). Die Kulebjaka kann auch mit Brioche oder Blätterteig bereitet werden. Als *Coulibiac* Bestandteil der klassischen franz. Küche.

**Kulfi** *(ind.)*: *Koulfi;* gefrorenes Dessert, eine Art Eis aus Milch, Zucker, Sahne und Gewürzen, oft vermischt mit gehackten Pistazien oder Mandeln.

**Kulitsch:** *russischer* Osterkuchen aus einem Hefeteig, der aus einer schaumig gerührten Masse von Butter, Eigelb, Salz und Zucker, gewürzt mit Kardamom, Salz, Rum und Vanille hergestellt und mit kandierten Früchten, Korinthen, Mandeln, Rosinen, Zitronat vermischt wird.

**Kullerpfirsich:** ganze, kleine, mit Einstichen versehene Pfirsiche, in Sekt serviert.

**Kulminator:** s. *Doppelbock*.

**Kultscha:** *kirgisische* Nationalspeise; Fladen aus Hefeteig, die man in Dips aller Art tunkt oder als Beilage reicht.

**Kulturakija** *(griech.)*: kleine halbmondförmige mit Sesam bestreute Kuchen, die oft mit Orangenmarmelade gefüllt werden.

**Kumara:** australische Süßkartoffel, mit roter Schale, gelbem Fruchtfleisch und zartem Geschmack.

**Kumquat:** *Chien-che (chin.), Cumquat, Goldorange, Japanische Orange, Zwergorange, Zwergpomeranze;* kleine gelbe Zitrusfrucht, die aus Ostasien stammt, heute auch in Afrika, Brasilien, Italien, Japan, USA, usw. angebaut wird. Kumquats sehen aus wie kleine Orangen, sie können mit der Schale gegessen werden und haben einen pikanten, bitter-süßen, auch leicht säuerlichen Geschmack. Eignen sich für *Kompott* (s.d.), Vorspeisen usw.

**Kumys:** in den *kaukasischen* Ländern bis in die *Mongolei* verbreitete alkoholische Sauermilch aus Stutenmilch.

**Kunc** *(indon.)*: s. *Gelbwurz*.

**Kurkuma:** s. *Gelbwurz*.

**Kurnik** *(russ.)*: Pastete mit einer Füllung, die hauptsächlich aus Hühnerfleisch, Champignons, hart gekochten Eiern, Langkornreis, Steinpilzen und Zwiebeln besteht und mit Dill, Lorbeer, Nelken, Petersilie, Zitronensaft u.a. gewürzt wird.

**Kurumb** *(arab.)*: Kohl, Kraut.

**Kurzbraten:** Braten von Fleisch, Geflügel usw. in nur so viel Fett, dass das Bratgut nicht ansetzen kann.

**Kurzer Fond:** ein Geschmackskonzentrat, das zur Hebung des Eigengeschmacks aus Fleischabgängen, Wurzelgemüse u.a. hergestellt und stark reduziert wird.

**Kurz und Klein:** s. *Schweinsknöchle*.

**Kuskus:** s. *Couscous*.

**Kuski bil lahm:** ein *tunesischer Couscous* (s.d.) wird zubereitet, indem Fleischbrühe mit den Gewürzen zum Kochen gebracht wird. Die Hammelfleischstücke werden angebraten und mit den Kichererbsen in die Brühe gegeben. Nach etwa einer Stunde folgen Gemüse und Poularde. Zum Schluss wird der gegarte Couscous-Grieß in einer flachen Schüssel mit Butter oder Butterschmalz verrührt. Darauf werden Fleisch, Gemüse und Poularde angerichtet. Getrennt wird eine Sauce aus *Harissa* (s.d.) serviert, nachdem die Garbrühe, die man aus optischen Gründen klären sollte, bereits vor dem Couscous gereicht wurde.

**Kuttelfleck:** s. *Fleck.*

**Kuttelflecksuppe:** *polévka drstková,* die *böhmische* Version einer *Kaldaunensuppe.* Verwendung finden, außer Kaldaunen, Geräuchertes, Möhren, Petersilienwurzel, Sellerie und Zwiebeln. Gewürzt wird gewöhnlich mit Ingwer, Majoran, Pfeffer und Rosenpaprika.

**Kutteln auf römische Art:** s. *Trippa alla romana (ital.).*

**Kuttelkraut** *(österr.)*: *Quendel,* eine Thymianvarietät; auch *Majoran.*

**Kutteln:** s. *Fleck.*

**Kutterscholle:** die mit dem Kutter gefangene, besonders frische Scholle.

**Kuvertüre:** s. *Couverture.*

**Kuzu donnasi** *(türk.)*: Lammbraten mit Reis, Rosinen und Pinienkernen.

**Kuzuko** *(jap.)*: Pfeilwurzelmehl; zum Andicken von Speisen.

**Kwas(s):** *russisches* Erfrischungsgetränk; meist wird Weiß- oder Schwarzbrot mit kochendem Wasser übergossen. Diese Mischung zieht etliche Stunden, wird dann filtriert, mit Hefe und Zucker versetzt. Man kann noch Minze oder Honig zugeben. Dann gärt die Flüssigkeit je nach Temperatur ca. 8 Stunden. Sie wird durch ein Sieb in Flaschen gefüllt, gelegentlich werden noch Rosinen beigegeben. Nach drei Tagen ist der Kwas fertig.

**Kyllestis:** *ägyptisches* ungesäuertes Fladenbrot.

**Lab:** Das im Labmagen der Kälber befindliche Ferment, das bei der Käseherstellung (s. *Käse*) als proteinspaltendes Enzym zur Gerinnung (auch Ausfällung des Kaseins genannt) verwendet wird.

**Laban** *(arab.)*: gesalzener, dicker, cremiger Joghurt aus Kuh-, Schafs- oder Ziegenmilch; quarkähnlich heißt die Masse *labna*.

**Labaneya:** *ägyptische* Suppe aus einer spinatähnlichen Pflanze mit Joghurt, Reis, Zwiebeln und Gewürzen.

**Laberdan:** s. *Kabeljau*.

**Lablab-Bohne:** s. *Helmbohne*.

**Labskaus:** *norddeutsches* Gericht mit Variationen. Gepökelte Rinderbrust und Zwiebeln werden mit Gewürzen gegart, zerkleinert und mit gekochten und zerquetschten Kartoffeln zu einem Mus verbunden, mit Muskatnuss und Pfeffer gewürzt und mit Spiegelei, Matjesfilets, Gewürzgurken und Rote Bete angerichtet (s. a. *Bremer Labskaus)*.

**Labskovs** *(dän.)*: ein Schmorgericht aus Karotten, Kartoffeln, Rindfleisch und Zwiebeln, nicht zu verwechseln mit dem *Labskaus* (s. d.).

**Lachs:** *Salm, saumon (franz.), salmon (engl.);* hochwertiger Seefisch der europäischen, nordamerikanischen und kanadischen Gewässer; lebt in der Jugend in Flussoberläufen, später im Meer, und kommt zum Laichen in die Flüsse zurück. Am besten ist das hellrote und fettreiche Fleisch der sich in den Flüssen aufhaltenden Lachse, es kann gebraten, gegrillt, gekocht, pochiert (s. *pochieren)*, geräuchert usw. werden.

**Lachs-Carpaccio:** hauchdünn geschnittener roher Lachs, zubereitet wie *Carpaccio* (s. d.) vom Rind.

**Lachsforelle:** *Meerforelle;* einer der schmackhaftesten Seefische; lebt im Nordatlantik, im Eismeer und in der Nord- und Ostsee und kommt wie der Lachs zum Laichen in die Flüsse; wird auch gezüchtet und wie Forelle oder Lachs zubereitet.

**Lachshering:** Kleiner, wohlschmeckender Tiefseefisch im östlichen Atlantik, aber auch Bezeichnung für kalt geräucherten Hering.

**Lachskaviar:** Lachsrogen; s. *Keta-Kaviar*.

**Lachs-mousseline:** Lachsschaumbrötchen; Lachsfarce mit dickem Rahm vermischt, gewürzt, pochiert und gestürzt.

**Lachsrosen:** in Rosenblüten geformte Lachsscheiben mit Kaviar gefüllt.

**Lachsschinken:** ein von Fett und Knochen befreiter Schweineschinken, der aus dem Kernfleisch des Kotelettstücks hergestellt, mild geräuchert und mit Speck und Schnur umwickelt wird.

**Lachsschaumbrötchen:** s. *Lachs-mousseline*.

**La Chuoi** *(vietn.)*: Bananenblätter; dienen zum Garen im Backofen, über Dampf oder auf dem Grill. Diese Methode verleiht dem Gargut einen aromatischen Geschmack.

**Lackente:** s. *Be-jing-tián-ya*.

**Lackpilz:** s. *Bläuling*.

**Lady-finger** *(engl.)*: Okra (s. d.); im US-amerikanischen auch Löffelbiskuits.

**Lady Curzon:** eine nach der *Marquise of Kedleston* benannte Garnitur für klare Schildkrötensuppe. Die Suppe wird mit einem Schuss Sherry verfeinert, mit einem Esslöffel voll geschlagener Sahne, die meist noch mit Curry gewürzt wird, bedeckt und manchmal noch gratiniert.

**Läufe:** *Bügle;* Vorderfüße und Vorderhaxen der Hasen, Kaninchen, Rehe u. a.

**Läuterzucker:** Zuckersirup. Die Zuckerkonzentration wird in Baumé-Graden gemessen (s. *Zuckergehalt)*.

**Lager** *(schwed.)*: Lorbeer; auch ein in Schweden gebrautes, mit Lorbeer gewürztes, alkoholreiches Bier; nicht zu verwechseln mit *Lagerbier* (s. d.).

**Lagerbier:** Bezeichnung für untergäriges Bier, bei dessen Gärung die Hefe nach unten sinkt. Lagerbier muss mehrere Monate reifen und sich dabei klären, s. a. *Bier*.

**Lagrein-Kretzer:** dunkler Rosé aus der Lagrein-Rebe *(Südtirol)*.

**Laguiole:** ein lang gereifter und begehrter Käse aus der *Auvergne*, mit festem, goldfarbenem Teig und weißbrauner Rinde und kräftigem Aroma.

**Láhana dolmasi** *(türk.)*: ein mit Hammelhackfleisch, Paprika und Reis gefüllter Kohl. Eine Spezialität weiter Teile des Vorderen Orients mit zahlreichen regionalen Rezepten. Für die kräftig gepfefferte Füllung finden neben Hammelfleisch auch Korinthen, Pinienkerne, u. a. Verwendung.

**Lahm charuf** *(arab.)*: Hammelfleisch.

**Lahmé:** *arabisches* Fleischgericht. Eine Masse aus fein gehacktem Hammelfleisch, Gurken, Mehl, Tomaten, Zwiebeln und orientalischen Gewürzen wird im Backofen gebacken, in Stücke geschnitten und mit Weißbrot serviert.

**Laitance** *(franz.)*: Milchner (s. a. *Fischmilch)*.

**Laitue** *(franz.)*: Kopfsalat.

**Laitue de mer** *(franz.)*: Meeressalat; eine Grünalge von mildem Geschmack. Roh, gekocht oder getrocknet verwendbar, an Spinat erinnernd.

**Lake:** s. *Pökellake*.

**Laksa:** *Laksa leaf (engl.)*; eine Art Eintopf aus Garnelen, Gemüsen, Nudeln und Fisch *(Indonesien, Malaysia* und *Philippinen)*, pikant gewürzt, u. a. mit *Laksa-Blättern* (vietnamesischer Koriander, s. a. *Rau ram*).

**La Lot** *(vietn.)*: s. *Lot-Blätter*.

**La lotte** *(franz.)*: s. *Lotte de mer*

**Lambig:** *Lambic;* ein *Eau-de-vie* (Schnaps) aus der *Bretagne*.

**Lamm:** *Schöpsernes (österr.)*. Man unterscheidet bei uns: Das *Milchlamm (franz. laiton)*, mit Milch aufgezogen, maximal 6 Monate alt, danach wird das Tier bis maximal 12 Monate zum *Mastlamm (franz. agneau gris)*. *Hammel* (s.d.) heißt ein kastriertes männliches Tier. Ein weibliches Tier, das geworfen hat, nennt man *Schaf*. Das nicht kastrierte und mehr als 12 Monate alte männliche Tier heißt *Bock*. Die Nordamerikaner unterscheiden zwischen *baby lamb* (milchgesäugtes Lamm bis 6 Wochen alt), *spring lamb* (nicht älter als 4 Monate), *lamb* (nicht älter als ein Jahr) und dem älteren Tier *mutton*.

**Lammchops:** ca. 3 cm dicke Scheiben aus dem Nierenstück samt Filet quer über den Sattel geschnitten, mit oder ohne Knochen, zum Kurzbraten (s.a. *Lammrücken*).

**Lammkarree:** s. *Carré d'agneau (franz.)*.

**Lammkotelett:** *côtelette d'agneau (franz.)*; Fleischscheibe aus dem Kotelettstück des Lamms mit Rippenknochen.

**Lammkrone:** Kotelettstück ohne Rückgratknochen zu einer Krone gebogen, zusammengebunden und gebraten.

**Lammnüsschen:** *noisettes d'agneau (franz.)*, zumeist aus dem Kotelett- oder Lendenstück des Tieres geschnittene *Noisettes* (s.d.), etwas dicker als die *Tournedos* (s.d.); zum Kurzbraten oder Grillen.

**Lammrücken:** *selle d'agneau (franz.)*; vor allem der vordere Teil des Rückens des Lamms, das Kotelett- oder Rippenstück, während der hintere Teil des Lammrückens Lendenstück, Nierenstück, Sattel u.a. heißt. Korrekt ist, beide Teile als Lammrücken zu bezeichnen.

**Lamproie** *(franz.)*: s. *Neunauge*.

**Landjäger:** rechteckig gepresste Rohwurst aus Schweinefleisch, getrocknet und geräuchert (*südd.* Spezialität).

**Landwein:** s. *Vin de Pays*.

**Langfisch:** s. *Leng*.

**Langkornreis:** *Patnareis, Carolinareis;* Reissorte mit ovalen Körnern, die in vielen Ländern angebaut wird. Die Körner bleiben beim Kochen fest und kleben nicht. Wird allgemein nach Herkunftsländern *Patna (Indien)* und *Carolina (Nordamerika)* benannt.

**Langue** *(franz.)*: Zunge.

**Langues d'advocat** *(franz.)*: kleine Seezungen aus dem Ostatlantik und Mittelmeer.

**Languedoc, nach Art des:** *à la languedocienne (franz.);* Garnitur für Fleisch und Geflügel mit *Kalbsjus* (s. *Jus*), Auberginen, Steinpilzen, Tomaten und Petersilie.

**Langouste** *(franz.)*: *Languste* (s.d.).

**Langoustines** *(franz.)*: s. *Kaisergranaten*.

**Languste:** Vorkommen in vielen Arten; wertvoller Speisekrebs von den Felsküsten des Atlantiks, des Kaps der guten Hoffnung, der Küsten Nord- und Südamerikas usw. Im Gegensatz zum Hummer hat die Languste keine Scheren, sondern sehr lange Fühler oder Antennen; Verwendung und Zubereitung wie Hummer.

**Languste bellevue:** Bezeichnung für eine kalt servierte Languste, die mit erlesenen Zutaten, wie Artischockenböden, Trüffel u.v.a. dekorativ garniert wird.

**Languste thermidor:** wird wie *Homard thermidor* (s.d.) bereitet.

**Laochou** *(chin.)*: dunkle Sojasauce, die länger fermentiert und mit braunem Zucker gefärbt wird.

**Laos** *(indon.)*: s. *Galgant*.

**Lap:** in Salatblätter eingerollte, mit Chili und Kräutern scharf gewürzte Stückchen vom Büffel oder Wild *(Laos)*.

**Lap cheong:** eine *chinesische* luftgetrocknete Wurst, die hauptsächlich aus Schweinefleisch besteht.

**Lapereau** *(franz.)*: junges kleines Kaninchen.

**Lapereau de garenne** *(franz.)*: junges Wildkaninchen.

**Lapin** *(franz.)*: Hauskaninchen, Stallhase.

**Lapin en gibelotte** *(franz.)*: Kaninchenfrikassee.

**Lapin de garenne en gibelotte** *(franz.)*: Frikassee vom Wildkaninchen.

**Lapin rôti:** *belgische* Spezialität; ein in Bier und Öl eingelegtes Kaninchen, gegart auf Backpflaumen und Gemüse.

**Lappen:** ein Teil des Bauches von Schlachttieren.

**Lappenpickert:** eine Art *westfälischer* Reibekuchen aus Kartoffeln, Eiern, Mehl und saurer Sahne.

**Lapskojs** *(schwed.)*: Spezialität mit Variationen. Hauptsächlich werden Reste von gebratenem oder gekochtem Kalb- oder Rindfleisch und Schinken mit gewürfelten Kartoffeln und Zwiebeln vermischt und in Bouillon oder hellem Fond gekocht, dann mit Rahmsauce gebunden.

**Lard** *(franz.)*: Speck.

**Lardo** *(ital.)*: geräucherter Speck, völlig frei von Fleisch.

**Lardieren:** *spicken;* Fleisch mit Speckstreifen in Richtung der Faser durchziehen. Der Unterschied zum Spicken besteht darin, dass bei letzterem die Speckstreifen mithilfe der Spicknadel nur durch die Fleischoberfläche gezogen werden, sodass beide Enden der Streifen zu sehen sind. Dies soll wie *Bardieren* (s.d.) das Austrocknen des Fleisches beim Garen verhindern.

**Lasagne** *(ital.)*: rechteckige Teigscheiben, die mit verschiedenen Farcen beschichtet werden, z.B. *lasagne con funghi freschi e prosciutto,* d.h. mit Pilzen und

Schinken, *lasagne con la ricotta,* d.h. mit Schinken und Frischkäse, *lasagne verdi al forno,* d.h. Scheiben aus Spinatteig belegt mit Hackfleisch usw., jeweils mit Béchamelsauce und Parmesan bedeckt und überbacken.

**LASAGNE CON FUNGHI FRESCHI E PROSCIUTTO** *(ital.)*: s. *LASAGNE.*

**LASAGNE CON LA RICOTTA** *(ital.)*: s. *LASAGNE.*

**LASAGNE VERDI AL FORNO** *(ital.)*: s. *LASAGNE.*

**LASAN** *(ind.)*: Knoblauch.

**LASSIE** *(ind.)*: süßes oder salziges Jogurtgetränk.

**LATKES:** jüdische Kartoffelpuffer, bestehend aus geriebenen Kartoffeln, Zwiebeln, Eier und Mehl, gewürzt mit Salz und Pfeffer, in Öl ausgebacken. Werden gern mit *FROMAGE BLANC* (s.d.) gegessen.

**LATTE** *(ital.)*: Milch.

**LATTICH:** Sammelbegriff für die zahlreichen Arten der auf der nördlichen Halbkugel des Erdballs angebauten Salatformen; bedeutet bei uns vor allem Kopfsalat oder diesem ähnliche Gartensalate, z.B. *Schnitt-* oder *Pflücksalat, Römischer Salat, Lollo Rosso.*

**LATWERGE:** Pflaumenmus, Spezialität aus dem Südwesten Deutschlands.

**LATUME:** *Milch*, d.h. Sperma des Thunfisches, das auf Sizilien frisch gepökelt, luftgetrocknet in Pflanzenöl gelegt wird.

**LAU:** vietnamesischer Feuertopf.

**LAUBE:** s. *ALBE.*

**LAUBFRÖSCHE:** Spinatblätter werden mit einer Fleischfarce gefüllt, zusammengerollt und in Bouillon geschmort; manchmal werden auch Mangoldblätter verwendet (*Süddeutschland* und *Schweiz*).

**LAUCH:** *Porree, Spanischer Lauch, Welschzwiebeln;* aus der Familie der Zwiebelgewächse, stammt vermutlich aus dem Orient, heute in ganz Europa angebaut. Wird als Gemüse, Gewürz, oder Salat verarbeitet. In vielen feineren Gerichten wird nur der weiße Teil des Lauchs verwendet.

**LAUCHZWIEBELN:** s. *FRÜHLINGSZWIEBELN.*

**LAUGENBREZEL:** typisch geformtes Gebäck, wird vor dem Backen mit Natronlauge bestrichen, der die Brezel den typischen Geschmack und Glanz verdankt, meist mit grobem Salz bestreut *(Süddeutschland).*

**LAULAU:** Schweinefleischwürfel und Lachs in *Taroblätter* (s. *TARO*) oder großblättrigem Spinat eingewickelt und ca. drei Stunden gekocht; dazu Bataten *(Polynesien).*

**LAURO** *(ital.)*: Lorbeer.

**LAVARELLO:** *Coregone lavarello (ital.);* oberitalienischer Süßwasserfisch, mit dem *FELCHEN* (s.d.) vergleichbar.

**LAVASH:** älteste Brotart des Vorderen Orients.

**Lawalu:** eine bei uns relativ unbekannte, zitronengroße Frucht aus Südostasien mit einer gelblichen Schale und mehligem, süßem Fruchtfleisch; für Sorbets und Cremespeisen geeignet.

**Leber auf Berliner Art:** gebratene Leber mit Apfelscheiben und Zwiebeln; dazu Kartoffelpüree.

**Leber auf venezianische Art:** *Fegato di vitello alla veneziana (ital.);* Kalbsleberscheiben mit viel Schalotten, Petersilie, Salbei und einem Schuss Weißwein gebraten.

**Leberkäs:** eine Art Wurstpastete aus gut gewürztem und passiertem Rind- und Schweinefleisch sowie 5% Leber. Diese Spezialität wird gebacken oder gebrüht (*Süddeutschland* und *Österreich*).

**Leberknödel:** Klöße, die hauptsächlich aus Kalbs- oder Rinderleber, Eiern, Mehl, Speck und Gewürzen bestehen; als Suppeneinlage oder Beilage, vor allem zur Schlachtplatte *(Österreich* und *Süddeutschland).*

**Leberknöpfe:** die *pfälzische* Version der Leberknödel oder -klöße. Der Pfälzer spricht von *Lewwerknepp.*

**Leberpastete:** fein gecutterte, streichfähige bis schnittfeste Kochwurstpastete aus Schweinefleisch, *Flomen* (s.d) und mind. 30% Schweineleber und damit die Pastete schnittfest wird, zusätzlich Rindfleisch. Auch Bezeichnung für Terrinen mit Kalbs-, Geflügel- oder Gänseleber u.a.; s.a. *Gänseleberpastete.*

**Leberspätzle:** s. *Leberspatzen.*

**Leberspatzen:** eine *süddeutsche* Spezialität. Aus einem Teig, der vor allem aus Leber, Butter, Eiern, Majoran, Petersilie, Mehl und Semmelmehl besteht, werden kleine längliche Stücke in Fleischbrühe geschabt und so gegart.

**Leber, Tiroler Art:** s. *Tiroler Leber.*

**Leberwurst:** s. *Kochwürste.*

**Lebkuchen:** *Lebzelten (österr.); Honigkuchen, Pfefferkuchen;* ein bekanntes Gebäck, das nach regional verschiedenen Rezepten unter Verwendung zahlreicher Backgewürze bereitet wird (s.a. *Lebkuchengewürz).* Der Teig besteht vor allem aus Honig, Mandeln, Mehl, Pottasche und Gewürzen.

**Lebkuchengewürz:** Gewürzmischung aus Anis, Koriander, Muskat, Nelken, Piment und Zimt.

**Leblebi** *(türk.)*: geröstete Kichererbsen, die gut zu *Raki* passen.

**Leche** *(span.)*: Milch.

**Leche flan** *(span.)*: *philippinischer* Pudding aus einer Mischung von schaumig geschlagenem Eigelb und Eiern, Kokossahne, Sirup aus Rohrzucker, Vanille und Zitronenschale, im *bain-marie* (s. *Wasserbad)* gestockt und im Backofen überbacken.

**Lechón** *(span.)*: Spanferkel.

**Leckerli** *(schweiz.)*: rechteckiges Schweizerisches Honig-Gewürzgebäck, mit Zuckerglasur überzogen und als *Basler Leckerli/Läggerli* bekannt (s.d.).

**Lecsó** *(ung.)*: *Letscho (österr.)*; bekanntes *ungarisches* Paprikagemüsegericht mit einigen Abwandlungen. Es besteht hauptsächlich aus grünen und gelben Paprika, Räucherspeck, Tomaten und Zwiebeln. Mit Paprikapulver wird gewürzt und nach Belieben mit saurer Sahne gebunden. Dazu Reis und *Debrecziner* (s.d.).

**Lederkarpfen:** s. *Karpfen*.

**Leerdamer:** *holländischer* halbfester Schnittkäse mit großen Löchern, an Emmentaler erinnernd.

**Legieren:** abziehen, mit Eigelb, Sahne, Stärkemehl etc. Saucen, Suppen usw. binden, eindicken oder sämig machen.

**Legumbre(s)** *(span.)*: Hülsenfrüchte, im weiteren Sinn auch Gemüse allgemein.

**Légumes** *(franz.)*: Gemüse.

**Légumes à la Grecque** *(franz.)*: s. *Griechische Art*.

**Legumi** *(ital.)*: Gemüse.

**Leidener Käse:** mit Kreuzkümmel oder Kümmel; stark gewürzter holländischer Schnittkäse in verschiedenen Fettstufen.

**Leineweber:** altdeutsches Gericht aus Kartoffeln und Speckwürfeln, überbacken mit Eierkuchenteig (s. *Pfannkuchen*).

**Leinsamen:** Samen der Flachspflanze; findet für *Schleimsuppe*, (s.d.) sowie beim Brotbacken Verwendung und zur Gewinnung von Leinöl.

**Leipziger Allerlei:** ein bekannter Gemüseeintopf mit zahlreichen Zutaten, z.B. Erbsen, Möhren, Morcheln und Spargel in Brühe gegart und in einer Buttersauce aus Brühe, Butter, Eigelb, Mehl und Rahm serviert, gewürzt mit Zitronensaft, garniert mit *Fleurons* (s.d.), Grießklößchen und Krebsschwänzchen.

**Leipziger Lerche:** Mürbeteigschiffchen mit Makronenfüllung *(Sachsen)*.

**Leite** *(port.)*: Milch.

**Leiterchen:** *Schälrippchen*, Riegelwand; mundartlich für *Spareribs*.

**Leiterstück:** s. *Querrippe des Rindes*.

**Lekach:** *jüdischer* Lebkuchen, der mit Honig oder karamellisiertem Zucker, Nüssen, Rosinen u.a. zubereitet wird (ohne Schmalz oder Butter).

**Lemon** *(engl.)*: Zitrone.

**Lemon-squash** *(engl.)*: Zitronenwasser, s.a. *Squash*.

**Lende:** s. *Filet*.

**Lendenbraten:** s. *Rinderfilet*.

**Lendenschnitte:** Sammelbegriff für *Medaillon* (s.d.) und *Tournedo* (s.d.). Rund geschnittene Scheibe aus dem Filetkopf oder der Filetspitze.

**Lendenschnitte auf Haushofmeisterart:** s. *Rinderlendenschnitte à la maître d'hôtel*.

**Lendenschnitte Masséna:** gebratene Lendenschnitte, belegt mit einer blanchierten Scheibe Ochsenmark, garniert mit Artischockenböden, die mit *Sauce béarnaise* (s. d.) gefüllt sind.

**Lendenschnitte Rossini:** s. *Tournedos Rossini*.

**Lendenspitze:** s. *Filetspitze*.

**Lendensteak:** heißt in der Gastronomie soviel wie *Filetsteak* (s. d.), aber auch Steak aus der Lende schlechthin.

**Leng:** *Langfisch, Lengfisch;* ein *Dorschfisch* (s. *Dorsch*) aus dem Nordatlantik mit weniger wertvollem grobem Fleisch, bei uns frisch als Filet im Handel. In *Skandinavien* wird der Leng zu *Klippfisch* verarbeitet (s. a. *Kabeljau*).

**Lengfisch:** s. *Leng*.

**Lenguado** *(span.)*: s. *Seezunge*.

**Lepre** *(ital.)*: s. *Hase*.

**Lerche:** schmackhafte, mehlige Kartoffelsorte.

**Lescovacka mućkalica:** auf dem Rost gebratene, mit Knoblauch, Pfeffer und Salz stark gewürzte und mit gerösteten Zwiebeln servierte Schweinefilets *(Balkanländer)*.

**Letscho:** die *österr.* Version des *Lecsó* (s. d.) mit zahlreichen Abwandlungen, vom Gemüseeintopf bis zum Fischtopf.

**Leverpostej** *(dän.)*: eine schmackhafte Leberpastete in Kastenform.

**Leves** *(ung.)*: Suppe.

**Lewaschniki** *(russ.)*: aus einem Pfannkuchenteig, dem etwas Wodka beigegeben wird, werden Pfannkuchen bereitet und Teigquadrate geschnitten, die mit Marmelade bestrichen, zu Dreiecken gefaltet und in Öl ausgebacken werden; s. a. *Liwanzen*.

**Lewwerknepp:** s. *Leberknöpfe*.

**Liaison** *(franz.)*: zum Binden und Legieren von Saucen, Suppen usw. bestimmte Mischungen von Zutaten wie Eier, Milch, Eigelb, Sahne etc.

**Lian ou** *(chin.)*: s. *Lotuswurzel*.

**Libamáj** *(ung.)*: Gänse.

**Liebesapfel:** s. *Tomate*.

**Liebesknochen:** s. *Éclair*.

**Liebstöckel:** *Maggikraut;* Küchenkraut aus Südeuropa stammend, mit Maggigeschmack (im Maggigewürz jedoch nicht enthalten). Frisches Kraut und die Samen dienen als Gewürz, die Stängel und Wurzeln lassen sich als Gemüse zubereiten, mit den getrockneten Wurzeln werden Liköre aromatisiert.

**Lieder ohne Worte:** Kalbsschnitzel aus der Keule mit *Demiglace* (s. d.) nappiert (s. *nappieren)* und darauf ein verlorenes Ei (s. *pochierte Eier)*, üblicherweise garniert mit *Sauce Béarnaise* (s.d.), Essiggemüse, Krebsfleisch, Oliven, Sardellenringen, Zitronenscheiben und Kaviar *(Norddeutschland)*.

**Liegnitzer Bombe:** gehaltvolles Honiggebäck, mit Schokolade überzogen.

**Liesen:** Fett vom Schweinebauch, das weniger geschätzt wird als Rückenfett (s.a. *Flomen*).

**Lièvre** *(franz.)*: Wildhase (mit dunklem Fleisch).

**Lihamurekepiiras** *(finn.)*: eine sehr mächtige Pastete.

**Likör:** Getränk auf Alkoholbasis, angereichert mit Auszügen aus Pflanzen, Früchten, Gewürzen oder Wurzeln. Gesüßt wird mit Zucker, Honig etc.; meist 40 % Alkoholgehalt (*Curaçao, Cassis, Bénédictine, Cointreau, Grand Marnier* etc., (s. jeweils dort).

**Lilienzwiebel:** Früchte der ostasiatischen Tigerlilie mit würzigem, an Knoblauch erinnernden Geschmack. In der *japanischen* und *koreanischen* Küche beliebte Würze für Schmorgerichte.

**Lillipilli:** *australische* herzförmige Strauchfrucht von weiß bis rot, mit knackig-frischem Fruchtfleisch, das von fad bis duftend schmeckt; wird meist zu Konfitüre verarbeitet.

**Limabohnen:** eine aus Südamerika stammende Hülsenfrucht (s.a. *Bohne*) mit unterschiedlich farbigen Samen; die Bohnen enthalten ein Enzym, das Blausäure freisetzen kann. Mehrmaliges Wechseln des Einweich- und Kochwassers empfohlen.

**Limande:** in der Küche die *franz.* Bezeichnung für *Rotzunge* (s.d.). In der Zoologie wird die Rotzunge jedoch von der Limande unterschieden; sie gehören beide zu den Plattfischen.

**Limburger:** in vielen Ländern hergestellter Weichkäse, der nach der belgischen Stadt Limburg benannt ist, bei uns auch Backsteinkäse heißt, würzig pikant schmeckt und einen starken Geruch ausstrahlt.

**Lime** *(engl.)*: s. *Limette*.

**Limette:** eine Zitrusfrucht mit grüner, dünner Schale, die im Handel fälschlicherweise oft auch als Limone angeboten wird (*limone, ital.* = Zitrone; *limón, span.* = Zitrone). Anbau in Brasilien, USA, Mittelamerika sowie Australien, Israel etc. Es gibt zwei Arten: die *Mexikanische Limette* (die ursprünglich aus *Malaysia* stammt) und die *Persische Limette*, vermutlich eine Kreuzung aus Mexikanischer Limette und Zedratzitrone.

**Limfjord:** *dänisches* Austerngebiet, aus dem hochwertige europäische *Austern* (s.d.) stammen.

**Limoncello:** *Lemoncello;* Zitronenlikör aus *Italien*.

**Limone:** ugs. für *Limette* (s.d.).

**Limpé** *(skand.)*: ein beliebtes Brot aus Hartweizenmehl, Hefe und Roggenmehl, gewürzt mit Fenchelsamen, Kümmel und Orangenschale.

**Limping Susan:** s. *Purloo.*

**Linguiça** *(brasil.)*: fette Schweinswurst, die ursprünglich aus Portugal stammt.

**Linguine** *(ital.)*: schmale, lange Bandnudeln.

**Linguot** *(franz.)*: s. *Gänseleberpastete.*

**Linse:** eine der weltweit beliebtesten und ältesten Hülsenfrüchte; verschiedene Formen und Farben von gelb über grün bis rot und schwarz, stammt aus dem Vorderen Orient und Kleinasien; proteinreiches Grundnahrungsmittel vieler Menschen. Linsen finden in der indischen Küche vielfältig Verwendung; wichtigster Bestandteil des indischen *Dal* (s. d.). Eine der schmackhaftesten Linsen ist die französische *Puy-Linse* (s. d.); besonders teuer sind die kleinen schwarzen Kaviarlinsen (Belugalinsen).

**Linsen und Spätzle:** *schwäb. Nationalgericht* mit Abwandlungen. Die Linsen werden zusammen mit klein gewürfelter Möhre, Lorbeerblatt und Rauchfleisch in Wasser gekocht. In Schmalz geröstetes Mehl wird mit dem Sud der Linsen abgelöscht, mit Essig, Pfeffer und Salz kräftig abgeschmeckt und wieder zu den Linsen gegeben. Außerdem sollten klein geschnittene, glasig geschwitzte Zwiebeln nicht fehlen. Statt mit Rauchfleisch wird das Gericht oft mit so genannten *Saitenwürstchen* (s. d.) und natürlich *Spätzle* (s. d.) angerichtet.

**Linzer Torte:** eine aus *Österreich* stammende, auch in *Baden* beheimatete Torten-Spezialität. Auf einen Teig aus schaumig geschlagener Butter, Eiern und Zucker, vermischt mit Mandeln, Mehl und Orangenschale, werden Johannisbeer- und Himbeermarmelade gegeben und der restliche Teig in schmalen Streifen gitterförmig darübergelegt.

**Liptauer** *(ung.)*: *Brimsen;* Frischkäse, ursprünglich aus Schafsmilch, teilweise etwas Kuhmilch beigemengt. Auch Mischung aus Quark, Sahne, Butter, gewürzt mit Zwiebeln, Paprika, Sardellenfilets, Senf, Schnittlauch u. a. (Original mit *Brimsen; Österreich* und *Tschechien: Liptavsky Syr*).

**Litchi:** *Litschy, Litschi, Lychee, Litschipflaume, Chinesische Haselnuss;* saftige, milchig-transparente Früchte, von der Größe der Mirabelle mit einer braunen, schuppigen Schale und einem dunklen Kern. Sie sind von einem milden, säuerlichen Geschmack und hervorragend für Fruchtsalate geeignet. Litchis stammen aus Südchina *(Lee chee)* und werden heute in zahlreichen tropischen Ländern angebaut. Bei uns sind die Früchte frisch und in Dosen erhältlich.

**Livarot:** Kuhmilchkäse mit Schmierenbildung, wird mit einer Banderole aus speziell gefärbtem Papier umwickelt (*Normandie).*

**Livländer Vorschmack:** eine mit Muskatnuss und Pfeffer gewürzte Mischung aus gewürfeltem Salzhering, Butter, Eigelb und steif geschlagenem Eiweiß wird in einer Auflaufform im Ofen gebacken und heiß serviert *(Lettland)*.

**LIWANZE** *(tschech.)*: bekannter Pfannkuchen aus Hefeteig, der meist mit Muskatblüte und Zitronenschale gewürzt und mit steifem Eischnee vermischt wird. Aus dieser Masse werden in einer speziellen Pfanne Pfannkuchen *(Liwanzen)* gebacken, die mit Marmelade, meist Pflaumenmus, bestrichen und mit Zimt und Zucker bestreut werden.

**LJULJA-KEBAB:** Lammhack am Spieß aus dem *Kaukasus*. Das Rezept zeigt, dass *KEBAB* (s. d.), *kabab* usw. tatsächlich ein weltweites Gericht ist, von *Nordafrika* über die *arabischen Länder* nach *Indien* und zurück bis nach *Osteuropa*. Lammhackfleisch wird mit Minze, Pfeffer, Salz und Zwiebeln gewürzt, zu Kegeln geformt, am Spieß gegrillt und mit Frühlingszwiebeln serviert.

**LO:** *chin*. Wort (auch *Chao*) für Fleisch; pfannengerührt, geschmort oder ausgebacken.

**LOBSCOUSE:** *englisch* für *LABSKAUS* (s. d.).

**LOBSTER** *(engl.)*: s. *HUMMER*.

**LOBSTER CHOWDER:** *nordamerikanischer* Suppentopf, hauptsächlich aus gewürfeltem Hummerfleisch, Fisch- oder Fleischbrühe, Kartoffeln, Lauch, Paprika, Speck, Tomaten und Zwiebeln, gewürzt mit Lorbeer, Salz und Thymian.

**LOCRO:** *kreolischer* Eintopf mit regional unterschiedlichen Rezepten; z. B. wird Mais oder Weizen, ganz oder gemahlen, mit Rindleisch, auch *Dörrfleisch, Chorizo* u. a. gekocht. In *Peru* und *Ecuador* bezeichnet Locro eine Kartoffelsuppe mit Milch und Käse, Bohnenkernen, Karotten, Kürbis, Mais und natürlich Kartoffeln zubereitet wird.

**LÖCHTEBOHNEN:** getrocknete Bohnenkerne *(Niedersachsen)*, in Frankreich *FLAGEOLETS* (s. d.) genannt.

**LÖFFELBISKUIT:** fingerförmiges Gebäck aus Biskuitteig (s. *BISKUIT*), das auch *Biskotten* genannt und hauptsächlich für *CHARLOTTEN* (s. d.) benötigt wird.

**LÖFFELENTE:** gastronomische Bezeichnung für eine so weich gegarte Ente, dass sie mit dem Löffel gegessen werden kann. Als Löffelente wird aber auch eine mitteleuropäische Wildentenart bezeichnet.

**LÖFFELERBSEN:** Bezeichnung für gelbe *ERBSEN* (s. d.), aber auch Gericht: *Erbsen* werden mit Suppengemüse, Kartoffeln, Speckschwarte, Schweineohren und Spitzbein in Wasser gegart (*Brandenburg*).

**LÖFFELKRAUT:** auch *Scharbockskraut;* ein an den Küsten Nord- und Westeuropas heimisches Küchenkraut, ein Verwandter des Meerrettichs mit senfartigem Geschmack, als Beilage, Gemüse, Salat u. a. verwendbar.

**LÖFFELTEST:** eine Methode, den Gargrad von Fleisch zu prüfen. Man drückt einen Löffel auf das Fleischstück. Gibt es stark nach, ist das Fleisch innen noch roh, bei leichtem Nachgeben *englisch*

(s. *ANGLAIS*) und bei starkem Widerstand ganz durchgebraten.

**LOEMPIA** *(holl.)*: s. *FRÜHLINGSROLLEN*.

**LÖSER**: s. *FLECK*.

**LÖWENZAHN**: meist wildwachsende Salatpflanze, aber auch Zuchtformen; in Frankreich auch *pissenlit* (= Bettnässer) genannt (s.a. *GEBLEICHTER LÖWENZAHN* und *DENT DE LION*).

**LOGANBEERE**: eine in Neuseeland und den USA angebaute Beerenobstart, eine Kreuzung zwischen Brombeere und Himbeere.

**LOHI** *(finn.)*: s. *LACHS*.

**LOKSCHEN**: jüdische Suppeneinlage in Form von Klößchen oder Nudeln.

**LOKUM** *(türk.)*: bei uns als *Türkischer Honig* bekannt.

**LOLLO ROSSA(O)**: ursprünglich aus Italien stammender Salat mit grünen *(Lollo bionda)* und rötlichen, zu Köpfen geschlossenen Blättern, nussig schmeckend; s.a. *LATTICH*.

**LOMBO** *(port.)*: Rücken von Schlachttieren; z.B. *Lombo de porco* (Schweinerücken).

**LOMBOK** *(indon.)*: *s. CHILI*.

**LOMBOK HIJAU** *(indon.)*: grüne *CHILI* (s.d.).

**LOMBOK MERAH** *(indon.)*: rote *CHILI* (s.d.).

**LOMBOK RABIT** *(indon.)*: kleinste und schärfste Chilischote (*rabit* = aufreißen).

**LOMI-LOMI**: Salat aus Frühlingszwiebeln, Tomaten und Lachs *(Hawaii)*.

**LOMO** *(span.)*: Rücken der Schlachttiere, insbesondere Ochsen- oder Rinderfilet. In Argentinien nennt man *lomo* auch ein Gericht von geschmortem Ochsenfilet, wobei die Zubereitung variiert. Grundsätzlich kommt das angebratene Filet in einen Schmorfond aus Knoblauchzehen, Chilischoten, Speck, Tomaten oder Tomatenmark und Zwiebeln, gewürzt mit Ingwerpulver, Lorbeer, Pfeffer, Salz und Zimt, mit Wein oder Wasser aufgegossen. Als Garnitur dienen gehackte, hart gekochte Eier und Petersilie, als Beilage Kartoffeln oder Weißbrot. Die passierte Sauce wird getrennt gereicht.

**LONGAN**: *Drachenauge*; kirschgroße, aus China stammende, heute praktisch überall in den Tropen und Subtropen angebaute Frucht mit bräunlicher Schale, transparentem und weichem Fruchtfleisch mit dickem Kern. Das glasig weiße Fleisch hat ein feines säuerliches Aroma, das ganz leicht nach Muskatnuss schmeckt. Die Longans sind eng mit *LITCHIS* (s.d.) und *RAMBUTAN* (s.d.) verwandt. Bei uns hauptsächlich in Dosen erhältlich.

**LONGDRINKS** *(engl.)*: alkoholische Mischgetränke, die meist in hohen Gläsern, Tumblern, Schalen u.ä. serviert werden.

**Longe** *(franz.)*: Lendenstück, insbesondere *Nierenbraten* (s. d.).

**Longhorns** *(engl.)*: eine sehr widerstandsfähige Rinderrasse aus Texas, die u. a. auch in Andalusien gezüchtet wird.

**Lontong** *(indon.)*: gekochter und gepresster Mittelkornreis wird je nach Ruhezeit in Würfel oder Scheiben geschnitten und als Beilage oder in Suppen und Curries gegeben (auch *Malaysia* und *Singapur)*.

**Loquat** *(engl.)*: *Japanische Mispel, nespola del Giaponne (ital.), Wollmispel;* aprikosen-, birnen- oder pflaumenförmige Frucht der Wollmispelpflanze (immergrüne Bäume), mit einer gelb- bis orangefarbenen, behaarten Haut und orangefarbenem, süßsaurem Fruchtfleisch; stammt aus China und Japan, wird seit dem 19. Jahrhundert auch im Mittelmeerraum und in Übersee angebaut. Die Frucht enthält viel Kalzium, Kalium und Vitamin A.

**L'orange, à l'orange** *(franz.)*: Orangen gefüllt mit einer geeisten Mischung aus Orangen-, Zitronensaft und Zucker. Bedeckt mit einer *Julienne* (s. d.) aus Orangenschalen, in *Grenadine*-(s. d.)-Sirup gekocht.

**Lorbeer:** immergrüner Strauch oder kleiner Baum, der ursprünglich aus Vorderasien stammt, heute zumeist in den Mittelmeerländern angebaut wird. Die getrockneten Blätter sind ein Gewürz, hauptsächlich für Marinaden, Saucen, Sude und Wildgerichte. Aus den Samen wird ein Öl gepresst, das in der Küche nur sehr selten verwendet wird.

**Lorchel:** *Frühjahrslorchel, Speiselorchel, Stockmorchel;* von März bis Mai unter Kiefern und in Nadelwäldern wachsender Pilz, der roh giftig ist. Das Gift wird durch Kochen unschädlich gemacht.

**Lori:** etwas mehlige Kartoffelsorte.

**Lorraine, à la:** s. *Lothringer Art.*

**Lose Finken:** *flämische* Spezialität. Mit magerem Speck und Salzgurken gefüllte und mit Muskatnuss, Pfeffer und Salz gewürzte Rindfleischscheiben werden mit Zwiebelscheiben angebraten. Dann kommen Malzbier, Lorbeer, Thymian und Wasser hinzu und das Ganze wird im Ofen geschmort. Die Sauce wird zum Schluss passiert, gebunden und mit Pfeffer, Salz und Senf vollendet *(Belgien)*.

**Lossosina** *(russ.)*: Version des skandinavischen *Gravad Lax* (s. d.), allerdings ohne Dill.

**Lot-Blätter:** *Piper Lolot;* die dunkelgrünen aromatischen Blätter werden in Vietnam zum Füllen verwendet (z. B. Rindfleisch in Lot-Blättern / *bo cuon »la lot«*).

**Lothringer Art:** *à la lorraine (franz.);* Garnitur für Fleisch und Geflügel mit Kartoffelklößchen, gedünstetem Rotkraut und Sauerkraut.

**Lothringer Specktorte:** s. *Quiche Lorraine*.

**Lotos:** ein Seerosengewächs, dessen Blätter zum Aromatisieren und Einpacken aller möglichen Speisen dienen. Die kartoffelähnlichen, stärkehaltigen *Lotoswurzeln* werden als Gemüse verwendet. Der nussartige *Lotossamen* dient geröstet als Knabberei, kandiert als Pastetenfüllung.

**Lotoswurzeln:** s. *Lotos*.

**Lotte de mer** *(franz.)*: *diable, baudroie; coda de rospo (ital.); Seeteufel; Anglerfisch;* ein im Atlantik und in allen europäischen Gewässern lebender Meeresfisch, mit einem sehr großen Kopf und abstoßendem Aussehen. Gleichwohl ist der Seeteufel als Speisefisch sehr geschätzt. Er hat festes, weißes und wohlschmeckendes Fleisch, das unbedingt in die *Bouillabaisse* (s.d.), *Bourride* (s.d.) u.a. Fischsuppen gehört. Sonst wird er wie Kabeljau oder Seelachs zubereitet und muss vor seiner Verwendung gehäutet werden. Als *la lotte* erscheint der Seeteufel auf französischen Speisekarten und darf nicht mit der Süßwasserlotte, deren französischer Name ebenfalls *lotte* lautet, verwechselt werden (s. *Aalraupe*).

**Lotte de rivière** *(franz.)*: s. *Aalraupe*.

**Loukoumades** *(griech.)*: Honigkrapfen aus Hefeteig, schwimmend in Öl ausgebacken; werden heiß mit einer Schokoladensauce übergossen.

**Loup de mer** *(franz.)*: *Bar (franz.), Meer-, See-* oder *Wolfsbarsch,* auch *Seewolf* (s.a. *Austernfisch*) genannt; Mittelmeer und Atlantik. Festes mageres und weißes Fleisch, fast ohne Gräten und sehr begehrt.

**Lubja:** nordafrikanisches Gericht, das besonders in *Algerien* beliebt ist und mehrere Zubereitungsarten kennt. Es besteht hauptsächlich aus weißen oder roten Bohnen, gewürzt mit *Chili* (s.d.), Knoblauch, Kreuzkümmel (s. *Cumin*), Nelken, Paprika und Salz. Das Gericht wird meist zusammen mit Hammelfleisch serviert.

**Lucca-Auge:** Ta(r)tar auf einem *Croûton* (s.d.), darauf eine mit Kaviar garnierte Auster. Vom Berliner Restaurant Kempinski kreiert, benannt nach der Opernsängerin *Pauline Lucca*.

**Luckeleskäs** *(schwäb.)*: *s. Quark*.

**Lucullus:** Garnitur, die meist für Zwischengerichte aus Fleisch oder Geflügel Verwendung findet. Sie besteht hauptsächlich aus Trüffelsauce, glacierten Hahnenkämmen, Hähnchennieren, Hühnerklößchen und Trüffeln.

**Lucuma:** Nationalfrucht *Chiles*; das hellgelbe, später orangefarbene Fruchtfleisch ist von einer zellophanähnlichen Haut und einer dunkelgrün-braunen Hülle umschlossen; schmeckt walnussvanilleartig *(Südamerika)*.

**Lu douya** *(chin.)*: Mungobohnensprossen (s. *Sprossen* und *Mungobohnen*).

**Ludwig XIV.:** Fleischgarnitur mit Trüffelsauce, Anna-kartoffeln (s. *Pommes de terre Anna*), Trüffelscheiben und Artischockenböden, die mit Champignonpüree gefüllt werden.

**LÜBECKER MARZIPAN:** s. *MARZIPAN.*

**LÜBECKER NATIONAL:** Eintopf aus Schweinefleisch, Kartoffeln, Kohlrüben, Möhren und Zwiebeln; vor allem *Norddeutschland*, regionale Unterschiede.

**LÜB'SCHE ENTE:** eine besonders in *Lübeck* übliche Zubereitung von Enten, die man mit einer Mischung aus Äpfeln, Brot und Rosinen, gewürzt mit Zimt, Kardamom und Salbei, füllt.

**LÜNGERL** *(bayer., österr.)*: Kalbslunge. Wird meist zusammen mit Kalbsherz in einer Brühe mit Essig, Piment, Lorbeer und Suppengrün gegart.

**LÜNT** *(nordd.)*: Schweinsniere.

**LUFFA:** *Schwammgurke;* an langen Ranken wachsen schlangenartig gekrümmte Früchte mit markanten Längsrillen. Luffa muss jung gegessen werden.

**LUFTSPECK:** an der Luft getrockneter Speck, zum Spicken geeignet.

**LUGANIGHE** *(ital.)*: *Luganiga;* kleine frische Schweinswürste aus dem Tessin, für Eintöpfe und Schlachtplatten, vergleichbar mit den westfälischen Mettenden.

**LUKANIKA** *(griech.)*: *Luokanika;* Würstchen aus Schweinefleisch, gewürzt mit Knoblauch, Koriander, Lorbeer, Majoran, Orangenschale, Piment und Thymian, aromatisiert mit Rotwein.

**LUMACHE** *(ital.)*: Schnecke; auch muschel- oder schneckenhausförmige, geriffelte Teigware.

**LUMB:** ein dem *KABELJAU* (s.d.) ähnlicher, im Nordatlantik verbreiteter Seefisch, der wie Kabeljau zubereitet wird und dessen Fleisch wie Hummer schmeckt. Interessant auch die Fischeier, die als preiswerter *Kaviar* gehandelt werden.

**LUMMEL** *(südd.)*: Filet vom Kalb, Rind und Schwein.

**LUMPFISCH:** s. *SEEHASE.*

**LUMPEN UND FLÖH':** *hessischer* Eintopf aus Weißkraut und Hammelfleisch; gewürzt mit reichlich Kümmel, Pfeffer und Salz.

**LUMPIA:** s. *FRÜHLINGSROLLEN.*

**LUNCH** *(engl.)*: *luncheon;* Imbiss zwischen Frühstück und Mittagessen.

**LUNCHEON:** s. *LUNCH.*

**LUNCHEON-MEAT** *(engl.)*: *nordamerikanische* Fleischpastete, so genanntes Frühstücksfleisch *(USA).*

**LUNGENBRATEN** *(österr.)*: Rinderfilet.

**LUNGENSTÜCK** *(österr.)*: s. *RINDERFILET.*

**LUNJA:** s. *MUNGOBOHNEN.*

**LUNGWURST:** eine *pommersche* Wurst aus Schweinelunge und -fleisch, gewürzt mit Nelken und Majoran; wird in Suppen und Eintöpfen mitgekocht.

**LUO BO** *(chin)*: s. *DAIKON.*

**LUPO DI MARE** *(ital.)*: s. *STEINBEISSER.*

**Lutefisk** *(norw.)*: s. *Stockfisch.*

**Luzerne:** s. *Sprossen.*

**Luzerner Kügelipastete** *(schweiz.)*: eine Blätterteigpastete mit vielen Zutaten, wie Brät vom Kalb und Schwein, Äpfel, Champignons u.v.a., vollendet mit Mandeln, Rosinen usw., gewürzt mit Koriander, Majoran, Muskat, Pfeffer und vermischt mit Bouillon, Sahne und Weißwein.

**Lychee:** s. *Litchi.*

**Lyoner:** fein gecutterte Brühwurst aus Rind- und Schweinefleisch.

**Lyoner Art:** *à la lyonnaise (franz.);* Fleischgarnitur mit *Sauce lyonnaise* (s.d.), *Schmelzkartoffeln* (s.d.) und Zwiebeln.

**Lyoner Kartoffeln:** gekochte Kartoffelscheiben werden zusammen mit Zwiebelringen in Öl gebraten.

**Lyoner Sauce:** s. *Sauce lyonnaise.*

**Lyonnaise, à la** *(franz.)*: s. *Lyoner Art.*

**Ma Bo Doufu** *(chin.)*: ein Nationalgericht aus Sichuan, das in der ganzen Welt bekannt ist. *Ma Po* bedeutet *pockennarbige Ehefrau* und bezieht sich auf die Frau eines Küchenchefs in Chengdu. Das Gericht besteht im Wesentlichen aus Rind- oder Schweinefleisch, frischem Tofu, Lauch und Saubohnen u.a., gewürzt mit vergorenen schwarzen Bohnen, Knoblauch, *Sichuan-Pfeffer* (s.d.), gebunden mit Maismehlpaste und vollendet mit Reiswein und Sojasauce.

**Macadamianuss:** ursprünglich aus dem Osten Australiens stammend, wird der Baum heute zu einem Drittel der Produktion in *Hawaii* angebaut (mehrere Sorten). Die Nüsse haben einen sehr hohen Fett-(Öl-) Gehalt. Die relativ große runde Nuss ist von knackiger Substanz und hat einen feinen Geschmack. Verwendung wie die Haselnuss.

**Macaire-Kartoffeln:** *pommes de terre macaire (franz.)*; mehlig kochende Kartoffeln in der Schale garen, das Mark herausholen und zerquetschen, mit Butter vermischen und mit Muskatnuss, Pfeffer und Salz würzen. Die Masse in eine Pfanne geben und von beiden Seiten wie einen Pfannkuchen backen.

**Maccheroni al pomodoro e basilico** *(ital.)*: Makkaroni in einer Sauce aus Tomaten, frischem Basilikum, Pfeffer und Salz; dazu Parmesankäse.

**Maccheroni con le vongole:** *ital.* Spezialität, bei der Makkaroni mit etwas Velouté (s. *Sauce Velouté)*, Butter, Parmesan und Muscheln vermischt werden.

**Macédoine** *(franz.)*: gemischte Fruchtsalate (s. *Macédoine de fruits*) oder gemischtes Gemüse (s. *Macédoine de légumes*).

**Macédoine, à la:** s. *Mazedonische Art.*

**Macédoine de fruits** *(franz.)*: Obstsalat aus gewürfelten Früchten der Saison, mit Läuterzucker übergossen und nach Geschmack aromatisiert.

**Macédoine de légumes** *(franz.)*: gemischtes Gemüse, getrennt gekocht und in Butter geschwenkt oder mit einer dünnen Rahmsauce verrührt; kalt und mit Mayonnaise vermischt, in Tomaten oder Schinkentüten.

**Macérer** *(franz.)*: s. *mazerieren.*

**Machandel:** mit einer Backpflaume servierter Wacholderschnaps (*Ostpreußen*).

**Macis:** *Muskatblüte;* Muskatgewürz aus dem Samenmantel, der die Muskatnuss (s. *Muskat)* des tropischen Muskatbaums umhüllt. Macis ist milder und zarter als Muskatnuss selbst; die beste Sorte ist *Banda-Macis.*

**Mâcon:** Weinbaugebiet im südl. Burgund, Heimat zahlreicher Qualitätsweine.

**Madeirasauce:** s. *Sauce Madère.*

**Madeleines** *(franz.)*: kleines, weiches Gebäck aus Butter, Eiern, Mehl, Vanille, Zitronenschale und Orangenblütenwasser; in kleinen runden oder Muschelförmchen gebacken und oft mit Marmelade serviert.

**Madiran:** bekannter Rotwein aus Südwestfrankreich *(Département Gers)*; von dort stammt auch der *Armagnac* (s.d.) Madiran ist der Name einer französischen Gemeinde.

**Madrilène** *(franz.)*: eiskalt servierte Fleischbrühe.

**Mämmi:** *finnische* Osterspeise aus Roggenmehl und Malz, gewürzt mit Pomeranzenschale. Der Teig wird gekocht, dann gebacken und mit Sahne und Zucker serviert.

**Märzen-Bier:** Bezeichnung für untergäriges Vollbier mit ca. 5% Alkohol- und einem Stammwürzgehalt von 14%, s.a. *Bier*.

**Mäuseöhrchen:** s. *Rapunzel*.

**Mafalde:** *italienische* gewellte, etwa 1,5 cm breite Teigware.

**Magenbrot:** eine Art Lebkuchen mit vielen Gewürzen, in Form von kleinen Laibchen oder Würfeln, meist mit einer Zuckerglasur versehen.

**Maggikraut:** s. *Liebstöckel*.

**Magiritsa:** s. *Majiritsa*.

**Magret de canard** *(franz.)*: Entenbrust.

**Magsamen** *(südd.)*: Mohn.

**Maguey-Blätter:** große, saftige Blätter einer Agavenart, die auf den Hochebenen Mexikos wächst; werden für die *barbacoa* (s.d.) verwendet; die Herzen werden zur Mezcalbereitung genommen.

**Maguey-Wurm:** Zutat im mexikanischen Agavenschnaps *Mezcal*.

**Magyar gulyás halleves** *(ung.)*: Fischsuppe mit mehreren Variationen; z.B. Zwiebeln werden angeröstet, mit Mehl bestreut, mit Fischfond aufgefüllt und mit saurem Rahm, kleinen Fischstückchen und Karpfen-Milchner vermischt.

**Magyar-Salami** *(ital.)*: s. *Salami*.

**Magnum:** 1,5 l fassende Flasche.

**Mahallebi** *(türk)*: *Muhallebi;* Kochwasser von Reis, Reisstärke und Zucker reduzieren, mit Rahm vermischen und den puddingartigen Brei portionsweise kalt stellen; vor dem Servieren mit Puderzucker bestäuben und mit etwas Rosenwasser beträufeln; s.a. *Muhallabia*.

**Mahón:** leicht säuerlicher Hart- oder Weichkäse aus *Menorca*. In der EU geschützte Ursprungsbezeichnung.

**Mahsi:** *arabisches* Gericht aus Auberginen, Kartoffeln, Kürbissen, Zucchini u.a., gefüllt mit *burghul* (s.d.), Hackfleisch, Reis und Zwiebeln, vollendet mit Mandeln, Pinien- und Pistazienkernen.

**Maibock:** Bezeichnung für Bockbier, das im Mai angeboten wird, s.a. *Bockbier*.

**Maibowle:** ein spritziges Getränk aus Sekt und Wein, in dem zuvor angewelkte Waldmeisterblättchen gezogen haben.

**Maifisch:** s. *Alse*.

**Mai fun** *(chin.)*: s. *Fen see*.

**Maikraut:** s. *Waldmeister*.

**Mailänder Art:** *à la milanaise (franz.), alla Milanese (ital.)*; Fleischgarnitur mit Tomatensauce, Makkaroni, vermischt mit Butter, Champignons, Parmesan, Pökelzunge und Trüffeln.

**Mailänder Kohl:** s. *Wirsing*.

**Mailänder Schnitzel:** s. *Bistecca alla milanese (ital.)*.

**Mailing:** s. *Äsche*.

**Maine Lobster:** an der Nordostküste der USA beheimateter Hummer mit dem Ruf, einer der besten seiner Art zu sein.

**Mainzer Käse:** deutscher Sauermilchkäse mit goldgelber Schmiere, der reif sehr pikant schmeckt. Er wird in Laibchenform angeboten und auch *Mainzer Handkäse* genannt (s.a. *Handkäse)*.

**Maipilz:** *Mairitterling, Mehlpilz, Moosschwämmchen, mousseron (franz.)*; Speisepilz, der im Mai in Buchenwäldern vorkommt, sollte nicht roh gegessen werden.

**Mairekartoffeln:** *Bürgermeister-Kartoffeln; französische* Kartoffelspezialität. Gekochte Kartoffelscheiben werden mit kochender Milch oder Rahm bedeckt und eingekocht; zum Schluss wird mit einem Stück Butter und frischem Rahm vollendet.

**Mairenke:** s. *Seeanke*.

**Mairitterling:** s. *Maipilz*.

**Mairüben:** s. *Speiserüben*.

**Mais:** aus Mexiko stammende Getreideart, auch *Kukuruz* oder *Welschkorn* genannt, wichtigstes Futter- und Gemüsegetreide, das in Gemüse-, Süß-, Zucker- und Feldmais eingeteilt wird. Ausgangsprodukt für *Maisstärke, Corn Flakes, Polenta* (s.d.), *Tortillas, Maiskeimöl, Gemüse* u.v.a. Die jungen Kolben eignen sich zum Grillen; s.a. *Schwarzer Mais*.

**Maischolle:** selten auf dem Markt; s. *Scholle*.

**Maître d'hôtel, à la:** s. *Haushofmeisterart*.

**Majiritsa** *(griech.)*: Suppe aus Innereien vom Lamm (alles was nicht für den Grill geeignet ist), Reis und Zwiebeln, mit Eiern gebunden, gewürzt mit Anis, Fenchel, diversen Kräutern und Zitronensaft.

**Majoran:** *Wurstkraut;* wird in ganz Europa angebaut und vor allem in Deutschland und Italien genutzt; enthält ätherische Öle, die verdauungsfördernd, nervenberuhigend und aseptisch wirken. Küchenkraut mit typischem Geschmack zum Würzen vorallem von Fleisch- und Kartoffelgerichten und Wurst, insbesondere Leberwurst, aber auch Pizza und Nudelgerichten.

**Makham** *(thail.)*: *Tamarinde* (s.d.).

**Makhallal:** *ägyptisches* Essiggemüse.

**Maki-sushi** *(jap.)*: werden immer paarweise serviert. Die Füllung heißt *gu* und kann aus Fisch, Sojabohnen, Ei oder salzig eingelegten Pflaumen bestehen. Die damit gefüllte Reisrolle wird mit *NORI* (s.d.) umhüllt.

**MAKKARONI:** kurze oder lange dicke Hohlnudeln aus Italien.

**MAKRELE:** *maquereau (franz.); sgombro (ital.);* Seefisch mit schmackhaftem Fleisch, der hauptsächlich im Atlantik und in der Nordsee gefangen wird; zum Braten, Grillen usw., geeignet, wird aber auch geräuchert oder in Öl oder Salz eingelegt angeboten.

**MAKRONEN:** Gebäck aus Mandeln, Eiweiß und Zucker.

**MAKROUD:** ein weiches Mandelgebäck aus *Algerien*. Die fertigen Gebäckstücke werden in Orangenblütensirup getaucht.

**MAKSALAATIKKO** *(finn.)*: Auflauf aus gehackter Rinder- oder Kalbsleber, Speck, Reis, Rosinen, Majoran und dunklem Zucker, heiß mit Moosbeeren- oder Preiselbeerenkompott und zerlassener Butter serviert.

**MALABARPFEFFER:** *indischer* Pfeffer bester Qualität, weniger scharf, aber hocharomatisch; s.a. *PFEFFER*.

**MALAGA:** Süßwein mit 16% Alkohol aus *Andalusien*; zum Aperitif leicht gekühlt.

**MALAGUETAPFEFFER:** *Paradieskörner; Guineapfeffer;* die Pflanze ist mit dem Kardamom verwandt; wird vor allem in der westafrikanischen Küche und in der Küche Bahias verwendet, auch Bestandteil der tunesischen *Fünf Gewürze*.

**MALAI** *(ind.)*: Sahne, dicker Rahm von abgekochter Milch.

**MALAI KOFTA:** *indisches* Gericht aus zuerst gedämpften, dann in *GHEE* (s.d.) gebratenen Lammfleischklößchen; in einer gut gewürzten Sahnesauce serviert.

**MALAKOFFS:** *Käsebeignets; schweizer.* Käseimbiss. Greyerzer oder Jurakäse werden in einer Mischung von Wein und Pfeffer mariniert, dann in Teig getaucht und frittiert.

**MALAKOFFTORTE:** eine bekannte Torte mit einigen Variationen. In der Regel wird eine Tortenform mit Biskuitteig oder Löffelbiskuits ausgelegt und mit einer Rum-Zuckersirup- oder Milch-Rahm-Mischung getränkt. Darauf kommt eine Biskuitschicht, die entweder mit Maraschino-Creme oder Butter-Mandel-Creme u.a. bedeckt wird; es folgt eine dritte Biskuitschicht die mit einer Maraschino- oder Mandelcreme überzogen wird.

**MALFUF:** ein besonders im *Irak* und in *Syrien* beliebter Strudelteig, der mit Mandeln, Pistazien oder Walnüssen gefüllt wird.

**MALLORQUINA** *(span.)*: Fischsuppe mit Tomaten und Zwiebeln, gewürzt mit Knoblauch und Petersilie. Dazu werden in Öl gebratene Weißbrotwürfel gereicht.

**MALOSSOL** *(russ.)*: heißt soviel wie wenig Salz, mild gesalzen (s.a. *KAVIAR)*.

**MALSOUQUA:** hauchdünne Teigscheiben, die vor allem zur Herstellung von *BRIK (Tunesien)* dienen (s.d.), in Marokko heißen ähnliche Teigblätter *WARKHA* (s.d.). Der Teig besteht aus Mehl, Salz und kaltem Wasser. Er muss eine Viertelstunde lang durch pressende Bewegungen der Finger bearbeitet werden, bis er bandartig von der Hand fließt. Sodann wird damit ein speziell geformtes, rundes, erhitztes Backblech betupft, das sehr sparsam mit Olivenöl eingefettet wurde. Sobald das Blech mit einem durchsichtigen Teigfilm überzogen ist, wird dieser sofort abgezogen und z.B. für *BRIK* weiterverarbeitet.

**MALTAISE** *(franz.)*: Blutorange (s.a. *SAUCE MALTAISE*).

**MALT WHISKY:** *malt (engl.)* = Malz; angekeimte, getrocknete, anschließend gedörrte und gemahlene Gerste wird mit Wasser vermischt (*mashing*) und in spezielle Behälter umgefüllt; danach wird Hefe zugegeben und die Masse gärt (ca. 60 Stunden). Anschließend wird zwei Mal destilliert. Der eigentliche Whisky reift dann in Eichenfässern mindestens drei Jahre. Malt Whisky ist eine Spezialität Schottlands mit den vorgelagerten Inseln; Irland brennt einige wenige Malts; s.a. *WHISK(E)Y*.

**MALVASIER:** ehemals ein berühmter Süßwein Griechenlands und der griechischen Inseln, der auch im alten Rom begehrt war. Als *Malvasia delle Lipari* gibt es ihn auf Salina und Lipari noch immer in hervorragender Qualität. Auch im Piemont wird *Malvasia* angebaut.

**MALVE:** *Rosella*; tropische Pflanze mit roten Blüten. Für Früchtetee, Konfitüre u.a., die Samen werden geröstet gegessen.

**MALZ:** aus Getreide, vornehmlich Gerste, gewonnene Masse, die durch Aufweichen des Korns mit anschließender Keimung bei bestimmten Temperaturen und Belüftung den je nach Verwendungszweck gewünschten Zustand erreicht; z.B. *Darr-Malz* (getrocknetes und karamellisiertes Malz) zur Herstellung von Bier.

**MAM NEM** *(vietn.)*: dickflüssige Anchovissauce mit winzigen Fischstückchen.

**MAM TOM** *(vietn.)*: Garnelensauce.

**MAMALIGA:** in *Rumänien, Serbien* und *Ungarn* beliebter, in der Regel mit geschmolzener Butter übergossener Brei aus Maisgrieß oder Maismehl, der als Beilage, als Hauptgericht oder anstelle von Brot gereicht wird, manchmal mit Käse vermischt.

**MAMCHAO:** s. *PHAAK*.

**MAMEY** *(engl.)*: *GROSSE SAPOTE* (s.d.); für Desserts, z.B. in der *mexikanischen* Küche.

**MANCHA MANTELES** *(span.)*: *mexikanisches* Truthahngericht aus gedünstetem Geflügel- und/oder Schweinefleisch, vermischt mit einer Sauce aus Erdnusspaste, Tomaten, Walnüssen und angedünsteten Zwiebeln, gewürzt mit Essig, Knoblauch, Chili, Pfeffer und Salz; zum Schluss werden Bananenscheiben, Ananasscheiben und Erbsen hinzugefügt und mit Zimt oder bitterer Schokolade abgeschmeckt.

**Manchego:** *span.* Schafskäse, ein Hartkäse.

**Mandarine:** vermutlich aus Nordostindien oder China stammende Orangenart *(Chu, Ju, Chich/China)* mit bis zu 500 verschiedenen Sorten und süßem Fruchtfleisch. Es gibt drei Hauptklassen: *Mandarinen, Tangerinen* und *Satsumas*. Die Mandarine ist nach der Apfelsine die wichtigste Zitrusfrucht.

**Mandel:** *almendra (span.), almond (engl.), amande (franz.)*; Steinfrucht des Mandelbaumes, aus Asien stammend, heute weltweit verbreitet. Der Geschmack reicht von zart süß bis gallenbitter. Der größte Teil der Mandelproduktion wird heute für die Herstellung von *Marzipan* (s. d.), aber auch zum Kochen und Backen verwendet. Das braune Mandelhäutchen entfernt man, indem die Mandeln mit kochendem Wasser übergossen, dann mit kaltem Wasser abgeschreckt und sofort mit einem Tuch abgerubbelt werden.

**Mandel-Kroketten:** Kugeln aus gekochten und geriebenen Kartoffeln, vermischt mit Eigelb und gewürzt mit Muskat und Salz; vor dem Frittieren in Ei und geriebenen Mandeln gewendet.

**Mandelmilch:** s. *Horchata de Chufa* und *Blanc manger*.

**Mandel-Strauben:** ein luftiges Gebäck aus steif geschlagenem Eiweiß, geriebenen Mandeln und Zucker, auf Oblaten gestrichen und frittiert.

**Mandelsulz:** s. *Blanc-manger*.

**Mandoline:** ein Küchengerät, um Früchte und dergl. in feine Scheiben zu schneiden.

**Mange-tout** *(franz.)*: eine Grüne-Bohnen-Sorte, die es auch violett-grün gesprenkelt gibt (Anbau vor allem an der *Loire, Frankreich*); s. a. *Bohnen*.

**Mango:** aromatische Steinfrucht des Mangobaums, ursprünglich aus Indien, heute überall in den Tropen beheimatet; mit glatter, gelbroter oder grünroter Schale und gelbem, süßem Fleisch, sehr reich an Vitamin A; große Sortenvielfalt; frisch oder als Konserve erhältlich.

**Mango Chutney:** *indisches* Würzkompott aus Mangos, Essig, Ingwer und anderen Gewürzen, von süßpikantem Geschmack; für gegrilltes Fleisch, Fondue, Reisgerichte usw.; s. a. *Chutney*.

**Mangold:** *Krautstiele (schweiz.)*; es gibt Schnitt- und Stielmangold, die zur Familie der Roten Bete gehören. Die jungen Blattstiele sind zart und wohlschmeckend; die Blätter werden wie Spinat zubereitet; Stiele und Rippen werden gedünstet und in heller Sauce serviert.

**Mangoldwickel:** s. *Capuns*.

**Mangopulver:** s. *Amchur*.

**Mangostane:** eine eigroße Beerenfrucht aus dem Malaiischen Archipel mit rotbrauner Schale und weichem, wohlschmeckendem Fleisch; wird am besten frisch gegessen.

**Manhattan clam chowder** *(engl.)*: *nordamerikanischer* Suppentopf von der Ostküste, aus Muscheln *(clams)* und Speck, mit einem Hauptanteil Tomaten sowie anderen Gemüsen wie Bleichsellerie, Kartoffeln, Möhren, Paprika und Zwiebeln, gewürzt mit Pfeffer, Tabasco und Thymian; s. a. *Chowder*.

**Maniok**: s. *Kassave*.

**Maniokmehl**: s. *Kassave*.

**Manis** *(indon.)*: süß.

**Manjar branco**: *brasil.* Nachspeise; Reismehl wird mit Milch und Zucker gekocht, mit Mandeln vermischt und mit Orangenblütenwasser und Salz gewürzt, dann portionsweise in kleine Schüsseln gegeben, mit Zucker bestreut und karamellisiert. Wird auch mit Kokosraspeln zubereitet.

**Manouri**: *griechischer* Molken-Frischkäse mit einem Fettanteil von 60 bis 80 %; aus Schafs- oder Ziegenmilch, auch getrocknet erhältlich.

**Mansaf**: abendliches Festessen im Zelt der Beduinen, bestehend meist aus Hammel, Schaf- oder Kamelfleisch, auf einem Reisbett oder mit Brot und Schafsjoghurt serviert (*Arabische Länder*).

**Manteiga** *(port.)*: Butter.

**Mantequilla** *(span.)*: Butter.

**Manzanilla**: Bezeichnung für *Fino Sherry*; auch Olivensorte.

**Manzo** *(ital.)*: Rindfleisch.

**Maotai**: s. *Mou-tai*.

**Maqluba**: *jordanischer* Eintopf, hauptsächlich aus Auberginen, Hühnerfleisch und Reis und mit Würfeln von Gurken in Joghurtsauce.

**Maquechoux**: ein Mais-Gemüse-Eintopf mit Sahne, Speck und Zwiebeln *(Louisiana)*.

**Maquereau** *(franz.)*: Makrele.

**Maracujá**: s. *Passionsfrucht*.

**Maräne**: ein forellenartiger Süßwasserfisch, der in den nordeuropäischen Seen, aber auch auf den Britischen Inseln und in Nordamerika vorkommt. Sein Fleisch ist zart und wohlschmeckend und wird wie Forelle zubereitet.

**Maraschino**: ein aus den Maraska-Kirschen hergestellter klarer Likör. Die bekannten *Maraschino-Kirschen* sind nicht in Maraschino, sondern in Zuckersirup eingelegte Maraska-Kirschen (s.a. *Belegfrüchte*).

**Maraq** *(arab.)*: Brühe, Sauce.

**Marc** *(franz.)*: Tresterschnaps aus der Weinmaische, wie beispielsweise *Marc de Bourgogne* oder *Marc de Gewürztraminer,* der im Elsass sehr beliebt ist. In Italien heißt er *Grappa,* in Süddeutschland *Hefe* oder *Trester,* in einigen südamerikanischen Ländern *Pisco* usw.

**Marcassin** *(franz.)*: s. *Frischling*.

**Maréchale, à la** *(franz.)*: s. *Marschallart*.

**Mare e Monte** *(ital.)*: s. *Mar y Muntanya.*

**Marengosauce:** s. *Sauce Marengo.*

**Marennes:** Austernart von grüner Farbe; eine der bekanntesten Austern *Frankreichs,* benannt nach dem Gebiet zwischen der Charente und der Girondemündung. Ihre Farbe haben sie von den Kieselalgen, mit denen sie ernährt werden.

**Marhapörkölt** *(ung.)*: Rindfleischpörkölt mit Variationen. Das Gericht besteht vor allem aus gewürfeltem Rindfleisch, meist von der Wade, Paprika, Peperoni, Tomaten und Zwiebeln. Gewürzt wird mit Knoblauch, Paprikapulver etc.; s.a. *Pörkölt.*

**Maribo:** *dänischer* halbfester Schnittkäse vom Gouda-Typ mit frischem, leicht säuerlichem Geschmack.

**Marides** *(griech.)*: *tighanites (griech.);* in Öl gebackene Heringsfische *(junge Sprotten).*

**Maria Theresia** *(österr.)*: Kaffee mit Orangenlikör und Schlagobers (Schlagsahne).

**Marie Brizard:** Name der ersten Herstellerin von *Anisette,* weltbekannt.

**Marillen** *(österr.)*: Aprikosen.

**Marillenknödel:** *österreichische* Spezialität. Mit Würfelzucker gefüllte Aprikosen werden entweder in einen Mehl- Quarkteig oder einen Kartoffel-Mehlteig eingeschlagen. Die Kugeln werden, nachdem sie aufgegangen sind, in kochendem Wasser pochiert (s. *pochieren),* in gerösteten Semmelbröseln gerollt und mit feinem Zucker oder Puderzucker bestäubt.

**Marinade:** *Beize;* meist würzigsaure Flüssigkeit zum Marinieren. Beispiel: Marinade für Schlachtfleisch und Wild besteht meist aus Wein, Essig, Öl, manchmal Buttermilch, Knoblauch, Lorbeer, Möhren, Nelken, Petersilie, Pfefferkörnern, Schalotten, Sellerie, Thymian, Weißwein und Zwiebeln (s.a. *Fisch-, Wildmarinade).*

**Marinara, alla** *(ital.)*: auf Seemannsart; eine süditalienische Sauce, die Tomaten, Knoblauch, Öl und Oregano enthält.

**Marinière, à la** *(franz.)*: Seemannsart; in Weißwein gegart, namentlich bei Meeresfrüchten.

**Marinieren:** *beizen;* das Einlegen in eine würzige Flüssigkeit, um Geschmack zu geben oder einige Zeit vor dem Verderben zu bewahren, aber auch um Fleisch, Wild usw. zarter zu machen (s.a. *Marinade* und *Fischmarinade).*

**Mariscos** *(span.)*: Meeresfrüchte.

**Maritta:** mehlig kochende, erdig schmeckende Kartoffelsorte.

**Mark:** Inneres der sog. Markknochen, vor allem vom Rind. Fetthaltiger Ausgangsstoff für *Markklösschen* (s.d.), österreichische Markschöberl u.a; s.a. *Sauce Bordelaise.*

**Markklösschen:** kleine Klößchen, die vor allem aus Ochsenmark und Semmeln bestehen, gewürzt wird mit wenig Muskat.

**Marksauce:** s. *Sauce à la bordelaise*.

**Marmelade:** Aus Zitrusfrüchten hergestellte *Konfitüre* (s.d.).

**Marmite** *(franz.)*: Kochtopf, aber auch Name eines Gerichts, das hauptsächlich aus Rind- und Hühnerfleisch, Lauch, gelben Rüben, weißen Rüben, Weißkohl und Zwiebeln und nach vielen unterschiedlichen Rezepten zubereitet wird. *Marmite (dieppoise)* nennt man auch einen Fischeintopf aus der *Normandie*. *Marmite* ist zudem die Bezeichnung für eine *englische* Hefewürzpaste.

**Marmoriert:** marmorartiges Aussehen; z.B. von feinen Fettstreifen durchzogene Fleischstücke.

**Marmorkuchen:** Kuchen aus Rührteig, der zur Hälfte mit Kakao vermischt und schichtweise in eine Springform gegeben wird, wodurch die Marmorierung entsteht.

**Maroilles:** viereckiger Weichkäse mit Rotschmiere; franz. Käse mit langer Tradition und mit pikantem kräftigen Geschmack.

**Marokkanischer Tee:** ein Aufguss aus grünem *Gunpowder* (s.d.), teilweise auch Minztee, gesüßt mit Zuckerbrocken, aromatisiert mit frischen Minzestängeln.

**Marone:** auch *Maroni*; eine der drei bekannten Esskastaniensorten; größer als die *Edelkastanie*, aber kleiner als die *Dauermarone*. Sie ist eine eiförmige Nuss, die nicht roh gegessen werden kann. Erst durch das Garen (Kochen, Braten etc.) wird die Marone leicht süßlich und sahnig weich.

**Maronenpilz:** s. *Braunhäubchen*.

**Maronenröhrling:** s. *Braunhäubchen*.

**Maroni** *(ital.)*: s. *Marone*.

**Marquise:** schwach gefrorene Mischung aus Ananas-, Erdbeer- oder Kirschpüree, Kirschwasser und Zuckersirup von 17° Baumé (s. *Zuckergehalt*); kurz vor dem Servieren wird steif geschlagene Schlagsahne und weiteres Püree beigefügt. Bezeichnet auch ein Schokoladen-Dessert, das halbgefroren als Zwischengang gereicht wird: ein leichter Biskuitkuchen oder eine Meringue (s. *Baiser*), gefüllt mit Schokoladencreme und mit Schokoladenfondant glaciert.

**Marennes:** s. *Austern*.

**Marron** *(franz.)*: s. *Marone*.

**Marsala:** *sizilianischer*, dunkler Dessertwein, als Aperitif und für Zabaione (s. *Sabayon*) geeignet.

**Marschallart:** *à la maréchale (franz.)*; eine Garnitur mit Abwandlungen für Fisch, Fleisch, Geflügel u.a. Fisch wird mit Weißwein und Fischfond pochiert und mit Champignons und Tomaten garniert. Fleisch und Geflügel werden mit Erbsen, Hahnenkämmen und Klößchen (aus Hühnerfarce und gehackten Trüffeln), Spargelspitzen und Trüffelscheiben verziert und von Madeirasauce begleitet.

**Marshmallow:** zähes Zuckerschaumkonfekt *(England, USA)*.

**Martabak:** *indonesischer* Imbiss; mit einer pikanten Lammfarce gefüllte Teigquadrate, die über Holzkohle gebraten und in Bananenblätter gewickelt gereicht werden.

**Martini:** *italienischer* Aperitif; Wermut aus Rot- oder Weißwein, mit Kräutern aromatisiert.

**Martinsfisch:** s. *Heringskönig*.

**Martinsgans:** bürgerliches Gericht, das traditionell am Martins- oder Kirchweihtag bereitet wird. Das Rezept weist zahlreiche regionale Variationen auf. Wichtig ist, dass das Gänsefleisch eine knusprige Haut hat und kräftig gewürzt wird, u. a. mit Majoran.

**Martinshörnchen:** *thüringisches* Plundergebäck mit Konfitürefüllung.

**Mar y muntanya** *(span.)*: Meeresfrüchte werden wird mit Hühner- oder Kaninchenfleisch und evtl. Schnecken kombiniert; heißt übersetzt: *Meer und Berge*. Besonders in Katalonien beliebt; in *Italien Mare e Monte*, s. a. *Turf and Surf*.

**Marzipan:** Konfekt hauptsächlich aus süßen und bitteren *Mandeln* (s. d.), Zucker und Rosenwasser. Die bekanntesten Sorten sind *Königsberger Marzipan*, das durch Abflämmen leicht gebräunt und fest wird, und *Lübecker weißes Marzipan*, oft mit Schokoladenüberzug.

**Masa** *(mex.)*: ein Folgeprodukt von *Nixtamal* (s. d.), das im nassen Zustand vermahlen und zu Masa verarbeitet wird, sodann getrocknet und zu *Masa harina* vermahlen (stammt ursprünglich aus *Afrika*). In *afrikanischen Ländern*, z. B. in *Ghana*, *Nigeria* u. a. werden als *Masa* kleine Fladenkuchen aus einem Teig von Milch, Hirse- oder Sorghummehl bezeichnet, die auf den Märkten mit Gemüse und Honig angeboten werden.

**Masa harina:** *mexikanisches* Maismehl aus getrocknetem *Nixtamal* (s. d.).

**Masala:** gemahlene oder zerstoßene Mischung aus Gewürzen, Kräutern und anderen Aromaten für Saucen; in *Indien* ist es üblich, sein *Masala* selbst zu mischen, je nach Landschaft und Gericht.

**Masato:** mit Speichel zum Fermentieren gebrachter Brotteig *(Südamerika*, hpts. *Peru)*.

**Mascagni:** Fleischgarnitur mit Tomatensauce, Kalbshirn und Tarteletts, gefüllt mit Maronenpüree, z. B. für *Tournedos* (s. d.).

**Mascarpone:** *italienischer* Doppelrahmfrischkäse aus Sahne. Eignet sich bestens für Desserts, gezuckert, vermischt mit Kaffee, Kakao oder aromatisiert mit *Marsala* (s. d.) oder Rum, ist unverzichtbar in *Tiramisu* (s. d.).

**Mash** *(engl.)*: Brei; in Nordamerika ein mit Sirup vermischter Maisbrei.

**Mashed parsnips** *(engl.)*: *Pastinakenmus;* Pastinaken werden in Brühe weich gekocht, püriert, dann mit Muskatnuss gewürzt und mit Butter aufgeschlagen.

**Mashimono no tori** *(jap.)*: Reisgericht mit Variationen. Trocken gekochter Reis wird mit Stückchen von Hühnerfleisch, Sake und Sojasauce vermischt und mit *Nori*-Blättern garniert.

**Mashgouf** *(irak.)*: Fisch, der langsam in der Nähe des offenen Feuers gegrillt und mit Tamarinde gewürzt wird; mit Tomatenscheiben, Zwiebeln und Brot serviert.

**Mashua:** s. *Isaña*.

**Maskenkrabbe:** s. *Krabbe*.

**Maskieren:** eine Speise mit einer Hülle aus Sauce, Creme u. a. überziehen. Im Unterschied zum *Nappieren* (s. d.) wird beim Maskieren die Speise vollkommen verdeckt.

**Masoor dal** *(ind.)*: *Mung dhuli dal;* vegetarisches Currygericht aus Linsen und Weizenbrot, gewürzt mit Cayennepfeffer, Ingwer u. a.

**Massen:** Bezeichnung für die *Teige* feiner Backwaren. Die Massen werden durch mischen, rühren, schlagen oder dgl. bereitet, im Gegensatz zu den eigentlichen Teigen, die geknetet werden. Häufig bestehen die Massen u. a. aus Butter, Eiern und Zucker und werden meist chemisch, z. B. durch Backpulver, gelockert.

**Masséna:** Fleischgarnitur mit Trüffelsauce, pochiertem Ochsenmark und Artischockenböden, gefüllt mit dicker *Sauce béarnaise* (s. d.).

**Masthahn:** s. *Kapaun*.

**Masthuhn:** s. *Poularde*.

**Masthuhn à la Marengo:** Masthuhn angebraten, mit Wein abgelöscht und mit Champignons, hart gekochten halbierten Eiern, Krebsen, Petersilie, Trüffelscheiben und Tomatenwürfeln angerichtet.

**Masticha** *(griech.)*: s. *Mastix*.

**Mastix:** *masticha;* eine buschartige, mit der Pistazie verwandte Pflanze, die vor allem in *Griechenland* beheimatet ist. Pulverisiert dient die stark würzige Pflanze zum Aromatisieren von Kuchen und Likören. Aus der Rinde wird Harz gewonnen.

**Masurka:** *russ.* Süßspeise von schaumig geschlagenem Eigelb, vermischt mit Zitronenschale, Zitronensaft und Zucker, ferner steifem Eischnee und Haselnüssen. Die Mischung wird in einer Springform gebacken und gestürzt.

**Matafan** *(franz.)*: Pfannkuchen aus Kartoffeln, Speck und Spinat *(Franche-Comté)*. Auch süßer Brotauflauf mit Eiern, Milch, Zucker u.a. (Kanton Fribourg, *Schweiz*).

**Matambre:** Fleischroulade mit Variationen, meist aus Rindfleisch, mariniert in Essig, Knoblauch und Thymian, gefüllt mit hart gekochten Eiern, Karotten, Petersilie, Spinat und Zwiebeln und gewürzt mit *Hontaka-* (s.d.) oder getrockneten *Piquin-Chilischoten (Südamerika,* hauptsächlich *Argentinien*).

**Mataq:** Speck des Narwals, wird roh mit etwas Salz gegessen (*Grönland*).

**Matcha** *(jap.)*: zerriebener grüner Tee, der schaumig aufgeschlagen wird.

**Maté:** die getrockneten Blätter einer südamerikanischen Stechpalme werden zur Zubereitung eines koffeinhaltigen Tees benutzt, der aus speziellen Gefäßen genossen wird.

**Matelote** *(franz.)*: Matrosengericht; ragoutähnliches Gericht mit vielen Abwandlungen, das aus in Stücken geschnittenen Flussfischen besteht, die zusammen mit Kräutern und Zwiebeln in Rot- oder Weißwein pochiert (s. *pochieren*) werden. Es gibt viele regionale Abwandlungen, z.B. kann mit Cognac parfümiert und mit Champignons, Krebsschwänzen etc. garniert werden. Oder Aal wird mit Pflaumen kombiniert *(Loire)*. Der Fond wird meist mit Mehlbutter gebunden. Typische Variationen sind *Meurette, Pochouse* und *Waterzooi (Belgien)*. Eine Art Nationalgericht im *Elsass*, dort Süßwasserfische mit Rieslingsauce und Nudeln. Es gibt aber auch *Matelote* vom Kalb (z.B. *Matelote des Tonneliers,* aus *Saumur/ Loire),* etc.; s.a. *Sauce Matelote*.

**Matelote, à la** *(franz.)*: s. *Matrosenart*.

**Mati** *(chin.)*: Wasserkastanien.

**Matignon:** Gemüse- und Würzpflanzenmischung für Braten, z.B. werden Champignons, zusammen mit Räucherspeck und Zwiebeln angebraten und mit Weißwein abgelöscht. Zusammen mit Gewürzen (Lorbeer, Thymian) wird die Mischung stark reduziert und als Beilage oder Garnitur für Fleisch verwendet.

**Matjesfilets mit grünen Bohnen:** eine *norddeutsche* Spezialität. Dazu werden in der Regel in der Schale gekochte Neue Kartoffeln serviert.

**Matjesheringe:** mild gesalzene, junge, noch nicht laichreife Heringe; Fangzeit Mai bis Anfang Juli bei Irland und Schottland u.a. (werden noch an Bord ausgenommen, gekehlt und leicht gesalzen). Die Filets werden auch in verschiedenen, regional unterschiedliche Marinaden eingelegt; s.a. *Matjesfilets mit grünen Bohnen*.

**Matoke:** Gericht aus Hähnchenfleisch, Bohnen, Kartoffeln, Erdnuss-Sauce etc.; wird mit gebackenen Kochbananen im Bananenblatt serviert (*Uganda*).

**Matoutou** *(franz.)*: gedünstetes Garnelenfleisch mit Zwiebeln, gewürzt mit Knoblauch, Thymian und Zitronensaft *(Französische Antillen)*.

**Matrosenart:** *à la matelote (franz.)*; Garnitur für Fische: Ragouts aus Champignonköpfen, *CROÛTONS* (s.d.) und glacierten Zwiebelchen, manchmal auch noch mit Krebsen.

**MATROSENFLEISCH:** ein Ragout aus in Scheiben geschnittenem Rindfleisch, gerösteten und mit Essig abgelöschten Zwiebeln, gehackten Essiggurken und Sardellen, mit Sahne vollendet. Diese Beschreibung ist nur eine von vielen Variationen.

**MATROSENGERICHT:** s. *MATELOTE*.

**MATROSENSAUCE:** s. *SAUCE MATELOTE*.

**MATSUTAKE** *(jap.)*: auf Holz wachsender Zuchtpilz.

**MATSUTAKE-FU** *(jap.)*: Suppeneinlage aus Weizenmehlteig, welche die Form von kleinen Pilzen hat und mit Pilzextrakt aromatisiert ist.

**MATTAR** *(ind.)*: auch *Mutter (ind.)*; Erbsen.

**MATTAR CHAWAL** *(ind.)*: zusammen mit Erbsen und Zwiebeln gedünsteter Reis, gewürzt mit Ingwer, Koriander, Kreuzkümmel und Salz.

**MATTE:** *hessisch* für *QUARK* (s.d.).

**MATZ:** mitteldeutsch für *QUARK* (s.d.)

**MATZE:** ungesäuertes Brot aus *jüdischer* Tradition, bestehend aus Mehl und Wasser.

**MAULBEERE:** Frucht des in Asien und Südeuropa beheimateten Maulbeerbaumes; wird frisch gegessen oder zu Kompott, Konfitüre, Kuchen u.a. verarbeitet.

**MAULTASCHEN:** s. *SCHWÄBISCHE MAULTASCHEN*.

**MAYONNAISE:** eine cremige kalte Sauce, die auf der Basis von Eigelb, Öl und Zitronensaft zubereitet wird.

**MAZAGRAN:** ein vieldeutiger Begriff. Einmal heißen so alle Füllungen, die in Herzogin-Kartoffelmasse eingeschlossen und gebacken werden. So werden aber auch kleine Törtchen genannt, die mit Hackfleisch, Ragout oder mit einem *SALPICON* (s.d.) von Früchten gefüllt sind. Schließlich bezeichnet man so eine kalte Mischung aus Kaffee, Maraschino und gestoßenem Eis.

**MAZEDONISCHE ART:** *à la macédoine (franz.)*; Garnitur für Schlachtfleisch. Tarteletts mit verschiedenen, klein geschnittenen Gemüsesorten, dazu getrennt serviert *Herzogin-Kartoffeln* und Kalbsjus (s. *JUS*). Auch Salat aus klein geschnittenen Früchten (s.a. *MACÉDOINE DE FRUITS*).

**MAZERIEREN:** mit einer aromatischen Flüssigkeit durchziehen lassen; z.B. gewürfelte Früchte mit Likör.

**MAZUREK:** *polnisches* Mürbeteiggebäck mit Mandeln, das auf dem Blech gebacken und dann in Quadrate geschnitten wird.

**MAZURKA:** *polnischer* Kuchen, der am Ostersonntag serviert wird; heißt wie der gleichnamige Tanz.

**MAZZA:** *mez(z)e;* im arabischen Sprachraum, vor allem im Vorderen Orient, aber auch in Griechenland (dort *mézes*) kleine

Vorspeisen, in einer unerschöpflichen Vielzahl angeboten. Die Schreibweise differiert regional, das Wort bedeutet jedoch immer dasselbe.

**Me** *(vietn.)*: s. *Asam*.

**Meat** *(engl.)*: Fleisch.

**Mechado:** *philippinischer* Fleischtopf. Ein Roastbeef wird zusammen mit Tomaten, Zwiebeln, Kartoffeln, Lorbeer, Essig, Sojasauce und Wasser in einem Topf gegart. Zum Schluss wird das Fleisch separat von allen Seiten braun gebraten, in Scheiben geschnitten und mit Kartoffeln und Sauce serviert.

**Mé(c)houi:** ein *arabisches*, von Männern bereitetes Festessen der Beduinen, bestehend aus am Spieß gebratenem Hammel, Gazelle, Lamm u. a.

**Medaillon:** 80–100 Gramm schwere runde oder ovale Scheibe aus der Filetspitze des Rindes, aber auch Scheiben vom Bries oder von Hummer- und Langustenschwänzen usw.

**Medium** *(engl.)*: rosa gebraten, halb durchgebraten. Diese im Französischen genannte Garstufe *à point* bedeutet innen rosa und außen durchgebraten.

**Medley** *(engl.)*: ein Gemisch nach *Mazedonischer Art* (s. d.).

**Meeraal:** *conger (engl.); congre (franz.)*; aalförmiger Seefisch, der in atlantischen Küstengewässern, aber auch bei Australien, Japan usw. vorkommt. Das Fleisch des Meeraals schmeckt nicht so gut wie das des Flussaals. Es eignet sich besonders für Fischsuppen und Matrosengerichte (s. *Matelote*).

**Meeräsche:** *cefalo (ital.); Granäsche, Großkopf;* wohlschmeckender Seefisch des Atlantiks und der europäischen Gewässer. Ihr Rogen wird durch Salzen und Pressen haltbar gemacht (s. *Bottarga)*. In *Frankreich Boutargue*, in *Japan Karasumi.*

**Meerbarbe:** *rouget de vase (franz.); triglia (ital.); stripped mullet (engl.); Rotbarbe, Rötling, Seebarbe;* Meerbarben sind Bodenfische der gemäßigten Meere, mit nur wenigen Gräten. Zu ihnen gehört die *Rotbarbe,* mit schmackhaftem Fleisch oder die *Streifenbarbe (rouget de roche, franz.),* deren kleine Exemplare man unausgenommen zubereiten kann, da sie keine Galle besitzen.

**Meerbarsch:** *Wolfsbarsch, Seebarsch;* wohlschmeckender Seefisch aus dem Mittelmeer und östlichen Atlantik bis zum Ärmelkanal; eignet sich für alle Arten der Zubereitung und wird vor allem für die *Bouillabaisse* (s. d.) verwendet.

**Meerbrassen:** *dorade (daurade) commune (franz.)*; Oberbegriff für zahlreiche Familien von Fischen, ähnlich den Barschen und mit festem weißen, wohlschmeckendem Fleisch. Die *Dorade Royal* ist die begehrteste dieser Familie. Das Fleisch der Meerbrasse eignet sich für alle Zubereitungsarten; die *Rotbrassen* eignen sich außerdem gut für Suppen und zum Schmoren.

**Meerdattel:** eine miesmuschelartige Meeresfrucht der Mittelmeerländer, die nur mit Hammer und Meißel vom Fels gelöst werden kann.

**Meerdorsch:** s. *Barrakuda*.

**Meerengel:** *Engelhai;* wird in Südosteuropa zu Koteletts verarbeitet; weißes festes Fleisch.

**Meeresalgen:** s. *Algen*.

**Meeresfrüchte:** alle essbaren Tiere der Meere, wie Austern, Garnelen, Muscheln, Schnecken usw.; Fische jedoch ausgenommen.

**Meeressalat:** *laitue de mer (franz.), Ulva;* eine essbare Grünalge der *bretonischen* Küsten, mild, meist als Salat serviert.

**Meerforelle:** s. *Lachsforelle*.

**Meergrundel:** s. *Schwarzgrundel*.

**Meerhase:** s. *Seehase*.

**Meerhecht:** s. *Seehecht*.

**Meerigel:** s. *Seeigel*.

**Meerkohl:** *silver kale (engl.)*; kohlartige, wild wachsende Strandpflanze, die heute vor allem in Großbritannien, anderen Atlantikküsten aber auch in der Schweiz kultiviert wird. Die bleichen Stängel werden wie Spargel zubereitet. Die Blätter isst man roh, gebraten oder gedünstet.

**Meerohr:** s. *Abalone*.

**Meerrettich:** *Kren (österr.), horse radish (engl.)*; Wurzelgemüse aus den Steppengebieten der Ukraine, wird heute überall angebaut; eines der schärfsten Gewürze, das sehr viele Vitamine, Kalzium, Eisen u.a. Mineralstoffe enthält. Wird bei uns zumeist gerieben als Gewürz oder in der Meerrettichsauce verwendet.

**Meerspinne:** *Seespinne;* ein auch bei uns bekannter Meereskrebs mit rundlichem Körper und zahlreichen Höckern auf dem Panzer. Diese Krabbenart hat ihren Namen von den spinnenartig angeordneten Beinen und lebt im Mittelmeer, in den atlantischen Küstengewässern, aber auch in den Breiten von Chile. Das Fleisch ist eine Delikatesse; s.a. *Krabben*.

**Meertrübeli** *(schweiz.)*: rote Johannisbeeren.

**Mehemalou** *(iran.)*: Hammelragout.

**Mehl:** letzte Stufe des Mahlvorgangs von Getreide – nach Schrot, Grieß und Dunst. Je nach Ausmahlgrad werden die *Mehltypen* definiert: Je höher die Typenzahl, desto weniger ist es ausgemahlen, desto vollwertiger ist es und desto dunkler ist seine Farbe. Weizenmehl, Type 1050 weist daher noch mehr Inhaltsstoffe der Randschichten des Getreidekorns auf, als das weiße Mehl, Type 405.

**Mehlbananen:** s. *Pferdebananen*.

**Mehlbeutel:** s. *Jan im Sack*.

**Mehlbutter:** *beurre manié (franz.)*; Mischung aus Butter und Mehl zur Bindung von Saucen und Suppen.

**Mehlieren:** bemehlen, einmehlen, in Mehl wenden, um anschließend z.B. in Fett ausgebacken zu werden.

**Mehlpanade:** s. *Panade de farine.*

**Mehlpilz:** s. *Maipilz.*

**Mehlschwitze:** s. *Einbrenne.*

**Mehlspeise:** in *Österreich* der Oberbegriff für alle Süßspeisen, mit oder ohne Mehl.

**Méhoui:** s. *Mé(c)houi.*

**Mejillones** *(span.)*: Miesmuscheln.

**Mejunje** *(span.)*: Honig-Rum-Likör; besonders auf *Gran Canaria* ein beliebtes Getränk. Honig und brauner Zucker werden erhitzt, dann wird Rum zugegeben und mit Zimt, Nelken, Zitrone und frischer Zitronenmelisse gewürzt. Die Flüssigkeit zieht gut verschlossen eine Woche durch und ist nach Filtration trinkfertig

**Mekabu** *(jap.):* Meerespflanze mit braunen Blättern, ähnlich wie *Wakame* (s.d.); wird hpts. zur Garnierung, aber auch für Salate und Suppen verwendet.

**Mélange** *(franz.)*: eine Mischung aus verschiedenen Zutaten; aber auch Milchkaffee (*Österreich*).

**Mélanger** *(franz.)*: vermischen.

**Melangieren:** vermischen.

**Melanzane** *(ital.)*: Auberginen.

**Melasse:** zähflüssiger, brauner Rückstand bei der Zuckerfabrikation, wird hauptsächlich zur Färbung von Saucen verwendet.

**Melba:** Garnitur für Fische und Fleisch. Fische werden mit *Sauce Newburgh* (s.d.) und Garnelen serviert, Fleisch dagegen mit tournierten Champignonköpfen, Kopfsalat, gefüllten Tomaten und Trüffelscheiben; dazu *Demi-glace* (s.d.) vermischt mit Portwein.

**Melbasauce:** s. *Sauce Melba.*

**Melidzanes** *(griech.)*: Auberginen.

**Melidzanes mussaka** *(griech.)*: die berühmte Auberginen-*Moussaka* (s.d.).

**Melde:** spinatartiges Gartenkraut; kann wie Spinat verwendet werden.

**Melieren:** mischen, sprenkeln, vermischen u. dgl.

**Melisse:** s. *Zitronenmelisse.*

**Melken:** in *Süddeutschland* anderes Wort für Bries.

**Melksupp mit Beern:** Milchsuppe mit Birnen *(Mecklenburg-Vorpommern)*.

**Mellowfrucht:** *Pepino; Birnenmelone;* aus Südamerika, vor allem aus *Peru* und *Kolumbien,* stammende Frucht, die heute auch in anderen subtropischen Gegenden kultiviert wird. Unter der gestreiften gelben Haut der eiförmigen Frucht verbirgt sich ein weiches süßes Fruchtfleisch, das meist roh verzehrt wird.

**Melonen:** Südfrüchte aus der Familie der Kürbisgewächse von ovaler oder runder Form mit unterschiedlich strukturierter und gefärbter Schale. Melonen werden in vielen Ländern der Erde angebaut. Man unterscheidet zwei Hauptsorten: Wassermelonen und Zuckermelonen. Zu Letzteren zählt man z.B. die *Cantaloup-Melone* (Kantalup) mit den bekanntesten Unterarten *Charentais* und *Cavaillon* (Frankreich, Italien u.a.), die *Ogen-* und die *Netzmelone* mit Unterarten wie z.B. *Galia*. Beide Sorten stammen aus *Israel*. Darüber hinaus gibt es noch unendlich viele Sorten.

**MELOOKHYYA:** *ägyptisches* Nationalgericht. Suppe aus einem spinatähnlichen Kraut, in Fleisch- oder Hühnerbrühe gekocht, mit Tomaten vermischt und mit Knoblauch, Koriander, Pfeffer und Salz gewürzt.

**MENAZZELEH:** *arabische* Fleischpastete, die nach verschiedenen Rezepten zubereitet wird. Grundsätzlich wird eine Mischung aus Hackfleisch, Tomaten und Zwiebeln, gewürzt mit Knoblauch, Kreuzkümmel, Minze, Petersilie, Pfeffer und Salz, mit verquirlten Eiern übergossen und im Ofen gebacken *(Syrien)*.

**MENEMEN** *(türk.)*: Fein gehackte, geröstete Zwiebeln, Paprika und Tomaten werden mit Pfeffer und Salz gewürzt und gedünstet. Dann werden Eier darübergegeben, indem das Eiweiß verteilt wird, das Eigelb jedoch möglichst ganz bleibt. Das Ganze wird im geschlossenen Gefäß nur so lange gedünstet, dass das Eigelb noch weich ist (Menemen ist eine Stadt in *Anatolien*).

**MENTHE** *(franz.)*: Pfefferminze.

**MENUDO:** *mexikanische* scharfe Suppe aus Kutteln, Mais und Zwiebeln, gewürzt mit Chilischoten, Knoblauch, Koriander, Limettensaft und Origano.

**MERGUEZ:** *nordafrikanische* Rohwurst aus Hammel- und Rindfleisch, scharf gewürzt mit Paprika und Knoblauch. Auch in *Frankreich* überall erhältlich. Zum Kochen und Braten, besonders für die *spanische* PAELLA (s.d.).

**MERINGUE:** s. *BAISER*.

**MERING(U)EN-MASSE:** man unterscheidet vier Arten von Meringuen-Massen: die *kalt verrührte Mischung* aus sehr steifem Eischnee und Zucker, die *italienische Masse,* die aus einer Mischung aus zur kleinen Kugel gekochtem Zucker (s. *ZUCKERGEHALT)* und steifem Eischnee besteht, die *gekochte Meringuen-Masse,* bei der man Puderzucker und Eischnee bei geringer Hitze zu einer Creme schlägt und schließlich die so genannte *Schweizer Meringuen-Masse,* die aus Puderzucker und Eiweiß mit einigen Tropfen Essigsäure zu einer Creme verarbeitet und zum Schluss mit steif geschlagenem Eiweiß vermischt wird.

**MERK:** *Zuckerwurz;* früher in Europa weit verbreitet und heute wieder entdeckt. Man kann Merk roh essen oder wie Karotten zubereiten.

**MERLAN:** *Gadden, Weißling, Wittling;* europäischer Seefisch mit zartem, wohlschmeckendem Fleisch, beliebig verwertbar, schmeckt jedoch am besten frittiert oder gebraten.

**Merlot:** die Traube ergibt weiche, körperreiche Weine; Anbau u.a. im Pomerol und St. Emilion *(Frankreich), Nordostitalien, Schweiz* etc.

**Merlu:** *Merluche (franz.)*; s. *Seehecht.*

**Merluza** *(span.)*: s. *Seehecht.*

**Merluzzo** *(ital.)*: s. *Seehecht.*

**Mesclun** *(franz.)*: eine aromatische *französische* Salatmischung aus Eichblatt, Endivie, Löwenzahn, Portulak, Rauke u.v.a., angemacht in einer Essig-Öl-Sauce und vollendet mit Kerbel, Knoblauch, Schalotten u.a. In manchen Gegenden, z.B. in der Provence, nur aus wild wachsenden Kräutern und Salatpflanzen.

**Messerscheide:** s. *Schwertmuschel.*

**Met:** alkoholisches Getränk aus Malz, Honig und Wasser, mit Gewürzen, wie z.B. Lavendel, Lorbeer, Salbei u.a. aromatisiert.

**Metaxa:** *griechischer* Weinbrand aus der roten Traube von Attika.

**Mett:** halbfettes, grob gehacktes und gewürztes Schweinehackfleisch.

**Mettenden:** *westfälische* Mettwürste, ähnlich der *Kabanossi* (s.d.).

**Mettwurst:** streichfähige Rohwurst, die vor allem aus feinst zerkleinertem Rind- und Schweinefleisch besteht.

**Metzelsupp(e):** *Schlachtsuppe, Wurstsuppe;* Brühe, die anlässlich des Schlachtens beim Kochen von Fleisch und Würsten entsteht; ist besonders in *Süddeutschland* beliebt und wird meist noch mit zerkleinerten Grieben- und Leberwürsten sowie gerösteten Zwiebeln oder Graupen bereichert.

**Metzgete** *(schweiz., allemannisch)*: Schlachtfest.

**Meunière, à la** *(franz.)*: s. *Müllerin Art.*

**Meurette:** in Rotwein bereitetes Ragout von Süßwasserfischen aus dem Burgund (s.a. *Matelote)*; auch braune Sauce mit Burgunderwein für verschiedene Gerichte.

**Mevlana köfte** *(türk.)*: gebratene Hackfleischklöße, in deren Mitte ein Stückchen Schafskäse gedrückt wird.

**Mexicaine, à la** *(franz)*: s. *mexikanische Art.*

**Mexikanische Art:** *à la mexicaine (franz);* Garnitur für Fisch, Fleisch und Geflügel mit tomatisiertem Kalbsjus (s. *Jus),* Champignonköpfen,gegrillten Auberginen, Paprika und geschmolzenen Tomaten.

**Mexikanische Sauce:** eine vielseitig, vor allem für südländische Gerichte verwendbare Sauce aus Mayonnaise, vermischt mit Sardellenpaste, blanchierten Würfelchen von roten und grünen Paprika, gewürzt mit Cayennepfeffer oder Tabasco-Sauce.

**Meyerbeer:** Spiegeleier auf sautierten Lammnieren mit Trüffelsauce.

**Mezcal** *(span.)*: *mexikanischer* Schnaps aus einer Agavenart; früher aus dem Herz einer kleinen Art, das geröstet, zerstoßen und vergoren wurde. Das Destillationsverfahren brachten die Spanier ins Land. Wird meist mit einem Wurm serviert; s. *Maguey-Wurm*.

**Mez(z)e**: s. *Mazza*.

**Mézes**: *griechische* Häppchen, mit der *arab. Mezze* und den *spanischen Tapas* vergleichbar; s. *Mazza*.

**Mi** *(chin.)*: roher Reis.

**Mian-tiao** *(chin.)*: chinesischer Sammelbegriff für Nudeln, die wie folgt unterschieden werden. *La mian:* handgezogene Nudeln, eine Herstellungsart, die heute kaum ein Profi beherrscht. Dazu wird ein Teigballen in der Hand des Nudelmachers innerhalb von Minuten in Nudelfäden verwandelt. *Geschnittene Nudeln:* die Nudelmacher schneiden mit einem Spezialmesser und mit unglaublicher Geschwindigkeit ein Teigband in dünne Nudeln, die in einem riesigen Topf mit kochendem Wasser landen. *Nudeln für ein langes Leben:* dünne Eiernudeln von extremer Länge, das Symbol für ein langes Leben. Sie dienen auch als Geschenk anlässlich von Festlichkeiten. *Yi-Nudeln:* eine Kreation der Familie *Yi* in Shanghai, sie dienen hauptsächlich als Suppennudeln. *Shrimps-Nudeln* schließlich bestehen aus Weizenmehl, Shrimps und Wasser, für den europäischen Gaumen gewöhnungsbedürftig. Es gibt noch zahlreiche andere Sorten.

**Midinette**: gebundene Geflügelkraftbrühe mit pochierten (s. *pochieren)* Eiern, auch Salat aus Erbsen und Reis in einer Essig-Öl-Sauce, gewürzt mit Estragon und Kerbel.

**Midye pilavi** *(türk.)*: Eintopf aus Reis, Muscheln, Schalotten und Rosinen, gewürzt mit Ingwer, Pfeffer, Salz und Zimt.

**Mie** *(indon., jap., chin.)*: Nudeln.

**Mie de pain** *(franz.)*: feine, gesiebte Weißbrotkrumen.

**Mie goreng** *(indon.)*: s. *Bahmi Goreng*.

**Mien** *(chin.)*: *Mee;* Nudeln aus Maismehl oder Erbsen-Soja- oder Mungbohnenmehl.

**Miên** *(vietnam.)*: Glasnudeln.

**Miesmuschel**: *Pfahlmuschel;* bekannteste Muschel der europäischen und nordamerikanischen Küsten mit dunkelblauen bis schwarzen ovalen Schalen und beige- bis orangefarbenem, festem Fleisch.

**Mifen** *(chin.)*: Reisnudeln; aber auch Reismehl. Die gängigen Reisnudeln sind flach und etwa 4 mm breit. Dünnere, fadenförmige Nudeln werden zu Knäueln verarbeitet; s. a. *Vermicelli*.

**Mifines**: s. *Kapern*.

**Mignon**: Garnitur für Geflügel und Kalbsmilch mit aufgeschlagener Buttersauce aus Fleischsaft und Weißwein, Artischockenböden gefüllt mit grünen Erbsen, Geflügel-Klößchen und Trüffeln. Außerdem eine Fischvelouté mit Garnelenpüree und Rahm, garniert mit Fischklößchen, Garnelenschwänzchen und ausgestochenen Trüffeln.

**Mignonette** *(franz.)*: zerdrückte schwarze und weiße Pfefferkörner, z. B. für Pfeffersteaks.

**Mignons** *(franz.)*: kleine Steaks aus der Filetspitze des Rindes, kleiner als ein *Medaillon* (s. d.).

**Mijotieren:** s. *Pochieren*.

**Milanaise, à la** *(franz.)*: s. *Mailänder Art*.

**Milcher:** s. *Bries*.

**Milchlamm:** Tiere, die nicht älter als zwei Monate sind; in Deutschland ugs. auch Tiere bis zu einem Alter von maximal sechs Monaten.

**Milchmastkälber:** höchstens sechs Wochen alte Kälber, die nur mit Milch oder Milchersatz gefüttert werden.

**Milchner:** s. *Fischmilch*.

**Milchreis:** polierter Rundkornreis, der beim Kochen sehr weich und vor allem für Süßspeisen verwendet wird.

**Milchschwein:** s. *Spanferkel*.

**Milhi:** *chinesische* Delikatesse; neu geborene, noch blinde Mäuse werden in Honig getaucht und gegessen.

**Milieu de table** *(franz.)*: Mittelstück der Tafel mit einem Schaugericht, wie z. B. einer Hummer-Pyramide oder einem gefüllten Schweinskopf usw.

**Milken** *(schweiz.)*: s. *Bries*.

**Milkenpastetli** *(schweiz.)*: *Königinpastetchen* (s. d.).

**Millefanti** *(ital.)*: Suppe mit Variationen; grundsätzlich wird in Fleischbrühe eine Mischung aus Brotkrumen, Eiern und Parmesan, gewürzt mit Muskat und Pfeffer, eingerührt.

**Mille-feuille:** s. *Tausendblätterkuchen*.

**Milz:** Organ von Schlachttieren, meist von Kalb und Rind; wird in Klößen, Suppe (Schöberlsuppe) und in der berühmten *Milzwurst* (s. d.) verarbeitet.

**Milzwurst:** Brühwurst aus Milz, Bries, Kalbskopf, Kalbfleisch und Speck.

**Mimosa-Salat:** Kopfsalat, bestreut mit gehacktem Eigelb.

**Mince-meat** *(engl.)*: Hackfleisch; aber auch die *mince-pie*-Füllung.

**Mince-pie** *(engl.)*: eine besonders an Weihnachten beliebte Pastete, die nach verschiedenen Rezepten zubereitet wird. Beispiel: eine Masse aus Orangeat, Rindernierenfett, Rosinen, Zitronat, Zitronenschale und Zucker wird mit Ingwer, Macis, Madeira, Rum, Salz, Weinbrand und Zimt gewürzt und zieht bis zu einem Monat durch. Dann werden Butter und Würfel von Äpfeln untergemengt, alles in eine z. B. mit Blätterteig ausgekleidete Pie-Form gegeben, mit Blätterteig bedeckt im Ofen gebacken. Beim Servieren wird der Deckel abgehoben und in die Öffnung brennender Rum gegossen.

**Minestra** *(ital.)*: Suppe.

**Minestrone:** *italienische* Gemüsesuppe, zu der fast alle Gemüsesorten der jeweiligen Saison verwendbar sind, vorallem Blumenkohl, Bohnen, Brokkoli, Erbsen, Karotten, Kartoffeln, Lauch, Sellerie, Spinat, Suppenkräuter, Stangensellerie, Tomaten, Zucchini und Zwiebeln, ferner weiße, separat gekochte Bohnenkerne, Teigwaren oder Reis. Das angeschwitzte Gemüse wird in Hühnerbouillon oder Rinderbrühe gegart. Gewürzt wird mit Basilikum, Knoblauch, Lorbeer, Petersilie und Thymian. In die Suppentassen kommen angebratenes Dörrfleisch oder Schinkenspeck, *Croûtons* (s.d.) und Petersilie, darüber die Suppe, die eventuell mit Parmesan bestreut wird. Es gibt zahlreiche, regional unterschiedliche Rezepte.

**Minestrone alla bolognese** *(ital.)*: Minestrone mit *pasta*.

**Mint-Sauce** *(engl.)*: besonders für Hammelbraten geeignete Sauce. Pfefferminzblätter werden fein geschnitten, mit heißem Weinessig übergossen und mit Pfeffer, Salz und Zucker gewürzt.

**Minute, à la** *(franz.)*: Zubereitung der Gerichte unmittelbar vor dem Servieren.

**Minutenfleisch:** schnell gebratene, dünne Filetscheiben.

**Minze:** s. *Pfefferminze*.

**Mirabeau:** gegrilltes Fleisch mit Sardellenbutter und -filets, Oliven und Estragonblättern.

**Mirepoix** *(franz.)*: *Röstgemüse* aus verschiedenen, gehackten Gemüsesorten, das in Butter geröstet wird und für Saucen oder als Grundlage zum Schmoren dient. Es besteht meist aus Möhren, Sellerie und Zwiebeln, gewürzt mit Lorbeer. Manchmal finden außerdem Schinken oder magerer Speck Verwendung.

**Mirin:** *jap.* süßer Reiswein, der zum Marinieren von Fleisch und Fischgerichten und für Salate und Suppen verwendet wird (s. a. *Sake*).

**Miroton de bœuf** *(franz.)*: schmackhaftes Gericht, hauptsächlich aus gekochten Rindfleischscheiben und Zwiebeln. Das Rindfleisch wird meist in einer mit Essig aromatisierten Fleischbrühe, gewürzt mit Knoblauch, gegart. Mehl und Zwiebel werden gelblich angeschwitzt und mit Fleischbrühe und Weißwein begossen. Die Zwiebeln werden völlig weich gekocht und mit geriebenem Meerrettich, Pfeffer, Salz und Senf gewürzt. In einer Kasserolle ordnet man die Rindfleischscheiben, begießt sie mit der Zwiebelsauce und lässt bei milder Hitze ziehen. Das Gericht wird meist so garniert, dass man die Rindfleischscheiben in Zwiebelscheiben und Zwiebelmus einbettet und mit Semmelbröseln überbäckt. Als Zutaten sind auch Pilze, Tomaten etc. üblich. Oft wird gegartes Fleisch, z.B. Reste vom Pot-au-feu oder Rinderbraten verwendet.

**Miso:** eine vergorene Sojabohnenpaste zum Würzen aus Malz, Sojabohnen und Salz. Die *akami-*

*so* ist die schärfere, die *shiromiso* die süßliche Richtung (*Japan*).

**Miso wan:** *japanische* Suppe aus *dashi* (s. d.), mit heller und roter Sojabohnenpaste, Tofu und Frühlingszwiebeln sowie eingeweichten Streifen von *Wakame* (s. d.).

**Mispel:** In Europa früher weit verbreitetes kleines Kernobst mit einer rauer Schale; herb-bitterer Geschmack, an saure Äpfel erinnernd. Die Reife wird erst nach dem ersten Frost erreicht, durch welchen die Gerbstoffe abgebaut werden. Hauptsächlich zum Einmachen und für Konfitüren, meist gemischt mit anderem Obst, aber auch zur Herstellung alkoholischer Getränke verwendet.

**Mistkratzerle:** *allemannisch* für junge Hähnchen, die über das Alter der Stubenküken hinaus sind.

**Mithai** *(thail.)*: Süßspeise aus eingedickter Milch oder Sahne, vermischt mit Mandeln, Pistazien u. a.

**Mittelbug:** s. *Schlachtfleisch* (Rind).

**Mititei:** Würstchen aus *Rumänien,* vereinzelt auch in *Griechenland,* aus mit Knoblauch, Piment, Pfeffer, Salz und Thymian gewürztem Rinderhackfleisch, auf dem Rost gebraten.

**Mit Musik:** davon spricht man, wenn z. B. *Harzer Käser* (s. d.) oder *Schwartenmagen* (s. d.) in einer Marinade aus Essig, Öl und Zwiebeln angerichtet werden.

**Mitonnage** *(franz.)*: Bindemittel für Fleischfarce aus Weißbrotkrumen, Butter und Milch; s. a. *panade de pain blanc*.

**Mitonnée** *(franz.)*: eine Brotsuppe, hauptsächlich aus Brot, Milch, Eigelb und Zwiebeln, aus der Gegend von Rennes. Kann aber auch ein bei niedriger Temperatur lange gegartes Gericht bedeuten.

**Mitonnieren:** in Flüssigkeit langsam verkochen lassen.

**Mitsuba:** *japanische* Petersilie; das Wort bedeutet: drei Blätter. Der Geschmack ähnelt der glattblättrigen Petersilie. Verwendet werden die Blätter, Stiele, Wurzeln und Samen.

**Mittelrippenstück:** s. *Entrecôte*.

**Mixed grill** *(engl.)*: mit oder ohne Spieß Gegrilltes von verschiedenen Sorten Fleisch, Innereien, Speck, Tomaten, Zwiebeln usw.

**Mixed Pickles** *(engl.)*: Gemüse, wie Blumenkohl, Karotten, Perlzwiebeln, wird mit Pfefferkörnern usw. in einer gewürzten Essigsauce eingelegt.

**Mixed Spice** *(engl.)*: *Pudding Spice;* Gewürzmischung aus Piment, Zimt, Gewürznelken, Ingwer und Muskatnuss; wird in *Großbritannien* für Pudding, speziell auch *Plumpudding* (s. d.), Früchtebrot, Kuchen u. a. verwendet.

**Mixta** *(span.)*: Eintopfgericht aus Fleisch, Reis und weißen Bohnen *(Puerto Rico, Dominikanische Republik)*.

**Mizu** *(jap.)*: Wasser.

**Mizutaki** *(jap.)*: ein Schmorgericht, das hauptsächlich aus Hühnerfleisch, Bambussprossen, Chinakohl, Tofu und Spinat besteht, in einer Sauce aus *kombu* (s.d.), Schalotten, *shiitake* (s.d.) und Sojasauce, gewürzt mit Glutamat.

**Mock** *(engl.)*: unecht, nachgemacht, vgl. *Mockturtle soup*.

**Mocken**: in der Schweiz soviel wie *Brocken*, insbesondere bei Suppeneinlagen.

**Mockturtle soup** *(engl.)*: s. *Consommé mockturtle*.

**Mode, à la** *(franz.)*: »nach der Art von«. In den USA ein Dessert, wie Kuchen, *pie* oder dgl., mit Eiscreme verziert.

**Möhre**: s. *Gelbe Rübe*.

**Moelle, à la** *(franz.)*: mit Mark.

**Mönch**: s. *Bries*.

**Mönchskäse**: s. *Tête de Moine*.

**Möppkenbrot**: s. *Westfälische Beutelwurst*.

**Möppkes und Leberbrot**: s. *Wurstebrot*.

**Mörbbraten**: s. *Mürbbraten*.

**Möweneier**: Delikatesse aus *Schleswig-Holstein*. Die kleinen gefleckten Eier haben einen leichten Meeresgeschmack; werden als Rührei zu Krabben oder hart gekocht und garniert serviert.

**Mogador-Pastetchen**: eine Pasteten-Kreation. Die warme Farce besteht meist aus Gänseleberpüree, gewürfeltem Hühnerfleisch und geräucherter Zunge, gebunden mit Geflügelrahmsauce.

**Moghlai kabab** *(ind.)*: mit Ingwer, Koriander, Kreuzkümmel, Safran und Zitronensaft gewürzte, etwa 5 cm lange Würstchen aus Lammhackfleisch, am Spieß gebraten. Eines der Rezepte der Mogulherrscher, die lange Zeit in *Nordindien* regierten; eine Verbindung der indischen mit der muslimischen Küche (die Mogulen kamen aus dem türkisch-iranischen Raum).

**Mohinga**: *burmesisches* Nationalgericht aus vergorenem, zermahlenem und zu Teigrollen verarbeitetem Reis, in Wasser gegart, Beilage zu Fisch, Fleisch oder Gemüse *(Myanmar)*.

**Mohn**: Samen der Mohnpflanze, die aus dem Orient stammt und heute überall angebaut wird; Verwendung für pikante und süße Gerichte.

**Mohnbeugel**: *österr.* Backwerk; Teig aus Mehl, Butter, Eigelb, Milch und Hefe wird dünn ausgerollt und in Dreiecke geschnitten. Diese werden mit einer Mischung aus Mohn etwas Butter, Milch, gehackter Zitronenschale, Zucker und Zimt gefüllt, zu Hörnchen geformt, mit Eigelb bestrichen und im Ofen gebacken.

**Mohrenköpfe**: ein halbkugelförmiges Gebäck aus Biskuitteig, mit Füllung aus Sahne oder Vanillecreme, mit Schokoladen-Couverture überzogen.

**Mohrenhirse:** s. *Sorghum.*

**Mohrrübe:** s. *Gelbe Rübe.*

**Mohrrüben auf Vichy Art:** in Wasser gegarte Möhrenscheiben, im Ofen leicht gebräunt und mit Petersilie bestreut.

**Mojo** *(span.)*: kalte Sauce aus rohen Zutaten, die im Mörser vermengt werden; z. B. Knoblauch, Chili, Koriander, Brotkrumen, Petersilie, Safran, Olivenöl u. a.

**Mojo Colorado** *(span.)*: milde Chilischoten, Knoblauch, Kreuzkümmel, Paprikapulver, Salz, Safran und Brotkrumen werden im Mörser zu einer Paste verarbeitet, mit Öl glatt gerührt und mit Essig abgeschmeckt. Zum Servieren mit etwas Wasser verdünnen (*Kanarische Inseln*).

**Mokka:** besonders starke und aromatische Kaffeesorte; auch Getränk.

**Mole:** ist das Náhuatl-Wort für eine Sauce oder Gewürzmischung. Im heutigen *Mexiko* bezeichnet *Mole* meist eine scharfe Sauce, die in ihrer Zubereitung teilweise sehr kompliziert ist. Die berühmteste, die *Mole poblano,* gehört zu einem Traditionsgericht, das aus mehr als 100 (!) Zutaten bestehen kann. *Mole poblano de guajolote* (*Truthahn in Poblano-Sauce*) besteht aus einer Mischung von Anis, verschiedenen Chilisorten, Pfefferkörnern, Knoblauch, Koriander, Nelken, Mandeln, Sesam, Rosinen, Zwiebeln, Tomaten und evtl. zerstückelten Tortillas. Durch die Beigabe von Schokolade bekommt dieses Gericht eine aparte, ungewöhnliche Note.

**Molekularküche:** In der Molekularküche werden biochemische, chemische und physikalische Prozesse für die Zubereitung von Speisen und Getränken genutzt, durch die sich die Texturen einzelner Produkte verändern. Mechanische Einwirkungen, starke Temperaturveränderungen oder die Verwendung von Zusatzstoffen wie Alginaten bewirken ein verändertes Verhalten der Eiweißstrukturen in Lebensmitteln mit teilweise verblüffenden Ergebnissen und überraschenden Aromakombinationen, z. B. bei Schäumen und Gelees oder sogenanntem Melonen-»Kaviar«. Ferran Adriá (Spanien) ist der bekannteste Vertreter der Molekularküche, die zunehmend auch von Spitzenköchen in *Deutschland*, *Österreich* und der *Schweiz* eingesetzt wird.

**Molho** *(bras., port.)*: Sauce.

**Molho de Pimenta** *(port., bras.)*: eine Sauce aus fein gehackten *Pimenta Malagueta*-Schoten (s. d.), gehackter Zwiebel, Salz, Limettensaft, etwas Wasser und Öl; es gibt zahlreiche Abwandlungen. Die Sauce wird zu Fleisch, Fisch, *Acarajés* (in Dendê-Öl/Palmöl ausgebackene Bohnenküchlein) u. a. serviert (*Brasilien*).

**Molke:** *Käsewasser;* schwach grün-gelbliche Flüssigkeit, die beim Käsen nach Ausfällen des Kaseins (Käsebruch) zurückbleibt; ein durstlöschendes, mineralienreiches Getränk.

**Molle mit Korn:** *Berliner* Bezeichnung für ein Bier mit Korn(schnaps).

**Mollet** *(franz.)*: weich.

**Mollusques** *(franz.)*: Weichtiere, insbesondere essbare Schnecken und Muscheln.

**Moltebeere:** s. *Multbeere*.

**Mondseer Käse:** eine *österreichische* Spezialität aus dem Salzkammergut; halbfester Kuhmilch-Schnittkäse, mild, leicht säuerlich.

**Mongolischer Feuertopf:** *chinesischer Feuertopf, Feuertopf jia ting, jia ting huo kuo, huo kuo (chin.)*; so heißt sowohl ein chin. Kochtopf, als auch das in ihm bereitete, bekannte Gericht, der *hot pot*. Abgesehen von regionalen Varianten wird grundsätzlich ein Tischofen aus Messing mit einer Art Schornstein über einem Rechaud verwendet. In dem Gefäß befindet sich eine gut gewürzte Fleischbrühe, in die Glasnudeln und Würfel von Stangensellerie kommen. In dieser Brühe kocht sich jeder Esser selbst mit Hilfe von Stäbchen oder Sieben die Zutaten, wie Scheibchen von Fisch, Hühnerfleisch, Lammfleisch, Krustentieren, Gemüse u.v.a. Danach taucht man die gegarten Stücke in eine Sauce, die hauptsächlich aus Eiern, Weißwein, Sesamöl, Sojasauce, Pfeffer und Salz besteht.

**Monstera:** heißt auch *Fensterblatt*; tannenzapfenartige Frucht aus Mittelamerika, mit zartem Fruchtfleisch und nach Ananas und *Annone* (s.d.) schmeckend.

**Monter** *(franz.)*: aufschlagen, schaumig schlagen; eine Farce montieren (s. *montieren)*.

**Monterey Jack:** *kalifornischer* Kuhmilchkäse mit guter Schmelzeigenschaft. Häufig als Füllung von *quesadillas, chili rellenos* u.a. verwendet; eignet sich jung für Pizzabelag.

**Montieren:** vor allem Saucen mit Butter aufschlagen, aber auch Eiweiß zu Eischnee schlagen (s.a. *Monter*).

**Moorhuhn:** aus der Familie der *Schneehühner;* das junge Tier hat ein zartes und würziges Fleisch (*Norden Großbritanniens* und *Skandinavien*).

**Moosbeere (Amerikanische):** s. *Kranbeere*.

**Moosschwämmchen:** s. *Maipilz*.

**Moong dal** *(ind.)*: gelbe halbierte Mungobohne (Hülsenfrucht).

**Moppen:** kleines Gebäck, das mit Kümmel oder Nelken gewürzt wird (Treibmittel: Pottasche).

**Moqueca** *(brasil.)*: Eintopfgericht aus *Bahia*; wird mit Fisch oder Krabben zubereitet. Dazu kommen verschiedene Gemüse und Gewürze sowie Kokosmilch; abgerundet wird mit *Dendê-Öl* (Palmöl). Das Gericht wird im selben Topf serviert, in dem es gegart wurde. Dazu isst man weißen Reis und *Farofa* (s.d.).

**Moraya:** s. *Chuño*.

**Morbier:** *franz.* fester Schnittkäse, der von einem dunklen Streifen aus Asche von Eschenholz oder Holzkohlenpulver durchzogen wird *(Jura, Frankreich)*.

**Morceaux** *(franz.)*: in Stücke geschnittene Trüffeln.

**Morcheln:** wertvoller Speisepilz von köstlichem Geschmack mit wabenartigem, gelbem bis braunen Kopf; von März bis Juni in humusreichem Boden; vor der Verwendung gut waschen.

**Morcheln in Rahm:** s. *Morilles à la crème*.

**Morchelsauce:** s. *Sauce aux morilles*.

**Morcilla** *(span.)*: Blutwurst.

**Morelle:** schwarzrote Sauerkirschenart.

**Morgenrotsauce:** s. *Sauce à l'aurore*.

**Morilles** *(franz.)*: Morcheln.

**Morilles à la crème** *(franz.)*: Morcheln in Rahm; eine beliebte Beigabe für Bries, Rehnüsschen etc. Die Morcheln werden zusammen mit gerösteten Zwiebeln gedünstet, mit Petersilie, Pfeffer und Salz gewürzt und mit saurem Rahm oder Crème fraîche gebunden.

**Mornaysauce:** s. *Sauce Mornay*.

**Moros y Cristianos** *(span.)*: »Mohren und Christen«, ursprünglich ein *spanischer*, heute auch *karibischer* (vor allem *Kuba*) Eintopf aus schwarzen Bohnen, Schweineschwarten, Reis, Paprika sowie Tomaten und Knoblauch.

**Morsellen:** *Fondant* (s.d.) mit Mandeln, Orangeat u.a., gewürzt mit Ingwer, Kardamom, Nelken, Zimt usw.

**Mortadella** *(ital.)*: eine großformatige gepökelte und meist leicht geräucherte Brühwurst aus Schweine-, Pferde- oder Wildfleisch, mit gut sichtbaren Speckwürfeln, gewürzt mit Pfeffer, Salz, Pistazien u.a. Auch in *Deutschland* und *Österreich* wird die Wurst mit Variationen produziert.

**Morue** *(franz.)*: s. *Stockfisch*.

**Mosaikkraftbrühe:** Kraftbrühe vermischt mit grünen Erbsen, Würfelchen von grünen Bohnen, Möhren, weißen Rüben, hart gekochtem Eiweiß und Trüffeln.

**Moscovite** *(franz.)*: verschiedene Erklärungen, es kann heißen: nach *Moskauer Art*, z.B. pochierte Eier, kalt mit Russischem Salat, warm mit Sauerkraut; oder auch Fruchtpüree mit Gelatine und Schlagsahne gebunden oder mit Kirschwasser getränkte Eistorte oder Crème *bavaroise* (s.d.) mit Früchten u.v.m.

**Moskowskaja:** bekannter, milder russischer Wodka mit einem Alkoholgehalt von 40 %.

**Most:** *Mooscht (schwäb.)*; vergorener Apfel- oder Birnensaft; wird oft mit Wasser verdünnt getrunken (*Baden-Württemberg, Bayern*).

**Mostert:** *Düsseldorfer Senf*; mittelscharfer oder scharfer würziger Senf, der u.a. zu Senfsauce verwendet wird *(Rheinland)*; s.a. *Senf*.

**Mostrich:** *Berliner* Ausdruck für Senf.

**Motten und Klösse:** Eintopfgericht aus Schweinefleisch und Möhren mit eingelegten Kartoffelklößen (*Hessen*).

**Moule** *(franz.)*: Miesmuschel, aber auch Backform.

**Moulé** *(franz.)*: gestürzt.

**Mouler** *(franz.)*: formen.

**Moussaka:** *musakás;* ein multinationales Gericht, bekannt bei den Arabern, Türken, Griechen u. a. In vielen arabischen Staaten versteht man darunter gebratene Auberginenwürfel, belegt mit gebräunten Zwiebeln, darüber Kichererbsen, alles gewürzt mit Pfeffer und Salz. Für die Moussaka auf *türkische* Art, die *kabab mussaka,* schneidet man Auberginen quer auf und gibt sie in eine Kasserolle. Darauf kommt eine Mischung von Lamm- und Rinderhackfleisch und angebratenen Zwiebeln; die dritte Schicht besteht aus grünem Paprika, gewürzt mit Dill, Minze, Pfeffer und Cayenne; mit Brühe aufgießen und garen lassen. Bei der *griechischen musaká* wird eine feuerfeste Form mit Auberginenscheiben ausgelegt; darauf kommt eine Farce aus Lamm- oder Rinderhackfleisch, Tomaten und Zwiebeln, gewürzt mit Knoblauch, Muskat, Lorbeer, Pfeffer, Salz und Zimt; darüber werden wieder Auberginenscheiben, ferner Champignonscheiben, Kürbisscheiben, Blumenkohl und anderes Gemüse geschichtet, die ihrerseits mit der Farce übergossen werden. Obenauf kommen schichtweise Semmelbrösel, geriebener Käse, verquirlte Eier. Das Ganze wird eine Stunde lang im Backofen gegart, bis die Oberfläche goldbraun ist. Auch die *rumänische musaca* ist ein Eintopf aus Schichten von Auberginen, Hammelhackfleisch, Champignons, Petersilie, Zwiebeln usw. Eine feuerfeste Form wird mit Auberginenhälften ausgefüttert, wobei die dunkle Seite nach außen kommt. Schichtweise werden dann die anderen Zutaten hineingegeben und mit Sauce und Eiern überzogen; das Ganze wird etwa eine Stunde lang gebacken und sodann gestürzt.

**Mousse** *(franz.)*: *Schaumbrot;* feinstes Püree von Fischen, Gänseleber, Geflügel, Krustentieren, Schinken, auch Früchten, usw., wird mit frischem Eiweiß, nach anderen Rezepten mit *Sauce Béchamel* oder *Sauce Velouté* und zum Zwecke des Stürzens mit Aspik vermischt. Zum Schluss wird immer frischer, dicker Rahm oder Schlagsahne untergezogen. Dann wird das Ganze im Wasserbad pochiert. Als *mousse* werden auch schaumige Cremes bezeichnet (s. a. *MOUSSE AU CHOCOLAT*).

**Mousse au chocolat** *(franz.)*: Süßspeise der klassischen *französischen* Küche mit mehreren Abwandlungen. Aus Butter, Eigelb, geriebener Schokolade und Puderzucker bereitet man eine lockere und zarte Creme, aromatisiert mit Cognac oder Kirschwasser und etwas starkem Kaffee; zum Schluss wird sehr streif geschlagener Eischnee, nach anderen Rezepten außerdem Schlagsahne unterzogen. Vor dem Servieren wird die

Mousse ca. sechs Stunden lang durchgekühlt.

**Mousse de homard** *(franz.)*: *Hummerschaumbrot, Hummerfarce;* wird mit steifem Eiweiß und Rahm vermischt, gewürzt, im Wasserbad pochiert und gestürzt; meist wird Hummersauce darübergegossen.

**Mousse de jambon** *(franz.)*: *Schinkenmus, Schinkenschaumbrot;* Schinkenschaumspeise mit variierenden Zubereitungsarten. Beispiel: feinst pürierter, mit tomatisierter *Sauce Chaudfroid* (s.d.) vermischter Schinken wird nochmals püriert, mit Paprika gewürzt, mit Gelee und Rahm gebunden, dann in eine mit Gelee *chemisierte* (s.d.) Form gegeben, mit Gelee abgeschlossen, im *bain-marie* (s. *Wasserbad*) pochiert und nach dem Erstarren gestürzt. Nach einem anderen Rezept wird mit Eiweiß vermischtes Schinkenpüree stark gekühlt, mit etwas Cognac aromatisiert und mit weißem Pfeffer gewürzt, zum Schluss mit frischem, dickem Rahm oder geschlagener Sahne vermengt und im Wasserbad *pochiert* (s.d.). Manche verwenden statt Rahm oder geschlagener Sahne *Sauce Béchamel.* In jedem Falle kann zum Zwecke des besseren Stürzens Aspik unter das Püree gemischt werden.

**Mousse de truites** *(franz.)*: *Forellenschaumbrot;* Forellenfarce wird mit Aspik und steifer Schlagsahne gebunden, im Wasserbad pochiert und gestürzt.

**Mousseline** *(franz.)*: *Schaumbrötchen;* kleine Schaumbrote, die entweder in Kastenförmchen bereitet, mit dem Spritzsack dressiert oder mit dem Löffel herausgestochen werden. Sowohl die Farce, als auch die Zubereitung entsprechen der *mousse,* d.h. Fisch, Fleisch, Geflügel, Schinken etc. werden zusammen mit Eiweiß püriert, gewürzt, mit frischem dickem Rahm oder Schlagsahne vermischt und im *bain-marie* (s. *Wasserbad*) pochiert. Das Wort *mousseline* wird auch für *Sauce Chantilly* verwendet (s.d.).

**Mousseline-Kartoffeln:** *pommes mousseline (franz.), Schaumkartoffeln;* gekochte, durch ein Sieb gestrichene Kartoffeln werden mit Parmesan gewürzt und mit Butter, Schlagrahm und Eischnee vermischt und in einer entsprechenden Form wie ein Auflauf zubereitet.

**Mousseline-Sauce:** s. *Sauce Chantilly.*

**Mousseron** *(franz.)*: s. *Maipilz.*

**Mousseux** *(franz.)*: Schaumwein; aber auch moussierend, schäumend.

**Moussieren:** perlen, schäumen.

**Mou-tai** *(chin.)*: bekannter chinesischer Schnaps. Das Wasser, mit dem Mou-tai hergestellt wird, soll aus einer bestimmten Quelle nahe eines gleichnamigen Ortes stammen. Zum Brennen wird *Sorghum* (s.d.) verwendet. Der Alkoholgehalt beträgt 53 %.

**Moutarde** *(franz.)*: Senf.

**Mouton** *(franz.)*: Hammel.

**Mouton chop** *(franz.)*: kotelettartige Scheibe aus dem Hammelrücken, vor allem aus dem Sattelstück samt Filet und Knochen.

**Mowi-Lachs:** ein hpts. in Norwegen gezüchteter Fjord-Lachs, der weltweit exportiert wird.

**Mozart:** Fleischgarnitur mit Pfeffersauce, Spankartoffeln oder aufgeblähten Kartoffeln und Artischockenböden, gefüllt mit Selleriepüree.

**Mozartkugeln:** *österr.* Konfekt; mit Marzipan, Nougat u. a. gefüllte Schokoladenkugeln.

**Mozzarella:** *ital.* Weichkäse aus Kuhmilch, aus Büffelmilch heißt er *Mozzarella bufala(o)*. Er wird für Pizza, Vorspeisen oder in Salaten verwendet.

**Mozzarella in Carrozza** *(ital.)*: *neapolitanische* Spezialität, im Fettbad ausgebackene Käsesandwiches. Zwischen zwei ca. 7 cm Durchmesser große Weißbrotscheiben wird ein etwas kleineres, dickes Stück Mozzarella gelegt, in eine Eigelb-Milch-Mischung getaucht, in Semmelbröseln paniert und in Öl ausgebacken. Kann mit Anchovissauce serviert werden.

**Mućkalica:** Balkangericht mit regionalen Rezepten. Klein gewürfelte Kalbs- und Schweineschulter werden mit Streifen von grünen Paprika und scharfem Gewürzpaprika vermischt, angebraten, mit Fleischbrühe abgelöscht und gar geschmort. Zum Schluss wird mit Pfeffer und Salz gewürzt, Petersilie und Zwiebeln hinzugefügt; dann alles eine Zeit lang ziehen lassen.

**Mu-err:** *Baumpilz, Braunpilz, Holzohr, Judasohr, chinesische Morchel, Wolkenohr;* der bei uns wohl bekannteste chinesische Pilz, der vor allem getrocknet erhältlich ist und aussieht wie geknülltes schwarzes Papier. Er vergrößert sich beim Einweichen um das Fünf- bis Sechsfache und wird dabei bräunlich durchsichtig und gallertartig. Er dient hauptsächlich als Beigabe zu Geflügel-, Nudel- und Gemüsegerichten.

**Mü(e)sli** *(schweiz.)*: *Mus;* s. *Bircher-Müesli.*

**Müllerin Art:** *à la meunière (franz.);* Zubereitungsmethode, die hauptsächlich bei Fischen, Krustentieren und Froschschenkeln praktiziert wird. Die Fische usw. werden in gewürzte Milch getaucht, in Mehl gewendet, in heißer Butter gebraten und zum Schluss mit Zitronensaft beträufelt, mit gehackter Petersilie bestreut und mit brauner Butter begossen.

**Müllerinbutter:** s. *Beurre meunière.*

**Müller-Thurgau:** Weinsorte aus einer Kreuzung von Riesling, Silvaner und Rivaner; mild, duftend, harmonische Säure.

**Münchner Prinzregententorte:** eine von der Hofkonditorei Rottenhöfer Prinzregent Luitpold gewidmete Torte aus verschiedenen Teigschichten, zwischen die jeweils eine Schokoladencreme gestrichen wird.

**Münchner Weisswürste:** s. *Weisswürste.*

**Münchner Weizenbier:** s. *Weissbier.*

**Münsterkäse:** sehr pikanter und aromatischer Weichkäse (oft Rohmilchkäse) mit Schmierenbildung aus dem Münstertal in den Südvogesen (*Frankreich*).

**Münsterländer Biersuppe:** Suppe hauptsächlich aus Malzbier, Rosinen, Vanille und Eischneeklößchen.

**Münsterländisches Töttchen:** s. *Töttchen.*

**Mürbbraten:** *Mörbbraten;* die an das Schoßstück anschließende Hüfte ohne Deckel, das zarteste Stück der Rinderkeule, manchmal auch *Mürbebraten* oder *Mürbeschoß* genannt *(Süddeutschland).*

**Mürbeteig:** *pâte brisée* (*franz.*); wird vor allem für Kuchen- und Tortenböden verwendet. Er besteht aus Weizenmehl, viel Butter, Eiern, etwas Milch, einer Prise Salz und Zucker. Der Butteranteil beträgt mehr als die Hälfte der Mehlmenge. Der Teig darf nicht stark durchgeknetet und muss vor der Verwendung gut gekühlt werden.

**Mürbebraten:** s. *Mürbbraten.*

**Müslichrut** *(schweiz.)*: *Müsliblätter;* Salbeiblätter.

**Muffins:** leichtes, in speziellen Förmchen hergestelltes Gebäck, das meist warm zum Frühstück gegessen wird. Der Teig besteht aus Mehl, Backpulver, Milch und etwas Salz. Sie werden auch mit Butter, Eiern und etwas Zucker, manchmal auch Schokolade oder Heidelbeeren, verfeinert (*USA, Kanada* und *England*).

**Muhallabia:** Milchpudding aus Milch, Reismehl, Zucker und Mastix; Dessert im Fastenmonat Ramadan *(Vorderer Orient).*

**Muikku:** kleine Bodenrenke, die in den *finnischen* Gewässern beheimatet ist.

**Mulato-Chilischote:** scharfe, in der *lateinamerikanischen* Küche verwendete, getrocknete, fast schwarze Chilischote.

**Mulligatawny:** der Name dieser Suppe stammt vom indischen Wort *Mulegoothani* oder *Molega-tanni* ab, was soviel wie *Pfefferwasser* bedeutet. Ursprünglich ein Gericht aus Linsen und vielen Gewürzen, versteht man in der anglo-indischen Version heute eine gehaltvolle Suppe aus Rinder-, Hühner- oder Fischbrühe mit Fleischeinlage und Gewürzen wie Kardamomkapseln, Curryblättern, Knoblauch, Kreuzkümmel, Koriandersamen, Pfefferkörnern, Tamarindenmark, Nelken und Zwiebeln. Die Suppe wird mit Kokosmilch oder Sahne gebunden, gelegentlich mit einem Schuss Portwein abgerundet und auch mit Reiseinlage serviert.

**Mulsum** *(lat.)*: *Honigwein, Met,* der auf verschiedene Art zubereitet wird.

**Multbeere:** *Moltebeere;* brombeerähnliche Frucht einer Heide- und Moorpflanze, die von gelber Farbe ist und wie Preiselbeeren schmeckt (*Skandinavien*), in Deutschland auch *Torfbeere* oder *Kranichbeere* genannt.

**Mundbissen:** *bouchées (franz.)*; kleine warme Vorspeisen in Form von Blätterteigpastetchen, gefüllt mit Püree, Ragout, *Salpicon* (s.d.) usw.

**Mung Dal** *(ind.)*: scharf gewürztes Curry-Gericht mit *Mungobohnen* (s.d.), *Garam Masala* (s.d) u.a. in verschiedenen Abwandlungen. Dazu Fladenbrot *(Indien)*.

**Mungobohne:** *lunja;* ostasiatische Hülsenfrucht mit saftigen Sprossen. In *China* wird sie u.a. zu *fen-see-Nudeln* (s.d.) verarbeitet. Ihre zarten Keimlinge werden für Salate, Gemüse und pfannengerührte Speisen verwendet; sehr wichtiges *Sprossengemüse* (s. *Sprossen*). Im Vorderen Orient und in großen Teilen Asiens ist die getrocknete Hülsenfrucht Bestandteil zahlreicher Gerichte, z.B. des *indischen dal* (s.d.).

**Munkatsina:** in den *arabischen* Ländern beliebter Salat, hauptsächlich aus Orangen, Zwiebeln und Oliven.

**Munster:** s. *Münsterkäse.*

**Muräne:** schlangenförmiger Fisch mit schmackhaftem Fleisch, kann bis zu 1,5 m lang werden. Vorkommen u.a. an den Felsküsten des Nordatlantiks.

**Mûre** *(franz.)*: Brombeere, Maulbeere; auch Brombeerschnaps *(Elsass)*.

**Murgh** *(ind.)*: Geflügel, Huhn.

**Musakás** *(griech.)*: s. *Moussaka.*

**Muscheln:** *conchas (span.), moules (franz.), vongole (ital.)*; es gibt unzählige Arten dieser Meeres frucht. Die wichtigsten sind unter ihrem Stichwort beschrieben. Die Schalen müssen geschlossen sein. Die Miesmuscheln z.B. werden zunächst unter fließendem Wasser von den so genannten Bärten befreit. Dann werden sie in Wasser (oder Wasser-Wein-Mischung), in das etwas Petersilie, Lorbeer und Salz gegeben wird, so lange gesotten, bis sie sich öffnen. Nach dem Sieden immer noch geschlossene Muscheln müssen unbedingt entfernt werden.

**Muscheln, Rheinische:** in Weißwein und Wasser gegarte Miesmuscheln (*Rheinland*).

**Musetto:** *italienische,* schmackhafte, mit Muskatnuss und Weißwein gewürzte Wurst.

**Mushimono** *(jap.)*: allgemein für gedämpfte Lebensmittel.

**Mushroom** *(engl.)*: allgemeiner Begriff für gezüchtete und wild wachsende Pilze.

**Muskalica:** s. *Mućkalica.*

**Muskat:** *nutmeg (engl.);* Samenkerne des Muskatbaumes, früher nur auf den Molukken, den so genannten Gewürzinseln, beheimatet, heute aber auch andernorts, hauptsächlich auf Grenada *(Karibik)*. Gewürz für Klöße, Suppen usw. (s.a. *Macis)*.

**Muskatblüte:** s. *Macis.*

**Musmehl:** s. *Brennt's Mus.*

**Mustard** *(engl.)*: Senf.

**Mustikkapiirakka:** *finnischer* Blaubeerkuchen, der traditionell als Nachtisch gereicht wird.

**Mutschelmehl:** geriebene Semmel oder Weißbrot ohne Rinde; wird für Panade und für Klößchen verwendet.

**Mutschli** *(schweiz.)*: weißes rundes Frühstücksbrötchen.

**Mutton** *(engl.)*: Hammelfleisch.

**Mutton-broth** *(engl.)*: *schottische* Spezialität; eine Suppe, die hauptsächlich aus Hammelfleisch, Gerstengraupen und Gemüsen wie Lauch, Möhren, weißen Rüben, Staudensellerie und Zwiebeln, besteht.

**Mutton chop** *(engl.)*: s. *MOUTON CHOP*.

**Muzen:** *Munzer Puffeln;* Schmalzgebäck zum Karneval *(Rheinland)*.

**Myrtille** *(franz.)*: Heidelbeere.

**Naan** *(ind.)*: Fladenbrot, original in Form einer Träne oder eines Pflanzenblattes; der Teig wird aus Mehl, Hefe, Joghurt, *Ghee* (s.d.), Salz und Zucker bereitet. Die Fladen sind zur Mitte dünner und zum Rand hin dicker. Naan wird im typischen Tandoori-Ofen oder bei ca. 225 °C im Backofen etwa 10 Minuten gebacken.

**Nabelschnecke:** essbare Schneckenart, die auf beiden Seiten des Atlantiks vorkommt; wird in Salzwasser gegart und manchmal in einer Sauce serviert.

**Nachbouillon:** s. *Nachbrühe*.

**Nachbrühe:** *Nachbouillon;* nach dem Abgießen der Fleischbrühe die Zutaten nochmals mit Wasser auffüllen und mehrere Stunden lang kochen.

**Nachbrust:** s. *Schlachtfleisch* (Rind).

**Nacho:** *mexikanische*, in Fett ausgebackene *Tortilla* (s.d.) in Dreiecksform.

**Nackte Mariele:** süße Nudeln aus Kartoffeln und Mehl *(Baden-Württemberg)*.

**Nägelchen:** *Nägeli (schweiz.)*; s. *Gewürznelken*.

**Nagami:** ovale Kumquat-Frucht aus China. Sie gehört zur Familie der Zitrusfrüchte und und hat etwa Dattelgröße. Man kann die Schale mitessen.

**Nage, à la** *(franz.)*: Fische oder Krustentiere, die in einer reduzierten *court-bouillon* (s. *Fischsud)* gegart werden.

**Nahari** *(ind.)*: auch *Nehari;* dieses Ragout wird aufwändig zubereitet; Lammhals und Hammelfüße werden in gewürztem Wasser gekocht. Separat wird eine Gewürzmischung angeröstet, dazu kommen gehackte Zwiebeln und Knoblauch. Weitere Zwiebeln werden angeröstet und mit Joghurt vermischt. Aus Kichererbsen- und Weizenmehl wird eine Einbrenne hergestellt, mit etwas Brühe aufgefüllt und dann mit dem Ragout noch ca. eine Stunde unter Hinzufügung weiteren Joghurts geköchelt. Dieses Gericht wird traditionsgemäß als *Morgenmahlzeit* meist mit Sauerteigbrot serviert.

**Nalesniki** *(poln.)*: Pfannkuchen, die mit einer Mischung aus Quark, Eigelb, Milch und Zucker gefüllt und mit Puderzucker bestreut werden.

**Nam pla** *(thail.)*: dünnflüssige, salzige Würzsauce mit Fischgeschmack (s.a. *Nuoc mam)*.

**Nam prik** *(thail.)*: scharfe Chilisauce.

**Nangka:** s. *Jackfrucht*.

**Nantaiser Art:** *à la nantaise (franz.);* Fleischgarnitur mit gebundenem Kalbsjus (s. *Jus)*, grünen Erbsen, Kartoffelpüree und glacierten weißen Rübchen.

**Nantaiser-Ente:** s. *Ente*.

**Nantaiser Salat:** Salatmischung aus Garnelen, Räucherlachsstreifen und Spargelspitzen.

**Nantua:** Fischgarnitur mit *Sauce Nantua* (s.d.), Krebsschwänzen und Trüffelscheiben.

**Napfkuchen:** die *mittel-* und *norddeutsche* Version des Gugelhupf. Der Napfkuchen wird manchmal auch aus geriebenen Teig bereitet (s.a. *Baba*).

**Napfschnecken:** weltweit verbreitete Schneckenart mit einem zeltartigen Gehäuse. Die Schnecken haften an Felsen, werden bis zu 5 cm lang und können roh gegessen werden.

**Naphtali:** kleines Gebäck aus schaumiger Butter, Eigelb, Mandeln, Zitronenschale und Zucker, mit Eischnee vermischt.

**Napoleonki** *(pol.)*: mit Pudding gefüllte Blätterteigtaschen.

**Napolitaine, à la:** s. *Neapeler Art*.

**Nappieren:** Überziehen von Fisch- oder Fleischstücken mit einer Sauce, die so dick sein muss, dass sie nicht wieder herunterläuft.

**Naranja** *(span.)*: Orange.

**Nargesi kofta** *(ind.)*: in Öl frittierte Klopse, hauptsächlich von Lammhackfleisch, gebunden mit *besan* (s.d.) und rohem Ei und gewürzt mit *Cilantro*, Kreuzkümmel und Salz. In jeden Kloß wird ein hart gekochtes Ei eingeschlossen *(Nordindien)*.

**Nariyal** *(ind.)*: Kokosnuss.

**Nashi:** *Japanische Birne, Sandbirne, Asiatische Birne;* apfel- oder birnenförmige Kernfrucht mit knackigem, saftigem Fleisch und erfrischendem Geschmack. Wird in ganz Ostasien, in milderen Gegenden Europas und in den westlichen USA angebaut.

**Nasi** *(indon.)*: Reis, meist gekocht.

**Nasi goreng** *(indon)*: gebratener Reis; darunter wird auch ein indonesischer Reistopf mit regionalen Variationen verstanden. Hauptsächliche Bestandteile sind Garnelen, Hühner-, Rind- oder Schweinefleisch, Reis und Zwiebeln, gewürzt mit Knoblauch, Koriander und anderen exotischen Aromaten, Shrimpspaste und Sojasauce; dazu werden verschiedene *sambals* (s.d.) gereicht. Außerdem eignen sich als Beilage Bananen, Cashewnüsse, Erdnüsse, *Mango-Chutney* (s.d.) usw. Das Gericht wird mit Spiegelei oder Omelettstreifen und *kroepoek* (s.d.) garniert.

**Nasi kuning** *(indon.)*: gelber Reis, der mit Kurkuma gefärbt ist. Übrige Zutaten und Gewürze können sein: Knoblauch, Zwiebeln, Curry und Pandanusblätter etc. Die Garnitur kann aus Gurkenscheiben, Chilistreifen und Eiern bestehen.

**Nasspökeln:** Wasser wird mit Pökelsalz (Fertigprodukt), Zucker und evtl. Pfefferkörnern, Wacholderbeeren, Thymian und Lorbeer zum Kochen gebracht, abgekühlt und über die zu pökelnden Fleischstücke gegossen. Die Konzentration der Lake kann man dadurch überprüfen, indem man eine geschälte Kartoffel hinein gibt. Wenn die Kartoffel an der Oberfläche schwimmt, ist der notwendige Salzgehalt erreicht (s.a. *Pökeln*).

**Nata** *(span.)*: Schlagsahne.

**Natal:** eine *brasilianische* Orangensorte unbekannter Herkunft. Ernte Ende Dezember; dient zur Saftgewinnung (Export).

**Natives oyster** *(engl.)*: s. *Western oyster*.

**Natron:** weißes, pulverartiges Natriumsalz, welches das Garen von Hülsenfrüchten beschleunigt und als Backtriebmittel dient.

**Natto-jouyu** *(jap.)*: besonders zu *sashimi* (s. d.) gereichte Sauce, die hauptsächlich aus fermentierten, fein gehackten Sojabohnen und Sojasauce besteht.

**Naturreis:** s. *brauner Reis*.

**Nâu com** *(vietnam.)*: gekochter Reis; Reis mit kaltem Wasser spülen, abtropfen lassen, in Wasser kochen, bis dieses verdampft ist, umrühren, weiter köcheln lassen; nach dem Garen eine Viertelstunde lang ruhen lassen; s. a. *Reis*.

**Navarin** *(franz.)*: Hammel- oder Lammragout aus Brust, Nacken, Kotelett und Schulter, mit Karotten, Kartoffeln, *navets* (s. d.), magerem Speck, Tomaten und Zwiebeln, gegart in braunem Fond und Wein, gewürzt mit Knoblauch, Kräuterbündel, Lorbeer, Pfeffer und Salz, garniert mit oval tournierten Salzkartoffeln und glacierten Zwiebelchen und mit Petersilie bestreut.

**Navel:** kernlose Orangensorte.

**Navets** *(franz.)*: zarte Frühlingsrübchen, die sich geschält zum Glacieren als Beilage und zum Süßsauer-Einlegen eignen (s. a. *Speiserüben*).

**Navets glacés** *(franz.)*: glacierte weiße Rübchen. Sie werden in der Regel olivenförmig tourniert und dann im hellen Fond mit Butter, Salz und Zucker so lange gedünstet, bis die Flüssigkeit verdampft und das Gemüse mit einer glänzenden Schicht überzogen ist.

**Navette** *(franz.)*: kleines Gebäck in Schiffchenform; Teig meist aus Mehl, Butter, Zuckersirup und Orangenblütenwasser; oft auch mit Mandeln u. a.

**Neapeler Art:** *à la napolitaine (franz.)*; Garnitur für Fisch, Geflügel, Kalbskotelett und Kalbsschnitzel. Letztere werden mit Parmesan und Weißbrotkrumen paniert, gebraten und mit Spaghetti und geriebenem Parmesan serviert. Anderes Fleisch wird mit Kalbsjus (s. *Jus*) und Spaghetti, die mit Butter, Käse und Tomatenpüree vermischt werden, gereicht. Fisch wird mit *Sauce Mornay* (s. d.) nappiert, mit geriebenem Käse bestreut und mit Spaghetti und Tomatensauce garniert.

**Nebbiolo-Traube:** der Name kommt von den herbstlichen Nebeln im Piemont *(ital.: nebbia)*. Aus ihr werden u. a. der berühmte Barolo und Barbaresco sowie der Nebbiolo d'Alba etc. gekeltert (*Italien*).

**Nebelkappe:** s. *Graukappe*.

**Nebukadnezar:** 15 l fassende Champagnerflasche.

**Negerküsse:** kleines rundes Gebäck aus einem Waffelboden, Eischnee und Schokoladen-Überzug; ugs. auch *Mohrenköpfe* (s.d.) genannt.

**Negritas** *(span.)*: Feingebäck aus einer Masse, die aus flüssigem Eiweiß, geriebenen Mandeln, geschmolzener Schokolade und Zucker sowie steif geschlagenem Eiweiß besteht. Die Hälfte der flach gestrichenen Masse wird mit Schokoladencreme bestrichen, mit der restlichen Masse belegt und im Backofen getrocknet. Das Ganze wird mit Schokoladenfondant überzogen und in Würfel geschnitten.

**Neige, sur** *(franz.)*: auf gemahlenem Eis serviert, z.B. Austern.

**Nektar:** dickflüssiger Fruchtsaft und Fruchtmark, z.B. Aprikosennektar oder Guavennektar usw.

**Nektarine:** Steinobstfrucht; glatthäutige Pfirsichsorte, vermutlich eine Kreuzung zwischen Pfirsich und Pflaume oder eine Mutante des Pfirsichs, die besonders in *Japan, Kalifornien, Südafrika* und *Südeuropa* angebaut wird.

**Nelken:** s. *Gewürznelken*.

**Nelkenpfeffer:** s. *Piment*.

**Nem** *(vietn.)*: früher eine Art Pastete, heute eher mit einer Frühlingsrolle zu vergleichen; die Füllung kann aus Geflügel- oder Schweinefleisch mit verschiedenen Pilzen, Zwiebel, *Vermicelli* (s.d.), *Yamsbohne* (s.d.), Gewürzen und Ei bestehen, es gibt aber auch rein vegetarische Füllungen. Die Masse wird portionsweise in Reispapierblätter eingerollt und dann im heißen Fett ausgebacken (s.a. *Frühlingsrolle*).

**Nerfling:** s. *Aland*.

**Nesselrode:** Garnitur für Fisch und Fleisch; Fischfilets werden mit Hechtfarce und Hummerfleisch gefüllt und in Blätterteig gebacken. Dazu Hummersauce mit Austern. Fleisch dagegen wird mit Madeirasauce, Champignons, glacierten Maronen und Trüffelscheiben gereicht.

**Nesselrode-Pudding:** kalte Süßspeise, für die Eigelb und Zucker schaumig gerührt, mit heißer Sahne vermischt und so lange bei milder Hitze gerührt werden, bis die Masse cremig ist. Dann werden Kastanienpüree, in Rum marinierte Korinthen und Rosinen und Vanilleessenz untergemengt. Sobald die Masse abgekühlt ist, wird steife Schlagsahne untergehoben und das Ganze anschließend gestürzt.

**Netz:** *crépine (franz.);* Eingeweidehaut des Bauchfelles der Schlachttiere. Das Schweinenetz dient als Garhülle für bestimmte Gerichte, z.B. für so genannte Netzbratwürstchen, und *elsässische* Spezialitäten in Form gepökelten Schinkens im Netz, *Palette de diable* (s.d.) oder auch *Crepinettes* (s.d.) u.a. Vor der Verwendung ca. 1 Stunde wässern.

**Netzannone:** herzförmige oder runde tropische Frucht, die einen Durchmesser von 8–12 cm und ein Gewicht bis zu einem Kilogramm hat. Die Haut ist rötlich braun und geschuppt, das kernreiche Fleisch von weißlicher bis gelblicher Farbe und zart schmelzendem süßen Geschmack (s.a. *Annone*).

**Netzbraten:** im Schweinsnetz gegartes Fleisch.

**Netzbratwürstchen:** kleine Bratwürstchen in einer Netzhülle.

**Netzmagen:** *Vormagen;* faltiger, zwischen Blättermagen und Pansen liegender Magen der Wiederkäuer.

**Netzmelonen:** s. *Melonen*.

**Netzwürstchen:** s. *Crépinettes*.

**Neuenburger Fondue:** *Fondue Neuchâteloise (franz.);* s. *Fondue*.

**Neuer Wein:** s. *Bitzler*.

**Neugewürz:** s. *Piment*.

**Neunauge:** *Bricke, Lamprete;* ein aalähnlicher Fisch, der im Meer und im Süßwasser vorkommt. Wird in den Küstengewässern *Europas, Grönlands, Nordamerikas, Japans* und *Sibiriens* gefangen, steigt zum Laichen in die Flüsse hoch. Zubereitung wie Aal; auch für Matrosengerichte (s. *Matelote*) und Pasteten.

**Newburgh-Sauce:** s. *Sauce Newburgh*.

**New england boiled dinner** *(engl.)*: traditionelles Gericht von der Ostküste der USA; gepökelte Rinderbrust wird knapp gar gekocht, dann kommen Kartoffeln, weiße Rüben und Karotten dazu; separat werden Rote Bete und Weißkraut (in zwei Töpfen) weich gekocht. Die einzelnen Zutaten werden in Schüsseln und auf Platten zusammen mit einer Sauce, bestehend aus einer hellen Mehlschwitze, Senfpulver, Senf und mit Essig und saurer Sahne abgerundet, serviert. Reste werden am folgenden Tag als *Red flannel hash (engl.)* zusammen mit Roter Bete gegessen.

**Nghe** *(vietn.)*: Gelbwurz.

**Ngo** *(vietn.)*: Koriander.

**Niçoise, à la** *(franz.)*: s. *Nizzaer Art*.

**Nidel** *(schweiz.)*: Rahm, Sahne.

**Niere:** *kidney (engl.), rognons (franz.), rognoni (ital.), rognone (span.)*; Innerei von Kalb, Rind, Schaf, Schwein und Geflügel; Nieren müssen vor der Zubereitung gut gewässert und gereinigt werden (s.a. *Saure Nierle*).

**Niederwild:** der Gegensatz zum Hochwild; z.B. Hase, Kaninchen, Wildente u.a.

**Nierenbraten:** Nierenstück des Kalbs; das zwischen Kotelettstück und Keule liegende Teilstück des Kalbs, das auch Sattelstück genannt wird und zu Kalbsbratenstücken, Kalbsnierenbraten, Rollbraten und Rückensteaks verarbeitet wird.

**Nigella** *(lat.)*: s. *Schwarzkümmel*.

**Nigiri** *(jap.)*: Reiskloß, oft vermischt mit anderen Zutaten (s.a. *Sushi*).

**Nikolaschka:** Cocktail mit Cognac und einer gezuckerten

Zitronenscheibe *(Ostpreußen, Baltikum)*.

**NIKÚ** *(jap.)*: Fleisch.

**NIMROD:** Garnitur für Wildgeflügel mit Wildjus (s. *JUS*); kleine Blätterteig-Bouchées, die mit Preiselbeeren gefüllt sind, Champignonköpfe, gefüllt mit Maronenpüree, Kartoffel-Kroketten, Prinzessböhnchen und Rissolen, gefüllt mit Ochsenmark.

**NIMROD-SALAT:** Salat aus in Streifen geschnittenem Wildbratenfleisch, Roten Rüben und Kopfsalat.

**NISPERO:** s. *LOQUAT*.

**NIU** *(chin.)*: Rindfleisch.

**NIXTAMAL** *(mex.)*: getrocknete Maiskörner werden in *Kalkwasser* (Wasser mit gemahlenem Kalk) eingeweicht, um die Haut von den Körnern lösen zu können (s. a. *MASA*). In der *mexikanischen* Küche wird Nixtamal z. B. zu *POZOLE* (s. d.), einer Suppe aus Hühner- und Schweinefleisch u. a. verwendet.

**NIZZAER ART:** *à la niçoise (franz.)*; Garnitur für Fisch, Fleisch und Geflügel. Fisch wird garniert mit Kapern, schwarzen Oliven, Sardellenfilets, geschmolzenen Tomaten und Zitronenscheiben; Fleisch und Geflügel dagegen mit Kalbsjus, Prinzessböhnchen, Schlosskartoffeln und geschmolzenen Tomaten.

**NIZZAER SALAT:** s. *SALADE NIÇOISE*.

**NOCE** *(ital.)*: Nuss; Walnuss.

**NOCKEN:** s. *GNOCCHI*.

**NOCKERL:** eine Art *österr.* Spätzle. Der Teig wird entweder aus Mehl, Eiern, Butter und Milch oder nur Mehl und Wasser hergestellt und in Form großer Tropfen in Salzwasser gekocht. Kartoffelnockerl werden aus Kartoffelteig bereitet. Man formt aus diesem Rollen und teilt diese in Stückchen, die dann in Salzwasser abgekocht werden; (s. a. *GALUSKA*).

**NOHUT** *(türk.)*: Kichererbsen, aus denen Kichererbsenpüree, *(HUMMUS*, s. d.), bereitet wird.

**NOILLY PRAT:** *franz.* Weißweinwermut; wird zum Verfeinern von Saucen verwendet.

**NOISETTES** *(franz.)*: Nüsschen, kleine, ca. 2–3 cm dicke Fleischstücke vom Rücken, insbesondere vom Filet des Kalbes, Lamms, Rehs usw.; s. a. *NUSS*.

**NOISETTE D'AGNEAU** *(franz.)*: s. *LAMMNÜSSCHEN*.

**NOISETTE D'AGNEAU À L'ESTRAGON** *(franz.)*: Lammnüsschen in Estragonsauce. Die in Butter gebratenen Lammnüsschen werden mit einer Sauce aus Butter, *crème fraîche*, Estragon und Madeira begossen.

**NOISETTES DE CHEVREUIL** *(franz.)*: s. *REHNÜSSCHEN*.

**NONNENFÜRZLE:** Bezeichnung für Hefeteigküchlein (Krapfen), die im Fett schwimmend ausgebacken werden (*Süddeutschland*).

**NONPAREILLE** *(franz.)*: Bezeichnung für das Kleinste seiner Art, z. B. bei Kapern.

**Nopales:** die flachen »Blätter« oder Glieder des Feigenkaktus. Frische Nopales waschen, verdickte Basis und die Ränder abschneiden, die Stacheln entfernen. Nopales in Streifen oder Quadrate schneiden und in Salzwasser ca. 5–10 Minuten garen. Danach noch einmal gründlich waschen. In *Mexiko* dienen sie als Gemüsebeilage oder Füllung für Tacos, im *Südwesten* der *USA* macht man einen frischen Salat daraus.

**Nordseegarnele:** s. *Steingarnele*.

**Nordseekrabbe:** *Sandgarnele, Granat;* bedeutende Fischerei an der Nordsee. Die Garnelen werden im Volksmund fälschlicherweise auch *Krabben* genannt. Sie werden noch an Bord der Kutter gekocht und meist frisch verkauft; auch in Dosen erhältlich. Der Granat ist sehr schmackhaft, Vorkommen in Nord- und Ostsee, an den Küsten von Portugal bis zum Weißen Meer, im Mittelmeer und im Schwarzen Meer (s. a. *Garnelen*).

**Nori** *(jap.)*: getrockneter, blattförmiger, so genannter *Purpurtang* (*Rotalge*), der in der jap. Küche als Gewürz und für Garnituren, wie z. B. zum Umwickeln von Fisch oder Fleisch oder *Maki-Sushi* (s. d.) verwendet wird. Wird vor Gebrauch oft angeröstet.

**Norma, alla** *(ital.)*: Pasta-Garnitur mit Auberginen; gebacken, als Gemüse oder mit Sauce.

**Normande, à la** *(franz.)*: s. *Normannische Art*.

**Normannische Art:** *à la normande (franz.);* Garnitur für Fisch mit *Normannischer Sauce* (s. d.), Austern und Muscheln, Champignonköpfen, *Fleurons* (s. d.), Garnelenschwänzen und Trüffelscheiben.

**Normannische Kartoffeln:** Kartoffelscheiben werden mit magerem Speck und Zwiebelscheiben angeröstet, mit Pfeffer und Salz gewürzt, in Fleischbrühe gegeben, nach dem Kochen mit Sahne vermengt und mit Petersilie bestreut.

**Normannischer Fischtopf:** *Marmite dieppoise (franz.);* ein Fischtopf, der Seezunge, Seeteufel und Steinbutt vereint, die in einer Fischbouillon, aromatisiert mit Gemüsen und *Cidre* (s. d.) in Filets oder Stücken gegart und mit Miesmuscheln garniert werden. Die Sauce wird mit Butter und *crème fraîche* angereichert.

**Normannische Sauce:** *sauce diplomate, sauce normande (franz.)*; Diplomatensauce; es gibt mehrere Methoden, nach denen diese Sauce bereitet werden kann. z. B. wird *sauce vin blanc* mit Champignonsud und Rahm vermischt und mit Butter aufgeschlagen. Andere Art: Fischvelouté wird mit Austern- und Champignonsud vermengt, mit Eigelb und Sahne gebunden und mit Butter aufgeschlagen. Für gedünstete und pochierte Fische, z. B. Seezunge.

**Nougat:** eine aus gerösteten Mandeln und/oder Haselnüssen, Zucker und Couvertüre hergestellte Süßware, verschiedenfarbig, von unterschiedlicher

Konsistenz und mit unterschiedlichem Geschmack. *Deutscher Nugat* z. B. schmeckt schokoladig nussig. Andere Arten sind der französische *Nougat de Montélimar*, der baskische *touron*, der italienische *torrone* und der spanische *turrón* mit den verschiedensten Geschmacksnuancen.

**Nouilles** *(franz.)*: Nudeln.

**Nouvelle Cuisine:** diese von den *französischen* Gastrokritikern *Gault* und *Millau* propagierte Kochmethode hat ihre Wurzeln schon in der Küche des großen *Fernand Point*, des Chefs der *La Pyramide* in Vienne. Diese »neue« Lehre postuliert praktisch nur seit eh und je Selbstverständliches:

1. schnörkellos
2. nichts kaputtkochen
3. nur frischeste Zutaten
4. keine aufgeblasenen Menues
5. fettarme Saucen
6. Berücksichtigung der regionalen Küche
7. Gesundheitsbewusstsein usw.

**Novel Food** *(engl.)*: Neu entwickelte Lebensmittel, die unter die Europäische Verordnung für Novel Food fallen. Häufig keine Nahrungsmittel, sondern kennzeichnungspflichtige Nahrungsergänzungsmittel im Grenzbereich zu Arzneimitteln.

**Novita:** Blattsalatzüchtung mit zarten Blättern (u. a. aus *Holland*).

**Nudelfleckerl** *(österr.)*: kleine, gebogene Hartweizennudeln in zentimetergroßer Schmetterlingsform.

**Nudeln Alfredo:** *Tagliatelle Alfredo (ital.)*; italienische Bandnudeln, benannt nach einem berühmten römischen Koch. Die Nudeln werden in flüssiger Butter und Sahne geschwenkt und meist mit hauchdünnen Scheiben von schwarzen oder weißen Trüffeln serviert.

**Nürnberger Bratwurst:** eine weltbekannte Wurstspezialität, meist fingerlange Bratwürstchen, die in der Regel auf dem Rost gebraten und mit Sauerkraut serviert werden.

**Nürnberger Lebkuchen:** *Lebzelten (österr.)*; ursprünglich ein fladenartiges Gebäck aus Pfeffer, Honig und Mehl (Pfefferkuchen); im 16. Jh. entwickelte sich daraus langsam der »Lebkuchen«. Heute eine bekannte Dauerbackware, oft mit Oblaten als Unterlage, reichlich gewürzt mit Anis, Ingwer, Kardamom, Koriander, Macis, Nelken, Piment, Zimt u. a. und oft bereichert mit Mandeln, Nüssen, Orangeat, Schokolade usw.

**Nürnberger Stadtwurst:** eine gut gewürzte, in großen Ringen angebotene, Wurstspezialität aus *Franken*. Schmeckt gekocht und gebraten.

**Nüsschen:** s. *Noisettes*.

**Nüsslisalat** *(schweiz.)*: s. *Rapunzel*.

**Nugat:** s. *Nougat*.

**Nuoc châm** *(vietnam.)*: Bezeichnung für eine mit Knoblauch, Chili, Limettensaft und Zucker aromatisierte *Nuoc mam* (s. d.).

**Nuoc mam** *(vietnam.)*: Würzsauce aus fermentierten Fischen, Garnelen und Salz; für Fisch, Fleisch, als Saucengrundlage u.a. In Thailand heißt eine ähnlich hergestellte Sauce *Nam pla* (s.d.).

**Nuo-mi** *(chin.)*: Klebereis.

**Nuss**: kugelförmig geschnittenes Fleischstück aus der Keule der Schlachttiere, das sich zum Braten und Grillen eignet. Beim Hammel, Kalb und Schwein ist die Nuss der ovale Teil der Keule, beim Rind liegt die so genannte runde Nuss im oberen Keulenbereich (s.a. *Noisettes)*.
Auch fetthaltige und mineralstoffreiche Schließfrucht, in Deutschland versteht man lebensmittelrechtlich darunter die Hasel- und Walnuss. Allgemein jedoch werden u.a. auch Cashew und Erdnuss (Hülsenfrucht), Kokos-, Mandel, Pecan- und Paranuss sowie Pinienkerne dazu gezählt.

**Nussbutter**: s. *Beurre noisette*.

**Nusskartoffeln**: s. *Pommes de terre noisettes*.

**Nusskipfel** *(öster.)*: Blätterteighörnchen gefüllt mit einer Masse aus Honig, Milch, Nüssen und geriebener Zitronenschale.

**Nussschinken**: gepökelter und mild geräucherter, sehr zarter und magerer Schinken aus der *Nuss* (s.d.) des Schweines. In der Fleischerei wird die Nuss bereits vor der Verarbeitung als Nussschinken bezeichnet. Fälschlicherweise werden auf dem Markt auch Schinken aus anderen Schweineteilen, wie z.B. aus der Schulter, als Nussschinken angeboten.

**Nutmeg** *(engl.)*: s. *Muskat*.

**Oaxaca (Queso de):** *mexikanischer* Mozzarella-ähnlicher, gut schmelzender Käse.

**Obatzter:** ein mit Butter, Kümmel, Pfeffer, Zwiebeln und evtl. edelsüßem Paprika angemachter Camembert oder Brie. Original kommt noch *Weißlacker* (s.a. *Bierkäse*) dazu *(Bayern)*.

**Obergäriges Bier:** die Gärtemperatur dieser Biersorte (s. *Bier*) liegt bei bis zu 25 °C, im Gegensatz zu *Untergärigem Bier* (s.d.).

**Obers** *(österr.)*: Sahne.

**Oberschale:** Teil der Keule beim Rind, Kalb und Schwein. Beim Rind heißt die Oberschale auch Beefsteak, Kluft, Pastorenstück, Rouladenstück, schwarzes Schärzel usw., beim Kalb auch Schnitzelschale, Schnitzelfricandeau usw. und beim Schwein auch Rollschinken. Die Oberschale des Rindes eignet sich u.a. für Rouladen, Steaks und Ta(r)tar, die des Kalbes für Geschnetzeltes und Schnitzel, diejenige des Schweines u.a. für Burgunder Braten und ebenfalls für Schnitzel; s.a. *Schlachtfleisch*.

**Oblaten:** sehr dünne Teigblätter, die ohne Treibmittel hergestellt und meist als Unterlage für Gebäck u.a. dienen.

**Obstbanane:** s. *Banane*

**Obstler** *(österr., südd.)*: ein Mischobstbrand bzw. Obstbrannt zumeist aus Birnen und Äpfeln u.a. oder deren Saft.

**Oca:** s. *Sauerklee*.

**Ochi di lupo** *(ital.)*: große, leicht gebogene Pastaröhren; bedeutet übersetzt *Wolfsaugen*.

**Ochse:** kastriertes männliches Rind, Stier.

**Ochsenaugen:** s. *Spiegelei;* auch Makronengebäck mit Marmelade in der Mitte.

**Ochsenfilet:** s. *Rinderfilet*.

**Ochsenfilet Woronow:** ein bekanntes Gericht, das seine Heimat in Russland hat. Das Wichtigste ist die Sauce, in der das Filet bereitet wird: Sie besteht aus Butter und Sahne, Dill, Cognac, Estragon, Kabulsauce, Knoblauch, Kapern, Majoran, Paprikapulver, Rosmarin, Pfeffer, Sardellenfilets, Senf, Thymian, Zitronen und Zwiebeln.

**Ochsenkotelett:** s. *Rinderkotelett*.

**Ochsenmaulsalat:** Salat von gepökeltem, gekochtem und in dünne Scheiben geschnittenem Ochsenmaul mit Zwiebeln und Essigmarinade *(Südd.)*.

**Ochsenschlepp** *(österr.)*: Ochsenschwanz.

**Ochsenschwanzgewürz:** eine Gewürzmischung, die vor allem aus Basilikum, Majoran, Nelken, Rosmarin und Pfeffer besteht.

**Ochsenschwanzsuppe:** klare oder gebundene Brühe aus Ochsenschwanz, Rindfleisch und Ochsenschwanzgewürz (s.a. *Klare Ochsenschwanzsuppe*).

**Ochsentee:** ein äußerst konzentrierter Rindfleischauszug mit hohem Nährwert. In seiner Konzentration übertrifft der Ochsentee die *doppelte Consommé* (s. a. *CONSOMMÉ DOUBLE*) bei weitem; wird klar oder legiert bereitet.

**OCHSENWADE:** Ochsenhesse (s. *HESSE*).

**OCHSENZÄHNE:** *thüringische* Spezialität, die zumeist aus weißen Bohnen, fettem Schweinefleisch und Sirup besteht.

**OCOPA AREQUIPEÑA** *(Peru)*: angebratene Zwiebeln werden mit Knoblauch, Chilis, Walnusskernen, trockenem Quark und Milch gemixt; die Sauce sollte die Konsistenz von Mayonnaise haben. Damit werden gekochte, halbierte Kartoffeln übergossen, die mit Eivierteln, Oliven und roten Chilistreifen garniert werden (Gericht aus der modernen Küche des Landes, die Ureinwohner verwendeten keine Milchprodukte und kannten auch keine Oliven).

**OCTOPUS:** s. *KRAKE*.

**ODEN:** *japanische* Suppe aus zahllosen Zutaten wie Algen, gekochten Eiern, Kartoffeln, Klößchen, *KONNYAKU* (s. d.), Meerrettich, Sojasauce u. a.

**ÖCHSLE:** vor allem in *Deutschland* gebräuchliche Maßeinheit für die Zuckerkonzentration (das Mostgewicht) im Wein. Die Bestimmung erfolgt mit der Öchsle-Waage, die den Namen Ihres Erfinders, des Pforzheimer Physikers Ferdinand Öchsle (1774 bis 1852) trägt.

**ØLLEBRØD:** *dänische* dicke braune Brotsuppe, gewürzt mit Zitrone, Vanille, Zimt etc., gebunden mit Eigelb und Sahne. Besteht hauptsächlich aus geriebenem Schwarzbrot und Malzbier.

**ŒUF** *(franz.)*: Ei.

**ŒUF À CHEVAL** *(franz.)*: Spiegelei auf einem Hacksteak.

**ŒUFS À LA NEIGE** *(franz.)*: Schnee-Eier (s. a. Îles flottantes).

**ŒUFS BROUILLÉS** *(franz.)*: Rührei.

**ŒUFS FARCIS** *(franz.)*: gefüllte Eier.

**ŒUFS MOLLETS** *(franz.)*: weiche Eier. Die Eier werden nach 5 Min. aus dem kochenden Wasser genommen, abgekühlt, sofort geschält und in warmem Salzwasser bis zum Verzehr aufbewahrt.

**ŒUFS MOULÉS** *(franz.)*: *Setzeier* oder Spiegeleier.

**ÖL:** Speisefett aus ölhaltigen Früchten, Nüssen, Samen etc. mit verschiedenem Geschmack und Geruch, das schonend (kalt) oder warm gepresst wurde, z. B. Mandel-, Kokos-, Sonnenblumen-, Fenchel-, Leinsamen-, Erdnuss-, *OLIVENÖL* etc. Unterschiedliche Inhaltsstoffe und Verwendung.

**ÖLSARDINE:** Fischkonserve; ohne Kopf und Innereien, in Salzwasser gepökelte und anschließend gedämpfte und manchmal geräucherte Sardinen in Öl gebettet und meist in Dosen gehandelt.

**OFENKATER:** gedünstete Birnen werden in eine mit Speckscheiben ausgelegte Form gegeben, mit Hefeteig abgedeckt und überbacken. Dazu reicht man Saftsauce, d.h. z.B. etwas eingedickte Birnensauce *(Norddt.)*.

**Ofennudeln:** s. *Rohrnudeln*.

**Ofenschlupfer:** eine Mischung aus Semmel- und Apfelscheiben, Mandeln und Rosinen wird mit einer Eiermilch übergossen und im Ofen gebacken; ein *süddt.* Auflauf. Heute auch Bezeichnung für *Fleischkäse* (s.d.) mit Gelee-Rand.

**Ogen-Melone:** eine kleine runde *Cantaloup-Melonenart*, die nach dem israelischen Kibbuz, in dem sie gezüchtet wird, benannt ist. Sie hat sehr saftiges und süßes Fleisch von grünlicher Farbe (s.a. *Melonen*).

**Ohan** *(jap.)*: Reis.

**Ohrschnecke:** s. *Abalone*.

**Oie** *(franz.)*: Gans.

**Oignon** *(franz.)*: Zwiebel.

**Okra:** *Bamia, Bame, Gambo, Gombo, Gumbo, Ladyfinger;* fünfeckige, grüne Frucht eines Malvengewächses aus Äthiopien; wird auch in Mittel- und Nordamerika und Südeuropa angebaut. Die kleine runde Form kommt als *Bamia*, die längliche als *Okra* auf den Markt. Wird in leicht gesäuertem Salzwasser zur weiteren Bearbeitung pochiert. Da das Gemüse beim Kochen einen schleimigen Saft abgibt, muss es nach dem Kochen auf einem Sieb abtropfen. Wird Bindung gewünscht: Scheiben in Suppen (z. B. *Gumbo*, s.d.) oder Saucen mitkochen. Verwendung in der *afrikanischen, amerikanischen, brasilianischen* und *indischen* Küche.

**Okroschka:** eine *russische* kalte Suppe aus *Kwas* (s.d.), in die man hart gekochte, gehackte Eier, gewürfeltes Rind- auch Fischfleisch, Salatgurken, Schinken oder Wildfleisch, rohes, gewürfeltes Gemüse oder auch gegartes Gemüse gibt. Gebunden wird die Suppe mit saurem Rahm oder Öl.

**OK-Sauce:** industriell hergestellte, dickflüssige Würzsauce aus *England* von brauner Farbe und mit leichtem Karamellgeschmack, ähnlich der russischen *Kabul-Sauce*; besonders für Gegrilltes geeignet.

**Oleo Dendê** *(bras.)*: Dendêöl; s. *Palmöl*.

**Olio** *(ital.)*: Öl.

**Olio vergine** *(ital.)*: s. *Jungfernöl*.

**Oliven:** die Früchte des Ölbaumes werden im Mittelmeergebiet, in Nord-, Mittel- und Südamerika, auf dem afrikanischen Kontinent und im Vorderen Orient geerntet. Die meisten Oliven werden zu Öl gepresst; es gibt auch sehr gute Speiseoliven, z.B. in der Provence, in Spanien (Manzanilla/o), in Italien und Griechenland.

**Olivenöl:** wird in den Ursprungsländern der *Oliven* (s.d.) hergestellt. Inhaltsstoffe und Qualität betreffend ist die sog. *Kaltpressung* das beste Verfahren: das Öl darf beim Auslaufen aus der Ölpresse 30 °C nicht überschreiten. Es gibt neun verschiedene Qualitätsstufen; die beste ist *Olivenöl nativ extra*.

**Olivenkartoffeln:** gekochte und in Butter geschwenkte

Kartoffeln, die in Form einer Olive geschnitten sind. Dafür gibt es Ausstecher aus Metall

**Olla** *(span.)*: weithalsiger Topf zum Garen von Eintöpfen, Suppen etc. (besonders in *Spanien* und *Südamerika* gebräuchlich); auch Eintopfgericht.

**Olla podrida:** *spanischer* Suppentopf mit vielen Rezepten. Hauptsächlich besteht das Gericht aus Hammelschulter, Räucherspeck, Rinderbrust, rohem Schinken, Schweinsohren, Schweinsfüßen und Schweineschwänzen. Diese Zutaten werden in kaltem Wasser aufgesetzt, zum Kochen gebracht und mit Knoblauch, Kräuterbündel und Salz gewürzt. Dann werden Kichererbsen hinzugefügt und weiter gekocht. Sodann folgen *Chorizos* (s. d.), Huhn, Lauch, Tomaten, Weißkraut, Zwiebeln und zum Schluss in Scheiben geschnittene Kartoffeln. Fleisch, Gemüse und Brühe werden meist im Zubereitungstopf – der *Olla* – serviert.

**Olmützer Quargel:** Sauermilchkäse, hergestellt in der Tschechoslowakei, Österreich und Deutschland (s. a. *Harzer Käse*).

**Olympia:** Bezeichnung für eine nur schwach mehlig kochende Kartoffelsorte.

**Omble chevalier** *(franz.)*: Wandersaibling; bildet zahlreiche Unter- und Zwergformen aus. Vorkommen in kalten Gebirgsseen und arktischen Gewässern.

**Omelette** *(franz.)*: mit Pfeffer und Salz gewürzte Eiermasse, die grundsätzlich ohne Mehlzusatz zubereitet wird. Man lässt sie in einer erhitzten Bratpfanne, in der etwas Butter zerlassen wurde, stocken (im Gegensatz zum *Rührei*, s. d.) und rollt bzw. schlägt bei noch leicht glasiger Oberfläche die Eiermasse, falls gewünscht, übereinander.

**Omelette Joinville** *(franz.)*: Omelett gefüllt mit einem *Salpicon* (s. d.) aus Champignons, Garnelen und Trüffeln und umrandet mit Garnelensauce.

**Omelette Norvégienne** *(franz.)*: eine Form wird mit einer likörgetränkten Biskuitscheibe ausgelegt, darauf kommt Vanilleeis bedeckt von Biskuit, obenauf wird noch *italienische Masse* (s. *Meringuenmasse*) gespritzt und das Ganze wird schnell bei starker Hitze überbacken, bis die Oberfläche zu bräunen beginnt.

**Omelette soufflée** *(franz.)*: Eine Art Auflauf-Omelett; Eigelb und Zucker werden schaumig gerührt, mit Orangenschale aromatisiert und mit steifem Eischnee vermischt. Um ein Zusammenfallen des Schnees zu vermeiden, wird zunächst ein kleiner Teil untergerührt, dann der Rest. Eine feuerfeste Form wird mit Butter ausgestrichen und mit Zucker bestreut. Dann wird die Masse eingefüllt und ca. 20 Min. bei ca. 200 °C gebacken. Zum Schluss wird mit Puderzucker bestreut und glaciert.

**Omelette soufflée au Grand Marnier** *(franz.)*: Zubereitung wie *Omelette soufflée;* das schaumig geschlagene Eigelb wird jedoch mit Grand Marnier aromatisiert.

**Omelette surprise** *(franz.)*: Überraschungsomelett; in Biskuit verpacktes Speiseeis wird mit Soufflémasse überzogen, überbacken, zum Schluss flambiert.

**Onion** *(engl.)*: Zwiebel.

**On the rocks** *(engl.)*: heißt wörtlich *auf den Felsen.* Wird in der Barsprache verwendet, wenn Mixgetränke mit Eiswürfeln im Glas serviert werden.

**Oolong:** berühmter Tee aus Formosa mit verkürzter Welkperiode und halber Fermentierung. Sehr aromatischer, spritziger Geschmack, ein wenig nach Kastanie und Honig.

**Oostendes:** flache Austernart aus Belgien; s.a. *Austern.*

**Opernsalat:** s. *Salade opéra.*

**Oportozwiebeln:** auch *Spanische Zwiebeln* genannt; große, milde Zwiebeln, zum Füllen geeignet.

**Opuntie:** Kakteengattung in *Nord-* und *Südamerika,* zu deren Familie auch der Feigenkaktus gehört, dessen Früchte und die flachen Glieder (s. *Nopales)* essbar sind.

**Orange:** *Apfelsine;* ursprünglich heimisch zwischen *Nordostindien* und *Südwestchina.* Ihre wahre Herkunft ist ungewiss, man spekuliert, dass sie als Hybride aus Pampelmuse und Mandarine entstanden ist. Über 400 Sorten sind bekannt, jedoch haben nur etwa 30 wirtschaftliche Bedeutung. Die Einteilung erfolgt in vier Sortengruppen: *Navel-Orangen, gewöhnliche Orangen, pigmentierte Orangen* (wie z.B. *Blutorangen*) und *säurelose* bzw. *Zuckerorangen.* Innerhalb dieser Gruppen unterscheiden sich die Zitrusfrüchte nach Reifezeit.

**Orangeat:** kandierte Orangen- oder Pomeranzenschalen.

**Orange givrée:** s. *Givrieren.*

**Orange Pekoe:** keine Teeart, sondern Bezeichnung für Sortierungsgrad (Blattgröße); kürzeres, gedrehtes Teeblatt, gröber als *Flowery orange pekoe* (s.d.), aber feiner als *Pekoe* (s.d.).

**Orata** *(ital.)*: Goldbrasse:

**Orangeroter Becherling:** s. *Becherling.*

**Ordinaire** *(franz.)*: gewöhnlicher Tischwein.

**Orecchiette** *(ital.)*: eine ohrenförmige Teigware.

**Oregano:** *Origano, Dost, wilder Majoran;* ursprünglich aus *Italien* stammend, für Suppen, Tomatengerichte, *italienische* Teigspeisen u.a. (s.a. *Majoran).*

**Oreillettes:** *französische* Mürbeteigplätzchen, die im schwimmenden Öl gebacken und mit Staubzucker überpudert werden.

**Oriental, à l'** *(franz.)*: Garnitur bei Fleisch mit Tomatensauce, Safranreis, gefüllten Tomaten und gedünsteten Paprika; bei Fisch mit Weißwein, gewürzt mit Olivenöl, Safran, Fenchel, Lorbeer, Zitrone und Knoblauch.

**Origano:** s. *Oregano.*

**Orlean:** s. *Achote.*

**Orloff:** s. *Kalbsrücken Prinz Orloff.*

**Orly:** Stücke von Fleisch, Geflügel usw., in Teig gehüllt, schwimmend ausgebacken und in Tomatensauce serviert.

**Ortolan:** *Fettammer;* europäischer, buchfinkenartiger *Ammer-Vogel* mit braun-schwarz-weißem Gefieder; früher als gebratenes Geflügel serviert, heute unter Naturschutz.

**Os, à l'** *(franz.)*: Kurzform für *Entrecôte à l'os* (s.d.).

**Oseille** *(franz.)*: Sauerampfer.

**Oseng-oseng campur:** *indonesischer* Gemüseeintopf mit grünen Bohnen, Blumenkohl, Möhren und Sojabohnensprossen. Gewürzt wird mit Chilipulver, Pfeffer, Sojasauce, Schalotten und *terasi* (s.d.).

**Osietra:** s. *Kaviar* und *Ship.*

**Ossobuco alla milanese** *(ital.)*: Mailänder Spezialität, die auch im übrigen Italien mit regionalen Abwandlungen angeboten wird. In Mehl gewälzte Scheiben von der Kalbshachse (mit Knochen) werden angebraten, danach auf ein Bett von Möhren, Stangensellerie, Zwiebeln und Knoblauch gelegt. Der Bratensaft wird mit Wein und Bouillon losgekocht, mit gehackten Tomaten vermischt, mit Oregano, Lorbeer und Thymian gewürzt und über die Kalbshachsenscheiben gegossen. Das Ganze wird so lange geschmort, bis das Fleisch gar ist. Dann werden die Scheiben auf einer Platte angerichtet, mit dem Gemüse umlegt und mit geriebener Zitronenschale, gehackter Knoblauchzehe und Petersilie (*Gremolata,* s.d.) bestreut. Ein anderes Rezept sieht vor, dass in die Sauce zum Schluss gehackte Sardellen gegeben werden.

**Osterlamm:** *Lamm* (s.d.), das erst drei bis vier Monate alt ist.

**Ostras** *(span.)*: Austern.

**Ostriche** *(ital.)*: Austern.

**Osushi:** s. *Sushi.*

**Otak-Otak:** *malaiisches* Fischgericht aus zerkleinerten Fischen, vermischt mit Kokosmilch, *Kemirinüssen* (s.d.) und gewürzt mit Chili, Garnelenpaste, Zitronengras, Galgant usw. Die daraus hergestellte Mischung wird in Bananenblätter eingewickelt und über Holzkohle gegrillt.

**Oursin** *(franz.)*: Seeigel.

**Ouzo:** dreifach destillierter Schnaps aus Trauben, Zucker und Anissamen, vor dem dritten Brenngang zusätzlich gewürzt mit Kardamom, Koriander, Zimt u.a. *(Griechenland).*

**Oxclair:** s. *Klare Ochsenschwanzsuppe.*

**Oxtail** *(engl.)*: Ochsenschwanz; auch *Klare Ochsenschwanzsuppe* (s.d.).

**Oysters** *(engl.)*: Austern.

**Pachamanca:** das Wort stammt aus der *Quechua-Sprache* und bedeutet: *Erdofen*. Die Zubereitung dieses *peruanischen* Nationalgerichts entspricht der des *Barbacoa* (s. d.).

**Pächterart:** Garnitur für Fleisch und Geflügel mit Fleisch- oder Geflügelglace, Mohrrüben, Olivenkartoffeln, weißen Rüben, gebratenen Würfeln von Räucherspeck, Sellerie und Zwiebeln.

**Paddy:** ungeschälter Rohreis; auch *irische* Whiskeysorte.

**Paella:** *spanisches* Nationalgericht, von dem es viele Variationen gibt. Es wird in einer speziellen Eisenpfanne mit konisch verlaufendem Rand zubereitet. Man unterscheidet zwischen der *paella maritima* und der *paella valenciana*. Letztere ist ein Festgericht nach der spanischen Stadt Valencia benannt. Sie besteht aus Rundkornreis und Meeresfrüchten aller Art, außerdem aus Artischockenherzen, *Chorizo* (s. d.), grünen Bohnen oder Erbsen, Hühnerschlegeln, Paprika, Schinken, Schweinefilet, Zwiebeln u. a. Gewürzt wird mit Knoblauch, Petersilie, Pfeffer, Safran und Zitrone. Hühnerfleisch, Reis, Zwiebeln usw. werden in Olivenöl angebraten und mit Brühe abgelöscht. Dann folgen die übrigen Zutaten und Gewürze je nach Garzeit; garniert wird mit Langostinos, Miesmuscheln, Pulpos usw. Die *paella maritima* besteht hauptsächlich aus Reis und Meeresfrüchten. Auch in *Portugal* kennt man ein Gericht mit diesem Namen: ein Eintopf, der hauptsächlich aus verschiedenen Meeresfrüchten, Weißbrot und Zwiebeln besteht.

**Paella maritima:** s. *Paella*.

**Paella valenciana:** s. *Paella*.

**Pagel:** s. *Rotbrasse*.

**Pageot commun:** s. *Rotbrasse*.

**Paglia e fieno** *(ital.)*: Stroh und Heu; *italienisches* Nudelgericht aus grünen und weißen Bandnudeln, vermischt mit Pilzen (Luxusversion mit Trüffeln), gewürzt mit Knoblauch und mit Parmesankäse bestreut.

**Pagre commun** *(franz.)*: s. *Sackbrasse*.

**Paillard:** eine in der Gastronomie höchst umstrittene Zubereitungsart, zumal *Paillard (franz.)* auf Deutsch wörtlich *unzüchtig* oder *anstößig* heißt. Manche behaupten, Paillard sei der Name eines bekannten französischen Chefs gewesen. Auch Garnitur mit Morcheln und herzförmigen Croûtons (z. B. Seezunge Paillard). Gewöhnlich wird jedoch *à la Paillard* in Form von besonders dünngeklopftem aufgeschnittenen und schmetterlingförmig aufgeklapptem, meist gebratenem Fleisch serviert.

**Pain** *(franz.)*: Brot, aber auch Sulzbrot, die Bezeichnung für eine Art Pastete. Die Masse ist kompakter als die *Mousse* (s. d.) und vermischt mit kleinen Würfeln des betreffenden Materials. Die *pains* werden ohne Teigkruste und fast immer in Aspik gereicht.

**Pain de mie** *(franz.)*: Weißbrot, fast ohne Kruste für Canapés etc.; runde oder quadratische Form.

**Pájusnaja ikra** *(russ.)*: *Presskaviar* (s.d.), unter anderem für Saucen.

**Pak-choi:** *Chinesischer Senfkohl; Paksoi;* Kohlart, verwandt mit dem Chinakohl, aber saftiger, aromatischer und milder, mit dunkelgrünen Blättern und weißen Stängeln, auch *Senfkohl* genannt; wird meist gedünstet. Kann auch wie Sauerkraut konserviert werden *(China* und *Korea).*

**Palacsinta** *(ung.)*: *Palatschinken* (s.d.), meist süß gefüllt.

**Palatschinken:** Pfannkuchen mit mannigfacher süßer oder pikanter Füllung *(Balkanländer* und *Österreich).*

**Palerbsen:** aus der Hülse gelöste Erbsen.

**Palette:** breiter Holz- oder Metallheber zum Wenden von Fleisch, Pfannkuchen usw.

**Palette de diable** *(franz.)*: gepökelte Schweinspalette (Schweineschulter) im Schweinsnetz, eine *elsässische* Spezialität. Wird meist in trockenem Wein im Backofen gegart.Das magere Fleisch wird auch zu Sauerkraut gereicht oder in Eintöpfen verwendet.

**Palette de porc** *(franz.)*: Schweineschulter (s.a. *Palette de diable* und *Schlachtfleisch).*

**Paling** *(niederl.)*: Aal

**Palmenherzen:** *Palmenmark, Palmito;* das Mark der südamerikanischen *Assai-, Babassu-* oder *Buruti-Palmen,* die nach Entnahme absterben; sehr eisenhaltig, wird zumeist frisch verarbeitet.

**Palmenmark:** s. *Palmenherzen.*

**Palmfett:** in der exotischen Küche traditionell als Küchenfett eingesetzt; als unraffiniertes Fett (rotes Palmöl) enthält es sehr viel Carotin, wodurch seine Orangefärbung entsteht, und viel Vitamin E. Gewonnen aus dem Fruchtfleisch der Ölpalme ist es aufgrund seiner Fettsäurenzusammensetzung gut zum Erhitzen geeignet.

**Palmito:** s. *Palmenherzen.*

**Palmkäse:** eingelegte, vergorene *Palmenherzen* (s.d.).

**Palmöl:** *Oleo dendê (bras.);* Öl von der Dendê-Palme, dunkelgelb, reich an Provitamin A; wird in *Afrika* und in der *afrobrasilianischen* Küche Bahias verwendet. Der Geschmack ist vorherrschend; nur sparsam einsetzen *(Brasilien).*

**Palmwein:** s. *Toddy.*

**Palmzucker:** *goor (ind.), jaggery (engl.);* wird aus dem Saft der *Zucker-* oder *Kittulpalme* gewonnen. Der Saft wird so lange eingekocht, bis der Zucker auskristallisiert. Er wird in Brocken oder in Form von gepressten Platten angeboten.

**Palourdes** *(franz.)*:Herzmuscheln.

**Pampelmuse:** *Pomelo (Israel), Shaddock;* größte Zitrusfrucht mit vielen Namen, verschiedenen Formen und grünlichgelber oder gelber, dicker Schale mit bitter säuerlichem Fleisch. Sie stammt aus *Südostasien,* wird jedoch seit dem 17. Jahrhundert auch überall in der *Karibik* angebaut; nicht zu verwechseln mit der *GRAPEFRUIT* (s. d.).

**PAN** *(span.)*: Brot.

**PAN DE MUERTO:** s. *TOTENBROT*.

**PANACHÉ** *(franz.)*: bunt farbig, marmoriert, vermischt. In *Frankreich* auch Bezeichnung für *ALSTERWASSER* (s. d.).

**PANACHIEREN:** vermischen.

**PANADE:** Bindemittel für Farcen aus Brot, Eiern, Mehl u. a. Man unterscheidet Brotpanade, Eierpanade, Mehlpanade usw. Als Panade wird auch Material wie Semmelbrösel bezeichnet, in dem Fisch, Fleisch, Geflügel u. a. vor dem Braten gewendet wird.

**PANADE DE FARINE** *(franz.)*: Mehlpanade. Wasser wird mit Butter und Salz aufgekocht, Mehl hinzugefügt, eingekocht und abgerührt, bis die Masse trocken ist; wird für alle Farcen verwendet.

**PANADE DE PAIN BLANC** *(franz.)*: Weißbrot- oder Semmelpanade. Semmeln oder Weißbrot werden mit heißer Milch übergossen und eingeweicht, ausgedrückt und abgerührt, bis die Masse gut trocken ist; insbesondere für bestimmte Klöße.

**PANADONES** *(span.)*: Teigtaschen, gefüllt mit Spinat, Pinienkernen und Rosinen *(Katalonien)*.

**PANANG:** Currypaste *(Indonesien)*.

**PANCAKE** *(engl.)*: Pfannkuchen aus Mehl, Eiern, Butter u. a., in der Regel zusammen mit Ahornsirup wichtiger Bestandteil des amerikanischen Frühstücks.

**PANCETTA** *(ital.)*: leicht durchwachsener luftgetrockneter Bauchspeck, meist vom Schwein, aber auch vom Kalb, kann roh, gebraten oder gekocht verwendet werden, kommt auch geräuchert auf den Markt. Ungeräucherte Pancetta wird auch gerollt als *COPPA* (s. d.) angeboten.

**PANCH PHORON:** *phoron;* Fünf-Gewürze-Mischung aus Bockshornklee, Fenchel, Kreuzkümmel, Schwarzkümmel und scharfen bengalischen Senfsamen (*Indien*).

**PANCIT:** Nudelgericht mit Zwiebeln, vermischt mit Fleisch, Kohl oder Meeresfrüchten. Gewürzt wird mit Knoblauch und Sojasauce *(Philippinen)*.

**PANDANBLÄTTER:** *Pandanus-Blätter; la dua (vietn.);* südostasiatisches süßlich aromatisches Blatt von der Schraubenpalme für Desserts, Curries u. a. Wird auch als Garhülle und der Saft zum Grünfärben von Speisen verwendet.

**PANDORO:** *italienischer* Weihnachtskuchen aus einem mit viel Butter und Eiern bereitetem Hefeteig, der mit Vanille aromatisiert wird.

**PANE** *(ital.)*: Brot.

**PANECILLO** *(span.)*: Brötchen.

**PANEER** *(indisch)*: *Panir;* hausgemachter, einfacher *Käse;* unter Zusatz von Säuerungsmittel geronnene Milch. Wird vor allem in Nordindien verwendet; dort Stellenwert von *Tofu*.

**Panettone** *(ital.)*: Kuchen aus Hefeteig, vermischt mit kandierten Kirschen, Orangeat, Rosinen und Zitronen *(Mailand)*; Spezialität besonders zu Weihnachten. Der Kuchen ist mit dem *Gugelhupf* (s.d.) verwandt.

**Pane Turco** *(ital.)*: Türkenbrot, Weißbrotscheiben mit Olivenöl beträufelt und mit Basilikumblättern und Tomaten belegt.

**Panforte de Siena** *(ital.)*: Gewürzkuchen aus der *toskanischen* Provinz Siena; gebacken auf Oblaten, mit bis zu 17 Zutaten, u.a. kandierten Früchten, Mandeln, Nüssen usw.

**Panhas:** *Pannhass;* Buchweizengrütze oder Graupen werden mit durchgedrehtem Bauchfleisch oder Leberwurst, Majoran, Piment und Nelken in Wurstbrühe zu einem dicken Brei gekocht. Wird nach dem Erkalten in Scheiben geschnitten und gebraten. Beilagen: *Rübenkraut*, Apfelscheiben und Schwarzbrot *(Westfalen)*.

**Panieren:** Bratgut mit Paniermehl bedecken oder durch geschlagenes Ei oder flüssige Butter ziehen und dann in *Paniermehl* wälzen. Von *englisch Panieren* spricht man, wenn das Paniergut zunächst in Mehl gewendet wird, dann durch geschlagenes Ei gezogen und zum Schluss in weißer Brotkrume gewälzt wird (s.a. *Panade*).

**Paniermehl:** s. *Chapelure (franz.)*.

**Panir:** s. *Paneer*.

**Pankoken:** *norddt*. Bezeichnung für Eierpfannkuchen; besonders mit Speckstreifen beliebt.

**Panna** *(ital.)*: Rahm, Sahne.

**Panna cotta:** *italienisches* Dessert; ein Pudding aus gestürzter gekochter Sahne, vermischt mit verschiedenen Aromazutaten, meist Vanille; wird oft mit Erdbeersauce oder Obst serviert.

**Pannas:** s. *Panhas*.

**Pannekoeken:** *holländische* Pfannkuchen mit zahlreichen Variationen, z.B. mit Sirup, Käse oder Speck.

**Pannekuchen:** Eierpfannkuchen mit Speck oder Schnittlauch (*Hessen*); s.a. *Pfannkuchen*.

**Pannequets** *(franz.)*: in der Gastronomie mit Farce bestrichene und gerollte Pfannkuchen, die in schmale Röllchen geschnitten und als Suppeneinlage verwendet werden. Es gibt auch süße Pannequets.
Im Wallis (*Schweiz*) bedeutet Pannequet ein Omelettpäckchen, das mit einer Käsemasse, die mit Wein, Pfeffer und Muskat gewürzt wird, gefüllt ist. Darüber wird eine Béchamelsauce gegeben, die mit geriebenem Käse angereichert und mit Kirschwasser parfümiert ist; wird im Backofen gratiniert.

**Pannfisch:** *Pfannfisch; Hamburger* Fischpfanne aus Resten von Kochfischen, die in der Pfanne mit Kartoffeln und Zwiebeln gebraten, evtl. mit Ei verrührt oder mit Senfsauce übergossen werden. Es gibt mehrere Variationen.

**Pan pepato di cioccolata** *(ital.)*: weihnachtliche Spezialität aus *Lazium;* eine Art Pfefferkuchen mit Kakao, Milch, Honig, Gewürzen, Mandeln und Zitronat. Es ist mit Schokolade überzogen, mit Zucker und winzigen Bonbons bestreut.

**Pansen:** s. *Fleck.*

**Panzerkrebs:** zoologischer Oberbegriff für *Flusskrebs, Hummer, Krabbe, Languste* usw.

**Papa** *(span.)*: Kartoffel.

**Papa asada** *(span.)*: *Baked potato (engl.)*; heißt wörtlich *gebratene Kartoffeln,* in der Gastronomie jedoch eine in Alufolie gegarte Mehlkartoffel, die halbiert mit Kräuterbutter und/oder saurer Sahne serviert wird.

**Papadam** *(indisch)*: auch *Papads;* kleine hauchdünne Fladen aus Weizen-, Kartoffel-, Linsen-, Bohnen- oder Reismehl unterschiedlich gewürzt. Werden in Öl ausgebacken.

**Papas a la huancaina** *(span.)*: *peruanische* Spezialität mit regionalen Rezepten. Zumeist werden gegarte Kartoffeln auf einem Bett von Salatblättern mit einer scharfen Sauce aus Chili, *palillo* (Gewürzmischung mit Kurkuma), Olivenöl, evtl. grünen und roten Paprikaschoten, *queso fresco* (s. *Queso blanco*), Milch und Salz übergossen und mit Streifen von Chilis, hart gekochten Eiern, schwarzen Oliven, Mais und Zwiebelringen belegt.

**Papas asadas y rellenas al horno** *(span.)*: *peruanische* Art, Kartoffeln zuzubereiten. Bereits gegarte Kartoffeln werden zu Brei verarbeitet, in Portionen geteilt, mit einer variablen, pikanten Farce gefüllt und im Ofen *(al horno)* gebacken oder in Fett ausgebacken.

**Papaya:** *Baummelone, fruta bomba (span.), pawpaw (karib.); mamão (bras.);* Früchte, die in Afrika, Ceylon, Florida, Indien, Karibik, Südamerika usw. angebaut werden. Ihre Schale ist von gelber bis gelbgrüner Farbe und sie haben eine ovale Form; ihr orangefarbenes Fleisch schmeckt melonenartig und ist im reifen Zustand von schmelzender Zartheit.

**Papet Vaudois** *(franz.)*: ein Gericht aus dem *Waadtland* (Genfer See); in Wein und Brühe gedünsteter Lauch wird mit gekochten Kartoffelwürfeln und Sahne vermischt und mit in Scheiben geschnittener erwärmter Wurst (geräucherte Rohwurst) angerichtet.

**Papette** *(franz.)*: eingeweichte Rosinen und Backpflaumen (zerkleinert) werden mit Zucker und Wasser so lange gekocht, bis die Masse dickflüssig wie eine Konfitüre ist. Ein traditioneller Silvester-Neujahrs-Kuchen wird damit belegt, mit einem Teiggitter verziert und gebacken *(franz. Schweiz)*.

**Papillote** *(franz.)*: bezeichnet ein Praliné oder Bonbon etc., das in glänzendes Papier eingewickelt ist. Es ist aber auch eine Garnitur aus weißem, zugeschnittenen Papier, z. B. beim Lammrücken oder bei Hühnerkeulen.

**Papillote, cuisson en** *(franz.)*: Fisch oder Fleisch, auch Nudeln, werden in Alufolie oder Pergamentpapier eingewickelt (oder das Papier wird zu einem Päckchen gefaltet) und im Backofen oder auf dem Grill gegart. So bleibt das volle Aroma erhalten und man benötigt kaum Fett. Außerdem eignet sich diese Garmethode sehr gut für 1-Personen-Portionen. In der Mittelmeerküche wird das Gargut in Bananen-, Kohl-, Spinat-, oder Weinblätter, in Asien in Pak-Soi-Blätter (s. *Pak Choi*), Reispapier u.a. eingehüllt. Backpapier kann ebenso dafür verwendet werden.

**Pappadam:** s. *Papadam*.

**Pappardelle:** ursprünglich aus *Norditalien* stammende, breite Eiernudeln, meist aus Hartweizengrieß. Heute wird der Begriff auch für gleichermaßen geformte Produkte, z.B. Fleisch verwendet.

**Paprika:** *pimientos (span.); Spanischer Pfeffer, Gemüsepaprika;* ursprünglich aus Mittel- und Südamerika stammende Pflanze, die zur Familie der Nachtschattengewächse gehört. Die in der Umgangssprache als »Paprikaschoten« bezeichneten Früchte sind eigentlich Beeren Am bekanntesten ist der farbenprächtige Gemüsepaprika von gelb über rot bis violett, wobei die grünen noch unreif sind. Paprika hat viel Vitamin C und lässt sich auf vielerlei Arten zubereiten.

**Paprikasch** *(ung.)*: gulaschähnliches Fleischgericht aus Hammel-, Hühner- oder Kalbfleisch, aber auch aus Ente oder Fisch. Das Fleisch wird zusammen mit Zwiebeln angebraten und in der Regel mit Paprikastreifen und Tomatenstücken vermischt. Dann wird mit Brühe oder Wasser abgelöscht, mit Paprikapulver scharf gewürzt und gegart. In der Regel wird das Gericht zum Schluss mit süßem oder saurem Rahm gebunden.

**Paprikás borjut szelet** *(ung.)*: *Paprikaschnitzel. Paprizierte* (s.d.) Schnitzel werden in Mehl gewendet und mit Zwiebeln in Schmalz angebraten. Dann werden Paprikastreifen, *weißer Fond* und zum Schluss saurer Rahm hinzugegeben; dazu *Tarhonya* (s.d.).

**Paprikás csirke** *(ung.)*: ein bekanntes Hähnchengericht. Gebratene Hähnchenteile werden in einer *paprizierten* (s.d.) und mit saurer Sahne vollendeten Sauce angerichtet.

**Paprikapulver:** getrockneter, gemahlener Paprika; man unterscheidet *Delikatess-* (aromatisch und mild), *Edelsüß-* (schwach scharf, dunklere Farbe), *Halbsüß-* (schärfer) und *Rosenpaprika* (scharf); es gibt auch Pulver aus geräucherten Paprikaschoten.

**Paprikaspeck:** s. *Speck*.

**Paprizieren:** mit Paprikapulver würzen.

**Paradeiser** *(österr.)*: Tomaten.

**Paradiesapfel:** s. *Tomate*.

**Paradiesfeige:** s. *Banane*.

**Paradieskörner:** stammen von der westafrikanischen Küste; der Geschmack ist pfeffrig-scharf. Die Pflanze ist mit dem Kardamom verwandt. Heißen auch *Guinea-* oder *Melegueta-*, auch

*Malaguetapfefferkörner.* Heute recht unbekannt, ersetzten früher den teuren echten Pfeffer *(Piper nigrum)*; s.a. *PIMENTA MALAGUETA*.

**PARANUSS:** *Brasilnuss, Tucanuss, castanha-do-Pará (bras.);* dreikantige Samen des Paranussbaumes, die in einer Kapselfrucht (sog. *POTS*, s.d.) liegen, mit einer harten braunen Schale, einem mandelartigen, wohlschmeckendem Kern. Die Heimat der Nuss ist das *brasilianische Amazonasgebiet*.

**PARASOLPILZ:** *Riesenschirmling, Schirmling;* wohlschmeckender Speisepilz, der im Spätsommer und Herbst in Waldlichtungen und Parks vorkommt, mit schirmförmigem, geschupptem Hut von brauner Farbe; eignet sich paniert oder unpaniert zum Braten.

**PARATHA** *(indisch)*: blättrige Brotfladen mit knuspriger Kruste aus Mehl, Salz und Wasser, in die durch eine besondere Falttechnik *GHEE* (s.d.) eingearbeitet wird. Werden in einer Pfanne ohne Fett gebacken.

**PARBOILED-REIS:** ein noch in der Hülse unter Druck mit Dampf behandelter Reis von gelblicher Farbe.

**PARFAIT** *(franz.)*: sog. Halbgefrorenes; traditionell wird es mit starkem Kaffee parfümiert, aber es gibt viele andere Aromen, die geeignet sind. Das Halbgefrorene wird mit Eigelb und Crème fraîche oder Sahne sowie Zuckersirup von 28° *Baumé* (s. *ZUCKERGEHALT*) u.a. zubereitet. Die Eisparfaitmasse wird nicht gerührt, sondern stehend gefroren. Parfait heißen auch feinste Farcen aus Gänseleber, Hummerfleisch, oft bereichert mit Trüffel, Pistazien u.a., überzogen oder begleitet mit Madeiragelee usw. Es gibt zahlreiche Rezepte.

**PARFAIT DE FOIE GRAS** *(franz.)*: die feinste Art der Zubereitung der *FOIE GRAS* (s.d.) mit allerbesten Zutaten.

**PARIEREN:** beschneiden, zurechtschneiden, Fleisch appetitlich zurichten, überstehende Teile entfernen usw.

**PARRILLADA** *(span.)*: gegrilltes Fleisch und Innereien, immer mariniert in Öl und Gewürzen und meist mit Kartoffeln und Salat serviert (*Lateinamerika*).

**PARRILLADA DE PESCADO:** *spanisches* Grillgericht aus Fisch und anderen Meeresfrüchten, angerichtet mit Zitronenscheiben und meist mit *ALLIOLI* (s.d.; *Katalonien)*.

**PARISER ART:** *à la parisienne (franz.);* Garnitur für Fisch, Fleisch und Geflügel. Fisch wird mit Weißweinsauce nappiert und mit Champignon- und Trüffelscheiben sowie ganzen Krebsen serviert. Für Fleisch und Geflügel verwendet man Madeirasauce, *Pariser Kartoffeln* und Artischockenböden, die mit einer Mischung von Champignons, Pökelzunge und Trüffeln gefüllt sind.

**PARIS-BREST** *(franz.)*: Brandteigkranz mit Pralinencreme gefüllt, dekoriert mit Mandelblättchen und mit Puderzucker bestreut.

**Pariser Brot:** s. *Baguette.*

**Pariser Kartoffeln:** s. *Pommes de terre noisettes.*

**Pariser Messer:** *Kartoffelausstecher, Kartoffellöffel;* kleine halbkugelförmige Kelle mit geschärftem Rand zum Ausstechen von Kartoffel-, Melonenkugeln o. Ä.

**Pariser Schnitzel:** Schnitzel werden mit Salz und Zitronensaft gewürzt, in Mehl gewendet, dann in Bierteig getaucht und auf beiden Seiten goldbraun gebraten, mit Petersilie bestreut und meist mit *Pariser Kartoffeln* und Zuckererbsen serviert.

**Párky:** *tschechische* Wurstspezialität, Geschmack ähnlich Frankfurter Würstchen.

**Parmaschinken:** die Aufzucht der Schweine, deren Keulen später zu dem berühmten Schinken verarbeitet werden, unterliegt strengen Regeln. Nur Tiere aus kontrollierten Betrieben aus *Nord-* und *Mittelitalien* dürfen verwendet werden. Gefüttert werden die Schweine mit Futtergerste, Mais, Obst und Molke (fällt bei der Herstellung von Parmesankäse an). Bei einem Mindestgewicht von 140 kg werden die Tiere mit etwa 10 Monaten geschlachtet, sie müssen eine Fettschicht angesetzt haben. Über diese Vorschriften wacht das »Consorzio del Prosciutto di Parma«, das auch das Gütesiegel verleiht (ein Stempel mit der Krone von Parma); s. a. *Schinken.*

**Parmentier** *(franz.)*: Garnitur für Fleisch und Geflügel mit Kalbsjus, gebratenen Kartoffelwürfeln od. *Olivenkartoffeln* und Petersilie.

**Parmentier-Kartoffeln:** gewürfelte, in Butter gebratene und mit Petersilie oder Schnittlauch bestreute Kartoffeln.

**Parmentier-Suppe:** *potage parmentier (franz.)*; mit Kräuterbündel verkochte Kartoffeln und gedünsteter Lauch werden püriert, mit Bouillon oder Wasser aufgefüllt, mit Rahm gebunden und mit gerösteten Brotwürfelchen und Kerbel garniert.

**Parmesan:** Sammelbegriff für *Parmigiano-Reggiano* und *Grana Padano,* wobei Ersterer der klassische Parmesan ist; bekannter Kuhmilchhartkäse mit mehreren Jahren Reifezeit, ein klassischer Reibkäse. *Grana Padano* ist etwas milder, weicher und nicht so lange gereift.

**Parmigiana, alla** *(ital.)*: Gerichte, die mit Parmesan gewürzt oder überbacken werden.

**Parmigiano-Reggiano** *(ital.)*: ein ursprungsgeschützter Hartkäse mit körniger Struktur aus der *Emilia-Romagna.*

**Parnaja malossol** *(russ.)*: mild gesalzener Kaviar von Stören, die im Winter gefangen werden (s. a. *Kaviar).*

**Parnaja sadkowy** *(russ.)*: ungesalzener Kaviar, der höchstens seit fünf Tagen dem Fisch entnommen ist.

**Parsnip** *(engl.)*: Pastinake.

**Part, à** *(franz.)*: besonders, getrennt serviert.

**Parüren:** beim *Parieren* (s.d.) entstehende Abgänge und Abschnitte, die z.B. beim Fisch für ein *Fischfumet* (s.d.) weiterverwendet werden.

**Parures** *(franz.)*: Parüren.

**Pasha** *(russ.)*: *Passcha, paßcha, passcha, paska;* Quarkspeise, die besonders zu Ostern bereitet und mit *kulitsch* (s.d.) gereicht wird. In Ermangelung besonderer Formen kann *pasha* in einem mit Folie ausgelegten Blumentopf bereitet werden. Man vermischt trockenen Quark mit schaumiger Butter, Eiern, saurem Rahm und Salz. Dann erhitzt man ohne zu kochen auf kleinem Feuer. Nach dem Erkalten gibt man Mandeln, Rosinen, Orangeat, Vanille, Zitronat, Zitronenschale und Zucker dazu. Die Mischung wird in das Gefäß gegeben, festgedrückt und kalt gestellt *(Russland* und *Finnland)*.

**Pasilla-Chili:** eine in der *lateinamerikanischen* Küche verwendete Chilischote; frisch von schwarz-grüner Farbe; die Kerne sind sehr scharf; wird auch getrocknet und geröstet verwendet.

**Passieren:** Sauce oder Suppe durch ein Tuch oder ein Sieb treiben.

**Passionsfrucht:** *Granadilla, Maracujá;* eine gelbliche und violette, in tropischen und subtropischen Gebieten weit verbreitete Südfrucht mit unzähligen Spielarten und einem kernreichen, aber saftigen und wohlschmeckenden Fruchtfleisch. Vor allem zum Auslöffeln, für Säfte und Mixgetränke geeignet.

**Pasta** *(ital.)*: Teigwaren, von denen es unzählige Arten gibt, sodass nur Beispiele angegeben werden können, wie *agnolotti, bucatini, cannelloni, cappelletti, fettuccine, lasagne, maccheroni, penne, rigatoni, tagliatelle, tajarin, tortellini, vermicelli, zite.* Pasta bedeutet auch Gebäck.

**Pasta alla riso** *(ital.)*: Pasta in Reiskornform, in Griechenland *Kritharaki* genannt.

**Pasta asciutta** *(ital.)*: in Wasser gekochte Pasta mit oder ohne Sauce.

**Pasteken:** *pastèque (franz.);* s. *Wassermelonen*.

**Pastel** *(span.)*: Kuchen und Pastete. In *Südamerika,* insbesondere in *Argentinien* und *Chile* auch Auflauf. *Chilenische* Nationalspeisen sind zum Beispiel *pastel de choclo* (Maisauflauf) und *pastel de papas* (Kartoffelauflauf).

**Pasteles** *(span.)*: Teigtaschen, meist mit einer Füllung aus Quittengelee.

**Pasteten:** Oberbegriff für alle Gerichte aus Farcen, die im Teigmantel *(franz.: pâté en croute)*, aber auch ohne einen solchen in Formen, Schüsseln oder Terrinen bereitet werden, z.B. *Bouchées, Galantinen, Kastenpasteten, Krustaden, Pies, Rissolen, Terrinen, Timbalen, Vol-au-vents* usw. Die Farcen sind ebenfalls mannigfaltig, wobei die Hauptbestandteile teils püriert, teils in Streifen oder Würfelform verwendet und mit Pistazien, Trüffeln, usw. ergänzt werden. Die Zusammensetzung der Farcen richtet sich nach den

Grundbestandteilen. Normalerweise wird zusätzlich fetter Speck, Kalb- oder Schweinefleisch verarbeitet. Mageres Fleisch als Grundbestandteil, z. B. Wild, verlangt mehr Speck. Die Farce wird ergänzt und gewürzt mit Cognac, Ingwer, so genannten *Pastetengewürzen,* Pfeffer u. a. und je nach Rezept mit Eigelb bzw. Rahm gebunden. Die Pastetenform wird z. B. mit *PASTETENTEIG* (s. d.) oder Speckscheiben ausgelegt und bis zur Hälfte mit Farce gefüllt. Sodann folgen die Einlagen, wie Leber, in Butter angebratene Filetstreifen usw. und darauf die zweite Hälfte Farce. Zum Schluss wird bei Pasteten mit Teigmantel die gefüllte Form mit einem beliebig verzierten Teigdeckel gut verschlossen. In der Mitte des Deckels wird ein so genannter Kamin, ein rundes Loch ausgestochen und mit einem gefetteten Papierröllchen stabilisiert. Der Kamin dient zum Abzug der Gardämpfe. Die Pastete wird im Backofen gebacken und ist fertig, sobald das Fett im Kamin klar oder die Nadelprobe positiv ist. Bei kalten Pasteten wird der Zwischenraum zwischen der Füllung und dem Teigmantel dadurch ausgefüllt, dass nach dem Erkalten flüssiges Gelee durch den Kamin gegossen wird.

**PASTETENGEWÜRZ:** industrielle Gewürzmischung für Pasteten, die nicht universell verwendet werden sollte. Es empfiehlt sich in jedem Fall, gleichgültig ob es sich um eine marktgängige Mischung oder um ein selbst gemischtes Gewürz handelt, eine Garprobe der gewürzten Farce zu machen.
Beispiel für eine Grundmischung: 10 Teile Delikatesspaprika, 10 Teile gemahlener Lorbeer, 10 Teile gemahlene Nelken, 10 Teile gemahlene weiße Pfefferkörner, 5 Teile Rosenpaprika, 8 Teile Basilikum, 8 Teile Ingwer, 8 Teile Macis, 8 Teile Muskatnuss, 8 Teile Thymian, 5 Teile Majoran.

**PASTETENHAUS:** s. *VOL-AU-VENT.*

**PASTETENTEIG:** Teig zum Ausfüttern von Pastetenformen. Dazu können *MÜRBE-* oder *KNETTEIG, BLÄTTERTEIG, HEFE-* oder *BRIOCHETEIG* und ausnahmsweise *NUDEL-* und *BRANDTEIG* verwendet werden (s. jeweils d.). Übrigens wurde der Mürbe- oder Knetteig früher geriebener Teig genannt, weil der Teig mit den Händen geribbelt wurde. Die Würzung richtet sich nach der Farce. Für Fischpasteten z. B. empfiehlt sich eine Spur Ingwer, für eine kräftige Landpastete ein Hauch von Muskat und Pfeffer. Ein gutes Rezept setzt sich zusammen aus zwei Teilen Mehl, einem Teil Butter oder etwas weniger Schweineschmalz und einem Ei, Salz und Wasser. Sehr gut eignet sich statt Butter oder Schmalz ein Teil Rindertalg (Nierenfett). Hefeteig wird in erster Linie für *Empanadas* und *Piroggen* verwendet. Er besteht aus Mehl, Milch, Butter, Eiern, Salz und natürlich Hefe (pro halbes Kilo Mehl etwa 30 g Hefe).

**PASTINAKE:** *Hammel-, Hirschmöhre;* Kreuzung aus Petersilienwurzel und Wilder Möhre; eine rettichförmige, süßlich schmeckende Wurzel von weißem bis gelbem Fleisch; in Westeuropa ein beliebtes Wintergemüse. Am besten schmeckt sie im Winter nach dem ersten Frost.

**Pastinakenpüree:** s. *Mashed Parsnips (engl.).*

**Pastirma:** *bastirma (türk.);* eine *arabisch-türkische* Fleischspezialität. Dörrfleisch vom Filet oder Entrecôte vom Rind, das mit einer dicken Schicht Gewürzpaste aus Bockshornklee, Kreuzkümmel, Knoblauch, Pfeffer, Piment u.a. umhüllt an der Luft getrocknet wird. Pastirma ist in türkischen Geschäften erhältlich; das Rezept soll aus osmanischer Zeit stammen.

**Pastis:** alkoholisches Getränk auf der Basis von Anis; beliebter Apéritif in *Frankreich,* wird mit Wasser gemischt.

**Pastorenstück:** s. *Bürgermeisterstück.*

**Pastrama** *(rumän.)*: gesalzenes und geräuchertes Ziegen- oder Hammelfleisch oder mit Kräutern und Gewürzen (schwarzer Pfeffer, Muskatnuss, Piment, Paprika, Salpeter, Salz, Zucker, Knoblauch) eingeriebenes Schweinefleisch, das anschließend geräuchert wird. Diese Zubereitung wird in Bulgarien *pastarma* genannt.

**Pastrami:** gepökelte und geräucherte Rinderschulter *(jüdisch-amerikanisch).*

**Pastry** *(engl.)*: Backwerk, Pasteten, Torten u. dgl.

**Pasulj:** *ungarischer* Eintopf aus weißen Bohnen und Rauchfleisch, kräftig gewürzt mit Knoblauch, Paprikapulver und frischem rotem Gewürzpaprika.

**Pasztet:** *polnische* deftige Fleischpastete.

**Pata negra-Schinken:** *spanischer* Schinken von freilaufenden schwarzfüßigen Schweinen, deren Futter hauptsächlich aus Eicheln besteht. Er wird 24 Monate lang an der Luft getrocknet und gilt als wohlschmeckender als der bekannte Serranoschinken; s. *Jabugo.*

**Patata** *(ital., span.)*: Kartoffel.

**Pâté** *(franz.)*: Pastete.

**Pâte à choux** *(franz.)*: Brandteig.

**Pâte brisée** *(franz.)*: Mürbeteig.

**Pâté de campagne** *(franz.)*: kräftige Bauernpastete.

**Pâté de canard** *(franz.)*: Entenpastete.

**Pâté de faisan** *(franz.)*: Fasanenpastete.

**Pâté de foie** *(franz.)*: Leberpastete.

**Pâté de foie gras** *(franz.)*: Gänseleberpastete.

**Pâté de foie gras de Strasbourg** *(franz.)*: s. *Gänseleberpastete.*

**Pâté de foie truffé** *(franz.)*: getrüffelte Leberpastete. Die Farce besteht hauptsächlich aus Kalbsleber, Schweineleber und Schweinefleisch, durchsetzt mit Leberwürfeln, gewürfeltem Schinken und Trüffeln.

**Pâté de gibier** *(franz.)*: Wildpastete.

**Pâté de jambon** *(franz.)*: Schinkenpastete.

**Pâté de lapin** *(franz.)*: Kaninchenpastete.

**Pâté de lièvre** *(franz.)*: Wildhasenpastete.

**Pâté de tête de cochon** *(franz.)*: eine Art Schweinskopfsülze; Zubereitung ähnlich wie *Fromage de tête* (s.d.).

**Pâté de volaille** *(franz.)*: Geflügelpastete.

**Pâté du Périgord** *(franz.)*: Pastete mit Gänseleber und Trüffeln.

**Pâté en croûte** *(franz.)*: Pastete mit Teighülle.

**Pâte feuilletée** *(franz.)*: Blätterteig.

**Pâté maison** *(franz.)*: hausgemachte Pastete.

**Pâté pantin** *(franz.)*: Pastete in der Teighülle, mit Kalb-, Schweine- oder Geflügelfleisch, ohne Form im Backofen gegart. Wird lauwarm serviert.

**Paterkorn**: s. *Buchweizen*.

**Patiencen** *(franz.)*: Mandelgebäck.

**Patisserie** *(franz.)*: Gebäck, Süßspeisen.

**Patisseriecreme**: s. *Crème pâtissière*.

**Pâtisson** *(franz.)*: kleine Kürbisart; stammt ursprünglich aus *Nordamerika;* flache handtellergroße Früchte von großer Farbenvielfalt (elfenbein über gelb bis dunkelgrün), werden mit Tomaten und Zwiebeln geschmort; als Gemüse, auch gefüllt oder in Eintöpfen gegessen (s.a. *Squash)*. Pâtisson ist die *provenzalische* Bezeichnung.

**Patlican kebap**: *türkischer* Kebap mit Auberginen. Zunächst wird in Würfel geschnittenes Lammfleisch geröstet. Hinzu kommen Knoblauchzehen, Tomaten und Zwiebeln, die ebenfalls angebraten werden. Dann wird mit scharfem Paprikapulver, Pfeffer und Thymian gewürzt, mit Wasser übergossen und geschmort. Zum Schluss werden in Streifen geschnittene und frittierte Auberginen hinzugefügt. Von diesem Gericht gibt es mehrere regionale Abwandlungen.

**Patlican ezmesi** *(türk.)*: geräuchertes Auberginenmus.

**Patnareis**: Langkornreis aus Indien, körnig kochend. Im Gegensatz zum Basmatireis sind die Körner nicht durchscheinend sondern milchweiß; sie haben einen milden, leicht erdigen Geschmack.

**Pato com arroz** *(port.)*: auch unter der Bezeichnung *Arroz de pato de Braga* – eine Stadt in Portugal – geführt. Eine Ente wird mit Knoblauch eingerieben, innen mit Zitronenschalenstreifen gefüllt und gebraten. Separat wird Reis gekocht und eine Mischung aus Wurstscheiben *(Lingiuça)*, Zwiebeln, Möhren und Schinkenwürfeln angebraten. Reis und Gemüsemischung werden auf einer Platte vermengt angerichtet. Die Ente wird portioniert auf dem Gemüsereis serviert.

**Patsás:** *griech.* Suppe mit Kutteln, Lamm- oder Kalbsfüßen, gebunden mit *Avgolémono* (s. d.).

**Pattes rouges** *(franz.)*: s. *Signalkrebs.*

**Patty** *(engl.)*: Pastetchen.

**Pauchouse** *(franz.)*: *pochouse; Burgunder* Fischeintopf mit zahlreichen Variationen. Grundsätzlich werden Süßwasserfische aller Art, wie Aal, Barsch, Hecht, Karpfen usw., verwendet. Die vorbereiteten Fische werden mit Knoblauch in Weißwein und *Fischfond*, der aus den Parüren bereitet wurde, gegart. Wird mit Mehlbutter gebunden und mit Croûtons serviert.

**Paupau-Suppe:** *afrikanische* Suppe, die ihren Namen von der *Papaya* hat. Sie besteht hauptsächlich aus Papayasaft, Milch, Netzmelonen und Zwiebeln. Gewürzt wird mit *Macis*, Pfeffer und Salz.

**Paupiettes** *(franz.)*: kleine gefüllte Rouladen oder Röllchen aus Fisch, Fleisch, Kohl usw., die geschmort werden.

**Paupiettes de veau** *(franz.)*: s. *Kalbfleischröllchen.*

**Pavê** *(bras.)*: Halbgefrorenes; verschieden aromatisierte Massen, die aus Eigelb und Eiweiß oder Buttercreme bestehen können, werden abwechselnd mit frischen oder eingekochten Früchten zwischen Lagen von Löffelbiskuits gestrichen und im Tiefkühlfach durchgefrostet.

**Pavé d'affinois** *(franz.)*: sahnig milder, frischkäseartiger Käse aus Frankreich.

**Pavesen:** s. *Povesen.*

**Pavesensuppe:** deutsche Version der *zuppa di pavese* (s. d.). In eine Schüssel werden geröstete Weißbrotscheiben gelegt, darüber kommen rohe Eier, wobei das Eigelb nicht zerfließen darf. Dann wird würzige, kochend heiße Fleischbrühe hinzugefügt, die Suppe mit Parmesan bestreut und im Ofen überbacken.

**Pavot** *(franz.)*: Mohn.

**Pawpaw** *(karib.)*: Papaya.

**Paysanne** *(franz.)*: feinblättrig, in quadratische oder rechteckige Form geschnittenes Gemüse, das in Butter gedünstet, meist als Suppeneinlage verwendet wird.

**Peanuts** *(engl.)*: Erdnüsse.

**Pecannuss:** walnussartige Nuss des nordamerikanischen Hickory-Baumes von hellbrauner Farbe und ovaler Form. Hickory-Bäume werden u. a. in *Australien, China, Indien, Mexiko, USA* angebaut.

**Pêche Melba:** s. *Pfirsich Melba.*

**Pecorino:** *italienischer* Hartkäse aus Schafsmilch; besonders gut in der Toskana, auf Sardinien und Sizilien.

**Peitschenstecken:** *süddt.* für Landjäger.

**Peixe** *(port.)*: Fisch.

**Pekingente:** s. *Be-jíng-tián-ya.*

**Pekingkohl:** s. *Chinakohl.*

**Pekmez:** *türkischer* Traubensirup, der unter *Tahini* gemischt und auch zum Süßen von Joghurt verwendet wird.

**Pekoe:** Blattgradbezeichnung bei Tee, aus etwas kürzeren, gröberen, nicht so fein gerollten Blättern wie der *Orange-Pekoe.*

**Pélardon:** feiner, nussig schmeckender Ziegenkäse aus der Ardèche und den Cevennen; verwandt mit dem *Cabécou* (s.d.), (*Frankreich*).

**Pelati** *(ital.)*: s. *pomodori pelati.*

**Pellkartoffeln:** *Gschwellti (schweiz.), Quellgrumbeeren, Gequellte, Schalkartoffeln*; in der Schale gegarte Kartoffeln.

**Pelmeni** *(russ.)*: *sibirische* Teigtäschchen, halbmondartig geformt, mit vielerlei Füllungen, in Salzwasser pochiert und mit zerlassener Butter oder saurer Sahne serviert.

**Pelures de truffes** *(franz.)*: Schalen von Trüffeln.

**Pemmikan:** Trockenfleisch, meist vom Büffel, wird mit Talg und wilden Kirschen oder Beeren vermischt und zerstampft *(Plains-Indianer/Nordamerika).*

**Penne** *(ital.)*: etwa 4 cm lange, schräg abgeschnittene Röhrennudel, sie ähneln Schreibfedern. Penne heißt wörtlich *Federn.*

**Penne all'arrabbiata:** Penne in einer Sauce aus scharfen Peperoncini, geräuchertem Speck, Tomaten und Zwiebeln, gewürzt mit Knoblauch, Basilikum und vermischt mit Parmesankäse.

**Pepe** *(ital.)*: Pfeffer.

**Peperonata** *(ital.)*: Paprikagericht aus grünen und roten Paprika, die mit Zwiebeln und Tomaten geschmort werden, bis fast alle Flüssigkeit verdampft ist. Dann wird mit Essig, Pfeffer und Salz gewürzt. Im ehemaligen *Jugoslawien* heißt ein ähnlicher Eintopf aus süßen und scharfen Paprika, Reis, Schweinehackfleisch, Tomaten und Zwiebeln, gewürzt mit Pfeffer und Salz ebenso.

**Peperoncino** *(ital.)*: Chilischote, Gewürzpaprika.

**Peperoni** *(ital., schweiz.)*: Paprika. In *Süddeutschland* und *Österreich* versteht man unter Peperoni in der Regel nur die kleineren, scharfen Schoten, die in Österreich auch *Pfefferoni* heißen.

**Pepino:** s. *Mellowfrucht.*

**Pepperpot:** ein Fleischtopf aus der *Karibik* (z.B. *Bahamas, Jamaika, Trinidad* u.a.), hauptsächlich aus Hühnerfleisch, Rindfleisch, Ochsenschwanz, Spitzbein und Zwiebeln, mit Chili, Essig, Nelken, Thymian, Zimt und Zucker gewürzt. Original wird *Cassareep* (s.d.), ein aus geraspelter *Cassave* hergestellter Sirup, verwendet.

**Pequín:** *Piquín;* rote, ovale und sehr scharfe Chilischote, die bis zu 1 cm lang und hauptsächlich in Mexiko, im Südwesten der USA und Südamerika angebaut wird; wird frisch und getrocknet verwendet.

**PERCEBES** *(span.)*: *Entenmuscheln;* sind wie kleine Finger geformt und wachsen in Trauben an der Galizischen Küste. Zum Verzehr muss die dicke Haut abgezogen werden, gegessen wird nur der Stiel.

**PERCHE** *(franz.)*: Barsch.

**PERDREAU** *(franz.)*: ein junges Rebhuhn bis Anfang Oktober des Geburtsjahres, später heißt es *perdrix*.

**PERDRIX** *(franz.)*: ein Rebhuhn, älter als ein *PERDREAU* (s. d.).

**PEREJIL** *(span.)*: Petersilie.

**PÉRIGORD, NACH ART VON:** *à la périgourdine (franz.)*; Garnitur für Rinderfilet und Geflügel; Rinderfilet wird mit Trüffelsauce und in Madeira gekochten Trüffeln serviert; für Geflügel verwendet man Geflügelrahmsauce mit Trüffelessenz und Trüffelscheiben, die dem Geflügel unter die Haut geschoben werden.

**PERLGRAUPEN:** kleine Kügelchen von geschälten und geschliffenen Gersten- oder Weizenkörnern; v. a. als Suppeneinlage.

**PERLHIRSE:** eine Getreideart; in *Indien* und im tropischen *Afrika* wichtiges Nahrungsmittel. Die Körner liefern Mehl, aus dem Brei oder Fladenbrot hergestellt wird.

**PERLHUHN:** *pintade (franz.)*; zu den *Fasanen* gehörender Vogel aus West- und Südafrika, der in Amerika und Europa als Geflügel gehalten wird; wird wie Fasan zubereitet.

**PERLPILZ:** Speisepilz in Laub- und Nadelwäldern, vorkommend von Juni bis Oktober.

**PERLSAGO:** s. *SAGO*.

**PERLZWIEBEL:** *Silberzwiebel;* eine Lauchart in Form von haselnussgroßen, silbrig schimmernden Zwiebelchen.

**PERNOD:** s. *PASTIS*.

**PERSILLADE** *(franz.)*: eine Zubereitung unter Verwendung von Petersilie, einer Petersilienmischung oder von Petersiliensauce. Meist handelt es sich um eine besonders für Schmorgerichte geeignete Würzmischung aus Knoblauch und Petersilie.

**PERSIMONE:** s. *KAKI*.

**PERSIPAN:** marzipanähnliche Masse, die jedoch statt aus Mandeln aus Aprikosen- und Pfirsichkernen hergestellt wird.

**PERU RECHEADO** *(port.)*: ein mit Brotfarce, Schinken und gehackten Innereien (oder einer Mischung aus Zwiebeln, Äpfeln und Rosinen) gefüllter Truthahn *(Brasilien)*.

**PESCADO** *(span.)*: Fisch.

**PESCADO CON ALMENDRAS** *(span.)*: bekanntes Fischgericht aus *Kuba*. Mit Pfeffer, Salz und Zitronensaft mariniertes Fischfilet wird mit Knoblauch, geriebenen Mandeln, Petersilie und Zwiebeln gedünstet, mit Fleischbrühe abgelöscht und kurz aufgekocht. Dann wird die Sauce abgeseiht und der

Fisch auf einem Zwiebelbett weiter gedünstet. Zum Schluss wird die Mandelsauce über den Fisch gegeben und das Ganze mit Zitronen garniert.

**Pescado tostado** *(span.)*: gegrillter Fisch, der zuvor in einer Mischung aus Knoblauch, Öl, Petersilie und Zwiebeln mariniert wurde. Dazu werden gebratene Bananen gereicht *(Venezuela)*.

**Pesce** *(ital.)*: Fisch.

**Pesce persico** *(ital.)*: Egli, Flussbarsch.

**Pesce spada** *(ital.)*: Schwertfisch.

**Pesto** *(ital.)*: aus *Genua* stammende Spezialität; eine saucenartige Paste für Teigwaren, Gnocchis u.a. Sie besteht hauptsächlich aus frischem Basilikum, Knoblauch, Pinienkernen, Olivenöl, Parmesan und Pecorino. Die Zutaten werden in einem Mörser zerrieben. Auch andere Zutaten wie Bärlauch, Tomaten u.a. sind üblich (s.a. *Pistou*).

**Petermännchen:** *grande vive (franz.);* ein Grundfisch vom sandigen Boden hauptsächlich des Atlantiks und Mittelmeers; verschiedene Arten z.B. mit Tigerstreifung oder dunkelbraunen Flecken; für die *Bouillabaisse* (s.d.) geeignet und sonst wie Weißling zubereitet. Die erste Rückenflosse ist giftig.

**Petersfisch:** s. *Heringskönig*.

**Petersilie:** *Blattpetersilie, krause Petersilie;* in Europa meistgebrauchtes Küchen- und Universalkraut, die glattblättrige ist aromatischer als die krause; in tiefem Fett schwimmend gebacken eine reizvolle Garnitur.

**Petersilienbutter:** s. *Beurre maître d'hôtel*.

**Petersilienwurzel:** Wurzel der Petersilie, die ebenfalls als Gewürz oder als Gemüse verwendet wird, ähnlich den *Pastinaken* (s.d.).

**Petis** *(indon.)*: ein Garnelenextrakt (-paste) für *indonesisches* oder *philippinisches* Essen *(bagoong)*; dick und grau, mit durchdringendem Geruch.

**Petit blanc** *(franz.)*: ein einfacher, offener Weißwein.

**Petit déjeuner** *(franz.)*: Frühstück.

**Petite marmite** *(franz.)*: kleiner Suppentopf, hauptsächlich aus Bouillon, Markknochen, Huhn, Knollensellerie, Lauch, Erbsen, Mohrrüben, Ochsenschwanz, Rindfleisch, Rinderhack, weißen Rübchen, Weißkraut und Zwiebeln. Das Gericht wird im Topf evtl. mit gerösteten Semmel- oder Weißbrotscheiben und geriebenem Käse serviert. Es gibt zahlreiche regionale Rezepte.

**Petit pain** *(franz.)*: Brötchen.

**Petits Fours** *(franz.)*: kleines Tee- und Kaffeegebäck, hauptsächlich aus Biskuit, gefüllt mit Cremes und glasiert; verschiedener Geschmack und unterschiedliche Farbe.

**Petits gris** *(franz.)*: kleine provenzalische Schnecke, in der Charente *cagouille* genannt.

**PETITS LÉGUMES** *(franz.)*: bedeutet zierlich geschnittene Gemüse, die *à part* oder mit anderen Zutaten vermischt als Beilage serviert werden.

**PETITS POIS** *(franz.)*: grüne Erbsen.

**PETIT SALÉ** *(franz.)*: Pökelfleisch, durchwachsener Speck.

**PETIT-SUISSE** *(franz.)*: Frischkäse aus Kuhmilch in Zylinderform.

**PÉTONCLES** *(franz.)*: im Atlantik und im Mittelmeer beheimatete kleine Kamm-Muscheln, die den Jakobs-Muscheln ähneln; ab September den Winter über zum Ernten freigegeben.

**PE TSAI** *(chin.)*: Chinakohl.

**PETTO** *(ital.)*: Brust.

**PEUMO**: *chilenisches* Holzgewächs, dessen Blätter zum Würzen dienen.

**PEZ** *(span.)*: Fisch; als Speise: *pescado*.

**PFÄLZER BRATWURST**: grobe Brühwurst aus kräftig gewürztem Schweinefleisch, gebrüht und danach gebraten.

**PFÄLZER LEBERWURST**: grobe, würzige Streichwurst aus Leber, Schweinefleisch, Speck u. a.

**PFÄLZER PFANNKUCHEN**: *Deidesheimer Pfannkuchen;* Eierpfannkuchen gefüllt mit Apfelscheiben, Blutwurst, Zwiebelringen.

**PFÄLZER SAUMAGEN**: Schweinemagen gefüllt mit einer Mischung aus Hackfleisch, Kartoffelwürfeln, Eiern und Weißbrötchen, in Wurzelbrühe gebrüht und im Ofen goldbraun überbacken. Was die Füllung angeht, gibt es zahlreiche Variationen.

**PFAFFENLAUS**: s. *KAULBARSCH*.

**PFAHLMUSCHELN**: s. *MIESMUSCHELN*.

**PFANNENRÜHREN**: *chow (chin.)*; eine Technik der *chinesischen* Küche, die bei Fleisch, Fisch, Geflügel, Gemüse u. a. angewandt wird. Die Zutaten werden zerkleinert, z. B. in Streifen geschnitten, gewürfelt o. dgl. und dann über sehr großer Hitze in wenig Öl im *Wok* gerüttelt und gewendet. Dabei schließen sich die Poren, Aroma, Farbe und Saft bleiben erhalten. Diese Technik wird auch in verschiedenen anderen asiatischen Küchen angewendet *(Thailand, Vietnam etc.);* s. a. *WOK*.

**PFANNFISCH**: s. *PANNFISCH*.

**PFANNKUCHEN**: in der Pfanne gebackene Eierkuchen, die dicker sind als Crêpes oder Palatschinken und oft pikant oder süß gefüllt werden. Die sog. Berliner Pfannkuchen, auch nur *Berliner* genannt (Hefeteigkugeln, mit Marmelade gefüllt), werden nicht in der Pfanne, sondern schwimmend im tiefen Fett gebacken.

**PFANNKUCHENSTREIFEN**: *Fritatten (österr.), Flädle (süddt.), Flädli (schweiz.);* beliebte Suppeneinlage (s. a. *CÉLESTINES*).

**PFEFFER** (Gericht): eine Art Ragout vom Hasen, Reh oder

Hirsch. Grundsätzlich wird zunächst das Fleisch in einer Wildbeize (Beispiel: Rotwein, Olivenöl, Armagnac, Lorbeer, Pfeffer, Thymian und Zwiebeln) mariniert und zusammen mit Möhren, Speck und Zwiebeln angebraten. Dann werden Rotwein, Knoblauch und Kräuterstrauß hinzugefügt und das Fleisch gegart. Aus dem Tierblut, der pürierten Leber und Sahne bereitet man eine Sauce, die mit Cognac abgeschmeckt wird. Für die Zubereitung gibt es mehrere Variationen. Beim Pfeffer wird für die Sauce Tierblut verwendet, im Unterschied zum Ragout.

**Pfeffer** (Gewürz): *piper nigrum;* eine rankende Pflanze, ursprünglich von der Malabarküste *(Indien)*, heute in den Tropen Asiens, Afrikas und Amerikas beheimatet. Frische grüne Fruchtstände ähneln der Johannisbeere. Unreife, grüne Pfefferkörner werden sonnengetrocknet bis sie schwarz und runzelig werden. Ausgereifte rote Pfefferkörner werden in Wasser eingeweicht; dann die Haut abreiben. Man erhält weiße Pfefferkörner. Es empfiehlt sich, weißen oder schwarzen Pfeffer immer frisch gemahlen zu verwenden. Grüner Pfeffer wird oft auch in Esssig oder Lake konserviert angeboten. *Langer Pfeffer,* der aussieht wie kleine Tannenzäpfchen, gehört ebenfalls zur Pfeffergewächs-Familie *(piper longum).* Rosa Pfeffer (*Schinus molle)* sind die Beeren des Peruanischen Pfefferbaums; sehr aromatisch.

**Pfefferbeisser:** eine rohe Dauerwurst, ähnlich dem *Landjäger,* geräuchert und kräftig gewürzt *(Süddeutschland).*

**Pfeffergurke:** kleine eingelegte Gurken. Die Marinade besteht hauptsächlich aus Wasser, Essig, Salz und Zucker, gewürzt mit Cayennepfeffer, Dill, Estragon, und Pfefferkörnern.

**Pfefferkraut:** s. *Bohnenkraut.*

**Pfefferkuchen:** s. *Lebkuchen.*

**Pfefferminze:** Minze, weltweit bekanntes Würzkraut, das oft in Verbindung mit Lamm oder Hammel oder in Süßspeisen sowie Getränken verwendet wird; es gibt hunderte Sorten Minze.

**Pfeffernüsse:** Gebäck in Form von kleinen Plätzchen, deren kräftig gewürzter Lebkuchenteig aus Butter, Backpulver, Gewürznelken, Honig, Mehl, Piment, weißem Pfeffer, Schweineschmalz, Zimt, Zuckersirup und Zucker besteht.

**Pfefferpothast:** s. *Westfälischer Pfefferpothast.*

**Pfefferoni** *(österr.)*: s. *Peperoni.*

**Pfeffersauce:** eine Sauce für Eier, gekochten Fisch und pochiertes Geflügel. Zerdrückte Pfefferkörner werden in Weißwein eingekocht. Sodann wird mit Butter und Eigelb aufgeschlagen, Champignonfond hinzugefügt und mit gemahlenem Pfeffer und Zitronensaft abgeschmeckt.

**Pfeffersteak:** s. *Steak au poivre.*

**Pfeffer-Tokány:** s. *Borsos-Tokány.*

**Pfeilhecht:** s. *(Mittelmeer-) Barrakuda.*

**Pfeilwurzelmehl:** s. *Arrowroot.*

**Pferdebananen:** auch *Gemüse- oder Mehlbananen, platanos (span.), pisang (indon.), banana-da-terra (port.), plantain (karib.);* Bananen, die größer als Obstbananen sind; nicht zum Rohverzehr geeignet. Das Fleisch ist mehlig, hat wenig Geschmack; sie dienen oft als Beilage; werden frittiert oder in der Schale gegart (vor allem in *Asien, Afrika, Karibik* und *Südamerika).*

**Pferdebohne:** s. *Saubohne.*

**Pfiff** *(österr.)***:** Glas Wein (Altwiener Achtelmaß); in *Süddeutschland* gebräuchlich für kleines Glas Wein. Außerdem alte Maßbezeichnung für 0,1–0,2 Liter Inhalt, in *Bayern* und *Österreich* auch für kleines Bier verwendet.

**Pfifferling:** *Dotterpilz, Eierschwamm, Eierschwammerl (österr.), Galuschel, Geelchen, Gelbling, girolles (franz.), Reherl, Rehling;* dottergelber Speisepilz, von Juni bis Oktober in Laub- und Nadelwäldern zu finden, beliebter Speisepilz.

**Pfirsich:** Steinfrucht mit samtiger Haut und großem Kern, gelbem, weißem oder rötlichem Fleisch, wird hauptsächlich als Frischobst verzehrt, aber auch für Likör, Schnaps, Konfitüren u.Ä. verwendet. Besonders aromatisch sind Weinberg-Pfirsiche.

**Pfirsich Melba:** *pêche Melba (franz.);* ein bekanntes Dessert mit kleinen Abwandlungen. Nach dem Originalrezept wird Vanilleeis in eine Sektschale gegeben. Darauf kommt ein halber, in Läuterzucker gedünsteter Pfirsich. Zum Schluss wird das Ganze mit Himbeer-Püree bedeckt und mit Schlagsahne garniert. Von *Escoffier* für die Sängerin *Nellie Melba* kreiert.

**Pfitzauf:** ein *süddeutsches*, zartes und weiches, in so genannten Pfitzauf-Formen aufgezogenes Backwerk mit einer knusprigen Kruste. Der Teig besteht grundsätzlich aus Eiern, Mehl, Milch, Salz und Vanillezucker (Eierkuchenteig); dazu Kompott.

**Pflanzerl:** flache Fleischküchlein (Buletten), aber auch kleine Suppeneinlagen aus Grieß, Mehl oder Semmeln *(Bayern).*

**Pflaume:** kugelige, glatte, rötlich-blaue bis violette Steinfrucht, mit grüngelb bis leicht rötlichem Fruchtfleisch und süßem bis leicht säuerlichem saftigem Geschmack; vielseitig in der Küche zu verwenden.

**Pflaumenröster:** *Powidl (österr.);* Pflaumenmus oder Pflaumenkompott mit Zucker und Zitronenschale abgeschmeckt; s. a. *Zwetschgenröster.*

**Pflümli-Wasser** *(schweiz.)***:** Pflaumenschnaps.

**Pflut(t)en:** *Flutten;* eine *schwäbische* Mehlspeise. In kochendes Salzwasser wird nach und nach Mehl eingerührt. Die abgeseihten Teigflocken werden in Fett geröstet. Eine andere Art sind die auch in der Schweiz bekannten Kartoffelpfluten. Aus einer Masse von zerstampften Kartoffeln, Käse, Mehl und Milch werden Klöße geformt, die dann mit heißer Butter und gebräunten Zwiebeln übergossen und im Ofen gebacken werden.

**Phaak:** *Mamchao;* eine *indonesische* Würzsauce aus fermentiertem Fleisch, Ingwer, Pfeffer und Zucker.

**Pharisäer:** Getränk aus Kaffee, Würfelzucker und Rum, mit Schlagsahne bedeckt; Spezialität aus *Nordfriesland*.

**Philodendron:** *Ph. pertusum;* aromatische Pflanze der Gattung *Monstera* mit über 220 Arten, ist vor allem im tropischen Amerika aber auch auf den *Kanarischen Inseln* beheimatet. Die *Monstera deliciosa* entwickelt aus den Fruchtknoten der Blüten jeweils eine Beere. Aus den zahlreichen Beeren bildet sich eine Art Fruchtkolben (Sammelfrucht). Diese Fruchtstände sind besonders in *Mexiko* und *Mittelamerika* aber auch auf den *Kanaren* begehrt; geeigent u.a. für Mixgetränke und Bowlen.

**Pho:** berühmte *vietnamesische* Suppe (mit Rind- oder Hühnerfleisch).

**Phyllo:** *Filo (griech.), Yufkateig (türk.)*; hauchdünne Teigblätter, die nur aus Wasser und Mehl sowie etwas Olivenöl bestehen; werden im *Vorderen Orient* zur Herstellung von süßen und pikanten Gerichten, wie *Baklava, Börek, spanakópitta* u.v.a. verwendet (s.a. *Brik* und *Malsouqua*).

**Physalis:** s. *Kapstachelbeere*.

**Piatto elefante** *(ital.)*: eine sehr umfangreiche *Brixener* Platte mit Kalb-, Rind-, Schweinefleisch, Geflügel, Leberwurst und Gemüsen auf einem Reisbett serviert.

**Pib** *(mex.)*: *pibes; pibiles;* mit Steinen ausgelegte Erdgruben der Ureinwohner *Mexikos*. *Pibil* = in einer Grube garen. Das Gargut wurde von den Azteken und Mayas entweder in tönernen Deckeltöpfen oder in Bananen- bzw. Maisblättern eingeschlagen zwischen heißen Steinen zubereitet; s.a. *Barbacoa*.

**Pibales** *(franz.)*: junge Aale, s.a. *Glasaale; Angulas*.

**Picada** *(span.)*: Knoblauchsauce; eine Mischung aus zerstampftem Knoblauch, geröstetem Brot oder Haselnüssen, gerösteten Mandeln, Pinienkernen und Petersilie, Kräutern, Safran oder Zimt und etwas Öl (hpts. in *Katalonien*).

**Picadillo** *(span.)*: der Name leitet sich von *picar* ab, das hacken bedeutet. In *Mexiko* wird Picadillo aus Rinderhackfleisch oder sehr klein geschnittenem Rindfleisch, Früchten wie Kochbanane oder Apfel, Zwiebeln, Tomaten, Knoblauch, Rosinen, evtl. Oliven, Chilis sowie Gewürzen wie Zimt, Nelken, Lorbeer etc. zubereitet. Zuletzt wird das Gericht mit gerösteten Mandeln bestreut. Auch als Füllung für *Tacos* (s.d.) geeignet.

**Picadinho** *(port.)*: Hackfleisch; würfelig geschnittenes Fleisch.

**Picadinho de carne** *(port.)*: Zwiebeln, Knoblauch und Tomatenmark werden in Öl angebraten, dann kommen Hackfleisch und Gewürze wie Petersilie, Salz und Pfeffer dazu.

**Piccadilly-Sauce:** *englische* Sauce auf Mayonnaisebasis mit saurer Sahne, Fenchelkraut, *Worcestersauce* (s.d.) und Zitronensaft; für kalten Fisch.

**Piccalilli:** in einer Essig-Senf-sauce eingelegtes Gemüse (meist Blumenkohlröschen, aber auch anderes), so genannte Senfpickles; zu Käse und Fisch *(England)*.

**Picante de gallina** *(span.)*: *bolivianisches* Hühnergericht. Das portionierte Huhn wird mit Knoblauch und Zwiebeln angeröstet, mit Pfeffer und Salz gewürzt, mit Fleischbrühe abgelöscht und mit Kartoffeln, Kümmel, Oregano, Pfeffer, Tomaten und Zwiebeln gar geschmort; garniert wird mit Eivierteln und grünen Oliven.

**Piccata:** *italienische* Methode der Zubereitung von Kalbsschnitzel. Dünne Fleischscheiben vom Kalb werden mit Parmesan paniert, mit Zitrone gewürzt, gebraten und meist auf Spaghetti mit Tomatensauce angerichtet (ursprünglich *Mailand)*.

**Pichelsteiner Topf:** *deutsches* Eintopfgericht, dessen Herkunft umstritten ist. Zum Teil behauptet man, das Gericht verdanke seinen Namen dem Büchelberg im Bayerischen Wald. Das Rezept kennt mehrere Variationen. Grundsätzlich werden Würfel von Kalb-, Rind- und Schweinefleisch angebraten und in eine mit Räucherspeck ausgelegte Kasserolle schichtweise mit einer Gemüsemischung aus grünen Bohnen, Karotten, Kohl, Pastinaken, Sellerie, Porree und Zwiebeln gegeben. Dann wird mit Fleischbrühe aufgegossen und mit Lorbeer, Kümmel, Majoran, Petersilie, Pfeffer und Salz gewürzt. In die oberste Gemüseschicht kommen noch Kartoffelwürfel.

**Pickapeppa-Sauce:** würzige Sauce aus Tomaten, Zwiebeln, Zucker, Essig, Chilis, Rosinen, Tamarinden, Salz, Pfeffer u.a. Gewürzen (*Jamaika*).

**Pickert:** *westfälische* Spezialität; eine Art Brot, das oft als Beilage zu Krautgerichten gereicht wird, aus einem Teig, der meist aus Kartoffeln, Mehl, Milch und Rosinen hergestellt wird. Zum Lockern und Aufgehen werden Eier und Hefe verwendet.

**Pickling spice** *(engl.)*: Mischung aus Piment, Gewürznelken, Korianderkörnern, Zimtstange, Lorbeerblättern, Ingwer, weißen Senf- und Pfefferkörnern, getrockneten Chilischoten usw. Es gibt unzählige verschiedene Mischungen zum Beizen von Fleisch, Fisch u.a. und zum Einlegen von Gemüse, Gurken usw. *(Großbritannien)*.

**Picon:** *französische* starke Bitterspirituose; Apéritif.

**Pide:** *türkisches* Fladenbrot.

**Pie dish** *(engl.)*: eine feuerfeste Form zur Bereitung von *pies*.

**Pieds et paquets** *(franz.)*: sehr zeitaufwändiger *provenzalischer* Eintopf aus mit Speck, Gemüsen und Kräutern gefüllten Schafskutteln und Schafsfüßen, in

Weißwein gegart. Die Lammpäckchen gibt es in den örtlichen Metzgereien bereits gewickelt und vorgegart zu kaufen.

**Pie floater** *(engl.)*: *neuseeländische* Fleischpastete.

**Piernik** *(poln.)*: Honigkuchen.

**Pies** *(engl.)*: englische Pasteten in bestimmten Formen oder Schüsseln mit oder ohne Teigrand, gestürzt oder in der Schüssel serviert, aber – soweit es sich um pikante Pies handelt – immer mit einem Teigdeckel versehen. Die Deckel der pikanten *pies* werden traditionell möglichst reich verziert, die süßen *pies* dagegen bleiben oft ohne Deckel und ohne Verzierung (z.B. *apple pie*). Die Zahl der Pies ist unendlich. Als Beispiele seien *cornish pie* (Pastete aus Rind- oder Hammelfleisch und Kartoffeln, die aus *Cornwall* stammt), *chicken pie* (Hühnerpie) und *pigeon pie* (Taubenpie) genannt; s.a. *Pork Pie*.

**Pig** *(engl.)*: Schwein.

**Pignatelles** *(franz.)*: *pignatelli (ital.)*; in tiefem Fett gebackene, walnussgroße Klößchen aus Brandteig, Pinienkernen, Parmesan und gekochtem Schinken; aus *Italien* stammende Spezialität.

**Pignoli** *(ital.)*: *Pinienkerne* (s.d.).

**Pike Dumpling** *(engl.)*: Hechtkloß.

**Pikieren:** das Anstechen von Lebensmitteln.

**Pilafi** *(griech.)*: s. *Pilaw*.

**Pilaki:** Salat von gekochten weißen Bohnen *(Türkei)*.

**Pilau:** Würziges Gericht mit Fleisch (Lamm, Rinde oder Ziege) und Kokosmilch, gewürzt mit Kreuzkümmel, Knoblauch Muskat, Nelken, Zwiebeln u.v.a. (Kenia); s.a. *Pilaw*.

**Pilau de camarones** *(karib.)*: s. *Pilaw*.

**Pilau i rarah** *(afghan.)*: s. *Pilaw*.

**Pilavlar** *(türk.)*: s. *Pilaw*.

**Pilav beyinle ve tomatas ve kuzu** *(türk.)*: s. *Pilaw*.

**Pilaw:** *Pilaf, Pilau, Pulau, Pilav* usw.; ein Begriff mit unterschiedlicher Schreibweise, der von *Nordafrika* über den *Nahen Osten* und *Osteuropa* bis *Mittelasien* und sogar auf den *Karibischen Inseln* für Reisgerichte gebräuchlich ist. Die Version *pilav* wird in der internationalen Küche der *türkischen* Sprache zugeschrieben und bedeutet körnig gegarter Langkornreis. Ursprünglich stammt das Gericht aus *Persien*. Bei uns am bekanntesten ist der *türkische* Reispilaw *(pilavlar)*, dessen Herstellung in der dortigen Küche besondere Sorgfalt gewidmet wird. Eine Krönung ist der *Istanbul-Pilav*, eine Mischung aus Reis, Erbsen, Hühnerbrühe, Hühnerbrust, Hühnerleber, Mandeln und Safran. Ein anderes Beispiel aus der Türkei ist der *pilav beyinle ve tomatas ve kuzu*, ein Pilawreis mit Hammel und Tomaten, garniert mit Scheiben von Auberginen und Lammhirn; gewürzt wird mit Ingwer, Pfeffer, Salz, Zimt und Zucker. Das Ganze

wird mit Milch aufgegossen und im Ofen gar gedünstet. Der Reis wird separat gereicht.
Zum *indischen pulao, pilau* oder *pulau* verwendet man neben Langkornreis Huhn, gekochte Eier, Knoblauch, Möhren, Rosinen u.a (Einzelheiten s. *PULAO*). Er dient auch als Fülle für Schafe.
Ableger des indischen *pilaus (pulao)* sind auf einzelnen *Karibischen Inseln* zu finden. Ein Beispiel ist der *pelau de camarones,* ein Garnelengericht der *Dominikanischen Republik* aus in Hühnerbrühe gegartem Langkornreis, vermischt mit Frühstücksspeck, Tomaten und Zwiebeln, gewürzt mit Chili, Knoblauch, Petersilie, schwarzem Pfeffer und Salz und bestreut mit Parmesan.
Nach dem Grundrezept wird Pilawreis, an dem der Türke die Qualität des Kochs misst, so bereitet, dass man gut gewaschenen Langkornreis mit Butter in kochendes Salzwasser gibt und simmern lässt. Der Reis gewinnt einen kräftigen Geschmack, wenn man statt Wasser, Hammel-, Hühner- oder Rinderbrühe verwendet. Nach einem anderen Rezept wird der Reis unter ständigem Rühren in Butter mit Zwiebeln angedünstet, mit Brühe oder Wasser vermischt und im geschlossenen Topf gegart. Wichtig ist, dass der Reis trocken und körnig ist.
Gerichte mit Pilawreis werden häufig so angerichtet, dass der Reis in eine Ringform gepresst und gestürzt wird. Das dem Gericht den Namen gebende Ragout wird dann in die Mitte des Ringes gegeben. Der *pilaw od ovcetine* (ehemaliges *Jugoslawien*) z.B. besteht hauptsächlich aus Langkornreis, Hammelfleisch, Paprika, Tomaten und Zwiebeln. Der griechische *rizi piláfi* wird mit Langkornreis bereitet, der in Hühnerbrühe mit viel Butter gegart wird. Zum *azem pilavi* verwendet man im *Iran* Hähnchenteile, die mit Zwiebeln angebräunt werden. Dann wird mit Wasser aufgegossen, Langkornreis und Safran hinzugefügt und das Ganze langsam gegart, bis der Reis fast trocken ist. Auch in *Russland* kennt man den *pilaw,* der auch *plow* heißt, und zwar als einen Eintopf aus Hammelfleisch, Reis, Dörraprikosen, Rosinen und Zwiebeln, gewürzt mit Anis, Pfeffer, Salz und Schnittlauch oder Zwiebellauch. Der *afghanische pilau i rarah* wird mit Lammfleisch, Backpflaumen, Paprika, Pfirsichen, Pinienkernen oder Pistazien, Rosinen und Zwiebeln bereitet usw., usw.

**PILCHARD:** an den Küsten West- und Südwesteuropas und Nordafrikas lebender Meeresfisch, dessen Jugendform, bis 16 cm, wohl der meist bekannte Speisefisch ist: die *SARDINE* (s.d.).

**PILGERMUSCHELN:** s. *COQUILLES SAINT-JACQUES.*

**PILIEREN:** Fleisch oder andere Lebensmittel im Mörser zerstoßen, innig miteinander verbinden und dgl.

**PIL-PIL:** ein *nordafrikanischer* Hirse- bzw. Weizenvollkornschrot, für Suppen, Pürees u.a. (s.a. *BULGUR)*.

**PILLEKUCHEN:** *Pillekoche;* grob geraspelte Kartoffeln werden in Pfannkuchenteig ausgebacken *(Rheinland/Mosel)*.

**Pillkaller:** klarer Korn mit »Auflage«; das Glas wird mit einer Scheibe Leberwurst, die mit einem Klacks Senf versehen ist, belegt *(Ostpreußen)*.

**Piloncillo** *(span.)*: unraffinierter brauner Zucker, zu Kegeln geformt *(Mexiko)*.

**Pilsener:** *Pils;* ein ursprünglich nach dem Rezept für Pilsener Urquell hergestelltes, helles, *untergäriges Bier* (s.d.) mit sanftem Malzcharakter. Es hat einen Alkoholgehalt zwischen ca. 4,5–5,5 %. Tschechisches Pilsener Bier darf den Zusatz *Urquell* führen, s. a. *Bier*.

**Pilze:** *Schwammerl (südd., österr.);* die meisten Speisepilze haben die klassische Form, nämlich Stiel und Hut; wenige fruchten anders, z. B. die *Trüffel* (s.d.); die beliebtesten sind *Austernseitlinge* (s.d.), *Champignons* (s.d.), *Pfifferling* (s.d.), *Steinpilze* (s.d.) u.v.m.

**Piment:** *allspice (engl.); Jamaikapfeffer, Nelkenpfeffer, Neugewürz; toute épice, piment jamaique (franz.);* Beeren vom Pimentbaum, der auf den Karibischen Inseln und in Venezuela angebaut wird; vor allem für Lammfleisch und Wildbret und in der Lebensmittelindustrie (Ketchup, Kuchen etc.).

**Pimenta:** bedeutet auf *spanisch der ganze Pfeffer;* in *Argentinien* jedoch eine pulvrige, hauptsächlich aus Tomaten bestehende Masse mit wenig Geschmack, die vor allem wegen ihrer Farbe verwendet wird.

**Pimenta malagueta:** *brasilianische* Bezeichnung für scharfe Chilischoten; ursprünglich waren damit die *Paradieskörner* gemeint, auch *Guineapfeffer* (s.d.) genannt *(Westafr. Küste)*.

**Piments d'espelette** *(franz.)*: Espelette-Pfeffer; ein roter Gewürzpaprika aus dem *Baskenland;* wird frisch und getrocknet verwendet. Im Geschmack milder und »runder« als Chilis, aber kräftiger als üblicher Gewürzpaprika.

**Pimienta** *(span.)*: Pfeffer.

**Pimiento** *(span.)*: Paprika, besonders für eine rote, längliche Schote mit süßem Fruchtfleisch. In *Südamerika* dagegen bezeichnet man die scharfen Früchte (Gewürzpaprika) als *pimientos*.

**Pimientos rellenos** *(span.)*: gefüllte Paprikaschoten.

**Pimola:** grüne Oliven mit Paprika gefüllt.

**Pimpernell:** s. *Bibernelle*.

**Pimpernuss:** der Samen des in Mitteleuropa wild wachsenden Paternosterbaumes. Die Nüsse werden oft mit Pistazien verwechselt. Der landläufige Sprachgebrauch ist synonym.

**Pimpinelle:** s. *Bibernelle*.

**Piña** *(span.)*: Ananas; auch Strunk der Agave.

**Piña Colada:** einer der meistgetrunkenen Cocktails in *Südamerika* und der *Karibik* aus Ananassaft, Kokosnusscreme und weißem Rum auf Eis.

**Pin bone Steak** *(engl.)*: eine Fleischscheibe aus dem flachen Roastbeef (nach dem amerikan. Schnitt aus der Rinderhüfte), in der Stärke zwischen *Porterhouse Steak* (s.d.) und *Sirloin Steak* (s.d.).

**Pindang** *(indon.)*: Würzsauce aus gekochten Fischen, Maniokmehl, Gewürzen und viel Salz. Diese Mischung wird in Töpfen eingegraben und fermentiert dann.

**Pineapple** *(engl.)*: Ananas.

**Pinga** *(bras.)*: s. *Cachaça*.

**Pinha** *(port.)*: eine Annonenart (Schupppenannone), in *Brasilien* auch *Pinheira* genannt; die Frucht hat weißes schmelzendes Fleisch und dunkle Kerne. Heißt auch *Sugar apple (engl.)*.

**Pinienkern:** *pignoli (ital.)*, Piniennuss; weißer, länglicher, Ölsamenkern der in den Mittelmeerländern beheimateten Pinie, mit lieblichem, leicht süßen Nussgeschmack.

**Piniennuss:** s. *Pinienkern*.

**Pinkel:** *Grützwurst;* eine Spezialität aus *Bremen*, die bei der jährlichen *Schaffermahlzeit* (s.d.) zu Grünkohl gereicht wird. Durch den Fleischwolf gedrehter Flomen wird mit Zwiebeln angedünstet, mit Hafergrütze vermischt und mit Piment, Pfeffer und Salz gewürzt, dann in einem Leinenbeutel gekocht. Es gibt einige Variationen.

**Pinot Blanc:** Traube für Weißwein, wird in der Champagne, im Elsass, in Norditalien, Süddeutschland, Osteuropa und Kalifornien angebaut. In Deutschland *Weißburgunder* oder *Weißer Burgunder* genannt.

**Pinot Gris:** Weißweintraube, im Elsass als *Tocay d'Alsace*, in Nordostitalien als *Pinot grigio*, im ehemaligen Jugoslawien als *Tocai*, in Deutschland als *Ruländer* bezeichnet.

**Pinot Noir:** hervorragende dunkle Burgundertraube der *Côte d'Or.* Gedeiht anderswo unterschiedlich gut.

**Pintade** *(franz.)*: Perlhuhn.

**Pip:** s. *Pib*.

**Pipe** *(ital.)*: heißt übersetzt *Pfeife;* es handelt sich um eine kurze, gebogene, innen hohle Pasta mit gerillter Oberfläche.

**Piperade:** eine *baskische* Spezialität; klein geschnittene Paprika, Tomaten und Zwiebeln werden in Gänseschmalz gedünstet und mit Knoblauch, *Espelette-Pfeffer* (s. *Piments d'espelette)* und Salz gewürzt. Sodann werden in Milch geschlagene Eier darübergegossen. Das Ganze wird wie ein Pfannkuchen gebacken, jedoch muss das Ei weich bleiben; mit gebratenem Schinken und Petersilie garnieren.

**Pipian:** ein Gericht von den *Philippinen*, aus Rindfleisch oder Huhn bestehend; die Sauce wird mit *Annatosamen* (s. *Achote*) gefärbt und mit gemahlenen Erdnüssen angedickt. Pipian bezeichnet aber auch eine Sauce, die in Mexiko bereits in vorspanischer Zeit zubereitet wurde, hauptsächlich aus Zwiebeln, Erdnuss-

und Kürbiskernen, Knoblauch, *TOMATILLOS* (s.d.), Chilis und Korianderkraut; wird püriert und mit Brühe zur gewünschten Konsistenz verdünnt.

**PIRARUCÚ:** ein in *Brasilien* beheimateter, dort sehr beliebter Süßwasserfisch, zur *DORSCH*-Familie (s.d.) gehörend.

**PIRÃO** *(bras.)*: mit Kochbrühe oder Milch angedicktes Mais- oder Maniokmehl zu Fisch und Fleisch.

**PIRI-PIRI:** äußerst scharfe, kleine, rote Pfefferschote, ursprünglich aus *Angola* stammend.

**PIROGGEN:** *Piroschki;* gekochte oder gebackene Pasteten oder Teigtaschen in verschiedenen Formen aus unterschiedlichen Teigen, z.B. Blätter- oder Briocheteig u.a. Die Füllungen variieren von salzig bis süß *(Ostpreußen, Baltikum* und *Russland)*; s.a. *KAPUSTNY PIROG*.

**PISANG** *(indon.)*: s. *PFERDEBANANEN*.

**PISANGFEIGE:** Kochbanane.

**PISANG GORENG** *(indon.)*: gebackene Bananen.

**PISCHINGER:** eine süße, hauptsächlich in *Österreich* geschätzte, Köstlichkeit aus Waffeln oder Karlsbader Oblaten, die schichtweise mit Schokoladencreme oder Nugat bestrichen und zum Schluss mit Nugat oder Kuvertüre überzogen werden.

**PISCO:** wasserklarer Tresterschnaps aus der Muskatellertraube; Spezialität aus *Peru, Argentinien* und *Chile*.

**PISCO SOUR:** *peruanisches* Mixgetränk aus Pisco, Eiweiß, Limettensaft, Zuckersirup und zerstoßenem Eis, mit einigen Tropfen Angostura beträufelt.

**PISSALADIÈRE** *(franz.)*: eine Art Pizza oder Zwiebelkuchen aus dem *Midi* mit Anchovisfilets und schwarzen Oliven *(Südfrankreich)*.

**PISSENLIT** *(franz.)*: Löwenzahn.

**PISTAZIEN:** *Grüne Mandeln;* bohnenförmige, ca. 2 cm lange Früchte des in den Mittelmeerländern sowie Afghanistan, China und Kalifornien angebauten Pistazienbaumes, von hell- bis dunkelgrüner Farbe, süßlichem Geschmack und hohem Ölgehalt.

**PISTO MANCHEGO** *(span.)*: grob gehackte Zwiebeln, Zucchini und Paprikaschoten werden angeschmort, mit dickem Tomatenpüree und geschlagenem Ei vermischt und evtl. mit hart gekochtem Ei garniert. Beilage zu gebratenem Fleisch *(Spanien)*.

**PISTOU** *(franz.)*: das Pendant zum italienischen *pesto*, d.h. eine Paste meist aus Basilikum, Knoblauch, Olivenöl, Parmesan usw.; wird zu Gemüsesuppe, Tomaten und Nudeln serviert.

**PITAHAYA:** *Pitaya;* von dieser Kakteenfrucht gibt es mehrere Gattungen und Arten. Ihre Früchte schmecken saftig schmelzend von reizvoll säuerlich bis sauer. Die ovale Frucht der *Gelben Pitahaya* hat ein grau-weißes Fruchtfleisch mit kleinen schwarzen Samen. Die *Rote Pitahaya* hat eher kugelförmige Früchte, ihr Fleisch ist rot-violett, die Schale ist unbedornt. Die *Pinkrote Pitahaya*, auch *Drachenfrucht* genannt, hat eine beschuppte, unbedornte Haut, das Fruchtfleisch ist grau-weiß und der Geschmack liegt zwischen den beiden erstgenannten. Die Früchte sind in *Mittel*- und *Südamerika* beheimatet. Die Drachenfrucht wird auch in *Israel* und vor allem *Vietnam* kultiviert.

**Pitanga:** *Brasil-, Cayenne-, Surinamkirsche;* ursprünglich aus Brasilien stammende kirschrote Beerenfrucht (verschiedene Sorten) mit säuerlich-aromatischem Geschmack. Eignet sich für Konfitüren, Chutneys, Getränke usw.

**Pithiviers** *(franz.)*: Torte aus Blätterteig mit Mandelcreme. Auf eine kuchenblechgroße Blätterteigscheibe wird eine Creme aus Butter, Eigelben, gemahlenen Mandeln, Vanillezucker und Zucker, aromatisiert mit Rum, gegeben. Darüber kommt eine zweite Teigscheibe, deren Oberfläche nach dem Backen mit Puderzuckerguss glaciert wird.

**Pita:** *pítta (griech.);* Fladenbrot aus Weizenmehl; mit Hefe gelockert *(Vorderer Orient, Italien).*

**Pizza:** bekannteste Spezialität *Italiens*, aus dünnem Hefeteig mit unzähligen, variablen Belägen.

**Pizza alla Bolognese:** mit Fleischsauce.

**Pizza alla marinara:** *all'olio e pomodore;* mit Tomaten, Knoblauch und Oregano belegt. Angeblich Heimwehpizza der Seeleute (»marinara«).

**Pizza alla Napoletana:** mit Mozzarella und Tomaten, gewürzt mit Basilikum.

**Pizza alla Romana:** mit Mozzarella, Sardellen und Tomaten belegt und mit Oregano gewürzt.

**Pizza con le cozze:** mit Miesmuscheln belegt.

**Pizza quattro stagioni:** Vier-Jahreszeiten-Pizza mit Artischocken, Champignons, Salami, Schinken u. a.

**Pizza ripieno:** gefüllte Pizza; auch *CALZONE* (s. d.) genannt; wird wie ein Omelette zusammengeklappt.

**Pizzaiola, salsa** *(ital.)*: eine Zubereitung mit Zwiebeln, Knoblauch, Oregano, Kapern u. a. und dicker Tomatensauce.

**Pjinnekjöt** *(schwed.)*: gesalzene Lammrippchen, ein Weihnachtsessen.

**Plätzli** *(schweiz.)*: Schnitzel.

**Plantain** *(engl., karib.)*: *PFERDEBANANE* (s. d.).

**Planter's Punch** *(engl.)*: Punsch, der hauptsächlich in der *Karibik* serviert wird. Nach dem Originalrezept wird er aus Rum, braunem Zucker, Grenadine, geschabtem Eis, Zitronen- und Orangensaft bereitet, mit einer Kirsche und Orangenscheibe dekoriert sowie mit frisch geriebener Muskatnuss überstäubt. Die einfachere Version besteht aus Barbados-Rum, Zuckersirup, gestoßenem Eis und Limettensaft sowie ein paar Tropfen Angostura.

**Plátanos** *(span.)*: s. *Pferdebananen*.

**Plat à sauter** *(franz.)*: flaches Geschirr zum *Sautieren*.

**Plat russe** *(franz.)*: eine Servierschale für Bratenscheiben, Eierspeisen, Geflügelgerichte, Gemüse, Ragouts usw.

**Plattfisch:** platte Meerfische, wie *Buttfische, Scharben, Schollen* (s.d.), Seezungen usw.

**Plattieren:** ein Fleischstück breitdrücken oder stauchen, wodurch es zarter wird.

**Platzel** *(österr.)*: Hachse.

**Plavac:** *dalmatinischer* Rotwein.

**Plent(e)n** *(österr.)*: Maismehlpolenta, weich oder fest.

**Pleurote** *(franz.)*: Austernseitling, Austernpilz.

**Plinsen:** *Plinzen, Flinsen;* kommen ursprünglich aus den Ostseeprovinzen, sind bis nach *Russland* verbreitet, wo sie *Blini* (s.d.) heißen. Die Eierpfannkuchen werden mit Weizen- oder Buchweizenmehl oder auch aus Kartoffelteig zubereitet. In *Sachsen* wird zudem Hefe verwendet. Man kann sie süß oder pikant servieren.

**Pljeskavica:** flache, gegrillte Fleischküchlein aus Rinder- und Schweinehackfleisch, gewürzt mit Knoblauch, scharfem Paprika, Pfeffer und Salz, meist mit Schafskäse gefüllt und mit rohen Zwiebeln und *Ajvar* (s.d.) serviert (Gericht mit regionalen Rezepten, *Balkanländer*).

**Plockfinken** *(norddt.)*: ein Mischgericht aus Rind- und Schweinefleisch (davon ein Teil gepökelt) oder Speck, Innereien sowie Zwiebeln, Möhren, Apfelstücken und Gewürzen, mit Essig abgeschmeckt. Es gibt regionale Abwandlungen, z.B. mit weißen oder grünen Bohnen (auch unter dem Namen *Bremer Plochfinken* und *Pluckte Finken* bekannt).

**Plockwurst:** *Blockwurst;* eine schnittfeste Rohwurst aus Rindfleisch, Schweinefleisch und Fettgewebe, immer geräuchert.

**Plötzen:** *Rotaugen;* kleine, schmackhafte, jedoch grätenreiche Weißfische aus den Gewässern *Mittel- und Osteuropas*; werden hauptsächlich gebraten oder gegrillt.

**Plotzer** *(süddt.)*: auflaufähnlicher Kuchen, z.B. *Kirschenplotzer* (*Baden, Pfalz*) wird mit eingeweichten Brötchen, Mandeln und natürlich Kirschen, aromatisiert mit Kirschwasser und Zimt, zubereitet.

**Plow** *(russ.)*: s. *Pilaw*.

**Pluckfisk:** *dänisches* Nationalgericht aus gewürfeltem Dorsch oder Kabeljau, gedünstet in Wasser und Weißwein und mit Lorbeer, Pfeffer und Salz gewürzt. Aus dem Fond wird mit heller *roux*, Milch und Senfkörnern eine Sauce bereitet und zusammen mit Würfeln von gegarten Kartoffeln über den Fisch gegeben. Zum Schluss wird das Gericht mit gehackter Petersilie bestreut.

**Plum** *(engl.)*: Pflaume.

**Plum-cake:** *engl.* Version des Königskuchens mit mehreren Variationen, aber im Wesentlichen bereitet wie der deutsche *Königskuchen* (s.d.). Nicht zu verwechseln mit *Plumpudding.*

**Plummen und Trüffel:** eine Mischung aus Bauchspeck oder Rindfleisch mit Backpflaumen *(pommersch: Plumme* = Pflaume) und Kartoffeln *(Mecklenburg-Vorpommern).*

**Plumpudding** *(engl.)*: *Christmas Pudding;* der bekannteste *englische* Pudding. Die Zutaten sind Äpfel, Eier, Ingwer, Korinthen, Mandeln, Mehl, Muskatnuss, Nelken, Orangeat, Orangensaft, Bier, Brandy, Madeira, Rum, gehackte Orangenschale, Rinder- oder Kalbsnierenfett, Rosinen, Salz, Semmelbrösel, Sultaninen, Zitronensaft, Zitronenschale, Zitronat, Zimt und Zucker. Die in Rum marinierten Früchte und die anderen Zutaten werden gut durchgeknetet und mit einer Mischung aus schaumig geschlagenen Eiern, Orangensaft und Zitronensaft übergossen; das Ganze wird mit den Händen durchgearbeitet, in die Puddingschüsseln gegeben oder zu Kugeln geformt. Diese werden mit Mehl bestäubt oder in Tücher gewickelt. Sodann werden die Puddings im Wasserbad acht Stunden lang gekocht, vor dem Servieren gestürzt und mit Rum oder Brandy flambiert; dazu gibt es meist *Englische Creme* (s. *Crème Anglaise*).

**Plunder** *(österr.)*: Hefebutterteig.

**Plunzen** *(österr., südd.)*: Blutwurst.

**Poached** *(engl.)*: pochiert.

**Pochieren:** *gar sieden, gar ziehen lassen, mijotieren, simmern; bei Siedehitze gar ziehen, ohne die Garflüssigkeit kochen zu lassen.* Die Flüssigkeit muss zwar kochend heiß gehalten werden, darf aber nie ins Wallen kommen.

**Pochierte Eier:** *Verlorene Eier;* frisch aufgeschlagene Eier aus einer Tasse oder einem Teller in siedendes, mit wenig Essig versetztes Wasser gleiten lassen und ca. drei Minuten sieden; dann mit einem Schaumlöffel herausnehmen und vor dem Anrichten (evtl. an den Rändern zugeschnitten) in einen flachen Teller mit etwas warmem Wasser geben.

**Pochierte Eier aurora:** auf Croûtons oder *Riz créole* (s.d.) angerichtete pochierte Eier, mit Aurorasauce nappiert; s.a. *Sauce à l'aurore.*

**Pochierter Fisch:** Zubereitungsart, die hauptsächlich für Fisch-Filets, Glattbutt, Heilbutt, Seezunge und Steinbutt angewandt wird. Der in das gebutterte Gargeschirr gelegte Fisch wird gesalzen und mit kaltem Fischfond und trockenem Weißwein übergossen, dann mit gebuttertem Papier bedeckt und im Ofen bei mittlerer Hitze gegart. Aus dem eingekochten Fond wird eine passende Sauce bereitet.

**Pochouse:** s. *Pauchouse.*

**Pökelfleisch:** gepökeltes Rind- oder Schweinefleisch.

**Pökellake:** *Lake;* Salz- und Gewürzmischung zum Pökeln vor allem von Eisbein, Schinken, Schweinerippchen, Zunge usw.

**Pökeln:** man unterscheidet die Trocken-, Laken- und Spritz- (bzw. Schnell-)pökelung, wobei die ersteren zur Rohschinkenherstellung und die letztere für Kochschinken und Schnellpökelwaren angewendet werden. Bei der Trockenpökelung wird das Pökelgut mit einer Mischung aus Pökelsalz (Kochsalz und 0,4% Nitrit) und Zucker eingerieben (auch Kochsalz-Salpeter-Mischung) und bei bis zu 10°C vier bis acht Wochen gepökelt. Bei der Lakenpökelung wird eine Pökelsalzlösung aus Wasser, Pökelsalz und Zucker hergestellt (evtl. mit Gewürzen wie Koriander, Macis, Pfefferkörnern) in der das Pökelgut (Roh- und Kochschinken sowie alle Kochpökelwaren wie z. B. *Kasseler, Rippchen, Eisbein* etc.) je nach Rezept bis zu drei Wochen gepökelt und anschließend kaltgeräuchert wird. Bei der Schnell- oder Spritzpökelung wird die Pökellake mittels Hohlnadeln in das Fleisch eingespritzt und dieses anschließend noch in Lake gelegt; nach 2 Tagen ist die Schnellpökelung beendet. Nach dem Abtrocknen werden die Fleischteile heißgeräuchert.

**Pökelstück:** s. *Unterschale*.

**Pörkölt:** *ungarisches* ragoutähnliches Gericht aus Hammel-, Hühner-, Kalb-, Lamm-, Rind- oder Schweinefleisch. Das Fleisch wird mit Zwiebeln und Schweinefett geschmort. Bevor es gar ist, werden grüne Paprika und Tomaten hinzugefügt. Dann wird weiter geschmort, mit Paprikapulver und Knoblauch stark gewürzt und mit saurem Rahm gebunden. Als Beilage dienen Kartoffeln oder *Tarhonya* (s. d.). Die wichtigsten Pörköltarten sind *marhapörkölt* (Rindspörkölt), *borjupörkölt* (Kalbspörkölt), *báránypörkölt* (Lammpörkölt); das Wort bedeutet »angeröstet«.

**Pörköltsauce:** s. *Sauce hongroise*.

**Poëlieren:** liegt sozusagen zwischen Braten und Dünsten. Das zu poëlierende Stück wird auf einer Schicht *Matignon* (s. d.) in geschlossenem Gefäß oder im Ofen bei mittlerer Hitze und unter häufigem Begießen mit Butter gegart. Vor Beendigung des Garvorgangs wird der Deckel abgehoben und das Fleischstück gebräunt.

**Poêle** *(franz.)*: ein Bratentopf mit Stiel, ähnlich der Kasserolle.

**Pofesen:** s. *Povesen*.

**Pogatscherl** *(österr./ungar.)*: Pfannkuchen aus Eiern, Grieben, Mehl usw.

**Point, à** *(franz.)*: s. *Medium*.

**Pointe de filet de bœuf** *(franz.)*: Spitze vom Rinderfilet.

**Poireau** *(franz.)*: Lauch, Porree.

**Poire Williams** *(franz.)*: Williams Christ Birne.

**Pois chiches** *(franz.)*: Kichererbsen.

**Poisson** *(franz.)*: Fisch.

**Poitrine d'agneau** *(franz.)*: Lammbrust.

**Poitrine de veau** *(franz.)*: Kalbsbrust.

**Poivre** *(franz)*: Pfeffer.

**Poivron** *(franz.)*: Paprikaschote.

**Polenta** *(ital.)*: *kaschamak (montenegrinisch); kačamak (bulg.);* Beilage aus Maisgrieß, unter Rühren in Milch oder Wasser gegart. Die fertige Polenta kann mit Butter und/oder Parmesan vermischt werden; üblich ist es auch, die fertige Polenta in Scheiben zu schneiden und zu braten; wird hauptsächlich zu Fleischgerichten gereicht *(Italien* und *Nordafrika;* Bezeichnung in *Marokko: Azenbou* = Maisbrei).

**Polévka drstková** *(tschech.)*: Kuttelflecksuppe.

**Pollack:** *Kahlmück;* zur Familie der Dorsche gehörender, mit dem Seelachs verwandter Raubfisch, der hauptsächlich in den europäischen Küstengewässern des Atlantiks und westlichen Mittelmeeres vorkommt, mit feinerem Fleisch als der Seelachs; wird wie dieser zubereitet.

**Pollo** *(ital., span.)*: Hähnchen oder Huhn.

**Pollo a la chilindrón** *(span.)*: gebratene Hühnerteile werden mit einer Mischung aus gedünstetem Knoblauch, Paprika, Serranoschinken, Tomaten und Zwiebeln bedeckt und gar geschmort; zum Schluss werden Oliven hinzugefügt *(Spanien)*.

**Pollo en salsa chipotle** *(span.)*: *mexikanisches* Nationalgericht mit vielen regionalen Abwandlungen. Beispiel: gewürzte Hühnerkeulen werden im Backofen mit einer Mischung aus gedünstetem Knoblauchzehen, Tomaten und Zwiebeln bedeckt, mit Hühnerbrühe und *Mole* (s.d.) aufgefüllt und gar geschmort. *Salsa Chipotle* bedeutet eine scharfe Sauce *(Mole)* mit Chipotle Chilis.

**Polnische:** Brühwürstchen aus grob zerkleinertem Rind- oder Schweinefleisch, mit Knoblauch gewürzt *(Schlesien)*.

**Polnische Bauernbratwurst:** eine schnittfeste Rohwurst aus Rindfleisch, Schweinefleisch und Speck mit Knoblauch gewürzt *(Schleswig)*.

**Polnischer Sud:** s. *Krebse*.

**Polar beef** *(engl.)*: Steak vom Moschusochsen *(Kanada)*.

**Polo** *(iran.)*: in Salzwasser gekochter Reis.

**Polpetta** *(ital.)*: Klößchen, Bulette.

**Polpettone** *(ital.)*: Hackbraten.

**Polpo** *(ital.)*: Octopus, Tintenfisch, s. *Krake*.

**Polsterkartoffeln:** *aufgeblähte Kartoffeln, Soufflékartoffeln, soufflierte Kartoffeln, pommes de terre soufflées (franz.)*, gleichmäßige, ovale Kartoffelscheiben werden zunächst in der Fritteuse gebacken, bis sie an der Oberfläche schwimmen, dann herausgenommen und kurz vor dem Servieren nochmals in die Fritteuse gegeben, bis sie sich aufblähen und braun geworden sind.

**Polyp:** s. *Krake.*

**Pomelo:** s. *Pampelmuse.*

**Pomeranze:** s. *Bigarade.*

**Pomeranzenlikör:** s. *Curaçao.*

**Pomeranzensauce:** s. *Sauce bigarade.*

**Pomerol:** Weinbereich im Bordeaux-Gebiet bei St.-Émilion. Ausschließlich rote Weine; sie werden aus *Cabernet Franc, Merlot,* auch *Cabernet Sauvignon, Verdot* und *Malbec* hergestellt. Spitzen-Château: *Pétrus.*

**Pomme** *(franz.)*: Apfel.

**Pomme de terre** *(franz.)*: Kartoffel.

**Pommerscher Kaviar:** mit schwarzem und weißem Pfeffer, Majoran, fein geschnittener Zwiebel und Salz kräftig gewürztes Gänseschmalz.

**Pommes de terre à la crème** *(franz.)*: s. *Rahmkartoffeln.*

**Pommes (de terre) à la dauphinoise** *(franz.)*: s. *Gratin dauphinois.*

**Pommes (de terre) à la maître d'hôtel** *(franz.)*: Haushofmeister-Kartoffel; gegarte Kartoffelscheiben, in Milch und etwas Butter sämig gekocht und mit gehackter Petersilie bestreut.

**Pommes de terre à la parisienne** *(franz.)*: s. *Pommes de terre noisettes.*

**Pommes (de terre) allumettes** *(franz.)*: Streichholzkartoffeln.

**Pommes (de terre) Carême** *(franz.)*: gekochte und passierte Kartoffeln werden mit Rahm und Parmesan vermischt, gewürzt und in Muschelschalen gebacken.

**Pommes (de terre) Colbert** *(franz.)*: s. *Colbert-Kartoffeln.*

**Pommes (de terre) dauphine** *(franz.)*: Dauphine-Kartoffeln, Kartoffeln auf Kronprinzessin-Art; eine Masse aus Herzoginkartoffeln (s. *Pommes de terre duchesse*), vermischt mit Brandteig und gewürzt mit Muskat, wird kaffeelöffelweise oder in Form von kleinen Birnen, Rosetten u. a. frittiert. Üblich ist auch, die Masse mit einem Spritzsack rosettenförmig auf ein Backblech zu spritzen und goldgelb zu backen.

**Pommes de terre Anna** *(franz.)*: Annakartoffeln; in eine hermetisch verschließbare Form, Pfanne usw. werden gleichmäßig geformte Kartoffelscheiben ansehnlich (z. B. in Dachziegelform) geschichtet und mit geklärter Butter begossen. Das Gericht wird im Ofen gebacken und vor dem Anrichten gestürzt.

**Pommes de terre duchesse** *(franz.)*: Duchesse-Kartoffeln, Herzoginkartoffeln; gegarte Kartoffeln werden durch ein Sieb gestrichen, die trockene Masse mit Butter verarbeitet, mit Muskatnuss, Pfeffer und Salz gewürzt und mit Eigelb gebunden. Dann werden mit einem Löffel oder Spritzsack Figuren gebildet, mit Ei bestrichen und im Ofen gebacken.

**Pommes de terre lorette** *(franz.)*: Kartoffelspezialität; das Mark gekochter Kartoffeln wird mit dem Löffel herausgenommen und mit Brandteig und Parmesankäse vermischt. Die Masse wird durch die Sterntülle zu kleinen Halbmonden gespritzt, mit Mehl bestäubt und frittiert.

**Pommes de terre macaire** *(franz.)*: s. *Macaire-Kartoffeln*.

**Pommes de terre mousseline** *(franz.)*: s. *Mousseline-Kartoffeln*.

**Pommes (de terre) noisettes** *(franz.)*: Nusskartoffeln; mit dem Kartoffellöffel haselnussgroß ausgestochene Kartoffelkugeln in Butter gar gebraten. Die *Pariser Kartoffeln (pommes de terre à la parisienne)* sind etwas kleiner ausgestochen.

**Pommes de terre soufflées** *(franz.)*: s. *Polsterkartoffeln*.

**Pommes (de terre) Colbert** *(franz.)*: s. *Colbert-Kartoffel*.

**Pommes frites** *(franz.)*: Kartoffelstäbchen aus der Fritteuse.

**Pommes paille** *(franz.)*: Strohkartoffeln.

**Pommes pont-neuf** *(franz.)*: dicke Kartoffelstäbe aus der Fritteuse.

**Pommes (de terre) sarladaises** *(franz.)*: *nach Art von Sarlat* (*Périgord*). In Gänsefett angebratene Kartoffelscheiben, mit Knoblauch, Petersilie sowie gehackten Trüffeln vollendet.

**Pommes (de terre) Suzette** *(franz.)*: Kartoffeln werden gleichmäßig eiförmig zugeschnitten und in Butter gegart. Die sodann ausgehöhlten Kartoffeln werden mit einer Füllung aus Butter, Eigelb, Hühnerfleisch, Ochsenzunge und Schinken versehen und im Ofen fertig gebacken.

**Pomodori pelati** *(ital.)*: bei uns in Dosen erhältliche, geschälte und gegarte Tomaten (meist Flaschentomaten).

**Pomodoro** *(ital.)*: Tomate.

**Pompadour:** Garnitur für Fisch und Fleisch. Fischfilets werden mit Butter und Weißbrotkrume paniert, in Butter gebraten und mit *Sauce Choron* (s. d.), *Pariser Kartoffeln* und Trüffelscheiben serviert. Fleisch wird mit Trüffelsauce, Kartoffelkroketten und Artischockenböden, die mit Linsenpüree gefüllt sind, gereicht.

**Poncha:** Nationalgetränk *Madeiras* aus Zuckerrohrschnaps, Honig und Zitronensaft oder Fruchtsaft, schaumig verquirlt.

**Ponche** *(span.)*: *Punsch;* auf den *Kanarischen Inseln* wird der Ponche sehr verschieden zubereitet. Auf *El Hierro* wird Malvasier-Wein oder frische Milch verwendet und auf *Gran Canaria* auch Sahne. Gewürzt wird nach Geschmack, z. B. mit Anis, Muskat oder Zitronenschale. Grundrezept: Eigelb mit Zucker gut verrühren, braunen Rum und Milch zugeben und alles kurz erhitzen. Vom Feuer nehmen und steif geschlagenes Eiweiß unterziehen. In hitzebeständigen Gläsern servieren. Man kann das Getränk auch mit Cognac zubereiten.

**Pont-l'Evêque:** weich-speckiger Kuhmilchkäse aus der *Normandie* mit orangefarbener Oberfläche; s. a. *Rotschmiere*.

**Pontschik** *(russ.)*: eine Art Pfannkuchen oder Krapfen, der in Schmalz gebacken wird.

**Ponzu:** *japanische* Sauce aus Sojasauce, Essig, Zitrone und Fisch.

**Poor boy** *(engl.)*: in den *USA* ein Sandwich mit Hühnerfleisch, Fisch, Rindfleisch, Käse, gebackenen Saustern u. a., garniert mit Salatblättern, Tomaten usw.

**Poori** *(ind.)*: s. *Puri*.

**Popcorn-Mais:** s. *Puffmais*.

**Porc** *(franz.)*: Schwein.

**Porchetta** *(ital.)*: Spanferkel, auch Spanferkelschinken.

**Pork** *(engl.)*: Schwein.

**Pork pie:** *englischer* Schweinefleischpie, bei dem man in dünne Scheiben geschnittenes, mit Basilikum, Pfeffer und Zitronensaft gewürztes Schweinefilet auf einen ausgerollten und in einer Auflaufform ausgebreiteten Teig aus Butter, Eigelb, Mehl, Salz und Wasser gibt, mit Apfelscheiben belegt und mit Paprika bestreut. Darüber gibt man Basilikum, Butterflocken, Lorbeer und Wein. Dann wird das Ganze mit einem Teigdeckel verschlossen, mit Teigresten verziert und im Ofen gebacken; s. a. *Pie*.

**Poronskäristys** *(finn.)*: gebratenes Rentierfleisch.

**Porree:** s. *Lauch*.

**Porridge** *(engl.)*: ein Haferbrei; häufig gesüßt und mit kalter Milch übergossen; typisch *englisches* Frühstücksgericht.

**Porter** *(engl.)*: s. *Bier*.

**Port-du-Salut:** auch Port-Salut; *französischer* halbfester, schwach aromatischer Schnittkäse aus Kuhmilch, mit vielen Abwandlungen.

**Porterhouse Steak:** bis zu über ein Kilo schweres Ochsenkotelett aus dem flachen Roastbeef am Übergang zur Hüfte mitsamt dem T-förmigen Knochen und einem Stück Filet geschnitten, zum Braten und Grillen geeignet. Das Steak hat seinen Namen von den Gaststätten, den *Porter houses*, die das englische *Porter-Bier* ausschenken.

**Portugaises** *(franz.)*: s. *Austern*.

**Portugiesische Art:** *à la portugaise (franz.)*; Garnitur für Fleisch und Geflügel mit *Portugiesischer Sauce*, Schlosskartoffeln und gefüllten Tomaten.

**Portugiesische Sauce:** s. *Sauce portugaise*.

**Portulak:** *Burzelkraut, Kuba-Spinat;* alte Gemüse- und Würzpflanze von der die gelbgrünen Blätter und saftigen Stängel verwendet werden (Sommer- und

Winterportulak), mit säuerlich nussigem Geschmack. Als Würzkraut eignet sich Portulak besonders für Salate und Saucen. Aus seinen Blüten wurden früher falsche Kapern hergestellt.

**Portweinsauce:** s. *Sauce au porto.*

**Posole:** s. *Pozole.*

**Postej** *(dän.)*: Leberpastete aus Schweine- und Kalbsleber, gewürzt mit Anchovis.

**Postre de coco** *(span.)*: beliebte Süßspeise, ein Brei aus verquirlten Eiern, etwas Kartoffelmehl, geriebener Kokosnuss, Kokosmilch, Milch, Rosinen, Vanille, einem Schuss Weißwein und Zucker. Die Mischung wird mit Zimt bestreut, im Ofen überbacken und heiß serviert *(Südamerika,* besonders *Kolumbien)*.

**Potage à la julienne** *(franz.)*: Fleischbrühe mit einer Einlage aus Gemüse-Julienne; s. a. *Julienne.*

**Potage Parmentier** *(franz.)*: s. *Parmentier-Suppe.*

**Potage St. Germain** *(franz.)*: gastronomischer Name der klassischen Erbsensuppe.

**Potatoes** *(engl.)*: Kartoffeln.

**Pot-au-feu** *(franz.)*: Suppeneintopf mit vielen Variationen, z. B. mit Fenchel, Geflügel, Hammelhalsstück, Kalbshaxe, Knoblauch, Kräutersträußchen, Lorbeer, Markknochen, Möhren, Nelken, Ochsenschwanz, Pastinaken, Petersilie, Rinderhaxe und -rippenstück, Rübchen, Schaufelstück, Schulterblatt, Schwanzstück, Staudensellerie, Tafelspitz, Thymian, Wirsingkohl, Zwiebeln usw. Nach *Bocuse* kann man *pot-au-feu* in drei Gängen servieren:
*1.* Brühe mit geröstetem Brot, geriebenem Käse, frisch gemahlenem Pfeffer, grobem Salz und Rotwein.
*2.* Zerlegtes Geflügel, umgeben von der Kalbshaxe und dem Ochsenschwanz, begleitet von Brühe und einer Sauce aus 1 Esslöffel Weinessig, 4 Esslöffeln Walnussöl, Salz, Pfeffer und 20 g frisch abgezupften Kerbelblättchen.
*3.* Die Rinderhaxe mit dem übrigen Fleisch, den Gemüsen und der restlichen Brühe.
Es gibt auch einen *pot-au-feu de la mer.*

**Pothast:** s. *Westfälischer Pfeffer-Pothast.*

**Potimarron:** Kürbisart.

**Potiron** *(franz.)*: Kürbis.

**Potitze** *(österr.)*: ein mit einer Nuss- oder Mohnfülle gefüllter Hefeteigstrudel, der von rechts und links eingerollt wird.

**Potjie** *(afrikan.)*: in *Namibia* und *Südafrika* in dreibeiniger gusseiserner Topf, in dem vorzugsweise *mieliepap* aus Hirse- oder Maismehl bereitet wird. Das Wort bezeichnet aber auch ein altes burisches Gericht, das aus Rindfleisch, Huhn und Gemüsen besteht. In *Südafrika* werden auch Ochsenschwanzpotjies und Fischpotjies – mit Fisch, Kalmar und Muscheln – zubereitet. Die Ureinwohner (Buschmänner) garen darin auch Mopamiwürmer in einer Art Suppe.

**Pot still** *(engl.)*: Brennblase für diskontinuierliche Destillation, z. B. für Whisky, Rum etc.

**Pots:** Kapselfrüchte, Umhüllung von Nüssen wie z. B. den *Paranüssen* (s. d.) u. a.

**Pottasche:** ein weißes, pulvriges Kaliumsalz, das als Backtreibmittel, insbesondere für Honigkuchen, dient.

**Poularden:** gemästete, vor der Geschlechtsreife (10–12 Wochen) geschlachtete Junghähne und -hennen. Berühmt sind die *Bresse-Poularden* (die im *französischen* Departement *Bresse* gezüchtet werden, s. *Bresse-Hühner*), die Poularden aus dem *Périgord*, die *Brüsseler Poularden* und die Poularden aus der *Steiermark*.

**Poularde dauphinoise** *(franz.)*: eine getrüffelte Poularde, in der Schweinsblase gegart. Zuvor werden Trüffelscheiben zwischen die Haut und das Fleisch der Keulen geschoben sowie die Poularde mit Gänseleber, Trüffeln u. a. gefüllt.

**Poule au pot** *(franz.)*: Festsuppe mit zahlreichen Rezepten und Variationen beim Anrichten. Hauptbestandteile sind: mit einer Schinken- und Hühnerinnereienfarce gefülltes Huhn, Kalbshaxenscheiben oder Rinderhesse und verschiedene Gemüse wie Möhren, Porree, weiße Rüben, nelkengespickter Zwiebeln etc. Gewürzt wird mit *bouquet garni* und Salz und Pfeffer.

**Poulet** *(franz.)*: gemästete Hähnchen im Alter von 8–14 Wochen.

**Poulet à la crème et au calvados** *(franz.)*: Hähnchen in Calvadosrahmsauce.

**Poulet Gascogne** *(franz.)*: ein portioniertes Huhn wird zusammen mit Champignons und Zwiebeln geschmort. Der Bratsatz wird mit Armagnac, Rahm und Trüffeln verarbeitet und mit Pfeffer, Salz und Zitronensaft gewürzt.

**Poulet Marengo** *(franz)*: sautierte Hühnerteile werden mit Weißwein abgelöscht. Dann werden Champignonköpfe, gebundener *Jus*, Tomaten und Trüffelscheiben dazugegeben und gegart. Serviert wird in der Regel mit *Croûtons*, hart gekochten Eiern, Flusskrebsen und Petersilie.

**Poulet Parmentier** *(franz.)*: Hühnertopf mit in Bouillon gegarten Kartoffeln, gewürzt mit Muskatnuss, Petersilie, Pfeffer und Salz; s. a. *Parmentier-Suppe*.

**Poulets de Bresse** *(franz.)*: s. *Bresse-Hühner*.

**Pourpier** *(franz.)*: kultivierte Brunnenkresse, nussig schmeckend.

**Poussin** *(franz.)*: Küken, 4–5 Wochen alt.

**Povesen:** *Pafesen;* Spezialität, die süß oder pikant serviert wird. Zumeist werden Semmel- oder Toastbrotscheiben mit einer beliebigen Farce, Zwetschgenmus o.ä. dick bestrichen, je paarweise zusammenklappt, in einer Eiermilch getränkt, in Semmelbröseln gewendet, in Butter gebacken und mit Zucker und Zimt bestreut *(Bayern, Böhmen, Österreich)*.

**Powidl** *(österr., tschech.)*: Pflaumenmus.

**Powidl-Tatschkerl** *(österr.)*: *Zwetschgentasche;* aus Butter, Eiern, Kartoffeln, Mehl und Salz wird ein Teig hergestellt, der ausgerollt und in Vierecke geschnitten wird. Die Quadrate werden mit Pflaumenmus gefüllt und gefaltet. Dann werden die Taschen in Salzwasser gegart, anschließend in Semmelbröseln gewälzt und mit Puderzucker bestäubt.

**Pozole:** *mexikanischer* Eintopf, meist aus Schweine- oder Hühnerfleisch mit Mais, Zwiebeln, Gewürzen wie Chilis, Lorbeer und Oregano u. v. m. Regionale Varianten: *Grüner Pozole* mit Kürbiskernen, Chilis, *Tomatillos* (s. d.) und frischen grünen Salatblättern oder *Roter Pozole* mit rotbraunen *Chiles guajillos*, die eingeweicht und zerrieben werden u. a. Immer jedoch wird Hühner- oder Schweinefleisch dazu genommen.

**Prästost:** *schwedischer* Schnittkäse mit aromatisch bis kräftigem Geschmack.

**Prager Schinken:** mildgepökelter und gekochter Schweineschinken, bis zu 5 Pfund schwer; eignet sich besonders für Schinken im Brotteig oder geschmort in Portwein (s. a. *Schinken*).

**Praire** *(franz.)*: *raue* Venusmuschel, Quahog-Muschel.

**Praline:** kleine süße Schleckerei, meist aus Schokolade, oft gefüllt mit Nugat u. a., auch aromatisiert (z. B. mit Rum u. a.).; *franz.* auch für gebrannte Mandel.

**Prawns:** *englische* Handelsbezeichnung für große Garnelen, auch *King-prawns, Jumbo-prawns* u. a. genannt.

**Preiselbeere:** s. *Bernitschke*.

**Pré-salé** *(franz.)*: Bezeichnung für Fleisch von Schafen, die auf fetten und meersalzhaltigen Weiden bzw. Deichen gehalten werden, z. B. in *Norddeutschland,* der *Bretagne* oder *Normandie*.

**Presskaviar:** minderwertiger echter Kaviar, der in Fässern zusammengepresst auf den Markt kommt; für Saucen geeignet.

**Presskopf:** Kopffleisch, Füßchen und Schwarten vom Schwein, mit Suppengrün zu Sülze verarbeitet.

**Presssack (Weisser):** Speck, Schweinefleisch, -masken, -schwarten u. a. in weißer Hülle (*Sülzwurst*).

**Presunto:** luftgetrockneter würziger Schinken aus den Bergen *Portugals*.

**Prilleken:** beliebtes Schmalzgebäck aus dem *Harz* zur Karnevalszeit.

**Prime rib** *(engl.)*: Ochsen- oder Rindersteak von der Hochrippe mit Knochen, 600–1000 g schwer (amerikanischer Schnitt).

**Primeurs** *(franz.)*: Frühgemüse, Frühobst; auch in Verbindung mit jungem Wein (z.B. Beaujolais Primeur).

**Printanière, à la** *(franz.)*: s. *Frühlingsart*.

**Printen:** s. *Aachener Printen*.

**Prinzessbohnen:** junge, grüne Bohnen.

**Prinzregententorte:** Torte aus mehreren Biskuitschichten, meist sechs, mit Schokoladencreme gefüllt und mit Kuvertüre überzogen.

**Profiteroles:** kleine bis winzige Brandteig-Windbeutel; in *Italien* werden sie mit Sahne und Beeren gefüllt; in *Frankreich* mit Eiercreme gefüllt und mit flüssiger Schokolade übergossen; sie können auch pikant gefüllt werden. In der *Schweiz* bezeichnet man Backerbsen als *Profiteroles*.

**Proja:** eine Art Maisbrot in Form von gebackenem Maisbrei, der hauptsächlich aus Maismehl, Butter oder Schweineschmalz, Eiern, Milch und Salz besteht (ehemaliges *Jugoslawien*).

**Prosciutto** *(ital.)*: luftgetrockneter Schinken mit leicht marmoriertem rotem Fleisch und einem Fettrand. *Parmaschinken* und *San Daniele* sind die bekanntesten (s.a. *Schinken*).

**Prosciutto crudo** *(ital.)*: an der Luft gereifter roher Schinken.

**Prosciutto di lepre** *(ital.)*: Hasen-Schinken, eine Spezialität aus der Region Sinalunga *(Toskana)*.

**Prosciutto di San Daniele** *(ital.)*: s. *Schinken*.

**Prosciutto e melone** *(ital.)*: Schinken mit Melone.

**Prosecco:** *italienischer* Sekt; hergestellt aus der weißen Prosecco-Rebsorte mit maximal 15% Beimischung von Verdiso-, Perera- oder Bianchetta-Rebe, die aus der Gegend von Treviso in Venetien stammen mit den Hauptorten Valdobbiadene und Conegliano. Sie liefert Perlwein (Frizzante) und Schaumwein, d.h. Sekt *(Spumante)*. Beide Erzeugnisse sind DOC-geschützt (s.a. *DOC*).

**Provençale, à la** *(franz.)*: s. *Provenzalische Art*.

**Provence-Kräuter:** *Fines Herbes de Provence, herbes de Provence (franz.)*; Kräutermischung aus Basilikum, Majoran, Rosmarin, Thymian, Lorbeer als Grundmischung, dazu können noch Bohnenkraut, Fenchel usw. kommen; wird meist getrocknet angeboten.

**Provenzalische Art:** *à la provençale (franz.)* Garnitur für Fleisch und Zwischengerichte mit provenzalischer Sauce, gefüllten Champignons und Tomaten auf provenzalische Art. Nach einer anderen Version werden lediglich entsteinte Oliven und geschmolzene Tomaten mit Knoblauch verwendet.

**Provenzalische Sauce:** s. *Sauce provençale*.

**Provenzalischer Salat:** *salade provençale (franz.)*; Salat aus Artischockenböden, schwarzen

Oliven und Tomaten, angemacht mit einer Sauce aus Essig, Öl, gehackten Sardellen, Basilikum und Knoblauch.

**Provolone:** *italienischer* Kuhmilchkäse; ein sog. Brühkäse (Herstellungsbezeichnung), der jung mit ca. 2–3 Monaten als Tafelkäse, mit 6–12 Monaten Reife als Reibkäse verwendet wird. Es gibt ihn auch geräuchert.

**Pršut:** geräucherter Rinder- oder Schweineschinken (ehem. *Jugoslawien*).

**Pruneau** *(franz.)*: Dörrpflaume.

**Prunelle** *(franz.)*: Schlehe, aber auch anderer Name für *Reneklode*.

**Prunkbohnen:** s. *Bohnen*.

**Puchero:** *span. Eintopf*; Nationalgericht *Spaniens*, der *Kanaren* und aller Länder, in denen spanisch gesprochen wird, wobei die Zutaten zahlreich variieren; verwendet werden u.a. weiße Bohnen, *chorizos* (s.d.), Hammelfleisch, Hühnerfleisch, Karotten, Kartoffeln, Kichererbsen, Knollensellerie, Kohl, Lauch, Möhren, Paprika, Räucherspeck, Rindfleisch, Schinken, gepökeltes Schweinefleisch, Schweinsohren, Tomaten, Zwiebeln usw. Gewürzt wird mit Knoblauch, Kümmel, Lorbeer, Nelken, Petersilie, Pfefferkörnern, Pfefferminze, Zitronensaft und Zwiebeln, garniert mit hart gekochten Eiern und Oliven.

**Pudding:** *Dunstkoch (österr.)*; Süßspeise auf der Basis von Früchtemus, Milch, Sahne oder Schokolade und mit Stärke, Eigelb oder Gelatine vermischt. Er kann kalt oder warm angerichtet werden (s.a. *flan*). In den angelsächsischen Ländern auch Bezeichnung für in besonderen Puddingformen im Wasserbad gekochte deftige Puddings (s.a. *Plumpudding*).

**Puderzucker:** *Staubzucker (österr.)*.

**Pudim flan** *(port.)*: Karamellpudding.

**Püreesuppe:** gebundene Suppen. Die Bindung besteht aus den verschiedensten Materialien, wie Bohnen, gebackenem Brot, Kartoffeln, Linsen, Reis usw. Von *coulis* spricht man meist bei Püreesuppen von Fisch, Geflügel oder Wild, von *bisque* bei Püreesuppen von Schaltieren (vgl. *bisque* und *coulis*).

**Puerto-Rico-Kirschen:** s. *Acerolas*.

**Puffbohne:** *bissarà (alger.), Dicke Bohne, Saubohne*. Große, flache Kerne einer Wickenart, die grün als Gemüse und getrocknet erhältlich sind. Die unterschiedlichen Sorten (Blütenfarbe) sind auch geschmacklich verschieden. Einzige Bohnenart, die nicht aus Südamerika stammt.

**Puffer:** s. *Kartoffelpuffer*.

**Puffmais:** *Popcorn-Mais;* geröstete und durch Reduzierung des Außendrucks zum Platzen gebrachte Maiskörner.

**Puffreis:** durch Hitze aufgeblähte Reiskörner, als Beilage oder Snack.

**Pulao:** *Pulau; indische* Reiszubereitungen mit verschiedenen Gewürzen oder Gemüsen oder süß mit Trockenfrüchten. *Pulao,* auch *Pilau,* bezeichnet aber auch eine Art *Pilaw,* z. B. *Korma pilau* (mit Lammfleisch), oder *Jhinga pilau* (mit Garnelen) u. a. Die Gerichte werden teilweise als Eintopf, teilweise in Lagen eingeschichtet in Auflaufformen zubereitet; s. a. *Pilaw.*

**Pulp(e):** breiige Masse von Früchten oder gekochten Kartoffeln etc.

**Pulpo** *(span.)*: Krake, Polyp.

**Pulque** *(mex.)*: milchig-trüber gegorener Agavensaft (2–6 Vol.-%); Basis für Mezcal und Tequila.

**Pultost:** *norwegischer* Sauermilchkäse, der mit Anis oder Kümmel gewürzt ist.

**Pumpernickel:** krustenfreie, fast schwarze *westfälische* Brotspezialität aus Roggen, feucht und von süßlich-aromatischem Geschmack.

**Puri** *(ind.)*: *Puree, Poori;* Brotfladen aus *atta*-Mehl (Weizenmehl naturbelassener Körner) und Weizengrieß oder Maismehl, Milch, *Ghee* (s. d.) und Salz, mit einem Durchmesser von 10 cm; die Fladen werden in viel Fett ausgebacken. Im Süden Indiens werden sie mit Chilis, Kreuzkümmel usw. gewürzt. Puris werden auch gefüllt, z. B. mit Linsencurry oder Kürbis.

**Purloo** *(engl.)*: *Red Rice,* auch *Limping Susan (engl.);* ein Reisgericht, ähnlich dem *Pilaw;* Reis wird in ausgelassenem Bauchspeck und Zwiebel angebraten, mit Hühnerbrühe aufgegossen und gegart. Dazu kommen passierte Tomaten, Okraschoten, Reste von Hühner- oder Putenfleisch oder auch Garnelen. Gewürzt wird mit Salz, Pfeffer, Cayennepulver und Petersilie. Das Gericht gart bei niedriger Temperatur im Backofen *(Süden der USA).*

**Purpurschnecke:** eine essbare Meeresschnecke aus dem Mittelmeer, die gekocht oder eingelegt wird.

**Purpurtang:** s. *Seetang.*

**Pusterer Tirtlan:** *Südtiroler* Spezialität; eine Art Pfannkuchen aus Roggenmehl, der mit Sauerkraut oder Spinat gefüllt wird.

**Puszta-gulyás:** *ungarisches* Gulaschgericht aus Rindfleisch, Sauerkraut und Zwiebeln, gewürzt mit Knoblauch, Kümmel, Paprikapulver und vollendet mit saurem Rahm; s. a. *Gulasch.*

**Pusztapörkölt:** *ungarisches* Gericht, bei dem das Fleisch mit Kartoffeln zusammen in Wein geschmort wird; s. a. *Pörkölt.*

**Pute:** s. *Truthahn.*

**Puter:** s. *Truthahn.*

**Putra:** Nationalgericht *Lettlands,* eine kalte Grützsuppe aus Milch u. a., gewürzt mit Dill und Zwiebellauch.

**Puttanesca, alla** *(ital.)*: heißt übersetzt nach Art der »leichten Mädchen«; zur Pasta wird eine Mischung aus Knoblauch, Sardellenfilets, schwarzen Oliven,

Kapern, Petersilie, alles klein gehackt, in einer Butter-Olivenöl-Mischung angedünstet, eingekocht mit geschälten, gehackten Tomaten *(pelati)*, gereicht.

**Puy-Linse:** eine *französische*, kleine hochwertige dunkelgrüne Linsensorte, die sich beim Kochen grau verfärbt.

**Pyrenäenkäse:** *franz.* Schnittkäse aus Kuhmilch mit mildem, nussartigem Geschmack, mit dunkelbrauner bis schwarzer Paraffin- bzw. Kunststoffhülle.

**Pyrischki** *(russ.)*: s. *Piroggen.*

**Pytt i Panna** *(schwed.)*: heißt wörtlich *Häppchen in der Pfanne* und ist ein in der Pfanne bereitetes Gericht aus gewürfelten Kartoffeln, haschiertem, gebratenem oder gekochtem Rind- oder Lammfleisch, Petersilie, schwarzem Pfeffer, gewürfeltem Schinken und Zwiebeln. Auf jede einzelne Portion wird entweder ein Spiegelei oder eine halbe Eischale mit einem Eigelb gesetzt. Das Eigelb wird dann vom Gast selbst untergezogen.

**Qat:** getrocknete Blätter eines Strauches. Werden im *Jemen* als Genuss- und Rauschmittel gekaut oder zu einer Art Tee verarbeitet.

**QbA:** Abkürzung für Qualitätsweine bestimmter Anbaugebiete; s.a. *DOC*.

**Quaglia** *(ital.)*: Wachtel.

**Quail** *(engl.)*: Wachtel.

**Qualle:** ein vielartiges Meerestier; vor allem Scheiben- und Wurzelmundqualle, die getrocknet und gesalzen auf den Markt kommen und besonders in der japanischen Küche Verwendung findet.

**Quallmänner** *(rhein.)*: s. *Pellkartoffel*.

**Quappe:** s. *Aalraupe*.

**Quargel:** ein ursprünglich aus Olmütz stammender Sauermilchkäse aus Magermilch (s.a. *Handkäse; Harzer Käse*).

**Quark:** *Topfen (österr.)*; leicht säuerlicher Frischkäse aus entrahmter geronnener Milch, erhältlich in vier Fettstufen: *Magerstufe* unter 10 %, *viertelfett* mind. 10 %, *halbfett* (*Speisequark*) mind. 20 % und *fett* (*Sahnequark*) mind. 40 % Fett.

**Quarkkeulchen:** *Quarkkließle*; kleine süße Puffer aus einem Quark-Kartoffel-Teig, bestreut mit Zucker und Zimt; dazu Kompott (*Thüringen* und *Sachsen: K(G)äsekeulchen*).

**Quarkstrudel:** s. *Topfenstrudel*.

**Quartier:** bei einigen Schlachttieren, z. B. beim Hammel oder Lamm, nennt man so das Hinterviertel oder die Keule samt Nierenstück (z. B. *quartier de mouton)*.

**Quartier de mouton:** s. *Quartier*.

**Quatre épices** *(franz.)*: eine Mischung aus vier gemahlenen Gewürzen, üblicherweise Muskat, Nelken, Pfeffer und Zimt oder Ingwer, für Schweinefleisch, Wild u. a.

**Queen olives** *(engl.)*: s. *Oliven*.

**Quellgrumbeeren** *(pfälz.)*: *Gequellte; Pellkartoffeln* (s. d.).

**Quendel:** *serpolet (franz.);* Bezeichnung für Feldthymian,

**Quenelles** *(franz.)*: zarte Klößchen, meist aus fein zerstoßenem Fleisch oder Fisch, mit Ei gebunden.

**Quenelles à la moëlle** *(franz.)*: Markklößchen; eine Suppeneinlage aus Ochsen- und Rindermark, fein geriebenem Brot und Mehl, gewürzt mit Muskatnuss, Petersilie, Pfeffer und Salz.

**Quenelles de brochet** *(franz.)*: Hechtklößchen, für die es zahlreiche Rezepte gibt. Ein Beispiel: püriertes, gut gekühltes Hechtfleisch wird mit Butter und einer Masse aus Butter, Eigelb, Mehl und Milch vermischt. Danach wird süße Sahne zugegeben. Aus dieser Masse formt man ovale oder walzenförmige Klößchen, die in Salzwasser pochiert werden. Die fertigen Klößchen werden meist noch mit einer *Sauce*

*NANTUA* (s.d.) oder *SAUCE VIN BLANC* (s.d.) nappiert (überzogen).

**QUERRIPPE DES RINDES:** ein – von der Seite gesehen – etwa in der Mitte des Rindes liegendes Fleischstück, das im Uhrzeigersinn begrenzt wird vom dicken Bug, der Hochrippe, den Bauchlappen, der Nachbrust und dem Brustkern. Insbesondere für Eintöpfe, Suppen und zum Grillen geeignet. Weitere Namen: *Flachrippe, Leiterstück, Schälrippe, Spannbrust, Überzwerch* usw.

**QUESADILLA** *(span.)*: eine Spezialität aus *San Francisco*, ursprünglich aus *Mexiko;* eine Art gefüllte *Tortilla*. Die Füllung besteht aus *MONTEREY JACK* (s.d.), Frühlingszwiebeln und Tomaten, gewürzt mit *cilantro* (frischer Koriander), Knoblauch, Pfeffer und Salz.

**QUESO** *(span.)*: Käse.

**QUESO BLANCO:** *Queso fresco (span.);* frischer, ungereifter, krümeliger Weißkäse aus entrahmter Kuhmilch *(Lateinamerika)*.

**QUESO CHIHUAHUA** *(span.)*: ein milder Käse aus der mennonitischen Gemeinde Chihuahua, dem Ursprungsort der gleichnamigen Hunderasse. Er schmilzt leicht und kann gut zum Füllen und Überbacken verwendet werden *(Mexiko)*.

**QUESO MANCHEGO** *(span.)*: ein dem spanischen *Manchego* ähnlicher, je nach Alter im Geschmack differierender Käse *(Mexiko)*.

**QUETSCHEKUCHEN:** Pflaumenkuchen mit Hefeteig; wird in der *Pfalz, Hessen* und *Rheinhessen* gerne zu dicken Suppen – wie Kartoffelsuppe – warm gegessen.

**QUETSCHKARTOFFELN:** grob gestampfte Kartoffeln mit Brühe *(Berlin, Nordd.)*.

**QUEUE** *(franz.)*: Schwanz, Schweif.

**QUEUE DE BŒUF** *(franz.)*: Ochsenschwanz.

**QUEUES D'ÉCREVISSES** *(franz.)*: Krebsschwänze.

**QUICHE** *(franz.)*: ursprünglich aus Lothringen stammender flacher Mürbeteigkuchen (s. *QUICHE LORRAINE)*.

**QUICHE LORRAINE** *(franz.)*: Lothringer Speckkuchen; nach dem Grundrezept wird Mürbeteig mit geröstetem Speck belegt und mit Schweizer Käse bestreut. Darüber wird eine Mischung aus Eiern, Sahne und angeschwitzten Zwiebeln, gewürzt mit Pfeffer und Salz, gegossen und anschließend bei 220°C 40 Min. gebacken.

**QUINOA:** *Kiwicha, Inkakorn, Inkaweizen;* eine Melde aus den Hochanden; gedeiht bis in Höhen von ca. 4500 m ü.M. Ihre Blätter werden wie Spinat als Gemüse oder Salat gegessen. Die eiweißhaltigen und stärkereichen kleinen runden Samen haben die Bedeutung eines lokalen Grundnahrungsmittels. Es gibt Quinoakörner und Mehl; für Backwaren, Brei, Suppen und Süßspeisen *(Ecuador, Bolivien, Peru)*. Heute auch in der glutenfreien Ernährung eingesetzt.

**Quitte:** runde oder längliche Kernfrucht (Apfel- oder Birnenquitte) mit hartem holzigem, bei den Quitten aus südlichen Ländern auch saftig-fruchtigem, sehr vitaminreichem Fleisch, das roh, getrocknet oder gekocht, für Gelee, Kompott, Püree oder als Beilage zu Kurzgebratenem verwendet werden kann. Apfelquitten haben meist das aromatischere Fruchtfleisch, Birnenquitten das angenehm weichere.

**Quittenspeck** *(südd.)*: Quittenmark mit Zucker zu einem dicken Brei kochen; dann die Paste auf ein gefettetes Backblech streichen. Die getrocknete Paste in Rauten schneiden und mit Hagelzucker oder Kokosraspel bestreuen.

r

**Rabbits** *(engl.)*: s. *Rarebits*.

**Râble** *(franz.)*: Rücken, Rückenstück.

**Râble de lièvre** *(franz.)*: Hasenrücken; es wird empfohlen, den Rücken zwölf Stunden lang in Gewürzen und Weißwein zu marinieren und nur 15 Min. zu braten.

**Rabo de buey** *(span.)*: Ochsenschwanz.

**Raclette:** Schweizer Käsegericht, bei dem geschmolzener Käse, vornehmlich *Gomser Käse* (s. d.), zu heißen Pellkartoffeln gegessen wird; dazu werden saure Gurken, eingelegte Zwiebeln, Speckscheiben u. a. serviert.

**Radi** *(bayer.)*: Rettich.

**Radicchio:** verwandt mit dem Chicorée und der Endivie; Gemüse, vorzugsweise aus Italien in runder oder länglicher Form *(Radicchio di Treviso)*, mit roten oder rot-weißen Blättern, mit würzigem fein-bitterem Geschmack, zum Schmoren und roh als Salat zu essen.

**Radlermass***(südd..)*: s. *Alsterwasser*.

**Räben** *(schweiz.)*: Kohlrüben.

**Räderkuchen:** s. *Hobelspäne*.

**Räss** *(südd., schweiz.)*: rezent, etwas scharfer, rauer Geschmack.

**Räuchern:** man unterscheidet zwischen *Kalträucherung* und *Heißräucherung*. Die Kalträucherung oder Langzeiträucherung erfolgt bei 15–25 °C in vier bis fünf Wochen. Auf diese Weise werden vor allem Lachs und roher Schinken geräuchert. Bei der Heißräucherung beträgt die Räucherzeit nur wenige Stunden bei 45–90° C. Bei dieser Räuchermethode gart das Räuchergut; sie ist geeignet für Forellen, Aal, Kochschinken usw. Als Räuchermaterial eignet sich am besten Sägemehl von Harthölzern wie Buche, Eiche, Erle sowie Zapfen, vermischt mit Wacholderbeeren, Bucheckern etc. (s. a. *Schinken*).

**Räucherspeck:** im Allgemeinen kurz *Speck* genannt. Schweinespeck, der trocken gepökelt und kalt geräuchert wird.

**Raffel** *(schweiz.)*: Reibe.

**Rafraichieren:** unter kaltem Wasser abkühlen.

**Ragout:** ein in würziger Sauce bereitetes Gericht, vor allem aus würfelig geschnittenem Fisch, Fleisch, Geflügel oder Wild, das oft mit Pilzen, Tomaten, Zwiebeln u. a. bereichert wird.

**Ragout de mouton** *(franz.)*: ein Hammelragout mit – oft ausgestochenen – Gemüsestücken, wie Kartoffeln, Möhren, weißen Rüben, Tomaten, Zwiebeln usw. (s. a. *Navarin*).

**Ragout fin** *(franz.)*: feines Ragout, aus hochwertigen Zutaten wie Kalbsbries, Kalbszunge, Kalbfleisch, Hühnerbrust usw., das mit einer raffiniert gewürzten *Sauce allemande* (s. d.) gebunden wird. Die Sauce wird, falls es deren Konsistenz verlangt, mit Eigelb und Sahne aufgeschlagen. Üblicherweise wird dieses Ragout in kleinen Blätterteigpastetchen serviert, kann aber auch in *Cassolettes* oder Muschelschalen überkrustet oder überbacken angerichtet werden; auch als Omelettfüllung ist *ragout fin* geeignet (s.a. *KÖNIGINPASTETCHEN*).

**RAHM** *(südd., schweiz.)*: Sahne.

**RAHMAPFEL:** s. *ZIMTAPFEL*.

**RAHMBLÄTTLE** *(südd.)*: s. *RAHMKARTOFFELN*.

**RAHMKARTOFFELN:** *pommes de terre à la crème (franz.), Rahmblättle (südd.)*; ein bekanntes Kartoffelgericht. Nicht ganz gegarte Kartoffelscheiben werden mit Muskatnuss, Pfeffer und Salz gewürzt, mit Milch oder Sahne übergossen und so lange gekocht, bis die Flüssigkeit aufgesogen ist. Es empfiehlt sich, vor dem Servieren das Gericht noch mit etwas *crème double* oder *crème fraîche* zu vollenden.

**RAHMSUPPE:** s. *CREME-SUPPE*.

**RAHNEN** *(österr.)*: s. *ROTE RÜBEN*.

**RAIE** *(franz.)*: Rochen.

**RAIFORT** *(franz.)*: Meerrettich (Wurzel).

**RAISIN** *(franz.)*: Weintraube.

**RAITA** *(ind.)*: eine Beilage zu scharf gewürzten Currygerichten, aus Joghurt vermischt mit Gurken, Äpfeln oder anderen Früchten, sogar evtl. Honig, gewürzt mit Minze, Pfeffer, Salz und Zimt, Chilis, Kreuzkümmel u. a. In Indien werden alle pikanten und süßen Joghurtspeisen sowie die mit Joghurt angemachten Salate als *Raita* bezeichnet.

**RAKI** *(türk.)*: ein mit Anissamen versetzter klarer Schnaps, meist aus Weintrauben, aber auch aus Datteln, Pflaumen, Kartoffeln oder Weizen gewonnen; mit Wasser vermischt wird das Getränk milchig und daher auch *Lions milk* genannt *(Arabische Länder, Balkan, Vorderer Orient)*.

**RAKOTT KÁPOSZTA:** *ungarisches* Krautgericht. Auf mit Räucherspeck gedünstetem Sauerkraut wird eine Lage gebräuntes und papriziertes Schweinefleisch mit Zwiebeln und Knoblauch gegeben, darüber wieder Sauerkraut, Speckscheiben, Scheiben von *DEBRECZINER* (s.d.) Wurst und zum Schluss wieder Sauerkraut; es wird mit saurem Rahm übergossen, mit Paprika und Salz gewürzt und im Ofen überbacken.

**RAMAZZOTTI:** *italienischer* dunkler Kräuterbitterlikör.

**RAMBUTAN:** mit den *Litschees* und *Longans* eng verwandte Frucht, die im feucht-heißen Tropenklima wächst. Auf ihrer rotbraunen Schale befinden sich weiche grüne Haare. Das Fleisch der Rambutan schmeckt erfrischend süß-säuerlich (*Thailand* u.a.).

**RAMEQUIN** *(franz.)*: kleine Törtchen mit Mischungen aus Eiern, Fisch, Käse, Meeresfrüchten usw. (warm) oder Cremes, Puddings u.a. in Gelee. In Deutschland auch Bezeichnung für kleine Käsetörtchen in Formen, die denselben Namen tragen. In der *Schweiz* sind Ramequins gratinierte Toastscheiben, belegt mit

Mischungen aus Käse, Eiern, Milch, etwas Weißwein u.a., gewürzt mit Muskat und Pfeffer.

**Rammler:** männliches Kaninchen.

**Ram-shie:** ein beliebtes Gericht aus der *Mongolei*, angeblich *Dschingis Khans* Leibspeise. Bei den mit Variationen zubereitetem Gericht erhält jeder Gast eine Platte mit den unterschiedlichsten, in Stücke geschnittenen Zutaten wie Fisch, Fleisch, Früchte, Gemüse, Krustentiere, Pilze, Sojabohnenkäse usw. Die Gäste bereiten die Zutaten auf einem Tischgrill selbst und tauchen sie vor dem Genuss in eine süß-saure Tunke, die aus Fleischbrühe, Sojasauce, Ingwer, Zwiebeln u.a. besteht.

**Rande** *(schweiz.)*: s. *Rote Rübe*.

**Rapadura** *(bras.)*: eingedickter brauner Zuckerrohrsaft; wird in verschiedenen Stückgrößen angeboten *(Brasilien)*.

**Rapieren:** Fleisch von Häuten, Knochen und Sehnen befreien; auch schaben, reiben, raspeln von Gemüse.

**Rapunzel:** *Ackersalat, Feldsalat, Mäuseöhrchen, Nüsslisalat (schweiz.), Sonnewirbele (alemann.), Vogerlsalat (österr.)*; würziger, winterharter Salat mit kleinen grünen Blättern, die eine Rosette bilden.

**Râpure** *(franz.)*: heißt eigentlich *Geraspeltes*. Es handelt sich um einen in der *französischen*, aber auch in der *anglo-amerikanischen* Küche bereiteten Kartoffelauflauf, der mit Muscheln, Fleisch oder Geflügel zubereitet werden kann. Die Besonderheit besteht darin, dass die Kartoffelraspel ausgepresst und die Flüssigkeit durch den Garsud der anderen Hauptzutaten, z.B. durch Muschelsud, ersetzt wird. Die Zutaten werden schichtweise auf ein Backblech gegeben und im Ofen gebacken.

**Rare** *(engl.)*: s. *blutig*.

**Rarebits:** *rabbits (engl.)*; Würzbissen mit Käse, meist überbacken.

**Rasam:** südindische Tamarindensuppe mit Linsen und einer Gewürzmischung aus Senfkörnern, Kreuzkümmel, Asant, Curryblättern, Kurkuma, Chili, Knoblauch, *Sambhar* (s.d.) u.a.

**Rascasse** *(franz.)*: *Drachenkopf*; ein Salzwasserfisch, der meist in Küstennähe lebt und in Südfrankreich hauptsächlich für die *Bouillabaisse* (s.d.) verwendet wird.

**Ras El-Hanout:** *Ras al-hanout;* nordafrikanische Gewürzmischung für Fleisch- und Wildgerichte, insbesondere für *Couscous* (s.d.). Das Gewürzpulver besteht aus mindestens 13 Zutaten, darunter Erdmandeln, Galgant, Nelken, Ingwer, Piment, Kardamom, Koriander, Kurkuma, Lavendel, Muskat, schwarzer Pfeffer, Schwarzkümmel, Zimt, getrocknete Rosenknospen, usw. (*Marokko, Tunesien)*.

**Rasnici:** s. *Raznjici*.

**Raspberry** *(engl.)*: Himbeere.

**Rassólnik** *(russ.)*: Suppe mit vielen Variationen, hauptsächlich aus Graupen, Salzgurken, Kalbs- oder Rindernieren, Sauerampferblättern, aber auch Hühnerfleisch, Petersilienwurzel, Sellerieknolle, Spinat, Steinpilzen usw., gewürzt wird mit Gurkenlake oder etwas Essig und Suppengrün, gebunden mit Eigelb und saurem Rahm.

**Ras(s)tegáj** *(russ.)*: mit Fisch- oder Fleischfarce u. a. gefüllte, oben offene *Pirogge* aus Hefeteig; zu Suppen gereicht.

**Ratatouille** *(franz.)*: Gemüseeintopf mit zahlreichen regionalen Variationen. Vor allem besteht er aus Auberginen, *Courgettes*, grünem und rotem Paprika, Tomaten und Zwiebeln. Gewürzt wird mit Basilikum, Majoran, Knoblauch, Lorbeer, Rosmarin, Pfeffer, Salz und Thymian. In der Regel werden die Gemüse in Olivenöl und herbem Weißwein gar gedünstet (s. a. *Samfaina*).

**Ratsherrentopf:** s. *Züricher Ratsherrentopf*.

**Ratte:** franz. Kartoffelsorte, klein, oval mit gelbem wächsernen Fleisch (s. a. *Bamberger Hörnchen*).

**Rau** *(vietn.)*: Gemüse.

**Rau bac ha** *(vietn.)*: japanische Minze.

**Rau cai** *(vietn.)*: *Braunsenf, Indischer Senf, Sarepta-Senf;* ein stark duftendes Kraut, wird in ganz Asien verwendet, in Vietnam insbesondere für *Canh cai xanh* (eine Suppe). Die Samen werden zur Senfbereitung, Ölgewinnung u. a. verwendet.

**Rauchbier:** Bier, dessen Malz über brennendem Holz oder Torf gedarrt wird. In Deutschland eine Spezialität aus Bamberg, gibt es aber auch in Frankreich, Schottland und Alaska; s. a. *Bier*.

**Rauchenden:** westfälische Mettwürste für Eintopfgerichte.

**Rauchfangkehrer:** Eiweißkonfekt mit Backpflaumen, Mandeln und Schokolade *(Österreich)*.

**Rauchfleisch:** gepökeltes, kaltgeräuchertes Rind- oder Schweinefleisch, z. B. *Hamburger Rinderbrust* (oder *-nuss*), *Schwarzwälder Rauchfleisch* u. a..

**Rauke:** *rucola (ital.), Senfkohl, Ruke, Ölrauke;* bitter-milde, pfeffrig, leicht säuerlich schmeckende Würzpflanze, deren knackige Stiele und frische Blätter hauptsächlich für Salatmischungen, aber auch als Gemüse verwendet werden, aus den Samen wird Speiseöl gewonnen.

**Rau muong** *(vietn.)*: *Wasserspinat, Wasserwinde;* tropische und subtropische Sumpfpflanze mit zwei Kulturformen: einjähriges Kraut (Landform) und mehrjährige »Halbwasserpflanze«. Die jungen Blätter und zarten Triebe werden roh oder blanchiert (wie Spinat) gegessen (*Südostasien, China, Australien*).

**Rau ngo gai** *(vietn.)*: *Stinkdistel;* ein vietnamesisches, sehr aromatisches Würzkraut, das wie Koriander verwendet wird.

**Rau om** *(vietn.)*: leicht süßliches Küchenkraut, für *Canh* (Suppen) und Fischgerichte.

**Rau (hung) que** *(vietn.)*: thailändisches Basilikum.

**Rau Ram** *(vietn.)*: vietnamesischer Koriander; Geschmack aromatisch, leicht beißend (heißt auch *Laksa Leaf*).

**Rauscher:** s. *Bitzler*.

**Raute:** *Weinraute;* bitter schmeckendes Würzkraut, sparsam zu verwenden für Salate, Saucen, Hammel- und Wildgerichte, auch zu Schnaps.

**Rau tia to** *(vietn.)*: *Schwarznessel, Perilla, Shiso (jap.)*.

**Rau tom** *(vietn.)*: Kräuter.

**Ravigote-Sauce:** s. *Sauce ravigote*.

**Ravioli:** *Schlickkrapfen, (rabiole, ital.* = Reste); *italienische* Teigwaren in Täschchenform mit Farcen auf Geflügel-, Käse-, Spinatgrundlage u.a.

**Ravitoto:** Eintopf aus Schweinefleisch, Maniok, Chili und Tomaten *(Madagaskar)*.

**Ray** *(engl.)*: Rochen.

**Raznjici:** ein bekanntes Gericht vom Balkan mit vielen Rezepten. Beispiel: Scheibchen von Hammel-, Kalb-, Rind- oder Schweinefleisch werden in Öl, Pfeffer und Salz mariniert und dann auf Spießchen gesteckt, die gebacken oder gegrillt werden. Dazu werden rohe Zwiebeln und *Ajvar* (s.d.) gereicht.

**Rebhuhn:** *Feldhuhn, perdreau, perdrix (franz.*, Name nur von Oktober bis Januar); in ganz Europa, Teilen Asiens und Nordamerika verbreitetes Wildhuhn, das jung ein sehr schmackhaftes Fleisch hat. Die zum Verzehr bestimmten Tiere sollten aus dem Jahr stammen, in dem sie geschlüpft sind. Am besten schmecken sie von Ende September bis Anfang Oktober. Die jungen Tiere haben graue Füße und weiche Schnäbel.

**Reblochon:** *französischer* weicher Kuhmilch-Käse aus dem Gebiet *Savoyen*.

**Recados** *(span.)*: Oberbegriff für Gewürzmischungen, die im südlichen Mittelamerika und auf der Halbinsel Yucatán Verwendung finden. Zu ihnen gehört z.B. die *Achote-Paste* (s. *Recado de Achote*).

**Recado de achote** *(span.)*: *Achote-Paste;* ein in *Mexiko* beliebtes Färbe- und Würzmittel mit leicht süßlich scharfem Geschmack, vor allem aus Orleansamen, Knoblauch, Oregano, Pfeffer (schwarz), Pomeranzensaft oder Essig (s. *Achote*).

**Rechaud** *(franz.)*: Bezeichnung für ein meist mit Spiritus betriebenes Gerät zum Warmhalten oder zur Bereitung von Fondues etc.

**Red flannel hash:** s. *New England boiled dinner*.

**Red King:** s. *Alaska-Lachs*.

**Red Rice:** s. *Purloo*.

**Red Snapper** *(engl.)*: *Schnapper;* gehört zur *Makrelenfamilie;* ein wohlschmeckender, grätenarmer Meeresfisch mit weißem Fleisch zum Backen, Braten oder Grillen. Kommt im Westatlantik und im Karibischen Meer vor. Der *Red Snapper* ist der wichtigste und begehrteste aus der *Snapper-Familie,* seltener sind u. a. der *Cubera Snapper* mit delikatem Fleisch, der *Silk Snapper,* der *Lane Snapper, Mutton Snapper* usw.

**Reduktion:** eine stark eingekochte Flüssigkeit. Der Begriff wird zumeist bei der Herstellung von Saucen verwendet, wenn dem entsprechenden Fond durch starkes Einkochen Wasser entzogen wird.

**Reduzieren:** Flüssigkeit einkochen oder verdampfen lassen, bis die gewünschte Konsistenz erreicht ist.

**Refogado** *(port., bras.)*: Saucenbasis, bedeutet übersetzt gedämpft bzw. gedünstet; Zutaten: Salz, manchmal Pfeffer, Zwiebeln, Paprikaschoten, Tomaten, *Pimenta Malagueta* (s.d). und Öl. Variationen: Kräuterstrauß aus Petersilie, Korianderkraut, Minze, Frühlingszwiebeln; in Rio de Janeiro kommt noch Tomatenpüree oder Tomatenextrakt dazu. Die Zutaten werden im Mörser zerkleinert oder fein gehackt, dann angebraten und zu Huhn, Mais, Reis u. a. serviert. *(Brasilien).*

**Refresco** *(bras.)*: *Erfrischungsgetränk;* meist mit Fruchtpulpe, Zucker, zerstoßenem Eis und kaltem Wasser zubereitet *(Brasilien);* s. a. *Pulpe.*

**Regenbogenforelle:** beliebte Süßwasser-Forellenart, die besonders zur Fischzucht verwendet und in Wildgewässern eingesetzt wird. Sie verdankt ihren Namen einem breiten, farbigen Band entlang den Körperseiten; sehr schmackhaftes Fleisch.

**Régence** *(franz.)*: klassische Garnitur aus der gleichnamigen Epoche; Champignonköpfe, Trüffelscheiben und je nach Gericht verschiedene Klößchen, zu Fisch, auch Austern, werden mit unterschiedlichen Saucen serviert; bezeichnet aber auch einen Salat aus fein geschnittenen Hühnernierchen oder Hahnenkämmen mit Trüffeln, Spargel-spitzen und Sellerie mit einer Öl-Zitronensauce.

**Regensburger:** würzige Brühwürste aus Rindfleisch, Schweinefleisch und Speck *(Bayern).*

**Reh:** *chevreuil (franz.)*; hat bis zum dritten Lebensjahr sehr schmackhaftes Fleisch. Seine wesentlichen Bestandteile sind die Filets, die unterhalb des Rückens liegen, die Rehkeule (Rehschlegel), die enthäutet werden muss und der Rehrücken, auch Rehsattel und in Frankreich *selle de chevreuil* genannt. So bezeichnet man den zwischen den Karrees und den Keulen liegenden Teil des Rückens.

**Reherl** *(bayer.)*: s. *Pfifferling.*

**Rehfelchen:** s. *Habichtspilz.*

**Rehkotelett:** Scheibe aus dem gespaltenen Rippenstück des Rehrückens mit Knochen.

**Rehling:** s. *Pfifferling.*

**Rehmedaillons:** diese Stücke werden aus den Filets des Rehs rund oder oval geschnitten und zwar etwas größer als die Nüsschen. Sie werden kurz gebraten und wie die Koteletts garniert.

**Rehnüsschen:** *noisettes de chevreuil (franz.)*; kleine ovale oder rund geschnittene Stückchen (kleiner als Medaillons), hauptsächlich aus dem Filet, aber auch aus dem Karree und der Keule des Rehs; zum Braten oder Grillen und meist wie Rehkoteletts garniert.

**Rehpfeffer:** *civet de chevreuil (franz.)*; grundsätzlich wird Rehpfeffer wie *Hasenpfeffer* (s.d.) bereitet. In einer Marinade von Olivenöl, Rotwein, Weinbrand, Kräuterbündel und Zwiebelscheiben werden die Rehstücke zwei Tage lang gebeizt, dann mit Mehl bestäubt und mit Speckwürfeln und Zwiebelscheiben angebraten, mit Cognac flambiert und mit Rotwein übergossen. Zum Schluss werden Champignons, gebratener, magerer Speck und Zwiebeln hinzugefügt und die Sauce mit Blut und Sahne gebunden.

**Rehrücken:** *Rehsattel, selle de chevreuil (franz.)*; Rehrücken entweder im Ganzen zubereiten, u.a. mit Speckscheiben belegen, oder ausgelöst im Ofen braten. Aber auch halbrunder Kuchen, der meist aus feinen Bröseln oder Mehl-Speisestärke-Mischung, Butter, Zucker, Eigelb, steifem Eiweiß, geriebenen Mandeln und Schokolade besteht. Der Teig wird in einer so genannten Rehrückenform gebacken, mit Schokoladenglasur überzogen und mit Mandelstiften gespickt (verschiedene Rezepte).

**Rehrücken Baden-Baden:** marinierter Rehrücken wird gespickt, gebraten und mit Birnenhälften, die mit Zimt und Zitronenschalen gedünstet werden, garniert. Sauce und Johannisbeergelee werden separat dazu gereicht.

**Rehrücken St. Hubertus:** s. *Selle de chevreuil Saint-Hubert (franz.).*

**Rehsattel:** s. *Rehrücken.*

**Rehschlegel:** s. *Reh.*

**Reibe(r)datschi** *(südd.)***:** s. *Kartoffelpuffer.*

**Reibekuchen:** *Rievekoche;* s. *Kartoffelpuffer (Rheinland).*

**Reiche Sauce:** *sauce riche (franz.)*; Kardinalsauce vermischt mit Hummerfleisch und Trüffeln oder Fischvelouté mit *Sauce hollandaise* (s.d.) aufgeschlagen und mit Champignons, Krevetten und Muscheln vermengt.

**Rein:** *Reindl;* Bezeichnung für eine flache Kasserolle (*Bayern, Österreich*).

**Reindlbraten** *(österr.)***:** *Schmorbraten* (s.d.).

**Rein(d)ling:** in *Kärnten* beliebtes Frühstücks- und Jausengebäck aus Hefeteig mit einer Füllung aus Rosinen, Nüssen und Zimt.

**Reine, à la:** s. *Königinart.*

**Reineclaude:** *Reneklode, Ringlotte (österr.)*; Pflaumenart von Aprikosengröße und grüngelber, grüner bis blauroter Farbe; Anbaugebiet Mitteleuropa.

**Reinette:** *Renette;* Bezeichnung für verschiedene Kulturapfelsorten, u. a. Cox Orange, Deutsche Goldreinette, Roter Berlepsch.

**Reis:** es gibt Tausende Sorten, Beispiele: der *Arborio, Carnaroli* und *Vialone Nano (*Reis) aus Italien für *Risotto* (s. d.) , der *Basmati* aus Pakistan und Indien, der *Carolina-Reis* aus Nordamerika, der *schwarze Reis* aus Japan, der *rote Reis* aus der Camargue usw. Für unsere Küche ist die Unterscheidung zwischen so genanntem Langkornreis und Rundkornreis wichtig. Um weitverbreitete Irrtümer auszuräumen: *Carolina-Reis* aus Nordamerika, *Patna-Reis* aus Vorderindien und *Siam-Reis* aus Hinterindien ist Langkornreis. Rundkornreis stammt hauptsächlich aus Ägypten, Nordamerika, Norditalien und Spanien und eignet sich für Paella, Risotto und Süßspeisen. Der sogenannte *Wildreis* (s. d.) oder das *Indianerkorn* sind die Samen eines Wassergrases. Zwei Grundregeln sind zu beachten: Entweder darf nur so viel Flüssigkeit verwendet werden, wie von den Reiskörnern aufgenommen werden kann, oder aber sehr viel Wasser, damit sich die frei werdende Stärke darin auflösen kann. Für die erste Zubereitungsart empfiehlt sich statt Salzwasser Fleischbrühe. Im zweiten Falle den Reis nach dem Garen mit warmem Wasser spülen, danach trocknen und Butter unterziehen. *Kreolische Art* s. *Riz Créole*. Die Bezeichnung *fino* bzw. *superfino* steht für den schonenden Schliff des Reiskorns.

**Reis alla milanese:** s. *Risotto*.

**Reis(Papier)blätter:** *won-tan-Blätter;* Teigblätter aus Reismehl zum Füllen (s. *Won-tan*) und anschließendem Dämpfen, Frittieren usw. *(China, Südostasien)*.

**Reisbohne:** Bezeichnung für eine aus Südostasien stammende Bohnensorte mit länglichen rotbraunen Kernen und weißer Narbe (ähnliche Form wie *Mungobohnen,* s. d.). Das Samenmehl dient auch zur Herstellung von Nudeln.

**Reis, brasilianische Art:** entweder den Reis gründlich waschen, 30 Minuten einweichen, gut abtropfen lassen, Öl erhitzen, den Reis zugeben und mit Wasser aufgießen, bis der Reis bedeckt ist. Bei kleiner Hitze bissfest garen. Oder den Reis waschen, abtropfen lassen; Öl erhitzen, Zwiebel und Knoblauch darin anschwitzen, den Reis zugeben und ca. 10 Minuten rühren; dann soviel kochendes Wasser zugießen, dass der Reis davon bedeckt ist. Den Reis im offenen Topf so lange bei geringer Hitze garen, bis alle Flüssigkeit aufgesogen ist. Deckel auflegen und den Topf von der Kochstelle nehmen. Kurz nachziehen lassen. Der Reis ist perfekt, wenn jedes Korn einzeln zu erkennen ist. Dieser Reis dient als Grundlage und kann mit beliebigem Gemüse oder mit Garnelen, Tomaten, Gewürzen und Käse vermischt im Backofen weiter zubereitet werden. Oft wird der Reis auch in Kokosmilch gegart (»Witwenreis«).

Eine weitere brasilianische Spezialität ist der *Arroz de Auça* oder *Haussa,* eine Zubereitung, die aus Afrika stammt: Reis wird ohne Salz in Wasser unter ständigem Rühren mit einem Holzlöffel so lange gekocht, bis er eine lockere Konsistenz hat. Nun kann der Reis entweder mit klein gehacktem, gegarten Trockenfleisch (s. *BILTONG*) oder mit einer angebratenen Mischung aus getrockneten Krabben, Chilis, Zwiebeln und auch gehackten Cashew- oder Erdnüssen angerichtet werden

**REIS, INDISCHE ART:** in Indien gibt es verschiedene Gruppen von Reisgerichten: *Chawal* – ist die einfache Art; Reis wird in Wasser gedünstet. *Pulao:* in Fett werden Gewürze angebraten, nicht zu scharf, der Reis kommt dazu und wird dann mit Wasser aufgegossen. Das gehaltvollste Reisgericht sind die *Biryanis,* die mit Geflügel, Fleisch oder Fisch zubereitet werden. In jedem Fall den Reis gut waschen, 30 Min. in Wasser einweichen und dann gut abtropfen lassen. Der Reis wird bei kleinster Hitzezufuhr 15–20 Min. zugedeckt gegart und dann mit einer Gabel aufgelockert. *Süßer indischer Reis* kann mit Nüssen, Trockenfrüchten, Gewürzen wie Kardamom, Zimt, Safran u.a. zubereitet werden. Übrigens sind die Übergänge von *Chawal* zu *Pulao* fließend. Reisgerichte isst man mit *ROTI* (s.d.), *RAITA* (s.d.), Hülsenfrüchte-Saucen und Pickles.

**REIS KASIMIR:** s. *RIZ CASIMIR (franz.).*

**REIS, MEXIKANISCHE ART:** Langkornreis 15 Min. einweichen, unter fließendem Wasser waschen und gut abtropfen lassen. Den Reis in heißem Öl anbraten, Zwiebel-, Knoblauch- und Tomatenpüree zugeben, mit Hühnerbrühe aufgießen und zum Kochen bringen. Hitze zurücknehmen und den Reis ausquellen lassen. Wenn die Flüssigkeit fast aufgesogen ist, beliebiges Gemüse wie Erbsen oder Mais, Chilischoten etc. zugeben. Oder zusammen mit dem Reis bereits vorgegarte braune oder schwarze Bohnen kochen (s.a. *MOROS Y CRISTIANOS).* Der fertige Reis kann mit frisch gehackten Kräutern wie Koriander, Petersilie oder mit angebratenen Bananenscheiben oder geriebenem Käse usw. garniert werden.
In der *Karibik* wird der Reis entweder gründlich unter fließendem Wasser gewaschen und abgetropft, mit einer Gewürzpaste oder nur mit gehackten Zwiebeln in Öl angebraten und dann mit Wasser oder Hühnerbrühe gegart: Aufkochen, 20 Minuten bei kleiner Flamme quellen lassen und dann ohne Deckel noch 5 Minuten nachquellen lassen.

**REISNUDELN:** feine weiße Nudeln, die aus Reismehl hergestellt und nicht so durchsichtig sind, wie die aus Mungobohnenmehl (s.a. *GLASNUDELN)* und Seetang; hauptsächlich für Suppen *(China, Indien, Südostasien).*

**REISPILAW:** s. *PILAW.*

**REISTAFEL:** s. *INDONESISCHE REISTAFEL.*

**REIS TRAUTTMANSDORFF:** eine bekannte, nach dem österr. *Graf von Trauttmansdorff* benannte

Süßspeise aus Reis. Der Reis wird mit Butter, Salz, Vanille und Zucker gekocht. Dann wird ein Eigelb und steife Schlagsahne untergezogen und mit Maraschino mazeriert. Dazu Himbeer- oder Aprikosensauce.

**Reiswein:** wird in *China* zum Kochen verwendet und auch als Getränk im ganzen Land geschätzt Es gibt unterschiedliche Herstellungsverfahren und Qualitäten. Der bekannteste und beste Reiswein kommt aus der östlichen Provinz Zhejiang. Der Wein wird aus weißem Klebereis, Hefe und Quellwasser hergestellt. Man bekommt den *Shaoxing(Shaosing)*-Wein auch bei uns (s. a. *Sake)*.

**Reizker:** s. *Blutreizker*.

**Relevé** *(franz.)*: bedeutet heute in der internationalen Küchensprache ein erfrischendes oder scharfes, den Appetit wieder belebendes Gericht im Laufe eines Menüs (nach der Suppe).

**Religieuse** *(franz.)*: Brandteiggebäck, mit Patissiercreme gefüllt, mit Fondant überzogen *(Frankreich)*.

**Relish** *(engl.)*: süß-saure oder scharfe, dickflüssige Sauce, zu Fleisch, z. B. Barbecue, aus Frucht- oder Gemüsestücken, gewürzt mit Essig, Pfeffer, Zucker u.a.; säuerlicher als *Chutney* (s. d.).

**Remouladensauce:** s. *Sauce rémoulade*.

**Rempah** *(indon.)*: Gewürz, aber auch Fleischklöße aus Kalb- und/oder Rindfleisch und Kokosflocken, gewürzt mit gemahlenem Kreuzkümmel *(djintan)*, Ingwer, Koriander, *Galgant (laos)*, Zwiebeln u. a.; dazu *Kroepoek* (s. d.) und verschiedene *sambals (Indonesien)*.

**Rendang daging:** *Rindercurry*, Rindfleischgericht aus Ostasien (besonders *Indonesien* und *Malaysia*). Das Rezept kennt viele Abwandlungen. Rindfleischwürfel und Kokosnussfleisch werden in einer Paste aus Currymischung, Chili, Ingwer, Knoblauch, Koriander und Salz angebraten. Dann kommen Kokosnussmilch, Zitronensaft und brauner Zucker dazu und das Fleisch wird darin gegart. Zuletzt wird mit gerösteten Kokosflocken bestreut.

**Rendang kering** *(indon.)*: Rindfleischtopf (wird auch *trockenes Rindfleisch-Curry* genannt) mit Variationen. Hauptsächlich besteht das Gericht aus getrocknetem Büffel- oder Rindfleisch, gewürzt mit vielen orientalischen Gewürzen wie *Chili, daun salam* (indon. Loorbeer), *Zitronengras, Knoblauch, kencur* (Gewürzlilie), *Kurkuma, laos* (Galgant), *Palmzucker, Kokosmilch* usw.

**Rendang pandang** *(indon.)*: Rindfleischgericht mit Kokosnusscreme und vielen Gewürzen.

**Reneklode:** s. *Reineclaude*.

**Renetten:** s. *Reinetten*.

**Renke:** s. *Felchen*.

**Resch:** *rösch (österr., südd.)*; knusprig.

**Retesch** *(ung.)*: Strudel.

**Retsina:** griechischer geharzter Wein.

**Revenieren:** Fleisch schnell und scharf anbraten.

**Revueltos (Huevos)** *(span.)*: Rühreier braten, dicke Tomatensauce, gewürzt mit Zwiebel, Knoblauch und Chili zugeben und zusammen köcheln *(Mexiko)*.

**Rezent** *(südd. und schweiz.)*: gut, aber auch etwas scharf gewürzt.

**Rheinanke:** s. *Blaufelchen*.

**Rheinischer Rostbraten:** der Rostbraten wird zumeist zusammen mit Kartoffelscheiben in einer Sauce aus Bouillon, Tomaten oder Tomatenpüree und fein geschnittenen Zwiebeln gegart. Gewürzt wird mit Kümmel und Majoran.

**Rheinischer Sauerbraten:** s. *Sauerbraten*.

**Rib eye Steak** *(engl.)*: dicke Fleischscheibe aus dem Kern der Hochrippe, ähnlich dem *Delmonico-Steak* (s. d.).

**Ribisl** *(österr.)*: Johannisbeere.

**Ricard:** Pastis-Marke aus Marseille.

**Rice and peas:** *jamaikanische* Beilage aus Reis, kleinen roten Bohnen und Frühlingszwiebeln, vermischt mit Kokosnussmilch und gewürzt mit Pfeffer, Salz und Thymian. Zum Nationalgericht *Curry goat* (s. d.).

**Ricotta:** *ital.* Molken-Frischkäse, leicht körnig, etwas säuerlich, von mild über salzig bis herb.

**Riebele:** Suppeneinlage; aus Mehl, Eiern, wenig Wasser und Salz einen festeren Teig kneten und mit den Händen zu kleinen Graupen reiben und in kochende Fleischbrühe geben (*Baden-Württemberg, Vorarlberg*).

**Riegelwand** *(südd.)*: ein Stück aus der *Schälrippe* (s. d.), das gepökelt und gekocht serviert wird (s. a. *Spareribs)*.

**Rieng** *(vietn.)*: Galgant.

**Riesenbohne:** *Soissonsbohne;* flache dicke Bohne für Suppen, Eintöpfe u. a. *(Europa)*.

**Riesenschirmling:** s. *Parasolpilz*.

**Riesling:** wichtigste Rebsorte in Deutschland; hervorragender, oft säurebetonter Weißwein.

**Rievkooke** *(rhein.)*: s. *Kartoffelpuffer*.

**Riffelbeeren:** s. *Bernitschken*.

**Rigani** *(griech.)*: Dost, Wilder Majoran, griechischer Oregano, Origano, s. a. *Majoran*.

**Rigatoni** *(ital.)*: dicke, drei bis vier Zentimeter lange, gefurchte Teigröhren.

**Rijsttafel** *(holl.)*: Reistafel.

**Rillettes** *(franz.)*: eingemachtes Enten- *(rillette de canard)*, Schweinefleisch (s. *rillettes de porc*) oder Gänsekeulen.

**Rillettes de porc** *(franz.)*: fein gehacktes, eingemachtes Schweinefleisch, gewürzt mit Lorbeer, Macis, Majoran, Muskatnuss, Nelken, Pfeffer, Thymian, Zimt u.a. Das Fleisch wird angebraten und zusammen mit den Gewürzen und *Flomen* (s.d.) ca. 5 Stunden gegart; die sich bildenden Grieben werden püriert, mit dem Fleisch und Schmalz vermischt und das Ganze in Steinguttöpfen aufbewahrt.

**Rince-doigts** *(franz.)*: Fingerschale.

**Rind:** s. *Schlachtfleisch.*

**Rinderbraten:** s. *Roastbeef.*

**Rinderbrühe:** dazu verwendet man *Nacken, abgedecktes Leiterstück, Brustkern, Querrippe, Bauchlappen* und *Beinfleisch*.

**Rindercurry:** s. *Rendang daging.*

**Rinderfilet:** *filet de bœuf (franz.)*, Lendenbraten, *Lungenbraten (österr.)*, Ochsenfilet; das wertvollste Fleischstück, ein langer Muskel des Rindes, eingebettet in das Roastbeefstück, das auch Lendenstück heißt und noch andere Namen hat. Die mittlere Bratzeit ist bei mittelgroßen Filets 15 Min., bei 900–1.000 g-Stücken 22–25 Min.

**Rinderfilet Brillat-Savarin:** *filet de bœuf Brillat-Savarin (franz.)*; poëliertes Rinderfilet mit *Brillat-Savarin*-Garnitur (s.d.) und Madeirasauce angerichtet.

**Rinderfilet Rothschild:** kaltes Gericht von poëlierten Filetscheiben, die mit Gänseleberpüree bestrichen, mit Trüffelscheiben garniert und mit Portwein-Gelee überzogen werden.

**Rinderfilet Richelieu:** Garnitur für Rinderfilets mit kleinen Abwandlungen. Zumeist werden sie auf Kopfsalat mit gefüllten Champignons und Tomaten angerichtet. Die Champignons werden mit einer sahnegebundenen Farce gefüllt, die hauptsächlich aus fein gehackten Champignonstielen, Semmelbröseln und Zwiebeln besteht. Die Füllung für die Tomaten wird aus Rinderhackfleisch, dem Fleisch der Tomaten, Semmelbröseln, Zwiebeln und Gewürzen bereitet.

**Rinderfilet Stroganow:** s. *Bœuf Stroganow.*

**Rinderfilet Trianon:** Filetscheiben werden mit Tarteletts angerichtet, die mit Karotten- und Zwiebelpüree gefüllt sind. Dazu *Sauce madère* (s.d.).

**Rinderfilet Wellington:** ein angebratenes ganzes Rinderfilet wird mit *Duxelles* (s.d.) bestrichen und im Blätterteig gebacken. Das Gericht wurde einst dem *Herzog von Wellington* gewidmet.

**Rinderlendenschnitte à la maître d'hôtel:** *Lendenschnitte auf Haushofmeisterart;* flaches oder rundes Roastbeef oder Filet vom Rind an *Sauce maître d'hôtel* (s.d.).

**Rinderkotelett:** *côte de bœuf (franz.), Ochsenkotelett;* eine meist noch mit Rippe versehene Scheibe aus dem Rippenstück des Rindes oder Ochsen; zum Braten und Grillen geeignet.

**Rindermedaillon:** 80–100 g schwere, runde Scheiben von der Spitze des Rinderfilets, kleiner als *Tournedos* (s.d.).

**Rindersaftschinken:** s. *Saftschinken*.

**Rindertalg:** ein nicht streichfähiges, sprödes Fett, das in der Körperhöhle des Rindes als Gekrösefett, Herzfett, Nierenfett usw. abgelagert ist.

**Rindfleisch auf Burgunder Art:** s. *Bœuf bourguignon*.

**Rindfleisch nach Lindström:** s. *Biff Lindström*.

**Rindfleischtee:** s. *Beeftea*.

**Rindsfilet nach Finanzmannsart:** s. *Filet de bœuf à la financière*.

**Rindsfilet Richelieu:** das Filet wird auf einem Bett von Möhren und Zwiebeln so lange poëliert, bis das Fleisch innen noch blutig ist. Dann wird es mit Champignons, geschmolzenen Kartoffeln, Kopfsalat und Tomaten angerichtet und mit Petersilie bestreut. Der Bratensatz wird mit Fleischbrühe, Kalbsfond und Wasser gelöst und mit Madeira abgeschmeckt.

**Rindsrippenstück:** s. *Schlachtfleisch* (Rind).

**Rindsrouladen:** eines der bekanntesten deutschen Fleischgerichte mit Variationen. Große Fleischscheiben, am besten von der Keule, werden mit Senf bestrichen, mit Salz und Pfeffer bestreut, dann mit Räucherspeckscheiben und Gewürz- oder Salzgurken belegt, evtl. auch mit einem hart gekochten Ei, zusammengerollt, mit Faden umwickelt, scharf angebraten und sodann in Fleischbrühe, in die man gewürfelte Möhren und Zwiebeln gegeben hat, gar geschmort.

**Rindssolber** *(hess.)*: gepökelter Brustkern; wird gekocht mit Kartoffelsalat serviert; das Wort »Solber« heißt Salzsole.

**Ringeltaube:** eine im Wald lebende, jagdbare Wildtaube, mit grau-blauem Gefieder und einem Gewicht bis zu 500 g.

**Ringkuchen:** s. *Savarin*.

**Ringlotten:** s. *Reineclauden*.

**Riñones** *(span.)*: Nieren.

**Rioja:** sehr guter *spanischer* Rotwein, aus dem Hochland am Ebro im Norden Spaniens *(Kastilien)*; Spitzenqualitäten kommen aus *Rioja Alta* und *Rioja Alavesa*.

**Ripieno** *(ital.)*: gefüllt, farciert, Füllung.

**Rippchen:** *Ripple; Rippche;* eine ca. 2 cm dicke Scheibe aus dem gepökelten und abgekochten Kotelettstück (Rippenstück) des Schweines; wird oft zu Sauerkraut serviert.

**Rippenspeer:** das zwischen Nacken und Filetkotelettstück des Schweines liegende eigentliche Kotelettstück. Meist versteht man unter Rippenspeer das gepökelte und geräucherte Kotelettstück, auch *Kasseler* (s.d.) genannt.

**Rippenstück:** s. *Schlachtfleisch*.

**Ris de veau** *(franz.)*: Kalbsbries.

**Ris de veau Clamart** *(franz.)*: in Scheiben geschnittenes und gebratenes Kalbsbries mit grünen Erbsen.

**Risibisi** *(ital.)*: s. *risi e bisi*.

**Risi e bisi** *(ital.)*: *risibisi*; Gericht aus in Hühnerbrühe gedünstetem Reis, grünen Erbsen, Schinken und angeschwitzten Zwiebeln, mit Butter und Parmesankäse vermischt.

**Riso** *(ital.)*: Reis.

**Risoli:** *italienische* Spezialität; gefüllte Hefeteigstücke, die in Öl herausgebacken werden. Die Fülle besteht meist aus Mozzarellakäse oder Schinken und ist häufig mit Basilikum und Petersilie gewürzt.

**Risser** *(elsäss.)*: s. *Bitzler*.

**Rissoles** *(franz.)*: Halbmonde, Täschchen u.a. aus Blätter-, Hefe- oder anderem Teig, gefüllt mit Haschee, Ragout oder Salpikon u.a., frittiert oder im Ofen gebacken.

**Rissolieren:** aus dem Französischen für *anrösten*.

**Risotto:** eine typisch *italienische* Methode der Zubereitung von Rundkornreis mit zahlreichen Rezepten, wie Risotto auf *Florentiner Art, alla matriciana, alla milanese, valenciana, con vongole* usw. Grundsätzlich werden Zwiebeln und die anderen Zutaten in Butter und Olivenöl angeschwitzt und der Reis hinzugefügt. Sobald er glasig wird, wird mit Fleischbrühe abgelöscht und unter schöpflöffelweisem Hinzufügen von Brühe weitergegart. Zum Schluss werden Butter und Parmesan darunter gezogen. Beim Risotto auf *Florentiner Art* werden außerdem geschmolzene Tomaten und Trüffelwürfel untergemischt, beim *risotto alla matriciana* Knoblauch und Speckwürfel und beim *risotto valenciana* angebratene Schinkenwürfel und grüne Paprika; außerdem wird das Ganze mit *demi-glace* umkränzt. Bei *risotto con vongole* schließlich wird mit Fischfond, Muschelfond und Weißwein aufgegossen. Sobald der Reis gar ist, wird er mit kleinen Muscheln, Butter und Parmesan vermischt. Bis zum Anrichten immer wieder rühren, damit der Risotto nicht pappt.

**Ritschert:** ein *Kärtner* Gericht mit Variationen. Weiße Bohnen und andere frische Gemüse oder nur Wurzelgemüse sowie Graupen werden mit geräucherter Schweinestelze (Haxe) und geräuchertem Rippenstück gekocht *(Österreich)*.

**Ritscherle:** kleines Trinkglas für einfachen Wein *(Elsass)*.

**Riz casimir** *(franz.)*: Reis Kasimir; Reis, meist Reisrand, mit geschnetzeltem Fleisch, Früchten und Mandeln in Currysauce.

**Riz créole** *(franz.)*: Reis auf kreolische Art; wird mit der doppelten Wassermenge und Salz zum

Kochen gebracht. Der Topf wird hermetisch verschlossen. Bei geringer Hitzezufuhr gart der Reis 15–20 Min.; mit einer Gabel vor dem Servieren auflockern.

**Rízi piláfi** *(türk.)*: s. *Pilaw*.

**Roastbeef:** *contrefilet (franz.), Faux filet (franz.)*; Lendenstück, flaches Rippenstück, Teil des Rinderrückens, der zwischen der Hochrippe und Hüfte liegt.

**Robertsauce:** s. *Sauce Robert*.

**Robiola:** Gattungsname für runde kleine Frischäse mit säuerlichem Geschmack; an *Taleggio* erinnernd *(Italien)*.

**Rochen:** *raie (franz.), ray (engl.)*, Stachelrochen; abgeplatteter, in allen Meeren vorkommender Fisch, der 5 m lang und bis zu 200 kg schwer werden kann. Bei uns werden nur die an allen europäischen Küsten gefangenen kleineren Arten verzehrt. Ihr festes, mageres Fleisch wird gebraten, gekocht oder geräuchert. Am zartesten sind Rochenflügel *(Ailes de raie; franz.)*.

**Rock salmon** *(engl.)*: Katzenhai.

**Rødgrød med fløde** *(dän.)*: Rote Grütze mit Sahne; angedicktes Himbeer- und Johannisbeerpüree mit süßer Sahne und Mandelstiften vollendet.

**Rodonkuchen:** aus feinem Rührteig in einer Napfkuchenform gebackener und mit Kuvertüre überzogener oder nur mit Puderzucker überstäubter Kuchen.

**Röbstill:** s. *Westfälisches Stielmus*.

**Röggelchen:** knusprige Roggenbrötchen *(Rheinland)*.

**Rökt Laks** *(skand.)*: geräucherter Lachs.

**Röllchen:** andere Bezeichnung für die *Oberschale des Kalbes*.

**Römische Bohne:** s. *Wachtelbohne*.

**Römische Nocken:** s. *Gnocchi alla Romana (ital.)*.

**Römischer Salat:** *Romana, Bindesalat, Sommerendivie;* mit steil aufgerichteten, bis zu 30 cm langen, locker kopfförmig zusammenstehenden Blättern mit kräftiger Mittelrippe (s. a. *Lattich*).

**Rösch:** s. *Resch*.

**Rösten:** Bearbeitung von Lebensmitteln in der Küche durch direkte Kontaktwärme ohne Flüssigkeitszusatz durch Wärmestrahlung oder durch Heißluft u. a. Das Röstgut wird dabei in der Regel bis zur Goldbräune gebracht.

**Röster:** österreichisches Kompott aus Holunder oder Zwetschgen, s. a. *Zwetschgenröster*.

**Röstgemüse:** s. *Mirepoix*.

**Röstlkartoffeln:** s. *Bratkartoffeln*.

**Rösti:** Bratkartoffeln nach *Schweizer Art*. Gewöhnlich werden nicht zu weich gekochte Kartoffeln vom Vortag mit der groben Raffel in Streifen geschnitten, mit Salz gewürzt, in eine heiße Pfanne mit zerlassener Butter gegeben, leicht angedrückt, mit Milch beträufelt und hermetisch zugedeckt. Sobald die Kartoffeln brutzeln, wird das Feuer ganz klein gestellt und in weiteren ca. 30 Minuten unter einmaligem Wenden fertig gebraten.

**Rötender Schirmling:** ein von Juli bis Oktober in unseren Wäldern vorkommender sehr guter Speisepilz, der jedoch jung mit noch geschlossener Kappe verzehrt werden muss.

**Röteli:** hochfeiner Süßwasserfisch aus dem Zugersee in der *Schweiz,* gehört zur Familie der Saiblinge.

**Rötling:** Weißfisch, z. B. Rotauge; bezeichnet aber auch einen gleichnamigen Pilz.

**Rogen:** Fischeier (s. a. *Kaviar).*

**Rog(h)an josh** *(ind.):* Lammcurry aus Kaschmir; Lammwürfel werden in *Ghee* (s. d.) oder Öl angebraten und nach und nach mit einer Gewürzpaste aus Ingwer, Anis, Kardamom, Chilipulver, *Garam masala* und Salz, nach anderen Rezepten noch mit weiteren Gewürzen wie Koriander, Kreuzkümmel u. a., Mohnsamen, Kokosflocken etc. sowie Joghurt vermischt und gegart. Wenn das Fleisch zart ist, die Sauce mit gemahlenen Mandeln binden. Mit Reis oder *Naan-Brot* (s. d.) servieren.

**Rognone** *(ital.):* Nieren.

**Rognons** *(franz.):* Nieren.

**Rognons de veau** *(franz.):* Kalbsnieren.

**Rohrnudeln:** besonders in *Bayern* gebräuchliche Bezeichnung für gebackene Hefeteigklöße, die meist mit Früchtemus gefüllt sind. Im *Allgäu* heißen sie *Ofennudeln.* Im Gegensatz zu den Dampfnudeln werden die Rohrnudeln ohne Flüssigkeit im Ofen fertig gebacken. Übrigens werden auch *Makkaroni* (s. d.) in der deutschsprachigen Küche Rohrnudeln genannt.

**Rohwürste:** Würste aus rohen, zerkleinerten Zutaten, wie Fleisch, Speck usw. sowie Gewürzen. Die Würste werden meist getrocknet und geräuchert; sie kommen dann als so genannte Dauerwürste auf den Markt. Beispiele: Mettwurst, Katenrauchwurst, Plockwurst, Schinkenwurst, Salami, Chorizo u.v.a.

**Roh(r)zucker:** s. *Brauner Zucker.*

**Rollgerste** *(österr.):* Graupen.

**Rollmops:** deutsche Heringsspezialität. Heringsfilets werden mit Senf bestrichen und mit Gewürzgurken, Kapern, Pimentkörnern und Zwiebelringen belegt, aufgerollt und mit Zahnstochern zusammengehalten. Die Rollmöpse gibt man in eine Marinade aus Essig, Lorbeer, Nelken, Piment, Pfefferkörnern, Wacholderbeeren und Wasser.

**Rollpastete:** eine Art Galantine. Entbeintes Geflügel, wie Ente oder Fasan, wird mit beliebiger Farce bestrichen und aufgerollt (s. a. *Galantine).*

**Rollschinken:** *Kernschinken;* mild gepökeltes Stück von der hinteren Schweinekeule, namentlich von der Nuss (knochenlos und ohne Schwarte), zusammengerollt und umwickelt. Manchmal bezeichnen die Metzger als Rollschinken auch die *OBERSCHALE* (s.d.) des Schweines.

**ROMADUR:** ein im Geschmack und Geruch dem *Limburger* ähnlicher Weichkäse mit *ROTSCHMIERE* (s.d.), jedoch milder als dieser.

**ROMAGNOLA** *(ital.)*: s. *CHIANINA*.

**ROMANA:** s. *RÖMISCHER SALAT*.

**ROMANESCO:** ein pagodenförmiger grüner Blumenkohl, sehr schmackhaft.

**ROMANOW:** Garnitur für Fleisch mit gebundenem Jus, gefüllten Gurken und Kartoffeltörtchen, die mit einem Ragout von Champignons und Sellerie gefüllt werden.

**ROMBO** *(ital.)*: *turbot (franz., engl.);* Steinbutt.

**ROMERITOS** *(span.)*: aufgegangener Hefeteig mit Butter und Eiern wird mit Garnelen belegt, mit Pfeffer, Rosmarin, Salz und Zitronensaft gewürzt und in Form von kleinen Kuchen in einer Bratpfanne gebacken und heiß verzehrt *(Kuba)*.

**ROMESCO:** *katalanische* Sauce aus Olivenöl, Romescoschoten (scharf) oder Chili, Mandeln, Haselnüssen, Knoblauch und Tomaten, zu Fleisch, Meeresfrüchten, Gemüse u.a.

**ROMPOPE** *(mex.)*: ein Rumgetränk, das mit abgekochter Milch, gewürzt mit Zucker und Vanille sowie geschlagenem Eigelb und Rum bereitet wird (*mexikanischer* Eierlikör).

**RONDINI:** tennisballgroße, aus Afrika oder Südafrika stammende Sommerkürbisart, die mit den Zucchini verwandt ist. Das Aroma ähnelt dem von Gurken und Zucchini. Das Fleisch der geschmorten Frucht hat einen angenehmen, milden Geschmack.

**ROPA VIEJA** *(span.)*: wörtlich = *Alte Kleider/Klamotten;* unterschiedliche Rezepte; z.B. Rindfleischtopf mit Chili, Paprika, Tomatenpüree und Zimt sowie weiteren Gewürzen *(Kuba)*. Oder weich gekochtes Fleisch wird zerfasert und mit Zwiebeln, Knoblauch, Paprikaschoten gebraten und mit Kreuzkümmel, Salz, Pfeffer und Paprika gewürzt *(Venezuela)*.

**ROQUEFORT:** halbfester Edelpilzkäse aus roher Schafsmilch mit Innenschimmel, reift u.a. in den Höhlen des *Combalou (Massif Central)*; s.a. *BLAUSCHIMMELKÄSE*.

**ROSA PFEFFER:** Beeren des peruanischen Pfefferbaumes *(Schinus molle)*, fruchtig und süßlich, für Fisch, Fleisch usw. (s.a. *PFEFFER*).

**ROSBIF** *(franz.)*: Roastbeef.

**ROSE:** größter Teil der Keule beim Rind und Kalb. Bei ersterem *Beefsteak, Blume, Kappe, Knopfstück, Kugel, Maus, Nuss, Rundstück* usw., beim Kalb auch *Hüfte, Kaiserteil* oder *Nuss* genannt. Die Rose vom Rind wird vor allem zu Rouladen und Schmorbraten, diejenige vom Kalb u.a. für Geschnetzeltes, Gulasch und Schnitzel verarbeitet.

**Rosella:** *Rama, Malve, wilder Hibiskus;* aus den Tropen stammende Kapselfrucht, die Blütenkelche eines Malvengewächses, die für Konfitüren, Gelee, Sirup, Chutneys, Erfrischungsgetränke *(Karibik: sorrel)* und zu Konserven usw. verwendet werden. Junge Blätter und Triebe werden als Salat und Gemüse gegessen; die Triebe sind auch zum Würzen geeignet. Die getrockneten Blütenkelche sind bei uns als Malventee bekannt. Rosella wird u.a. in der *Karibik, Guatemala, Mexiko* und *Südostasien* angebaut, s.a. *Bekkula*.

**Rosenkohl:** *Brüsseler Kohl; Kohlsprossen (österr.);* typisch deutsches Wintergemüse. Sollte fest geschlossene Röschen haben; am besten nach den ersten Frösten.

**Rosenkranz:** ein *westfälisches* Gericht aus einem Kranz von Mettwürsten in der Pfanne zusammen mit Kartoffeln gebraten.

**Rosenpaprika:** scharfes Paprikapulver.

**Rosenwasser:** ein Würzmittel, das als Nebenprodukt bei der Gewinnung von Rosenöl anfällt und besonders für orientalische Gerichte und die Weihnachtsbäckerei benötigt wird; sparsam verwenden.

**Rosinen:** luftgetrocknete Weinbeeren aus wärmeren Klimazonen. Kleine kernlose schwarze Rosinen werden als *Korinthen* gehandelt. *Zibeben* sind große fleischige Rosinen mit Kernen (s.a. *Sultaninen*).

**Rosmarin:** Würzkraut, intensiv aromatisches Gewürz aus den Mittelmeerländern für Fisch- und Lammgerichte, Kartoffel- und Pilzspeisen, Saucen usw., sollte sparsam verwendet werden (s.a. *Provence-Kräuter*).

**Rossini:** Garnitur für Fleisch und Geflügelbrüstchenn. Die Fleischscheiben oder Brüstchen werden mit sautierten Gänseleberscheiben und Trüffel belegt und mit *Madeirasauce* (s.d.) oder *Demiglace* (s.d.), die mit Trüffelessenz vermischt wurde, gereicht.

**Rosskartoffeln:** s. *Topinambur*.

**Rostbraten:** eine fingerdicke Scheibe vom Rind, die geklopft, gewürzt, oft noch in Mehl gewendet und dann gebraten oder geschmort wird. Der Rostbraten, eine *österreichische* und *süddeutsche* Bezeichnung, entspricht dem *französischen* *Entrecôte* (s.d.). In *Österreich* wird Rostbraten in Bratensoße serviert. In *Süddeutschland* wird der Rostbraten mit gedünsteten oder knusprigen Zwiebelringen belegt und mit Spätzle, Sauce und manchmal auch Sauerkraut serviert.

**Rostbraten auf Bordelaiser Art:** s. *Entrecôte à la bordelaise*.

**Rostbraten Esterházy:** der Rostbraten wird mit Scheiben von Möhren, Petersilienwurzeln und gerösteten Zwiebeln bedeckt. Dann wird mit Paprikapulver kräftig gewürzt und das Fleisch in Fleischbrühe gar gedünstet. Gebunden wird mit saurer Sahne und garniert mit Kapern und Zitronenscheiben (s.a. *Esterházy rostélyos*).

**Rostbratwurst:** grob gekörnte Brühwurst vornehmlich aus Schweinefleisch; wird vor dem Verzehr gebrüht und sodann gebraten oder gegrillt. *Thüringer Rostbratwürste* (s. d.) werden nicht gebrüht.

**Rotalge:** nördliche Art der großen Familie der Algen, die vornehmlich an den Küsten Großbritanniens, Islands und Kanadas vorkommt. Wird hauptsächlich für Mischgerichte und als Beilage verwendet, in Japan als Hülle für *Sushi* (s. a. *Nori*).

**Rotaugen:** s. *Plötzen*.

**Rotbarbe:** s. *Meerbarbe*.

**Rotbarsch:** s. *Bergilt*.

**Rotbrasse:** *rote Meerbrasse, Pagel;* hauptsächlich im Mittelmeer vorkommender Seefisch, der bis zu 25 cm lang wird und rötlich getönt ist. Das Fleisch ist weiß und schmackhaft. Wird wie Goldbrasse zubereitet.

**Rote** *(südd.)*: Brühwurstart, hergestellt wie *Knackwurst* (s. d.).

**Rote Be(e)te:** s. *Rote Rübe*.

**Rote Bohnen:** s. *Bohnen*.

**Rote Grütze:** eine berühmte Süßspeise. Fruchtsaft z. B. (Fruchtmus aus Johannis- und Himbeeren) wird mit wenig Zucker und Vanille kurz aufgekocht und mit Perlsago oder Kartoffelstärke gebunden und mit Zitronenschale gewürzt. Als Einlage können noch entsteinte Sauerkirschen, Johannisbeeren u. a. dienen. Abkühlen lassen und je nach Region mit Milch (*Hamburg*), Sahne (*Rheinland*) oder Vanillecreme servieren (s. a. *Rødgrød med Fløde*).

**Rote Meerbarbe:** ein Fisch aus dem Mittelmeer mit rotem Rücken und weißem sehr wohlschmeckenden Fleisch (s. a. *Meerbarbe)*.

**Rote Meerbrasse:** s. *Rotbrasse*.

**Rote Rübe:** *Rote Be(e)te; Rahne (österr.); Rande (schweiz.);* eine Rübe mit blutigrotem Fleisch und angenehm säuerlich erdigem Geschmack, eignet sich gut für Salate und als Gemüse. Es gibt auch helle und marmorierte Sorten (*Chioggia, ital.*).

**Rote Tiefseegarnele:** in den Tiefen des Atlantiks und Mittelmeers lebende rote Garnelen von vorzüglichem Geschmack.

**Roter Kaviar:** s. *Keta-Kaviar*.

**Roter Schwartenmagen:** Blutwurst aus Schweinefleisch und Schweinemasken,Herz,Speck,u. a.

**Roter Shiso:** *Perilla, Schwarznessel;* würziges Küchenkraut. Von der Pflanze gibt es auch eine grünblättrige Variante *(China, Japan* und *Vietnam)*.

**Rotfisch:** *Donaulachs, Huchen;* lachsartiger Süßwasserfisch, der hauptsächlich in der Donau, aber auch im Rhein und in der Rhône vorkommt. Der Rotfisch wird bis zu 160 cm lang und 30 kg schwer. Sein Fleisch wird wie Lachs zubereitet.

**Rotforelle:** s. *Saibling*.

**Rothäubchen:** s. *Rotkappe*.

**Roti** *(ind.)*: Bezeichnung im Norden *Indiens* für ein pfannkuchendünnes ohne Fett gebratenes Brot. Im Süden wird es *Chapati* (s.d.) genannt.

**Rôti** *(franz.)*: Braten, gebraten.

**Rotkappe:** *Rothäubchen;* wohlschmeckender Speisepilz, unter Birken im Sommer und Herbst.

**Rotkraut:** *Rotkohl, Blaukraut* (*Südd.* und *Österr.*).

**Rotschmiere:** Spezielle Oberflächenbehandlung bei der Käseherstellung, besonders würziger Weichkäse mithilfe von Rotschmierebakterien und Salzlake oder anderer Flüssigkeiten; typische Rotschmierkäse sind u.a. Munster, Romadur und Taleggio.

**Rotwild:** s. *Hirschwild.*

**Rotzunge:** *limande (franz.)*; schollenartiger Fisch mit weißem, schmackhaftem Fleisch, wird wie Seezunge zubereitet. Drei Arten werden in der Zoologie strikt unterschieden. Die *Rotzunge* ist an den europäischen und amerikanischen Küsten des Nordatlantiks verbreitet. Die *Gliesche,* die eine raue Haut hat, kommt an den Küsten von Island, im Weißmeer bis zur Biscaya, in der Nordsee und in der Ostsee vor. Die *Limande* schließlich mit ihrem auffallenden langen Kopf ist ebenfalls bei Island und im Weißmeer bis zur Biscaya beheimatet. Dieser sehr wohlschmeckende Fisch wird auf dem deutschen Markt selten angeboten.

**Rouelle** *(franz.)*: Scheibe aus der Kalbskeule (dick, rund).

**Roueneser Sauce:** s. *Sauce rouennaise.*

**Rouenner Ente:** *canard rouennais (franz.)*; große Zuchtentenart, bis zu 3 kg Gewicht. Das Tier wird meist erstickt, damit das Blut im Körper bleibt (s.a. *Blutente)*.

**Rouget** *(franz.)*: Meerbarbe.

**Rouille** *(franz.)*: mayonnaiseartige, scharfe Sauce mit Abwandlungen. Beispiel: Fischbrühe, vermischt mit pürierten scharfen, kleinen Chilischoten, Knoblauch, Piment, Salz und gebunden mit Olivenöl und Weißbrotkrumen für Fischgerichte und -suppen, z.B. *Bouillabaisse (Provence)*.

**Rouladen:** *Fleischvögel (schweiz.)*; gerollte Fleischscheiben, Fisch- oder Gemüserollen mit verschiedenartigen Füllungen (s.a. *Rindsroulade)*.

**Round Steak** *(engl.)*: auch *Bottom Round Steak (engl.);* wird aus der Kugel oder Blume geschnitten; das Fleisch muss gut abgehangen sein; gilt als Steak zweiter Wahl.

**Roussette** *(franz.)*: Katzenhai.

**Roux** *(franz.)*: *s. Einbrenne.*

**Roux blanc:** s. *Einbrenne.*

**Roux blond:** s. *Einbrenne.*

**Roux brun:** s. *Einbrenne.*

**Royale** *(franz.)*: *Eierstich,* aber auch Garnitur mit Champignons, Trüffel, Sellerie in Sherry und Rotweinsauce.

**Royalp:** *schweizerischer* Tilsiter, aus roher Milch.

**Rucola** *(ital.)*: Rauke.

**Rübenkraut:** eingedickter Saft (Sirup) gekochter Zuckerrüben; Ersatz für Zucker, zum Backen, zu *Kartoffelpuffern, Panhas* etc.

**Rübeli** *(schweiz.)*: Karotten, Möhren.

**Rübstiel:** s. *Stielmus*.

**Rückenspeck des Schweines:** s. *Speck*.

**Rücklinge:** Sauerteigbrötchen, die zu den *Thüringer Rostbratwürsten* (s.d.) gegessen werden.

**Rügenwalder Teewurst:** eine besonders feine und schmackhafte Mettwurst.

**Rührei:** Die Eier werden mit etwas Salz gut verquirlt, evtl. wird Milch, Sahne oder Mineralwasser zugegeben. Bei niedriger Hitze in der Bratpfanne mit etwas Butter durchrühren. Ist die Hitze zu hoch, wird das Rührei trocken und krümelt. Bekannt sind die Kombinationen mit Schinken, Räucherlachs oder Krabben, aber auch mit Tomaten oder Champignons sowie mit frischen Kräutern können Rühreier serviert werden.

**Rührteig:** kräftig gerührter, cremiger Teig aus Butter, Mehl, Milch und Zucker, ferner Backpulver und Aromaten, wie Vanille, Rum usw., und nach Belieben vermischt mit Rosinen; für Napf- und Obstkuchen, Torten, Waffeln u.a.

**Rüssele** *(südd.)*: Schweineschnauze.

**Rüsten** *(schweiz.)*: putzen, z.B. Gemüse.

**Rughetta** *(ital.)*: *rucola;* s. *Rauke*.

**Rukam:** Frucht eines Baumes aus Madagaskar, auch Südasien, kirschgroß, mit saftig saurem Fleisch.

**Rullepølse** *(dän.)*: gespickter Rollbraten aus Lamm-, Kalb- oder Rindfleisch. Heißt auch *Rollwurst*; diese ist gefüllt, mariniert und in Brühe gegart.

**Rum:** aus Zuckerrohrsaft *(Rhum agricole)* oder Melasse *(Rhum industriel)* hergestelltes Destillat mit unterschiedlichen Brennverfahren; wasserhell oder bräunlich, edle Tropfen lagern jahrelang im Fass (bes. *Karibik*). Einer der bekanntesten mit guter Qualität ist der *Appleton Estate*.

**Rumaki:** eigentlich *Kumaki*, da das Gericht aus *Hawaii* stammt und die Bewohner kein »R« sprechen können. Rumaki sind kleine Appetithäppchen, Röllchen mit unterschiedlicher Füllung, von einer Scheibe Frühstückspeck oder Dörrfleisch umwickelt und meist im Backofen gebraten. In den *USA* sind Rumaki sehr beliebt zu Cocktails oder bei Grillfesten (s.a. *Angels on Horseback*).

**Rumford-Suppe:** Brühe aus gelben Erbsen, Graupen, Kartoffeln, Speckwürfeln und Wurzelwerk, kreiert von dem Amerikaner *Benjamin Thompson* (1753–1814), der dafür von *Kurfürst Karl*

*Theodor von der Pfalz* zum *Grafen Rumford* geadelt wurde.

**Rumpsteak:** eine zumeist aus dem flachen Roastbeef geschnittene, ca. 200 g wiegende Fleischscheibe mit Fettrand. Tatsächlich soll das Rumpsteak aus dem *rump,* d.h. aus der Blume, stammen.

**Rumpunch** *(engl.)*: ein besonders auf *Jamaica* beliebtes alkoholisches Getränk aus Rum, Wasser oder gestoßenem Eis, Limettensaft, Zucker, einer Prise Muskat und ein paar Tropfen *Angostura* (s.d.); *Karibik.*

**Rumtopf:** eine Alkohol-Früchtemischung aus Rum, Zucker und Früchten der Saison; beginnend zur Erdbeerzeit, endend im Herbst; genussfertig ca. Dezember; kühl aufbewahren.

**Rundkornreis:** eine Reissorte mit runden Körnern, die besonders für *italienische* Risotti-Gerichte, Paella und Süßspeisen geeignet ist (s.a. *Reis* und *Risotto).*

**Rundstück:** glattes Brötchen; warme Version: mit Schweinebraten belegt, mit Bratensauce übergossen und mit einer Gewürzgurke serviert (*Schleswig-Holstein*).

**Russen** *(österr.)*: marinierte Heringe.

**Russian Dressing:** Salatsauce, vor allem aus Mayonnaise, Paprika und roten Rüben, gewürzt mit Chili, Petersilie und Schnittlauch, eventuell vollendet mit Kaviar.

**Russische Creme:** *crème russe (franz.)*; Creme aus im Wasserbad schaumig geschlagenen Eiern und Zucker vermischt mit Schlagsahne und aromatisiert mit Rum, Vanille oder Weinbrand.

**Russische Eier:** hart gekochte Eihälften auf *Italienischem Salat* (s.d.), Wurstsalat oder dgl. angerichtet und mit Räucherlachs, Salami, Mayonnaise, Kapern, Kaviar, Sardellenpaste u.a. garniert.

**Russischer Osterkuchen:** s. *Kulitsch.*

**Russischer Salat:** *salade russe (franz.)*; eine Mischung aus grünen Bohnen, Champignons, Krustentieren, Möhren, Pökelzunge, weißen Rüben, Pfeffergurken, Sardellen, Schinken usw., alles mit Mayonnaise, saurer Sahne oder Vinaigrettesauce angemacht. Garniert wird mit Kaviar, Meerrettich, Roten Rüben, hart gekochten Eiern usw.

**Russisches Brot:** *Patience (österr.);* Kleingebäck in Form vom Buchstaben; aus Eiweiß, Kakao, Puderzucker und Mehl.

**Rutabaga** *(franz.)*: s. *Kohlrübe.*

**Rutoa** *(ital.)*: Teigwaren in Wagenräderform.

**Ryokan:** Bezeichnung für Japans traditionelle Gasthöfe, Hotels, Teehäuser u.dgl.; nach einem bestimmten Plan werden Speisen serviert *(Japan).*

**Saafaid:** *safed (Hindi);* bedeutet *weiß*. Alle Saucen, die mit Joghurt, Mehl, und evtl. Milch zubereitet werden gehören dazu *(Indien)*.

**Saatrübe:** s. *Speiserüben*.

**Sabayon:** *chaudeau (franz.), Sabayone, zabaglione, zabaione (ital.)*; Weinschaumcreme aus Eigelb, Zucker und Weißwein; statt Weißwein kann man auch andere Weine, vor allem Südweine, wie z. B. Marsala, verwenden. Der Geschmack kann durch ein wenig Branntwein, Rum oder dgl. bereichert werden. Eigelb und Zucker werden warm sehr schaumig gerührt, der Wein hinzugegeben und unter ständigem Schlagen erwärmt, bis eine Creme entsteht. Es gibt auch ungesüßten Sabayon, der zu Fleisch, Geflügel und Gemüse gereicht wird.

**Sablé** *(franz.)*: Sandgebäck; Mürbeteig aus 1 Teil Mehl/Speisestärke, 2 Teilen Butter und 3 Teilen Zucker (auch: 1-2-3-Teig) mit Salz und Vanille.

**Sabre** *(arab.)*: Kaktusfeige.

**Sabudana** *(ind.)*: Sago aus dem Mark der Sagopalme; in Indien auch Bezeichnung für *Tapioka*.

**Sachertorte:** Schokoladentorte von *Franz Sacher* (1816–1907), Koch und Gründer des Hotels Sacher in Wien. Unter eine Mischung aus schaumig geschlagener Butter, Eigelb, Schokolade und Zucker werden steif geschlagenes Eiweiß, Mehl und Vanillezucker gegeben. Der Teig wird gebacken, durchgeschnitten, mit Aprikosenmarmelade gefüllt und mit Schokoladenglasur überzogen *(Österreich)*.

**Saccharimeter:** Senkwaage, Zuckerwaage; s. *Zuckergehalt*.

**Sackbrasse:** selten vorkommender Speisefisch aus Atlantik und Mittelmeer mit feinem Fleisch.

**Sächsische Eierschecke:** s. *Eierschecke*.

**Sägegarnele:** s. *Felsengarnele*.

**Sämig** *(südd.)*: Binden von Saucen, Suppen u. a., um eine samtige Konsistenz zu verleihen.

**Safran:** *saffran (franz.); azafran (span.)*; getrocknete (evtl. gemahlene) Blütennarben des Safrankrokus, in *Frankreich*, im *Iran*, in *Österreich* und *Spanien* angebaut; stark gelbfärbend, mit leicht bitterem Geschmack. Vornehmlich für Fischsuppen, Safranreis und Gebäck.

**Safranreis:** in Fleischbrühe mit Safran gegarter Reis (s.a. *Zafran-Pulao*).

**Saftgulasch:** ein Rindsgulasch mit viel Zwiebeln und ohne Mehl.

**Saftschinken:** ein gleichmäßig, meist rund geschnittener Schinken vom Rind oder Schwein, der nach dem Auslösen des Knochens mild gepökelt, goldgelb geräuchert und oft eingedost wird.

**Saftwürstchen:** Brühwürstchen aus Rindfleisch, Schweinefleisch und Speck, meist geräuchert.

**Saganáki** *(griech.)*: Zubereitungsform in einer kleinen Pfanne, u. a. für gebratenen Käse, oft in einer Ei-Semmelbrösel-Hülle.

**Sage Derby** *(engl.)*: ein grün gemaserter Cheddar. Die Maserung entsteht durch die Vermischung des *Käsebruchs* mit Salbeiblättern.

**Sago**: *Perlsago;* man unterscheidet zwischen echtem Sago, gewonnen aus der in *Indonesien* und *Neuguinea* angebauten Sagopalme, und Tapioka, aus der Stärke der Maniokwurzel (*Kassave, Yucca*). Dient vornehmlich als Suppeneinlage oder Bindemittel und für Süßspeisen (s.a. *Sabudana*).

**Sahne, saure**: *Rahm (österr.).*

**Sahne, süsse**: *Obers (österr.), Rahm (schweiz.).*

**Sahnetrüffel**: kugelige, oft mit alkoholisierter Sahnemasse gefüllte Praline.

**Saibling**: *Rötling, Rotforelle, Salmling;* feinster Süßwasserfisch aus den Alpenseen in Bayern, Österreich, Kanada, Schottland, der Schweiz und Skandinavien, zur Familie der Lachse gehörend, mit rosafarbenem, wohlschmeckendem Fleisch. Wird wie Forelle zubereitet.

**Saignant** *(franz.)*: s. *Blutig*.

**Saint-Emilion**: bekannter Wein aus dem größten Distrikt von Bordeaux mit Spitzenqualität.

**Sainte-Maure (de Touraine)**: *französischer* Ziegenmilch-Weichkäse in Walzenform mit Strohhalm in der Mitte, weißer auch bläulicher Oberflächenschimmel, teilweise mit Asche bestreut.

**Saint-Honoré**: Brandteigkranz mit aufgesetzten Brandteig-*Profiteroles*, die mit Chantilly-oder Patisseriecreme gefüllt werden können; ein Kuchen aus Paris.

**Saint-Marcellin**: kleiner Kuhmilchkäse mit zartem süßlichem Geschmack aus der Gegend von *Lyon;* gereift schmeckt er kräftig und würzig.

**Saint-Nectaire**: halbfester *französischer* Schnittkäse aus Kuhmilch mit kräftigem Aroma und Geschmack; Käse mit Herkunftsbezeichnung (Puy-de-Dôme und Cantal).

**Saint-Paulin**: halbfester *französischer* Schnittkäse; teilweise mit *Rotschmiere* (s. d.) gereift.

**Saint-Pierre** *(franz.)*: s. *Heringskönig*.

**Sai-nun** *(mongol.)*: Feuertopf.

**Saitenwürstchen**: fingerdickes, längliches Brühwürstchen, leicht geräuchert. Der Name stammt von den so genannten Saitlingen, dem Fachausdruck für dünne Wursthüllen *(Südd.).*

**Saitling**: Wursthülle, oft vom Dünndarm des Schafs, aber auch industriell hergestellt.

**Saisieren**: *saisir (franz.);* Braten, Bries, Fisch u. a. vor dem eigentlichen Garen schockartig in Fett scharf anbraten oder in Flüssigkeit schockgaren (z. B. pochierte Eier).

**Sakaná** *(jap.)*: Fisch.

**Sake:** *japanischer* Reiswein; weinähnliches Getränk aus Reismaische mit 15 Volumenprozent Alkohol. Meist lauwarm aus Porzellanschälchen gereicht.

**Sakusski** *(russ.)*: *Zakouski, Zakusskif;* eine Vorspeisentafel mit unzähligen Delikatessen, wie Fischen, Kaviar, Piroggen usw.

**Sal** *(span.)*: Salz.

**Salade Argenteuil** *(franz.)*: Spargelsalat, der meist aus Spargelspitzen, Chicorée und Zunge besteht und mit *French Dressing* (s.d.) und Portwein angemacht wird.

**Salade niçoise** *(franz.)*: *Nizza Salat;* ein bekannter Salat aus *Südfrankreich* mit zahlreichen Variationen. Hauptsächlich wird der Salat aus grünen Bohnen, gekochten Eiern, Kartoffeln, Kapern, Kopfsalat oder Salatgurke, Oliven, Radicchio, Sardellen, Thunfisch, Tomaten usw. bereitet. Angemacht wird er meist mit *sauce vinaigrette*.

**Salade opéra** *(franz.)*: Opernsalat; eine deutsche Salatköstlichkeit bestehend aus einer *Julienne* (s.d.) aus Hühnerfleisch, Kartoffeln, Pökelzunge, Sellerie, Erbsen und Spargelspitzen, mit Mayonnaise gebunden.

**Salade provençale** *(franz.)*: s. *Provenzalischer Salat.*

**Salade romaine:** s. *Römischer Salat.*

**Salade russe** *(franz.)*: s. *Russischer Salat.*

**Salamander:** elektrisches oder mit Gas betriebenes Gerät zum Überbacken von Speisen.

**Salam** *(indon.)*: s. *Daun salam.*

**Salambô** *(franz.)*: kleiner Windbeutel, mit Karamell überzogen und mit einer beliebig aromatisierten Konditorcreme gefüllt.

**Salami:** aus *Norditalien* stammende, luftgetrocknete Rohwurst, hauptsächlich aus Schweinefleisch und Speck, regional auch aus Pferde- oder Eselfleisch. Die *italienischen* Sorten sind Legion. Zu ihnen zählen beispielsweise die große birnenförmige Salame *Veneta,* die feinkörnige *Magyar Salame filze,* die grobkörnigen *Salame Stofelotto Mesola,* die *Salame felina* u.v.a.

**Salat:** s. *Lattich.*

**Salat Aida:** ein mit Essig und Öl angemachter und mit Artischockenböden, Paprika und Tomaten garnierter grüner Salat, bestreut mit hart gekochtem, durch ein Sieb gestrichenes Ei.

**Salat Biarritz:** eine bekannte Salatmischung, hauptsächlich aus grünem Salat, Anchovis-Filets, grünen Oliven, grünem Paprika und gekochtem Knollensellerie, mit einer Mayonnaise-Sauce gebunden und mit hart gekochten Eiern und Tomaten garniert.

**Saláta choriátiki:** *griechischer* Bauernsalat, zumeist aus Gurken, Fetakäse, Tomaten und schwarzen Oliven.

**Salat Bombay:** Salatmischung, hauptsächlich aus grünen Salatstreifen, gekochtem Langkornreis, Mangowürfeln und rotem Paprika.

**Salat Carmen:** Salatmischung, die vor allem aus Erbsen, Hühnerfleisch, Langkornreis und rotem Paprika besteht, mit *French Dressing* (s.d.) angemacht, zusätzlich mit Cayennepfeffer und Senfpulver gewürzt und mit schwarzen Oliven garniert.

**Salat Demidow:** Salatgarnitur, hauptsächlich aus einer Mischung von Champignons, Karotten-, Kohlrabi-, und Selleriewürfeln sowie Zwiebeln.

**Salbei:** in Europa beheimatetes Würzkraut. Die grünen Blättchen sind mit winzigen silbergrauen Härchen besetzt; zum Würzen z.B. von Saucen, Suppen, Wild usw., wird auch mit Kräutern, wie Estragon, Thymian usw., gemischt. Gehört unbedingt zu *Saltimbocca alla romana* (s.d.).

**Salchichón** *(span.)*: salamiartige Hartwurst.

**Salé** *(franz.)*: gesalzen.

**Salée sucrée:** süßer Rahmfladen *(Westschweiz)*.

**Salgadinhos** *(bras.)*: Salzgebäck, auch Nüsse zum Knabbern, zum Aperitif oder zu einem Glas Bier usw.

**Salicornes** *(franz.)*: essbare Meerespflanzen, die an schroffen Felsen entlang der Küste wachsen; frisch nur kurz blanchieren; auch eingelegt angeboten (u.a. *Bretagne*).

**Salm:** s. *Lachs*.

**Salmi(s):** Ragout aus blutig gebratenem Federwild in einer würzigen, braunen Sauce, die aus den Parüren und Karkassen bereitet wird, z.B. von Fasan, Schnepfe, Ringeltaube usw.

**Salmi de bécasse à l'ancienne** *(franz.)*: *Schnepfensalmi auf alte Art*. Schnepfenteile werden gewürzt und in einer Speckscheibe 15 Min. lang gebraten. Aus den Abschnitten, Häuten und Karkassen sowie einer *Mirepoix* von Lauch, Möhren, Sellerie und Zwiebeln, *demi glace,* einem Schuss Cognac und Weiß- oder Rotwein wird eine Sauce bereitet, mit Butter aufgeschlagen und mit Champignonköpfen und Trüffelscheiben vermischt. Die Sauce wird über die Schnepfenstücke gegossen. Die Innereien werden püriert, mit etwas Gänseleber verrührt und auf gerösteten Weißbrotscheiben dazu gereicht.

**Salmisauce:** eine Sauce aus Wildabgängen und -parüren mit *Mirepoix* angeröstet, mit Wein abgelöscht und mit *demi glace* verkocht, dann passiert und mit Butter vollendet.

**Salmling:** s. *Saibling*.

**Salmon** *(engl.)*: s. *Lachs*.

**Salonbeuscherl:** ein *österreichisches* Gericht aus Kalbsherz und -lunge sowie Zwiebeln, gewürzt mit Kapern, Knoblauch, Lorbeer, Nelken, Petersilie, Pfeffer, Sardellen, Senf, Thymian, Weinessig, Wurzelwerk, Zitronensaft und Zitronenschale, gebunden mit Mehl und Sauerrahm und begleitet von Essiggurken und Semmelknödeln.

**Salpicon:** ein Ragout aus in kleine Würfel geschnittenem Fisch, Fleisch, Geflügel, Früchte usw. (serviert als Farce oder Garnitur), mit wenig Sauce gebunden, die Würfel können roh oder gekocht, kalt oder warm genossen werden.

**Salsa** *(ital., span.)*: Sauce.

**Salsa alla napoletana** *(ital.)*: Tomatensauce mit Zwiebeln, mit Olivenöl aufgeschlagen, gewürzt mit Basilikum, Knoblauch, Pfeffer, Salz u.a. und mit Parmesankäse vermischt.

**Salsa criolla** *(span.)*: *Kreolensauce*. Die Sauce wird in *Südamerika* nach regional sehr verschiedenen Rezepten bereitet, in *Peru* z.B. besteht sie oft aus einer Mischung aus Öl, Chilis, Koriander, Pfeffer, Salz, Zitronen und Zwiebeln (s.a. *Sauce Créole*).

**Salsa di pomodori** *(ital.)*: Tomatensauce.

**Salsa pizzaiola** *(ital.)*: pikante Sauce auf Tomaten- und Knoblauch-Basis mit Variationen. Grundsätzlich werden Zwiebeln in Olivenöl gedünstet, dann kommen Basilikum, Knoblauch, Lorbeer, Oregano, Pfeffer, Tomaten, Tomatenmark und Zucker hinzu. Alles wird eine Stunde lang gekocht und mit Pfeffer und Salz abgeschmeckt.

**Salsa verde** *(ital., span.)*: *Grüne Sauce*; eine geradezu weltweit bereitete Sauce mit zahlreichen Variationen. In *Italien* z.B. wird die Sauce u.a. mit Olivenöl, Basilikum, Kapern, Knoblauch, Petersilie, Pfeffer, Salz und Zitronensaft, in *Südamerika* mit *cilantro* (frischem Koriander), Knoblauch, schwarzem Pfeffer, scharfen Chilischoten, Salz, Tomaten und Zwiebeln bereitet, in *Mexiko* aus gehäuteten Tomatillos, Knoblauch, Chiles serranos und Zwiebelscheiben, die in Wasser eingekocht wird. Zum Servieren wird frischer Koriander mit Knoblauch im Mörser zerstoßen und die Tomatillo-Mischung dazugegeben. Auch der Verwendungszweck der Sauce ist verschieden. In *Italien* z.B. wird sie zu Fisch und *Bollito misto* (s.d.), in Südamerika zu gekochtem Fleisch, in *Mexiko* zu Tortillas, gegrilltem Fleisch usw. gereicht (s.a. *Grüne Sauce*).

**Salsiz:** *schweizerische* Rotwurst aus magerem Fleisch, kräftig gewürzt und wochenlang getrocknet oder kalt geräuchert.

**Salsiccia:** *italienische* Schweinefleischwurst grob gekörnt, meist nur mit Salz und Pfeffer, manchmal auch mit Peperoncini und anderen Gewürzen aromatisiert.

**Salsifis** *(franz.)*: Schwarzwurzeln.

**Saltato** *(ital.)*: kurz gebraten, sautiert.

**Saltfish** *(engl.)*: Stockfisch *(Karibik)*.

**Saltfish 'n akee:** *Saltfish 'n Aki; jamaikanisches* Nationalgericht, das hauptsächlich aus Stockfisch, *akees*, Speck, Tomaten, Peppersauce und Zwiebeln besteht und mit Avocadoscheiben serviert wird (s.a. *Akee*).

**Saltimbocca** *(ital.)*: *saltimbocca alla Romana;* mit Pfeffer gewürzte Kalbsschnitzel werden mit Salbei und Schinken belegt, zusammengefaltet, bzw. mit einem zweiten Kalbsschnitzel belegt, mit einem Zahnstocher zusammengehalten, mit Mehl eingestäubt und in Butter gebraten; zum Schluss mit einer Sauce aus Butter und Weißwein, Marsala oder Sherry übergossen *(Italien).*

**Saltimbocca alla Romana:** s. *Saltimbocca.*

**Salumi Misti** *(ital.)*: gemischte Wurst als Vorspeise.

**Salvator:** s. *Doppelbock.*

**Salzburger Nockerln:** die wohl berühmteste *österreichische* Süßspeise mit verschiedenen Methoden der Zubereitung, z. B. wird unter einen geschmeidig gerührten Teig aus Butter, Eigelb, Eischnee, Mehl, Vanille und Zucker weiterer fester Eischnee gezogen; oder sehr steifes Eiweiß wird mit Zucker, Vanillezucker und etwas Salz vermischt und mit Eigelb und Zitronenschale verrührt, zuletzt wird weiterer Eischnee und Mehl vorsichtig untergezogen. Die Massen werden jeweils in feuerfesten Formen bei 200 °C gebacken und mit Staubzucker bestreut sofort serviert.

**Salzfleisch** *(südd.)*: *salt meat (engl.);* roh gepökeltes Fleisch vom Rücken des Schweines (s. a. *Pökelfleisch).*

**Salzgurken:** beliebte Einlegegurken, die mit Meerrettichwurzeln, Dill, Knoblauch, Johannisbeerblättern, Petersilie und evtl. auch Paprikaschoten in Salzwasser in Fässer eingelegt werden (*Ostdeutschland, osteuropäische Länder*); s. a. *Spreewälder Gurken.*

**Salzkartoffeln:** in Salzwasser gekochte Kartoffelschnitze.

**Salzkruste:** *en croûte de sel (franz.);* Masse aus grobem Salz, Eiweiß, Wasser und Mehl, in das Fleisch oder Fisch eingebacken werden. Die Salzkruste wird vor dem Anrichten aufgeklopft und das Backgut entnommen.

**Salzlake:** Pökelmischung, bei der Wasser mit Salz und Zucker zum Kochen gebracht und mit Lorbeer, Macis, Nelken, Thymian und Wacholderbeeren gewürzt wird. Das Rezept kennt mehrere Abwandlungen (s. a. *Pökellake).*

**Salzweck:** ein Brötchen mit grobem Salz bestreut *(Baden-Württemberg).*

**Salzwiesenlamm:** besonders zartes, würziges Fleisch von Lämmern, die auf den Salzwiesen des Deichvorlandes grasen *(Schleswig-Holstein);* s. a. *Pré-salé.*

**Samak:** *orientalischer* Name für Fisch.

**Sambal** *(indon.)*: *sambel;* Würzsauce und Paste, wesentlicher Bestandteil der *indonesischen* Reistafel. Sambals werden auch die damit gewürzten Gerichte genannt.

**Sambal badjak** *(indon.)*: *Sambal bajak;* scharfes Relish aus Chili, Knoblauch, *Kemiri* (s. d.), Salz, gedünsteten Schalotten, *SANTEN* (s.d.), *TERASI* (s.d.) und braunem Zucker u.a.

**SAMBAL GORENG UDANG** *(indon.)*: pikantes Sambal-Gericht aus gebratenen Garnelen und anderen Zutaten, gewürzt mit *sambal oelek, laos* (s. *GALGANT*), Curryblättern, Kokoscreme usw.

**SAMBAL GORENG UDANG TASAM** *(indon.)*: *Sambal oedang;* in einer Würzpaste aus Galgant, Zitronengras, Kemirinüssen, Chilis, Knoblauch, Schalotten und in Öl angebratener Garnelenpaste werden Zwiebelringe und ausgelöste Garnelen pfannengerührt, mit Salz, Palmzucker und Limettensaft gewürzt; zu Reis, der mit Kokosmilch gegart wurde *(Indonesien)*.

**SAMBAL MANIS** *(indon.)*: wie *Sambal badjak,* aber mit mehr Zucker.

**SAMBAL OELEK** *(indon.)*: *Sambal ulek;* Sambal aus zerquetschten Gewürzpaprika- und Chilischoten, konserviert mit Öl und Salz, unterschiedlich scharf *(Indonesien)*.

**SAMBEL:** s. *SAMBAL*.

**SAMBHAR:** Gewürzmischung und Linsengericht aus *Tamil Nadu (Südostindien);* wird zum Würzen von *Dal* – ein Gericht aus Linsen, Gemüsen und verschiedenen Gewürzen und frischem Koriander – verwendet. Dieses Gericht heißt ebenfalls Sambhar.

**SAMBUCA:** *ialienischer* Holunder-Anis-Likör; man genießt ihn am besten mit Kaffeebohnen und flambiert.

**SAMBUK:** *polnische* Süßspeise aus pürierten Früchten, mit Gelatine gebunden, gestürzt und mit Schlagsahne garniert.

**SAMFAINA:** für *Katalonien* typisches Gemüseragout aus Auberginen, Kürbis, Paprika, Tomaten und Zwiebeln, als Begleitung zu Schweinshachse, Huhn, Fisch u.a. Die Bezeichnung ist auch an der *Côte Vermeille (Midi)* gebräuchlich; im *Languedoc* heißt die Mischung *Chichonmeilla,* in Nizza *RATATOUILLE* (s.d.).

**SAMNA:** *Samneh; arabische* geklärte Butter aus Ziegen-, Büffel- oder Schafsmilch; verwandt mit *GHEE* (s.d.).

**SAMOSAS:** dreieckige Pastetchen, die mit variierenden, jedoch immer pikanten Farcen, gewürzt mit Chilipulver, Ingwer, Koriander, Kreuzkümmel, Zitronensaft u.a. gefüllt werden *(Indien)*.

**SAMTSAUCE:** s. *SAUCE VELOUTÉ*.

**SAMTSUPPE:** Grundlage aller Samtsuppen ist eine helle Mehlschwitze *(roux blond,* s. *EINBRENNE)*. Die Suppen werden mit Fisch-, Geflügel- oder Kalbsfond verkocht, mit Fisch-, Geflügel- oder Fleisch-, auch Gemüsepüree vermischt und mit Salz und Pfeffer gewürzt. Dann wird passiert und mit Eigelb und süßer Sahne gebunden; vgl. *CREMESUPPEN, RAHMSUPPE*.

**SANCOCHO** *(span.)*: ein beliebter, vielseitiger Suppentopf mit vielen regionalen Rezepten; kann mit Krebsen, Kartoffeln, Süßkartoffeln und Gemüsen zubereitet werden. In der *Karibik* kommen oft noch Yamsknollen und Kochbananen hinein; auf den *Kanarischen Inseln* isst man zum *Sancocho de pescado* *GOFIO* (s.d.). In den *Anden* nimmt man gerne Huhn, in der *Dominikanischen Republik* kommt zum Huhn noch Schweinefleisch. Die Gemüsebeigabe variiert; auch bei der Würzung gibt es Unterschiede, von Chilis über Korianderkraut, Petersilie bis hin zu Safran und Nelken.

**SANDAAL, GROSSER:** Vorkommen: Ärmelkanal bis Island, deutsche Nordseeküste; er wird bis zu 30 cm lang.

**SAN DANIELE:** *prosciutto di San Daniele (ital.)*; vorzüglicher, relativ magerer, luftgetrockneter Schinken aus dem Friaul *(Italien)* von höchster Qualität. Die Tiere werden mit Eicheln gefüttert. Er hat eine Trockenzeit von 12–14 Monaten. In der Gunst der Feinschmecker konkurriert er mit dem Parmaschinken.

**SANDBIRNE:** s. *NASHI*.

**SANDBUTT:** schollenartiger Meeres- und Flussfisch, mit magerem, festem Fleisch. Vorkommen im Nordostatlantik und im westlichen Mittelmeer; gut geeignet zum Braten und Räuchern (s.a. *FLUNDER* und *ROTZUNGE*).

**SANDDORN:** herbsäuerliche Beere eines Ölweidengewächses, deren sehr vitaminreiches Fleisch sich für Saft, Gelees, als Püree zum Mischen mit Milch, Joghurt u.a. eignet.

**SANDGARNELE:** s. *GRANAT*.

**SANDGEBÄCK:** Kleingebäck aus *SANDTEIG* (s.d.), oft aromatisiert mit Rum, Vanillezucker u.a.

**SANDKUCHEN:** s. *SANDTEIG*.

**SANDRE** *(franz.)*: Zander.

**SANDTEIG:** ein Teig für feines Sandgebäck, Sandkuchen, Sandtorte usw. Butter wird mit Puderzucker und Vanillezucker schaumig gerührt. Dann werden Eigelb, nach und nach eine etwa der Butter entsprechende Menge Mehl und zum Schluss steif geschlagenes Eiweiß darunter gegeben. Die Masse darf auf keinen Fall geknetet werden und soll vor der weiteren Verarbeitung möglichst 24 Stunden kühl ruhen.

**SANDWICH** *(engl.)*: beliebig belegte, meist leicht geröstete Weißbrotscheiben. Benannt nach dem *First Earl of Sandwich* (1718–1792).

**SANDWICHSPREAD** *(engl.)*: Mayonnaisemischung mit Gurken, Kräutern, Oliven usw., beliebter Sandwichbelag.

**SANFTER HEINRICH:** s. *KLACKERLIEBCHEN*.

**SANGLIER** *(franz.)*: Wildschwein.

**SANGRIA** *(span.)*: Bowle aus *spanischem* Rotwein und Sekt (Cava) oder Mineralwasser, Orangenscheiben, Orangensaft, Orangenschale, Zitronensaft, Zitronenschale und Zucker.

**SANGRITA:** *mexikanisches* Mixgetränk aus Limettensaft, Orangensaft, scharfen Chilischoten, Salz, Tomatensaft und

Zwiebeln, mit Tequila serviert. Ursprünglich nur aus Pomeranzensaft, Granatapfelsirup und Chilis zubereitet.

**Sanjuck:** *koreanisches* Rindfleischgericht; Streifen vom Rumpsteak oder von der Keule werden in einer Mischung aus Chili, Knoblauch, Pfeffer, Sesamöl, Sesamsamen und Sojasauce mariniert, sodann mit Champignons und Zwiebeln auf Bambusspießchen gesteckt, in Mehl und Ei paniert und in der Pfanne gebraten. Dazu wird Reis serviert.

**Sans gêne** *(franz.)*: speziell für Fisch oder Geflügel zusammengestellte Beilage aus gegrillten Tomaten, Artischockenböden, gefüllten Oliven, Annakartoffeln und Sherrysauce, die mit Johannisbeergelee montiert wird.

**Sansho:** *japanischer* Pfeffer, dem *Sichuan-Pfeffer* (s. d) ähnlich.

**Santen:** *indonesische* sahnige Kokosnusssauce, die hauptsächlich aus geraspeltem Kokosnussfleisch und Kokosmilch besteht.

**Sapodilla:** *Chicozapote, Breiapfel, Ciku* etc.; eine aus dem tropischen Zentralamerika stammende, heute in vielen Tropengebieten angebaute Beerenfrucht, hühnerei- bis apfelgroß, mit hell- bis zimtbrauner Haut, gelbbraunem bis rötlichem Fruchtfleisch und dunklem Kern. Das süße, etwas fade schmeckende Fruchtfleisch wird vollreif zu Obstsalaten und Sorbets verwendet. Durch Anritzen der grünen Früchte, aber auch der Bäume und Äste, wird ein Grundstoff für die Herstellung von Kaugummi gewonnen *(bras.: Arvore de chiclete* = Kaugummibaum).

**Sapote, Grosse:** auch *Mamey* genannt; Baumfrucht mit zimtfarbener Schale und lachsrotem Fruchtfleisch (Heimat: tropisches Tiefland *Mittel-* und *Südamerikas,* aber auch *Florida*).

**Sapote, Kolumbianische:** *südamerikanische Sapote;* gehört zu einer anderen Pflanzenfamilie als die *Große Sapote* (gelegentlich aber auch so genannt); die kugelige Frucht verbirgt unter der behaarten Schale ein etwas zähes *(Chupa chupa* = zäh, so wird die Frucht in *Kolumbien* genannt) orangegelbes, säurearmes Fruchtfleisch.

**Sapote, Schwarze:** ursprünglich in *Mexiko* und *Zentralamerika* beheimatet, heute auch Anbau in *Florida, Hawaii* (*Black persimmon*) etc.; grüne, ungenießbare Schale und schwarzes Fruchtfleisch, das tanninreich ist. Reif schmeckt die Frucht ähnlich wie Kaki, sie gehört zur Pflanzenfamilie der *Großen Sapote.*

**Sapote, Weisse:** heißt auch *Mexikanischer Apfel,* stammt ebenfalls aus *Mexiko* und *Zentralamerika.* Zwei Haupttypen werden gehandelt: der *grüne* und der *gelbe Typ* (Farbe der Schale). Das Fruchtfleisch ist süß und schmelzend.

**Sarah Bernhardt:** die berühmte französische Schauspielerin inspirierte *Escoffier* zu Rühreiern mit Knoblauch und einem Soufflé aus Erdbeeren, Curaçao und Esskastanien u. a.

**Sardellen:** *anchois (franz.), anchoy (engl.), boquéron (span.);* ugs. Name für Sardinen, die in fast allen Meeren vorkommen. Bei uns werden sie hauptsächlich eingelegt oder zu Sardellenpaste verarbeitet. *Anchoa* wird auch ein Seefisch der La-Plata-Staaten genannt, mit weißem, vorzüglichem Fleisch, fast ohne Gräten.

**Sardellenpaste:** scharf gewürztes Püree von Sardellenfleisch, das in Tuben angeboten wird.

**Sardellensauce:** s. *Sauce aux anchois.*

**Sardine:** Jugendform des *Pilchard* (s. d.), im Mittelmeer und in den europäischen Küstengewässern des Atlantiks bis in die Nordsee beheimatet. Zum Backen, Braten und Grillen geeignet; Sardinen gibt es bei uns meist in Olivenöl eingelegt als so genannte Ölsardinen.

**Sarepta-Senf:** s. *Indischer Senf* und *Rau cai.*

**Sarma:** *sarmale;* in mehreren Staaten Osteuropas, z. B. *Bulgarien, Rumänien* und auf dem *Balkan* bereitetes Krautgericht mit regionalen Rezepten. Wesentlicher Bestandteil sind Krautrollen, die man mit einer Farce füllt, die vor allem aus Schweinehackfleisch, Räucherspeck, Zwiebeln und manchmal Reis besteht und mit Petersilie, Pfeffer und Salz gewürzt wird. Meist übergießt man die Krautwickel noch mit einer tomatisierten und mit Paprika gewürzten Mehlschwitze. In *Bulgarien* und im *ehemaligen Jugoslawien* werden die Rouladen auf Sauerkraut zusammen mit Schweinerippchen serviert, als Beilage dienen Kartoffeln und saure Sahne. In *Rumänien* bereitet man eine Art Auflauf, indem man die mit einer Fleisch- und Reisfarce gefüllten Krautblätter in einer Kasserolle auf ein Sauerkrautbett legt und mit Tomatensauce begießt. Darüber kommt weiteres Sauerkraut. Dann folgen wieder Kohlrouladen und darüber grüne Paprika- und Speckscheiben. Zum Schluss wird das Ganze noch mit Tomatenscheiben abgedeckt.

**Sarmale:** s. *Sarma.*

**Sarrabulho:** *portugiesische* Spezialität mit geronnenem Schweineblut; eine Art Schweineschwarzsauer (s. *Schwarzsauer*).

**Sarriette** *(franz.)***:** Bergbohnenkraut; auch als Bergminze, Pfefferkraut und Saturei bezeichnet.

**Sashimi:** *japanische* Spezialität; bester fangfrischer Fisch, auch Languste, wird mit unterschiedlichen Schnitten in Streifen oder Scheiben roh serviert. Dazu werden Dip-Saucen, wie Sojasauce, Bohnenpaste, *wasabi* (s. d.), Zitrone u. a. serviert. Sashimi wird mit wenig Seetang oder Gemüsestreifen angerichtet.

**Saslik:** s. *Schaschlik.*

**Sassafras:** die getrockneten und gemahlenen Blätter des Sassafras-Baumes, auch *Filé-Pulver* (s. d.), der im Südosten der *Vereinigten Staaten* heimisch ist, dienten schon den Indianern als Heilmittel. Heute werden sie in der *kreolischen* Küche des

Südens der *USA* zum Andicken und Würzen von Speisen verwendet; nicht mitkochen *(USA)*.

**Sataras(c):** bekannte Spezialität vom *Balkan* mit vielen Variationen. Beispiel: Streifen von magerem Schweinefleisch werden mit einer Mischung von Knoblauch, Möhren, milden und scharfen Paprika, Tomaten und Zwiebeln angebraten und mit Rotwein abgelöscht. Alles wird vermischt und gebunden mit verquirlten Eiern und saurer Sahne. Nach dem Stocken wird mit fein gehackten Paprikastücken und Petersilie garniert, ein sehr schmackhaftes und farbenfrohes Gericht.

**Satay/saté:** *ostasiatische*, besonders auf den *malaiischen* Inseln, beliebte Fleischspießchen, die meist mit einer aromatischen Erdnusssauce oder einer anderen typischen Satay-Sauce serviert werden. Es sind Verwandte der südamerikanischen *anticuchos* oder des kaukasischen *Schaschlik*, sie werden von den Satay-Händlern auf den Straßen angeboten, aber auch im vornehmen Restaurant auf Bambus- oder Palmblattspießchen gegrillt. Dazu können alle Arten von Fleisch (stets mariniert) verwendet werden (vgl. auch *SATAY-SAUCE*).

**Satay-Sauce:** Sauce, die zu *satay* gereicht wird, eine Paste aus Chili, Erdnüssen, Knoblauch, Tamarinde und Zwiebeln wird angebraten und dann mit Kokosmilch, Sojasauce, Zitronensaft und Wasser verkocht, bis die Sauce eine dicke Konsistenz erreicht hat. Eng verwandt mit *GADO-GADO* (s.d.).

**Saté ayam** *(indon.)*: Hühnerspießchen mit zahlreichen Zubereitungsarten. Beispiel: Hühnerspießchen werden in einer Mischung aus Knoblauchsaft, gemahlenem Koriander, Kümmel, Sojasauce, Zitrone, Cayennepfeffer und Salz mariniert, meist gegrillt und mit einer Sauce, die u.a. aus Chili, gemahlenen Erdnüssen, Ingwer, geriebener Kokosnuss, Sojasauce und Zwiebeln besteht, serviert.

**Saté madoera** *(indon.)*: Hammelfleisch-Spießchen; vor dem Grillen werden die Hammelfleischwürfel mit einer Paste aus Ingwer, Knoblauch und Pfeffer eingerieben.

**Saté udang** *(indon.)*: gegrillte Garnelen auf Spießchen.

**Satsumas:** Mandarinenart mit wenig oder gar keinen Kernen und dünner Schale (Hauptanbaugebiet in *Japan* und *Spanien*).

**Satsivi:** eine berühmte *georgische* Sauce aus Walnusskernen, Paprika und Zwiebeln, gewürzt mit Essig, Gewürznelken, Granatapfelsaft, Knoblauch, Koriander und Zimt; für Fisch, Fleisch und Geflügel.

**Sattel:** hinterer, auch Nierenstück genannter Teil des Rückens von Hammel, Kalb, Reh usw. (s.a. *SCHLACHTFLEISCH*).

**Saturei:** s. *BOHNENKRAUT*.

**Saû:** s. *AÏGO SAOU*.

**Saubohne:** s. *PUFFBOHNE*.

**Sauce aïoli** *(franz.): ali-oli, allioli (span.);* die »Ur«-Aïoli wurde nur mit Knoblauch, Olivenöl und evtl. etwas Salz im Mörser hergestellt.Die Verwendung von Eigelb ist eine spätere Beigabe. Wird junger Knoblauch verwendet, so braucht man kein Salz. Es wird in manchen Rezepten auch die Zugabe von ein paar Tropfen lauwarmem Wasser und Zitronensaft empfohlen. Die zusätzliche Beigabe von Kartoffeln oder Senf lehnen Puristen ab. Die Allioli wird auch als *Knoblauchmayonnaise* bezeichnet. Die Sauce passt gut zu gegrilltem Fisch und Fleisch, zu Artischocken etc. In der Provence wird zur *Grand Aïoli* gereicht: gekochte Eier und Kartoffeln, Grüne Bohnen, Möhren, Fenchel, Artischocken, pochierter Stockfisch, Schnecken und Tintenfisch. Das Gemüse muss knackfrisch sein und alle Zutaten werden warm auf einer Platte angerichtet und mit separater *Sauce Aïoli* serviert.

**Sauce à la crème** *(franz.)*: eine vorwiegend für Eier, gekochten Fisch und Geflügel bestimmte Rahmsauce aus *Sauce Béchamel* (s. d.), vermischt und montiert mit Rahm.

**Sauce à la moelle** *(franz.)*: man unterscheidet zwei Arten der Zubereitung. Die eine ist identisch mit der Bordelaiser Sauce (s. *Sauce bordelaise)*. Nach dem anderen Rezept werden Schalotten mit Weißwein eingekocht und gewürzt mit frisch gemahlenem Pfeffer, Fleischextrakt und Salz. Dann wird *demi glace* hinzugefügt und Butter untergezogen. Alles wird durchpassiert und mit separat pochierten Markscheiben und Petersilie vollendet. Vornehmlich für gebratenes und gegrilltes Fleisch.

**Sauce à l'aurore** *(franz.)*: *Aurorasauce, Morgenrotsauce*; vielseitig, hauptsächlich für Eier, weißes Fleisch und Geflügel geeignete Sauce, die verschieden zubereitet wird. Béchamelsauce, *Sauce allemande* (s. d.), mit Hummerbutter aufgeschlagene Fischvelouté oder gewöhnliche *velouté* werden beispielsweise mit Champignon- und Hummerstückchen vermischt, mit Butter montiert und tomatisiert.

**Sauce Albert** *(franz.)*: eine Meerrettichsauce nach englischem Rezept; *Sauce allemande* (s. d.) wird mit Meerrettich und Senf vermischt; vor allem für gekochtes Hammel- und Rindfleisch.

**Sauce admiral** *(franz.)*: *Admiralsauce*; eine mit Krebsbutter aufgeschlagene, mit Champignons, Krebsschwänzen und Trüffeln vermischte *Sauce vin blanc* (s. d.), die mit Cognac und Zitronensaft mazeriert wird; für gedünsteten und pochierten Fisch.

**Sauce algérienne** *(franz.)*: *algerische Sauce;* gekochte Selleriewürfel mit Krebsschwänzen vermischt, mit Mayonnaise und Weißwein gebunden und mit Cayennepfeffer gewürzt; für Fisch.

**Sauce allemande** *(franz.)*: *deutsche Sauce*; mit Eigelb und Sahne gebundene Samtsauce, die mit *Mignonette* (s. d.), Muskatnuss und Zitronensaft gewürzt und mit Butter aufgeschlagen wird. Falls vorhanden, kann auch noch

Champignonsud untergemischt werden.

**Sauce américaine** *(franz.)*: *amerikanische Sauce*; hauptsächlich für Hummergerichte, wie z. B. Hummer Brillat-Savarin, verwendet. Meist röstet man Wurzelwerk mit Hummerschalen an, flambiert mit Weinbrand, löscht mit Weißwein ab und kocht mit Tomatenmark ein. Dann wird die Sauce passiert und mit etwas Fischfond vermischt, gut gewürzt und mit Butter aufgeschlagen. Eine der zahlreichen Abwandlungen ist die mit Hummerbutter aufgeschlagene *Sauce vin blanc* (s. d.).

**Sauce andalouse** *(franz.)*: *andalusische* Sauce; mit Tomatenmark verrührte Mayonnaise, die mit Paprikastreifen vermischt wird.

**Sauce anglaise** *(franz.)*: eine Art Vanillesoße für Desserts.

**Sauce au porto** *(franz.)*: *Portweinsauce*; eine mit Butter aufgeschlagene und mit Portwein vollendete *demi glace*. Für kleine Fleischgerichte und gebratene Geflügelleber.

**Sauce aux anchois** *(franz.)*: *Sardellensauce*; für Fischgerichte geeignet. *Sauce normande* wird mit Butter aufgeschlagen und mit Sardellenstückchen vermischt.

**Sauce aux Fines Herbes** *(franz.)*: *Kräutersauce*; eine mit Schalottenbutter aufgeschlagene, mit gehackten Kräutern vermischte *Sauce vin blanc* (s. d.).

**Sauce aux morilles** *(franz.)*: *Morchelsauce*; deutsche Sauce mit in Stücke geschnittenen, in Butter gedünsteten Morcheln.

**Sauce béarnaise** *(franz.)*: *Béarner Sauce*; bekannte Saucenspezialität. In Butter gedünstete Schalotten werden mit Essig, Weißwein, Estragon und zerdrückten Pfefferkörnern reduziert und passiert. Etwas Brühe zugießen, dann schaumig geschlagenes Eigelb und zerlassene Butter unter ständigem Rühren hinzugefügen. Zum Schluss mit frischem Estragon würzen. Für Steaks, Kalbsmedaillons, Spargel, etc.

**Sauce béchamel** *(franz.)*: *Béchamelsauce*; eine bekannte Grundsauce der internationalen Küche mit Abwandlungen. Bei der einfachen Zubereitung wird mit Butter eine helle Mehlschwitze bereitet, die mit Fleisch-, Gemüsebrühe, Milch oder Sahne abgelöscht und mit Muskat, Thymian u. a., Salz und Zitronensaft gewürzt wird. Basis für viele Saucen und Suppen, Bindemittel für Eier, Fisch u. a.

**Sauce Bercy** *(franz.)*: *Bercy-Sauce*; speziell für Fisch bestimmt, mit Abwandlungen. Fleischglace oder Fischvelouté werden angereichert mit in Weißwein gedünsteten Petersilienwurzeln und Schalotten. Dann wird mit Butter aufgeschlagen und mit Pfeffer und Salz gewürzt.

**Sauce bigarade** *(franz.)*: *Pomeranzensauce*; Entensauce aus Entenfond, vermischt mit Orangen- und Zitronensaft sowie einer Julienne von in Weißwein blanchierten Pomeranzen- und Zitronenschalen.

**Sauce blanche:** s. *Sauce velouté*.

**Sauce blanquette** *(franz.)*: *Einmachsauce*, insbesondere für Geflügel und Kalbfleisch, mit Abwandlungen. Mehl, zerdrückter Pfeffer, Zwiebeln und Zitronenschale werden angeschwitzt, mit Kalbfsfond aufgefüllt und durchgekocht. Dann wird mit Eigelb und Sahne gebunden und mit Zitronensaft gewürzt.

**Sauce bonne-femme** *(franz.)*: Sauce für Fisch aus einer *Sauce vin blanc* (s. d.), vermischt mit Champignons und mit Butter und Rahm aufgeschlagen. Gewürzt wird mit Petersilie und Zitronensaft.

**Sauce bonnefoy** *(franz.)*: wird wie *Sauce bordelaise* (s. d.) zubereitet, nur wird anstatt Burgunder ein trockener Weißwein verwendet.

**Sauce bordelaise** *(franz.)*: *Bordelaiser Sauce, Marksauce;* vornehmlich für Rinderbraten verwendbare Sauce mit Variationen bei der Zubereitung. Typisch ist die Verwendung von Rindermark. Man kann statt Bordeaux auch Burgunder Rotwein verwenden. Dabei wird grundsätzlich *spanische Sauce* zusammen mit Rotwein und Zwiebeln gekocht, durchgeseiht und mit Butter aufgeschlagen, mit Estragon, Petersilie, zerdrückten Pfefferkörnern und Thymian gewürzt. Zum Schluss wird pochiertes Ochsen- oder Rindermark hinzugegeben und mit Zitronensaft abgeschmeckt.

**Sauce bourguignonne** *(franz.)*: *Burgundersauce;* Schalotten- und Zwiebelwürfel werden in Butter angeschwitzt, mit Mehl überstäubt und mit Pfeffer gewürzt. Dazu kommen Champignons, *bouquet garni* und Spickzwiebel; aufgegossen wird mit Jus und Rotwein. Wenn alles gut durchgeköchelt hat, werden *bouquet garni* und Spickzwiebel entfernt und kurz vor dem Servieren wird mit Butter aufgeschlagen. Für Fleisch, Innereien und pochierte Eier.

**Sauce café de Paris** *(franz.)*: *Café-de-Paris-Sauce;* kann nach verschiedenen Methoden zubereitet werden, z. B. wird aufgekochte Sahne mit etwas Mehlbutter gebunden und mit Kräutern und Butter vermischt, zum Schluss nur erwärmt, nicht gekocht. Hauptsächlich für Fleisch.

**Sauce cardinal** *(franz.)*: *Kardinalsauce;* eine Art Buttersauce mit bis zu über 20 Zutaten wie z.B. Butter, Cayenne, Cognac, Kapern, Kräuter, Madeira, Sardellen, Senf, Tomatenmark, Worcestersauce, Zitronensaft u. a. Die Sauce wird auf verschiedene Weise zubereitet, z. B. wird aufgekochte Sahne mit etwas Mehlbutter gebunden und mit Butter und den anderen Zutaten vermischt; hauptsächlich für Fleischgerichte.

**Sauce charcutière** *(franz.)*: mit Pfeffergurken garnierte *Robertsauce* (s. *Sauce Robert*).

**Sauce chantilly** *(franz.)*: *chantilly, Chantilly-Sauce, Mousseline-Sauce, sauce mousseline, Buttersauce, Schaumsauce;* als *chantilly* bezeichnet man in erster Linie gezuckerte Schlagsahne, daneben aber auch Gerichte und

Saucen, die mit Schlagsahne zubereitet werden. Beispiele sind eine so genannte Buttersauce, aus Butter, Champignons, Geflügelbrühe, Mehl und Salz, gewürzt mit Muskat und zum Schluss mit Schlagsahne aufgeschlagen, sowie eine *Geflügelvelouté*, eine holländische Sauce oder Mayonnaise, jeweils schaumig verrührt und mit steifer Schlagsahne aufgeschlagen. Die Buttersauce wird zumeist zu Blumenkohl, Geflügel und Spargel serviert. *Sauce chantilly* eignet sich auch z. B. zu Fisch, Geflügel und Hummer.

**Sauce chasseur** *(franz.)*: *Jägersauce;* vielseitig verwendbar, besonders für Wildgerichte geeignet. Champignonscheiben und Schalotten oder Zwiebeln werden angeröstet, mit Weißwein abgelöscht. Dann wird mit *demi glace,* spanischer Grundsauce oder gebundenem Kalbsjus aufgefüllt und mit Tomatenpüree vermischt. Zum Schluss wird Butter untergezogen und mit Cayennepfeffer, Estragon, Kerbel, Petersilie und Zitronensaft gewürzt.

**Sauce chaud-froid** *(franz.)*: *Chaud-froid-Sauce;* man unterscheidet *braune* und *weiße*. Die braune Chaud-froid-Sauce besteht aus einer reduzierten, mit Kalbs- oder Wildgelee vermischten und mit Madeira parfümierten *demi glace*. Der Einfachheit halber kann man statt der *demi glace* geröstetes Mehl mit Butter aufschlagen, mit Pfeffer und Zitronensaft würzen und mit Gelee vermengen. Die weiße Chaud-froid-Sauce besteht aus weißer Grundsauce, vermischt mit Kalbs- oder Geflügelgelee und Rahm. Auch hier kann die Zubereitung dadurch vereinfacht werden, dass man Mehl in Butter anschwitzt, mit Fleischbrühe aufgießt, kochen lässt und mit Muskatnuss, Pfeffer, Salz, Zucker würzt und Gelatine unterzieht. Beide Saucen dienen zur Herstellung von Chaudfroid-Gerichten und zum Überziehen oder Bedecken von Fleisch, Geflügel, Wild usw.

**Sauce chivry** *(franz.)*: *Chivry-Sauce;* besonders für pochierte Geflügelgerichte geeignete Sauce, für die es unterschiedliche Rezepte gibt. Beispiele: Geflügelrahmsauce wird mit passierter Brunnenkresse, Spinat und Weißwein vermischt, mit Estragon und Schnittlauch gewürzt und mit Butter aufgeschlagen. Oder man vermengt eine Geflügelvelouté mit fein gehacktem Estragon, Kerbel, Petersilie und Schnittlauch, nachdem man zuvor die Würzkräuter in Weißwein aufgekocht hat. Auch diese Version wird zum Schluss mit Butter aufgeschlagen.

**Sauce choron** *(franz.)*: *Choron-Sauce;* wie *Sauce béarnaise,* jedoch mit Tomatenpüree vermischt statt mit Estragon; für gegrillten Fisch und Fleischgerichte.

**Sauce Colbert** *(franz.)*: *Colbert-Sauce;* eine Sauce von Fleisch- oder Geflügelglace mit Butter aufgeschlagen und gewürzt mit Estragon, Petersilie und Zitronensaft; hauptsächlich für gegrilltes Fleisch.

**Sauce créole** *(franz.)*: *Kreolensauce;* vielseitig verwendbar.

Gewürzpaprika, Tomaten- und Zwiebelwürfelchen werden in Butter und Weißwein gedünstet, mit fein gehackten Chilis und Knoblauch gewürzt, mit Béchamelsauce oder Geflügelvelouté und etwas Tomatenmark vermischt. Zum Schluss wird eine *Julienne* von rotem Paprika hinzugefügt. Variation von der Insel *Martinique:* Sauce aus Chili, Limettensaft, Sellerie, Tomatenpüree und Zwiebeln, gewürzt mit Pfeffer und Salz und vermengt mit Olivenscheiben.

**Sauce crevettes** *(franz.)*: *Krevettensauce;* eine Fischvelouté, die mit Krevettenbutter aufgeschlagen und mit Krevetten vermischt wird; für Fische.

**Sauce demi glace** *(franz.)*: s. *Demi glace.*

**Sauce diable** *(franz.)*: *Teufelssauce; demi glace* oder *braune Grundsauce* vermischt mit in Butter angeschwitzten und mit Weißwein abgelöschten Schalotten, passiert, mit Butter aufgeschlagen und mit Cayenne und zerdrückten Pfefferkörnern gewürzt. Meist für gegrilltes Fleisch und Geflügel.

**Sauce diane** *(franz.)*: *Pfeffersauce* vermischt mit hart gekochtem Eiweiß, Sahne und Trüffeln; für Haarwild.

**Sauce diplomate** *(franz.)*: s. *Normannische Sauce.*

**Sauce divine** *(franz.)*: mit Zitrone gewürzte und Portwein aufgeschlagene *Sauce hollandaise* (s.d.). Für Artischocken und Spargel.

**Sauce dugleré** *(franz.)*: *Dugleré-Sauce;* passt besonders zu gedünstetem oder pochiertem Fisch, mit mehreren Varianten. Beispiele: eine mit Eigelb und Sahne aufgeschlagene Fischvelouté wird mit Champignon-, Tomaten- und Zwiebelwürfelchen vermischt, mit Cayenne, Knoblauch und Zitronensaft gewürzt; oder *Sauce vin blanc* (s.d.) wird mit gedünsteten Champignons, Schalotten und Tomaten vermischt, mit Petersilie und Zitronensaft gewürzt.

**Sauce duxelles** *(franz.)*: *Duxellessauce; demi glace* oder spanische Grundsauce wird mit gerösteten und mit Weißwein abgelöschten Champignons und Schalotten vermischt. Gewürzt wird mit Estragon, Kerbel, Petersilie, Weißwein und Zitronensaft. Nach Geschmack wird Tomatenpüree untergerührt und mit Butter aufgeschlagen. Insbesondere für Eier, Fleisch und Gemüse.

**Sauce espagnole** *(franz.)*: s. *Braune Grundsauce.*

**Sauce financière** *(franz.)*: *Finanzmannsauce;* gehackte Champignons und Schinkenwürfel werden in Butter angeschwitzt, mit Mehl überstäubt und mit Geflügelbrühe und Weißwein abgelöscht. Mit einem *bouquet garni* köchelt die Sauce. Zuletzt wird mit Madeira, Salz und Pfeffer sowie Trüffelextrakt oder fein gehackten frischen Trüffeln abgeschmeckt.

**Sauce génoise** *(franz.)*: *Genueser Sauce,* eine Art Kräutermayonnaise; hart gekochtes Eigelb wird mit Estragon, Kerbel, pürierter Zwiebel und Schnittlauch unter Zugabe von Öl vermischt und mit Pfeffer, Salz und Zitronensaft gewürzt, zum Schluss werden gehackte Mandeln und Pistazien hinzugefügt.

**Sauce gribiche** *(franz.)*: *Gribiche;* eine Art *Remouladensauce;* hart gekochtes Eigelb wird mit frischem Eigelb, hellem Senf, Salz und Pfefer verrührt; dann wird langsam Öl untergeschlagen, bis die Sauce eine mayonnaiseähnliche Konsistenz hat. Gewürzt wird mit Zitronensaft, Estragon und Petersilie und zuletzt werden das fein gehackte Eiweiß und Kapern untergezogen; zu Kalbskopf, kaltem Geflügel oder kaltem Fisch.

**Sauce hollandaise** *(franz.)*: *Holländische Sauce;* unter eine Reduktion aus in Butter angedünsteten Schalotten, Essig, Weißwein, Pfeffer und Brühe wird Eigelb mit dem Schneebesen untergeschlagen. Dann wird unter ständigem Schlagen Butter untergezogen und zum Schluss mit Salz abgeschmeckt. Bei drohender Gerinnung muss sofort mit etwas lauwarmem Wasser erneut aufgeschlagen werden. Zubereitung über einem Wasserbad ist empfehlenswert. Hauptsächlich für gekochten Fisch, Geflügel und Gemüse.

**Sauce homard** *(franz.)*: *Hummersauce;* mit Hummerbutter aufgeschlagene und mit Rahm vollendete Fischvelouté. Für Eier und Fisch.

**Sauce hongroise** *(franz.)*: *Pörköltsauce, ungarische Sauce;* meist für Gedünstetes verwendet, mit verschiedenen Zubereitungsweisen. Beispiele: mit Kalbsglace und saurer Sahne verkochte und mit Paprikapulver gewürzte Weißweinsauce oder *demi glace* vermischt mit saurer Sahne, angerösteten Speckwürfeln und Zwiebeln, gewürzt mit Paprikapulver u. a. Manchmal wird statt Kalbsglace oder Fleischglace Bouillon verwendet und diese mit geröstetem Speck, Tomatenpüree und gerösteten Zwiebeln vermischt und mit Knoblauch, Paprikapulver und Salz gewürzt. Auch für Eier und Fleisch.

**Sauce joinville** *(franz.)*: *sauce normande* oder *Weißweinsauce* mit Krabben- oder Krebsbutter aufgeschlagen und mit Trüffelstreifen vermischt. Wird zu Fisch gereicht.

**Sauce lyonnaise** *(franz.)*: *Lyoner Sauce;* besonders für Eier und Geflügel geeignet. Champignonabschnitte, Knoblauch und Zwiebeln werden in Butter angeschwitzt. Es wird mit Weißwein abgelöscht und bis zur Hälfte eingekocht. Dann wird *velouté* hinzugefügt, weitergekocht, mit Eigelb legiert und passiert. Zum Schluss wird die Sauce mit Pfeffer, Zitronensaft und Petersilie vollendet.

**Sauce madère** *(franz.)*: *Madeirasauce;* bekannte, vor allem für gebratenes und gegrilltes Fleisch, Geflügel und Zunge geeignete Sauce mit Variationen. Zumeist wird *demi glace* mit Butter aufgeschlagen und mit Madeira mazeriert.

**Sauce maître d'hôtel** *(franz.)*: *Haushofmeistersauce;* grundsätzlich weiße Buttersauce mit etwas Minze, Petersilie und

Zitronensaft gewürzt; hauptsächlich für Geflügel und Gemüse. Das Rezept kennt mehrere Abwandlungen.

**Sauce Maltaise** *(franz.)*: *Malteser Sauce;* eine holländische Sauce, der kurz vor dem Anrichten Blutorangensaft hinzugefügt wird; gut zu Gemüse, besonders gut zu Spargel.

**Sauce Marengo** *(franz.)*: *Marengosauce;* Jägersauce vermischt mit sautierten Champignonscheiben und gewürzt mit Knoblauch.

**Sauce matelote** *(franz.)*: sog. *Matrosensauce* mit zwei verschiedenen Arten der Zubereitung – mit Rotwein oder Weißwein. Hier die Version mit Rotwein: In einer Mischung aus Fischfond und Rotwein werden Champignons gekocht. Die Mischung wird reduziert und mit *demi glace* aufgefüllt, dann passiert, mit Butter aufgeschlagen und mit Cayenne gewürzt. Für gedünstetes und gekochtes Fleisch (s. a. *Weisse Matelote-sauce*).

**Sauce melba** *(franz.)*: Melbasauce; eine vielseitig verwendbare Sauce aus Zwiebelwürfeln, angekocht mit Chablis und mit Tomatenmark und holländischer Sauce vermischt. Hauptsächlich für Fisch und Gemüse.

**Sauce Mornay** *(franz.)*: *Käsesauce, Mornaysauce;* aus heller Mehlschwitze, mit Milch aufgegossen und mit reichlich Käse vermischte Sauce. Meist werden Gruyère oder Emmentaler verwendet. Gewürzt wird mit Cayennepfeffer oder Muskat und Salz; für Eier, Fisch, überbackene Gerichte usw.

**Sauce mousseline** *(franz.)*: s. *Sauce Chantilly*.

**Sauce moutarde** *(franz.)*: *Senfsauce; Sauce allemande* (s. d.) oder *Sauce hollandaise* (s. d.) vermischt mit Senf, der mit Essig verdünnt wurde. Für gekochten Fisch oder Fleisch.

**Sauce Nantua** *(franz.)*: *Nantuaer Sauce;* Sauce auf Béchamelbasis mit *beurre d'écrevisses* aufgeschlagen und mit *fumet de poisson* und Krebsschwänzen bereichert. Mazeriert wird mit Weißwein und gewürzt mit weißem Pfeffer, Salz und Tomatenmark. Hauptsächlich für Fisch, insbesondere Seezungengerichte und Hechtklößchen.

**Sauce Newberg(burg)** *(franz., engl.)*: *Newberg(burg)-Sauce;* eine Hummersauce, die zu Fischen, Krusten- und Schaltieren gereicht wird. Zerstampfte Hummerschalen werden mit Fischfond und Sahne verkocht, passiert, mit Hummerbutter aufgeschlagen und mit Cayenne und Sherry abgeschmeckt. Eine andere Methode verkocht in Butter angedünstete Hummerscheiben mit Sahne und Sherry. Dann wird mit Eigelb und Sahne gebunden, mit Cayenne gewürzt, zum Schluss mit Butter aufgeschlagen.

**Sauce noisette** *(franz.)*: *Sauce hollandaise* (s. d.) wird mit brauner Butter aufgeschlagen und mit gerösteten Haselnüssen vermischt. Für blau bereiteten Fisch, insbesondere für Forelle.

**Sauce normande** *(franz.)*: s. *Normannische Sauce*.

**Sauce Périgueux** *(franz.)*: *Trüffelsauce* aus *demi glace* vermischt mit der Trüffelessenz und gehackten Trüffeln, mit Butter aufgeschlagen und mit Madeira vollendet; besonders für Eier und Gänseleber.

**Sauce portugaise** *(franz.)*: *Portugiesische Sauce;* eine vielseitig verwendbare Sauce mit Variationen. Die für gebratenen Fisch bestimmte, aber auch zu Rouladen und Zunge passende *sauce portugaise* wird gewöhnlich aus geschmolzenen Tomaten, im Weißwein gedünsteten Zwiebeln, Fleischglace, Tomatensauce, Knoblauch und gehackter Petersilie hergestellt. Die für Eier, Fisch und Geflügel geeignete kalte *sauce portugaise* besteht in der Regel aus geschwitzten Schalotten und Zwiebeln, Weißwein und Tomaten und ist mit Knoblauch, Lorbeer, Petersilie, Pfeffer, Salz und Thymian, Zitronensaft und Zucker gewürzt. Zum Schluss wird die Sauce mit Butter aufgeschlagen oder mit Fleischglace verrührt.

**Sauce provençale** *(franz.)*: *Provenzalische Sauce;* eine besonders für Huhn, Kalbsleber und Rinder- oder Hammellende geeignete Art Tomatensauce mit Abwandlungen. Sie besteht vor allem aus in Öl gedünsteten Tomaten, gewürzt mit Knoblauch, Petersilie, Pfeffer, Salz und Zucker. Es empfiehlt sich, etwas Kalbsjus darunter zu mengen.

**Sauce ravigote** *(franz.)*: *Ravigote-Sauce;* Kräutersauce mit Vaianten wie z. B.: Schalotten werden in Weißwein gekocht und mit *velouté* vermischt, mit Estragon, Kerbel und Petersilie gewürzt und mit Butter aufgeschlagen, hauptsächlich für gekochtes Geflügel; oder: Holländische Sauce oder Béarner Sauce wird mit Estragon, zerkleinerten Essiggurken, Kapern, Petersilie, Weißwein und Zwiebelsaft vermischt und mit einigen Tropfen Worcestersauce vollendet, vor allem zu kaltem Fleisch.

**Sauce rémoulade** *(franz.)*: *Remouladensauce;* besonders für gebackenen Fisch und kalten Braten geeignete Sauce auf Mayonnaisebasis, vermischt mit vielerlei Zutaten, wie Anchovispüree, gehackten Cornichons, Estragon, Kaviar, Kapern, Kerbel, Petersilie, Pfeffer, gehacktem Sardellenfilet, Senf, Schnittlauch u. a. Oft wird zum Schluss noch Schlagsahne untergezogen.

**Sauce riche** *(franz.)*: s. *Reiche Sauce*.

**Sauce Robert** *(franz.)*: *Robertsauce;* eine Art Senfsauce aus gerösteten Zwiebeln, die mit Essig und Weißwein abgelöscht werden, dann werden *demi glace* und Senf darunter gemischt; gewürzt wird mit Cayennepfeffer, Petersilie und Zitronensaft. Sie passt zu Geflügel, Gegrilltem und Schweinefleisch.

**Sauce Romanoff** *(franz.)*: eine süße Sauce, die besonders zu *Kirschen für Rom* (s. d.) passt. Crème double wird mit *crème de cacao,* Kirschwasser und Puderzucker vermischt.

**Sauce rouennaise** *(franz.)*: *Rouenner Sauce, Roueneser*

*Sauce; sauce bordelaise* vermischt mit Püree von roher Entenleber und gewürzt mit Cayennepfeffer und Zitronensaft. Hauptsächlich für Entengerichte.

**SAUCE SMETANA** *(franz.)*: *sauce smitane, Schmandsauce (österr.), Smetana-Sauce; russische* Herkunft, hauptsächlich für Wild und *russische* Pasteten, wie *kulebjaka.* Eine Sahnesauce mit unterschiedlichen Rezepten. Angeschwitzte Zwiebeln werden mit Weißwein abgelöscht, mit saurer Sahne vermischt und mit Pfeffer und Zitronensaft gewürzt. Nach einem anderen Rezept wird Sauerrahm vermischt mit *demi glace,* Weißwein und gerösteten Zwiebeln; gewürzt wird mit Pfeffer und Zitronensaft. Zum Schluss wird mit Butter aufgeschlagen.

**SAUCE SMITANE** *(franz.)*: s. *SAUCE SMETANA.*

**SAUCE SOUBISE** *(franz.)*: *Zwiebelsauce,* besonders für Hammelfleisch geeignet, aus einer *Béchamel,* die mit einem Püree von gedünsteten Zwiebeln vermischt und mit Cayenne, Muskat, Salz und Zucker gewürzt wird. Zum Schluss wird Rahm oder *crème fraîche* untergemengt und mit Butter aufgeschlagen.

**SAUCE SOUWAROFF** *(franz.)*: besonders für gegrilltes, dunkles Fleisch geeignete Sauce aus einer *Béarnaise,* vermischt mit Fleischglace und garniert mit Trüffelscheiben.

**SAUCE SUPRÊME** *(franz.)*: *Geflügelcreme-Sauce; Geflügelvelouté* mit Butter und Rahm aufgeschlagen; für Geflügelgerichte.

**SAUCE TATARE** *(franz.)*: *Ta(r)tarensauce;* besonders für kaltes Fleisch, Geflügel und Krustentiere geeignet, nach verschiedenen, jedoch nur geringfügig veränderten Rezepten zubereitet. Meist wird sie wie Remoulade, jedoch statt mit Anchovispüree mit Dijon-Senf bereitet. Zum Schluss wird mit Schnittlauch gewürzt. Nach einem anderen Rezept wird Mayonnaise mit hart gekochten, gehackten Eiern, Schnittlauch und Zwiebelgrün vermischt. Nach *Wiener* Art wird die Sauce außerdem noch mit Essiggurken, Kapern, Petersilie und Zwiebeln – alles fein gehackt – vermengt.

**SAUCE TYROLIENNE** *(franz.)*: *Tiroler Sauce;* besonders für Gegrilltes passend. Estragon, Kerbel, zerdrückte Pfefferkörner und gehackte Schalotten werden mit Essig und Weißwein eingekocht, mit Eigelb und Tomatenpüree vermischt und mit Öl aufgeschlagen. Zum Schluss wird die Sauce mit Cayennepfeffer, Salz und Zitronensaft vollendet.

**SAUCE VELOUTÉ** *(franz.)*: *Kalbsvelouté, sauce blanc, Samtsauce, velouté; weiße Grundsauce,* eine vielseitig verwendbare Sauce, für die es verschiedene Rezepte gibt. Weißer Kalbsfond oder – je nach Verwendung – Fisch- oder Geflügelfond werden mit blonder *Mehlschwitze* cremig verkocht. Zur Verfeinerung wird mit Eigelb und Rahm gebunden.

**SAUCE VERTE** *(franz.)*: *franz.* Version der bekannten *SALSA VERDE* (s.d.) oder *GRÜNEN SAUCE* (s.d.)

mit Veränderungen. Gewöhnlich wird Mayonnaise mit Brunnenkresse, Estragon, Kerbel, Petersilie und Spinat vermischt.

**SAUCE VILLEROI** *(franz.)*: *Villeroi-Sauce;* eine dicke Sauce zum Umhüllen von Fleischstücken u. a. Für diese Sauce gibt es zahlreiche Rezepte, z. B. wird eine dicke *SAUCE ALLEMANDE* (s. d.) mit Eidotter legiert und mit Schinkenmousse und Trüffelessenz vermischt. Nach anderen Rezepten wird deutsche Sauce mit Tomaten- oder Zwiebelpüree vermischt oder die Sauce noch mit Champignonpüree, Gänseleberpüree u. a. ergänzt.

**SAUCE VINAIGRETTE** *(franz.)*: *Essigsauce, Vinaigrette-Sauce;* vor allem zu Artischocken, Kalbskopf und Spargel gereicht, mit Variationen. Beispiel: Sauce aus Essig, hart gekochtem oder frischem Eigelb, Kapern und Sardellenfilets wird mit Öl aufgeschlagen und mit Kräutern, wie Estragon, Kerbel, Petersilie, Schnittlauch, Pfeffer und Salz, gewürzt. Ursprünglich bestand die Sauce nur aus Essig und Zwiebeln.
Heute wird als *Vinaigrette* auch eine Salatsauce (Dressing) bezeichnet, meist bestehend aus 1 Teil Essig, 2–3Teilen Öl, evtl. Senf, Salz und Pfeffer sowie frischen Kräutern.

**SAUCE (AU) VIN BLANC** *(franz.)*: *Weißweinsauce;* vornehmlich für Fische geeignet mit mehreren Variationen. Als Grundsauce dienen *Fischfond, Fischvelouté* oder *holländische Sauce*. Beispielsweise werden Fischabgänge in Weißwein und *bouquet garni,* Gewürzkörnern, Petersilienwurzeln, Zitronensaft und Zwiebeln kalt aufgesetzt und ca. eine halbe Stunde lang gekocht, dann abgeseiht, mit *roux blanc* vermischt und dann wieder eine halbe Stunde lang gekocht. Dann wird das Ganze passiert und mit Eigelb aufgeschlagen. Zum Schluss wird meist mit Cayennepfeffer, Muskat und Zitronensaft gewürzt und mit Rahm abgerundet. Wenn man Fischvelouté verwendet, wird diese zusätzlich mit Eigelb und Sahne gebunden und mit Weißwein abgeschmeckt. Bei Verwendung von holländischer Sauce wird diese lediglich mit einer Reduktion von Fischfond und Weißwein vermischt.

**SAUCE WESTMORELAND** *(engl.)*: *Pfeffersauce* vermischt mit Senf und Essiggemüse; wird heiß zu Hammelkotelettes und Wild serviert.

**SAUCE ZINGARA** *(franz.)*: *Zigeunersauce;* deftige Sauce, beliebt für Kalbfleisch und Geflügel. Die Rezepte variieren, wobei als Basis *demi glace, Geflügelglace* und gebundener *Geflügeljus* oder *braune Grundsauce* in Betracht kommen. Die jeweilige Grundsauce wird mit Champignonfond, Tomatenmark oder Tomatensauce, Weißwein oder Madeira eingekocht, dann mit einer *Julienne* aus Champignon, Pökelzunge, Schinken und Trüffeln vermischt und mit Cayennepfeffer gewürzt. Nach einer preiswerteren, jedoch ebenso schmackhaften Abwandlung kocht man braune Grundsauce mit Champignonfond, etwas Essig, Tomaten, Weißwein und Zwiebeln ein, passiert und vermischt die Sauce mit in

Streifen geschnittenen Champignons, Gurken, Pökelzunge und Schinken. Gewürzt wird mit Pfeffer.

**Saucieren:** mit Sauce bedecken (s. a. *Nappieren*).

**Saucischen:** kleine Brühwürstchen, die hauptsächlich aus Schweinefleisch, Speck und Sahne, gewürzt mit Salz, Pfeffer und evtl. Kümmel, bestehen; sie werden gebraten oder als Einlage für Ragouts, Suppen usw. verwendet.

**Saucisse** *(franz.)*: Wurst.

**Saucisson** *(franz.)*: Brühwurst, z. B. *saucisson de jambon* = Schinkenwurst.

**Sauerampfer:** Wiesengewächs, auch gezüchtet, dessen junge, säuerlich schmeckende Blätter als Salat-, Saucen- oder Suppeneinlage Verwendung finden.

**Sauerbraten:** eine typisch deutsche Spezialität aus magerem Rind- oder Pferdefleisch mit regionalen Variationen wie *Hamburger, Rheinischer, Schwäbischer Sauerbraten* (s. d.) usw. Beim *Hamburger* verwendet man zum Marinieren des Fleisches Buttermilch und Rotwein und zum Binden Honigkuchen, beim *Rheinischen* für die Beize Essig, diverse Gewürze, zum Garen Wurzelgemüse und Kalbsfuß und als Bindemittel Lebkuchen oder Pumpernickel. Außerdem werden zum Schluss noch Korinthen oder Rosinen und gehackte Mandeln hinzugegeben.

**Sauerdattel:** s. *Asam*.

**Sauerdorn:** s. *Berberitze*.

**Sauerfleisch:** grob zerhackte Schweinerippen mit Wasser, Essig, Zwiebeln, Pfefferkörnern, Salz und Zucker weich kochen und im Sud erkalten lassen. Zusammen mit gekochten Möhrenscheiben und Gewürzgurken in eine Schüssel legen und mit Gelatinebrühe übergießen und erstarren lassen *(Pommern und Rheinland)*. In *Schleswig-Holstein* wird ein Gericht aus magerem Schweinebauch in saurem Aspik so genannt.

**Sauerklee:** in *Südamerika* (unter dem Namen *Oca)* und *Neuseeland* heimische Gemüsepflanze mit ca. 850 verschiedenen Arten. Die gelben bis rotbraunen Wurzeln werden dort als Gemüse verzehrt. Die Blätter und Blüten unseres heimischen *Waldsauerklees* sind säuerlich erfrischend und eignen sich in kleinen Mengen gut zum Würzen von Salaten, Suppen und Saucen.

**Sauerkraut:** *choucroute (franz.)*; fein geschnittener Weißkohl, der gesalzen in Holzbottichen milchsauer vergärt haltbar gemacht wird.

**Sauerkirschen:** *Schattenmorellen; Weichseln (österr., schweiz.)*.

**Sauerteig:** für Brot wird ein Ansatz aus Roggenschrot, etwas Kümmel und lauwarmem Wasser und etwas Zucker zu einem dickflüssigen Brei angerührt, der zugedeckt an einem warmen Ort etwa 3 Tage säuert. Statt Wasser kann auch Buttermilch und statt Kümmel auch Fenchel verwendet werden. Im Handel ist auch Fertigsauerteig erhältlich.

**Saumonette** *(franz.)*: Katzenhai.

**Saumon fumé** *(franz.)*: Räucherlachs.

**Saure Aale:** s. *Aal in Gelee*.

**Saure Kartoffelrädle:** *saure Blättle*; ein *schwäbisches* Kartoffelgericht, zumeist aus in Scheiben geschnittenen und gekochten Kartoffeln und einer Zwiebel-Einbrenne. Gewürzt wird mit Essig, Nelken und Lorbeer.

**Saure Kutteln:** typisch *schwäbisches* Gericht. Ein *roux brun* wird mit Fleischbrühe abgelöscht. In dieser Brühe, gewürzt mit Essig oder Rotwein, Gewürznelken, Wacholderbeeren, Lorbeer, Pfeffer, Salz, Tomatenmark, Zucker und Zwiebeln lässt man die in feine Streifen, bereits vorgegarten Kutteln ca. 30–40 Min. ziehen.

**Saure Lüngerl:** *bayerische* Spezialität. Eine in einer Marinade aus Essig, Lorbeer, Nelken, Salz, Wacholderbeeren und Zwiebeln gebeizte Lunge wird in einer dunklen Einbrenne zubereitet und meist mit Semmelknödeln serviert.

**Saure Nierle:** Nieren in feinen Streifen werden in Mehl gewälzt und in Butter gebraten, in einer würzigen Bratensauce, die oft mit saurer Sahne vermengt wird, gegart; eine *südwestdeutsche* Spezialität.

**Saure Zipfel:** s. *blaue Zipfel*.

**Sausage** *(engl.)*: Wurst.

**Sauser:** *Suser, Sturm, Rauscher, Federweißer (österr., schweiz., südd.)*; s. *Bitzler*.

**Sauté** *(franz.)*: in Butter geschwenkt, auch geschmort.

**Sauteuse:** *sautoir (franz.)*; flache Kasserolle zum Sautieren, Saucen aufschlagen u.v.m.

**Sautieren:** *schwenken;* Fisch-, Fleisch-, Geflügelstücke oder -scheiben usw. in einer Sauteuse ohne Deckel kurz anbraten und des Öfteren durchschwenken, Gebratenes nochmals schwenken oder aber bloßes Schwenken von Gemüsen u.a. in Butter. Das Charakteristische ist ein trockenes Garwerden. Das Sautier-Gut darf nur mit Fett behandelt werden.

**Sautoir** *(franz.)*: s. *Sauteuse*.

**Savarin:** *Ringkuchen;* Bezeichnung für einen ringförmigen, mit Rum, Weißwein oder dgl. und Zuckersirup getränkten Hefekuchen. Der Savarinteig unterscheidet sich nur wenig vom Baba-Teig und wird ebenso wie dieser (s. *Baba*) mal mit mehr Eiern, mal mit mehr Butter zubereitet. Zumeist wird ein *Vorteig* aus Mehl, Hefe und Milch bereitet. Sobald sich dieser stark gehoben hat, werden Butter, Eier, Salz, Vanillezucker und Zucker, oft auch noch abgeriebene Zitronenschale oder Zitronat darunter gemengt. Nachdem der Teig geraume Zeit geruht hat, wird er in die gebutterte Savarinform verteilt. Nach dem Backen wird der runde Kuchen mit Alkohol und Sirup getränkt und meist mit Früchten oder *crème chantilly* gefüllt.

**Savarin au rhum** *(franz.)*: *Savarinkuchen* oder *-küchlein* mit Zuckersirup und Rum getränkt.

**Savarinform:** kranzförmige Form mit abgerundetem Boden zur Herstellung von Savarinteig-Produkten.

**Savor, in** *(ital.)*: auch *in saor (Venedig);* frische Sardellen werden mit Mehl bestäubt und in Öl ausgebacken. Anschließend werden sie in eine Marinade aus angebratenen Zwiebelscheiben, Weinessig, Rosinen, Pinienkernen, evtl. 1 Prise Zucker und Zitrone eingelegt.

**Savoury:** in der internationalen, besonders in der *anglo-amerikanischen* und *französischen* Küche sind das kleine pikante Würzbissen, die oft nach mehreren Gängen anstatt Käse gereicht werden.

**Savoyer Biskuit:** besteht aus verfeinertem Biskuitteig, zu dem mehr Eier, nach Belieben Butter und Zucker, manchmal Mandelstifte oder -blättchen, etwas Orangenblütenwasser und neben Mehl gleichviel Speisestärke verwendet werden.

**Sayur** *(indon.)*: Gemüse; auch ein Gemüsesuppentopf aus Erbsen, Bohnen usw.; wird zu Beginn der Reistafel serviert.

**Sayuran kering** *(indon.)*: eine Mischung aus Gemüsen und Gewürzen, eine Art Curry-Eintopf, Bestandteil der *indonesischen* oder *indischen* Reistafel.

**Sbrinz:** sehr harter Käse aus der *Schweiz* zum Reiben und Hobeln.

**Scalloped oysters** *(engl.)*: Austern, die mit einer Mischung aus gewürzter Eiermilch und Crackermehl überkrustet werden *(USA)*.

**Scallop pie** *(engl.)*: ein Pie mit Jakobsmuscheln und Pilzen *(England)*.

**Scaloppine** *(ital.)*: dünne Schnitzel.

**Scallops** *(engl.)*: Jakobsmuscheln; s. *Coquilles Saint Jacques*.

**Scampi** *(ital.)*: Plural, Singular = *Scampo;* s. *Kaisergranate*.

**Scampi thermidor:** Scampi werden in Butter sautiert und mit Cognac flambiert. Danach wird eine Sauce aus *Béchamel,* Parmesan, Sahne und englischem Senf bereitet und mit Butter aufgeschlagen. Die Sauce wird mit Trüffelscheiben zu den Scampis gegeben, mit Käse bestreut und gratiniert *(Italien)*.

**Scékely gulyás** *(ung.)*: s. *Székely Gulyás*.

**Scelta** *(ital.)*: Auswahl, z. B. von Käse *(formaggi)*.

**Scha, Xia** *(chin.)*: Krabben.

**Schabany** *(poln.)*: gedünstetes Weißkraut.

**Schabefleisch:** mit dem Messer geschabtes rohes, fett- und sehnenfreies Rindfleisch, meist vom Filet, wird wie *Ta(r)tar* (s. d.) angemacht *(Berlin)*.

**Schabziger:** harter, kegelförmiger Molkenkäse mit Kräutern, der in für den Molkenablauf mit

Löchern versehenen Kästen *(Ziegertrucken)* einige Wochen lang der Gärung überlassen wird.

**Schacciata** *(ital.)*: eine Pastete aus Brotteig, gefüllt mit gehacktem Schinken, Oliven, Tomaten, Knoblauch, Artischocken und Sardellen; auch als römische Urpizza bezeichnet.

**Schachtelkäse:** ein Schmelzkäse, schnittfest oder streichfähig, hauptsächlich aus Emmentaler, geschmacksbereichert mit Kräutern, Nüssen, Paprika, Pfeffer, Schinken u. a.

**Schaden:** s. *Wels*.

**Schächten:** eine nach religiösen Regeln ausgeübte Schlachtung, die durch einen Schnitt durch die Speise- und Luftröhre sowie die Halsschlagader erfolgt, wodurch das Tier vollständig ausbluten kann; vor allem für die jüdische Küche und in der traditionellen islamischen Küche.

**Schälerbsen:** getrocknete, von der Schale befreite und aus optischen Gründen polierte Erbsen.

**Schälrippe:** das Rückenstück des Schweines, in Süddeutschland auch *Riegelwand* genannt, s. a. *Spareribs*. Beim Rind: *Querrippe* (s. d.).

**Schänkeli:** *schweizerisches*, schwimmend ausgebackenes Gebäck in der Form fingerlanger Röllchen, die an den Enden zugespitzt sind. Der süße Teig ist meist mit Zitronenschale gewürzt.

**Schäufele** *(badisch)*: gepökelter und geräucherter, dann gekochter Kalbs- oder Schweinerücken (oder -schulterstück).

**Schäuferla:** auch *Scheiferla; fränkische* Bezeichnung eines Schweinebratens aus der Schulter (mit und ohne Kruste).

**Schaf:** in der Küchensprache nur Fleisch über 2 Jahre alter Schafe oder kastrierter Böcke.

**Schaffermahlzeit:** jährlich stattfindendes Ritual in Bremen seit 1545, bei dem sechs Gänge *bremischer* Seemannskost serviert werden. Entstanden aus dem Abschiedsessen vor großer Fahrt, zu dem sich Kaufleute, Reeder und Kapitäne trafen (s. a. *Pinkel*).

**Schafskäse:** Käse aus Schafsmilch, oft vermischt mit Kuhmilch. Wichtige Sorten sind: *korsischer Ascot, griechischer Feta, bulgarischer Kaschkawal* (ein Brüh- oder Knetkäse), *spanischer Manchego, italienischer Pecorino* (ein Hartkäse) und *englischer Roquefort cheese*.

**Schaid:** s. *Wels*.

**Schaksch(o)uka:** *orientalischer* Feuertopf; in Öl gedünstete Paprika, Tomaten und Zwiebeln, getrocknetes Lammfleisch, vermischt mit Rührei und gewürzt mit Knoblauch, *Harissa*, (s. d.) u. a.

**Schalenwild:** in der Jägersprache für Wild (z. B. *Ren-/ Rotwild, Gämse*) dessen Hufe bzw. Klauen als Schalen bezeichnet werden.

**Schales** *(pfälz.)*: ursprünglich jüdisches Gericht. Ein Eintopf, der vor allem aus Kartoffeln,

Lauch, gewürfeltem Dörrfleisch und Eiern besteht.

**Schalet:** *Scholet;* ein *israelisches* Nationalgericht mit vielen Variationen. Es handelt sich um eine Art im Backofen gegarten Eintopf, der hauptsächlich aus Hammel- und Rindfleisch, Gänsefleisch, Erbsen, Graupen, getrockneten weißen Bohnen und Reis besteht; s. a. *Shalet* und *Tscholent*.

**Schalotten:** *Aschlauch, échalote (franz.), Eschlauch;* eine Speisezwiebelart, milder und delikater als normale Zwiebeln.

**Schaltiere:** Meerestiere in Kalkschalen, wie Austern und Muscheln.

**Schangi** *(russ.)*: Hefeplätzchen; werden entweder mit einer Ei-Sahne-Mischung oder einer Kartoffelpüree-Ei-Sahne-Mischung bestrichen oder auch gefüllt und im Ofen bei 200° C gebacken.

**Scharbe:** *Plattfisch;* s. *Kliesche*.

**Schaschlik:** *Saslik;* mit diesem Begriff wird hierzulande alles bezeichnet, was auf Spießen steckt. Tatsächlich handelt es sich um ein *orientalisches* Gericht, das in der *Türkei* ebenso delikat angeboten wird wie in *Persien*, aber auch in *Russland*, natürlich mit regionalen Unterschieden. In der *Türkei*, z. B. werden die Spießchen oft mit Hammel- oder Lammfleisch, Lammnieren, Rindfleisch, grünem oder rotem Paprika, Zwiebeln usw. bestückt, gewürzt mit Currypulver und Paprika, garniert mit Gurken, Petersilie und Tomaten und mit einer Würzsauce bedeckt.

**Schaschlik à la Ta(r)tare:** *schaschlik po tatarski; russischer* Schaschlik mit Lammfleisch und anderen variierenden Zutaten, wie luftgetrocknetem Schinken, frischem Speck und Zwiebeln. Die Lammfleischscheiben werden zuvor in Öl (gewürzt mit Lorbeer, Muskatnuss, Pfeffer, Salz und Thymian) mariniert.

**Schaschlik po tatarski** *(russ.)*: s. *Schaschlik à la Ta(r)tare*.

**Schaufelrippe:** s. *Schlachtfleisch* (Rind).

**Schaumbrötchen:** s. *Mousseline*.

**Schaumbrot:** s. *Mousse*.

**Schaumbutter:** s. *Beurre mousseux*.

**Schaumfarce:** kräftig gewürzte Füllung aus Hack von Fisch, Geflügel, Kalb, Wild u. a., Eiweiß und Sahne, für Aufläufe, zum Füllen von Geflügel u. a.

**Schaumkartoffeln:** s. *Mousseline-Kartoffeln*.

**Schaumklösschen:** in schwach gesalzenem Wasser gestockte Klöße aus schaumig lockerer Farce, wie Fisch-, Geflügel-, Hummerfarce u. a.

**Schaumsauce:** s. *Sauce Chantilly*.

**Scheiterhaufen:** Spezialität in *Süddeutschland* und *Österreich*. In eine Auflaufform werden Eier, Milch und eingeweichte Semmelscheiben gegeben, darauf klein geschnittene Äpfel, Mandeln und Rosinen; obendrauf kommen wieder eingeweichte

Semmeln. Gewürzt wird mit Zimt und Zucker. Das Ganze wird mit Milch übergossen und gebacken.

**Schellfisch:** *haddock (engl.)*; einer der gebräuchlichsten Speisefische in Europa, sehr weißes zartes, mageres Fleisch, beheimatet im Nordatlantik. Bei uns hauptsächlich in der Nordsee gefangen; er wird in der Regel 30–50 cm lang und 2–3 kg schwer. Am besten schmeckt sein Fleisch vom Sommer bis Ende des Jahres. Es wird wie *Kabeljau* zubereitet. Der Länge nach gespalten und geräuchert kommt Schellfisch auch als *smoked haddock* auf den Markt.

**Scherbet:** s. *Sharbat*.

**Scherg:** s. *Kaviar*.

**Schichtkäse:** Bezeichnung für einen quarkähnlichen Frischkäse, der möglichst drei gleich große Schichten aufweist, wobei die mittlere einen höheren Fettgehalt hat als die beiden anderen (*Deutschland*).

**Schiedling:** s. *Seeanke*.

**Schier:** junges und fettarmes Fleisch von Schlachttieren.

**Schiffchen:** s. *Frivolitäten*.

**Schilcher:** ein Roséwein aus der *Steiermark*, gewonnen aus dem *Blauen Wildbacher* (auch *Schilcherrebe* genannt).

**Schildkröte:** *turtle (engl.), tortue (franz.)*; verwertet wurden früher nur die so genannten Suppenschildkröten, die in allen warmen Meeren vorkommen; sie sind vom Aussterben bedroht, deshalb ist der Verzehr nur noch für Ureinwohner bestimmter Gebiete erlaubt.

**Schildkrötenart:** *en tortue (franz.)*; Kalbskopfgarnitur mit *Schildkrötenkräutern*, Champignonköpfen, *Croûtons*, harten Eiern, Kalbshirn, Kalbsklößchen, Kalbszunge, Oliven, Pfeffergurken und Trüffelscheiben.

**Schildkrötenkräuter:** Kräutermischung für Gerichte nach Schildkrötenart *(en tortue)*, z. B. Kalbskopf en tortue, Mokturtlesuppe usw.; aus Basilikum, Bohnenkraut, Koriander, Lorbeer, Majoran, Petersilie, Pfeffer, Rosmarin, Salbei, Thymian und Zitronenschale.

**Schildkrötensuppe en tortue:** s. *Schildkrötenart*.

**Schildkrötensuppe Lady Curzon:** klare, mit Sherry parfümierte Schildkrötensuppe mit einem Klecks Schlagsahne versehen; oder man legiert die Suppe zunächst mit Ei oder Sahne und gibt unmittelbar vor dem Servieren Schlagsahne darauf und bestäubt mit Currypulver. Die Suppe hat ihren Namen von *Lady Curzon*, Vizekönigin von Indien.

**Schill:** s. *Zander*.

**Schillerlocken:** geräuchertes, lockenförmiges Fleisch vom *Dornhai* (s.d.), grätenlos. Aber auch lockenförmige Blätterteigrollen, gefüllt mit Schlagsahne oder Vanillecreme.

**Schillegassen** *(westf.)***:** Graupensuppe.

**Schiller(wein):** *auch Rotling;* hellroter, roséfarbener Wein, der durch Verschnitt von weißen und roten Trauben oder der Maische hergestellt wird *(Baden-Württemberg* und *Schweiz).*

**Schindelbraten:** besonders im *ehemaligen Jugoslawien* gebräuchlich für in Schindelform gebratene Fleischscheiben.

**Schinken:** *ham (engl.), jambon (franz.), prosciutto (ital.), jamón (span.)*; grundsätzliche Unterscheidung zwischen Roh- und Kochschinken; als Schinken wird meist ein Stück von der Keule oder dem Schlegel, auch von der Blume, Kluft oder Nuss, meist gepökelt und/oder geräuchert oder luftgetrocknet bezeichnet. Wenn gepökelt, dann entweder trocken gepökelt, d.h. mit Pökelsalz eingerieben, oder nass in einer Lake aus Koch- und Nitritpökelsalz, Salpeter und Gewürzen. Die anschließende Räucherung erfolgt entweder kalt zwischen 17 °C und 20 °C oder warm zwischen 20 °C und 40 °C über Sägemehl von der Buche, Eiche oder Erle, oft auch unter Verwendung von Wacholderbeeren oder -zweigen, aber auch Rebholz. Der Schinken sollte nur in der kalten Jahreszeit vom 15. Dezember bis zum 15. Januar eingesalzen werden. In dieser Zeit eignen sich auch die Schweine, hauptsächlich mit Kartoffeln und mit Mais gefüttert, am besten für Schinken. Wichtige Schinkensorten (s.a. unter den einzelnen Namen):
*Ardennen-Schinken:* nassgepökelt, über Wacholder geräuchert.
*Bayonne-Schinken:* trocken gepökelter, 6–12 Monate gereifter Schinken.
*Bauern-, Landschinken (Vorderschinken):* aus Stücken vom Schweineschinken oder der Schulter hergestellt.
*Beinschinken:* stammt aus der Hinterkeule des Schweins.
*Bündner-Schinken:* magerer, monatelang luftgetrockneter, sehr fester Schinken.
*Burgunderschinken:* gepökelter Schinken, mager und ohne Schwarte.
*Geselchtes: niederbayerische* Schinkenspezialität mit viel Speck, nassgepökelt und über Holzkohle schwarz-geräuchert; zart mit nussigem Geschmack.
*Katenschinken:* ganzer Schinken ohne Knochen, trocken gepökelt und 4–8 Wochen kalt geräuchert, schmeckt herzhaft nussig.
*Knochenschinken:* ganzer Schinken mit oder ohne Knochen, mit Speckschicht und Schwarte, lange gepökelt und kalt geräuchert.
*Lachsschinken, Karbonadenschinken:* von Fett, Sehnen und Knochen befreiter Schweineschinken, aus dem Kernfleisch des Kotelettstücks.
*Pariser-Schinken:* Schinken aus der Hinterkeule ohne Knochen, Fettrand und Schwarte, nassgepökelt und danach gegart und manchmal leicht geräuchert.
*Parmaschinken:* roher luftgetrockneter und magerer Schinken mit Röhrenknochen und Schwarte von einer speziell aufgezogenen Schweinerasse, s.a. *Parmaschinken*.
*Pata Negra:* spanischer Schinken von frei laufenden schwarzfüßigen Schweinen, wird 24 Monate lang an der Luft getrocknet.
*Prager Schinken:* mildgepökelter und gekochter Schweineschinken.
*Prosciutto crudo:* italienischer luftgereifter roher Schinken.

*Prosciutto di San Daniele:* San-Daniele-Schinken, luftgetrockneter Knochenschinken aus Italien von höchster Qualität, bis zu 12 Monate Trockenzeit, s. a. *SAN DANIELE*.
*Putenschinken:* geräucherter, magerer Schinken aus der Keule des Truthahns.
*Rinderschinken, Rinderrauchfleisch;* wird aus verschiedenen Teilen des Rindes hergestellt. Nach der Pökelung und Trocknung wird das Fleisch kaltgeräuchert. Zum Rinderschinken zählt auch das gepresste und luftgetrocknete *Bündner Fleisch* aus der *Schweiz*.
*Schwarzwälder Schinken/Speck:* Schinken, der nach dem Trockenpökeln mehrere Wochen kaltgeräuchert wird und würzig rauchig schmeckt; s. a. *SCHWARZWÄLDER SCHINKEN*.
*Serrano-Schinken, Jamón serrano:* spanischer Schweineschinken, ca. 1 Jahr luftgetrocknet und mild; s. a. *JABUGO*.
*Südtiroler Bauern-Speck:* kaltgeräucherter, lang gereifter, würzig schmeckender Schinkenspeck.
*Virginia Schinken:* mit braunem Zucker oder Honig glasierter gekochter Schinken *(Nordamerika)*.
*Wacholderschinken:* mehrere Tage geräucherter und bis zu 3 Wochen gereifter knochenloser Schinken, der zuvor mit Pfeffer, Salz und Wacholderbeeren eingerieben wurde.
*Westfälischer Knochenschinken:* trocken gepökelter und kalt geräucherter Rohschinken.
*Wildschinken:* ausschließlich aus der Keule der Wildtiere wie Wildschwein, Hirsch, Reh, Gams oder auch Bär, hergestellter Rohschinken, geräuchert.
*York-Schinken:* mit Knochen gepökelter, gekochter und manchmal geräucherter Schinken von feinstem Aroma usw.

**SCHINKEN AUF BURGUNDER-ART:** Schinkenrezept mit Variationen. Beispiel: ein vorgekochter und sauber parierter Schinken wird in Burgunder und *mirepoix* geschmort. Dazu wird getrennt Madeira-Sauce, die mit Champignons vermischt ist, serviert.

**SCHINKENFLECKERLN** *(österr.)*: eine Art Nudelauflauf, der zumeist aus einer Mischung von vorgekochten *NUDELFLECKERLN* (s. d.), Eiern, Sahne und Schinken besteht.

**SCHINKEN GLACIEREN:** dem Schinken eine goldgelbe, appetitlich aussehende Kruste verleihen, indem man ihn mit Puderzucker bestäubt und unter dem Grill oder *SALAMANDER* (s. d.) karamellisiert.

**SCHINKEN IM BROTTEIG:** mehrere Pfund schwerer Schinken wird zusammen mit Suppengrün in Wasser gekocht und in Brotteig bei 200° C gebacken.

**SCHINKEN IM HEU:** ein bekanntes Schinkengericht, das auch *Bocuse* serviert. Der Rohschinken simmert in Wasser, in das man frisches Wiesenheu, Lorbeer, Nelken, Thymian und Wacholderbeeren gegeben hat, bei einer Temperatur von 80–90° C.

**SCHINKENMUS:** s. *MOUSSE DE JAMBON*.

**SCHINKENSCHAUMBROT:** s. *MOUSSE DE JAMBON*.

**SCHINKENSPECK:** gepökelter und geräucherter Speck aus dem Kotelettstück junger Schweine, durchwachsen.

**SCHINKENWURST:** fein gecutterte Brühwurst, hauptsächlich aus Rindfleisch, Schweinefleisch und Speck.

**SCHINKEN YORK:** s. *JAMBON D'YORK.*

**SCHIPP:** *russ.* Störfisch (Kaviarlieferant).

**SCHIPPELE:** Kartoffelsalat, angemacht mit Zwiebel- und gebratenen Speckwürfeln *(Thüringen).*

**SCHIRKUMA:** *arabischer* Pudding aus Datteln, Nudeln, Nüssen und Pistazien.

**SCHIRMLING:** s. *PARASOLPILZ.*

**SCHISCHKEBAB:** s. *ŞIŞ KEBAB.*

**SCHLA(A)T:** *Schlot;* Salat *(Rheinland).*

**SCHLACHTBRATEN:** s. *RINDERFILET.*

**SCHLACHTFLEISCH:** die einzelnen Fleischteile tragen zahlreiche, regional verschiedene Namen und diese gelten je nach Landesteil für unterschiedliche Fleischteile. Die wichtigsten Teile der Schlachttiere sind unter dem entsprechenden Stichwort erläutert. Die Aufteilung der Schlachttiere im Einzelnen wird in nahezu allen größeren Kochbüchern grafisch dargestellt. Dabei ist zu beachten, dass in den einzelnen Ländern verschiedene Schnitte geübt werden, z. B. gibt es neben dem *deutschen* Schnitt einen *amerikanischen, englischen, französischen, holländischen* und *schweizerischen* Schnitt. Unter Schlachttieren versteht man Rind, Kalb, Schwein und Schaf. Zuerst das Rind, von dem es viele verschiedene Arten gibt. Erwähnt seien z. B. die historisch berühmten *Longhorn-Rinder* aus dem Westen *Nordamerikas,* die später durch die ergiebigeren *Aberdeen-Angus-Rinder,* die *Durham,* die *Hereford-* und *Shornhorn-Rinder* ersetzt wurden. Bei Feinschmeckern ist besonders das tiefrote Fleisch der *Aberdeen-Angus,* kurz Angus, und das Fleisch der französischen *Charolais-Rinder* beliebt. Das teuerste Fleisch stammt von den *Kobe-Rindern* aus Japan, die täglich mit Bier oder Gin massiert werden.
Das Rind ist ein so komplexes Tier, dass ihm ganze Bände gewidmet werden müssten, wenn man es in allen Einzelheiten beschreiben wollte. Das wichtigste Stück für den Rindfleischfreund ist der Rücken, (vorne das Filet Mignon und die Hochrippe, oben das Nierenstück), der als *Clubsteak, Porterhouse-Steak, Rinderkotelett* u. a. angeboten wird. Das wertvollste Stück des Rinderrückens ist das Filet oder die Lende, von dem u. a. *Châteaubriand, Filetsteak, Lendenschnitte* u.v.a. stammen. Weitere Teile der Rückenpartie sind der Hals oder Nacken *(österr. Drüstel, Trisel),* der zumeist zum Braten oder Kochen verwendet wird, ferner der saftige Halsgrat, auch Dicke Rippe, Fehlrippe oder Siegelstück *(schweiz: abgedeckter Rücken, österr. Kavalierspitz, Meisel, Rieddeckel)* genannt, das sich vor allem zum Braten, für Fondues, Sauerbraten und Ta(r)tar eignet.

An den Halsgrat schließt sich das so genannte Kammstück, auch Hinterkamm, Hochrippe, Rindsrippenstück, Schälrippe, Schaufelrippe, Vorderrippe, Zungenstück usw. genannt, an. Es eignet sich ebenfalls zum Braten oder Kochen. Dann kommt der eigentliche Rinderrücken oder das Roastbeefstück, bestehend aus dem hohen *Roastbeef*, ebenfalls Rippenstück oder Vorderrippenstück genannt, und dem sich an das Zwischenrippenstück anschließende falschen *Roastbeef*, auch *Contrefilet* genannt. Das *Roastbeef* enthält das Filet und ist zum Braten, Grillen und Schmoren geeignet. Das flache *Roastbeef* folgt dem Zwischenrippenstück, auch *Entrecôte* genannt. Den Abschluss der Rückenpartie zur Keule hin bildet die Hüfte, auch *culotte* genannt, die sich u. a. für Steaks eignet. Ein Teil der Hüfte ist der oben liegende so genannte *Hüftdeckel*, der sich hauptsächlich für Geschnetzeltes oder Gulasch eignet. In *Österreich* heißt der Rücken *Beiried* und das Filet *Lungenbraten*, in der *Schweiz Nierenstück* und *Huft*, der vordere Teil *Hohrücken*. Unterhalb des Rinderrückens liegt die Querrippe, auch Flachrippe, Leiterstück, Schälrippe, Spannrippe, Spannbrust, Überzwerch usw. genannt *(Schweiz: Federstück)*. Sie eignet sich hauptsächlich für Suppen und zum Grillen. Den vordersten Teil der Querrippe nennt man abgedeckte Querrippe oder abgedecktes Leiterstück. Zur unteren Partie des Tieres gehören u. a. Stichbrust, auch Wamme genannt, Brust, Nachbrust, auch Dünnung oder untere Weiche genannt, und Bauchlappen, auch Dünnung, Flanke und Flemen genannt *(österr.: Bauchfleisch, dünnes Kügerl, Riedhüferl, schweiz.: Lempen)*. Die Brust setzt sich zusammen aus der Brustspitze, die für Eintöpfe und gekochte Rinderbrust geeignet ist und dem Brustkern, der insbesondere für Suppen und gepökelte Rinderbrust verwendet wird. Die Nachbrust *(österr.: mittleres Kügerl)* wird meist gebraten oder für Suppen verwendet. Die Bauchlappen werden u. a. für Eintöpfe genommen und liefern Rindsbrühe. Die Vorderkeule des Rindes ist vor allem der Bug, auch Blatt, Bogen oder Schulter genannt *(österr.: fettes Meisel, schweiz.: Laffe)*. Einen Teil des Bugs bezeichnet man auch als Schulterspitz oder falsches Filet *(franz: faux filet)*, es eignet sich insbesondere für Pichelsteiner, Ragouts oder Spickbraten. Das mittlere Stück des Bugs wird Schulternaht und dessen oberer Teil Mittelbug genannt, ein hervorragendes Kochfleisch. In *Norddeutschland* heißt die Schulternaht Bugschaufelstück. Als dicker Bug wird das andere Stück des Bugs bezeichnet, das für Geschnetzeltes, Rollbraten, Rouladen und andere Schmorgerichte geeignet ist. Auch kann man den Bug für Gulasch, Hackfleisch und Ragout verwenden. Das Hinterteil des Rindes besteht im Wesentlichen aus der Hüfte, in *Frankreich culotte*, in *Österreich Hieferschwanzel* und in der *Schweiz Schwanzstück* genannt, und der *Keule*. Diese besteht aus den Teilstücken Kugel, auch Blume, Kappe, Maus, Nuss, Rose usw. genannt, der Oberschale, auch Kluft, Pastorenstück, Rouladenstück, schwarzes Schärzel

usw. genannt, der Unterschale, die auch Pökelstück, Rouladenstück, äußeres Schärzel, Schwanzfeder, Tafelspitz usw. heißt, der Schwanzrolle und dem Beinfleisch *(österr.: Pratzel)*. Die Kugel eignet sich zum Braten und Schmoren, ebenso die Oberschale, aus der auch Rouladen und Ta(r)tar bereitet werden. Die Unterschale, das Mittelstück der Rinderkeule, wird meist zu Sauerbraten und Spickbraten verarbeitet. Die Schwanzrolle, der hinterste Teil der Keule, eignet sich zum Braten, Grillen und Schmoren. Als Beinfleisch oder Hesse wird der untere Teil des Rindes bezeichnet. Das hintere Beinfleisch hat außerdem zahlreiche weitere Namen, wie Hintermeisel, Storze, Wade usw. Das Fleisch ist insbesondere zum Kochen, für Gulasch und Tellerfleisch geeignet.
Nun zum Kalb *(franz.: veau)*. Bei uns bezeichnet man als Kalb ein junges Rind, bis zum Alter von sechs Monaten, in Frankreich darf es nicht älter als vier Monate sein. Teile des Kalbes sind der Kopf *(franz.: tête de veau)*, der sich anschließende Hals, der auch Nacken oder Stich heißt und u. a. für Frikassee, Gulasch und Ragout geeignet ist. Unterhalb des Halses sitzt das Bries, Bröschen oder Milcher, eine begehrte Spezialität. Die Rückenpartie des Kalbes besteht aus dem Kamm, auch Herzkotelettstück, Karbonade, Kotelettstück, Mittelstück oder Rippenstück genannt, vor allem für Kalbskoteletts oder Kalbsrücken Orloff geeignet. An den Kamm schließt sich das Kotelettstück an. Dann folgt das Nierenstück, auch Nierenbraten oder Sattel genannt. Kotelettstück und Nierenstück bilden zusammen den eigentlichen Kalbsrücken. Aus dem Filet stammen u. a. die bekannten Kalbsmedaillons. Das Nierenstück kann ebenfalls gebraten, geschmort oder für Steaks verwendet werden. Die Vorderkeule des Kalbes wird auch Blatt, Bug, Plötze, Schaufel, Schäuferl und Schulter genannt *(schweiz.: Gaffe)*. Ein Teilstück der Kalbskeule oder -Schulter wird dicker Bug genannt und eignet sich u. a. für Ragout und *schweizerisches* Voressen. Der obere Teil der Kalbsschulter heißt dicke Schulter und wird hauptsächlich für Kalbsbraten verwendet. Schulterfilet schließlich nennt man das andere Teilstück der Kalbsschulter, das u. a. zu Frikassee, Geschnetzeltem, Gulasch und Ragout fin verarbeitet wird. Im Übrigen eignet sich die Schulter allgemein zum Braten, für Frikassee, Ragout und Weißgerichte. Zur unteren Partie des Kalbes gehören im Wesentlichen das Bruststück, auch Brüsterl genannt, das sich zum Braten und Schmoren, für Frikassee, gefüllte Kalbsbrust und Weißgericht eignet. Brustspitze oder dünne Brust nennt man den vorderen Teil der Kalbsbrust, der zum Kochen, für eingemachtes Kalbfleisch und zum Schmoren, für Ragouts und Hachees geeignet ist. An die Brust schließt sich die Flanke, auch Bauch, Dünnung, Lappen oder Rippchen genannt an, die u. a. zum Schmoren, für Hackfleisch oder Rollbraten geeignet ist. Die Hinterkeule *(österr.: Schlussbraten, Stelze, schweiz.: Schenkel, Stotzel, Untersalte)* des Kalbes setzt sich – von oben nach unten gesehen – zusammen aus der besonders für Schnitzel geeigneten Hüfte,

auch Blume oder Huft genannt, der Nuss, auch Kaiserteil oder Rose genannt, der Oberschale, auch Frikandeau, Röllchen, Schnitzelschale u. a. und der Unterschale, ebenfalls auch Frikandeau genannt. Der unterste Teil der Kalbskeule heißt Kalbshesse, Hachse oder Haxe. Die Kalbsnuss wird gebraten oder geschmort, zu Gulasch, Geschnetzeltem oder Schnitzel verarbeitet. Die Oberschale liefert ebenfalls Geschnetzeltes oder Schnitzel, wird aber häufig auch als ganzes Stück verarbeitet. Die Unterschale schließlich, die weniger zart ist, eignet sich zum Braten und Schmoren, z. B. für Rouladen. Aus der Hesse werden bekannte Kalbshaxen-Gerichte wie z. B. *Ossobuco di Milanese* (s. d.) bereitet.

Es folgt das Schwein, *cerdo (span.), cochon, porc (franz.), pork (engl.)*: Das beste Fleisch stammt von Tieren, die nicht älter als zehn Monate sind. Fleischteile z. B. des Schweinskopfes sind die Schnauze, auch Rüssel genannt, die Backe, in *Schwaben* Bäckle, und die ebenfalls als Delikatesse geschätzten Ohren. Hinter dem Kopf sitzt der Hals des Schweines, auch Halskotelettstück, Halsgrat, Kamm, Kranz, Nacken, Roulade, *Schopfbraten (österr.)*, Zungenstück usw. genannt, das sich besonders zum Grillen, für Koteletts, Rollbraten und Sauerbraten eignet. Der dann folgende Schweinerücken besteht aus dem Kotelettstück *(schweiz. Rippli)*, auch Herzkotelettstück, Karbonade, Karree, Mittelstück, Nierenstück, Rippe, Stielrippe usw. genannt, und aus dem Lendenstück, auch Filetkotelettstück *(österr.: Jungfernbraten)*, Filetstück, Häschen, Hüftstück, Lummerkotelettstück, Lungenbraten, Mürbebraten, Nierenbraten, Schoß usw. genannt. Das Kotelettstück eignet sich besonders für Koteletts, Pökelfleisch, Rippchen, Kasseler Rippenspeer und Schnitzel, das Lendenstück für Koteletts jeder Art, Schnitzel, zum Braten und Grillen. Das Schweinefilet ist, auch Lende, Lummel, Rolle usw. genannt, eingebettet im Lendenstück und unmittelbar umschlossen vom Flomen. Es wird gebraten und gegrillt und zum Filetbraten, für Fleischfondue, Lendenschnitten, Medaillons u. a. verwendet. Die Schulter, auch Bauernschinken, Blatt, Bug, Plötze, Schuft, Vorderschinken *(schweiz.: Laffe, Schüfeli)* usw. genannt, besteht aus dicker Schulter, flacher Schulter und Schulterfilet. Die Schulter eignet sich zum Braten, Grillen oder für so genannten Vorderschinken, ein gekochtes oder roh geräuchertes Fleischstück. Die dicke Schulter ist ein hervorragendes Bratenstück, während die flache Schulter hauptsächlich zu Gulasch, Hackfleisch, Serbischem Reisfleisch und Rollbraten verarbeitet wird. Das Hinterteil des Schweines heißt Hinterschinken, Keule oder Schlegel, der hintere Teil Kluft. Das wichtigste Produkt aus der Hinterkeule ist der nach vielerlei unterschiedlichen Methoden gepökelte und geräucherte *Schinken* (s. d.). Der ganze Hinterschinken besteht u. a. aus Schinkenspeckstück, Oberschale, Nuss, auch Blume, Kugel, Maus, Nussschinken, Schloss usw., und Unterschale oder Schinkenstück, Schwanzstück usw. genannt. Das Schinkenspeckstück eignet sich zum Braten, Kochen und Räuchern, die Oberschale unter anderem für Schnitzel und ebenfalls zum Braten, z. B. für den bekannten Burgunderbraten. Die Nuss der Schweinekeule wird vornehmlich für Schnitzel und geräucherten Nussschinken verwendet. Die Unterschale der Schweinekeule wird hauptsächlich zu Geschnetzeltem, Schnitzel und Steaks verarbeitet. Zur unteren Partie des Schweines gehören die Brust oder Bruststpitze, die besonders für Gulasch und Eintöpfe geeignet ist, und der Bauch, auch Bauchfleisch, Bauchlappen, Durchwachsenes, Wammerl usw. genannt, der sich zum Braten und Kochen eignet und außerdem als *Schwarzwälder Bauch* angeboten wird, eine pikante gepökelte und kaltgeräucherte Spezialität. Den unteren Teil der Beine des Schweines nennt man Hachsen, Haxen, auch Dickbeine, Eisbeine, Hämmchen, Knöchle, Surhaxen *(österr.: Stelze, schweiz.: Wädli)* genannt, die gegrillt, gekocht oder, wozu sie sich besonders gut eignen, gepökelt werden. Die beste Pökelzeit ist vom 15.12.–15.1., da in dieser Zeit die Tiere besonders fett sind. Unter den Haxen liegen die Spitzbeine, auch Pfoten genannt, die ebenfalls gut gepökelt werden können, aber auch gern in Sauerkraut mitgekocht werden und zur Zubereitung von Sülze geeignet sind.

Zum Schluss das Schaf: Ein Schaf bis zum Alter von einem Jahr bezeichnet man in Deutschland als *LAMM* (s. d.). Unter Hammel versteht man ein kastriertes männliches Schaf. Der Markt unterscheidet Lamm-, Hammel- und Schaffleisch, wobei die Grenzen besonders international nicht unstreitig sind. Unter *Lammfleisch* versteht man meist Fleisch bis zu 9 Monate alter Schafe; Hammelfleisch stammt vom kastrierten männlichen Schaf (Hammel, Schöps) bis zum Alter von 2 Jahren. *Schaffleisch* s. *SCHAF*. Berühmte Zuchtgegenden sind die *Haute Provence* und *Pauillac* in *Frankreich*. In *Deutschland* haben Landwirte an der *Nordseeküste* und auf den *Ostfriesischen Inseln* ähnlich gute Qualität erreicht. Besonders geschätzt wird das Fleisch von Schafen, die auf den Salzwiesen am Meer groß wurden. Es trägt das Attribut *PRÉ-SALÉ* (s. d.). Die wichtigsten Fleischteile der Schaftiere sind: der Hals, auch Kamm, Nacken oder Stich genannt *(österr.: Bröschen)*, der sich für Frikassee, Gulasch, Ragout, Brühe u. a. eignet; das sich an den Hals anschließende Kotelettstück *(engl.: chops,* d. h. 3–4 cm starke Scheiben aus dem Kotelettstück zum Kurzbraten) auch Herzkotelettstück, Rippenstück, Rücken, Stielkotelettstück usw. genannt und vornehmlich für Braten, Karrees, Koteletts, Kronenbraten oder Nüsschen verwendet; der hintere, das Filet enthaltende Teil des Rückens ist das so genannte Lendenstück, Lende, Lendenkotelettstück, Nierenstück, Rücken, Sattel usw., wird meist gegrillt oder kurz gebraten, zu *chops,* Koteletts, Nüsschen und Rollbraten verarbeitet. Die vordere Keule wird Blatt, Bug, Schaufel und Schulter *(schweiz.: Chaffe)* genannt und ist zum Braten am Stück oder gerollt und zum Schmoren geeignet. Die hintere Keule oder der Schlegel *(franz./schweiz.: Gigot)* wird meist am Stück gerollt oder in Schnitzel oder

Steaks geschnitten. Die untere Partie besteht aus der Brust, die besonders zum Füllen, für Eintöpfe, wie Irish Stew, für Ragouts oder Curries, geeignet ist. Aus dem Bauch, auch Dünnung oder Flanke genannt, werden ebenfalls meist Eintöpfe oder Ragouts bereitet. Die Hachsen können ähnlich zubereitet werden wie beim Schwein. Haupterzeugerland von Lammfleisch ist *Neuseeland*. Die Ware kommt hauptsächlich gefroren auf den Markt. Frischfleisch dagegen stammt vornehmlich aus *Irland*. In beiden Ländern werden die Tiere im allgemeinen in jüngerem Alter geschlachtet als in Deutschland.

**Schlachtplatte:** ein typisch *deutsches* Gericht mit zahlreichen Abwandlungen und Zutaten, wie Sauerkraut, Erbsbrei, Kartoffelbrei, Blutwürsten, Eisbein, Kesselfleisch, Leberwürsten usw. (s. a. *Choucroute garni*).

**Schlachtsuppe:** s. *Metzelsuppe*.

**Schlackwurst:** s. *Zervelatwurst*.

**Schlagobers** *(österr.)*: Sahne.

**Schlangenhaargurke:** unreif leicht süßlich schmeckende Frucht einer ursprünglich *indischen*, mit Ranken kletternden Pflanze, örtlich als Gemüse- oder Suppeneinlage verzehrt. Ist nur entfernt mit der europäischen Gemüsegurke verwandt *(Tropen)*.

**Schlangenkürbis:** ein schlangenförmig gewundener Kürbis, ursprünglich aus *Südostasien* und *Australien;* heute auch in *Italien* angebaut, z. B. *Serpente di Sicilia*.

**Schledderlessuppe** *(schwäb.)*: Einlaufsuppe. Der Einlauf besteht meist aus Eierkuchenteig, der durch ein grobes Sieb in die Suppe gestrichen wird.

**Schlegel** *(südd.)*: s. *Keule*.

**Schlehe:** *Schwarzdorn;* blauschwarze, runde Steinfrucht von herb-würzigem Geschmack, wird am besten nach dem ersten Frost geerntet; für Gelees, zu Wildgerichten, für Schnaps u. a.

**Schleie:** *Schleierkarpfen,* europäischer Karpfenfisch mit fettarmem, sehr schmackhaftem, aber grätenreichem Fleisch; besonders geeignet zum Blaukochen.

**Schleierkarpfen:** s. *Schleie*.

**Schleimsuppe:** Diätsuppe, die hauptsächlich aus in Wasser gekochten Haferflocken, Buchweizengrütze und dgl. besteht und eine schleimige Konsistenz hat.

**Schlepp** *(österr.)*: Schwanz.

**Schlesisches Himmelreich:** s. *Himmelreich*.

**Schlickkrapfen:** s. *Ravioli*.

**Schlodderkappes:** *westfälischer* Eintopf aus Kartoffeln, Blutwurst, Rindfleisch, Speck, Weißkohl u. a.

**Schlosserbuben:** *Wäschermädel (-madln);* eine in *Deutschland* und in *Österreich* beliebte Süßspeise. Getrocknete Aprikosen *(Madln)* oder Pflaumen *(Buam)* werden entsteint und mit einer Mandel gespickt, in Teig getaucht, schwimmend ausgebacken und mit Schokolade und Puderzucker bestreut.

**Schlosskäse:** *österreichischer* Kuhmilch-Weichkäse mit *Rotschmiere* (s.d.).

**Schlosskartoffeln:** blanchierte und in der Größe eines Taubeneis tournierte Kartoffeln, in Butter goldgelb gebraten und mit Petersilie bestreut.

**Schlüferle** *(schweiz.)*: mit Kirschwasser und Zitrone aromatisierter Teig, der zu Streifen geschnitten, mit einem Einschnitt versehen, durch welchen ein Ende hindurchgezogen wird. Die Schleifen werden im Fett schwimmend ausgebacken.

**Schlunz:** *ostpreußische* Suppe aus Roggenmehl, Wasser und etwas Butter, mit Sellerie gewürzt.

**Schlutzkrapfen:** Teigtaschen, gefüllt mit Quark, Spinat oder Kraut, in Wasser gekocht und mit zerlassener Butter übergossen (*Österreich* und *Südtirol*).

**Schmälzen:** s. *Abschmälzen*.

**Schmaltier:** junger Hirsch oder Reh, das noch keine Jungen geworfen hat.

**Schmalz:** landläufig wird darunter Schweine- oder Gänseschmalz verstanden, aber auch ausgelassene Butter, so genanntes Butterschmalz.

**Schmalznudeln:** *Auszogene;* Hefeteiggebäck, in der Mitte fast durchsichtig, das in Butterschmalz ausgebacken und mit Puderzucker bestreut wird *(Bayern, Österreich)*.

**Schmand/Schmant:** ist in *Nord-* und *Ostdeutschland*, besonders in *Ostpreußen* auch die allgemeine Bezeichnung für Rahm oder saure Sahne mit 24% Fettgehalt.

**Schmandkuchen:** Obstkuchen aus Hefeteig, erst mit Grießbrei oder Vanillepudding bestrichen, dann mit Obst belegt, mit einem Pudding-Sahnegemisch abgeschlossen; besonders gut mit Heidelbeeren. Wurde früher nach dem Brotbacken beim Bäcker gebacken (*Thüringen*).

**Schmandsauce** *(österr.)*: s. *Sauce smetana*.

**Schmandschinken:** gebratene Schinkenscheiben mit saurer Sahne *(Mittel- und Ostdeutschland)*.

**Schmankerln** *(bayr., österr.)*: feine heimische Spezialitäten.

**Schmant:** s. *Schmand*.

**Schmarrn** *(österr., südd.)*: ein Pfannkuchenteig, der dicker beschaffen sein soll, wird knapp 1 cm hoch in heißem Fett angebacken, dann gewendet, leicht angebacken und mit einer Backschaufel zerteilt. Diese Stückchen werden durchgebacken und mit Zucker bestreut. Gerne gibt man auch in den Teig – wenn er leicht angebacken ist – entsteinte Kirschen oder Apfelstückchen (vgl. *Kaiserschmarrn*).

**Schmelzen:** s. *Abschmälzen*.

**Schmelzglasur:** s. *Fondant*.

**Schmelzkäse:** durch Schmelzen unter Wärmeeinwirkung gewonnenes cremiges Käseprodukt. Sehr lange haltbar.

**Schmelzkartoffeln:** *geschmolzene Kartoffeln*; mit Butter und Fleischbrühe bedeckte und im Ofen gegarte Kartoffelhälften.

**Schmelzkroketten:** s. *Schmelzkrusteln*.

**Schmelzkrusteln:** *Fondants, Schmelzkroketten;* kleine Kroketten aus sehr dickem Püree von Fisch, Fleisch, Geflügel usw., mit einer dicken Sauce gebunden und meist zu birnenförmigen Kroketten geformt. Die Kroketten werden in Ei und Paniermehl gewendet und in tiefem Fett gebacken. Es gibt zahlreiche Rezepte.

**Schmer:** Schweinefett.

**Schmetten** *(ostdt./böhm.)*: Sahne.

**Schmetterlingsschnitzel:** s. *Paillard (franz.)*.

**Schmetterlingssteak:** s. *Paillard (franz.)*.

**Schminkbohne:** s. *Schwarze Bohne*.

**Schmoren:** eine der schwierigsten Zubereitungsarten. Fleisch sollte vor dem Schmoren mariniert werden – und zwar zusammen mit dem zum Schmoren bestimmten Gemüse. Dann werden Karotten, Knoblauchzehen, Kräuterbündel, Speckschwarten und Zwiebeln angeröstet. Nach dem Marinieren wird das Fleisch von allen Seiten angebraten, sodann auf die angerösteten Gemüse, Aromaten und Speckschwarten gelegt, mit Marinade begossen. Sobald die Flüssigkeit eingekocht ist, wird brauner Fond hinzugegeben und weitergekocht, bis beim Einstechen ins Fleisch kein Blut mehr austritt. Nunmehr bereitet man aus dem Fond die Sauce, gibt das Fleisch wieder hinein und schmort weiter, bis dieses gar ist.
Das Schmoren von weißem Fleisch, wie z. B. Kalbsrippenstück, Kalbsnierenstück, Kalbsnuss, Fricandeau, Poularden usw. ist in Wirklichkeit kein Schmoren, sondern Dünsten. Weißes Fleisch ist bereits gar, wenn beim Einstechen heller Saft hervortritt. Auch Gemüse wie Kohl, Bleichsellerie usw. kann geschmort werden, indem man das zunächst blanchierte Gemüse auf ein Bett von *mirepoix* legt, mit Fleischbrühe begießt und in einem geschlossenen Topf garen lässt. Mit dem Gemüse zusammen kann natürlich auch Fleisch, Wild usw. geschmort werden.

**Schmorbraten:** *Reindlbraten (österr.)*; größeres Fleischstück vom Kalb, Rind oder Schwein, das in einem fest verschlossenen Schmortopf in Fett oder Brühe gegart wird.

**Schmorgericht:** s. *Estouffade (franz.)*.

**Schnapper/Snapper:** s. *Red Snapper*.

**Schnauze:** *niederdeutsches* Wort für die Maulregion verschiedener Schlachttiere.

**Schnecken:** *escargots (franz.), snails (engl.)*; zumeist Weinbergschnecken (berühmt sind die Schnecken aus Burgund) werden sorgfältig in mit Essig versetztem Salzwasser entschleimt, sodann in Salzwasser blanchiert und aus dem Häuschen genommen. Nach Entfernung des schwarzen Darmes werden die Schnecken evtl. noch einmal mit grobem Salz abgerieben, dann in einem Sud aus Wasser, Karotten, Salz, Weißwein und Zwiebeln mehrere Stunden lang gekocht, bis sie weich sind; s. a. *Petits Gris*.

**Schnecken à la bourguignonne:** *escargots à la bourguignonne (franz.), Schnecken auf Burgunder Art;* die Schnecken werden in kräftigem Kalbsfond und Wein, gewürzt mit Kräutern und Wurzelwerk, gegart und mit etwas eingedicktem Fond in die Häuschen zurückgegeben. Nachdem diese mit *Burgunderbutter* verschlossen wurden, werden die Schnecken im Backofen fertig gegart.

**Schnecken à la provençale:** *Schnecken auf provenzalische Art;* werden in Olivenöl angebraten, dann zusammen mit Knoblauch, gehackter Petersilie, angeschwitzten Schalotten, gewürfelten Tomaten, Pfeffer und Salz gedünstet.

**Schnecken auf Burgunder Art:** s. *Schnecken à la bourguignonne*.

**Schnecken auf Katalanische Art:** s. *Caracoles a la Catalana*.

**Schnecken auf Provenzalische Art:** s. *Schnecken à la provençale*.

**Schneckenbutter:** s. *Beurre d'escargots*.

**Schneckennudeln:** ein *schwäbisches* Gebäck, bei dem Hefeteig mit Sultaninen und gelegentlich mit Mandeln bestreut, zu einer Rolle gerollt und dann in Scheiben geschnitten wird. Beim Backen entsteht schneckenförmiges Backwerk.

**Schneckensuppe:** *Geflügelsamtsuppe* mit in Weißwein gedünsteten Weinbergschnecken als Einlage und mit Sahne gebunden.

**Schneeball:** einen *Mürbeteig* aus Mehl, Butter, Eigelb, saurer Sahne und Zucker herstellen (evtl. noch etwas Kirschwasser zugeben). Den geruhten Teig dünn auswellen und runde oder ovale Flecken ausschneiden. In die Teigflecken etwa 1 cm breite Streifen schneiden, wobei links und rechts ein Rand stehen bleiben muss. Einen Kochlöffelstiel zwischen die Streifen schieben und die Schneeballen so lange in siedendes Schmalz halten, bis sie sich vom Stiel lösen, abtropfen lassen und mit Puderzucker oder mit Zucker und Zimt bestreut noch heiß servieren *(Bayern)*.

**Schnee-Eier:** *Œufs à la neige, Îles flottantes (franz.), schwimmende Inseln;* einfache Meringen-Masse wird in gezuckerter und mit Vanille aromatisierter Milch pochiert, indem man die Masse in kleinen Nocken auf die siedende Milch setzt und gart. Die Schäumchen werden mit gekühlter englischer Creme, die mit Maraschino aromatisiert wird, übergossen oder mit

Karamellfäden dekoriert, und mit feinem Gebäck oder in *Eier-Milch* serviert.

**Schnee-Eier, Louisiana Art:** *Cajun Floating Islands (engl.);* erhitzte *Crème double* wird mit Eigelben, Zucker, Muskat, Zimt, Vanille und Maisstärke verrührt. Dies geschieht in kleinen Portionen, damit die Eier nicht gerinnen. Die Eiercreme eindicken und abkühlen lassen. Eiweiß mit Zucker steif schlagen. Mit einem Esslöffel Eier formen und in siedendem Wasser pochieren, danach abtropfen, etwas abkühlen lassen und auf der Eiercreme anrichten.

**Schneegestöber:** Camembert wird mit *Frischrahmkäse* und Butter vermischt, gewürzt mit Paprika und fein gehackter Zwiebel; wird pyramidenförmig angerichtet *(Hessen)*.

**Schneekartoffeln:** *Kartoffelfäden;* Salzkartoffeln, die noch heiß durch ein Sieb gedrückt werden.

**Schneetorte:** s. *Vacherin*.

**Schneider:** ein der *Ukelei* ähnlicher Fisch mit schmackhaftem Fleisch aus fließenden Gewässern, besonders Gebirgsgewässern.

**Schneiderfleck:** zahlreiche Rezepte, süße und ungesüßte Varianten, z. B. werden Hefeteigstücke mit Sahne übergossen und im Ofen gebacken; dazu Sauerkraut *(Süddeutschland)*.

**Schneiderkarpfen:** s. *Gareisl, Karausche*.

**Schnellpökelung:** s. *Spritzpökelung*.

**Schnepfe:** begehrter Wildvogel, zum Braten und zu *Ragouts* und *Salmis* geeignet.

**Schnepfendreck:** Innereien der Schnepfe mit Räucherspeck und Schalotten in Butter gebraten und mit Petersilie gewürzt; üblich ist auch Schnepfendreck auf Croûtons mit Käse überbacken zu servieren.

**Schnepfensalmi auf alte Art:** s. *Salmis de bécasse à l'ancienne*.

**Schnippelbohnen:** in schmale Streifen geschnittene Grüne Bohnen.

**Schnittbohnen:** s. *Bohnen*.

**Schnittbohnen, gestovte:** in einer hellen mit Muskat gewürzten Mehl-Milch-Sauce gegarte fein geschnittene Stangenbohnen. Der Begriff stoven bedeutet schmoren *(Mecklenburg-Vorpommern)*.

**Schnittkäse:** Bezeichnung für Festigkeit von Käse, liegt zwischen Hart- und Weichkäse, muss halbfest mindestens 44 % und fest mindestens 49 % Trockenmassegehalt haben (s. a. *Käse*).

**Schnittlauch:** *Graslauch, Schnittling*; universelles Küchenkraut, feines Zwiebelgewächs mit eigenem intensiven Geschmack; wächst in *Europa, Asien* und *Nordamerika;* für Eierspeisen, Quark, Salate, Suppen usw.

**Schnittling:** s. *Schnittlauch*.

**Schnittsellerie:** s. *Sellerie.*

**Schnitz** *(südd.)*: gedörrte Birnen- und Apfelspalten.

**Schnitzel:** Fleischscheibe vom Kalb oder Schwein, am besten aus der Oberschale des Kalbes, auch *Fricandeau* genannt, oder aus dem *Schlegel* des Schweines.

**Schnitzel á la Holstein:** *Holsteiner Schnitzel, Kalbsschnitzel à la Holstein;* ein bekanntes Gericht mit reich garnierten Kalbsschnitzeln, mit Variationen. Beispiel: in Butter natur gebratene Schnitzel werden auf Croûtons angerichtet. Der beim Braten entstandene Fond wird entfettet, gewürzt und über die Schnitzel gegossen. Diese werden mit je einem Spiegelei und Sardellenfilets belegt. Auch die Dekoration mit Gurkenfächern, Kapern, Räucherlachs, Sardellenfilets, Schinkentüten, Zitronenscheiben ist nicht selten; eine deutsche Spezialität.

**Schnitzel, Wiener Art:** panierte Fleischscheibe vom Kalb.

**Schnock:** s. *Hecht.*

**Schnörrli** *(schweiz.)*: Schweineschnauze, Schweinerüssel.

**Schnüsch/Schnusch:** Eintopf aus grünen Bohnen, Kartoffeln und Möhren, grüne Erbsen, vermischt mit Butter und Milch; Beilage zu Katenschinken, Speck oder Matjes *(Norddeutschland).*

**Schöberl:** Biskuitschnitten für Suppen *(Österreich).*

**Schokolade:** das Wort dieser bekannten Süßigkeit/Getränk stammt von den Azteken; Maismehl wurde mit zerriebenem Kakao und Wasser vermischt. Diese Masse wurde getrocknet und ergab *xocolatl.*

**Scholle:** *Goldbutt, Maischolle, Plattfisch, Platteisen;* bekannter und schmackhafter *Plattfisch* in den Küstengewässern Europas; wird wie *Seezunge* oder *Steinbutt* zubereitet, eignet sich jedoch am besten zum Backen oder für die Zubereitung nach Müllerinart; ist am besten von Mai bis November. *Scholle Finkenwerder Art:* mit Speckwürfeln.

**Schopfbraten:** s. *Schlachtfleisch* (aus dem Nacken des Schweins).

**Schopftintling:** Speisepilz mit weißem Fleisch, das in vorgerücktem Alter eine tintenartige Flüssigkeit abgibt und nicht mehr verwertbar ist. Kommt u. a. auf Wiesen, in Parks und Auen vor; Frühling bis Herbst. Muss wegen seiner Zerbrechlichkeit und seines zarten Aromas sehr vorsichtig zubereitet werden.

**Schöps(en):** in *Österreich* und *Süddeutschland* für Hammel.

**Schöpsernes** *(österr.)*: Hammelfleisch und ein Eintopf aus Hammelfleisch mit Kartoffeln, Wurzelwerk und Zwiebeln, gewürzt mit Essig, Lorbeer und Salz.

**Schorba:** s. *Tschorba.*

**Schorle(-Morle):** *Gespritzter (österr.);* Mischgetränk aus kohlensäurehaltigem Wasser und Wein, meist Weißwein.

**Schorrippe:** s. *Hochrippe.*

**SCHOSS:** s. *ROASTBEEF.*

**SCHOTENERBSEN:** Eine Gartenerbsenart, auch *Kaiserschoten* oder *Zuckererbsen (mangetouts, franz.)* genannt. Weitere Arten sind Mark- und Palerbsen (Schälerbsen). Die Palerbsen sind die zartesten und werden nurt in Butter geschwenkt. Die Markerbsen sind stabiler und gut geeignet für *RISI E BISI* (s.d.) und *Hühnerfrikassee.*

**SCHOTTEN** *(österr.)*: Topfen, Frischkäse, Quark.

**SCHOTTISCHES ALLERLEI:** s. *HOCHEPOT, HODGE-PODGE.*

**SCHOTTNOCKEN:** *österreichische* Nockerln, vermischt mit Schott-Käse (ein aus Sauermilchquark bestehender, getrockneter und geräucherter Würzkäse).

**SCHRIPPE:** Brötchen *(Berlin, Mitteldeutschland).*

**SCHRÖPFEN:** darunter wird meist ein Vorgang verstanden, bei dem die Haut einer Jungschweinkeule, der Brust oder des Rippenstücks in Abständen von ca. 1 cm eingeschnitten und mit Salz und Kümmelkörnern eingerieben wird, um anschließend gebraten zu werden.

**SCHROT:** grob zerkleinerte Getreidekörner.

**SCHTSCHI** *(russ.)*: eine pikante Suppe mit vielen Variationen (Schtschi heißt eigentlich: Kohlsuppe). Zumeist besteht die Suppe aus einer Brühe, in der Hammel-, Rind- und Schweinefleisch, Möhren, Petersilienwurzeln, Lauch und vor allem Sauerkraut und Zwiebeln gar gekocht werden. Die Suppe wird mit saurem Rahm gebunden und mit Kümmel, Lorbeer, frischen Kräutern, Pfeffer, Salz, Tomatenpüree und Zwiebelkraut gewürzt. Nach einem anderen Rezept wird die Suppe aus Rinderbrühe bereitet, in die man Brennnesseln, Püree von Sauerampfer, Zwiebeln, Kartoffeln und Wurzelgemüse, evtl. auch noch gehacktes Sauerkraut, *Julienne* von gekochtem Schinken und Steinpilze gibt. Gewürzt wird mit Dill, abgerundet mit saurer Sahne und einem Schuss Wodka. Dazu gibt es *USCHKIS* (s.d.).

**SCHTUNGGIS:** *schweizerischer* Eintopf aus Schweinefleisch oder Fleischresten, allerlei Gemüse in Fleischbrühe, mit Kartoffelwürfeln, gewürzt mit Majoran, Muskat, Thymian u.a.

**SCHÜBLINGE:** gebrühte und geräucherte Würste, die hauptsächlich aus Rindfleisch, Schweinefleisch und Speck bestehen *(Schweiz, Südd.).*

**SCHÜFELI** *(schweiz.)*: s. *SCHÄUFELE.*

**SCHÜSSEL-PASTETE:** s. *TERRINEN.*

**SCHÜTTELBROT:** eine *Südtiroler* Brotspezialität, knusprige und harte Fladen, oft gewürzt mit Anis, Kümmel u.a.; können bis zu einem Jahr gelagert werden.

**SCHUHSOHLEN:** Blätterteiggebäck, karamellisiert, in Schuhsohlenform.

**SCHULTER:** bei den Schlachttieren der obere Teil der vorderen Beine. Beim Rind setzt sich die Schulter zusammen aus Schulterspitz, Schulternaht, Mittelbug und dickem Bug, beim Kalb aus dickem oder flachem Bug, dicker Schulter und Schulterfilet und beim Schwein aus dicker Schulter und flacher Schulter. Die Schulter des Hammels wird nicht unterteilt.

**Schulterfilet:** Teil der Kalbsschulter; für *Frikassee, ragout fin,* Geschnetzeltes, u.a. geeignet.

**Schulternaht:** s. *Schlachtfleisch* (Rind).

**Schulterspitz:** s. *Schlachtfleisch* (Rind).

**Schungge** *(schweiz.)*: Schinken.

**Schupfnudeln:** *Buben-/Bubaspitzle, Wargele, Wargelnudeln;* eine *süddeutsche* Spezialität. Aus einem Teig von Eiern, Kartoffeln und Mehl werden Nudeln in der Größe des kleinen Fingers geformt *(geschupft)*, in Salzwasser gegart und in Fett angebraten.

**Schuppenfisch:** s. *Albe.*

**Schuppenkarpfen:** s. *Karpfen.*

**Schupper:** s. *Albe.*

**Schurba** *(Balkan)*: s. *Tschorba.*

**Schusterjunge:** ein Roggenmischbrötchen (aus ⅔ Roggen und ⅓ Weizen), belegt mit Harzer Käse, Griebenschmalz oder Hackepeter zu Bier u.a. *(Berlin).*

**Schusterpfanne:** Gericht aus *Sachsen-Anhalt*; Schweinefleisch, umlegt mit Kartoffeln und kleinen Birnen, im Backofen gegart, bis alles gebräunt ist.

**Schusterpastete:** eine Art Resteverwertung; Schichten von gekochten Kartoffelscheiben werden abwechselnd mit Bratenresten oder Speckwürfeln oder dgl. sowie Heringsfiletwürfeln in eine feuerfeste Form gegeben, mit angeschwitzten Zwiebeln, Schmant und Semmelbröseln bedeckt und mit Salz und Pfeffer gewürzt (*Ostpreußen*). Bei der *Sächsischen Schusterpastete* nimmt man statt Fleisch als Einlage Sauerkraut, das zwischen Kartoffeln und Fisch geschichtet wird.

**Schwäbische Brotsuppe:** Bouillon mit geröstetem Brot, Ei, Petersilie, Wurst und gerösteten Zwiebeln als Einlage. Gewürzt wird mit Pfeffer und Salz.

**Schwäbischer Bund:** ein in der Ringform gebackener Rührkuchen mit halb Mehl, halb Speisestärke; der gebackene Kuchen wird mit Rum-Zucker-Lösung getränkt und mit Zitronenglasur überzogen sowie mit gehackten Mandeln oder kandierten Fruchtstücken bestreut (vgl. *Savarin).*

**Schwäbische Kalbsvögel:** flachgeklopfte und gespickte Scheiben von der *Kalbshesse* werden mit Kalbsfarce bestrichen, zusammengerollt und gebunden, dann rundum angebraten und auf Möhren und Zwiebeln in Weißwein geschmort. Der Fond wird mit Eigelb gebunden und mit Kapern und gehackten Sardellen vermischt.

**Schwäbische Maultaschen:** eine *süddeutsche* Spezialität mit vielen Variationen. Grundsätzlich wird Nudelteig mit einer Farce aus Hackfleisch, Brät, Eiern, Spinat, Speck und Zwiebeln, gewürzt mit Petersilie, Muskat und Salz, gefüllt.

**Schwäbischer Rostbraten:** fingerdicke Scheiben aus der *Lende* oder dem *Roastbeef*, gebraten oder geschmort, garniert mit braun gerösteten oder gedünsteten Zwiebelringen. Regional auch auf Sauerkraut angerichtet; meist mit Spätzle serviert.

**Schwäbischer Sauerbraten:** Rindfleisch von der *Blume*, der *Oberschale* oder dem Schwanzstück wird in einer Marinade aus Essig, Gewürznelken, Lorbeerblatt, Pfefferkörnern, Wacholderbeeren, Wurzelwerk und Zwiebeln bis zu drei Tage gebeizt. Echte Schwaben bereiten vor dem Anbraten eine *Mehlschwitze* (s. d.). Darin wird das Fleisch rundum angebraten, mit Fleischbrühe und Marinade abgelöscht und im Ofen auf dem Wurzelwerk weichgeschmort. Zum Schluss wird nach Geschmack Sauerrahm und Tomatenpüree untergerührt oder mit Speisestärke gebunden. Dazu werden im allgemeinen Kartoffelklöße gereicht (s. a. *Sauerbraten*).

**Schwäbische Spätzle:** s. *Spätzle*.

**Schwärtelbraten:** ein *schlesischer Krustenbraten* in einer Sahnesauce, dazu Kartoffelklöße und Sauerkraut.

**Schwalbennester:** Nester der *Salanganen*, einer Seeschwalbenart in *Südasien, China*, auf den *Sundainseln* und in *Polynesien*. Der Überzug der Nester besteht aus eiweißhaltigen Absonderungen der Speicheldrüsen der Vögel. Die Nester werden sorgfältig gereinigt, mit Kalbfleisch und Hühnerbrühe gekocht und für Suppen verwendet.

**Schwammerln** *(bayer., österr.)*: Pilze.

**Schwangerer Karpfen:** eine *schwäbische* Karpfenzubereitung mit Variationen. In der Regel wird der Karpfen mit Bratwurstmasse gefüllt und im Ofen, mit Speckscheiben und Semmelbröseln bedeckt, gebacken.

**Schwanzrolle:** s. *Schlachtfleisch* (Rind).

**Schwartenmagen:** weißer Schwartenmagen; eine Sülzwurst aus streifig oder würfelig geschnittenem Schweinefleisch, Schweinskopf, Schwarten und Gemüse, meist in Schweinsblase, Schweinsdarm oder Schweinsmagen gefüllt. Der *rote Schwartenmagen* erhält seine Farbe von Schweineblut. Für ihn wird statt Schweinefleisch oft Rinderzunge verarbeitet. Ein anderer Name für Schwartenmagen ist *Presssack*.

**Schwartenmagen mit Musik:** mit Essig und Zwiebeln angemachter Schwartenmagen (*Süddeutschland, Saarland*).

**Schwarzbeeren:** s. *Heidelbeeren*.

**Schwarzbier:** s. *Bier*

**Schwarzbrot:** Bezeichnung für Brot aus Roggenmehl, Roggenschrot und für Roggenmischbrote.

**Schwarzdorn:** s. *Schlehe.*

**Schwarze Bohne:** eine Unterart der Schminkbohne, Grundnahrungsmittel in *Mittel-* und *Südamerika* (s.a. *Feijoada completa* und *Frijoles rancheros*); s.a. *Bohnen.*

**Schwarzer Heilbutt:** ein nordatlantischer Heilbutt mit feinfaserigem fettem Fleisch, das auch geräuchert oder gebeizt angeboten wird (s.a. *Heilbutt).*

**Schwarzer Mais:** eine ursprünglich aus *Mexiko* stammende Maisart mit schwarz-blauen Körnern; wird in der Küche der Indianer im *Südwesten* der *USA* verwendet.

**Schwarzes Schärzel:** *Oberschale* beim Rind.

**Schwarzgrundel:** *Meergrundel;* europäischer Seefisch mit nicht so gutem Fleisch, jedoch wohlschmeckender Leber, wird zu Konserven verarbeitet.

**Schwarzkümmel:** *Nigella;* die getrockneten Samen mit nussig pfeffrigem Geschmack sind Bestandteil vieler Gewürzmischungen, z.B. auf *türkischem Pitabrot* etc. Anbau vor allem in *Indien;* ist nicht mit dem europäischen Kümmel verwandt.

**Schwarznessel:** s. *Shiso.*

**Schwarzräuchern:** Räuchern in dichtem Qualm, das bewirkt eine dunkle Farbe des Räucherguts, namentlich im Schwarzwald Methode bei der Herstellung von *Schwarzwälder Speck.*

**Schwarzsauer:** man unterscheidet zwischen Schwarzsauer mit Gänse- und solchem mit Schweinefleisch. Es ist ein Ragout aus Gänsefleisch, Keulen, Inneren etc. oder mit Schweinefleisch, Spitzbein, Nieren etc., das mit dem Blut des Tieres gebunden und mit Essig oder Zitronensaft aromatisiert wird, manchmal kommt noch Backobst dazu; dazu werden Mehlklöße serviert *(Schleswig-Holstein).* Aber auch eine Art eingemachtes Fleisch (vgl. *Confit)* mit Rind- oder Schweinefleisch heißt so, dazu wird in Essigbrühe gekochte Brust oder Hals in Fett eingelegt.

**Schwarzwälder Bauch:** gepökelter und stark geräucherter Bauchspeck, eignet sich besonders als Zutat zu Hülsenfrüchten und Sauerkraut.

**Schwarzwälder Kirschtorte:** Torte aus einer Biskuitmasse von schaumig gerührter Butter, Eiern, Vanilleextrakt und Zucker, vermischt mit halb Mehl, halb Speisestärke und Kakao oder geriebener Schokolade. Der Teig wird in drei Böden zerteilt, die mit Kirschwasser aromatisiert werden können. Einen Boden bedeckt man mit einer Schicht gesüßter, mit Gelatine gebundener Sahne. Darauf kommt eine Mischung aus Kirschsirup oder pochierten, mit Speisestärke gebundenen Kirschen. Diese Schicht wird mit dem zweiten Boden bedeckt. Auf diesen wird ebenfalls eine Sahneschicht gegeben, die mit dem dritten Boden bedeckt wird. Mit der restlichen Sahne, Borkenschokolade und frischen Kirschen wird die Torte garniert.

**Schwarzwälder Schinken:** *Schwarzwälder Schinkenspeck, Schwarzwälder Speck;* bekannte Schinkenspezialität, ein Rohschinken, aus dem Schwarzwald. Das aus dem Hinterschinken des Schweines birnen- oder trapezförmig zugeschnittene, fette oder magere Fleischstück (ohne Knochen) wird trocken gepökelt und kalt geräuchert, mit Hölzern des Schwarzwaldes. Der Schinken muss im Anschnitt eine kräftige rote Farbe haben. Hauptsächlich der fette Schinken wird Schwarzwälder Speck oder *Schwarzwälder Rauchfleisch* genannt, ebenso der nach Schwarzwälder Art bereitete Rückenspeck des Schweins.

**Schwarzwälder Schinkenspeck:** s. *Schwarzwälder Schinken.*

**Schwarzwälder Speck:** s. *Schwarzwälder Schinken.*

**Schwarzwild:** Wildschwein.

**Schwarzwurzel:** *salsifis (franz.)*; Wurzelgemüse mit rund 100 Arten in Eurasien und Nordafrika und mit spargelähnlichem sehr feinem Geschmack. Heißt in der *Pfalz* und in *Rheinhessen Schötzenmire*, in *Hessen Storzeniere*.

**Schwedenlachs:** s. *Gravad Lax.*

**Schwedenmilch:** Sauermilchprodukt, hergestellt mit besonderen Milchsäurebakterien.

**Schwedenplatte:** Vorspeise mit vielen verschiedenen Fischspeisen.

**Schwedischer Sud:** s. *Krebse.*

**Schweinebauch:** durchwachsenes Schweinebauchfleisch, das in der Regel gekocht und zum Sauerkraut gereicht wird.

**Schweinefilet:** *Schweinelende;* längliches, zartes Fleischstück, das im Flomen eingebettet im Filetkotelettstück liegt und mit dem stärkeren Teil in den Schinken hineinreicht. Zum Braten und Grillen, z. B. als Filetbraten im Ganzen, Lendenschnitten, Medaillons usw.

**Schweinekarree:** vordere Hälfte des Schweinerückens. Der Wirbelknochen ist abgehackt und das Stück sorgfältig pariert.

**Schweineklein:** s. *Wädli.*

**Schweinelende:** s. *Schweinefilet.*

**Schweinemaske:** Kopfschwarte des Schweins von den Ohren bis zum Rüssel.

**Schweinsbacke:** so genannte Fettbacke am Kopf des Schweines. Der magere, unmittelbar am Kiefer sitzende Teil wird in *Süddeutschland Kinnbäckle* genannt.

**Schweinshachse/ Schweinshaxe:** besonders in *Bayern* beliebte Spezialität, nämlich eine auf dem Rost oder im Backofen gebratene Hinterkeule des Schweines mit knuspriger Schwarte.

**Schweinsknöchle:** gepökelte Schweinsfüße, Hals, Ohren, Schnauze usw., in *Baden* auch *Kurz und Klein* genannt.

**Schweinskopfsülze:** s. *Presskopf.*

**Schweinsmeisel:** Fleischklops aus gecuttertem und kräftig gewürztem Schweinefleisch *(Steiermark)*.

**Schweinsnetz:** s. *Netz*.

**Schweinsöhrchen:** Gebäck aus Blätterteig, auf Zucker ausgerollt, schweinsohrenförmig gefaltet und in Scheiben geschnitten, dann ca. 10 Minuten bei 220 °C gebacken, wobei der Zucker karamellisiert.

**Schweizer Käse:** s. *Emmentaler*.

**Schweizer Nocken:** Brandteig wird in löffelgroßen Stücken auf ein Backblech gesetzt, mit Emmentaler Käse bestreut, mit Butter beträufelt und im Ofen gebacken.

**Schwemmklösschen:** Bezeichnung für zarte *Brandteigklößchen* (Suppeneinlage).

**Schwenkbraten:** eine ursprünglich aus *Argentinien* stammende Grillmethode. Auf einem so genannten Schwenkgrill werden Steaks oder aufgerollter Schweinebraten über Holzfeuer bzw. -glut gegrillt, indem der Grillteller bis zur gewünschten Garstufe des Fleisches hin und her geschwenkt wird, heute eine Spezialität im *Hunsrück*.

**Schwenken:** s. *Sautieren*.

**Schwenkkartoffeln:** Salzkartoffeln in Butter geschwenkt.

**Schwerg:** s. *Sevruga*.

**Schwertfisch:** *espadon (franz.), pesce spada (ital.), pez espada (port., span.)*: kommt in allen warmen und gemäßigten Meeren, namentlich im Mittelmeer und im Schwarzen Meer vor. Lebt bis 800 m Tiefe. Hoch geschätztes weißes zartes Fleisch.

**Schwertmuschel:** *Messerscheide;* Meeresmuschel mit langgestrecktem, röhrenartigem Gehäuse und zartem, cremefarbenen Fleisch. Besonders im Mittelmeerraum beliebt.

**Schweser** *(nordd.)*: s. *Kalbsbries*.

**Schwimmende Inseln:** *Îles flottantes,* s.d.

**Schwimmkrabbe:** Meereskrebs mit schmackhaftem Fleisch, der in mehreren Arten an den Atlantik- und Pazifikküsten, im Mittelmeer und im Indopazifischen Raum vorkommt.

**Schwitzen:** Gemüse bei schwacher Hitze in wenig Fett in einem geschlossenen Gefäß garen.

**Schwynigs** *(schweiz.)*: Schweinefleischgerichte.

**Scone** *(engl.)*: rundes Hefeteiggebäck, mit Eiweiß bestrichen; wird zum Frühstück oder Nachmittagstee serviert *(England)*.

**Scotch** *(engl.)*: Bezeichnung für Whisky schottischer Herkunft; ein aus *Malt* und *Grain* (Kornwhisky) geblendeter Whisky, s.a. *Blending*.

**Scotch broth** *(engl.)*: *schottischer* Suppentopf mit Hammelfleisch, Erbsen, Graupen oder Gerste, Möhren, Poree, weißen Rüben, Weißkohl usw.

**Scotch haggis** *(engl.)*: Innereien vom Schaf werden zusammen mit Hafergrütze, Nierenfett und Zwiebeln, mit Leberfarce gebunden, im Schafsmagen gegart; dazu serviert man Steckrüben- und Kartoffelpüree *(Schottland)*.

**Scotch woodcock** *(engl.)*: *schottischer* Würzbissen. Toast wird mit Sardellenbutter bestrichen und mit Rührei belegt. Obendrauf kommen Sardellenfilets.

**Scouse:** s. *Lobscouse*.

**Scrambled-eggs** *(engl.)*: Rühreier.

**Seafood** *(engl.)*: Meeresfrüchte allgemein, aber auch eine Meeresfrüchte-Mischung. Die Franzosen sagen dazu *fruits de mer*, die Italiener *frutti di mare*.

**Sec:** *sèche (franz.)*: trocken.

**Sedir:** eine Suppe, die hpts.aus einer tomatisierten Kraftbrühe und Weizengrieß besteht, gewürzt mit Knoblauch, Kreuzkümmel, Pfeffer und Salz *(Tunesien)*.

**Seeaal:** s. *Dornhai*.

**Seeanke:** *Mairenke, Schiedling, Seelaube;* ein karpfenartiger Fisch, der in europäischen Gewässern, namentlich in den *bayerischen* Seen vorkommt und sehr schmackhaftes Fleisch hat.

**Seebarbe:** s. *Meerbarbe*.

**Seebarsch:** s. *Wolfsbarsch*.

**Seebulle:** s. *Seehase*.

**Seeforelle:** nicht zu verwechseln mit der *Meeresforelle*, die unter dem Stichwort *Lachsforelle* definiert ist. Die Seeforelle ist in den großen, kalten und tiefen Binnenseen, in Mitteleuropa in zahlreichen Seen des Alpen- und Voralpengebiets beheimatet. Sie ist der Meeresforelle ähnlich und von stattlicher Größe. Bei uns werden die wegen ihres schmackhaften Fleisches sehr beliebten Fische hauptsächlich im Chiemsee, Schliersee, Königssee und Genfer See gefangen.

**Seegurke:** s. *Bêche-de-mer*.

**Seehahn:** *Knurrhahn;* ein Seefisch, der von der Nordsee bis zur Adria vorkommt, mit delikatem Fleisch. Man unterscheidet den *grauen Knurrhahn* und den *roten Knurrhahn*. Der graue Knurrhahn wird meist geräuchert, der rote Knurrhahn eher gebraten und gedämpft. Zubereitungen wie *Rotbarbe*.

**Seehase:** *Lumpfisch, Meerhase, Seebulle;* Meeresfisch mit stacheligen Flossen und Knochenhöckern, aus den nordischen Gewässern, der meist geräuchert als Delikatesse angeboten wird. Sein Rogen ist u. a. als *Deutscher Kaviar* im Handel (gefärbt).

**Seehasenrogen:** wird als Kaviar angeboten, von Kennern jedoch als solcher nicht anerkannt. Der Rogen wird rot und schwarz angeboten und häufig zum Garnieren verwendet.

**Seehecht:** *Hechtdorsch, Meerhecht;* ein Seefisch, der vor allem in den nordöstlichen Gewässern des Atlantiks und in der Nordsee beheimatet ist. Sein weißes

Fleisch ist fest und schmackhaft und wird wie Kabeljau zubereitet. In Südafrika und in einigen Ländern Südamerikas findet man ihn unter der Bezeichnung *hake (engl.)* auf der Speisekarte.

**SEEIGEL:** *Meerigel; oursin (franz.)*; ein mit Stacheln besetztes, igelähnliches Meerestier, das in nahezu allen warmen Gewässern vorkommt, in unseren Breiten insbesondere in den Küstengewässern *Italiens, Dalmatiens* und *Südfrankreichs*. Das wohlschmeckende Fleisch, eigentlich der Eierstock (auch *corail* genannt), wird rasch gegart (z. B. mit Rührei) oder roh aus der Schale gelöffelt, kann auch in Mayonnaisen, Omelettes, Saucen, Suppen usw. verarbeitet werden.

**SEEKH KABAB KARI** *(ind.)*: ein mit einer Currymischung gewürztes Lamm-Spießchen.

**SEEKOHL:** s. *KOMBU*.

**SEELACHS:** *Blaufisch, Köhler;* ein zur Familie der *Dorsche* gehörender Fisch von großer wirtschaftlicher Bedeutung. Er ist in den nördlichen Meeren beheimatet und hat festes, wohlschmeckendes Fleisch. Er kommt frisch oder geräuchert, aber auch als Klippfisch und Räucherlachsersatz auf den Markt. Frisch wird er wie Kabeljau zubereitet.

**SEELAUBE:** s. *SEEANKE*.

**SEEMANNSART:** s. *MARINARA, ALLA*.

**SEEOHR:** s. *ABALONE*.

**SEESAIBLING:** edler Süßwasser-Lachsfisch mit rosa Fleisch, fest und schmackhaft, zum Braten, Dünsten usw. (in allen *Alpen-* und *Nordländern,* aber auch *Japan* und *Nordamerika)*.

**SEESTÖR:** *nordamerikanische* Störart, die trotz ihres Namens ausschließlich in Binnengewässern, vornehmlich im Mississippi-Gebiet, den großen kanadischen Seen usw., vorkommt. Ein so beliebter Fisch, dass die Bestände nahezu ausgerottet sind.

**SEESPINNE:** s. *MEERSPINNE*.

**SEETANG:** *Purpurtang;* Sammelbezeichnung für meist auf Felsen wuchernde *Meeralgen*-Arten, die besonders in *Japan* und der *Bretagne* als Zugabe zu Austern, Fisch, Krebs- und Muschelgerichten gereicht werden.

**SEETEUFEL:** s. *LOTTE DE MER (baudroie; franz.)*.

**SEEWALZEN:** *Seegurken, trepang,* s. *BÊCHE-DE MER (franz.)*.

**SEEWOLF:** s. *AUSTERNFISCH*.

**SEEZUNGE:** *lenguado (span.), soglio (ital.), sole (franz.), Dover sole* oder *Common sole (engl.);* bekannter, wertvollster Plattfisch, der von Südnorwegen bis zur Afrikanischen Küste *(Senegal)* und im Mittelmeer vorkommt. Er hat weißes, festes und köstlich schmeckendes Fleisch. Zur weiteren Verarbeitung werden der Kopf schräg abgeschnitten und die Eingeweide entfernt, dann wird der Schwanz abgeschnitten und dort die dunkle Haut angehoben und abgezogen. Falls nur die

Filets benötigt werden, wird auch die weiße Haut abgezogen. Dann wird rund um den Fisch der Flossen- bzw. Grätenkranz abgeschnitten. Soll allerdings der Fisch im Ganzen verwendet werden, kann selbst die dunkle Haut am Fisch belassen und mitgebraten werden. Auf jeden Fall ist der Fisch auf beiden Seiten sorgfältig zu schuppen. Das Fleisch der Seezunge kann auf die vielfältigste Art zubereitet werden, was Hunderte von Rezepten beweisen. Wichtig ist, dass Seezungen nie kochen, sondern nur sieden dürfen, da sie sonst hart werden.

**Seezunge Bercy:** von der Haut befreite, mit Pfeffer und Salz gewürzte Seezunge wird etwa 10 Minuten lang auf gedünsteten Schalotten in einem Sud aus Champignon-Fond und Weißwein im Ofen gegart. Dann wird der Sud eingedickt, mit Butter vermischt, mit Petersilie, Pfeffer, Salz und Zitronensaft gewürzt und über die Seezunge gegossen.

**Seezunge casino:** Seezungenfilets werden in Vierecke geschnitten, pochiert und mit Austern, Garnelenschwänzen und Muscheln vermischt. Alles wird mit Rahmsauce gebunden und mit Käse überkrustet.

**Seezunge Colbert:** die gehäutete Seezunge wird von der dicken Seite her aufgeschnitten, die Filets werden zurückgeschlagen, die Gräten am Kopf und Schwanz durchgeschnitten. Sodann wird der Fisch paniert und in tiefem Fett gebacken. Zum Schluss werden die Gräten herausgenommen und die Öffnung mit Kräuterbutter gefüllt.

**Seezunge Dugléré:** die Seezunge wird in Butter mit gehackter Petersilie, Schalotten und Tomatenwürfeln pochiert. Dann wird der eingekochte Fond mit Fischvelouté vermischt, mit Butter aufgeschlagen, mit Zitronensaft gewürzt und über den Fisch gegeben.

**Seezunge Müllerinart:** s. *Meunière (franz.).*

**Seezungenfilet bonne femme:** *Filet de sole à la bonne femme (franz.), Seezungenfilet nach Hausfrauenart;* mit Champignons und Schalotten in Weißwein gedünstete Seezungenfilets. Der Bratensaft wird mit Lorbeer, Petersilie, Pfeffer und Salz gewürzt, mit Eigelb und Rahm legiert und über die Filets gegossen.

**Seezungenfilet nach Hausfrauenart:** s. *Seezungenfilet bonne femme.*

**Seezungenfilet Joinville:** Seezungenfilets werden mit Krebsfarce bestrichen, mit einer *Sauce vin blanc* (s.d.) nappiert und mit einer Trüffelscheibe belegt. Von diesem Rezept gibt es mehrere Variationen.

**Seezungenröllchen:** mit Farce gefüllte und gerollte Seezungenfilets.

**Seezungenschnitten Walewska:** Gericht mit geringfügigen Variationen. Die in Fischfond gegarten Filets werden mit Hummer- oder Langustenschwänzen und Trüffelscheiben garniert und mit *Sauce Mornay* glaciert.

**Seezunge Robert:** pochierte Seezunge mit Muscheln garniert und mit Robert-Sauce (s. *Sauce Robert*) nappiert.

**Seiche** *(franz.)*: *sèche (franz.), Tintenfisch;* Seiche heißen aber auch Teigfladen aus dem *Schweizer Jura,* die mit Zucker bestreut und mit Butterflocken belegt gebacken werden.

**Seitan:** s. *Weizengluten*

**Seigle** *(franz.)*: Roggen.

**Selchbrüstl** *(österr.)*: gepökelte Rinderbrust.

**Selchen:** räuchern *(Österreich, Süddeutschland).*

**Selchfleisch:** geselchtes, gekochtes, gepökeltes und geräuchertes Schweinefleisch *(Österreich, Süddeutschland).*

**Selchkarree:** s. *Kasseler.*

**Selle** *(franz.)*: Rücken.

**Selle d'agneau** *(franz.)*: *Lammrücken* (s. a. d.); das Stück, das unmittelbar an die Keule anschließt.

**Selle de chevreuil** *(franz.)*: s. *Rehrücken.*

**Selle de chevreuil Saint-Hubert** *(franz.)*: *Rehrücken St. Hubertus;* ein gespickter und bis 24 Std. in einer Mischung aus Rotwein, Salz, Zwiebeln, Pfeffer, Thymian, Rosmarin, Lorbeer, Nelken usw. marinierter Rehrücken wird im Ofen gebraten und mit Bratäpfeln und Preiselbeeren garniert. Aus dem Bratensatz wird Sauce bereitet.

**Selle de marcassin** *(franz.)*: Frischlingsrücken.

**Selle de veau** *(franz.)*: Kalbsrücken, s. a. *Schlachtfleisch.*

**Selle de veau prince Orloff:** s. *Kalbsrücken Prinz Orloff.*

**Sellerie:** Gemüse- und Würzpflanze. Es gibt drei verschiedene Wuchsformen: *Bleichsellerie, Knollensellerie* und *Schnittsellerie.* Bleichsellerie wird auch *Stangen-, Stauden-* und *Stängelsellerie* genannt, hat eine kleine Knolle und lange, mit Blättern besetzte Stiele, die ebenfalls als Gemüse und Gewürz Verwendung finden. *Knollensellerie* wird für Gemüse, Salate, Saucen, Suppen u. a. verwendet und ist Bestandteil des Suppengrüns und Wurzelwerks. *Schnittsellerie,* auch *Blattsellerie* genannt, wird als einjährige Pflanze nur selten kultiviert.

**Sem** *(ind.)*: grüne Bohne.

**Semifreddo** *(ital.)*: Speiseeisparfait, Halbgefrorenes.

**Semino** *(ital.)*: *Samenkorn;* kleine *italienische* Teigware in Spindelform.

**Semi(t):** Brotkringel mit Sesam bestreut *(Ägypten* und *Levante).*

**Semmel:** *Brötchen (Bayern, Österreich).* In *Österreich* ist die bekannteste Semmel die so genannte *Kaisersemmel,* die wie ein Windrad aussieht.

**Semmelknödel:** Knödel aus einer Masse von eingeweichtem und ausgepresstem Weißbrot oder Semmelwürfeln, vermischt mit Butter, Eiern, Mehl und gewürzt mit Schnittlauch oder Petersilie u. a. Die Knödel werden in Salzwasser gekocht *(Bayern und Österreich)*.

**SEMMELPANADE:** s. *PANADE DE PAIN BLANC*.

**SEMMEL(STOPPEL)PILZ:** Speisepilz in Laub- und Nadelwäldern von Juli bis November; wenig geschätzt.

**SEMOULE** *(franz.)*: Grieß.

**SENAPSAUCE** *(holl.)*: Senfsoße.

**SENF:** *Mostrich; mustard (engl.), moutarde (franz.);* in vielen Küchen ein beliebtes Gewürz. Senf wird aus ganzen oder gemahlenen Samen, weiß oder braun bzw. schwarz, unter Zusatz von Wasser, Essig oder *VERJUS* (s. d.) hergestellt; heute oft unter Zusatz von Kräutern, Gewürzen, Alkohol etc. Bekannte Sorten sind u. a.: *Dijon Senf* (Hauptstadt von Burgund und des Departement Côte-d'Or, Frankreich, Metropole der Senfindustrie), der aus braunen oder schwarzen Samen, die während des Einmaischens ganz bleiben, hergestellt wird; der *Bordeaux-Senf*, dunkel, leicht süßlich, oft mit Kräutern versehen; der *Champagner-Senf* – mit Zusatz von Essig und Wein aus der Champagne – sowie deutsche Senfzubereitungen wie der *Düsseldorfer Senf*, der *Meerrettichsenf* (Zusatz von frischem Meerrettich), der *Süße Senf* oder Bayerische Weißwurstsenf – Beigabe zu Wurst und Leberkäse etc. *Amerikanischer Senf* wird aus weißen Senfsamen hergestellt, ist mild und glatt – er passt zu Hot dogs u. a. Der sog. *Sareptasenf* wird aus dem braunen Senfsamen zubereitet *(Brassica juncea,* auch *Indischer Senf* genannt), besonders in Russland beliebt. Das grüne Kraut davon wird in *Vietnam* und anderen *asiatischen* Ländern für Suppen u. a. verwendet (s. a. *RAU CAI*).

**SENFKOHL:** s. *RAUKE*.

**SENFKOHL, CHINESISCHER:** s. *PAK-CHOI*.

**SENFPICKLES:** s. *PICCALILLI*.

**SENFSAUCE:** s. *SAUCE MOUTARDE*.

**SENFSAMEN:** es gibt weiße, braune und schwarze Samen; in der *indischen* Küche wird brauner (Sareptasenf) und schwarzer Senf verwendet (*rai, mohari, marathi);* schwarzer Senf ist schärfer als brauner.

**SEN LEK** *(thail.)*: ca. 5 mm breite Reisnudeln.

**SEN MEE** *(thail.)*: dünne Reisnudeln.

**SEN YAI** *(thail.)*: breite Reisnudeln (heißen auch *Rice sticks* oder *Reisstäbe)*.

**SEPIA** *(span.)*: Tintenfisch.

**SEPPIA** *(ital.)*: Tintenfisch.

**SERBISCHER BOHNENEINTOPF:** Eintopf aus *Serbien* mit regionalen Rezepten, u. a. aus weißen Bohnen, in Würfel geschnittenem Kasseler, Kartoffeln, Knoblauch, Möhren, grünem Paprika und Zwiebeln, gewürzt mit Paprikapulver u. a.

**Serbisches Gulasch:** *Gulasch* mit einer Julienne von grünem Paprika garniert.

**Serbisches Reisfleisch:** Reisgericht, das vor allem in *Österreich* gereicht wird und von dem es mehrere Variationen gibt. In der Regel wird mit Kalbfleisch oder Schweinefleisch, Paprika, Tomaten und Zwiebeln ein Ragout bereitet, das mit Reis vermischt, mit Paprikapulver gewürzt und im Ofen gegart wird. Oft wird das Gericht kugelförmig gestürzt und mit Käse bestreut serviert.

**Sereh** *(malai.)*: s. *Zitronengras*.

**Serranoschinken:** *jamón serrano (span.)*; spanischer luftgetrockneter Schinken von hellhäutigen, normal gefütterten Hausschweinen. Von hoher Qualität ist der *Jamon Iberico de bellotas* (iberischer Schinken), der von den iberischen Schweinen stammt, wegen der schwarzen Klauen der Schweine auch *Pata-negra-Schinken* genannt; unterliegen einer strengen Qualitätskontrolle. Die Schweine, die den Bellota-Schinken liefern, werden in der Endmast nur mit Eicheln gefüttert. Die Bellotaschweine sind größer und fetter als die Serranos. Er wird auch *Jabugo-Schinken* genannt nach einem Ort in Andalusien, deren Einwohner sich der Herstellung von *Bellota-Schinken* verschrieben haben. Das Schlachtgewicht der Tiere liegt bei 170 kg, die Reifzeit beträgt bis zu 3 Jahre.

**Sertéspörkölt** *(ung.)*: Schweinspörkölt (s. a. *Pörkölt*) aus gewürfeltem Schweinefleisch und Zwiebeln. Die Zutaten werden gedünstet und mit Knoblauch, Paprika, Pfeffer und Salz gewürzt. Mit Paprika und Tomaten wird dann alles gegart.

**Serundeng** *(indon.)*: Gewürzmischung aus Kokosflocken, Zwiebel, Ingwer, Knoblauch, Koriander, Kreuzkümmel, Tamarindenwasser (Tamarindenkonzentrat mit Wasser verrührt), *terasi*, Salz und Zucker; kann mit gerösteten Erdnüssen vermischt kühl aufbewahrt werden. Als Beilage oder Garnitur *(Indonesien)*.

**Servela:** s. *Zervelatwurst*.

**Serviettenknödel:** Hefeteigkloß, in der Serviette gegart.

**Sesam:** Samen des Sesamkrautes, einer Ölpflanze, die hauptsächlich in *Afrika*, *China* und *Indien* kultiviert wird und im Orient u. a. zur Herstellung von *Halva* (s. d.) sowie *Tahini* (s. d.) dient; bei uns wird Sesam zum Bestreuen, gemahlen als Gewürz, für Brote etc. verwendet.

**Sesamöl:** dunkles Sesamöl wird aus gerösteten Sesamkörnern gepresst mit reizvoll nussigem Geschmack, für Salate und asiatische Gerichte *(China)*. Helles Sesamöl, auch natives Sesamöl, wird aus ungerösteter Sesamsaat gewonnen und ist milder im Geschmack.

**Sesampaste:** s. *Tahini*.

**Setzeier:** unterscheiden sich von Spiegeleiern nur dadurch, dass heißere und haselnussbraune Butter verwendet wird; dazu werden Schinken, geräucherter Speck usw. serviert.

**Setzmilch:** Sauermilch.

**Seviche** *(span.)*: *Cebiche (span.);* roher festfleischiger Fisch, manchmal auch Muscheln, werden in einer Mischung aus Limetten- und Zitronensaft, Chilis, Zwiebel und salz mariniert bis sie gar sind. Dazu werden in Wasser gegarte Maiskolben und Süßkartoffeln gereicht *(Südamerika)*.

**Sevruga:** *Sternhausen;* eine kleine, hauptsächlich im Kaspischen und Schwarzen Meer vorkommende Störart, auch *Schwerg* genannt. Der Fisch liefert besonders feinkörnigen Kaviar.

**Seychellennuss:** s. *Coco de mer*.

**Shabu shabu:** *japanisches* Gericht, mit fantasievollen Variationen. Der Name kommt angeblich von dem zischenden Geräusch, das entsteht, wenn die Fleischscheiben durch die kochende Brühe gezogen werden. Die verschiedensten Zutaten werden am Tisch von jedem Esser mithilfe von Stäbchen (oder einer langen Gabel) z.B. in siedende Hühner- oder Rinderbrühe getaucht und so gegart. Als Zutaten kommen Scheiben von der Rinderlende, Chinakohl, Bambussprossen, Frühlingszwiebeln, Glasnudeln, *shungiku* (s.d.), Lauch, Möhrenstreifen, *tofu* usw. in Betracht. Getrennt werden in Schälchen Gewürze und Dips gereicht, z.B. eine Paste aus gerösteten Sesamkörnern, ferner Ingwer, *Ponzu* (s.d.), Zitronen usw. gereicht.

**Shabjahani biryani:** *indisches* Schmorgericht aus Reis und Lamm, gewürzt mit Chili, Ingwer, Kardamom, Knoblauch, Kreuzkümmel, Macis, Muskatnuss, Nelken, Pfefferkörnern, Safran und Zimt, gebunden mit Hühnerbrühe und Joghurt und garniert mit Cashewkernen, Mandeln, Pistazien, Rosinen und Safranfäden (s.a. *Biryani*).

**Shaddock** *(engl.)*: Pampelmuse.

**Shalet:** ein bekannter *arabischer*, besonders im *Jemen* und in *Ägypten* bereiteter Fleischtopf, der aber auch in *Israel* beliebt ist und viele Rezepte hat. In *Ägypten* verwendet man hauptsächlich geselchtes Rindfleisch, Erbsen und Graupen und würzt mit Knoblauch, s.a. *Schalet* und *Tscholent*.

**Shanyao** *(chin.)*: Yams, Yamswurzel.

**Shãoi mài** *(chin.)*: Teigtaschen mit würziger Füllung, meist aus *won-tan-Teig* (s.a. *Reisblätter*).

**Shaoxing** *(chin.)*: *s. Reiswein*.

**Sharbat** *(arab., hindi, pers.)*: eisgekühlte Getränke aus dem pürierten Fleisch von Früchten wie z.B. Granatäpfeln, Mangos, Melonen usw., oft auch mit Rosensirup und Eiswürfeln. Das Wort ist sprachlich verwandt dem arabischen *sharab* (allg. Getränke), *sherbet* und dem französischen *sorbet* (s.a.d.).

**Sharbat Gulab** *(ind.)*: Getränk aus kaltem Wasser, Zucker, Rosenessenz und *Tulsi* (s.d.) bereitet.

**Shark** *(engl.)*: Hai.

**Shark's fin** *(engl.)*: Rückenflosse des Katzenhais (s. a. *Haifisch* und *Haifischflossensuppe*).

**Sharonfrucht:** Kaki-Neuzüchtung aus *Israel,* etwas kleiner, knackig, schnittfest und sehr aromatisch; ohne Kerne; Geschmack wie Birne, Aprikose.

**Shengchou** *(chin.)*: helle Sojasauce mit ausgeprägtem Geschmack.

**Shepherd's pie** *(engl.)*: Gericht aus kräftig gewürzten Lammfleischstückchen, Zwiebeln etc. mit Kartoffelpüree überbacken.

**Sherbet** *(arab.)*: s. *Sharbat.*

**Sherry:** *spanischer* Südwein aus Andalusien; wird mit Branntwein verstärkt (aufgespritet) und reift anschließend in Fässern. Unterschiedliche Geschmacksrichtungen und Alkoholgehalt von »Fino« (15–17 Vol-%) über »Manzanilla« (15–16 Vol-%) bis zu »Cream« (16–18 Vol-%). Trockener Sherry wird als Aperitif gekühlt getrunken; ist aber auch Geschmackszutat für Suppen, Saucen etc. Das Wort »Sherry« ist die Verballhornung von Jerez. Jerez de la Frontera ist der Mittelpunkt der Weinproduktion in Andalusien *(Spanien).*

**Shichimi togarashi** *(jap.)*: beliebte Gewürzmischung in *Japan* aus sieben verschiedenen Zutaten wie weißer und schwarzer Sesam, *Sansho* (s. d.), Chili, Mohn, Mandarinenschale und Seetang.

**Shiitake:** *japanischer* Baum- und Waldpilz mit brauner Kappe. Die Pilze sind vitaminreich und wohlschmeckend und werden oft unter gekochten Reis gemischt und mit *ajinomoto,* Sojasauce, Salz und Zucker gewürzt. Die fleischigen Pilze heißen in *China tongku.* Shiitake werden in drei Grade eingeteilt: fleischig mit geschlossenen Köpfen *(donko shiitake),* mittel mit dünneren Hüten und Stielen *(koshin Shhitake)* und als Hybrid *(koko shiitake).*

**Shiitake gohan** *(jap.)*: Reis vermischt mit Shiitake.

**Shikar korma:** ein beliebtes *indisches* Schweinefleischgericht mit Variationen. Grundsätzlich wird Schweinefleisch in einer Flüssigkeit von geklärter Butter (s. *Ghee*), Honig, Salz und Wasser simmernd so lange gegart, bis die Flüssigkeit verdampft ist. Dann werden Kurkumapulver, Orangenschale, Pfeffer, Schalotten und Zitronenscheiben dazugegeben; nach und nach wird Joghurt hineingerührt und mit Kardamom, Knoblauch und Zimt gewürzt. Zum Schluss wird das Gericht mit Muskatnuss bestäubt und im Ofen bei ca. 150 °C fertig gegart (s. a. *Korma*).

**Shimeji (Pilz):** *japanischer* Zuchtpilz mit braunen Kappen; steht in Büscheln auf langen weißen Stielen zusammen.

**Shinghara** *(ind.)*: mit Gemüse gefüllte Teigtaschen aus *Bengalen.*

**Shippowa:** Kaviar von mittelgroßer Körnung. Er stammt von *Ship* oder *Schipp Waxdick,* ein echter Stör, der in seiner großen wirtschaftlichen Bedeutung auch als *Russischer Stör* oder *Osietra* bezeichnet wird. Der Fisch kommt zur Laichzeit vom Asowschen, Kaspischen und Schwarzen Meer in die Donau bis Preßburg (s. a. *KAVIAR)*.

**SHIRITAKI:** eine Art *japanische* Glasnudeln, die aus der Stärke einer Knollenwurzel, genannt Amorphophallus hergestellt werden; vornehmlich für *SUKIYAKI* (s. d.).

**SHIROMISO:** s. *MISO*.

**SHISH KABAB:** *pakistanisch* für am Spieß gebratenes Hähnchen-, Lamm- oder Rindfleisch (s. *ŞIŞ KEBAB*).

**SHISO:** *Perilla;* rote oder grüne aromatische Blätter der Schwarznessel aus *Japan* und *Vietnam;* grüner Shiso zu Fisch und als Kräuterbeilage; rote Blätter für *Tempura, Sushi* u. a. (s. a. *ROTER SISHO*).

**SHOGA** *(jap.)*: *Ingwer;* der mit Salz, Zucker und Essig eingelegte heißt *gari shoga*. Er wird zwischen den Sushi-Häppchen gegessen

**SHORTHORN-RINDER:** s. *SCHLACHTFLEISCH*.

**SHORTRIBS:** *nordamerik.* Fleischspezialität, ähnlich den *spareribs*, jedoch mit gekürzten Rippen; am Stück serviert.

**SHOYU** *(jap.)*: Sojasauce.

**SHRIMPS** *(engl.)*: Garnelen, aber auch Krabben.

**SHUNGIKU** *(jap.)*: Blätter und Blüten einer Chrysanthemenart, die in *Japan* zu Salat, *SHABU SHABU* (s. d.), Suppen u. a. verwendet werden.

**SIAM-INGWER:** s. *GALGANT*.

**SICHUAN-PFEFFER:** *Fagara, Sansho, Szechuan-Pfeffer, Anispfeffer;* aus den rotbraunen getrockneten Beeren der chinesischen Art des Gelbholzbaums; *chinesisches* Gewürz, beißend scharf und aromatisch, für *ostasiatische* Gerichte. Bestandteil des *FÜNF-GEWÜRZE-PULVERS* (s. d.).

**SILBEROHR:** s. *CHINESISCHE MORCHEL*.

**SIDE CAR** *(engl.)*: klassischer Cocktail aus Cognac, Cointreau und Zitronensaft mit Abwandlungen, z. B. auch mit Armagnac, Triple Sec, Curaçao und Zitronensaft usw., jeweils mit Eis geschüttelt.

**SIEBENBÜRGER HAMMELKOTELETTS:** *ungarische* Spezialität; zuvor angebratene Hammelkoteletts werden auf einem Bett aus Paprika, Tomaten und gerösteten Zwiebeln gar gedünstet. Dazu gibt es geröstete *TARHONYA* (s. d.) und Kartoffelscheiben.

**SIEDEN:** garen in siedender, nicht kochender Flüssigkeit. In *Österreich* allerdings ist der Begriff Sieden gleichbedeutend mit Kochen.

**SIEDFLEISCH** *(südd., schweiz.)*: Suppenfleisch; ein Fleischstück, das mindestens zwei Stunden lang in der siedenden Flüssigkeit gegart wurde. Dazu eignen sich insbesondere Bauchlappen, Beinfleisch, Brustkern, Brustspitze, Halsquerrippe, Schulternaht, Schulterspitz, Tafelspitz usw. Nach dem Garkochen wird Siedfleisch hauptsächlich als sog. Tellerfleisch oder Rindfleisch mit Beilagen serviert. Die Kochbrühe wird vorwiegend für klare Suppen verwendet (s. a. *SCHLACHTFLEISCH*).

**SIEGELSTÜCK:** s. *SCHLACHTFLEISCH* (Rind).

**SIEGLINDE:** fest kochende Kartoffelsorte, sog. Salatkartoffel.

**SIGI-KAVIAR:** Hechtrogen.

**SIGNALKREBS:** *signal crayfish (engl.);* ein Süßwasserkrebs, ursprünglich in den *USA* beheimatet; wird in *Deutschland* in geschlossenen Zuchtanlagen, in *Österreich, Frankreich* und *Skandinavien* auch in freier Natur gehalten. Es handelt sich um eine der teuersten Krebsarten mit dunkelrotem bis fast schwarzrotem hummerartigen Fleisch, weshalb die Tiere in Frankreich *pattes rouges* heißen. Sie werden bis zu 12 cm lang und 200 g schwer.

**SILBERZWIEBEL:** s. *PERLZWIEBEL.*

**SILBKÄS** *(hess.)*: Quark.

**SILD** *(dän.)*: Hering.

**SILL** *(norw., schwed.)*: Hering.

**SILVANER:** wichtige Traubensorte in *Deutschland*; bringt gute Erträge; mild im Geschmack.

**SIMIT:** *türkischer* Sesamkringel, s. a. *SEMI(T).*

**SIMMERN:** s. *POCHIEREN.*

**SIMONSBROT:** dunkles Roggen- oder Weizenvollkornbrot aus gequollenen Getreidekörnern, in der so genannten Dampfkammer gebacken, mit süßlichem Geschmack.

**SINGHARANUSS:** s. *WASSERNUSS.*

**SINIGANG:** forellenähnliche Fische mit weißem Fleisch, die hauptsächlich zu einer sauren Fischsuppe (mit Tamarindensaft) verwendet werden *(Philippinen).*

**SIN SUL LO:** *koreanischer* Feuertopf mit vielen Abwandlungen und unzähligen Zutaten, beispielsweise Leber, Fischfilet, Pilzen, Rinderfilet, Gurken, Nüssen, Ta(r)tar, Eiern, verschiedenen Gemüsen, Sojasauce, vielen exotischen Gewürzen usw.

**SIRLOIN STEAK** *(amerik.)*: 1–2 kg schweres Rindfleischstück ohne Knochen, das aus dem Ende des *Roastbeefs* bis hinein in die Blume geschnitten wird (s. a. *SCHLACHTFLEISCH*); zum Braten und Grillen, gewürzt z. B. mit Pfeffer, Rosmarin und Senf.

**SIRNIKI:** *russische* Spezialität. Aus einer Masse von Quark, Eigelb, Mehl, Muskat, Prise Salz und Zucker werden kleine Kugeln geformt, in Fett ausgebacken, zum Schluss mit Butter übergossen und mit saurer Sahne angerichtet.

**ŞIŞ KEBAB** *(türk.)*: *şiş* = am Spieß; ein kulinarischer Begriff, der im ganzen Orient mit geringfügigen sprachlichen Abwandlungen bekannt ist und inhaltlich grundsätzlich Gegrilltes am

Spieß bedeutet. Davon gibt es unzählige Rezepte. In der *Türkei* z.B. wird häufig Hammelfleisch in Joghurt, Olivenöl, Paprikapulver, Pfeffer, Safran, Salz, Zitronensaft, Thymian und Zwiebeln mariniert und gemischt mit Paprika, Tomaten, Zwiebelringen usw. auf Spießchen gesteckt, mit Salz und Thymian gewürzt und auf dem Rost gebraten. Allerdings wird nach dem Originalrezept nur das Fleisch aufgespießt.

**Şış köfte** *(türk.)*: Hackfleischklößchen auf Spießchen, gegrillt und übergossen mit einer Sauce aus Joghurt, Knoblauch und Salz. Vor allem ein *türkisches* Gericht mit vielen Varianten. *Köfte* gehört zu den kulinarischen Begriffen, die in vielen Ländern des Orients mit geringfügigen sprachlichen Abwandlungen vorkommen, aber immer Klößchen oder Frikadellen aus Hackfleisch bedeuten.

**Sjömansbiff** *(schwed.)*: *Matrosenfleisch.* Ein Schmorgericht mit Variationen. Hauptsächlich werden Kartoffelscheiben, Rindfleischscheiben und Zwiebeln in eine Form geschichtet, gewürzt und in Bier gegart.

**Skordalia:** *griechische* Sauce, die vor allem zu Fisch, kurz gebratenem Fleisch und Krustentieren passt; eine Mischung aus zerquetschten Kartoffeln, manchmal auch Weißbrotkrumen, Knoblauch und gemahlenen Walnüssen, die mit Öl und Zitronensaft glatt gerührt und mit Salz abgeschmeckt wird.

**Skyr** *(isländ.)*: eine Art Quark, aus Magermilch hergestellt. Wird mit frischem Obst oder nur mit Zucker und Sahne gegessen.

**Slak:** Rotalge, die an der amerikanischen und europäischen Atlantikküste vorkommt; als Salat oder als Gemüse verzehrt.

**Slatko:** Obst, das in Zuckersirup so eingemacht wird, dass es seine Form, seinen Geschmack und sein Aroma behält *(ehemaliges Jugoslawien)*.

**Sliwowitz:** Pflaumenbranntwein aus den Balkanländern. Der Beste stammt aus *Bosnien*.

**Smen:** *marokkanisches* mit Salz und Kräutern gewürztes Butterschmalz (geklärte Butter) aus Kuh- oder Schafsmilch; s.a. *Ghee*.

**Smetana** *(russ.)*: Sahne.

**Smetana-Creme:** steif geschlagene Sahne wird in drei Teile geteilt; ein Teil wird mit Erdbeerkompott, einer mit likörgetränkten Mandelmakronen und ein Teil mit geschmolzener Schokolade vermischt. Schichtweise in Dessertschalen einfüllen *(Tschechien)*.

**Smetana-Sauce:** s. *Sauce smetana*.

**Smör** *(schwed.)*: Butter.

**Smörgåsbord:** *skandinavisches* üppiges Buffet mit allen erdenklichen kalten, zimmerwarmen und warmen Delikatessen, vor allem viel Fisch.

**Smør** *(norw., dän.)*: Butter.

**Smørrebrød:** Spezialität *Dänemarks* und *Norwegens*, lukullisch belegte und angerichtete Butterbrote mit unzähligen Variationen. Dazu werden die verschiedensten Sorten Brot und alle möglichen Beläge für die Garnituren verwendet. Auch können die Brotscheiben verschieden zugeschnitten werden.

**Smoked haddock** *(engl.)*: geräucherter Schellfisch.

**Smyrna-keuftés:** ein sog. *keuftés-Gericht* aus der *Türkei*. Es besteht aus gehacktem Hammelfleisch, geriebenem Käse, angeschwitzten Zwiebeln, Knoblauch und anderen Gewürzen. Die Masse wird zu Würstchen geformt, in Mehl gewälzt und in Öl gebacken. Dazu wird gewöhnlich Safran-Reis und Tomatensauce gereicht.

**Snacks** *(engl.)*: Cocktail-Bissen, kleiner Imbiss in Form von winzigen belegten Weißbrotscheiben; auch Knabberzeug, z.B. Nüsse.

**Snails** *(engl.)*: Schnecken.

**Snapper:** s. *Schnapper*.

**Snuten und Poten** *(niederdt.)*: Schweinerüssel und -füße werden in einer Hülsenfrüchtesuppe gekocht, das Fleisch ausgelöst und zusammen mit Brot und Senf zur Suppe gegessen *(Schleswig-Holstein)*.

**Soba** *(jap.)*: *Buchweizennudeln* aus einer Mischung von Buchweizen und dunklem Weizenmehl. Sie sehen, entsprechend dem Buchweizen, grau aus. Die *Italiener* haben den Begriff übernommen und nennen ihre Buchweizennudeln ebenfalls *soba*.

**Sobrasada:** *spanische*, luftgetrocknete Rohwurst aus gepökeltem Rind- und Schweinefleisch sowie Speck, gewürzt mit Knoblauch und Rotwein.

**Sockel:** Unterlage für Fleisch, Geflügel etc. aus Brot, Reis usw.

**Sofrito:** *Rindfleischgericht* aus *Griechenland:* mehlierte Fleischscheiben werden angebraten und beiseite gestellt. Danach werden Zwiebeln angeröstet, mit Wein abgelöscht und mit Knoblauch gewürzt. Sobald die Sauce dunkel wird, Petersilie, Lorbeer, Salz und Pfeffer beigeben und die Fleischscheiben darin garschmoren. Dazu passt Kartoffelpüree.

**Soffritto** *(ital.)*: so wird ein geschmorter *battuto* (s.d.) bezeichnet, für Eintöpfe, Farcen, Gemüse und Schmortöpfe sowie Basis für Pastasaucen *(Italien);* Grundzutaten sind Karotten, Knoblauch, Olivenöl, Staudensellerie und Zwiebeln, Abwandlungen enthalten noch Kapern, Sardellenfilets u.a.; s.a. *Refogado*.

**Soft** *(engl.)*: weich.

**Softeis:** weiches Speiseeis.

**Sogan dolma:** ein Gericht vom *Balkan*, mit Fleisch- und *kajmak*-Farce gefüllte Zwiebeln. Der Begriff *dolma* ist überall im *Orient* für Gerichte mit Füllungen aus Hackfleisch u.a. verbreitet.

**Sogliola** *(ital.)*: Seezunge.

**Soissons** *(franz.)*: Saubohne; s. *Riesenbohne*.

**Sojabohne:** eine vor allem in *Ostasien*, aber auch in allen anderen Tropen und Subtropen angebaute Pflanze. Die Samenkerne sind von ovaler Form und von gelber über grün und rot bis schwarzer Farbe. Es gibt spezielle Sorten für Gemüse, die Ölproduktion oder für Sprossen, z. B. werden gelbsamige Sorten eher für die Herstellung von *Tofu* (s. *Bohnenquark*), Sojamilch und Sojasauce verwandt, grünsamige eher für Gemüse. Aus schwarzen Samen wird ebenfalls Sojasauce hergestellt. Gekeimte Samen, sog. Sojasprossen (s. *Sprossen*), sind weltweit ein proteinreiches Gemüse, auch für Salate geeignet.

**Sojabohnenkäse:** s. *Bohnenquark*.

**Sojabohnenquark:** s. *Bohnenquark*.

**Sojaöl:** kalt gepresstes Öl aus Sojabohnen.

**Sojasauce:** *shoju (jap.*, mit verschiedenen Schreibweisen), *ketjab benteng (indon.)*; eine aus *Ostasien* stammende, pikante Sauce mit geschmacklichen Variationen und von heller über braune bis schwarze Farbe. Hauptbestandteile sind Sojabohnen, Hefe, Salz und Weizen. Die braune Sauce wird hauptsächlich aus gelben Sojabohnen, Mehl und Salz hergestellt, die rote aus roten Sojabohnen und die schwarze aus fermentierten Bohnen. Außerdem gibt es industriell gemischte Saucen, wie die helle Sojasauce, eine Würzsauce aus Sojaextrakt, Salz und Zucker und die dunklen und schwarzen Saucen, die eingedickt und mit Karamell gefärbt sind. In der *ostasiatischen* Küche, insbesondere in der *chinesischen* und *indonesischen* Küche, ist Sojasauce unentbehrlich und gibt den Speisen ihren typischen Geschmack.

**Sojasprossen:** Sämlinge der grünen Sojabohnen werden mit Wasser zum Keimen gebracht, wodurch Sprossen entstehen.

**Solber:** *hessisches* Gericht aus gepökeltem Schweinefleisch, mit Sauerkraut serviert.

**Sole** *(franz., engl.)*: s. *Seezunge*.

**Soleier:** hart gekochte Eier, mit leicht angeklopfter Schale, die in konzentrierter Salzlösung liegen *(Berliner Spezialität)*.

**Sole meunière** *(franz.)*: Seezunge Müllerinart (s. *Müllerinart*).

**Sole normande** *(franz.)*: Seezunge in Rahmsauce, garniert mit großen Garnelen und pochierten Austern.

**Soljánka:** *Koljanka (russ.)*; *Ssoljanka;* eine bekannte *russische* Suppe mit zahlreichen Variationen. Sie kann sowohl mit Fischen als auch mit Fleisch zubereitet werden. Auch die übrigen Zutaten variieren mannigfaltig, z.B.: Fisch oder Fleisch werden in *court-bouillon* gegart und in mundgerechte Stücke geschnitten. Zwiebel und Mehl bräunen und mit der Brühe auffüllen. Kleingeschnittenes Wurzelgemüse, Kartoffeln, Kohl, evtl. auch Kapern, Oliven u.a. hinzufügen, gar kochen und mit saurer Sahne binden. Die Suppe in tiefen Tellern mit Dillzweig und Zitronenscheibe servieren.

**Solomillo** *(span.)*: Filet, Lende.

**Somen** *(jap.)*: sehr dünne Nudeln aus Hartweizenmehl; schnell garend, vergleichbar mit den *italienischen vermicelli*.

**Sommerendivie:** s. *Römischer Salat*.

**Sonnenfisch:** s. *Heringskönig*.

**Sonnewirbele** *(alemann.)*: s. *Rapunzel*.

**Sopa con albóndigas** *(span.)*: Hackfleischklößchen und geröstete Brotscheiben, gereicht in einer Fleischbrühe, die mit Chili, Pfeffer, Salz und Tomatenmark gewürzt ist *(Lateinamerika)*.

**Sopa de abacate** *(port.)*: s. *Sopa de aguacate*.

**Sopa de aguacate** *(port., span.)*: Avocado-Suppe; eine Cremesuppe aus Avocadopüree, garniert mit Avocadoscheiben und Tortillastücken (*Mexiko* und *Mittelamerika*).

**Sopa de ajo** *(span.)*: Knoblauchsuppe, von der es zahlreiche Variationen gibt. Das bekannteste Rezept kommt aus *Kastilien*. Knoblauch, Brotscheiben und – nach Belieben – Schinkenwürfel werden in Olivenöl angebraten, mit Brühe übergossen und mit Paprikapulver, Pfeffer und Salz gewürzt. Dann wird verquirltes oder pro Tasse ein pochiertes Ei hinzugefügt. Ein ebenso beliebtes Rezept sieht vor, dass statt den angebratenen Einlagen eine Mischung aus püriertem Knoblauch, grünem Paprika und Zwiebeln verwendet wird. Ferner wird die Suppe mancherorts statt mit Brühe lediglich mit Wasser bereitet. Manchmal wird die Suppe im Backofen gratiniert, s. a. *Ajo Blanco*.

**Sopa de ajo blanco** *(span.)*: die *südamerikanische* Version der *sopa de ajo*. Sie besteht hauptsächlich aus Brühe, gemahlenen Mandeln und Semmelbröseln, gewürzt mit etwas Essig, Knoblauch, Pfeffer und Salz (*Venezuela* u. a.).

**Sopa de almendras** *(span.)*: *kolumbianische* Suppe mit regionalen Variationen. Sie ist mit der venezolanischen *sopa de ajo blanco* verwandt und besteht vor allem aus abgezogenen, zerquetschten Mandeln, Maisbrot, Knoblauch, fein geschnittenem roten Paprika, Petersilie, Pfefferkörnern und Safran. Die Zutaten werden gedünstet und dann mit Brühe oder Wasser aufgefüllt, gar gekocht und mit Pfeffer, Salz u. a. kräftig gewürzt.

**Sopa de arroz** *(span.)*: *mexikanische* Suppe, hpts. aus Fleischbrühe, Paprika, Reis, Tomaten und Zwiebeln, gewürzt mit Chili, Knoblauch und Salz.

**Sopa de camarones** *(span.)*: pikante *kubanische* Suppe mit Variationen. Hauptsächlich besteht die Suppe aus Fischbrühe, *camarónes* (Garnelen), Kartoffeln, Mais, Milch, Sahne, Tomaten und Zwiebeln, gewürzt mit Knoblauch, Lorbeer, Nelken und Salz.

**Sopa de frijoles negros** *(span.)*: *kubanische* Suppe, die vor allem aus Hühnerbrühe, *frijoles negros* (s. a. *SCHWARZE BOHNEN*), magerem gekochten Schinken und Tomaten besteht, gewürzt mit Essig, Knoblauch, Kreuzkümmel und schwarzem Pfeffer.

**SOPA DE PEIXE** *(port.)*: Fischsuppe.

**SOPA DE PESCADO** *(span.)*: Fischsuppe.

**SOPA DE RABO DE BUEY** *(span.)*: Ochsenschwanzsuppe.

**SOPA JULIANA** *(span.)*: Gemüsesuppe. Mit einem *SOFRITO* (s. d.) aus angebratenem Knoblauch und Zwiebeln, Tomaten und Petersilie werden gegarte Möhren, *weiße Rüben*, Kohl und Zwiebelscheiben vermischt, dann kommen Erbsen und Kartoffelstreifen dazu und die Suppe wird fertig gegart. Es gibt mehrere Variationen.

**SOPA MARISCO** *(span.)*: Meeresfrüchte-Suppe.

**SOPA SECA** *(span.)*: in *Mittelamerika* Nudel- und Reisgerichte.

**SOPRESSATA** *(ital.)*: verschiedene Zubereitungen von *Presssack*, z. B. *alla romana:* Schweinefleisch, Kopffleisch, Gaumen, Ohren und geräucherte Zunge werden separat gegart, noch warm zerkleinert und mit Speck vermischt. Dazu kommen nach Wunsch noch Pistazien, gewürzt wird mit grobem Meersalz und Pfeffer. Diese Masse wird in einen Leinensack gefüllt, der einen Tag lang zwischen zwei Brettchen gepresst wird.

**SORBET:** *Sherbet (arab.);* ein Begriff, der mit sprachlichen Abwandlungen auf der halben Welt wiederkehrt und eisgekühlte Getränke auf Fruchtbasis bedeutet. Bei uns versteht man darunter z. B. sehr weiches, fast noch trinkbares Speiseeis aus Champagner, Madeira, Portwein, Weißwein usw. oder Fruchtmark und Fruchtsäfte von Ananas, Erdbeeren, Himbeeren usw. mit Zuckersirup von 22° *Baumé* (s. *ZUCKERGEHALT*) vermischt. Wurde früher unmittelbar vor dem Hauptgang serviert und wird mit dem Löffel, wie eine dicke Creme, gegessen (s. a. *SHARBAT*).

**SORBETIÈRE** *(franz.)*: Sorbet-(Eis-) Maschine.

**SORBISCHE BIERSUPPE:** eine Suppe aus Malz- und hellem Bier, Milch, Sahne und Rosinen.

**SORGHUM:** *Mohrenhirse;* Anbau in vielen Ländern, z. B. in *China, Indien, Südafrika;* dürreresistentes Getreide, Grundnahrungsmittel in Form von Brei und Fladenbrot; viele Arten. In *Südafrika* wird Sorghum zu sog. *Bantubier* vergoren.

**SORREL:** s. *ROSELLA*.

**SORVETE** *(bras.)*: Eis, Sorbet; in *Brasilien* mit pasteurisierter Milch oder ungezuckerter Kondensmilch, evtl. unter Zusatz von Kokosmilch, mit pürierten Früchten, zerkleinerten Nüssen oder Schokolade etc. hergestellt.

**SOSATIES:** Spießchen mit marinierten Lamm- oder Schweinefleischwürfeln, getrockneten Aprikosen und Frühstücksspeck *(Namibia, Südafrika)*.

**Sosu** *(japan.)*: Brühe, Sauce.

**Sot-l'y-laisse** *(franz.)*: zartes, länglich ovales Muskelfleisch beim Geflügel, das am Rücken zwischen Karkasse und vor der Keule zu finden ist. Die beiden Filetstückchen sind ungefähr kaffeelöffel-groß. Der Begriff heißt wörtlich übersetz: Ein Narr, der es dranlässt!

**Soto:** *indonesische* und *malaiische* Hühnersuppe mit unterschiedlichen Gewürzen und Garnituren.

**Sotschni** *(russ.)*: dünne Hefeplätzchen, mit Quark gefüllt, zusammengefaltet und in der Pfanne in Butter gebraten

**Soubise** *(franz.)*: Zwiebelpüree, das meist mit Béchamelsauce vermischt und mit Muskat, Pfeffer und Salz gewürzt wird.

**Souchong** *(chin.)*: der gröbste Tee-Blattgrad, mit offenem, breiten Blatt, hell im Aufguss.

**Soufflé** *(franz.)*: *Auflauf;* Ausgangsprodukt ist eine würzige Masse, unter die steif geschlagenes Eiweiß gehoben wird, in einer gebutterten Auflaufform wird die Masse im Ofen gebacken. Dabei kommt sie hoch und muss sofort serviert werden, bevor sie zusammenfällt. Es gibt Fleisch-, Gemüse-, Käse-, Fisch-, Fruchtsoufflés u.v.a. Die süßen Soufflés dagegen werden im Allgemeinen auf Eigelb-, Sahne- oder Milchbasis oder mit Früchtepüree bereitet. Beispiel: eine Mischung aus mit Vanille aromatisierter Milch, Eigelb, Stärke und sehr steifem Eischnee wird in eine mit Zucker bestreute Form gefüllt. Die Masse kann, bevor sie gebacken wird, mit Puderzucker bestreut werden, damit sie eine glasige Schicht erhält.

**Soufflé au Grand Marnier** *(franz.)*: Soufflé aus zerlassener Butter, Mehl und Zucker, mit Milch aufgegossen und aufgekocht. Dann wird die Masse vom Herd genommen und Eigelb sowie Grand Marnier untergerührt. Zum Schluss wird steif geschlagener Eierschnee vorsichtig untergezogen und die Masse im Backofen gebacken.

**Soufflé de jambon** *(franz.)*: pürierter, mit *Béchamel,* Eigelb, Gewürzen und Rahm vermischter, gepökelter, gehackter Schinken wird mit steifem Eiweiß vorsichtig vermischt und im Wasserbad gegart oder im Backofen gebacken.

**Soufflé glacé** *(franz.)*: gefrorene Creme aus beliebig aromatisierter Eigelb-Sahne- und Zuckersirup-Mischung.

**Soufflé glacé au Grand Marnier** *(franz.)*: eine klassische *französische* Süßspeise. Sehr schaumig geschlagenes Eigelb wird mit Orangenschale und Zuckersirup vermischt. Steif geschlagene Sahne wird vorsichtig untergehoben. Dann wird die Masse und Löffelbiskuits, die mit Grand Marnier getränkt sind, schichtweise in eine Auflaufform gegeben und tiefgekühlt. Die Speise wird gestürzt und mit Kakao bestreut serviert.

**Soufflékartoffeln:** s. *Polsterkartoffeln.*

**Soufflé Rothschild:** bekannte Süßspeise mit Variationen. Grundsätzlich werden Eigelb, Mehl, Milch und Zucker gut verquirlt und so lange auf schwacher Hitze gerührt, bis die Masse einzudicken beginnt. Nach Belieben wird die Masse mit Vanille oder Danziger Goldwasser aromatisiert und mit sehr steifem Eischnee vermengt. Dann wird sie mit in Likör mazerierten Früchten vermischt und in einer Form im Ofen gebacken. Als Garnitur eignen sich gezuckerte Erdbeeren.

**Soufflieren:** aufblähen, bestimmte Zutaten zu einem Auflauf verarbeiten usw.

**Soufflierte Kartoffeln:** s. *Polsterkartoffeln*.

**Souflaki:** s. *Souvláki*.

**Soup** *(engl.)*: Suppe.

**Soupe à l'oignon** *(franz.)*: *Zwiebelsuppe,* hauptsächlich aus gedünsteten Zwiebeln, gebunden mit Mehl und gewürzt mit Pfeffer und Salz und mit Fleischbrühe aufgegossen. Die Suppe wird in einer Terrine auf Knoblauch-Croûtons angerichtet. Dazu wird geriebener Käse serviert.

**Soupe au pistou** *(franz.)*: provenzalische Gemüsesuppe mit einer Würzpaste aus Basilikum, Knoblauch, geriebenem Käse und Olivenöl. Dazu wird separat geriebener Käse gereicht.

**Soupe aux poissons** *(franz.)*: Fischsuppe.

**Souper** *(franz.)*: sehr spätes Abendessen.

**Soursop:** Annonenfrucht, Stachelannnone, s. *Annone* *(Karibische Inseln)*.

**Sous la cendre** *(franz.)*: s. *Cendre, à la*.

**South downs** *(engl.)*: Fleisch von besonders gemästeten Hammeln von den South Downs, der *englischen* Grasküste; wird deshalb auch manchmal statt *Pré-salé* (s. d.) verwendet *(England)*.

**Spätzle:** *schwäbische* Spezialität aus Mehl, Eiern und Salz, eventuell gewürzt mit etwas Muskatnuss. Der Teig wird mithilfe eines Messers vom so genannten Spätzlebrett in dünnen Streifen in kochendes Salzwasser geschabt (für Ungeübte gibt es die sog. Spätzlespressen). Sobald die Spätzle an der Oberfläche schwimmen, sind sie gar und werden mit einem Sieb auf eine Platte gegeben. Zum Schluss schmelzt man mit in Butter gerösteten Semmelbröseln ab. Spätzle heißen in *Österreich Nockerln* und in der *Schweiz Knöpfli*, deren Form jedoch etwas grober ist.

**Spaghetti:** bekannteste *italienische* Teigware. Dünne, bis zu 1 Meter lange runde Nudeln, in Italien meist aus Hartweizengrieß.

**Spaghetti aglio e olio** *(ital.)*: Spaghetti mit Knoblauch und Olivenöl.

**Spaghetti aglio, olio e peperoncino** *(ital.)*: Spaghetti mit Knoblauch, Olivenöl und Peperoncini (scharfer Paprika).

**Spaghetti alla bolognese** *(ital.)*: s. *Bolognese, alla.*

**Spaghetti alla carbonara** *(ital.)*: s. *Carbonara, alla.*

**Spaghetti alle vongole** *(ital.)*: s. *vongole, alle.*

**Spaghetti con pomodori** *(ital.)*: Spaghetti mit einer Sauce aus Tomaten und Zwiebeln, gewürzt mit Basilikum und Petersilie.

**Spaghetti-Kürbis:** ursprünglich aus *Japan* stammender, heute überall kultivierter gelber, ovaler Kürbis. Beim Kochen bilden sich im Innern des Kürbis »Spaghetti«, d.h. das gelbe Fruchtfleisch besteht aus spaghettiähnlichen Fasern mit nussartigem Geschmack. Sie werden wie die richtigen Spaghetti mit Käse, Sauce u.a. verzehrt.

**Spaltschinken:** Schinken aus den Keulen älterer Schweine, vom Knochen gelöst und der Länge nach geteilt, nass oder trocken gepökelt und kalt geräuchert.

**Spanakópitta** *(griech.)*: eine Art Strudel aus *Phyllo-Teig* mit Variationen, hauptsächlich jedoch gefüllt mit Schafskäse und Spinat und gewürzt mit frischem Dill *(Griechenland).*

**Spandauer:** *dänische* Blätterteigtaschen mit Cremefüllung.

**Spanferkel:** *Milchschwein*, junges Schwein mindestens sechs, höchstens 8–9 Wochen alt und mit einem Gewicht bis zu 12 kg.

**Spanische Art:** *à l'espagnole (franz.);* Garnitur für Fisch und Fleisch. Fisch wird mit Streifen von grünem Paprika, geschmolzenen Tomaten und Zwiebelringen angerichtet, Fleisch wird mit Fleischsaft (s. *Jus*) und Pilaw-Reis serviert, der mit Erbsen, gewürfeltem rotem Paprika und gewürfelter *chorizo* (s.d.) vermengt wird.

**Spanische Artischocken:** s. *Karden.*

**Spanische Grundsauce:** s. *braune Grundsauce.*

**Spanische Sauce:** s. *braune Grundsauce.*

**Spanischer Lauch:** s. *Lauch.*

**Spanischer Pfeffer:** s. *Paprika.*

**Spanischer Wind:** s. *Baiser.*

**Spankartoffeln:** bänder- oder spanförmig geschnittene, frittierte Kartoffeln.

**Spannbrust:** s. *Querrippe des Rindes.*

**Spannrippe:** s. *Schlachtfleisch* (Rind).

**Spareribs:** *nordamerikanische* Spezialität; entweder werden frische oder ca. 1 Stunde im siedenden Wasser vorgegarte Schweinerippchen – an denen nicht zu viel Fleisch sein soll – in eine würzige Marinade (Barbecue-Sauce) eingelegt und später während des Grillens damit bestrichen. Gegrillt wird über Holzkohle, Hickory u. a. Gelegentlich werden Spareribs vor dem Grillen leicht geräuchert *(USA).*

**Spargel:** die Sprossen der Pflanze sind die begehrten Spargelstangen. Die unterschiedliche Verfärbung der Köpfe ist keine Wertminderung; unter Einwirkung von Licht verfärben sich die Köpfe violett und blau, später grün. In Deutschland wird meist weißer Spargel verkauft, zunehmend aber auch Grün- und Mini-Grünspargel, auch als *Wildspargel* bezeichnet. Spargel unterliegt internationalen Qualitätsnormen (vier Handelsklassen); letzter Erntetag ist der 24. Juni. Grüner Spargel hat mehr Vitamin C als der weiße. Er wird nur am unteren Ende geschält, Zubereitung ähnlich aber mit kürzeren Garzeiten wie weißer Spargel.

**Spargel auf polnische Art:** Stangenspargel bestreut mit hart gekochtem Eigelb und gehackter Petersilie, übergossen mit in heißer nussbrauner Butter gerösteten Semmelbröseln.

**Spargelerbse:** auch *Flügelerbse;* eine mediterrane Hülsenfrucht von hellgrüner Farbe und eckiger Form. Sie wird als Gemüse mit spargelähnlichem Geschmack genossen.

**Spargelkohl:** s. *Broccoli.*

**Spas:** *moldavische* Suppe aus Sauermilch, Eiern, Reis u.a. gewürzt mit Koriander, Minze und Zwiebeln.

**Spatel:** Holz- oder Metallkelle mit flachem, schmalem Boden.

**Speck:** man unterscheidet z.B. folgende Sorten: *fetter Speck* oder *Rückenspeck* vom Rücken des Schweines; *frischer* oder *grüner Speck,* der meist ungesalzen angeboten wird; *durchwachsener Speck* vom Bauch des Schweines, gepökelt und geräuchert; *Schinkenspeck* aus dem Kotelletstück des Schweines, gepökelt und geräuchert (s.d.); *Frühstücksspeck,* auch *Karbonadenspeck* und in England *Bacon* genannt, ein magerer Rückenspeck; *Paprikaspeck,* ein fetter Speck, der gesalzen, luftgetrocknet und papriziert wird und schließlich *Schwarzwälder Speck* (s.d.).

**Speckendicke:** Waffel oder Pfannkuchen aus Buchweizenmehl, gefüllt mit Mettwurst- oder Speckscheiben, übergossen mit Sirup *(Niedersachsen* und *Berlin).*

**Speckstippe:** *Beamtenstippe*; goldgelb gebratene Speck- und Zwiebelwürfel, meist zur Kartoffel. Bei der süßsauren Saucenversion wird Mehl mitgebräunt, mit Brühe abgelöscht und mit Essig, Pfeffer, Salz und Zucker gewürzt. Schmeckt gut zu Matjes und Bratkartoffeln *(Norddeutschland, Berlin).*

**Speckwurst:** eine Knackwurst mit kleinen Speckwürfeln.

**Speiselorchel:** s. *Lorchel.*

**Speiserüben:** unter diesem Begriff werden zusammengefasst: *Mairübe, Navet, Herbstrübe,* auch *Weiße Rübe, Wasserrübe, Stoppelrübe, Saatrübe, Turnip* (angelsächsische Länder), *Teltower Rübchen* oder *Märkische Rübe,* das *Stielmus* oder *Rübstiel, Stängelmus, Streifmus, Stippmus* usw.

**Spekulatius:** honigkuchenartiges, würziges, in bestimmten Formen hergestelltes Gebäck, oft in Mandelscheiben eingebacken *(Deutschland* und *Holland).*

**SPELT:** s. *DINKEL.*

**SPEZZATINO** *(ital.)*: *Ragout; italienischer* Fleischtopf mit vielen Variationen. Das Ragout kann aus Kalb- oder Lammfleisch, verschiedenen Gemüsen und schwarzen Oliven, geschmort in Weißwein und gewürzt mit Knoblauch, Majoran und Rosmarin, bestehen.

**SPICKAAL:** auf lange Stahlnadeln »gespickter«, geräucherter Aal.

**SPICKEN:** s. *LARDIEREN.*

**SPICKGANS:** *pommersche* Spezialität, gepökelte und geräucherte Gänsebrust.

**SPIEDO, ALLA** *(ital.)*: am Spieß Gebratenes.

**SPIEGELEI:** in der Pfanne gebackenes Ei, das Eiweiß muss fest, das Eigelb weich sein.

**SPIEGEL GIESSEN:** die Tellermitte mithilfe von Saucen dünn begießen, oft mit Muster und vielfarbig, auch als Couliskunst bezeichnet.

**SPIEGELKARPFEN:** s. *KARPFEN.*

**SPINACI** *(ital.)*: Spinat.

**SPINAT:** ursprünglich aus dem Vorderen Orient oder Mittelasien stammendes Sommer- und Wintergemüse. Ersteres hat zartere Blätter und eignet sich auch für Salat. Winterspinat ist eine delikate Beilage und in der Regel Bestandteil des Belags der *QUICHE* (s.d.) sowie der *LASAGNE* (s.d.), gehört zusammen mit Ricotta-Frischkäse in die Füllung der *RAVIOLI* (s.d.) und mit Kalbsbrät in *SCHWÄBISCHE MAULTASCHEN* (s.d.).

**SPINATKUCHEN:** s. *CHRUTWÄHE (schweiz.).*

**SPINATMATTE:** grüne Speisefarbe aus feinst püriertem Spinat.

**SPITZBEIN:** s. *EISBEIN.*

**SPITZBUBEN:** *Hildabrötchen;* runde, bereits gebackene Mürbeteigscheiben werden mit Marmelade bestrichen und mit gleichgroßen Scheiben bedeckt, aus denen ein oder drei kleine Löcher herausgestochen wurden, mit Puderzucker überstäubt.

**SPITZKOHL:** ein bläulich grüner, besonders zarter, kegelförmiger Verwandter des *Weißkohls,* der vor allem als *Filderkraut* von der Filderhochebene bei Stuttgart bekannt ist; bei uns von Mai bis Dez. frisch auf dem Markt; wird gern zu Sauerkraut verarbeitet.

**SPITZLAUBE:** s. *ALBE.*

**SPITZWEGERICH:** leicht bitteres Würz- und Heilkraut für gemischte Salate, Quark, als Gemüse, Saft etc., nur jung zu verwenden.

**SPOOM** *(engl.)*: ein sorbetartiges Getränk aus Champagner, Gewürztraminer, Muskateller o.dgl., vermischt mit Zuckersirup von 20° Baumé und süßem steifem Eischnee oder *italienischer Meringuenmasse.* Wird *on the rocks* serviert *(USA).*

**Spongada** *(ital.)*: mit Eischnee vermischtes Sorbet.

**Spreewälder Gurken:** Spezialität aus dem *Spreewald* (Gebiet südöstlich von Berlin) mit verschiedenen Kräutern, Merrettich und Gewürzen, s. a. *Salzgurken*.

**Sprengling:** s. *Äsche*.

**Springerle:** ein *schwäbisches* Weihnachtsgebäck aus Mehl, Eiern, Hirschhornsalz und Zucker, gut gewürzt mit Anis. Der Teig wird mithilfe von Holzmodeln zu verschiedenen Figuren gepresst – die 12 bis 24 Stunden ruhen müssen – dann auf einem gefetteten, mit Anis bestreuten Blech gebacken.

**Spritzgebäck:** ein Gebäck, bei dem die Masse mit Spritztüllen in verschiedenen Formen auf das Backblech gespritzt wird.

**Spritzkuchen:** s. *Strauben*.

**Spritzpökelung:** *Schnellpökelung;* mithilfe einer Spritze wird Pökellauge in das Innere des Pökelguts gespritzt.

**Sprossen:** junge zarte Keime, reich an Mineralstoffen und Vitaminen, z. B. Sprossen der Adzukibohne, der *Kresse*, der *Mungobohne*, der *Sojabohne*, der *Alfalfa-Pflanze* (Alfalfa, auch Luzerne genannt, ist eine der ältesten Futterpflanzen) u.v.a.

**Sprossenkohl:** s. *Rosenkohl*.

**Sprotte:** heringsartiger Fisch, der auf der europäischen Seite des Atlantiks, im Mittelmeer, in der Nordsee, in der Ostsee und im Schwarzen Meer beheimatet ist; zum Braten und Grillen geeignet. Kommt bei uns jedoch hauptsächlich geräuchert als *Kieler Sprotten* auf den Markt.

**Spumante** *(ital.)*: schäumend, allgemeiner Ausdruck für moussierende Weine bzw. Schaumwein (s. a. *Prosecco*).

**Spumone** *(ital.)*: kommt von *spuma* (*ital.* für Schaum, Plural: *spumoni*). Eiscreme aus Schichten mit unterschiedlichem Geschmack und Zutaten wie Früchten, Nüssen, Schokoladen etc. Spuma heißt auch ein alkoholfreies Getränk.

**Spuntekäs:** eine *rheinische* Käsemischung aus Quark, Eigelb und Gewürzen, meist zu jungem Wein serviert.

**Squab-pie** *(engl.)*: Taubentarte; s. a. *Tarte*.

**Squash** *(engl.)*: eine Kürbisart, die bereits von den Indianern in vorkolumbianischer Zeit in *Amerika* angebaut wurde. Wird heute auch in Südeuropa kultiviert. Verwendung wie Zucchini, jedoch nicht roh (s. a. *Patisson)*. Als *squash* wird auch ein kühles Getränk bezeichnet, z. B. *lemonsquash* (Zitronenwasser).

**Srpski duveč:** s. *Serbisches Reisfleisch*.

**Srpski pasulj:** *serbische* Bohnensuppe aus bunten oder weißen, getrockneten Bohnen, Speck, Paprika und *Debrecziner* (s. d.).

**Ssbitjen** *(russ.)*: Heißgetränk aus Wasser, Honig und Gewürzen; unterschiedliche Rezepte.

**Ssrasy** *(russ.)*: Hackfleischrolle mit einer Pilz-Speck-Füllung.

**Ssyrniki** *(russ.)*: fingerdicke Scheiben von einem Teig aus Quark, Mehl, Ei, Zucker und Salz werden in Mehl gewendet und in Butter gebraten. Dazu Kompott oder saure Sahne *(Schmand)*.

**Stachelannone:** *Guanábana (span.)*; bis zu 1,5 kg schwere, dunkelgrüne und herzförmige Frucht mit einer stacheligen Schale, die hauptsächlich in *Südamerika*, Teilen *Afrikas* und in Ländern *Südostasiens* vorkommt. Das Fruchtfleisch schmeckt säuerlich cremig und enthält schwarze Samenkörner (heißt auch *Sauersack*).

**Stachelbeere:** *gooseberry (engl.)*; ursprünglich aus *Nordafrika* stammende grüne bis rötliche Beerenfrucht von süßsaurem Geschmack. Wird insbesondere zu Chutney, Saft, Kompott und Marmelade verarbeitet.

**Stachelbirne:** s. *Indianische Feige*.

**Stachelhummer:** s. *Languste*.

**Stachelrochen:** s. *Rochen*.

**Stachys:** *Chinesische Artischocke, Knollenziest; Japanknolle;* aus Japan und China stammendes, aber seit dem 19. Jahrhundert auch in Europa angebautes Wurzelgemüse mit 5–7 cm langen und 1–2 cm dicken, unterirdischen, perlschnurartigen Knollen. Kann zu Gemüse oder Salat verarbeitet werden.

**Stadtwurst:** eine ursprünglich in Nürnberg kreierte Fleischwurst aus Rind-, Schweinefleisch und Speck *(Südd.)*.

**Stamm:** eine billige, warme Mahlzeit für Stammgäste (*Niederrhein* und *Süddeutschland*).

**Stammwürze:** Bezeichnung für den Gehalt eines Bieres an aromatischen Extraktstoffen, ist nicht identisch mit dem Alkoholgehalt. Er beträgt bei einem normalen Bier zwischen 11 und 19 %. Nach einer Faustregel ist ⅓ bis ¼ der Stammwürze Alkohol. Bei 12 % Stammwürze sind also 4 % Alkohol gegeben.

**Stamppott** *(holl.)*: Eintopf. Z. B. *filosoof*, vor allem aus Hackfleisch, Kartoffeln und Paprika.

**Stangenbohnen:** s. *Bohnen*.

**Stangenspargel:** Gericht, bei dem die Spargel am Stück gereicht werden.

**Starkbier:** Bier mit ausgeprägtem Malzgeschmack, ca. 5,5 % Alkoholgehalt und mehr als 16 % Stammwürze. Es ist vorwiegend *untergärig*.

**Staudensellerie:** *Bleichsellerie; sedano (ital.)*; s. *Sellerie*.

**Steak and kidney pie** *(engl.)*: ein Pie aus Nieren und Rindfleisch in Blätterteig *(England)*.

**Steak au poivre** *(franz.)*: Pfeffersteak; dickes Filetstück mit *mignonette* gewürzt, meist mit Cognac flambiert und in Madeira-Sauce serviert.

**Steak and Lobster** *(engl.)*: ein Steak vom Ochsen, serviert mit einem Hummer (hpts. *Nordamerika*).

**Steakmarinade:** es gibt zahlreiche und fantasievolle Mischungen zum Marinieren von Steaks. z. B. für Rindersteaks kann man eine Marinade aus Öl, Oregano, Rotwein, Salz, Senf, Sojasauce und Tomatenmark bereiten; zu Hammelsteaks passt eine Mischung aus Essig, Nelken, Möhren, Öl, Wacholderbeeren, Weißwein, Thymian und Zwiebeln.

**Steam basket** *(engl.)*: *Dämpfkörbchen,* meist aus Bambus, erhältlich in verschiedenen Größen. In ihnen lassen sich Reis, Fisch, Fleisch, Gemüse, *Dim Sum* und *Wan Tan* fettfrei und schonend zubereiten. Das verschlossene Bambuskörbchen wird in einen Wasserbadtopf gesetzt. Das Kochgeschirr dient auch zum Servieren.

**Stecchi** *(ital.)*: *ligurische* Spießchen, bestehend aus Würfeln von Kalbshirn und Kalbfleisch sowie Pilzen, in dickem Eierteig gewendet und in Fett ausgebacken.

**Steckerlfisch:** hauptsächlich in *Österreich* und *Bayern* beheimatete Spezialität. Auf Holzspieße werden Fische wie Forellen, Makrelen usw. gesteckt und so gegrillt (Spezialität beim *Münchner Oktoberfest*, in Österreich oft aus Kisten im Straßenverkauf angeboten).

**Steckrüben:** s. *Kohlrüben.*

**Steifmachen:** *ansteifen;* weißes Fleisch, Geflügel u. a. anbraten, ohne zu bräunen, um lediglich die Poren zu schließen. Geflügel wird in Butter, Austern werden im eigenen Saft oder Salzwasser nur erhitzt, nicht gegart.

**Steinaal:** s. *Dornhai.*

**Steinbeeren:** s. *Bernitschken.*

**Steinbeisser:** *Gestreifter Seewolf: Atlantic catfish (engl.); loup de mer, loup Atlantique (franz.)*; ein vielartiger Meeresfisch in fast ganz Eurasien, besonders im Nordatlantik, außerdem bei den japanischen Inseln, bei Island, Grönland usw. beheimatet, mit schmackhaftem Fleisch, das sich besonders zum Räuchern eignet. Der langgestreckte Körper ist ohne Schuppen. Ein sehr begehrter Speisefisch; auch bekannt als *Katfish.*

**Steinbuscher:** *deutscher* halbfester Schnittkäse mit gold-rötlicher Rinde; Geschmack mild bis würzig.

**Steinbutt:** s. *Turbot.*

**Steinbutt Dugléré:** Steinbuttgericht mit geringfügigen Abwandlungen. In der Regel werden gepfefferte und gesalzene Scheiben vom Steinbutt mit Schalotten und Tomatenwürfeln bedeckt, mit Fischfond, Weißwein und Zitronensaft übergossen, im Ofen gedünstet und vor dem Servieren mit frischem Estragon und Kerbel bestreut.

**Steinchampignon:** auch brauner Champignon; guter Speisepilz; meist gezüchtet.

**Steingarnele:** *Ostseegarnele.* Eine Garnelenart von 5–8 cm Länge, kommt in der Ostsee, im Schwarzen Meer und im Mittelmeer vor. Das Hauptfanggebiet liegt in den *dänischen* Gewässern. Das Fleisch der Steingarnele ist schmackhafter als das der Nordseegarnele.

**Steinkrabbe:** ein Meereskrebs, dessen Fleisch sich hauptsächlich in den Scheren befindet; im östlichen Atlantik bis in die Karibik vorkommend.

**Steinkraut:** s. *Tripmadam.*

**Steinpilz:** *funghi porcini (ital.); Herrenpilz;* begehrter Speisepilz, mit dickem Stiel und braunem Hut. Er ist vielseitig verwendbar und schmeckt auch in Salaten oder roh, fein geschnitten als Carpaccio vorzüglich.

**Steirerkas:** Rohmilch-Würzkäse aus der Steiermark (auch *Steirischer Graukäse)*, hauptsächlich für Krapfen, Nocken und Suppe verwendet.

**Steirisches Wurzelfleisch:** ein bodenständiges *österreichisches* Gericht aus Schweinefleisch im Wurzelsud mit Kartoffeln, gewürzt mit Knoblauch, Lorbeer, Neugewürz (Piment), Pfeffer, Thymian u.a., mit geriebenem Meerrettich serviert.

**Stelze** *(österr.)*: Kalbshachse, Haxe, Eisbein.

**Steppenkäse:** ein *deutscher* Kuhmilch-Schnittkäse, mild pikanter Geschmack.

**Sterlet:** die kleinste Störart, die zum Laichen in die Flüsse kommt und wertvollen Kaviar liefert. Der Fisch ist im *Kaspischen* und *Schwarzen Meer* beheimatet und laicht hauptsächlich in Donau und Wolgau.

**Sternanis:** *Badian;* sternenförmige Gewürzfrucht des in *China* heimischen Sternanisbaumes, von anisartigem Geschmack. Der Baum wird heute auch in anderen tropischen Gegenden angebaut. Das Gewürz wird hauptsächlich für Backwaren, Liköre und exotische Gerichte verwendet.

**Sternapfel:** aus *Mittelamerika* stammende Frucht mit rötlichvioletter Schale und gallertartigem, weißem, angenehm süß schmeckendem Fruchtfleisch. Die Form ist rund oder eiförmig und erreicht maximal 10 cm Durchmesser.

**Sterz** *(österr.)*: Gericht aus einer Teigmischung (Buchweizen, Grieß, Mais o.ä.), die in Fett gebacken oder in heißem Wasser gekocht und dann in kleine Stücke zerteilt wird. Zum Frühstück wird sie mit Milch oder Kaffee übergossen, als Hauptessen mit Schweineschmalz geschmälzt.

**Stew** *(engl.)*: dämpfen, dünsten und schmoren oder für Schmorgericht.

**St.-Galler Bratwurst:** eine der berühmtesten Bratwürste der Welt aus Kalbfleisch, Bris, Speck und Gewürzen *(Schweiz).*

**Stichbrust:** s. *Schlachtfleisch* (Rind).

**Stielmus:** grobblättrige Stiele einer Speiserübenart; auch Gemüsegericht, z.B. aus Blättern der jungen Mairübe, die extra dicht gepflanzt wird, damit die Kraft ins Grün geht und nicht in die Knolle, in einer Sauce aus

Butter, Mehl, Milch, Frühlingszwiebeln und Speck, gewürzt mit Muskat und Pfeffer gereicht *(Holland, Rheinland,)*, s.a. *WESTFÄLISCHES STIELMUS.*

**STIFÁDO:** *griechisches* Ragout aus Rindfleisch, Tomaten und meist glacierten Zwiebeln, gewürzt mit Nelken und Zimt und vollendet mit Rotwein.

**STILTON:** halbfester Schnittkäse. Der *Blue Stilton* ist ein berühmter, *englischer* Blauschimmelkäse in zylindrischer Form, mit gleichmäßigen blauen Schimmeladern, mild und doch pikant.

**STINKDISTEL:** s. *RAU NGO GAI.*

**STINKFRUCHT:** s. *DURIAN.*

**STINT:** *smalt (engl.), Spierling*; kleiner Lachsfisch der nördlichen Gewässer, auch in tiefen Binnenseen, der zum Laichen in die Flüsse aufsteigt, mit nach Gurken schmeckendem, fettarmem, zartem Fleisch. Zum Backen, Marinieren oder Räuchern geeignet.

**STIPPE** *(niederd.)*: eine Tunke oder Sauce zum Tunken.

**STIPPMELK** *(niederd.)*: Dickmilch.

**STIR-FRYING** *(engl.)*: Gartechnik der *asiatischen* Küche. Feine Streifen von Fleisch, Fisch, Gemüse u.a. werden unter ständigem Rühren im Wok gebraten.

**STOCK:** *Püree (Österreich, Schweiz).*

**STOCKEN LASSEN:** fest werden, gerinnen lassen; z.B. bei Rührei.

**STOCKENTE:** große Wildente Mitteleuropas, die Stammmutter der Hausente.

**STOCKFISCH:** *bacalao (span.), bacalhau (port.), baccalà* oder *stoccafisso (ital.), dried cod (engl.), morue (franz.);* Stockfisch nennt man an der Luft getrockneten ungesalzenen Fisch, *Klippfisch* wird zunächst gesalzen und nach Erlangen der so genannten Salzgare getrocknet, früher an Klippen. Für beide Methoden wird hauptsächlich Kabeljau, aber auch Schellfisch, Seelachs usw. verwendet. Man sollte darauf achten, dass der Fisch dick ist, einen braunen Rücken, silbrigen Bauch und hellgelbes bis weißes Fleisch hat. Vor der Verarbeitung muss der Fisch gewässert werden, s. *KABELJAU.*

**STOCKFISCH AUF BRASILIANISCHE ART:** s. *BACALHAU A BRASILEIRA.*

**STOCKMORCHEL:** s. *LORCHEL.*

**STOCKSCHWÄMMCHEN:** dem *Hallimasch* ähnliche Pilze, die wie dieser in Kolonien auf morschen Baumstümpfen zu finden sind; guter Speisepilz.

**STÖR:** wohlschmeckender Seefisch aus Osteuropa, hauptsächlich im *Kaspischen* und *Schwarzen Meer* beheimatet, seit einiger Zeit auch in der Garonne *(Südwest-Frankreich)*. Der Fisch kommt zum Laichen in die Flüsse; er wird in mehrere Arten unterteilt, wie *Hausen, Sterlet* usw. Sein weißes, aber etwas festes Fleisch eignet sich zum Räuchern, Schmoren und zur Zubereitung nach Müllerinart. Die verschiedenen Störarten sind wichtige Kaviarlieferanten.

**Stollen:** s. *Dresdner Christstollen.*

**Stolzer Heinrich:** *nordd.*, ursprünglich *schlesische* Spezialität. Bratwurst in einer mit Lebkuchen gebundenen Biersauce. Dazu *Salz-* oder *Stampfkartoffeln*. Der Name stammt aus *Berlin*. In *Westfalen* eine ringförmig aufgerollte Bratwurst, mit Kartoffeln und Sahne bedeckt, gebraten

**Stonsdorfer:** Kräuterlikör, der ursprünglich aus Stonsdorf im Riesengebirge stammt.

**Stopfleber:** s. *Fettleber.*

**Stoppelgänschen:** sehr junge Gänschen, wie Enten in Butter gebraten *(Niederrhein)*.

**Stoppelrübe:** s. *Speiserüben.*

**Stotzen:** Hinterkeule, z. B. vom Kalb *(Süddeutschland, Schweiz)*.

**Stout:** dunkles, sehr starkes obergäriges Bier aus *England*; siehe auch Bier.

**Stracciatella** *(ital.)*: Suppe aus Fleischbrühe, in die eine Mischung aus Eiern, Mehl oder Grieß und Parmesankäse gerührt wird, sodass Fäden und Flocken entstehen. Gewürzt wird mit Muskat und Salz. Auch Speiseeis- und Käsesorte *(Italien)*.

**Stracchino:** *norditalienischer* Frischkäse mit formfestem Teig; er ist nur kurz haltbar, der beste wird im Spätherbst und Winter hergestellt.

**Stracotto** *(ital.)*: ein Schmorbraten mit Knoblauch gespickt, in einer Wein-Tomaten-Sauce; das Fleisch wird fast zerkocht.

**Strammer Max:** mit Schinken- oder Speckwürfeln belegtes Roggenbrot. Darüber kommt ein Spiegelei und dazu eine Gewürzgurke.

**Strandaster:** Blätter einer in Küstengebieten z. B. Afrikas und Europas wild wachsenden Pflanze, die als Gemüse meist zu Austern und Muscheln serviert wird.

**Strassburger Art:** *à la strasbourgeoise (franz.);* Fleischgarnitur mit Fleischglace, Gänseleberscheiben, Räucherspeck und Sauerkraut.

**Strassburger Gänseleberpastete:** s. *Gänseleberpastete.*

**Strassburger Wurstsalat:** s. *Wurstsalat.*

**Strauben:** *Spritzkuchen; süddeutsche* Mehlspeise aus einem ziemlich flüssigen Brandteig, der ringförmig schwimmend ausgebacken und mit Puderzucker bestreut wird.

**Strauss:** Laufvogel mit zartem, fettarmem Fleisch (meist aus Züchtung). Wird auch geräuchert und zu Wurst verarbeitet. Das Straußenei ist für Kenner eine Delikatesse. Nach 40 Minuten Kochzeit ist es wachsweich und ein absoluter Eigenuss.

**Straussenwirtschaft:** Wirtschaft, in der saisonal eigener Wein ausgeschenkt und kleine Gerichte aus selbst erzeugten Produkten serviert werden, auch

*Besen-* oder *Kranzwirtschaft* genannt *(Südd., Österreich).*

**Strawberry** *(engl.)*: Erdbeere.

**Streichholzkartoffeln:** s. *Allumettes.*

**Streifenbarbe:** s. *Meerbarbe.*

**Stremellachs:** heiß geräucherter Ostseelachs, sehr mild und gern lauwarm verzehrt.

**Streusel:** s. *Streuselkuchen.*

**Streuselkuchen:** mit Zitronenschale aromatisierter Hefeteigkuchen, der dick mit so genannten Streuseln bestreut ist. Eiskalte Butter wird mit Mehl, Zucker und Zimt vermischt und daraus werden mit den Fingern kleine und kleinste Kügelchen gerieben, diese Streusel werden über den Teig verteilt.

**Striezel:** *Christstollen;* stollenartig geformtes, hauptsächlich zu Weihnachten in großen Mengen hergestelltes Hefeteiggebäck mit verschiedenen Beimengungen (Mandeln, Marzipan, Mohn, Nüsse, Orangeat, Rosinen, Trockenfrüchte usw.). Es gibt zahlreiche Arten, wie *Dresdner Stollen* (geschützte Herkunftsbezeichnung), Mandelstollen, Marzipanstollen, Mohnstollen u.a. *(Süddeutschland, Österreich, Böhmen).*

**Stroganow:** *Stroganoff;* dünne Scheiben vom Rinderfilet und gebräunte Zwiebel werden mit Mehl bestäubt und in Butter kurz gebraten, mit Paprika, Salz und Pfeffer gewürzt, mit Fleischbrühe, saurer Sahne und Zitronensaft abgelöscht. Mitunter werden noch Gewürzgurken oder gehackte Tomaten hinzugefügt; als Würze auch Worcestersauce. Ein Gericht mit vielen kleinen Abwandlungen (s.a. *Boeuf Stroganov*).

**Strohkartoffeln:** *pommes paille (franz.)*; in feinste Streifen geschnittene, schwimmend ausgebackene Kartoffeln.

**Strohpilz:** langstieliger *ostasiatischer* Zuchtpilz zum Würzen.

**Strömling:** *Strömming (schwed.);* ein heringsartiger, in der Ostsee beheimateter Fisch, der eine Länge bis zu 20 cm erreicht.

**Strözlas:** aus Maismehl und Weintrauben bestehendes Gebäck, hufeisen- oder streifenförmig *(Schweiz).*

**Strudel:** *Retesch (ung.)*; sehr beliebte Mehlspeise, namentlich in *Österreich* und *Ungarn*. Der Strudelteig besteht aus Mehl, Butter oder Öl, Eiern, oft Sauerrahm, einer Prise Salz und lauwarmem Wasser. Die Zutaten werden so lange geknetet, bis sich der Teig von den Händen löst. Er muss ziemlich dünn sein und vor der weiteren Verarbeitung mindestens eine Stunde lang ruhen. Sodann wird er papierdünn ausgewellt oder über den Handrücken ausgezogen und mit der gewünschten Füllung belegt, zusammengerollt, mit Eigelb bestrichen, manchmal mit Puderzucker bestreut. Die Backzeit beträgt ca. 40–50 Minuten. Am bekanntesten sind *Apfel-* und *Topfenstrudel* (s.d.).

**Strudelteig:** s. *Strudel.*

**Stubben:** s. *Blaufelchen.*

**Stubenküken, Hamburger:** *Hamburger* Nationalgericht; mit viel Weichfutter gefütterte, 6–10 Wochen alte, 400–500 g schwere Hähnchen. Früher während der kalten Jahreszeit in der Stube gehalten. Die Stubeküken werden meist gefüllt; s. a. *Huhn.*

**Studentenfutter:** nahrhafte Mischung aus Dörrobst, Mandeln, Nüssen, Rosinen u. a.

**Stürzen:** s. *Demoulieren.*

**Stufato** *(ital.)*: geschmort und gedämpft.

**Stuffed** *(engl.)*: farciert, gefüllt.

**Stuffed lobster** *(engl.)*: gefüllte Hummerschalen, eine Spezialität auf *Jamaika.* Die Farce besteht aus Hummerfleisch, Brot, Ei, Käse, Pilzen und Zwiebeln.

**Stuffed turkey roast** *(engl.)*: gefüllter Truthahn, das traditionelle Gericht in den *USA* zu *Thanksgiving.* Meist wird die Füllung aus Maisbrot, vermischt mit angeschwitzten Zwiebeln, Staudensellerie, evtl. Schinkenwürfeln sowie Kräutern wie Petersilie, Thymian und Salbei zubereitet, und mit Ei und Milch gebunden.

**Stulle:** belegtes Brot; z. B. Schmalzstulle *(Norddeutschland, Berlin).*

**Stunggis:** Gemisch; Eintopf aus Schweinefleisch, Gemüse, Kartoffeln, Zwiebeln und Gewürzen *(Schweiz).*

**Stupperte:** *saarländische* Klöße, hauptsächlich aus Kartoffelbrei.

**Sturm:** s. *Bitzler;* aber auch *Brei, Mus (Emmental).*

**Stuten:** ein kastenförmiges, kuchenartiges Brot aus Hefeteig, zum Teil vermischt mit Rosinen oder Korinthen; oft mit Schinken belegt *(Norddeutschland).*

**Stutenkerl:** *westfälisches* Gebäck aus Stutenteig (Hefeteig) in Form eines kleinen Mannes mit Rosinen verziert (Nikolausgebäck).

**Su** *(jap.)*: Reisessig; milder, leicht süßlicher Essig. Beste Qualität: Reis vergoren mit Sake-Hefe.

**Suan** *(chin.)*: Knoblauch.

**Suan la tang** *(chin.)*: *Son la tong;* bekannte *chinesische* Suppe mit scharfem, süß-saurem Geschmack. Sie besteht vor allem aus Hühner- oder Schweinebrühe, Bambussprossen, Glasnudeln, Essig, *chinesischen* Pilzen, Frühlingszwiebeln, Hühner- oder Schweinefleisch, Sojabohnenquark, Sojasauce usw., gewürzt mit Chili, Ingwer, weißem Pfeffer, Salz und Zucker.

**Subric:** kleine Klößchen oder Kroketten aus fein gehackten oder pürierten Zutaten von Fleischhaschee, Geflügel, Leber, Spinat usw., gebunden mit Ei, Rahm, Mehl etc. Die Subrics werden mit dem Löffel ausgestochen und in Butter gebraten.

**Succade:** kandierte Schalen von Zitrusfrüchten, z. B. Orangeat, Zitronat.

**Succotash:** das Wort leitet sich von den im *Nordosten* der *USA* lebenden Indianern ab; es bedeutet soviel wie: ein ganzer Maiskolben. Das Gericht wurde früher aus Kidneybohnen, Mais und Bärenfett bereitet. Heute nimmt man *Limabohnen*, auch Grüne Bohnen, grüne, junge Maiskolben oder Maiskörner und Sahne; im *Südwesten* kommen noch verschiedene Gemüse und Wild- oder Rindfleisch dazu. Eines der ältesten und bekanntesten Bohnengerichte.

**Sucuk** *(türk.)*: *Sujuk*; luftgetrocknete, teilweise geräucherte Wurst aus Hammel- oder Rindfleisch, gewürzt mit Knoblauch, Kreuzkümmel und Pfeffer; über den *Balkan* bis in die *arabischen* Länder bekannt.

**Sud:** allgemeine Bezeichnung für eine würzige Brühe, in der Fisch oder Fleisch gegart werden.

**Sudzuká** *(griech.)*: *sudzuki, Suzuki;* Würstchen aus Hackfleisch, Bröseln, Zwiebeln, Knoblauch und anderen Gewürzen, meist gegrillt.

**Südtiroler Bauernspeck:** kaltgeräucherter, lange gereifter, würziger Schinkenspeck.

**Südweine:** Darunter werden Likörweine gefasst, die aufgespritet (mit hochprozentigem Alkohol angereichert) wurden und einen Alkoholgehalt zwischen 15 und 22 Vol.% erreichen. Dazu zählen u.a. Marsala, Sherry, Portwein, Muscat de Rivesaltes, die auch zum Aromatisieren z.B. von *Sabayon* (s.d.) genutzt werden. Sie sind nicht mit normalen Süß- oder Dessertweinen zu verwechseln, die nicht gespritet sind.

**Süffig:** mundend.

**Sülze:** ein Gericht aus klein geschnittenem Fisch, Fleisch oder Geflügel in Gelee. Bei der Sülze werden die Zutaten klein geschnitten und mit *Gelee* vermischt, beim *Aspik* dagegen werden die Speisen mit Gelee überzogen. Oft werden beide Begriffe synonym gebraucht.

**Sülzkoteletts:** *Berliner* Spezialität; Schweinekoteletts in Aspik, dazu Bratkartoffeln.

**Sülzwurst:** s. *Sulzwurst.*

**Süri Rüawa** *(elsäss.)*: ein winterlicher Eintopf aus der Gegend um Colmar; in feine Streifen geschnittene und wie Sauerkraut eingelegte Steckrüben werden mit Zwiebelscheiben in Schmalz angebraten, dann mit Schweineschulter, Speck, Knoblauch und Gewürzen in einer Wein-Wasser-Mischung im Backofen ca. 2 Stunden gegart. Serviert wird mit gebratener Bauernbratwurst und gekochten Schalkartoffeln.

**Suermus:** *Sauerkraut;* im *Ruhrgebiet* mit Snutkens (Schweinerüssel) und Öhrkens (Schweineohren) gekocht.

**Süsskartoffeln:** s. *Bataten.*

**Süsssack:** s. *Zimtapfel.*

**Süss-saure Sauce:** *chinesische* Sauce, zumeist aus Reisessig, Karotten, Maisstärke, Sojasauce und Zwiebeln und mit Knoblauch gewürzt.

**Süss-saures Schweinefleisch:** s. *T'in suan ku lao jou.*

**SÜSSWASSERKREBSE:** s. *KREBSE.*

**SUGAR APPLE** *(engl.)*: s. *PINHA.*

**SUGO** *(ital.)*: Sauce, Saft; in der Küche jedoch allgemein für Sauce, insbesondere Bratensauce *(Italien).*

**SUJUK:** s. *SUCUK.*

**SUKADE:** s. *SUCCADE.*

**SUKIYAKI:** ein bekanntes *japanisches* Gericht; eine Art Rindfleischfondue mit vielen Variationen. Zutaten sind u. a. Rinderlende (angefroren in feinste Scheiben geschnitten), Glasnudeln, Shiitakepilze, Frühlingszwiebeln, junge Paksoi-Blätter, Tofuwürfel, auch Spinat und Wasserkastanien. Im erhitzten Öl werden einige Scheiben Fleisch angebraten und mit Brühe aufgegossen; darin garen die übrigen Zutaten. Die Brühe wird mit *MIRIN* (s. d.), Sojasauce und Sake sowie Zucker gewürzt; dazu Reis.

**SULPERKNOCHE:** in *Hessen* eine Art Schlachtplatte aus gepökeltem und gekochtem Schweineklein, wie Füße, Ohren, Schwanz und Rüssel, gekocht; dazu Erbspüree, Sauerkraut und Salzkartoffeln.

**SULTANINE:** große, gelbe, kernlose und saftige Rosine von der Sultana-Traube (s. a. *ROSINEN*).

**SULZ:** s. *SÜLZE.* Mancherorts werden auch Kutteln oder die Masken der Kälber und Schweine so genannt.

**SULZBROT:** s. *PAIN.*

**SULZWURST:** *Sülzwurst;* Sammelbezeichnung für Kochwurst, die in erheblichem Maße Gallertmasse, wie Aspik, enthält. Sulzwurst werden jedoch auch Wursterzeugnisse genannt, bei denen Schweinefleischwürfel oder -streifen in Gallerte eingelegt sind.

**SUMACH:** s. *SUMAK.*

**SUMAK:** rote bis violette Früchte eines orientalischen Busches mit saurem Geschmack. Das Pulver wird im *Libanon* für Auberginen- sowie Bohnen- und Fleischgerichte etc. verwendet *(Vorderer Orient).*

**SUMPFENTEN:** s. *ENTEN.*

**SUMPFSCHNEPFE:** s. *BÉCASSINE.*

**SUNDRIES** *(engl.)*: diverses Knabberzeug zu Cocktails.

**SUNOMONO** *(jap.)*: in Essig eingelegte Lebensmittel, besonders Gemüse, aber auch Geflügel oder Meeresfrüchte.

**SÚPA PAS'CHALINÍ:** traditionelle *griechische* Ostersuppe aus Brühe, Innereien eines mit Milch aufgezogenen Lammes und Zwiebeln, gebunden mit einer Eier-Zitronen-Sauce und gewürzt mit Pfeffer und Salz.

**SUPERFINO** *(ital.)*: besonders schonender Schliff des Reiskorns in der Reismühle.

**SUPPENFLEISCH:** s. *SIEDFLEISCH.*

**SUPPENGEMÜSE:** *Suppengrün, Wurzelwerk (österr.);* in Fleisch- oder Fischbrühen zum Zwecke des Würzens mitgekochte

Gemüse- und Gewürzpflanzen, wie Knollensellerie, Lauch, Möhren, Petersilie, Petersilienwurzeln und Zwiebeln; meist schon gebündelt angeboten.

**Suppengrün:** s. *Suppengemüse.*

**Suppenhuhn:** ein nach Ablauf von 12–15 Monaten nach der ersten Legeperiode geschlachtetes Huhn.

**Suppenkräuter:** Bohnenkraut, Estragon, Kerbel, Liebstöckel, Majoran, Portulak, Sauerampfer, Schnittlauch, Sellerie, Thymian u. a.

**Suppli** *(ital.)*: Reisbällchen, die in Fett ausgebacken werden. Bekannt sind die *Suppli al telefono,* eine *römische* Spezialität. Die Bällchen werden mit einem trockenen Ragout, z. B. Kalbfleisch, Hühnerleber und Kalbsherz etc. sowie Würfeln von Mozzarella oder Provaturakäse gefüllt. Beim Hineinbeißen zieht der Käse Fäden.

**Suprême** *(franz.)*: die feinsten Teile vom Fleisch, sozusagen das Beste vom Tier, wie Geflügelbrüstchen, Seezungenfilet usw. Als *suprême* wird aber auch eine *Geflügelvelouté* bezeichnet, die mit einer leicht geschlagenen Sahne vermischt ist oder eine Béchamelsauce, die mit Eigelb und Sahne legiert wird.

**Suprême de volaille** *(franz.)*: Hühnerbrüstchen.

**Surfines:** s. *Kapern.*

**Surfleisch** *(südd.)*: gepökeltes und/oder geräuchertes Schweinefleisch.

**Surhaxe** *(bayer., österr.)*: Eisbein; gepökelt und gekocht, auf Sauerkraut serviert.

**Surimi:** traditionsreiches, *japanisches* Fischprodukt, heute von minderer Qualität. Gemahlenes Fischfleisch wird mit Phosphaten, Salz, Stärke und Zucker zu Stäben gepresst, aber auch zu Imitaten, wie Garnelen und anderen Meeresfrüchten verarbeitet. Es hat nicht den besten Ruf, weil es oft als teures Krebsfleisch verkauft wird.

**Surinamkirsche:** s. *Pitanga.*

**Surprise** *(franz.)*: Überraschung; ein unerwartetes kulinarisches Erlebnis, z.B. in Verbindung mit *oeufs en surprise*, bei denen die Überraschung der Kaviar sein kann, oder bei der Süßspeise *Omelette surprise*, bei der das Vanilleeis unter der gratinierten Eischneemasse die Überraschung ist.

**Surströmming:** *schwedische* Fischspezialität. In Fässern fermentierte, aufdringlich riechende Fische, die für den Liebhaber mit Käse, saurer Sahne und Zwiebeln serviert werden.

**Surubim:** *brasilianischer* Süßwasserfisch; steht häufig auf der Speisekarte des *Amazonas*-Gebietes.

**Suser:** s. *Bitzler.*

**Sushi:** der Ursprung von Sushi liegt in *Ostasien* und *China;* dort hat man zur Haltbarmachung früher Fisch mit Salz und Reis eingelegt. Daraus entwickelten sich verschiedene »Sushi-Generationen«. Sushi ist eine Kombination aus gekochtem Reis, rohem Fisch und verschiedenen Aromen. Zu den Sushi-Häppchen werden Sojasauce und *Wasabi* (japanischer grüner Meerrettich) sowie eingelegter Ingwer *(gari shoga)* serviert. Sushireis ist ein spezieller Rundkornreis, der abgekühlt mit einer Mischung aus Reisessig, Salz und Zucker vermengt wird. Dieser Reis ist die Grundlage für Sushi; die einfachste Art ist *nigiri sushi:* eine Reisnocke, verbunden mit einem Stück rohen Fisch, der mit Wasabi bestrichen ist. Nigiri sushi werden auch mit Muschel- oder Garnelenfleisch belegt; diese Kreationen haben alle unterschiedliche Namen; wichtig ist die absolute Frische der Zutaten. Sushi-Häppchen werden auch in Seetang oder Eierkuchen eingewickelt *(tamago)*. Für die sog. *hoso maki* wird zum Formen eine Bambusmatte benutzt: z.B. wird ein *Nori-Blatt* (s.d.) auf die Matte gelegt, darauf kommt Reis, auf den etwas Wasabi gestrichen wird, der mit einem Fischstreifen bedeckt wird. Dann wird alles eng aufgerollt. Nachdem die Matte entfernt ist, werden gleich große Stücke von der Rolle abgeschnitten. Hoso maki können auch mit Gemüse zubereitet werden, s.a. *Inside out Roll (Japan)*. Es gibt zahllose Variationen.

**Suspirus:** diese *sardische* Spezialität ist ein Marzipangebäck, das zart gebacken wird.

**Su'un** *(indon.)*: Glasnudeln.

**Suubaggli** *(schweiz.)*: gepökelter Schinken.

**Suurchriesi** *(schweiz.)*: Sauerkirschen.

**Suurchrut** *(schweiz.)*: Sauerkraut.

**Suure (soore) Kabbes (Kappes):** Sauerkraut *(Rheinland)*.

**Suure Mocke:** ein Ragout aus in Rotwein (und Rotweinessig) gebeizten, dann mit Gemüsen, Gewürzen und Rotwein gegarten Rindfleisch *(Schweiz)*.

**Suvláki** *(griech.)*: Fleischspießchen zum Grillen.

**Suvar ka Gosht:** s. *Shikar Korma*.

**Suwarow, à la:** mit Gänseleber und Trüffel gefülltes Geflügel, in Madeirawein gedünstet.

**Suwarowsauce:** *Béarner Sauce,* vermischt mit Fleischglace, Trüffelfond und Trüffelstückchen.

**Suzette-Kartoffeln:** s. *Pommes de terre Suzette*.

**Suzuki** *(griech.)*: s. *Sudzuká*.

**Suya:** *nigerianische* Fleischspieße.

**Sweet bread** *(engl.)*: Bries.

**Sweetie** *(engl.)*: Kreuzung zwischen Grapefruit und Pomelo mit grüner Schale und saftigem aromatischen Fleisch.

**Swkolnik** *(russ.)*: Suppe, die u.a. Pilze, Rote Bete, Kartoffeln, Salzgurken – alles sehr klein gehackt – enthält und die mit Meerrettich, Salz, Pfeffer und

Zucker sowie Dill und Schnittlauch gewürzt wird. Die Zutaten werden in einer Suppenschüssel mit *Kwas* (s. d.) aufgefüllt und die einzelnen Portionen werden jeweils mit einem halben, hart gekochten Ei und saurer Sahne serviert; es gibt viele Varianten.

**Syllabub:** eine *englische* Süßspeise aus Sahne, Zucker, Brandy und Sherry, mit Zitrone aromatisiert.

**Szechuan-Pfeffer:** s. *Sichuan-Pfeffer*.

**Szegediner Fischsuppe:** s. *Szekely halászlé*.

**Szegediner Gulasch:** s. *Székely gulyás*.

**Szekeler Gulasch:** s. *Székely gulyás*.

**Székely gulyás** *(ung.)*: *Szekeler Gulasch, Szegediner Gulasch;* eines der bekanntesten *ungarischen* Gulaschgerichte mit zahlreichen Rezepten. Die üblichen Zutaten sind Schweinefleisch, insbesondere Schweinenacken, Sauerkraut und Zwiebeln. Gewürzt wird mit Knoblauch, Kümmel und reichlich Paprikapulver (edelsüß und Rosenpaprika) und gebunden mit saurem Rahm.

**Szekely halászlé** *(ung.)*: *Szegediner Fischsuppe;* bekannte *ungarische* Suppe mit lokalen Rezepten. Hauptsächlich besteht sie aus verschiedenen Süßwasserfischen. In den Fischsud kommen außerdem Paprika, Tomatenviertel, Fischmilch und Rogen. Gewürzt wird mit scharfem Paprikapulver.

**Szlodnik:** s. *Chlodnik*.

**Tabasco-Sauce:** rote, sehr scharfe Würzsauce aus *Chilis*, Essig und Salz; wurde vor über 100 Jahren von dem US-Amerikaner *E. McIlhenny* erfunden.

**Tabbouleh:** beliebter Salat aus *Nordafrika*. *Burghul* (auch *Couscous*), wird vermischt u.a. mit Minze, Petersilie und Zwiebeln, mit Öl und Zitronensaft beträufelt und mit Oliven, Salatgurke und Tomaten garniert. Tabbouleh wird traditionsgemäß in Fladenbrot oder Salatblätter gefüllt gegessen; s.a. *Burghul* und *Couscous*.

**Tabil:** *tunesische* Gewürzmischung aus Knoblauch, Kümmel, Koriander und Chili.

**Tablieren:** gekochtem Zucker durch eine reibende Bewegung eine feinkristalline Struktur geben, insbesondere für Fondant. In der Schokoladenherstellung auch gebräuchlich für eine Abkühltechnik der Kuvertüre mithilfe einer Palette.

**Tachinosaláta** *(griech.)*: Sesamcreme, aromatisiert mit Zitronensaft, Knoblauch, Kreuzkümmel.

**Taco:** nennt man in *Mexiko* verschieden gefüllte und knusprig gebratene Tortillas, die über die Füllung geklappt werden, oft noch mit Käse bestreut und mit Chilisauce o. dgl. übergossen werden können.

**Tadi** *(hindi)*: s. *Toddy*.

**Täidetud vasikarind:** *baltische* Roulade mit vielen regionalen Variationen, meist aus der Kalbsschulter, gefüllt mit einer Farce, die hauptsächlich aus Kalb-, Rind- oder Schweinefleisch, Brotkrumen und hart gekochten Eiern besteht.

**Tadka:** s. *Baghar*.

**Tafelspitz** *(österr.)*: das äußerste Schwanzstück des Rindes (Spitze der sog. Unterschale), eine österr. Spezialität; das Fleisch mit delikatem Fettrand zieht in Rindsbouillon gar. Mit etwas Bouillon übergossen und mit grobem Salz bestreut servieren. Als Beilagen dienen u.a. Kartoffeln und Schnittlauchsauce oder *Apfelkren* (s.d.).

**Tagliatelle** *(ital.)*: etwa 2 cm breite Bandnudeln.

**Tagliatelle Alfredo** *(ital.)*: s. *Nudeln Alfredo*.

**Tagliatelle verde** *(ital.)*: grüne Bandnudeln aus Spinatnudelteig.

**Taglierini** *(ital.)*: schmalere und sehr dünne Art der italienischen *tagliatelle*; s.a. *Tajarin*.

**Tagliolini** *(ital.)*: zu einem Knäuel gewickelte Nudelfäden.

**Tahini:** *tahina; tahin (türk.); rashi (Irak, Iran)*; orientalische Paste, die hauptsächlich aus gemahlenem Sesamsamen besteht und meist mit Knoblauch, Kreuzkümmel und Zitronensaft gewürzt ist. Sie dient als Beilage oder Dip und ist Grundbestandteil von *Humus* (s.d.).

**Tajarin:** hausgemachte hauchdünne Bandnudeln *(Piemont)*; werden in der Saison mit gehobelten Trüffelscheiben serviert *(Italien); s.a. Taglierini*.

**Tajine:** *tagine; nordafrikanisches* Kochgeschirr, bestehend aus einer flachen runden Schale aus teilweise glasiertem Ton mit einem spitz zulaufenden Deckel. Tajines heißen aber auch Gerichte, die in diesem Geschirr zubereitet werden. Hierzu gibt es eine Vielzahl von Rezepten wie z. B. ein Ragout aus Lammfleisch mit Mandeln in Tomatensauce oder Lamm mit frischem Gemüse, Huhn mit Kichererbsen und Reis, Huhn mit Couscous, Mandeln und Rosinen oder *Linsen-Tajine* mit Gemüse und Fleischresten, um nur einige Beispiele zu nennen.

**Takenoko** *(jap.)*: Bambussprossen.

**Ta-krai** *(thail.)*: Zitronengras.

**Takuan** *(jap.)*: eingelegter *Daikon* (s. d.).

**Taleggio:** *italienischer* halbfester Schnitt- bis Weichkäse aus Kuhmilch, leicht säuerlich und aromatisch; reift teilweise in Höhlen.

**Talmouses** *(franz.)*: kleine dreieckige salzige Plätzchen mit Käse (Käsegebäck).

**Tamales:** gedämpfte Maisklöße, die mit vielerlei Farcen, vornehmlich solche aus Hack- oder Hühnerfleisch oder *picadillo* (s. d.) gefüllt und in Mais- oder Bananenblättern im Dampf gegart werden *(Mittelamerika* und *Südwesten der USA)*.

**Tamarillo:** *Baumtomate;* Nachtschattengewächs aus den Anden *Perus*.

**Tamarinde:** Frucht des Tamarindenbaumes, der in den gesamten Tropen verbreitet ist; mit fruchtig säuerlichem Geschmack; wird zumeist zum Würzen von Getränken, in Würzpasten, zu Chutneys und Currys verwendet (s. a. *asam)*.

**Tamarindenwasser:** eine Würzflüssigkeit für ostasiatische, insbesondere indonesische Gerichte. Sie wird aus Tamarindenmus gewonnen, das man in Wasser auflöst.

**Tambaqui:** Fisch aus Amazonien, der bis zu 30 kg schwer werden kann; wird gern zu *Picadinho* (s. d.), einer Art Fischgulasch, verarbeitet. Dazu gibt es Reis, *Farofa* (s. d.) und frittierte Bananen *(Brasilien)*.

**Tampon:** in der Küchensprache Untersatz oder Sockel für Speisen, aus Brot, Reis o. dgl.

**Tan** *(chin.)*: Ei.

**Tandir:** s. *Tandoor*.

**Tandoor(i)** *(ind.)*: *tandir (türk.), tanduri (arab.);* Bezeichnung für einen an ein offenes Fass erinnernden Lehmofen, der halb in die Erde hineingebaut und mit Holzkohle beheizt wird. Darin werden sog. Tandoorigerichte aus Fisch, Fleisch, Huhn u.a. zubereitet, *Naan*-Brot (s. d.) usw. wird darin gebacken. Die Hauptbestandteile der Tandoorigerichte werden zuvor in *Tandoori Masala* (s. d.) mariniert. Diese Küche hat ihren Schwerpunkt in Nordindien, sie ist aber heute über fast ganz Indien und andere Teile Südostasiens verbreitet. Auch im Nahen Osten, insbesondere in der Türkei ist diese Garmethode gebräuchlich. Sie hat ihren Ursprung möglicherweise in der Jahrtausende alten, armenischen Küchenkultur.

**Tandoori-Paste:** *indische* Würzpaste aus Chili, Fenchel, Ingwer, Knoblauch, Koriander, Kümmel, Kurkuma, Linsen, Erdnussöl, Essig u. a. zum Würzen von Tandoori-Gerichten.

**Tandoori masala** *(ind.)*: indische Gewürzmischung zum Marinieren der Zutaten für Tandoori-Gerichte. Sie kann aus Chilipulver, Gewürznelken, Ingwerpulver, Kardamom, Knoblauch, Koriander, Kurkuma, Kreuzkümmel, Macis, Zimt und roter Speisefarbe sowie Mangopulver, Safran, Tamarinde und Zwiebel bestehen. Zum Binden dient Joghurt, darin wird das Tandoorigut mariniert.

**Tandoori murgh:** *indisches* Hühnergericht; das Hühnerfleisch wird in der Gewürzmischung *Tandoori Masala* (s. d.), mit Joghurt und Zwiebeln mariniert.

**Tanduri:** s. *Tandoor*.

**Tang** *(chin.)*: Suppe.

**Tangelo:** Überbegriff für eine Gruppe von Zitrusfrüchten, die aus Kreuzungen von Mandarine und Pampelmuse oder Mandarine und Grapefruit entstanden sind.

**Tang mian** *(chin.)*: s. *Tong mien*.

**Tangerine:** die kleinste kernlose Mandarinenart.

**Tannia:** *yautia, malanga;* eine Staude, deren Rhizome und Blätter als Mehl bzw. Gemüse verwendet werden (*Karibik* und *Tropisches Südamerika*). Eng verwandt mit der *Taro* (s. d.).

**Tapas** *(span.)*: kleine warme und kalte Vorspeisen aller Art.

**Tape:** *indonesische* fermentierte Paste, meist aus Maniok, auch Reis, süßsauer und leicht nach Alkohol schmeckend. Sie wird meist in Öl ausgebacken und als Beilage serviert.

**Tapenade:** *provenzalische* Kapern- und Olivenpaste mit Abwandlungen. Sie besteht hauptsächlich aus Anchovisfilets, Kapern, schwarzen Oliven, Olivenöl, gewürzt mit Lorbeer (pulverisiert), Knoblauch, schwarzem Pfeffer, Salz und Thymian.

**Tapioka:** s. *Kassave*.

**Tapioka-Mehl:** s. *Kassave*.

**Taquitos** *(span.)*: *mexikanische* Maismehltortillas mit zahllosen Füllungen und zusammengeklappt zu *Tacos* (s. d.); dazu gibt es pikante Dips und Saucen.

**Taramosalata** *(griech.)*: *taramá (türk.);* Paste aus rotem, gesalzenem und gepresstem Dorsch- oder Meeräschenrogen, vermischt mit Olivenöl, Brotkrumen, Eigelb, Zwiebeln und manchmal Kartoffeln, gewürzt mit Dill, Zitrone usw. als Vorspeise oder Beilage *(Griechenland,* einige *arabische* Länder und *Türkei).*

**Tarana:** beliebte Teigware der *Balkanländer*, mit der *Tarhonya* (s.d.) verwandt. Verschiedene Gemüse, wie Paprika, Zucchini u. a. werden püriert und mit gemahlenen Sesamkörnern und Sauerteig vermischt. Sobald die Masse ihr doppeltes Volumen erreicht hat, werden aus ihr erbsengroße Stücke gezupft und in Butter geröstet (Beilage).

**Tarator:** im ehemaligen *Jugoslawien* versteht man darunter einen Gurkensalat nach *mazedonischem* Rezept aus grünem Paprika und Salzgurken, vermischt mit saurer Milch, gewürzt mit Knoblauch, Pfeffer und Salz; in den Balkanländern, namentlich *Bulgarien*, bedeutet es eine kalte Joghurtsuppe mit Gurkenstückchen und Walnüssen, gewürzt mit Dill und Knoblauch; nicht zu verwechseln mit *Tarato(o)r* (s.d.).

**Tarato(o)r:** geschlagene Sauce, u.a. aus Knoblauch, Salz, Sesam oder Walnüssen, altbackenem Brot, Olivenöl und Zitronensaft; für gebackenen Fisch u.a. *(Arabische Länder)*.

**Tarbutt:** s. *Barbue*.

**Tarhana** *(türk.)*: *tarkhina (irak.), kishk (ägypt.)*; getrocknete Mischung aus fermentiertem Weizen oder Bulgur, Gemüse und Joghurt; Hauptbestandteil der Suppe *Tarhana çorbası* (s. d.). In *türkischen* Geschäften als Fertigprodukt erhältlich.

**Tarhana çorbası** *(türk.)*: eine Suppe aus *Anatolien;* gedünstete Tomaten werden mit angebratenem Lamm- oder Hammelhackfleisch vermischt und einige Minuten gedünstet. Dann wird Fleischbrühe und *Tarhana* (s.d.) hinzugefügt und die Suppe gekocht, bis sie eine dickliche Konsistenz hat. Auf jede Portion kommt noch geröstetes Brot.

**Tarhonya** *(ung.)*: graupenförmige Teigware aus Eiern und Hartweizenmehl, die in Schweineschmalz angeröstet und in etwas Bouillon gekocht wird, bis die Flüssigkeit aufgesaugt ist. Oft werden auch Paprika und Zwiebeln mitgeröstet; dient hauptsächlich als Beilage zu *Bárány* (s.d.) und Gulasch.

**Taro:** tropische Sumpfpflanze, ursprünglich aus *Südostasien* stammend, mit vielen Sorten, heute in den Tropen und Subtropen beheimatet. Genutzt werden die Wurzelknollen; in *Afrika* und der *Karibik* ist dies die Sorte *Eddo,* in den anderen Ländern herrscht *Dasheen,* eine größere Knolle, vor. Es werden auch Mini-Taros angebaut. Taro wird auch zur Herstellung von Mehl und Stärke verwendet. *Callaloo* (s.d.) werden die Blätter der Pflanze in der Karibik genannt, die leicht bitter schmecken und an Spinat erinnern.

**Tartana:** *Graubündener* Auflauf aus Ei, Milch, Rosinen und Weißbrot.

**Ta(r)tar:** rohes, geschabtes Rindfleisch bester Qualität (Filet oder Roastbeef), zu einem Klops geformt. In die Mitte wird eine Mulde gedrückt, in die ein rohes Eigelb gegeben wird. Grundsätzlich vermengt der Gast das Fleisch und die übrigen Zutaten selbst. Beigefügt werden meistens noch Kapern, gehackte Zwiebeln u.v.a. Mit Cognac oder Whisky kann die Masse aromatisiert werden.

**Ta(r)tarensauce:** s. *Sauce Tatare.*

**Tarte:** *tourte (franz.) tart (engl.)*; salziger oder süßer flacher Kuchenboden, meist aus Mürbe-, manchmal auch aus Blätterteig bestehend mit einem Eierguss oder Obstbelag *(tarte sucrée)* oder mit Käse, Gemüse u.a. *(tarte salée)* belegt.

**Tarte flambée** *(franz.)*: s. *Flammkuchen.*

**Tartelettes** *(franz.)*: blindgebackene Törtchen aus ungezuckertem Blätter-, Hefe- oder Mürbeteig zum Füllen mit *Ragout, Salpikon* usw.

**Tarte Tatin** *(franz.)*: umgekehrt gebackener Kuchen; d.h. der Belag (z.B. Äpfel) wird zuerst auf die mit einem Butter-Zucker-gemisch oder Karamell bedeckte Kuchenform gelegt und dann mit Teig bedeckt. So erhält der Apfelbelag einen karamellartigen Überzug. Zum Servieren stürzen.

**Tartufi** *(ital.)*: Trüffeln.

**Taschenkrebs:** Krustentier mit flachem Körper, ovalem, an der Oberseite dunkelbraunem und unten hellgelbem Panzer und großen Scheren; kommt in den Küstengewässern des Atlantiks, Mittelmeers und der Nordsee vor. Das meiste Fleisch sitzt in den Scheren. Aus der Leber und der cremigen Körpersubstanz kann man mit Mayonnaise oder Crème fraîche eine schmackhafte Sauce bereiten, das Fleisch damit binden und in der Körperschale servieren.

**Tastevin** *(franz.)*: flaches Schälchen, um Wein zu probieren.

**Tatura:** mehlig kochende Kartoffelsorte.

**Taubenerbsen:** *gandules (span.)*; erbsengroßer Samen eines bis zu drei Meter hohen Strauches; hauptsächlich in *Asien* und *Osteuropa* angebaut. Die Samen werden z.B. als Füllung für *Samosas* (s.d.) oder in der *Sopa de gandules (Karibik)* gegessen oder zu Mehl verarbeitet.

**Tausendblätterkuchen:** *mille-feuilles (franz.)*; ein hoher Blätterteigkuchen, der aus übereinander gelegten, einzeln gebackenen Blätterteigschichten besteht und in der Regel mit Schlagsahne gefüllt wird. *Mille-feuille* bedeutet Blätterteig oder wird als Begriff für eine aus mehreren Schichten bestehende kulinarische Kreation verwendet.

**Tausendjährige Eier:** s. *Chinesische Eier.*

**T-bone Steak:** Steak aus dem Rinderrücken, d.h. eine dicke Scheibe Roastbeef mit Knochen und kleinem oder gar keinem Filetanteil. Es wiegt ca. 700 g und liegt zwischen *Club-* und *Porterhouse-Steak* (s. jeweils dort; *USA*).

**Tee:** bekanntes Getränk; man unterscheidet Schwarztee, aus den getrockneten Blättern des vermutlich aus Südostasien stammenden Teestrauches mit unterschiedlichen Sortierungen und Herstellungsverfahren (Hauptanbauländer sind *Indien, Sri Lanka* und *China*) und Kräutertee aus verschiedenen getrockneten Kräutern wie z.B. Pfefferminze sowie Früchtetee, z.B. Malventee (s. *ROSELLA*).

**TEEBUTTER** *(österr.)*: besonders frische Butter (Markenbutter).

**TEEWURST:** streichfähige Wurst, vorwiegend aus feingecuttertem Rind- und Schweinefleisch hergestellt und geräuchert.

**TEFF:** kleine Hirseart, wichtigstes Nahrungsmittel *Äthiopiens* in Form von Brei oder Brot (s.a. *INGHERA*).

**TEFTELI** *(russ.)*: kleine Fleischkügelchen.

**TEHINE** *(arab.)*: eine Sauce, die meist aus Sesamöl, *TAHINI* (s.d.), hart gekochten Eiern und Petersilie besteht und mit Knoblauch und Zitronensaft gewürzt wird, besonders zu Hammelfleisch.

**TEIG:** Aus Getreide oder Getreideerzeugnissen hergestellte, meist zähe Masse zum Backen von Brot, Kuchen u.a. mit zahllosen Varianten wie Auslegeteig z.B. zum Umhüllen von Terrinen, Ausbackteig mit Bier oder Wein (s. *AUSBACKTEIG* und *BIERTEIG)*, *BLÄTTERTEIG* (s.d.); *BRANDTEIG* (s.d.); *BRIOCHETEIG* (s. *BRIOCHE)*; *HEFETEIG* (s.d.); *MÜRBETEIG* (s.d.); *PASTETENTEIG* (s.d.); *SANDTEIG* (s. d.); *SAUERTEIG* (s.d.); Strudelteig (s. *STRUDEL)* usw.

**TEIG ABSCHLAGEN:** s. *ABSCHLAGEN*.

**TELLERFLEISCH** *(österr., südd.)*: gekochtes Rindfleisch wird in Scheiben geschnitten, mit Schnittlauch bestreut und mit Meerrettich, außerdem manchmal mit Brühe und Wurzelwerk serviert.

**TELLERSÜLZE:** Schweinefleisch, garniert, in säuerlichem Gelee.

**TELTOWER RÜBCHEN:** kleine würzige kulinarisch interessante Form der Speiserübe, ähnlich wie *NAVETS* (s.d.). Ursprünglich im Märkischen Teltow angebaut, heute vor allem in *Norddeutschland* kultiviert; gut zu Ente und Gans. Schon Goethe liebte sie.

**TEMPEH:** *ostasiatische*, vor allem in *Indonesien* hergestellte feste, kuchenartige Paste aus Getreide oder angekeimten Sojabohnen, die mit Schimmelpilz fermentiert werden, was einen intensiven Pilzgeruch erzeugt. Tempeh hat einen hohen Eiweißgehalt und wird von Vegetariern als Fleischersatz bevorzugt.

**TEMPERO** *(port.)*: Gewürzmischung hauptsächlich aus Chilis, Knoblauch, Koriander, Limettensaft, Pfeffer und Salz zum Marinieren von *CHURRASCO* (s.d.), Fisch, Huhn usw. *(Brasilien)*.

**TEMPESTA/TEMPESTINA** *(ital.)*: Nudelperlen, eine Suppeneinlage.

**TEMPURA:** bekannte *japanische* Spezialität mit zahlreichen Zutaten wie Auberginen, Bambussprossen, Champignons, Erbsenschoten, Fisch, Ginkgonüssen, Hummerkrabben, Schalotten usw. Die Zutaten werden in einen dünnen, eiskalten Ausbackteig aus Ei, Mehl, Natron und Eiswasser getaucht und in der Fritteuse schwimmend ausgebacken. Portugiesische Missionare führten einst das Frittieren im Teig im Fernen Osten ein.

**Tenderloin** *(amerik.)*: Rinderfilet, auch Schweinefilet.

**Teppichmuschel:** eine *Venusmuschelart* (s.d.).

**Tequila:** Branntwein aus Agavensaft, mexikanischer Nationalschnaps. Bekannt sind die weißen (Silver, Blancos, Platas) und braunen (Gold, Joven) Tequilas. Es gibt normale Tequilas (mindestens aus 51% Agavenzucker gebrannt, restliche 49% können aus Zuckerrohr oder Getreide stammen) und 100-Prozent-Tequilas (zu 100% aus Agavenzucker gebrannt). Je nach Alter und Lagerung unterscheidet man in Reposados, Añejos oder Extra Añejos. (s.a. *Maguey-Blätter*).

**Terako:** eine Frucht *Costa Ricas*, ähnlich der *Chayote* (s.d.), wird als Gemüse gegessen.

**Terasi** *(indon.)*: *kapi (thail.), Hom ha (chin.),* Krabbenpaste. Grau-rötliches Konzentrat von getrockneten, zermahlenen und in Salzlösung haltbar gemachten Krabben oder Garnelen. Sehr scharfe Würze für Fisch, Geflügel und Schweinefleisch, gebratenen Reis und Gemüse *(Indonesien)*.

**Teriyaki:** eine bestimmte Zubereitungsart *japanischer* Gerichte mit vielen Variationen. Basis ist eine Marinade aus *mirin* und Sojasauce. Nachstehend zwei Beispiele, *gyuniku teriyaki* und *tori teriyaki.* Beim ersten Gericht handelt es sich um gegrillte Rindfleischscheiben auf *teriyaki-Art.* In einer Marinade aus Hühnerbrühe, *Mirin* (s.d.) und Sojasauce werden Rindfleischscheiben getaucht, auf dem *hibachi* (s.d.) gegrillt und vor dem Anrichten mit Marinade begossen. *Tori teriyaki* ist gegrilltes Huhn mit einer Glasur von *Mirin,* Sojasauce und Gewürzen: Stücke von der Hühnerbrust werden mehrmals in *Teriyaki-Sauce* getaucht, auf dem *hibachi* oder im Backofen gegrillt und zum Schluss mit *Teriyaki*-Glasur überzogen. Oft wird die Marinade bereichert mit Ingwerpulver, Knoblauch, Rohrzucker und Zwiebeln. Die *Teriyaki*-Sauce erfüllt meist mehrere Funktionen, indem sie zunächst als Marinade dient, dann zum Glasieren verwendet und zum Schluss als Sauce serviert wird *(Teri* bedeutet Glanz und *Yaki* Gegrilltes oder Gebratenes).

**Ternera** *(span.)*: Kalbfleisch.

**Terrine:** Schüsselpastete. Der Unterschied zu anderen Pasteten besteht darin, dass das Produkt in feuerfesten Schüsseln aus Porzellan oder Steingut, den sogenannten Terrinen, hergestellt wird. Die Terrine wird meist mit Speck ausgelegt, nach dem Füllen fantasievoll garniert und im Backofen oder *Wasserbad* (s.d.) gegart. Die Farce ist gar, wenn der austretende Saft klar ist.

**Terrine de brochet Curnonsky** *(franz.)*: eine feine Hechtpastete in der Terrine. Die Farce besteht aus schierem Hechtfleisch, Champignons, Petersilie, Schalotten u.a.

**Terrine de foie gras** *(franz.)*: s. *Gänseleberterrine*.

**Terrine de lapin** *(franz.)*: Kaninchen-Terrine mit einer Farce, die hauptsächlich aus Kaninchen- und Schweinefleisch besteht.

**Terrine du chef** *(franz.)*: hausgemachte Pastete.

**Tessa** *(jap.)*: ein berühmtes *fugu-Gericht*. Das Fleisch des Kugelfisches (s. *Fugu*) wird papierdünn aufgeschnitten und mit fein gehacktem Chili, Rettich (s. a. *Daikon*) und Schalotten garniert. Die Scheiben werden in *ponzu* (s. d.) getaucht.

**Tête d'aloyau** *(franz.)*: der äußerste Teil des *Roastbeefs*, aus dem richtigerweise die *Rumpsteaks* geschnitten werden sollen.

**Tête de Moine** *(franz.)*: Mönchskopf; ursprünglich im 1136 gegründeten Kloster Bellelay im *Schweizer Jura* hergestellter Schnitt- bis Hartkäse. Zählt heute zu den großen Käsen der Welt. Wird meist mit Hilfe der *Girolle* (s. d.), einem speziellen Schneidegerät, hauchdünn abgehobelt.

**Tête de veau** *(franz.)*: Kalbskopf.

**Tête de veau à la vinaigrette** *(franz.)*: Kalbskopf, der warm mit einer *Vinaigrettesauce* serviert wird.

**Tête de veau en tortue** *(franz.)*: Kalbskopf auf Schildkrötenart. *Sauce tortue* besteht aus gerösteter Zwiebel, Karotte, Lorbeerblatt, Knoblauch, Pfeffer, Nelken und Thymian, abgelöscht mit Weißwein, vermischt mit Kalbsfond und Tomatensauce, aromatisiert mit Sherry.

**Teufelsart**: s. *Diavolo, alla (ital.)*.

**Teufelsdreck**: s. *Asant*.

**Teufelssauce**: s. *Sauce diable*.

**Thermidor**: s. *Homard Thermidor*. Thermidor wird auch eine *Samtsuppe* aus einer *Hummervelouté* und kleinen Hechtschaumklößchen, garniert mit roten Paprika, genannt.

**Thorner Kathrinchen**: aus der Stadt Thorn, ehemals Westpreußen; ein in Kirchenfensterform ausgestochener Gewürzlebkuchen.

**Thousand-Island(s)-Dressing**: *nordamerikanische* Salatsauce aus Mayonnaise, Chilisauce, Ketchup, Petersilie, Piment, Schnittlauch, gehackten Paprikaschoten u. a. (s. a. *Dressing*).

**Thüringer Kartoffelklösse**: *Grüne Klöße;* Klöße, die hauptsächlich aus rohen, geriebenen Kartoffeln mit einem Anteil an gekochten Kartoffeln bestehen. Sie werden oft mit gerösteten Semmelwürfeln gefüllt und in Salzwasser gegart. Eine heute überall in Deutschland zu findende Beilage.

**Thüringer Klösse**: *thüringische* Spezialität, nicht zu verwechseln mit den berühmten Thüringer Kartoffelklößen. Aus einem mit Muskatnuss und Salz gewürzten Teig von schaumig gerührten Eiern, Mehl, eingeweichten Semmeln und gehacktem Schinken werden Klöße geformt, in siedendem Wasser gegart und vor dem Anrichten mit brauner Butter übergossen.

**THÜRINGER LEBERWURST:** eine Kochstreichwurst mit grob zerkleinerter Schweineleber und Schweinefleisch.

**THÜRINGER METT:** mit Pfeffer und Salz gewürztes grobes Schweinehackfleisch (s. a. *METT*).

**THÜRINGER ROSTBRÄTEL:** Schweinekammscheiben werden in Bier mariniert oder mit Bier während des Grillens über Holzkohlenfeuer bestrichen.

**THÜRINGER ROSTBRATWURST:** eine Bratwurst, die kurz auch *Thüringer* genannt wird. Sie besteht aus Kalb- und Schweinefleisch, gewürzt mit Pfeffer und Kümmel.

**THUNFISCH:** *thon (franz.); tonno (ital.); atún (span.)*; ein Makrelenfisch; frisches Thunfischsteak, schmeckt ähnlich wie Kalbfleisch. Man unterscheidet den roten Thunfisch mit dunklem, fettem Fleisch, und den weißen Thunfisch, der kleiner ist, aber feiner als der rote Thunfisch schmeckt; Letzterer heißt *Albacore.* Sehr gutes Fleisch liefert auch der *Yellowfin Tuna* (Gelbflossenthunfisch), der vor allem in *Japan* und *Australien* verwendet wird, aber zunehmend auch auf den europäischen Märkten angeboten wird (s. a. *BONITO, ECHTER*).

**THURGAUER:** *schweizerischer Tilsiter* aus pasteurisierter Milch; seit Ende des 19. Jahrhunderts im Thurgau hergestellt.

**THYMIAN:** *Gundelkraut, Kuttelkraut (österr.), Quendel;* in *Mitteleuropa* und in den *USA* beheimatetes Küchenkraut, das sich als Mischgewürz und zum Würzen von Hackbraten sowie Hammelfleisch, Leberknödeln, Leberwürsten, Schweinefleisch usw. eignet. Gehört in die *italienische* und *provenzalische* Küche, ins *BOUQUET GARNI* (s. d.) und in die *PROVENCE-KRÄUTER* (s. d.) u. a.

**TIAN** *(franz.)*: rechteckiges oder ovales feuerfestes Tongefäß, in dem in der Hauptsache Gemüsegerichte im Backofen gegart werden. Die Gerichte haben die Bezeichnung *tian* übernommen; z. B. *Tian de courgettes (Provence).*

**TIEFSEEGARNELE:** Grönland-Shrimps; kommt im europäischen Nordmeer bis zur Alaska- und US-Westküste in 100–250 m Tiefe vor und wird bis zu 16 cm lang.

**TIENTSIN-GEMÜSE:** ein konserviertes, *chinesisches* Kohlgemüse von leicht süßlichem Geschmack, das als Zutat zu anderen Gerichten verwendet wird.

**TIFFANY-SALAT:** Salatmischung, die vor allem aus Birnen, Bleichsellerie, Kirschen, Orangen sowie Roquefort besteht und mit Sahne gebunden wird.

**TIL** *(ind.)*: Sesam.

**TILLILIHA:** *finn.* Eintopf, meist aus Hammelschulter oder -brust in einer mit viel Dill, etwas Essig und Zucker bereiteten hellen *roux.*

**TILSITER:** halbfester Schnittkäse mit kleinen Löchern, aus Kuhmilch, mit pikantem und leicht säuerlichem Geschmack. In Deutschland wird der Käse in mehreren Varianten hergestellt.

**Timbale:** s. *Becherpastete.*

**T'in suan ku lao jou** *(chin.)*: *gou-lao-lo;* bekanntes süßsaures Schweinefleisch-Gericht. Gebratene Fleischwürfel werden in einer mit Stärkemehl gebundenen Sauce aus Hühnerbrühe, Essig, Sojasauce, Zucker und Stückchen von Karotten, Knoblauch und Paprika angerichtet.

**Tintenfisch:** Oberbegriff für alle Kopffüßler wie Kalmare, Kraken, Perlboote, gemeiner Tintenfisch, Tintenschnecken usw. Man unterteilt nach Anzahl der Arme in Achtarmige (Krake, Achtfuß, Oktopus) und Zehnarmige (Kalmar; Sepia; auch gemeiner Tintenfisch genannt). Der gemeine Tintenfisch, *cuttlefish (engl.), seppia (ital.), jibia (span.), lula (port.),* ist hauptsächlich im Mittelmeer und an den atlantischen Küsten beheimatet. Er gilt in südlichen Ländern wie Italien, Portugal und Spanien (dort Bestandteil der *Paella,* s. d.) als Delikatesse. Tintenfisch eignet sich zum Backen (paniert), Braten, Füllen, Garen in der eigenen Tube, Grillen, Schmoren (z. B. in Tomatensauce) usw. .

**Tipnuk:** *grönländische* Haifischspezialität. Der Fisch wird erst genossen, nachdem er monatelang eingegraben war und nach Aas riecht. In Island heißt die Delikatesse *Hâkare.*

**Tiramisù:** *italienische* Süßspeise. Eine im *Wasserbad* (s. d.) aufgeschlagene Creme aus Eigelb, Zucker und Marsala oder Amaretto, wird lagenweise mit Mascarpone und in Espresso getränkten Löffelbiskuits in eine Form gefüllt, mit Kakao bestreut und gekühlt serviert.

**Tiroler Art:** *à la tyrolienne (franz.);* Garnitur für Fisch und Fleisch mit *Tiroler Sauce,* geschmolzenen Tomaten und Zwiebelringen.

**Tiroler Gröstel:** ein mit dem *Bauernfrühstück* (s. d.) vergleichbares Gericht aus Kartoffeln, Rindfleisch und Zwiebeln, gewürzt mit Majoran und häufig mit verquirlten Eiern übergossen.

**Tiroler Leber:** gebratene Leberscheiben mit geröstetem Speck und Zwiebeln, mit Brühe und Weißwein abgelöscht. Manche Rezepte sehen noch Apfelscheiben als Garnitur vor.

**Tiroler Sauce:** s. *Sauce tyrolienne.*

**Tiroler Speckknödel:** Klöße aus Butter, Eiern, Mehl, Milch, Salz, Selchfleisch, Semmelwürfeln, Speck und Zwiebeln, gewürzt mit Petersilie, Salz und Schnittlauch.

**Tirtlen:** *Südtiroler* Teigtaschen aus Roggen-Weizenmehl, entweder mit Topfen-Kartoffelfüllung oder mit einer Sauerkrautfüllung; die etwa handtellergroßen Tirtlen werden in Fett schwimmend ausgebacken.

**Titbits** *(engl.)*: kleine Leckerbissen.

**Tivoli:** Fleisch- und Geflügelgarnitur. Grüne Spargelspitzen und Champignons gefüllt mit einem *Salpikon* aus Hahnenkämmen und -nieren.

**Toad-in-the-hole** *(engl.)*: Kröte im Loch; ein *englischer pie*. In einen Teig aus Eiern, Mehl, Milch und Salz wird eine Farce aus Hackfleisch oder gebratenem Speck und Wurstwürfel u.a. eingebacken.

**Toban jiang** *(chin.)*: Chili-Bohnen-Paste. Sie ist ein Würzmittel der regionalen Küche *Szechuans* und dient hauptsächlich als Fischwürze.

**Tobiko:** *japanischer* rotorangefarbener leuchtender Kaviar von Fliegenden Fischen.

**Tocay d'Alsace:** s. *Pinot Gris*.

**Toddy** *(engl.)*: frischer oder fermentierter Palmsaft. Meist aus der Palmyrapalme *(Palmwein)*; wird oft zu *Arrak* weiter verarbeitet. Aber auch: Alkoholischer Drink, meistens mit Whisky, heißem Wasser u.a. *(Hot Toddy; Irland* und *Schottland)*.

**Töltött káposzta** *(ung.)*: gefüllte Kohlrouladen, werden zwischen Sauerkraut mit Bauch und Speck gegart, wobei die Fülle variiert, z.B. kann die Farce aus Brät, Eiern, Reis und Zwiebeln, gewürzt mit Majoran, Paprika und Salz bestehen. Dazu wird meist saurer Rahm serviert *(Siebenbürgen, Ungarn)*.

**Töttchen:** ein Ragout aus Innereien, insbesondere Kalbskopf, Herz, Zunge u.a., aber auch Kalbsschulter, verschiedenen Gemüsen wie Lauch, Suppengrün und Zwiebeln, gewürzt mit Lorbeer, Nelken, Pfeffer sowie Thymian und gegart in einer mit Butter und Mehl gebundenen Fleischbrühe, die mit Weinessig, Weißwein und Zucker abgeschmeckt wird *(Münsterland)*.

**Tofu** *(jap.)*: s. *Bohnenquark*.

**Togbey:** *westafrikanische* Fladen aus Weizenmehl, Eiern und Zucker, mit Hefe gelockert und mit Palmwein und Gewürzen aromatisiert.

**Tokajer:** berühmtester Wein *Ungarns* mit unterschiedlichen Süßegraden, aus den Bergen an der russ. Grenze im Nordosten.

**Tokány** *(ung.)*: ein bekanntes *ungarisches* Fleischgericht aus verschiedenem Fleisch, wie Kalbsschulter, Rindslende, Schweineschulter u.a. Es gibt zahlreiche Rezepte: z.B. werden Zwiebeln gebräunt und abgelöscht; dann wird das in Streifen geschnittene Fleisch hinzugegeben und gar geschmort. Danach werden *lecsó* (s.d.) und gebratene Speckstreifen dazugegeben. Zum Schluss wird mit Paprika gewürzt und saure Sahne untergezogen. Oft werden auch Paprikaschoten und Tomaten zugegeben. Zum *tokány* auf *Siebenbürgische* Art verwendet man nur Rindfleisch, bräunt dieses zusammen mit Zwiebeln und Knoblauch, löscht mit Weißwein ab und bindet mit Tomatenmark. In dieser Sauce werden Fleischstreifen und Paprikaschoten gar gedünstet. Gewürzt wird mit Majoran, Pfeffer und Salz. Dazu gibt man *galuskas* (s.d.) und Reis.

**Tokány à la Gundel:** ein *tokány-Gericht* nach Art des berühmten *ungarischen* Gastronomen und Kochs *Gundel*. Nudelig geschnittene Rinderlende wird geröstet und mit Majoran, Pfeffer und Salz gewürzt. Bevor das Fleisch gar ist, wird ebenfalls klein geschnittene Gänseleber hinzugefügt. Dann wird mit Rotwein abgelöscht und das Ganze mit grünen Bohnen, grünen Erbsen und Spargelköpfen vermischt. Unmittelbar vor dem Anrichten werden mit Sahne verquirlte und gestockte Eier nestförmig darüber gegeben.

**Tollatsch:** eine *pommersche* Spezialität. In Wurstbrühe gegarter Kloß aus Mehl, Grieben, Schweineblut, Paniermehl, Rosinen und Zucker, gewürzt mit Anis, Kardamom, Salz, Thymian, Zimt und Zitronenschale. Der Kloß wird in Scheiben geschnitten, gebraten und zusammen mit ebenfalls gebratenen Apfelscheiben serviert.

**Tomate:** *Liebesapfel, Paradeiser (österr.), Paradiesapfel, pomodore (ital.), pomme d'amour (franz.).* Populäre Frucht aus der Neuen Welt. Ursprünglich eine Wildpflanze aus den *Anden*, später von den Ureinwohnern *Mexikos* angebaut; ihr *aztekischer* Name war *tomatl*. Es gibt zahlreiche Sorten bzw. Züchtungen. Die Farbe reicht von grün über gelb bis rot und fast schwarz. Wichtige Sorten sind u. a.: Fleischtomate, groß, mit festem Fleisch, aber wenig Saft, eignet sich zum Füllen, Grillen u. a. Weitere Sorten: *Eiertomate (San Marzano* und *Peretti)* und *Flaschentomate*, beide mit viel Geschmack und wenig Kernen; *Strauchtomate*, würzige kleinere Sorte; *Kirschtomate, Cocktailtomate*, kleinste Tomatensorte, hauptsächlich zum Dekorieren. Bekannte Tomatenprodukte sind z. B. *Ketchup, pelati*, d. h. geschälte Tomaten für Saucen, Suppen; gehackte Tomaten, teilweise gewürzt (bei uns in Konserven erhältlich), getrocknete Tomaten, eingelegte getrocknete Tomaten, für Saucen, Schmorgerichte, Teigwaren usw.

**Tomaten auf provenzalische Art:** Zubereitungsart für Tomaten, die meist als Beilage Verwendung finden. Sie werden halbiert, mit einer Mischung aus geriebenen altbackenen Brötchen, Knoblauch und gehackter Petersilie bestreut, mit Olivenöl beträufelt und im Ofen gebacken.

**Tomatenketchup:** s. *Ketchup*.

**Tomates concassées:** s. *Concassé de tomates*.

**Tomatillo:** *Andenbeere;* walnussgroße, *mexikanische* und *südamerikanische* Beerenfrucht. Unreif hat sie eine blassgrüne Schale, reif eine orangerote; wird eher unreif für Saucen, Eintöpfe Pickles etc. verwendet. War schon den Azteken bekannt. Gehört zur botanischen Art *Physalis* mit pergamentartiger Hülle.

**Tomatisieren:** mit Tomatensauce oder Tomatenpüree vermischen.

**Tom jabchai:** ein *thailändischer* Eintopf aus zehnerlei Gemüse wie Chinakohl, Lauch, Pilze, Sellerie, weißer Rettich, Wirsing usw., außerdem Geflügel, Schweinefleisch u. v. a.

**Tomme:** *Tome;* Weichkäse bis halbfester Schnittkäse aus *Savoyen* mit schimmeliger Rinde *(Frankreich).*

**Tomme de chèvre** *(franz.)*: Ziegenkäse aus Korsika, den Bergregionen *Savoyens* und der *Provence (Frankreich).*

**Tomme de Vandois:** *Schweizer* Weichkäse nach Camembert-Art.

**Tom yam gung** *(thail.)*: beliebte, scharf-saure Suppe aus Hühnerbrühe, Garnelen und Pilzen, gewürzt mit Chili, Fischsauce, Kaffirlimettenblättern, Zitronengras und Zucker *(Thailand).*

**Ton** *(jap.)*: Schweinefleisch.

**Tong mien** *(chin.)*: *Tang mian;* Nudelspäne.

**Tongku-Pilze:** auch *chinesische* Champignons genannt, siehe *Shiitake.*

**Tonno** *(ital.)*: Thunfisch.

**Toor dal** *(ind.)*: Straucherbsen, enthülst und gespalten.

**Topfbraten:** ein Gericht aus Schweinefleisch und Schweineinnereien mit Lebkuchen und Pflaumenmus *(Thüringen).*

**Topfen** *(österr.)*: s. *Quark.*

**Topfenkolatschen:** Mehlspeise; mit einer süßen Quarkmischung gefüllte Hefeteigvierecke, im Ofen gebacken *(Österreich).*

**Topfennocke(rl)n:** eine *österr.* Knödelspezialität, Topfen und Eier werden mit Rahm und Mehl glatt gerührt, mild gesalzen und zu Klößen geformt; Butter und Wasser werden erhitzt und die Nocken darin gegart.

**Topfen-Palatschinken:** s. *Palatschinken.*

**Topfenstrudel:** *Quarkstrudel; österr.*, beliebte Strudelspezialität. Eine Masse aus schaumig gerührter Butter, Zucker, Prise Salz, geriebener Zitronenschale und Eidotter wird mit Quark, saurer Sahne, Rahm und Rosinen vermischt. Zum Schluss wird Eischnee darunter gezogen, die Masse auf den Strudelteig gestrichen, dieser eingerollt, mit zerlassener Butter bestrichen und gebacken. Zum warmen Strudel passt Vanilleeis oder -sauce; s. a. *Strudel.*

**Topfkuchen:** s. *Baba.*

**Topinambur:** *Erd-, Jerusalem-Artischocke, Erdbirne, Rosskartoffel;* kartoffelähnliche Knollen einer Sonnenblumenpflanze mit leicht süßlich-nussigem Geschmack, gekocht nach Artischocken schmeckend. In fast allen Teilen der Welt angebaut. Im *Schwarzwald* meist zu Schnaps verarbeitet.

**Tori** *(jap.)*: Huhn.

**Tori teriyaki** *(jap.)*: s. *Teriyaki.*

**Torresmos** *(port.)*: Grieben, auch geröstete Schweineschwarte *(Brasilien;* s. a. *Chicharrones).*

**Torrone** *(ital.)*: hartes oder weiches Konfekt aus einer Masse aus Mandeln, Haselnüssen, Pistazien, kandierten Früchten, Schokolade u.a., gebunden mit Eiweiß, Honig und Zucker (s.a. *Touron, Nougat*).

**Tortelletts:** kleine Törtchen von verschiedenen Formen und verschiedenen Teigen mit süßen oder pikanten Füllungen.

**Tortellini** *(ital.)*: Bischofsmützen. Teigtaschen in Bischofsmützenform, meist gefüllt mit einer Farce aus Hühnerfleisch und Käse, gewürzt mit Muskatnuss und Pfeffer.

**Tortiglioni** *(ital.)*: schraubenförmige Pasta.

**Tortilla** *(span.)*: es gibt zweierlei Pfannen-Gerichte aus *Spanien* und *Lateinamerika* mit diesem Namen. Vor allem in *Mexiko* bezeichnet man so hauchdünne Fladen aus Mais- oder Weizenmehl zum Füllen mit Fisch-, Fleisch-, Geflügelfarce oder Avocado-Creme. Der Teig besteht meist aus Maismehl (original: *Masa Harina*, s.d.), evtl. Öl oder Schmalz und lauwarmem Wasser und bleibt in der Regel ungesalzen. Weizentortillas werden meist aus gesalzenem Teig hergestellt. Der geschmeidige Teig wird hauchdünn ausgerollt und in tellergroße Scheiben geteilt. Er wird ohne Fett nur so lange gebacken, bis er braune Flecken zeigt. In *Mexiko* verwendet man dafür allgemein eine waffeleisenartige Presse.
In *Spanien* sind *tortillas* omelettartige Pfannengerichte, meist auf Eier- und Kartoffelbasis, mit vielen wechselnden Zutaten, wie Kräutern, Chilis, Garnelen, Wurst, Zwiebeln usw. Ein Beispiel ist die *tortilla de patatas* – auch als *tortilla española* bezeichnet: Scheiben von rohen Kartoffeln und evtl. Zwiebeln werden mit Olivenöl in einer Bratpfanne gebraten, mit verquirlten Eiern vermischt und nur so lange gegart, dass die *tortilla* innen noch saftig ist. *Tortilla* wird auch als Tapa (s. *Tapas*) kalt serviert.

**Tortilla a la jardinera** *(span.)*: Omelett nach Gärtnerin-Art, gefüllt mit einer Mischung von Auberginen, Bohnen, grünen Erbsen, Kartoffeln, Paprikaschoten sowie Zwiebeln, gewürzt mit Pfeffer und Salz *(Spanien)*.

**Tortilla de gambas** *(span.)*: *tortilla*, gefüllt mit einer Mischung von Eiern und Garnelen, gewürzt mit Pfeffer und Salz.

**Tortilla de jamón** *(span.)*: *tortilla*, gefüllt mit einer Masse von Eiern und rohem Schinken, gewürzt mit Pfeffer und Salz.

**Tortilla de patatas** *(span.)*: s. *Tortilla*.

**Tortue** *(franz.)*: Schildkröte.

**Tortue, en** *(franz.)*: Schildkrötenart; Garnitur aus Kalbsklößchen, Kalbshirn, Kalbszunge, Champignons, Blätterteighalbmonden, gefüllten Oliven, Eivierteln, Pfeffergurken u.a., zu *Kalbskopf en tortue* (s. *Kalbskopf nach Schildkrötenart* und *Schildkrötenkräuter*).

**Tostadas** *(span.)*: Getoastetes; in *Mexiko* versteht man darunter gebratene *tortilla* mit beliebigem Belag wie Avocadocreme, Chilisauce, *frijoles*, Hackfleisch,

Hühnerfleisch, Salat, Käse, saurem Rahm u.a.m.

**Tostones de plátano** *(span.)*: Chips oder gebratene Streifen aus Gemüsebananen *(Karibik)*.

**Totebeinli:** diverses Kleingebäck *(Schweiz)*.

**Totenbrot:** *pan de muerto (span.)*; ein in *Mexiko* traditionell zu Allerheiligen und Allerseelen gebackenes, mit Knochen aus Teig etc. verziertes, mit Ei glasiertes und mit Zucker bestreutes Hefegebäck.

**Totentrompete:** Speise- und Würzpilz, der im Herbst vor allem in Buchenwäldern vorkommt und sich besonders zum Trocknen eignet.

**Touren machen:** das Umschlagen und Ausrollen von Blätterteiglagen (s.a. *Blätterteig*).

**Tourin blanchi** *(franz.)*: Knoblauchsuppe aus dem *Bordelais (Frankreich)*.

**Tournedo** *(franz.)*: eine Lendenschnitte von 80–125 g, 3–4 cm dick und völlig fettlos aus der Spitze des Rinderfilets geschnitten, größer als das Medaillon, gebraten oder gegrillt und meist auf einem Sockel, z.B. einem *Croûton*, serviert (s.a. *Schlachtfleisch*).

**Tournedos auf Försterinart:** s. *Tournedos forestière*.

**Tournedos bordelaise** *(franz.)*: Tournedo mit blanchierten Markscheiben und *Sauce bordelaise* (s.d.).

**Tournedos Choron** *(franz.)*: mit Speckstreifen umwickelte und mit Küchengarn umbundene Tournedos auf Croûtons angerichtet, mit Choronsauce begossen und mit Artischockenböden, Pariser Kartoffeln und Zuckererbsen garniert. Es gibt mehrere Abwandlungen dieses Rezepts.

**Tournedos Clamart:** mit Speck umwickelte und mit Küchengarn umbundene Tournedos, angerichtet auf gleichgroßen Kartoffelküchlein. Auch davon gibt es unterschiedliche Rezepte. Grundsätzlich wird mit Erbsen in Tortelettes garniert. Aus dem Bratensatz wird mit Kalbsfond und Sherry eine Sauce hergestellt und getrennt serviert.

**Tournedos cordon rouge** *(franz.)*: mit Gänseleber gefüllte und Parmaschinken umwickelte Tournedos.

**Tournedos Curnonsky:** in Butter gebratene Tournedos in einer Sauce aus dem Bratensatz, *demi-glace*, Cognac, Portwein und gehackten Trüffeln, garniert mit gegrillter Tomate, Rindermark, tournierten Kartoffeln und Maiskroketten.

**Tournedos Dubarry:** mit gratiniertem Blumenkohl garniert.

**Tournedos forestière** *(franz.)*: auf Försterinart; mit Speck umwickelte und mit Küchengarn umbundene Tournedos, die auf Croûtons angerichtet, mit angebratenen Pilzen bedeckt und mit einer aus dem Bratensatz gefertigten Sauce übergossen werden; auch hier gibt es Variationen.

**Tournedos Rossini:** *Lendenschnitten Rossini;* eines der bekanntesten Rinderfiletgerichte. Fleischscheiben mit Speck und Küchengarn binden, sautieren und auf in Butter gebratenen Croûtons anrichten, mit Gänseleber und Trüffelscheiben belegen und mit einer Sauce aus dem Bratensatz, *demi glace* und Madeira nappieren.

**Tournedos strasbourgeoise** *(franz.)*: Tournedos, die mit *foie gras* garniert werden.

**Tournieren:** *abdrehen;* Gemüse auf eine dekorative, gleichmäßige Form zurechtschneiden, einriefen, formen usw.

**Touron** *(franz.)*: *baskische* Süßigkeit aus einer marzipanähnlichen Masse, hauptsächlich aus Mandeln und Pistazien; verschiedene Formen und Farben (s. a. *Torrone*).

**Tourte** *(franz.)*: im Elsass gebräuchlicher Ausdruck für Pastete, oft mit Deckel, aber auch belegter Blätterteig- oder Mürbeteigkuchen; s. *Tarte*.

**Träuble:** *schwäbisch* für Johannisbeere.

**Träubleskuchen** *(südd.)*: frische Johannisbeeren auf Mürbeteigboden, mit Baisergitter überbacken.

**Traiteur** *(franz.)*: Feinkosthändler, Partyservice u. dgl.

**Traminer:** würziger, bukettreicher Wein; bekannt ist der Gewürztraminer aus dem *Elsass*.

**Tran:** Fischöl, vor allem aus Walfisch gewonnen, von unangenehmem Geschmack, aber sehr gesund.

**Tranche** *(franz.)*: Scheibe von meist gekochtem Fleisch.

**Tranchieren:** Fleisch in Scheiben schneiden.

**Trappe:** man unterscheidet die *Großtrappe* von der *Zwergtrappe*. Erstere ist der größte europäische Laufvogel. Zarter und schmackhafter ist die südeuropäische Zwergtrappe, die auch in *Frankreich* und *Spanien* beheimatet ist. Wird gezüchtet, da wild in fast allen Ländern geschützt.

**Trappistenkäse:** halbfester Schnittkäse aus *Deutschland*, *Österreich* (z. B. *Mondseer*) und *Frankreich* (*Port-(du-)Salut*).

**Trasi** *(indon.)*: s. *Terasi*.

**Traubenkernöl:** zart grünes Öl aus den Kernen der Weinbeere, kalt gepresst mit fruchtigem Geschmack.

**Trauttmansdorff:** s. *Reis Trauttmansdorff*.

**Treber:** Rückstände des Malzes bei der Bierherstellung, enthält hautsächlich Spelzen und Eiweiß.

**Trenette** *(ital.)*: schmale Bandnudeln mit gewelltem Rand.

**Trepang** *(malaiisch.)*: s. *Bêche de mer*.

**Trester:** Rückstand beim Auspressen von Trauben oder anderem Obst; Ausgangsprodukt für Schnäpse, wie *Grappa (Italien), Marc (Frankreich), Pisco (Peru)*.

**Trid:** eine traditionsreiche Pastete aus *Nordafrika*, die viele Rezepte kennt; z.B. werden in *Chermoula* (s.d.) mit etwas Wasser marinierte Hühnerteile auf ein Bett von *Warkha-Teigblätter* (s.d.) gelegt; gewürzt mit einer Zucker-Zimt-Mischung, wieder bedeckt mit Teigblättern und beträufelt mit Hühnerbrühe, anschließend im Backofen bei mittlerer Hitze etwa 20 Minuten gebacken *(Marokko)*.

**Trifle** *(engl.)*: Süßspeise aus mit Sherry getränktem Biskuit, Früchten und Eiercreme, meist mit Marmelade und Schlagsahne garniert.

**Triglie** *(ital.)*: Rotbarbe.

**Tripas** *(port., span.)*: Kutteln, Kaldaunen.

**Tripes** *(franz.)*: Eingeweide, insbesondere Kutteln, Kaldaunen.

**Tripes à la lyonnaise** *(franz.)*: Kuttelgericht auf Lyonnaiser Art. Die Kutteln werden mit Zwiebeln in Butter gebraten und mit Petersilie bestreut.

**Tripes à la mode de Caen** *(franz.)*: ein delikates Kuttelgericht, das, von Variationen abgesehen, grundsätzlich wie folgt zubereitet wird: Die Kutteln werden zunächst vorgekocht und dann mit Kalbsfüßen, Karotten, Kräuterbündel, Knoblauch, Lauchstangen und Zwiebeln in ein Gefäß gegeben, mit Apfel- oder Weißwein begossen und mit Calvados oder Cognac aromatisiert. Darauf werden Speckstreifen gelegt. Sodann wird das Gefäß mit einer einfachen Teigmasse hermetisch verschlossen. Gegart wird im Backofen ca. 12–14 Std. lang bei ca. 100 °C. In der *Bretagne* und *Normandie* nennt man *tripes à la mode* ganz allgemein ein Gericht aus Innereien, vermischt mit Äpfeln, Cidre und Lauch, gewürzt mit Lorbeer, Pfeffer und Thymian und ebenfalls im Backofen in einem hermetisch verschlossenen Gefäß gegart.

**Tripmadam:** *Steinkraut;* ein Küchenkraut, das oft gemischt mit anderen Kräutern zum Würzen von Salaten und Suppen sowie Kartoffelgerichten dient; heute nur wenig gebraucht.

**Trippa alla romana** *(ital.)*: Kutteln auf *römische* Art: Über Kutteln wird eine unter Verwendung von Fleischbrühe, Möhren, durchwachsenem Räucherspeck, Rotwein, Zwiebeln usw. bereitete Tomatensauce gegeben. Darüber kommen Stückchen von Pecorinokäse und frische Minze. Dann wieder eine Schicht Kutteln, Tomatensauce usw. Zum Schluss wird mit Fleischbrühe aufgefüllt und im Backofen gar geschmort.

**Trippa di vitello** *(ital.)*: Kalbskutteln.

**Trocken:** Wein, Schaumwein etc. ohne Süße.

**Trockenpökeln:** s. *Pökellake*.

**Trota** *(ital.)*: Forelle.

**Trucha** *(span.)*: Forelle.

**Trucha à la Navarra** *(span.)*: *nordspanische* Spezialität; Forellen werden mit Serranoschinken gefüllt, in Mehl gewendet und in Olivenöl gebraten. Variante: gehackter Serranoschinken und Knoblauch werden in Olivenöl angebraten und aus der Pfanne genommen. Dann werden die gefüllten Forellen darin gebraten und zum Schluss mit der Schinken-Knoblauch-Mischung bestreut *(Spanien)*.

**Trübeli** *(schweiz.)*: Johannisbeeren.

**Trüffel:** der edelste und teuerste Speisepilz in kartoffelähnlicher Form, mit rauer, heller bis schwarzer Schale. Die besten *schwarzen Trüffeln* kommen aus dem *Périgord* in Frankreich. Sie werden auf dem Markt *brossées* (gebürstet), *morçeaux* (in Stücke geschnitten) und *pelées* (geschält) angeboten. Die norditalienischen *weißen Trüffeln* aus dem *Piemont* haben gelblich weißes Fleisch. Die besten kommen aus der Gegend von Alba. Außerdem gibt es *Kalahari-Trüffeln* aus *Südwestafrika,* die jedoch geschmacklich wenig mit den Trüffeln aus Périgord oder Piemont gemein haben. Erfolgreiche Versuche, Schwarze Trüffeln zu produzieren werden aus *Tasmanien* gemeldet. Wichtigste Trüffelsorten: *Schwarze Trüffeln* wachsen fast überall in Europa vornehmlich in Eichenwäldern, vielseitig verwendbar zum Verfeinern und Würzen von Suppen, Salaten u.a. Man kann den Pilz vor seiner Verwertung in Madeira-, Portwein oder auch Champagner einlegen. Eine Spezialität ist das Garen im Blätterteigmantel. Hauptfundgebiete sind unter anderem das Périgord, das südliche Rhônetal, die Provence und der Norden Italiens.
*Weißer Trüffel:* wächst ebenfalls unter Eichen sowie unter Linden, Nussbäumen u.a., riecht leicht nach Knoblauch und Käse und ist eine beliebte Beilage zu Carpaccio, Omeletts, in Pasta und Risotto u.a. Die Kilopreise variieren nach Angebot.
*Sommertrüffel:* wenig geschmackvoller, hauptsächlich zum Dekorieren verwendeter Trüffel. *Wintertrüffel:* weitaus schmackhafter.
Trüffeln werden auch sahnige, meist gefüllte Schokoladenkugeln genannt, die verschiedene Aromastoffe und oft Alkoholika, wie Rum, Weinbrand u.a. enthalten.

**Trüffelfond:** Garsud von Trüffeln oder Trüffelresten.

**Trüffeln in der Asche:** in Armagnac oder Cognac marinierte Trüffel werden in mit Pfeffer gut gewürzte Speckscheiben eingewickelt und auf dem Holzkohlengrill gegart.

**Trüffelnägel:** Streifen von Trüffeln zum Spicken.

**Trüffelpannkoken** *(niederdd.)*: Kartoffelpuffer.

**Trüffelsauce:** s. *Sauce Périgueux*.

**Trüffelschalen:** gibt es in Dosen und finden fein gehackt in Farcen, Suppen u.a. Verwendung.

**Trüsche:** s. *Aalraupe*.

**Truffe** *(franz.)*: Trüffel.

**Truffiat** *(franz.)*: Kartoffelgericht aus geriebenen Kartoffeln, Quark und Gewürzen, in der Cocotte gebacken; aber auch: geriebene Kartoffeln mit Butter und Eiern in einer flachen Form gebacken *(Frankreich)*.

**Truite** *(franz.)*: Forelle.

**Truites aux amandes** *(franz.)*: s. *Forelle mit Mandeln*.

**Truite à la meunière** *(franz.)*: *Forelle Müllerin*. Die Forelle wird mit Pfeffer und Salz gewürzt, in Mehl gewendet und in Butter gebraten, wobei darauf zu achten ist, dass die Haut nicht in der Pfanne anklebt. Nach dem Braten wird der Fisch mit Zitronensaft beträufelt, mit Petersilie bestreut und mit *beurre noisette* begossen.

**Truite au riesling** *(franz.)*: Forelle in Riesling gedünstet.

**Truite fumée** *(franz.)*: geräucherte Forelle.

**Trulli**: wie kleine Wagenräder geformte Pasta mit Rillen.

**Truthahn**: *Pute, Puter, Welscher Hahn; Indian (österr.); dinde (franz.); turkey (engl.); pava (span.); perú (port.);* aus *Mexiko* stammendes Geflügel, weiblich Pute, männlich Puter genannt, mit festem magerem Fleisch.

**Tsa Tsai**: *chinesisches* eingelegtes Gemüse.

**Tsai**: *zai (chin.);* steht für Gemüse, insbesondere Chinakohl.

**Tsarfion**: mit einer Wurstmischung gefüllter Weißkohl, der mit gekochten Rippchen, Speckscheiben und Kartoffeln angerichtet wird *(franz. Schweiz)*.

**Tsatsiki/Tzatziki**: *griechische* und *türkische* Joghurtspezialität, mit geraspelten Gurken, viel Knoblauch, Essig, Salz, Pfeffer u.a. Traditioneller Bestandteil griechischer und türkischer Vorspeisen.

**Tscha/Cha** *(chin.)*: Tee.

**Tschawal** *(ind.)*: s. *Chawal*.

**Tscherkes taugu** *(russ.)*: s. *Huhn auf tscherkessische Art*.

**Tscholent**: *jüd.* Schabbatessen, ein Eintopf hauptsächlich aus weißen Bohnen, mit denen zusammen Rinderbrust, Markknochen, Kalbsfüße, Graupen, Lauch, Möhren, Sellerieknollen und Zwiebeln gekocht werden. Gewürzt wird mit Knoblauch, Petersilie, Pfeffer und Salz. Das Rindfleisch wird getrennt in Scheiben serviert. Wird auch mit Gänsefleisch und Hammel zubereitet, s.a. *Schalet* und *Shalet*.

**Tschorba** *(bulg., moldaw., türk.)*: *chorba (mazed.), çorbasi (türk), ciarba (rumän.), čorba (bosn., auch Dalmatien, Serbien und Slowenien), schurba (alger., syr.), schurpa (usbek., turkmen.)*. Der Begriff erscheint mit unterschiedlicher Schreibweise im östlichen Europa, im Nahen Osten und in der arabischen und nordafrikanischen Welt immer für Suppentöpfe oder suppige Eintöpfe. Auch bei den Ländern ist eine vollständige Auflistung kaum möglich, zumal geographische Überschneidungen und Grenzüberschreitungen die

Regel sind. In *Tunesien* z.B. versteht man unter *Schorba bitha* eine Suppe, die mit Lammfleisch, angeschwitzten Zwiebeln und Reis gekocht wird. Da hinein kommen verquirlte Eier, alles gewürzt mit Petersilie und Zitronensaft. In der *Schorba bil allusch* wird Lammfleisch mit Petersilie, Schnittsellerei und Tomatenmark vorgekocht, dann kommen Graupen oder Fadennudeln
dazu; gewürzt wird mit mildem Paprikapulver, Salz und abgerundet mit etwas Butter und Zitrone. Die *mazedonische chorba* wird mit verschiedenen Fischen und Gemüse, die *rumänische ciorbă* mit Karpfen und verschiedenen Gemüsen, vor allem Tomaten u.a. zubereitet usw.

**Tschutsch:** *Tiroler* und *Südtiroler* Buchweizenbrei. Wird zusammen mit Speckwürfeln, Milch, Eiern und Mehl im gebutterten *Rein* (s.d.) gebacken. Dazu gibt es frischen Salat.

**Tsipúra** *(griech.)*: Goldbrasse.

**Tsui-dji** *(chin.)*: heißt wörtlich *betrunkenes Huhn*, ein bekanntes *chinesisches* Hühnergericht. Ein gekochtes Huhn wird mehrere Tage lang in einer Mischung von Hühnerbrühe und Wein mariniert dann in Scheiben geschnitten und kalt serviert.

**Tsukudani:** *japanische* Beilage zu Reisgerichten aus Algen, zerpflücktem Trockenfisch, Shrimps, Sojasauce, Mirin u. a. Es gibt zahlreiche Varianten.

**Tsuma** *(jap.)*: in hauchdünne Streifen geschnittener Rettich, Beilage zu *Sashimi* (s.d.).

**Tubetti lunghi** *(ital.)*: kurze Makkaroni, leicht gebogen.

**Tucanuss:** s. *Paranuss.*

**Tucunaré:** Fisch aus Amazonien; aus ihm wird oft eine *Caldeirada* (Fischsuppe) zubereitet *(Brasilien).*

**Türken:** in *Kärnten* und in der *Steiermark* meint man damit den Mais.

**Türkenmehl:** *Schweizer* und *österreichischer* Ausdruck für Maismehl.

**Türkenribel** *(schweiz.)*: Polenta.

**Türkensterz:** eine Art Polenta aus Maisgrieß oder -mehl, Schmalz, Wasser und Salz. Für den Sterz kocht man einen Brei aus den voran genannten Zutaten oder röstet Maisgrieß in heißem Fett und löscht mit kochendem Salzwasser ab. Die fertige Masse wird zerbröselt oder in Schmarrn zerteilt *(Österreich).*

**Türkische Art:** *à la turque (franz.);* Garnitur für Fisch mit brauner Butter, Auberginenscheiben und safraniertem Pilaw-Reis.

**Türkische Kroketten:** s. *Beurrecks.*

**Türkischer Honig:** mit *Halva* (s.d.) verwandtes Konfekt aus Eischnee, Gelatine, Honig und Zucker und häufig mit Sesamsamen eingehüllt.

**Türkischer Kaffee:** in speziellen Kaffeekännchen mit viel Zucker bereiteter Kaffee. Wird grundsätzlich dreimal aufgekocht, dreimal wird Wasser nachgegossen, zum Schluss werden einige Tropfen Rosenwasser zugegeben.

**Türkischer Reispilaw:** s. *Pilaw.*

**Türteln:** s. *Tirtlen.*

**Tuiles** *(franz.)*: kleine, über einem Wellholz (Kuchenrolle) noch warm halbrund gebogene Plätzchen, meist aus Mandelteig u.a.

**Tulsi:** *Heiliges Basilikum;* in *Indien* heimisch. Die leicht pfeffrig schmeckenden Blätter werden zu heißen oder kalten Teebereitungen verwendet. Die schwarzen Samen, die aussehen wie Mohnsamen, werden in kalte Getränke gegeben; dazu weicht man sie ein, sie bilden dann einen gelartigen Überzug (s. *Sharbat gulab*). In der südostasiatischen Küche wird das Kraut auch zum Würzen von Speisen verwendet (*Kambodscha, Thailand* u.a.).

**Tunesische Gewürzmischung:** *Gälat dagga;* bestehend aus: Gewürznelken, Muskat und Zimt, gemahlenen Pfefferkörnern (schwarz) und *Paradieskörnern* (s.d.). Wird zu Gemüse- und Lammgerichten verwendet.

**Tuong** *(vietn.)*: Sauce aus vergorenen *Cerealien* oder Bohnenpaste, evtl. vermischt mit Chili, Ingwer und Zucker, zum Würzen von Fleisch.

**Tuong nam** *(vietn.)*: Sauce aus halbweich fermentierten gelben Sojabohnen, Mehl und Salz.

**Tuong ngot** *(vietn.)*: s. *Hoisinsauce.*

**Turban** *(franz.)*: beeindruckendes Gericht in Turbanform, bestehend aus hochwertigen Meeresfrüchten, Geflügel, Wild u.a. im Reisring serviert.

**Turbot** *(engl., franz.)*: *turbotin (franz.), rombo (ital.); Steinbutt;* einer der besten Plattfische mit weißem und schmackhaftem Fleisch aus Nordsee und Nordostatlantik. Den jungen, kleinen Steinbutt nennt man in Frankreich *turbotin;* wird wie *Seezunge* zubereitet.

**Turbotin** *(franz.)*: junger Steinbutt, s. *Turbot.*

**Turf and surf** *(engl.)*: in *Nordamerika* ein Gericht, in dem sich Meeresfrüchte (Hummer, Prawns etc.) und Produkte vom Land (Fleisch, auch Geflügel) finden (z.B. *Steak and Lobster*).

**Turkey** *(engl.)*: s. *Truthahn.*

**Turlu:** *Türlü;* ein *türkischer* Eintopf, der aus Lamm- oder Hammelfleisch, Auberginen, grünen Bohnen, Kürbis, Paprika, Tomaten und Zwiebeln bereitet, scharf gewürzt und im Ofen gedünstet wird. Es gibt viele Abwandlungen.

**Turmeric** *(engl.)*: s. *Gelbwurz.*

**Turnip** *(engl.)*: s. *Speiserüben.*

**Turque, à la** *(franz.)*: s. *Türkische Art.*

**Turrón de almendras** *(span.)*: Mandelkonfekt aus Honig, Mandeln und Zucker *(Spanien)*, s.a. *Torrone.*

**Turtle** *(engl.)*: Schildkröte.

**Tutmaj:** Suppe aus Joghurt, Eiern, Nudeln und Zwiebeln, gewürzt mit Minze und Pfeffer *(Armenien)*.

**Tutschen** *(österr.)*: Runkelrüben.

**Tutú de feijão** *(bras.)*: Trockenfleisch oder Rindfleisch mit verschiedenen Gewürzen in Essig über Nacht marinieren. Am nächsten Tag das Fleisch weichkochen. Einen Teil in Scheiben schneiden, den anderen Teil klein zupfen. Schwarze Bohnen separat garen und mit dem Kochwasser vom Fleisch pürieren. Kohlblätter (*Couve Mineira*, s. d.) in Streifen mit Zwiebeln und Speckwürfeln anbraten, Würste *(Linguiça)* erwärmen und in Scheiben schneiden. Das Fleisch separat kross anbraten. Alles in eine Schüssel füllen und mit Eischeiben garnieren. Es gibt auch eine Variante ohne Fleisch, nur mit Grieben oder frittierter Schweineschwarte *(torresmos)*.

**Tutti-frutti** *(ital.)*: Salat aus vielerlei Früchten.

**Tuttifrutti-Creme:** ein köstliches Dessert aus Früchten, das mit einer schaumigen Creme von Rahm, Stärkemehl und Zucker, Zitronenschale und Vanille vermischt, mit Eischnee bedeckt, mit Zucker bestreut und im Ofen überbacken wird.

**Twórög** *(russ.)*: Quark, Frischkäse.

**Tworoschniki** *(russ.)*: Küchlein aus trockenem Quark, geschmolzener Butter, Eiern, passierten Kartoffeln, Mehl, saurem Rahm und Zucker, in Butter oder Öl ausgebacken und mit Zucker bestreut; werden vor dem Verzehr in sauren Rahm getaucht.

**Tyrolienne, à la** *(franz.)*: s. *Tiroler Art*.

**Tza** *(chin.)*: frittiert, gebraten.

**Tzao** *(chin.)*: Sauce.

**Tzatziki:** s. *Tsatsiki*.

**Ucha** *(russ.)*: alte Bezeichnung für »Suppe«; heute wird eine spezielle Fischsuppe so genannt. Außer Fisch werden z. B. Kartoffeln, Lauch, Rüben, Zwiebeln usw. verwendet.

**Udang** *(indon.)*: Krabben. Als *Udang goreng* werden gebackene Krabben bezeichnet.

**Udang keri:** getrocknete Garnelen *(Indonesien* und *Malaysia)*.

**Udon** *(jap.)*: dicke Nudeln aus Weizenmehl, Eigelb, Salz und Wasser.

**Überbrühen:** s. *Blanchieren*.

**Überglänzen:** s. *Glacieren*.

**Überraschungsomelette:** s. *Omelette surprise (franz.)*.

**Überzwerch:** s. *Querrippe des Rindes*.

**Ugli:** dickschalige, ursprünglich auf *Jamaika* beheimatete Zitrusfrucht, eine natürlich entstandene *Tangelo* (s. d.), d. h. eine Kreuzung zwischen Grapefruit oder Pampelmuse und Mandarine. Der Name kommt von der unansehnlich gelb-grünen Schale (ugli = engl. für hässlich); aromatisch saftiges Fruchtfleisch.

**Újházy tyukleves** *(ung.)*: s. *Úyházy tiú-kleves*.

**Ulluca:** kartoffelähnliche Knolle einer Schlingpflanze in den *Anden;* von den Indios als Gemüse wie Kartoffeln verwendet.

**Ulve:** s. *Meeressalat*.

**Ukelei:** s. *Albe*.

**Unagi:** *japanische* Bezeichnung für einen Süßwasseraal, u. a. für *Sushi* (s. d.) verwendet.

**Umeboshi** *(jap.)*: in eine saure Salzlake eingelegte Pflaumen. Werden als Gewürz für viele Gerichte verwendet; als Mus oft auch Saucenbeigabe *(Japan)*.

**Underdone** *(engl.)*: s. *blutig*.

**Ungarische Art:** *à la hongroise (franz.);* Garnitur für Fisch und Fleisch. Pochierter Fisch wird mit Würfeln von Paprika und Tomaten sowie mit gehackten Zwiebeln garniert; Fleisch mit würziger Paprikasauce und Blumenkohlröschen, die mit paprizierter und mit Schinken vermischter *Sauce Mornay* (s. d.) nappiert werden.

**Ungarische Gulaschsuppe:** s. *Gulyásleves (ung.)*.

**Ungarische Salami:** schnittfeste Rohwurst aus Schweinefleisch und Speck, kaltgeräuchert und mehrere Monate getrocknet.

**Ungarische Sauce:** s. *Sauce hongroise*.

**Uni** *(franz.)*: ohne Garnitur.

**Untere Weiche:** s. *Schlachtfleisch* (Rind).

**Untergäriges Bier:** meistverbreitetste Bierart (z. B. Pils). Der Gärprozess wird bei niedrigen Temperaturen im Gegensatz zum *obergärigen Bier* (s. d.) von unten her in Gang gesetzt (s. a. *Bier*); die meiste Hefe setzt sich auf dem Boden der Garwanne ab.

**UNTERSCHALE:** Teil der Keule beim Rind, Kalb und Schwein. Beim Rind wird die Unterschale auch Pökelstück, Rouladenstück, Schwanzfeder, Schwanzstück, Tafelspitz usw., beim Kalb auch Fricandeau und beim Schwein Schinkenstück und Schwanzstück genannt. Beim Rind wird dieses Stück für Gulasch, Rostbraten und Sauerbraten, beim Kalb u.a. für Rouladen und Schnitzel und beim Schwein u.a. für Schweinebraten, Steaks und Schnitzel verwendet.

**UOVO** *(ital.)*: Ei.

**UPDRÖGT BOHNTJES:** *Aapenfingers; ostfriesisches* Nationalgericht. Eintopf aus getrockneten grünen Bohnen, Kartoffeln, Schaffleisch und durchwachsenem Speck.

**URDBOHNE:** *Urad (ind.); Black gram (engl.);* anfänglich schwarze Kerne, die im vollreifen Zustand dunkelgrün sind. Die jungen Schoten werden samt Kernen als Gemüse verzehrt. Reife, getrocknete Kerne werden zu Mehl für Brot, *PAPADAM* (s.d.), Pfannkuchen, Püree usw. verarbeitet. Manche asiatische Sauce enthält Urdbohnen. Die leeren Hülsen werden zudem als Gemüse verzehrt *(Asien, Ostafrika)*. Da Urdbohnen Blausäure enthalten, muss das Einweich- und Kochwasser mehrmals gewechselt werden.

**URQUELL:** s. *PILSENER*.

**URSULINEN:** *Blätterteig-Bouchées,* gefüllt mit einem Krebsschwanz-Spargel-Frikassee oder mit Würfeln von gebratener Gänseleber in Madeirasauce.

**URUCHIREIS:** in *Japan* für *Sushi* verwendeter, gekochter Reis, der noch am selben Tag verarbeitet wird.

**USBEK PALOW:** *usbekisches* Nationalgericht. Pilaw mit Lammfleisch, Möhren, Buchweizen (auch Reis) und Zwiebeln, gewürzt mit Pfeffer und Salz *(Zentralasien)*.

**USCHKI** *(russ.)*: aus einem dünn ausgewellten Teig (Mehl, Ei und Wasser) werden Vierecke geschnitten, die mit Hackfleisch gefüllt zu Dreiecken zusammengeklappt in Salzwasser gegart werden; Beilage zu *SCHTSCHI* (s.d.).

**ÚYHÁZY TIÚ-KLEVES** *(ung.)*: *Újházy tyukleves (ung.), Hühnersuppe à la Úyházy;* eine dem Schauspieler und Gourmet *Úyházy* gewidmete Hühnersuppe. Die Zutaten können getrennt oder zusammen gegart werden. Eine Methode ist z.B. das Huhn in leicht gesalzenem Wasser kalt aufgesetzt zu garen. Separat werden in einer Rindfleischbrühe grüne Erbsen, Karotten, Kohlrabi, Paprika, Petersilienwurzeln, Pilze, Sellerie, Tomaten und Zwiebeln weich gekocht. Gewürzt wird mit Knoblauch, Paprikapulver, Petersilie, Pfeffer, Salz und etwas Tomatenmark. Das ausgelöste, kleingeschnittene Huhn wird in eine Suppenschüssel gegeben, dann folgen zuvor weich gekochte Fadennudeln, das Gemüse und obendrauf in der Hühnerbrühe pochierte Eier. Zum Schluss wird mit Hühnerbrühe aufgefüllt und mit Petersilie bestreut *(Ungarn)*.

**Vacherin:** *Himalaja, Schneetorte;* Süßspeise mit Variationen. Ringförmig gebackene Meringuen werden mit Eis, einer Mischung aus Schlagsahne und kandierten Maronen, Waldbeeren usw. gefüllt, mit Puderzucker bestäubt und garniert. *Vacherin* ist aber auch der Name von Weichkäsen aus *Frankreich* und der *Schweiz*, berühmt ist der *Mont d'or* aus der *Franche-Comté*.

**Västerbotten:** *schwedischer* aromatischer Hartkäse.

**Valdepeñas:** *spanisches* Weinanbaugebiet in der *La Mancha;* bekannt für *Claretes* (trockene Roséweine).

**Valençay:** *französischer* pyramidenförmiger Ziegenkäse.

**Valpolicella:** Weinanbaugebiet in *Venetien* und Rotwein gleichen Namens (unterschiedliche Prädikate).

**Vanille:** Kapselfrucht einer Orchideenart, die in *Mexiko* beheimatet ist, jedoch heute auch in vielen anderen Ländern angebaut wird; eine der besten Sorten kommt aus *Tahiti* (s. a. *Bourbon-Vanille*).

**Vanillekipferl:** hörnchenförmiges Mürbeteiggebäck mit hohem Haselnuss- oder Mandelmehlanteil, in Vanillezucker gewälzt.

**Vanille-Rostbraten:** Rostbraten mit viel Knoblauch, die *Vanille des kleinen Mannes (Österreich).*

**Vapeur, à la** *(franz.)*: im Dampf Gegartes.

**Varq:** Blattgold- und Blattsilberfolie zum Verzieren festlicher Speisen *(Indien).*

**Varénikis** *(russ.)*: viereckige und runde Nudelteigtaschen, die mit vielerlei Füllungen, wie Hackfleisch, Quark, Mohn usw., in Salzwasser pochiert und mit zerlassener Butter serviert werden *(Russland).*

**Vatapá:** ein Gericht aus der *afrobrasilianischen* Küche mit Variationen; z. B. werden frische Fische in Stücke geschnitten und zusammen mit Krabben in *Tempero* (s. d.) mariniert. Aus Zwiebeln, rotem Paprika, Tomaten, Koriander, *Pimenta Malagueta* (s. d.), Lorbeerblatt und Olivenöl wird ein *Refogado* (s. d.) zubereitet. Alles wird etwa 15 Minuten gegart. Dann werden die Fischstücke und Krabben aus dem Topf genommen und der Inhalt wird mit dicker Kokosmilch, Wasser, evtl. Ingwer und einer Mischung aus getrockneten Krabben, Cashew- und Erdnüssen (alles im Mixer zerkleinert) verrührt, erhitzt und anschließend durch ein Sieb gestrichen. Die Fischstücke und Krabben werden in der dicken Sauce erwärmt und zuletzt wird *Dendê-Öl* (s. d.) darübergegossen. Dazu reicht man *Farofa* (s. d.) und Reis. Vatapá wird auch als cremiges Püree mit blättrig zerteiltem Fisch und Weißbrotkrumen zu Reis und *Molho de pimenta* (s. d.) serviert. Oft werden auch kleine gegrillte Fische oder Scampi zum Püree gereicht. Immer jedoch gehört eine Mischung aus getrockneten Krabben, Cashew- und Erdnüssen sowie Kokosmilch und Dendê-Öl dazu *(Brasilien).*

**Vatrúshki** *(russ.)*: mit Käse gefüllte Pastetchen.

**Vattalappam:** eine in ganz *Südostasien*, besonders in *Sri Lanka* beliebte, im *Wasserbad* (s.d.) bereitete und gestürzte Süßspeise. Die Creme besteht aus Kokosmilch, Eiern, Milch, Palmzucker und Wasser, gewürzt mit Kardamom, Macis und Nelkenpulver und zum Schluss vermengt mit Rosenwasser oder gehackten Cashew-Nüssen.

**Vatted** *(engl.)*: *vatting;* Mischung mehrerer Grains oder Malts (Whiskies) miteinander; *vat* = Fass. Die Mischung wird noch einige Zeit im Fass gelagert. Besonders in Irland gebräuchlich; s.a. *Blending*.

**V.D.Q.S:** *Vins Delimités de Qualité Superieure;* in *Frankreich:* Weine höherer Qualität aus einem begrenzten Anbaugebiet. Die Bezeichnung entspricht den deutschen »Qualitätsweinen bestimmter Anbaugebiete«.

**Veal** *(engl.)*: Kalbfleisch.

**Veau** *(franz)*: Kalb.

**Vegetable** *(engl.)*: Gemüse.

**Velouté:** s. *Sauce velouté; franz.* auch für *Samtsuppe* (s.d.).

**Venusmuschel:** *clam (engl.); praire (franz.); vongole (ital.); Teppichmuschel;* eine bekannte und beliebte, kleine Muschelart, die hauptsächlich in Atlantik und Mittelmeer vorkommt und an den Küsten auch gezüchtet wird. Die Venusmuscheln sind im Querschnitt 4–5 cm groß und haben weißes bis gelbes zartes Fleisch. Unterarten sind u.a. die *Cherrystone-Muschel,* die roh gegessen werden kann, die größere *Littleneck-Muschel,* die gedämpft mit zerlassener Butter genossen wird, die *Quahog-Muschel* von der nordamerikanischen Ostküste usw.

**Verdi, á la** *(franz.)*: pochierter Fisch mit *Sauce Mornay.* Der Fisch wird auf Makkaroni serviert und mit Hummerscheiben und Trüffeln belegt.

**Verdisauce:** kalte Sauce aus Mayonnaise, saurer Milch und Mixed Pickles, gewürzt mit Kerbel und Schnittlauch und gefärbt mit püriertem Spinat; für Eier und Geflügelsalate.

**Verhackert:** Brotaufstrich aus fettem Schweinespeck, abgehangen, geräuchert, zerkleinert und eingestampft, gewürzt mit Knoblauch, Pfeffer und Salz *(Österreich)*.

**Verjus** *(franz.)*: Saft von noch unreifen Trauben; wird als Alternative zu Essig oder Zitronensaft verwendet.

**Verklopfen** *(schweiz.)*: verrühren.

**Verlorene Eier:** s. *Pochierte Eier*.

**Verlorene Eier Joinville:** verlorene Eier, serviert auf Croûtons mit Garnelensauce (s. *Sauce Joinville*) und Garnelenschwänzen.

**Vermicelles** *(franz.)*: *vermicelli (ital.)*; Fadennudeln als Suppeneinlage. In *Indien* gibt es ein traditionelles Fastengericht mit Vermicelles: Hauchdünne geröstete Nudeln, sog. Engelshaar, in einer Mixtur aus Milch, Ghee und Zucker, vermischt mit gehackten Cashewnüssen und Rosinen und gewürzt mit Kardamom, Nelken und Vanille. *Vermicelles* nennt man jedoch auch eine Süßspeise aus Maronen-Püree. Das Püree wird durch eine Presse gedrückt, sodass ein wurmartiges Geschlinge entsteht. Vermicelles, bzw. vermicelli, heißt auf Deutsch *Würmchen*. In der internationalen Küchensprache heißen auch die *chinesischen Cellophannudeln* oder *Glasnudeln* vermicelli.

**VERDURA** *(ital.)*: Gemüse.

**VERNACCIA:** eine Rot- und Weißweinrebe aus Italien und von *Sardinien (Vernaccia di Oristano)*. Bekannt ist der *Vernaccia di San Gimignano* aus der *Toskana*.

**VERNATSCH:** ein mit dem Trollinger verwandter herzhafter und frischer Wein aus der gleichnamigen blauen Rebsorte.

**VERSCHLEIERTES BAUERNMÄDCHEN:** Schichtspeise aus zerbröseltem Pumpernickel, Apfelmus und steif geschlagener Sahne; manchmal mit geraspelter Schokolade bestreut *(Schleswig-Holstein)*.

**VERSCHLUNGNE GEDANKEN:** *Mainzer* Karnevalsgebäck; zwei miteinander verschlungene Teigstreifen werden in Schmalz ausgebacken.

**VERSCHNEIDEN:** *Cuvée (franz.)*; das Mischen verschiedener Weine.

**VERSIEGELN:** ein Gefäß mit Teig hermetisch verschließen.

**VERSOFFENE JUNGFER:** s. *ARMER RITTER*.

**VERT-PRÉ** *(franz.)*: Garnitur für Grilladen und weißes Fleisch. Gegrilltes Fleisch wird mit Brunnenkresse, Kräuterbutter und Strohkartoffeln gereicht; weißes Fleisch dagegen mit grünen Erbsen, Prinzessböhnchen und grünen Spargelspitzen, manchmal auch mit Grüner Sauce (s. *SAUCE VERTE*).

**VESIGA:** *wjasiga; russisch* für Rückenmark des Störs; kommt getrocknet auf den Markt und quillt im kalten Wasser zur fünffachen Menge auf. Wird in Fleischbrühe gekocht und dient als Geliermittel.

**VESTKOVÉ KNEDLIKY** *(tschech.)*: Kirschenknödel.

**VET-SIN** *(chin.)*: s. *AJINOMOTO*.

**VICHYER ART:** Fleischgarnitur mit Fleischsaft, Möhren und *Schlosskartoffeln*.

**VICHYSSOISE:** eine Art kalte *potage Parmentier*, eine berühmte Lauchsuppe des Restaurants *Ritz-Carlton* in New York. Feine Lauchstreifen werden mit Zwiebeln und Bleichselleriewürfeln in Butter angeschwitzt, sodann mit Kartoffeln in Hühnerbouillon gegart, gewürzt, passiert und zum Schluss mit Milch und Rahm vermischt. Die Suppe wird gut gekühlt und vor dem Servieren oft noch mit geschlagener Sahne verrührt, mit Tabasco-Sauce gewürzt und mit Schnittlauch bestreut (*USA*).

**Vicomtesalat:** Salat von gepökelter Zunge, Knollensellerie, grünem Paprika und Spargelspitzen.

**Viennoise** *(franz.)*: s. *Wiener Art.*

**Viktualien:** allgemein für Lebensmittel. In Bayern gibt es die sogenannten *Viktualienmärkte.*

**Villeroisauce:** Diese Sauce wird hauptsächlich zum Überziehen von Speisen verwendet (s.a. *Sauce Villeroi*).

**Vinagrete** *(port., bras.)*: Essig- und Ölsauce, vermischt mit gehackten Zwiebeln, Tomaten, Paprika, Petersilie und Koriander für kalte Vorspeisen, z.B. mit Garnelen, Tintenfischen u.a.

**Vinaigre** *(franz.)*: Essig.

**Vinaigrette:** in *Russland* eine kalte Gemüse-, Pilz- oder Fischvorspeise (alles klein geschnitten), vermischt mit saurer Sahne oder Mayonnaise, grünen Erbsen, Kartoffeln, roter Bete, Salzgurken und Zwiebel. Es gibt zahlreiche Varianten z.B. mit Äpfeln. Sauerkraut usw.

**Vinaigrettesauce:** s. *Sauce vinaigrette (franz.).*

**Vindaloo:** *vindalho (port.);* in *Südindien* die Bezeichnung für ein Schweinefleischgericht; das Fleisch wird in Marinade aus in Weißwein eingelegten Chilis, Ingwer und Knoblauch, alles püriert, gebeizt.
In *Goa* ist es die Bezeichnung für ein scharf-saures Lamm- oder Hühnercurry. Vindaloo bezeichnet weiterhin eine Sauce (Marinade), in der das Fleisch eingelegt wird, die aus Essig, Chilis, Ingwer, Kardamom, Koriander, Kurkuma, Kreuzkümmel usw. besteht. Oft wird kräftig mit Kartoffeln »gestreckt«.

**Vin de Pays** *(franz.)*: Landwein; wird oft aus dem über dem Mengenlimit der besten Lagen liegenden Mengen gewonnen; denn meist von guter bis bester Qualität.

**Vin de table** *(franz.)*: Tischwein von unterschiedlicher Qualität.

**Vin gris** *(franz.)*: sehr heller Roséwein (z.B. aus der *Provence*).

**Vinha d'alho** *(bras.)*: Marinade auf Weinessig- oder Weinbasis; besonders für Fleisch gebräuchlich (s.a. *Tempero*). Sie wird aus Rot- oder Weißwein, Basilikum, Knoblauch, Lorbeerblatt, Petersilie, Zwiebel u.a. hergestellt.

**Vinho verde** *(port.)*: bedeutet *grüner Wein* und kommt aus dem Anbaugebiet im Norden *Portugals*. Frischer, säurereicher und leicht moussierender Wein. Sein Name ist an die grüne Landschaft angelehnt, aus der er stammt.

**Vin(o) santo:** ein süßer Dessertwein, Rot- oder Weißwein; die Trauben werden vor der Kelterung angetrocknet *(Italien).*

**Vintschgauer:** *Vinschgerl;* Roggengebäck mit verschiedenen Brotgewürzen (Anis, Fenchel etc.) in Form runder Fladen *(Südtirol, Österreich).*

**Violetto di Toscana** *(ital.)*: kleinköpfige Artischockensorte aus der Toskana, außen violett, innen grüngelb.

**Virginiaschinken:** eine Schinkenspezialität aus den *USA*, gekochter Schinken mit Knochen. Die Schwarte wird mit einer Mischung aus Ananassaft und Zuckersirup bestrichen und mit Gewürznelken gespickt. Sodann wird der Schinken im Backofen goldbraun gebacken.

**Viskoekjes** *(holl.)*: Fischklopse.

**Visnischki** *(russ.)*: s. *Wischniki*.

**Vitela** *(port.)*: Kalbfleisch.

**Vitello** *(ital.)*: Kalbfleisch.

**Vitello tonnato** *(ital.)*: Kalbsbraten wird in einer Marinade, die aus Karotten, Sellerie, Weißwein und Zwiebeln besteht und mit Essig, Lorbeer, Nelken u.a. gewürzt ist, gegart und erkaltet darin. Das Fleisch wird dann in dünne Scheiben geschnitten und mit einer Sauce aus püriertem Thunfisch, Mayonnaise, Kapern, Sardellen und Zitronensaft überzogen, serviert.

**Vla:** puddingähnliche, *holländische* Süßspeise; dort in vielen Geschmacksrichtungen erhältlich, wie z.B. Vanille, Erdbeer, Schokolade, Zitrone usw.

**Vogelbeere:** s. *Eberesche*.

**Vogelheu:** *Schweizer* Spezialität, im Wesentlichen aus Eiern, Milch und altbackenen Brotstücken; meist mit Kompott serviert.

**Vogelsalat:** s. *Rapunzel*.

**Vogtländer Kartoffelpuffer:** Puffer aus rohen geriebenen Kartoffeln, Zwiebeln und Buttermilch.

**Vogtländer grüne Klösse:** Klöße aus rohen, mehlig kochenden, geriebenen, in Salzwasser gar gesimmerten Kartoffeln. Die Klöße bleiben im Wasser bis sie oben schwimmen.

**Vol-au-vent** *(franz.)*: *Hohlpastete, Pastetenhaus;* hohe runde Blätterteigpastete zum Füllen mit Ragouts aller Art; wird immer heiß serviert (s.a. *Blätterteigpastete*).

**Vollbier:** Bier mit 11–14% Stammwürzgehalt (s.a. *Bier*).

**Vollheringe:** so nennt man einen ungekehlten, d.h. nicht ausgenommenen und hart gesalzenen Hering (über 20% Salzgehalt im Fischgewebewasser; Milch und Rogen sind klar zu erkennen).

**Vongola** *(ital.)*: Venusmuschel, auch allgemein für kleine Muschel.

**Vongole, alle** *(ital.)*: Zubereitungsart mit kleinen Muscheln, insbesondere Venusmuscheln.

**Vorderschinken:** Schinken von der Schulter des Schweines; aber auch für die Schweineschulter als solche verwendet.

**Vorderrippe:** s. *Schlachtfleisch* (Rind).

**Voressen:** in der *Schweiz* eine Art Ragout, früher eine Vorspeise, hpts. aus pikant zubereitetem Fleisch, Geflügel oder Wild, in *Schwaben* ein Gericht aus Innereien, meist aus Kutteln. Die Kutteln werden in Salzwasser mit Zwiebeln und Lorbeer gekocht, in feine Streifen geschnitten und mit einer würzigen, braunen Sauce gebunden.

**Vormagen:** s. *Netzmagen*.

**Vorschmak:** *Forschmack;* alte deutsche, in vielen Ländern Europas anzutreffende Bezeichnung für Vorgericht. Vor allem in *Russland* ist das Wort *Vorschmak* auf den Speisekarten unter den Vorspeisen zu finden. In *Finnland* nennt man Vorschmak eine Art Eintopf oder Suppentopf mit Abwandlungen. Grundbestandteile sind immer Salzheringe. Hinzu kommen meist Hammel- und Rinderhack sowie Knoblauch und Zwiebeln.

**Vorteig:** weicher Teig aus *Hefe-* oder *Sauerteig*, Mehl, Zucker und Milch, der vor der eigentlichen Teigbereitung hergestellt wird und ruhen muss.

**V.S.O.P.:** *Very Superior Old Pale;* Cognac, mit mindestens vier Fassjahren.

**V.V.S.O.P:** *Very V.S.O.P.* (s. d.); Cognac oder Weinbrand, mindestens sechs Jahre im Eichenfass; heißt auch *Grande Réserve, Private Réserve* u. a. Wortverbindungen mit Réserve.

**Wacholder:** Beeren des europäischen Wacholderstrauches, zum Würzen von Fischmarinaden, Wild, Sauerkraut usw.; auch klarer Schnaps.

**Wacholderdrossel:** s. *Krammetsvogel.*

**Wachsbohnen:** s. *Bohnen.*

**Wachskürbis:** *Wachsgurke, Chinesische Wintermelone;* Frucht die viel Wärme braucht, in *Afrika, Südamerika* und *Asien* vorkommend; für Suppen, als Gemüse und dergleichen geeignet.

**Wachsweiches Ei:** in der Schale 4–5 Minuten gekochtes Hühnerei, das Eiweiß ist gestockt, das Eigelb bleibt flüssig.

**Wachtel:** *caille (franz.), quaglie (ital.), quail (engl.);* kleiner Wildvogel, der in den Tropen überwintert. Die Wachtel darf bei uns nicht mehr gejagt werden, weshalb nur noch Zuchtwachteln auf den Markt kommen. Sie werden gefüllt oder ohne Füllung gebraten oder gedünstet. Wachteleier dienen gekocht oder in Form von Mini-Spiegeleiern meist nur der Dekoration

**Wachtelbohnen:** *Bunte Bohne; Römische Bohne;* rötliche, hellbraun oder braun gesprenkelte Hülsenfrucht mit mildem Geschmack, verliert beim Kochen die Farbe, s. a. *Bohnen.*

**Wachtel Suwarow:** eines der bekanntesten Wachtelgerichte. Die Wachtel wird ausgebeint, mit Gänseleber gefüllt und in Burgunder und Sherry weich gedünstet.

**Wackelpeter:** s. *Götterspeise.*

**Wade des Schweines:** s. *Schweinshachse.*

**Wädli:** *Wädeli (schweiz., Elsass);* Eisbein, gehört zum Schweineklein wie Knöchle, Füßle, usw. In Deutschland auch Stück aus der vorderen Schweinshachse.

**Wähe:** *schweiz.* und *alemann.* Kuchenspezialität, eine Art Fladen mit dünnem Teigboden und süßem oder pikantem Belag (z. B. *Aprikosenwähe, Käsewähe, Zwiebelwähe* usw.).

**Wäschermädel:** s. *Schlosserbuben.*

**Wakamé** *(jap.)*: eine wilde, aber auch gezüchtete Seetangart (gehört zur Familie der Braunalgen), die meist getrocknet angeboten und zu Salaten und Suppen verwendet wird. Gibt es auch in Europa.

**Waldmeister:** *Maikraut;* Würzkraut, das im Mai in Buchenwäldern blüht und vor allem für Bowlen verwendet wird, schmeckt aber auch gut zu Käse, Salaten, Kuchen etc.

**Waldorfsalat:** einer der bekanntesten Salate, der seit seiner Kreation vielfach abgewandelt, aber auch sehr verfälscht wurde. Nach dem Originalrezept wird er aus rohem Knollensellerie, Äpfeln, Hasel- oder Walnüssen bereitet und mit Mayonnaise gebunden.

**Waldschnepfe:** s. *Bécasse.*

**Walewska:** Fischgarnitur mit Medaillons von Langusten,

Langustinen o. dgl., Trüffelscheiben und mit Hummerbutter aufgeschlagener und glacierter *Sauce Mornay*.

**Waliser Käsebrot:** s. *Welsh Rarebit*.

**Waller:** s. *Wels*.

**Walnuss:** *Baumnuss (schweiz.), Welschnuss;* die Heimat der Walnuss erstreckt sich vom südlichen Europa über Nordindien, Nordchina bis nach Japan. Heute werden Walnussbäume in allen mild-gemäßigten Zonen der Welt angebaut. Die Steinfrüchte lassen sich vielseitig verwenden: z. B. Nüsse in Cognac, zu Obst, Cremes, Eis, in Salaten, Saucen und zum Backen oder als Walnussöl. Eingelegte grüne Walnüsse sind als »schwarze Nüsse« eine *österreichische* Spezialität

**Wamme:** die Hautfalte an der Körperunterseite der Schlachttiere. Beim Schwein als Bauchspeck bekannt.

**Wammerl:** Schweinebauch zum Braten und Kochen, wird vor allem für Eintopf und Wellfleisch verwendet; geräuchert kalt als *Brotzeit (Südwestdeutschland* und *Bayern)*.

**Wandersaibling:** s. *Omble chevalier*.

**Wan-tan** *(chin.)*: s. *Won-tan*.

**Wanzenbeeren:** s. *Johannisbeere, schwarze*.

**Wanzendill:** s. *Koriander*.

**Wanzenkraut:** s. *Koriander*.

**Wargele:** Wargelnudeln, s. *Schupfnudeln*.

**Warishita:** *sukiyaki*-Grundbrühe aus getrocknetem Fisch, Sojasauce, *mirin* und Zucker *(Japan)*.

**Warkha-Teigblätter:** *Yufka (türk.)*; wird mit Salz vermischt, in eine Schüssel gesiebt und in die Mitte eine Vertiefung gedrückt. Da hinein wird warmes Wasser und etwas Öl gegossen. Die Masse wird geknetet, es soll ein weicher Teig entstehen. Während des Knetens den Teig hoch ausziehen und in die Schüssel fallen lassen, damit Luft in den Teig kommt. Weiteres Öl unterkneten und den Teig ruhen lassen. Dann kleine Quantitäten vom Teig abtrennen, ein heißes Backblech (ähnlich wie ein Crêpeblech) damit betupfen und so verfahren, bis die Blechfläche von sich überlappenden Teigflecken bedeckt ist. Das fertige Warkha-Teigblatt muss durchscheinend dünn sei, es wird nur von einer Seite gebacken. Aus diesen Teigblättern werden *B'stillas* (s. d.) gefertigt, auch *Briouats* (s. d.) u. a. *(Marokko;* s. a. *Malsouka* und *Phyllo*).

**Warmbier:** Berliner Spezialität; Weißbier wird erhitzt und mit Milch, Zucker und Eigelb verquirlt.

**Warmräuchern:** einige Stunden bei 30–40 °C räuchern.

**Wasabi** *(jap.)*: Grüner Meerrettich; essbare Wurzel einer Art Berg-Stockrose, die an Ufern von Gebirgsbächen wächst und in Europa meist pulverisiert aber auch als Paste angeboten wird.

Wasabipulver wird mit Wasser angerührt – sehr scharf! U.a. Beilage zu Sashimi und in Sushifüllungen *(Japan)*.

**Wasserbad:** *bain-marie (franz.)*, ein Gefäß, das in einem zweiten, mit Wasser gefüllten Topf hängt, ohne den Boden des Topfes zu berühren (es gibt auch komplette Wasserbadtöpfe in deren Außenwand Wasser eingefüllt wird); außerdem kann in einer hohen Form im Backofen, in der ebenfalls Wasser steht, eine kleinere oder mehrere Formen hineingestellt werden. Dies ist eine sehr sanfte Garmethode, die vor allem für *Cremes*, *Saucen* u.a. Verwendung findet.

**Wasserkastanien:** *water chestnut (engl.)*; die Pflanze wächst im Sumpf- und Ufergelände in den tropischen Teilen Ostasiens, im Pazifischen Raum, in Indien, Teilen Afrikas u.a. An röhrenförmigen Stängeln sitzen kriechende Wurzeln, an denen wiederum dunkelbraune oder schwarze Knollen mit hellem Fruchtfleisch hängen; kastanienähnlicher, süßlicher Geschmack.

**Wassermelone:** *Angurie, Arbuse, Pasteke;* aus *Afrika* stammende sortenreiche Melonenart (ca. 150 Sorten) mit rötlichem, meist kernreichem Fleisch.

**Wassernuss:** *Wasserkastanie;* obwohl die Pflanze auch Wasserkastanie heißt, ist sie botanisch nicht mit dieser verwandt. Man unterscheidet die *Chinesische Wassernuss* (in gemäßigten und subtropischen Gebieten Afrikas, Asiens und Europas, bei uns unter Naturschutz) und die *Singharanuss* sowie die heimische Wassernuss. Die Pflanze gedeiht in stehenden Gewässern, die Früchte haben ein ausgeprägtes Nussaroma, sind sehr stärkereich und besitzen zu Hörnern gekrümmte Kelchzipfel. Meist nur als Dosenware erhältlich. Als Beilage zu Fleischgerichten und zur Mehlgewinnung; roh sind sie giftig.

**Wasserrübe:** s. *Speiserüben*.

**Wasserschnalle:** *schwäb.* Suppe mit Variationen, hauptsächlich aus Brotresten, Fleischbrühe oder Wasser und Zwiebeln, gewürzt mit Kümmel, Majoran, Pfeffer, Salz und Thymian.

**Wasserspinat:** s. *Rau muong*.

**Wasserweck:** Doppelbrötchen aus Mehl, Salz und Wasser (*Baden, Hessen, Rheinland Pfalz, Saarland* usw.).

**Wat:** *Wot*; *äthiopisches* Eintopfgericht mit vielen Rezepten, das meist mit einer Mischung aus zehn verschiedenen Gewürzen, ähnlich dem indischen *Masala*, bereitet wird. Weitere Zutaten sind Zwiebeln, Geflügel, Lamm oder Gemüse; sehr scharf (s.a. *Berbere*).

**Watane batatyachi bhaji** *(ind.)*: Erbsen-Kartoffel-Gemüse; *indische* Spezialität mit variierenden Rezepten. Beispielsweise werden Erbsen und gewürfelte Kartoffeln mit geröstetem Koriander vermischt und mit Currypulver und Salz gewürzt. Dann wird mit Wasser aufgefüllt und gekocht, bis die Flüssigkeit verdampft ist. Üblicherweise wird mit Zitronen garniert.

**Water chestnut** *(engl.)*: s. *Wasserkastanie.*

**Waterzooi:** *fläm.* Nationalgericht mit zahlreichen Rezepten. Es handelt sich um eine Art Suppentopf, dessen Hauptbestandteile entweder Süßwasserfische oder Hühnerfleisch sind. Ein Beispiel: Auf gedünstetem Sellerieschelben und Petersilienwurzeln werden Stücke von Aal, Barsch, Hecht, Karpfen u. a. gegeben. Dann wird mit Fischbrühe, die aus Fischabgängen und Gewürzen bereitet wurde, aufgegossen und alles zusammen mit Kräutersträußchen und etwas Salbei gegart.

**Waterzooi de poulet à la Gentoise** *(franz.)*: ein Hühnersuppentopf mit zahlreichen Variationen. Zutaten: klein geschnittenes Hühnerfleisch, manchmal auch noch Kalbshachsenfleisch, ferner Kartoffeln, Lauch, Möhren, Selleriekraut, Petersilienwurzeln und Zwiebeln, alles in Hühnerbrühe gegart, mit einer weißen *roux* oder mit Eigelb und Rahm gebunden und mit Lorbeer, Muskat, Pfefferkörnern, Salz, Thymian und Zitrone gewürzt *(Belgien).*

**Watruschki** *(russ.)*: Quarkgebäck mit verschiedenen Formen und Füllungen. Aus Mehl, Butter, Eiern, saurer Sahne, Salz und Hefe oder Backpulver wird ein Teig bereitet, der zu einer Rolle geformt wird, von der gleichgroße Stücke abgeschnitten werden. Diese werden zu Kugeln gedreht, in die Mitte wird eine Vertiefung gedrückt, die mit einer Masse aus Quark, Eiern, saurer Sahne, gewürzt mit Salz und Zucker, gefüllt wird. Die Watruschki werden mit Eigelb bestrichen und gebacken und noch warm mit Butter bepinselt. Werden als Suppeneinlage oder als Vorspeise serviert. Es gibt zahlreiche variierende Rezepte *(Russland).*

**Waxdick:** *Osietra;* ein Störfisch von überragender wirtschaftlicher Bedeutung, daher auch russischer Stör genannt. Er steigt von den russischen Gewässern (Asowsches, Kaspisches und Schwarzes Meer) zum Laichen in die Flüsse und liefert köstlichen Kaviar (s. a. *Kaviar* und *Stör*).

**Weck:** *Weckerl;* ein längliches Brötchen *(Österreich* und *Südd.).*

**Weckeierhaber** *(südd.)*: altbackene Brötchenwürfel mit verquirlten Eiern, Salz und Milch übergießen, ziehen lassen. Aus der Masse nacheinander – oder je nach Pfanne – auf einmal in Butter eine Art dicken Pfannkuchen backen, mit einer Gabel zerreißen und entweder zu Kompott oder aber zu salzigen Beilagen servieren.

**Weckmehl:** Paniermehl (s. *panieren; Süddeutschland).*

**Weiche Eier:** s. *Œufs mollets.*

**Weichseln:** dunkle Sauerkirschen *(Österreich, Schweiz).*

**Weihe** *(alemann.)*: s. *Wähe.*

**Weihnachtspudding:** s. *Plumpudding.*

**Weimarer Zwiebelsuppe:** eine *Weimarer* Suppe, die schon Goethe lobte. In die Fleischbrühe kommen Zwiebelringe, Wurststücke und ein fein geriebener Apfel. Gewürzt wird mit Essig, Pfeffer und Salz. Auf die Suppe werden geröstete Brotwürfel und Reibkäse gegeben und das ganze mit Petersilie garniert.

**Weinbergschnecke:** s. *Schnecken.*

**Weinkartoffeln:** mit Wein und Brühe aufgegossene Bratkartoffeln *(Pfalz, Rhein, Mosel).*

**Weinkäse:** ein kleiner, runder Weichkäse mit rötlicher Schmiere *(Deutschland).* Er wird zum Wein gegesssen, nicht damit hergestellt.

**Weinkraut:** in Sekt oder Weißwein gedünstetes Sauerkraut.

**Weinraute:** ein europäisches Küchenkraut mit kräftigem Aroma; besonders für grünen Salat, Hammelfleisch, Wildmarinaden und Käsespeisen.

**Weinschaumsauce:** s. *Sabayon.*

**Weinstein:** Rückstand bei der Weinherstellung; ein Hauptbestandteil des Weinsteinbackpulvers.

**Weisse Sapote:** s. *Sapote, weisse.*

**Weissbarsch:** *Königsfisch,* nordatlantischer Barsch mit wohlschmeckendem Fleisch, für alle Arten der Zubereitung geeignet.

**Weissbier:** *Münchner, Erdinger* etc. Weizenbier; aus Weizenmalz gebrautes, helles obergäriges, stark kohlensäurehaltiges Vollbier, zum Teil noch mit Hefe, dann dunkel; s.a. *Bier.*

**Weisse:** *Berliner* Schankbier, obergärig, mit geringerer Stammwürze; oft mit Himbeer- oder Waldmeistersirup vermischt, im typischen Kelchglas serviert.

**Weisse chaud-froid-sauce:** Samtsauce und konzentrierte Geflügelsauce werden mit Aspik und süßem Rahm vermischt, unter ständigem Rühren auf ein Drittel des ursprünglichen Volumens eingekocht und zum Schluss passiert; insbesondere zum *Maskieren* (s.d.).

**Weisse Dame:** s. *Dame blanche.*

**Weisse Fischgrundsauce:** s. *Fischvelouté.*

**Weisse Grundsauce:** s. *Sauce velouté.*

**Weisse Matelotesauce:** vielseitig verwendbare Sauce für Fischgerichte, bestehend aus einer Fischvelouté, die mit Champignons und Weißwein eingekocht, passiert, mit Eigelb und Sahne aufgeschlagen und mit Champignonköpfen und passierten Zwiebelchen vermischt wird (s.a. *Sauce Matelotte*).

**Weisse Mehlschwitze:** s. *Einbrenne.*

**Weisse Rübe:** *Wasserrübe;* s. *Speiserüben.*

**Weisser Fond:** s. *Fond.*

**Weisser Kalbsfond:** s. *Fond.*

**Weisser Kees** *(pfälz.)*: fester Quark, mit Zwiebeln, Eigelb und Gewürzen, auch Schnittlauch, angemacht; wird im Steintopf serviert *(Pfalz).*

**Weisser Schwartenmagen:** s. *Schwartenmagen*.

**Weisse Sauce:** einfache Standard-Grundsauce aus Butter, Mehl, Milch und Salz, eventuell gewürzt mit Muskatnuss oder Pfeffer, s.a. *Sauce Béchamel*.

**Weisses Fleisch:** nennt man wegen seiner Farbe das Fleisch vom Huhn, Kalb und Lamm.

**Weissfische:** Oberbegriff für die artenreichste Fischfamilie, von lachsartigen bis zu heringsartigen Fischen von sehr unterschiedlicher Größe. Dazu zählt man z.B. Brachsen, Gründlinge, Karpfen usw. Die Weißfische werden wie Forellen oder Lachse bereitet.

**Weissgericht:** s. *Blanquette*.

**Weisskohl:** ein Kohlgemüse mit vielen Namen wie *Kabis (südd., schweiz.), Kappes (Rheinland), Weißkraut, cabbage (engl.), chou (cabus) vert (franz.)* und vielen Zubereitungsarten.

**Weisskornreis:** geschliffener Reis mit einer weißen, schimmernden Oberfläche. Das Reiskorn wird in Spezialmühlen gereinigt, geschliffen und mit einer Schicht Glucose und Talkum überzogen (s.a. *Reis*).

**Weisskraut:** s. *Weisskohl*.

**Weisslacker:** halbfester, pikanter, *bayerischer* Schnittkäse in Würfelform. Am besten zur Brotzeit mit Bier; auch Zutat für *Obatzten* (s.d.).

**Weissling:** s. *Merlan*.

**Weisssauer von Enten:** Entenfleisch wird mit Suppengrün, Salz, Pfefferkörnern und Salbei gegart. Das abgekühlte Fleisch wird von den Knochen gelöst; der Garsud wird eingekocht, mit Zucker und Essig abgeschmeckt und evtl. noch mit Gelatine vermischt und über das Fleisch gegossen *(Pommern)*.

**Weissweinsauce:** s. *Sauce vin blanc*.

**Weisswürste:** bayerische, besonders in *München* beliebte Spezialität. Es handelt sich um helle Brühwürste, die hauptsächlich aus Kalbfleisch, Speck und Zwiebeln bestehen, gewürzt mit etwas Zitronenschale, evtl. Petersilie und anderen Gewürzen. Es gibt viele Abwandlungen, weil viele Metzger glauben, das wahre Rezept gefunden zu haben.

**Weizenbier:** s. *Weissbier*.

**Weizengluten:** eine Masse aus Mehl und Wasser wird in kaltem Wasser so lange geknetet, bis die Stärke ausgewaschen ist und nur das eiweißhaltige Gluten – auch Kleber genannt – übrig bleibt. Diese Masse, auch *Weizenfleisch* und *Seitan* genannt, lässt sich sehr gut formen (Fleischersatz für Vegetarier; *Asien*).

**Weizenstärke:** fällt bei der Herstellung von *Weizengluten* als Nebenprodukt an. Die Stärke kann zum Andicken von Speisen dienen u. a.

**Welfenspeise:** besonders in *Niedersachsen* beliebte Süßspeise. Gelbe Weinschaumsauce aus

Eiern und Zitronensaft im Wechsel mit weißer Vanillecreme (Farben des Adelsgeschlechts der Welfen).

**Well done** *(engl.)*: durchgebraten.

**Wellfleisch:** *Kesselfleisch;* gekochtes Bauchfleisch vom frisch geschlachteten Schwein, eine *bayerische* Spezialität.

**Wellhornschnecke:** *bulot (franz)*; diese Meeresschnecke ist besonders in *Frankreich* beliebt. Vorkommen von der Biskaya bis zum Eismeer, im Ärmelkanal und in der Nordsee. Auch gekocht behalten die Schnecken ihr festes Fleisch.

**Wels:** *Schaden, Schaid, Waller;* größter Süßwasserfisch Europas, aus den Flüssen Mittel- und Osteuropas, dem Kaspischen Meer und einigen Gewässern Westasiens, mit mächtigem Kopf, langen Bartfäden und zartem, grätenlosem, sehr wohlschmeckendem Fleisch, das sich praktisch für jede Zubereitungsart eignet, insbesondere zum Backen, Dünsten, für Matrosengerichte u. a. Pangasius ist ein wichtiger Vertreter dieser Spezies.

**Welschkohl:** s. *Wirsing.*

**Welschkorn:** s. *Mais.*

**Welschkraut:** s. *Wirsing.*

**Welschnuss:** s. *Walnuss.*

**Welschzwiebel:** s. *Lauch.*

**Welsh rarebit:** *welsh rabbit (engl.)*; Waliser Käsebrot; eine weltweit bekannte Toastspezialität. Eine Creme aus Cheddar, Cheshire oder Chester und hellem Bier wird mit Cayenne und scharfem Senf gewürzt und auf frischen Toast gegeben, im Ofen geschmolzen und gebräunt. Es gibt mehrere Varianten dieses Toastgerichtes.

**Wespennester:** in *Österreich* und *Süddeutschland* bekanntes Kleinbackwerk. Ausgewellter Hefeteig wird mit Mandelstiftchen, Rosinen, Zitronat u. a. bestreut, eingerollt und in Scheiben geschnitten. Sobald diese aufgegangen sind, werden sie im Ofen gebacken.

**Western Oyster** *(engl.)*: Ursprungsbezeichnung für eine flache Auster von der Westküste der *USA*.

**Westfälische Beutelwurst:** *Möppkenbrot; westfälisches* Wurstgericht aus Blutwurst, fettem Schweinefleisch, Schweineschwarte, Speck, Innereien, manchmal auch mit Rosinen; wird meist heiß serviert. Hauptbestandteil ist Blut. Die Masse wird mit Mehl gebunden und gewürzt mit Nelken und Piment.

**Westfälischer Pfefferpothast:** *Pfefferpothast, Pothast;* ein bekanntes *westfälisches* Rindfleischgericht mit Varianten. Im Allgemeinen wird das Gericht schichtweise bereitet, indem man auf eine Lage Zwiebeln, Karotten und Knollensellerie Rindfleischscheiben gibt. Darauf kommt wieder Gemüse usw. Das Ganze wird mit Brühe und Bier übergossen und im Backofen gegart. Gewürzt wird mit Lorbeer, Nelken, Pfeffer und Salz. Die Sauce wird mit Brotkrumen gebunden, je nach Geschmack mit Zitronensaft und Zitronenschale gewürzt und mit Kapern vermischt. Dazu werden üblicherweise Essiggurken und Salzkartoffeln gereicht.

**Westfälischer Schinken:** Knochenschinken aus der Hinterkeule des Schweines, trocken gepökelt und im Buchenholzrauch geräuchert (s. a. *Schinken*).

**Westfälisches Blindhuhn:** *blindes Huhn; westfälischer* Eintopf, der hauptsächlich aus weißen Bohnen, Äpfeln, Kartoffeln, Möhren und Speck besteht und mit Pfeffer und Salz gewürzt wird.

**Westfälisches Stielmus:** *Rübstiel;* Gemüse aus Stielen und Blättern von Speiserüben mit Zwiebeln und Speck, meist in einer *weißen Sauce*, vermischt mit saurer Sahne und gewürzt mit Muskat, Pfeffer und Salz.

**Wetzstein:** s. *Glitscher*.

**Whiskey:** *irische, kanadische* und *US-amerikanische* Schreibweise für Whisky. Irischer Whiskey wird aus nicht getorftem Gerstenmalz und gelegentlich unter Zusatz von *Korn* hergestellt. In den *USA* unterscheidet man *Rye, Bourbon* und *Tennessee Whiskey. Rye* (Korn) wird in den *USA Straight Rye* genannt und vor allem aus Roggen gebrannt; er muss anschließend in Eichenfässern mit angekohlten Innenseiten lagern. *Bourbon* wird aus Gerstenmalz, Mais und Roggen hergestellt; *Tennessee Whiskey* unterscheidet sich vom Bourbon durch ein besonderes Filtrierverfahren. Vor der Fasslagerung wird der Whiskey durch eine Ahornholzkohleschicht und danach noch durch Wolltuch gefiltert.

**Whisky:** bekannter Getreidebranntwein aus Gerste Roggen oder Mais (s. a. *Whiskey*). Grundsätzlich wird Gerste oder Roggen über einem Feuer, oft einem Torffeuer gedarrt. Dieses Malz wird gequetscht, mit warmem Wasser vermischt und gemaischt. Danach gärt die Maische, d. h. Zucker wandelt sich mithilfe von speziellen Hefen in Alkohol um (bei den nordamerikanischen Whiskeys wird meist nicht gemaischt, sondern die Masse wird gekocht). Dann wird nach unterschiedlichen Methoden destilliert (Pot-Still oder Column-Still-Verfahren). Anschließend reift der Whisky in Holzfässern; s. a. *Malt Whisky*.

**Whisk(e)y Sour:** wird meist mit Bourbon gemixt; in einem Shaker werden über Eiswürfeln 4 Teile Whiskey, 2 Teile Zitronensaft und 1 Teil Zuckersirup (man kann auch Puderzucker verwenden) geschüttelt; abgeseiht und mit Zitronen- und Orangenachtel garniert.

**Whitefish:** amerikanisch-englischer Tarnname für Haifischfleisch generell.

**Whitstables:** flache Austern, an der Themse beheimatet; s. a. *Austern*.

**Wichspfeiferl:** *Dradi, Wixpfeiferl, Draahte;* s. *Dradiwixpfeiferl*.

**Wiener Art:** *à la viennoise (franz.);* Garnitur für Fischfilets, Kalbsschnitzel, Geflügelbrüstchen und sonstiges Fleisch. Dieses wird mit gebratenen Kartoffelwürfeln und Nestchen oder Törtchen von Nudeln serviert, die mit Hirn und Blattspinat gefüllt sind, aber auch panierte, knusprig gebratene oder gebackene Fischfilets, Hühnerbrüstchen, Kalbsschnitzel usw. mit Petersilie und Zitronenscheiben garniert; dazu Salat.

**Wiener Backhendl:** paniertes Hähnchen in tiefem Fett gebacken *(Österreich)*.

**Wiener Beusche(r)l:** eine *österreichische* Spezialität aus Kalbsherz und Kalbslunge. Die in Streifen geschnittenen Innereien werden mit Wurzelwerk und gehackter Zwiebel in Salzwasser gegart und mit brauner Mehlschwitze, Essig und Weißwein verkocht. Dazu werden in aller Regel Semmelknödel gereicht.

**Wiener Brød** *(dän.)*: *Kopenhagener (Gebäck);* bekannt als *Dänischer Blätterteig;* verschiedene Gebäckstücke wie Dreiecke, Taschen, Schnecken usw. aus Blätterteig, oft gewürzt mit Kardamom oder Vanille und mit Früchten oder Marmelade gefüllt *(Dänemark)*.

**Wiener Gulasch:** gleichbedeutend mit Rindsgulasch.

**Wiener Hackbraten:** s. *Hackbraten*.

**Wiener Mandeln:** Mandeln mit Schokoladen- oder Zuckerüberzug; gibt es auch in ganz *Spanien*.

**Wiener Rostbraten:** meist dem Roastbeef entnommene, etwa fingerdicke Fleischscheibe, in Mehl gewendet, gebraten und mit einer aus dem Fond bereiteten Sauce übergossen.

**Wiener Schnitzel:** mit Mehl, Ei und Semmelbröseln panierte dünne Kalbsschnitzel, meist aus der Oberschale in tiefem Fett gebacken *(Österreich)*; s. a. *Schnitzel, Wiener Art*.

**Wiener Tafelspitz:** Rindfleisch aus einem bestimmten Stück der Hinterkeule (Spitze der sog. Unterschale), das in siedendem – nicht kochendem – Wasser oder Rindsbouillon mit Suppengrün, Zwiebeln und Pfefferkörnern gegart und meist mit Gemüsen, Meerrettich (Kren) und Salzkartoffeln angerichtet wird *(Österreich)*.

**Wiener Würstchen:** Brühwürstchen, die vor allem aus Rind- und Schweinefleisch bestehen; gebrüht und angeräuchert.

**Wildbeize:** s. *Wildmarinade*.

**Wildenten:** s. *Enten*.

**Wilder Majoran:** s. *Origano*.

**Wildfond:** die Basis der Wildsaucen. Kopf, Knochen, Parüren und Räucherspeck werden angeröstet, mit Weißwein und Wasser abgelöscht. Dann werden Champignonabschnitte, Gewürznelken, Lauch, Lorbeer, Möhren, Salbei, Sellerie, Wacholderbeeren und Zwiebeln hinzugefügt. Nach dem Kochen wird die Sauce passiert. Es gibt verschiedene Rezepte für die Zubereitung des Wildfonds.

**Wilder Reis:** vor fast 5.000 Jahren wurde etwa hüfthoher, wild wuchernder Reis in Südchina entdeckt. Durch das Pikieren (Umpflanzen) wurde der Reis dann zu einer ergiebigen Kulturpflanze.

**Wildkraftbrühe:** eine Brühe aus Wildfleisch und -knochen mit Suppengemüse; gewürzt mit Knoblauch, Lorbeer, Thymian, Wacholder u. a.

**Wildmarinade:** *Wildbeize;* man unterscheidet drei Marinaden zum Beizen von Wild und Wildschwein, eine *Essigbeize,* eine *Rotweinbeize* und eine *Buttermilchbeize.* Die *Essigbeize* besteht aus Wasser, Weinessig, Lorbeer, Möhren, Nelken, Petersilienwurzeln, Pfefferkörnern, Sellerieknollen, Wacholderbeeren und Zwiebeln. Die *Rotweinbeize* enthält statt Essig Rotwein und außer den obigen Zutaten noch Ingwer und Koriander. Die Marinade wird aufgekocht und zieht anschließend 10 Min. Die *Buttermilchbeize* enthält Wacholderbeeren, evtl. Lorbeerblatt, Piment und manchmal Zitronenscheiben, sie erhält den reinen Wildgeschmack am besten.

**Wildpfeffer:** s. *Civet (franz.).*

**Wildreis:** der Samen einer Grasart, wächst an den Ufern der Seen zwischen Kanada und den USA. Für die einheimischen Indianer schon lange ein kostbares Korn, ist der Wasserhafer seit Jahren eine Delikatesse in der internationalen Küche. Der Geschmack ist nussig, es gibt unterschiedliche Qualitäten.

**Wildschwein:** *sanglier (franz.);* 3–5 Jahre alt; zu empfehlen ist, nur die Keule und den Rücken zu verwenden; dagegen können beim Frischling (bis 1 Jahr alt; *marcassin, franz.),* alle Teile verarbeitet werden.

**Williamsbirne:** eine Birne, die einen hervorragenden Obstbrand liefert.

**Wilstermarschkäse:** deutscher, halbfester Schnittkäse, Tilsiterart.

**Windbeutel:** kleine, gespritzte Brandteigkugeln, mit süßer oder pikanter Füllung, heiß oder kalt serviert. Meist mit einer Füllung aus Schlagsahne oder Creme.

**Windmill** *(engl.)***:** senffarbene Barbecuesauce von der Insel Barbados *(Karibik);* zu gegrilltem Fisch oder Fleisch, scharf!

**Windsor-Salat:** Salatmischung, die hauptsächlich aus Champignons, Hühnerfleisch, Knollensellerie, Mixed Pickles, geriebenem Meerrettich und Trüffeln besteht, mit Mayonnaise, vermischt, mit Vinaigrette und Worcestershire-Sauce angemacht und mit Feldsalat garniert wird.

**Wingertsalat** *(pfälz.)***:** s. *Rapunzel.*

**Wirsing:** *Savoyer Kohl, Krauskohl, Welschkohl, Welschkraut; Wirz (österr.* und *schweiz.); chou vert frisé (franz.);* europäische Kohlart mit krausen Blättern von grüner Farbe und vielen Zubereitungsarten.

**Wirz** *(schweiz./österr.)*: Wirsing.

**Wischniki:** *Visnischki; russische* Hefeteigpastetchen mit Fischfüllung.

**Witloof** *(holl.)*: Chicorée.

**Wittling:** s. *Merlan.*

**Wjasiga** *russ.)*: s. *Vesiga.*

**Wodka:** *osteuropäischer*, insbes. *russischer* Branntwein meist aus Getreide oder Kartoffeln mit unterschiedlichem Alkoholgehalt. Um den Geruch und den Geschmack zu verbessern setzte man früher den Wodka mit Minze, Zitronenschale u.a. oder auch mit Wacholderbeeren an. Heute eine der reinsten Spirituosen, die entweder pur oder aromatisiert im Handel sind.

**Wok:** fast halbkugelförmige Pfanne mit hohem Rand, zum *Pfannenrühren*, Kochen, Braten, Ausbacken und Dämpfen *(China)*.

**Wolfsbarsch:** *Meer-, Seebarsch, loup de mer, bar (franz.)*; mit Unterarten im Atlantik und Mittelmeer vorkommender Fisch mit festem weißem, sehr wohlschmeckendem Fleisch. Eignet sich für alle Arten der Zubereitung und wird vor allem für die Bouillabaisse verwendet.

**Wolfsfisch:** s. *Austernfisch.*

**Wolkenohrpilze:** s. *Mu-Err.*

**Wollhandkrabbe:** Salz- und Süßwasserkrebstier aus den ostasiatischen Gewässern, aber auch in der Nordsee vorkommend; in *China* eine als Delikatesse geschätzte Krabbe.

**Wollmispel:** s. *Loquat.*

**Wollwurst:** feine Brühwurst ohne Darmhülle aus Kalb-, Rind- oder Schweinefleisch und Speck.

**Won-tan:** *wan-tan, won-ton;* kleine *chinesische* Hüllen aus Won-tan-Blättern (s. *Reisblätter*), gefüllt mit verschiedenartigen Farcen. Sie dienen als Suppeneinlage, werden aber auch frittiert mit süß-saurer Sauce serviert.

**Won-ton:** s. *Won-tan.*

**Won-ton-Suppe:** s. *Hün-t'un-t'ang.*

**Woodapple:** orangengroße Zitrusfrucht aus *Sri Lanka* mit harter braun gefleckter Schale. Das rotbraune Fleisch schmeckt säuerlich, eignet sich jedoch gezuckert gut für Cremes, Sorbets u. dgl.

**Worcestersauce:** s. *Worcestershiresauce.*

**Worcestershiresauce:** *Worcestersauce; englische* Würzsauce aus zahlreichen Zutaten und Gewürzen, wie Curry, Essig, Ingwer, Knoblauch, Limetten, Nelken, Paprika, Pfeffer, Pilze, Piment, Sherry, Senf, Sojabohnen, Tamarindensaft, Zwiebel usw.

**Wotote:** Brei aus gerösteten und in Wasser weich gekochten Maiskörnern *(Westafrika)*.

**Wruken:** *Wrucken; Steck-* oder *Kohlrüben;* werden mit Schweinebauch, Zwiebeln, Lorbeerblatt, Gewürzkörnern, Pfeffer und Salz sowie 1 Prise Zucker in Brühe *gestowt*, d.h. gedämpft oder weich gekocht und dann mit einer Mehlschwitze gebunden *(Pommersche Spezialität)*.

**Wuchteln:** s. *Buchteln*.

**Würstel im Saft:** eine *österreichische* Art, Würste in Gulyaschsaft zu servieren.

**Wun sen** *(thail.)*: Glasnudeln; werden auch *Vermicelli* (s. d.) oder *Cellophannudeln* genannt.

**Wurstebrei:** *Stippgrütze;* ein *westfälisches* Schlachtfestgericht aus Gerstengrütze, Bauchfleisch und Innereien, namentlich Schweineherz, gewürzt mit Pfeffer, Piment, Thymian u. a.

**Wurstebrot:** *Wurstebraud* (und *Liäberbraut); westfälische* Spezialität, verschieden gewürzte Wurstbreie werden in Schmalz in der Pfanne gebraten und mit gebratenen Apfelringen oder Apfelkompott serviert, an *Panhas* erinnernd; s. a. *Möppkes*.

**Wurstkraut:** s. *Bohnenkraut* und *Majoran*.

**Wurstsalat:** ein Salat aus Wurststreifen mit Zwiebeln, mit Essig angemacht und mit Pfeffer und Salz gewürzt, manchmal mit Gewürzgurken vollendet. Falls noch Käsestreifen dazukommen, wird er *Straßburger Wurstsalat* genannt; kommt Schwarzwurst dazu, heißt er *Schwäbischer Wurstsalat (Süddeutschland)*.

**Wurstsuppe:** s. *Metzelsuppe*.

**Wurzelfleisch** *(österr.)*: *steirisches* Gericht aus Schweinefleisch, Wurzelwerk, Kartoffeln und Zwiebeln, gewürzt mit Knoblauch, Kümmel, Majoran, Pfeffer, Essig u.a. serviert mit Meerrettich, z. B. *Apfelkren* (s. d.) u. a.

**Wurzelgemüse:** *Suppengrün, Suppengemüse;* besteht aus Lauch, Möhren, Petersilienwurzel, Knollensellerie, Zwiebeln usw. in Brühe; insbesondere zum Garen von Suppenfleisch, auch Siedfleisch (Rindfleisch), Rinderbrust, Tafelspitz, Hühnerklein u. a. In *Österreich* hauptsächlich für sog. *Wurzelfleisch* (s. d.). Die Brühe wird durch das Mitkochen der Gemüse aromatisiert.

**Wurzelrahm:** eine beliebte *österreichische* Sahnesoße für Fleisch, Fisch usw., oft vermischt mit einer Möhrenjulienne. Manchmal wird der Rahm in Form von Schlagsahne zum Schluss unter die Soße gezogen. Gewürzt wir u. a. mit Curry, Ingwer, Knoblauch, Kerbel usw.

**Wurzelwerk** *(österr.)*: s. *Wurzelgemüse*.

**Wu-xiang-fen** *(chin.)*: auch *Wuyiang fen (chin.);* s. *Fünf-Gewürze-Pulver*.

**Wybeeri** *(schweiz.)*: Trauben, Rosinen.

**Xató:** eine *katalanische* Vorspeise aus Sardellen und Stockfisch in einer scharfen Sauce aus Essig, Haselnüssen, Knoblauch, Mandeln, Olivenöl, Pfeffer, Salz, Semmelbröseln, scharfem Paprikapulver; oft begleitet von Endiviensalat.

**Xenia:** *griechischer* Molken-Frischkäse aus Schafs- oder Ziegenmilch mit hohem Fettanteil. In Kugel- oder Wurstform angeboten mit zartem milchigen Geschmack.

**Xeres:** ursprünglicher Name für *Sherry* (s.d.), nach der Stadt Xeres benannt, von welcher der Sherry früher verschifft wurde; heißt heute *Jerez de la Frontera*.

**Xia** *(chin.)*: s. *Scha*.

**Xiang cháng** *(chin.)*: *chinesische* Wurst. *Chinesische* Würste sind dünn und landjägerähnlich. Das Fleisch ist grob gehackt und schmeckt intensiv duftend. Die roten und weißen Würste sind aus Schweinefleisch, die braunen aus Schweineleber. Sie sollten nie roh gegessen werden, sondern gedämpft oder gegart mit verschiedenen Gemüsen.

**Xiang gu** *(chin.)*: Oberbegriff für getrocknete Pilze, insbesondere *Shiitake* (s.d.).

**Xiapian** *(chin.)*: *Kroepoek* (s.d.).

**Xinxim:** *afro-brasilianisches* Gericht mit unterschiedlichen Rezepten; z.B. wird eine im Mörser zubereitete Paste aus Zwiebeln, Paprika, Tomaten und getrockneten Krabben in Palmöl angebraten; dort hinein kommen Hühnerteile, die dann mit einem Kräuterstrauß, dicker Kokosmilch und Limettensaft schmoren und mit *Pimenta Malagueta* (s.d.), Salz und Pfeffer gewürzt werden. Oft werden mit den Hühnerteilen auch frische Krabben gegart. Dazu gibt es Reis, *Farofa* (s.d.) und evtl. *Vatapá* (s.d.); ein Gericht aus Bahia *(Brasilien)*.

**Xürlü:** *türkisches* Gericht aus Lamm- oder Rindfleisch, vermischt mit Auberginen, grünen Bohnen, Kartoffeln, Paprika, Tomaten, Zucchini und Zwiebeln, gewürzt mit Knoblauch und Petersilie.

**Xuxú:** s. *Chayote*.

**Yá-dsi** *(chin.)*: Ente.

**Yakhni** *(ind.)*: eine mit Kardamom, Nelken, Pfeffer und Zwiebeln gewürzte Fleischbrühe aus Hühner-, Lamm- oder Rindfleisch.

**Yaki** *(jap.)*: gebacken und gebraten.

**Yakimono** *(jap.)*: gegrillte Speisen.

**Yakinori:** *japanische* getrocknete Seetangblätter zum Einwickeln von Speisen.

**Yakitori** *(jap.)*: Grillspießchen mit Hühner-, Kalb-, Schweinefleisch, Leber, Schalotten usw. Das Grillgut wird in einer Flüssigkeit aus *mirin,* Sojasauce, Glutamat, Ingwer, Sake und Zucker mariniert und dann zusammen mit Champignons auf kleine Spieße gesteckt, gegrillt, zum Schluss mit Cayennepfeffer gewürzt und mit Reis serviert. Während des Grillvorgangs werden die Spießchen mehrmals in *Teriyaki-Sauce* (s. d.) getaucht. Es gibt mehrere Varianten.

**Yalançi dolmasi** *(türk.)*: mit Hammelfleisch, Reis und Zwiebeln gefüllte Weinblätter. Häufig besteht die Füllung auch nur aus Reis, Korinthen oder Rosinen, Pinienkernen, Schalotten oder Zwiebeln. Gewürzt wird mit Dill, Minze, Nelken, Petersilie, Zitronensaft und Zucker; dann heißen die Weinblätter: *Yalançi yaprak dolmasi.*

**Yambalay(a):** s. *Jambalaja.*

**Yam:** *Shanyao (chin.)*; *Yamswurzel;* Knollenfrucht aus den Tropen, die bis zu 40 Kilogramm schwer wird. Verarbeitung zu Gemüse oder Brei und Stärkemehl *(Arrowroot).*

**Yamssoufflé:** Yamswurzeln werden gekocht und püriert, mit Eigelb, Milch, Parmesankäse, Pfeffer und Salz verrührt und mit Eischnee vermischt. Die Masse wird in eine Souffléform gegeben, mit Käse bestreut und im Ofen gebacken (*Karibik,* insbesondere *Barbados*).

**Yamsbohne:** auch *Jícama;* Knollenfrucht mit weißem, knackigem, leicht süßlichem Fruchtfleisch (wild wachsend und angebaut). Junge Früchte werden in *Mexiko* mit Limettensaft, Salz und Chilipulver gewürzt als Vorspeise gereicht.

**Yamswurzel:** s. *Yam.*

**Yam Xha** *(chin.)*: *Yam cha;* traditionelle kleine Snacks zum Tee; ähnlich wie *Dim sum* (s. d.).

**Yang lo** *(chin.)*: Hammel- und Lammfleisch.

**Yan wo tang** *(chin.)*: Schwalbennestersuppe (s. *Schwalbennester).*

**Yáo** *(chin.)*: Leber und Nieren.

**Yao horn:** *kambodschanisches* Fondue. Kleine Stücke von Geflügel, Meeresfrüchten oder Rindfleisch werden am Tisch nach dem Eintauchen in Eigelb in siedender Erdnusssauce gegart.

**Yaprak dolmasi** *(türk.)*: s. *Yalançi dolmasi.*

**Ya tsai** *(chin.)*: Sojabohnentriebe.

**Yellow bird:** hauptsächlich in der *Karibik* servierter Cocktail aus Rum und Fruchtsäften, insbesondere Ananas- und Orangensaft.

**Yellowfin Croaker** *(engl.)*: weißer Seebarsch aus dem *Pazifik.*

**Yellowfin Tuna** *(engl.)*: weißer Thunfisch, sehr schmackhaftes Fleisch; kommt im *Pazifik, Atlantik* und im *Indischen Ozean* vor (s. a. *Thunfisch*).

**York Schinken:** s. *Jambon d'York.*

**Yorkshire Pudding** *(engl.)*: eine bekannte Beilage aus *Großbritannien.* Ein geschmeidiger Teig aus Eiern, Mehl, Milch, Rindertalg oder Schweineschmalz und Salz wird im Ofen knusprig braun gebacken und vor dem Servieren in Rauten oder Scheiben geschnitten; wird hauptsächlich zu Roastbeef gereicht.

**Yorkshiresauce:** hauptsächlich für Ente und geschmorten Schinken verwendete Sauce aus brauner Grundsauce, Kalbsjus, Portwein und Johannisbeergelee, gewürzt mit Cayennepfeffer, Salz und Zimt, mit Butter aufgeschlagen und einer Julienne von Orangenschalen als Einlage.

**Yosenabe** *(jap.)*: Eintopf aus Meeresfrüchten, Gemüsen, Pilzen und Tofu, gewürzt mit Sojasauce.

**Ysop:** *Essigkraut;* eine von Südeuropa bis Mittelasien heimische, auch in Deutschland angebaute Würzpflanze. Die stark duftenden, leicht süßlich und bitter schmeckenden Blätter werden zum Würzen von Salaten, Saucen, Suppen u. a. verwendet.

**Yucca:** s. *Kassave.*

**Yu(e) chi** *(chin.)*: s. *Haifischflossen.*

**Yudu** *(chin.)*: *Fischmagen.* Eine *chinesische* Delikatesse. Die getrockneten Blasen verschiedener Fischarten, insbesondere des Gelben Fisches.

**Yufka** *(türk.)*: ungesäuerte Brotfladen der *türkischen* Nomaden. Mehl oder feine Körner werden mit der Hand zu einem dünnen Fladenteig verarbeitet. Gebacken wird auf einem erhitzten Stein am Rande des Lagerfeuers. Heute auch Bezeichnung für dünne Teigblätter (s. a. *Phyllo; Warkha-Teigblätter*).

**Yufkateig:** s. *Phyllo.*

**Yü** *(chin.)*: Fisch.

**Yü chih tang** *(chin.)*: auch *Yue chi tong;* Haifischflossensuppe.

**Yutou** *(chin.)*: *Taro* (s. d.).

**Yunnan-Schinken:** bester *chinesischer* Schweineschinken.

**Yuvianuss:** s. *Paranuss.*

**Yuzu** *(jap.)*: *Chinesische Zitrone;* klein, mit grüner dicker Schale, viele Kerne, etwa so groß wie eine Mandarine; Saft sehr geschmackvoll; kann auch als Ganzes verzehrt werden. Wird vor allem in der *japanischen* Küche gebraucht.

**Za'atar:** *auch Zahtar, Za'tor;* wild wachsender Thymian *(Nordafrika);* aber auch Gewürzmischung aus Sesam, Salz, *Sumach* (s.d.) und Thymian. Damit werden hauptsächlich Fladenbrote bestreut und Gemüse sowie Fleischgerichte (z.B. Kefta) gewürzt *(Naher Osten).*

**Zabaglione** *(ital.)*: s. *Sabayon*.

**Zabaione** *(ital.)*: s. *Sabayon*.

**Zackenbarsch:** Meeresfisch, der im südlichen Atlantik bis zur Ostküste Amerikas und in den Küstengewässern des Mittelmeers vorkommt. Sein weißes Fleisch ist fest und eignet sich zum Backen, Grillen und Pochieren.

**Zafran Pulao** *(ind.)*: Safran-Reis; gewaschener und abgetropfter Basmatireis wird in *Ghee* (s.d.) mit Pfefferkörnern und Nelken angebraten, dann wird mit Wasser – das mit Safranfäden und Orangenschale aromatisiert wird – aufgegossen, gesalzen und alles zum Kochen gebracht. Bei geringer Hitzezufuhr köcheln, bis der Reis trocken und körnig ist *(Indien).*

**Zahnbrasse:** Seefisch, der zur Familie der Brassen gehört und im Atlantik und im Mittelmeer vorkommt; wird wie Makrele oder Thunfisch bereitet.

**Zai** *(chin.)*: s. *Tsai*.

**Zakússki** *(russ.)*: s. *Sakusski*.

**Zampone** *(ital.)*: gefüllter Schweinsfuß, z.B. mit einer Farce aus Schweinefleisch, frischem Speck, Gewürzen und Trüffeln gefüllt, in Scheiben geschnitten, zu *Bollito misto* (s.d.), Linsen u.a.; wird auch gepökelt und geräuchert.

**Zander:** *kuha (finn.), sandre (franz.), Schill;* hechtähnlicher Fisch aus den europäischen Gewässern mit weißem, sehr wohlschmeckendem Fleisch; vielfältige Zubereitungsmöglichkeiten, besonders nach Rezepten für Seezunge. Zum Zander passen Holländische-, Hummer- und Krebssauce.

**Zarzuela** *(span.)*: das Wort bedeutet »Singspiel«, auch »Operette«; *zarzuela de mariscos; spanischer* Fischeintopf, der meist nur kurz *zarzuela* genannt wird. Er besteht aus Stücken der verschiedensten Seefische, Krusten- und Schaltiere, wie sog. Hummerkrabben, Langostinos, Herzmuscheln, Miesmuscheln, Pilgermuscheln usw. Hinzu kommen Serranoschinken, Erbsen, Knoblauchzehen, Paprika, Tomaten und Zwiebeln. Alles wird gegart in Wasser und Weißwein. Gewürzt wird mit Knoblauch, Lorbeer, Paprikapulver, Pfeffer, Salz, Sherry und Zitronensaft; mit blanchierten Mandeln, hart gekochten Eiern und Petersilie wird das Gericht garniert. Dazu wird Weißwein getrunken *(Katalonien).*

**Zarzuela de mariscos** *(span.)*: s. *Zarzuela*.

**Zedernbrot:** kleines Gebäck aus einem Teig von Eiweiß, geriebenen Mandeln, Puderzucker, Zitronensaft und -schale *(Deutschland* und *Schweiz).*

**Zeller** *(österr.)*: Sellerie.

**Zephir:** historischer Name für feinste Farcen, die praktisch wie Schaumfarcen bereitet werden. Unter die meist unter Verwendung von Fisch, Geflügel, Krustentieren oder Wild hergestellte Farce wird zuerst flüssige und sodann steif geschlagene Sahne untergezogen. Sie werden in *Dariolen* (s.d.) oder Kokotten im *Wasserbad* (s.d.) oder unmittelbar im Ofen gebacken.

**Zerealien:** s. *Cerealien*.

**Zervelatwurst:** *Cervelatwurst, Schlackwurst, Servela;* Dauerwurst aus Rindfleisch, Schweinefleisch und Speck, kleinkörnig und geräuchert.

**Zesten:** feine Streifen von Orangen-, Pomeranzen- oder Zitronenschale, mit dem sog. Zestenreißer abgeschält.

**Zhoug:** *Zhug;* eine scharfe Chilipaste, von der es zwei Versionen gibt; die grüne Paste wird aus grünen Chilis, Petersilie, Koriandergrün, Knoblauch, Salz, Pfeffer, Kardamom und Kreuzkümmel zubereitet; die rote Version aus roten Chilis, Gewürzen und keinen frischen Kräutern; die Zutaten werden im Mörser zerstoßen und zu Gerichten aus dem Jemen wie *chilbe* und *mlawach* (*milawach* – in der Pfanne ausgebackene blättrige Brotfladen) gereicht. Dazu gibt es frisch pürierte Tomaten. Gelegentlich wird Zhoug auch mit Wasser eingekocht und zu Suppen und Eintöpfen serviert *(Jemen, Israel)*.

**Zibärtle:** Pflaumenart aus dem Schwarzwald, wird zur Herstellung von Obstbranntwein verwendet *(Südd.)*.

**Zibeben:** s. *Rosinen*.

**Zibeli** *(schweiz)*: Zwiebeln.

**Zichorie:** Wegwarte; in Europa beheimatete Würz- und Gemüsepflanze; aus den gemahlenen Wurzeln wurde ein Kaffee-Ersatz gebrannt. Das Grün wird entweder Chicorée oder *Brüsseler Endivie* (s.d.) genannt.

**Zicklein:** s. *Kitz*.

**Zider:** altdeutscher Name für Most, hauptsächlich aus Äpfeln oder Birnen, im französischen *cidre* (s.d.) genannt.

**Ziegenbart:** s. *Bärentatze*.

**Ziegenkäse:** möglicherweise der älteste Käse; *chèvre (franz.), goat cheese (engl.), formaggio do caprino (ital.), queso de cabra (span.), Kaiskäsli (schweiz.)*. Hauptsächlich aus Ziegenmilch, aber auch gemischt mit Schaf- oder Kuhmilch *(mi-chèvre)*, mehrere hundert Sorten.

**Ziegenlippe:** *Filzröhrling;* Speisepilz, in Laub- und Nadelwäldern von Juni bis November; nur jung pflücken!

**Zieger:** in versch. Gegenden des *Allgäus* Bezeichnung für Quark, sonst eine quarkähnliche Masse, die durch Säuern oder Erhitzen von Magermilch oder Molke gewonnen wird.

**Ziehen:** s. *Garziehen*.

**Ziemer:** veraltete Bezeichnung für den Rücken von Rotwild, dem Hasen, aber auch vom Biber.

**Ziger** *(schweiz.)*: s. *Zieger*.

**Zigeunerart:** *à la zingara (franz.);* Fleischgarnitur mit Zigeunersauce und gebratenem Schinken.

**Zigeunersauce:** s. *Sauce zingara*.

**Zimino:** in einigen Mittelmeerländern und auf Korsika und Sardinien ein Eintopf aus verschiedenen Gemüsesorten wie Mangold, Spinat u.ä. und Stock-, Tinten- und anderen Fischen.

**Zimmest:** *jüdischer* Eintopf aus Karotten, Kartoffeln, Rindfleisch und Dörrpflaumen, mit Zucker und Honig gesüßt.

**Zimt:** *canela (span.), cannelle (franz.), cinnamon (engl.), Kaneel, Cassia, Kassia;* hauchdünne Rinde des Zimtbaumes oder -strauches. Je heller und dünner die Zimtstangen sind, desto besser ist ihre Qualität. Die wichtigsten Zimtarten sind der Ceylon-Zimt und die *Cassia* (s.d.), auch China-Zimt genannt. Letzterer ist von weniger feinem Geschmack und kein echter Zimt, sondern ein eigenes Gewürz. Es stammt zum allergrößten Teil aus Ostasien und kommt bei uns stangenförmig und pulverisiert auf den Markt.

**Zimtapfel:** s. *Annone*.

**Zimtpitte:** *Bündner Gewürzfladen;* eine *schweizerische* Gewürztorte, mit einem Teig aus Mandeln, Eiern, Zucker, Butter und Mehl; gewürzt mit Zimt aber auch Nelken und Muskatblüte. Wird noch lauwarm in Vierecke oder Rauten geschnitten.

**Zimtsterne:** sternenförmiges Weihnachtsgebäck, vor allem aus Eiweiß, Mandeln, Staubzucker, Zitronensaft, Zimt und hellem Guss.

**Zinfandel:** *Primitivo (ital.)*; eine rote Traube, die in *Kalifornien* heimisch ist; ein frischer, jung trinkbarer Wein, dessen Geschmack an Waldbeeren und Zimt erinnert.

**Zingara, à la** *(franz.)*: s. *Zigeunerart*.

**Zirbelnuss:** dem Pinienkern ähnlicher Samenkern, der in den Alpen wachsenden Zirbelkiefer.

**Ziselieren:** an Fischen oder Fleischstücken kleine Einschnitte machen, damit die Hitze schnell und gleichmäßig eindringen kann und so ein Platzen oder Verbiegen vermieden wird.

**Zite** *(ital.)*: lange, glatte Makkaroni; werden vor dem Kochen gebrochen und oft zu Aufläufen verwendet. Sind sie besonders dick, werden sie als *Zitoni* bezeichnet.

**Zitrone:** *lemon (engl.), citron (franz.), kitron (griech.), limone (ital.), limon (span.);* auf der ganzen Welt bekannte, saure Zitrusfrucht.

**Zitronat:** kandierte Zitronenschale.

**Zitronengras:** *sereh (malai.); cay xa (vietn.);* eine aus *Indien* und *Sri Lanka* stammende, aber auch in Afrika, Australien und Süd- und Nordamerika angebaute grasartige Würzpflanze mit zitronenähnlichem Geschmack; verwendet wird das Innere des unteren, verdickten weißen Teils. Zitronengras darf bei der Bereitung *ostasiatischer* Gerichte, insbesondere der *indonesischen* Reistafel, nicht fehlen, sollte jedoch wegen seines intensiven Geschmacks nur sparsam eingesetzt werden.

**ZITRONENMELISSE:** Melisse; eine aus dem Orient und dem Mittelmeergebiet stammende, heute überall wachsende Kräuterpflanze mit zitronenartig-bitterem Aroma; für Kräutersaucen, Salate, Wildgerichte u.a.

**ZITRONENTHYMIAN:** Thymianart; schmeckt aromatischer als Zitronenmelisse und nicht so streng wie Gartenthymian.

**ZHUSUN** *(chin.)*: Bambussprossen.

**ZNAIMER GULYÁS:** *ungarischer* Rindergulasch mit kleinen sauren Gurken.

**ZNÜNI:** zweites Frühstück zwischen 9.00 Uhr und 10.00 Uhr, im *Schwarzwald* meist mit Speck und Bauernbrot *(Ostschweiz, Baden)*.

**ZODDERKLOPS (DANZIGER):** in Fett werden Zwiebeln und Hackfleisch krümelig gebraten, gewürzt und zu Preiselbeeren und Bratkartoffeln serviert.

**ZONI:** *japanische* Neujahrssuppe aus *dashi*, Geflügel, Gemüse, *SURIMI* (s.d.) und Reis, aromatisiert mit Limettensaft.

**ZRAZY** *(poln.)*: wird in der internationalen Küche mit *polnischer Rostbraten* übersetzt, ist jedoch eine in Brühe und saurer Sahne geschmorte Roulade. Die Füllung besteht aus Semmelbröseln, Champignons, Petersilie und Zwiebeln, gewürzt mit Salz und evtl. Muskatnuss und Pfeffer.

**ZRAZY POJARSKI** *(poln.)*: eine Kalbfleischspezialität mit Variationen. Beispiel: Kalbfleisch wird fein geschnitten, gewürzt und ausgewellt, mit einer Scheibe Schinken belegt und zu einer Roulade geformt. Diese wird in Ei, Mehl und zum Schluss in Bröseln gewälzt und frittiert oder in Butter gebraten.

**ZUCCHA** *(ital.)*: Kürbis.

**ZUCCHETTI** *(ital.)*: kleine Zucchini, besonders in der *italienischen* Küche gebacken oder gedünstet verwendet.

**ZUCCHINI** *(ital.)*: *courgettes (franz.)*; gurkenförmige Kürbisfrüchte von gelber bis grüner Farbe, werden hauptsächlich als Gemüse verarbeitet.

**ZUCCHINOBLÜTE:** die gelbe Zucchino-Blüte ist zum Füllen und Ausbacken geeignet.

**ZUCKERCOULEUR:** vollkommen verbrannter, mit Wasser abgelöschter Zucker, dient zum Färben von Saucen, Brot u.a.; s.a. *COULEUR*.

**ZUCKERERBSEN:** s. *MANGE-TOUT*.

**ZUCKERGEHALT:** wird z.B. mit dem *Saccharimeter*, auch *Senk-* oder *Zuckerwaage* genannt, festgestellt. Dieses Gerät wird einfach in die Zuckerlösung gehängt. Je tiefer der Saccharimeter sinkt, desto geringer ist der Zuckergehalt. Eine Einheit ist das so genannte *Grad Baumé*. Dabei bedeuten 25 g Zucker auf einen Liter Lösung ein Grad Baumé. Da das spezifische Gewicht von einem Gramm flüssigen Zucker 0,06 cl ist, benötigt man für einen Liter Sirup aus 500 g Zucker einen Liter Wasser. Man kann die Festigkeit des Zuckers und damit die Baumé-Grade auch mit Daumen und Zeigefinger messen. Von *kleinem Faden* spricht man, wenn sich zwischen den Fingern zarte, nicht länger als 2 cm lang werdende Fäden bilden. Beim *großen Faden*, der 35° Baumé entspricht, gibt es mehr Fäden, die sich länger ziehen lassen und kräftiger sind. Die *kleine Kugel* oder *der Ballen* entspricht 39° Baumé. Der Zucker überzieht den Finger und lässt sich zu einer kleinen weichen Kugel formen. Wenn die Kugel größer und fester wird (41° Baumé), spricht man von *großer Kugel* oder *großem Ballen*. Das nächste Stadium ist der *kleine Bruch*. Den eingetauchten Finger umschließt eine feste Zuckerschicht. Beim Hineinbeißen klebt der Zucker an den Zähnen. Der *große Bruch* schließlich ist erreicht, wenn der Zucker wie Glas zerbricht. Der weiterkochende Zucker dient nur noch als *COULEUR* (s. d.). Die Fingerprobe wird so ausgeführt, dass man den Zeigefinger zuerst in kaltes Wasser taucht, dann in den Zucker und dann wieder in kaltes Wasser.

**ZUCKERHUT:** kegelförmiger weißer Zucker für *Feuerzangenbowle, Punsch* etc.

**ZUCKERMELONE:** s. *HONIGMELONE*.

**ZUCKERSCHOTEN:** s. *KAISERSCHOTEN*.

**ZUCKERSIRUP:** s. *LÄUTERZUCKER*.

**ZUCKERTEIG:** ein Teig aus Butter, Eiern, Mehl und Zucker, aromatisiert z. B. mit Orangenblütenwasser.

**ZUCKERWURZ:** s. *MERK*.

**ZÜRCHER KALBSGESCHNETZELTES:** s. *KALBSGESCHNETZELTES*.

**ZÜRCHER RATSHERRENTOPF:** *Zürcher Topf, Ratsherrentopf;* bekannter, außerordentlich üppiger Fleischtopf aus der *Schweiz* mit vielen Rezepten. Beispielsweise verwendet man Kalbsleber, Kalbsnieren, Kalbsschnitzelchen, durchwachsenen Räucherspeck und Schweinefilet, alles kurz in Butter angebraten. Dazu serviert man Erbsen, Karotten und Kartoffeln, die in Brühe und Weißwein gegart werden. Gewürzt wird hauptsächlich mit Salbei, Thymian, Pfeffer und Salz. Der Bratenfond wird mit Bouillon aufgekocht und über das Fleisch verteilt.

**ZUGER KIRSCHTORTE:** *schweizerische* Kuchenspezialität. Ein Mandelteigboden wird mit einer Creme aus Butter, Himbeer- oder Johannesbeergelee, Kirschwasser und Zucker dick bestrichen. Darauf kommt eine mit Kirschsirup getränkte Biskuitschicht. Dann folgt wieder Creme und zum Schluss ein weiterer Mandelteigboden. Das Ganze wird mit Creme eingehüllt, mit geriebenen Mandeln bedeckt und mit gerösteten Mandelscheibchen garniert. Von der Torte gibt es mehrere regionale Varianten.

**Zu man po** *(chin.)*: ein bekanntes *chinesisches* Gericht, hauptsächlich aus Schweinefilet, Champignons, Poree, Sojakeimen und Zwiebeln und mit Knoblauch, Pfeffer und Sojasauce gewürzt wird.

**Zunge:** *langue (franz.)*; Muskelfleisch aus der Mundhöhle von Kalb, Rind, Schwein. In der Küche werden vor allem Kalbs- und Rinderzunge (auch gepökelt und geräuchert) mit speziellen Rezepten verwendet.

**Zungenstück:** hpts. in *Norddeutschland* gebräuchliche Bezeichnung für Halsgrat oder Kamm des Rindes (s. a. *Schlachtfleisch*).

**Zungenwurst:** Brühwurst aus feingecuttertem Rindfleisch, Schweinefleisch und Speck als Grundmasse und würfelig geschnittener Zunge als Einlage.

**Zuppa** *(ital.)*: Suppe.

**Zuppa alla pavese:** s. *Zuppa pavese*.

**Zuppa di cozze** *(ital.)*: *Muschelsuppe;* aus gehacktem Knoblauch, Stangensellerie und Zwiebeln wird ein *battuto* bereitet, der zusammen mit Basilikum und Pfeffer in Olivenöl geschmort wird, wodurch ein so genannter *Soffritto* (s.d.) entsteht. Dann werden Brühe, Muscheln, meist Miesmuscheln, Tomaten und Weißwein hinzugegeben. Gewürzt wird mit Lorbeer, Petersilie, frisch gemahlenem Pfeffer und Thymian.

**Zuppa di pesce** *(ital.)*: Fischsuppe mit vielen Rezepten. Hauptsächlich besteht die Suppe aus verschiedenen Seefischen wie Dorsch, Heilbutt, Kabeljau, Schellfisch usw., ferner Krustentieren, Muscheln und Tintenfischen. Aus den Fischabgängen und -gräten wird mit Weißwein, Lorbeer, Petersilie, Sellerie und Thymian eine Brühe bereitet. Die Fischstücke werden angebraten und kommen zusammen mit den Krustentieren, Muscheln und Tomaten in die Brühe. Gewürzt wird mit Knoblauch, Oregano, Pfeffer und Safran.

**Zuppa inglese** *(ital.)*: Dessert aus mit Florentiner Likör *(Alchermes)* getränktem Löffelbiskuit oder Biskuitboden, gefüllt mit *englischer Creme* und kandierten, alkoholisierten Früchten unter einer Baiserschicht, namentlich in Italien mit vielen Abwandlungen. Das Liköraroma stammt hauptsächlich von Anis, Bitterorangen, Kardamom, Koriander, Muskat, Nelken, Zimt u. a.

**Zuppa pavese** *(ital.)*: berühmte *italienische* Suppe. In Suppentassen oder -teller werden auf geröstete Brotscheiben rohe Eier geschlagen. Dann werden die Tassen mit kochender Hühnerbouillon aufgefüllt und geriebener Parmesankäse darübergestreut.

**Zu Za Yok:** *chinesische* Spezialität. Ein angebratenes Spanferkel wird in einer Brühe aus Essig, Sojasauce, Pfeilwurzelmehl, Wasser und Zucker gar geschmort und auf gedünstetem Chinakohl angerichtet. Dazu gibt es Reis.

**Zwergfelchen:** s. *Albe.*

**Zwergorange:** s. *Kumquat.*

**Zwergpomeranze:** s. *Kumquat.*

**Zwetschenbavesen** *(bayr.)*: altbackene Semmeln entrinden, in Scheiben schneiden und auf jede Scheibe Zwetschgenmarmelade geben. Mit den übrigen Scheiben bedecken, in Milch tauchen, anschließend in verquirlten Eiern und Semmelbröseln wenden. In Schmalz ausbacken und mit Zucker bestreuen, dazu Kompott.

**Zwetsch(g)en** *(südd., österr.)*: Pflaumen.

**Zwetschgendatschi** *(bayr.)*: frischer, gut belegter Pflaumenkuchen.

**Zwetschgenknödel:** *österr.* Spezialität. Klöße, die vor allem aus Eiern, Grieß, Kartoffeln, Kartoffelmehl und etwas Muskat bestehen, werden je mit einer Zwetschge und einem Stück Würfelzucker gefüllt und in Salzwasser gegart. Danach werden die Klöße in gerösteten Semmelbröseln gewälzt und mit Zucker und Zimt bestreut. Auf die gleiche Weise können Marillen- oder Kirschenknödel u. a. bereitet werden.

**Zwetschgenröster** *(österr.)*: entsteinte Zwetschgen werden mit grobem Zucker bestreut und im Backofen bei etwa 150° C ohne Wasserzugabe zu einem dicken Kompott eingedampft.

**Zwetschgentasche:** s. *Powidltatschkerl.*

**Zwetschgernbames:** 3 Monate luftgetrocknetes Rindfleisch aus der Keule, hauchdünn aufgeschnitten zu Frankenwein; das *fränkische Carpaccio.*

**Zwiebel:** *onion (engl.), oignon (franz.), cebolla (span.), cipolla (ital.)*; Knolle eines Lauchgewächses; man unterscheidet Sommerzwiebeln, Hauszwiebeln oder *Bollen (Schweiz)* genannt, Winterzwiebeln, die aus Sibirien stammen und auch *Cipollen* heißen und die faustgroßen Gemüsezwiebeln, die hauptsächlich aus Italien, Spanien und Ungarn importiert werden.

**Zwiebel, glaciert:** s. *Glacierte Zwiebeln.*

**Zwiebelblatz:** *fränkische* Art des Zwiebelkuchens; Hefeteig wird mit Speck- und Zwiebelwürfeln belegt und mit Eiersahne übergossen gebacken.

**Zwiebelfleisch:** *österr./bayr.* Fleischgericht mit Variationen. Hauptsächlich wird blättrig geschnittenes Rindfleisch mit angerösteten Zwiebelscheiben vermischt und in Fleischbrühe gargedünstet.

**Zwiebelkartoffeln:** s. *Lyoner Kartoffeln.*

**Zwiebelkuchen:** *Bölledünne, Böllefede, Bölleflade (schweizer.), Zwiebelwähe, Zwiwwelkuche (Pfalz);* bekannter pikanter Kuchen, der besonders in den Weinanbaugebieten Württembergs, Badens, der Pfalz, in der Schweiz und im Elsass meist vom Blech serviert wird. Er besteht vor allem aus einem Hefeteigboden, belegt mit einer

Mischung aus Zwiebeln, Eiern, Sahne und Speck. Oft wird mit Kümmel gewürzt, in der Pfalz *Zwiwwelkuche* genannt; besonders gut zu neuem Wein (s. a. *Bitzler*).

**Zwiebelpüree:** s. *Soubise.*

**Zwiebelsauce:** s. *Sauce Soubise.*

**Zwiebelsuppe:** s. *Soupe à l'oignon.*

**Zwiebelwähe:** s. *Zwiebelkuchen.*

**Zwischenrippenstück nach Bordelaiser Art:** s. *Entrecôte à la bordelaise.*

## Literaturverzeichnis von A–Z


*Agnarsson, Atli und Garoer:*
Das neue Isländische Kochbuch
Njala Verlag, Reykjavik, 1993.

*Amado Costa, Paloma Jorge:*
O Livro de Cozinha de Pedro Archanjo
Editore Maltese, São Paulo, 1994.

*Ambrosi, Hans:*
Wein von A bis Z
Gräfe und Unzer, München, 1992.

*Amiard, Herve, Mouton u.a.:*
Zu Gast in Marokko
Christian Verlag, München, 2001.

*Bacmeister, Arnold:*
Fischbilder Lexikon, Band 1 Süsswasserfische
Jahr-Verlag, Hamburg, 1975.

*Bailey/Ortiz/Radecka:*
Die Speisekammer
Christian Verlag, München, 1981.

*Basan/Jonathan/Ghillie:*
Die orientalische Küche
Collection Rolf Heyne, München, 2002.

*Bauer-Hild, Margarete:*
Kanarische Inseln, Küche, Land und Menschen
Hädecke Verlag, Weil der Stadt, 1993.

*Bauerle, Heidi:*
Kochkunstreise Athen
Hädecke Verlag, Weil der Stadt, 1999.

*Bauerle, Heidi:*
Kochkunstreise Santorin
Hädecke Verlag, Weil der Stadt, 1991; 2003.

*Bayer/Buttler/Finkenzeller/Grau:*
Pflanzen des Mittelmeerraums
Mosaik Verlag, München, 1987.

*Behring, Sylvia:*
Das große Küchen ABC
Xenos Verlagsgesellschaft, Hamburg, 1978.

*Benitez, Ana M. de:*
Pre-Hispanic Cooking (Cocina Prehispanica)
Ediciones Euroamericanas, Mexico, 1974.

*Bernasconi/Teubner:*
Italienisch kochen
Teubner Edition, Füssen, 1999.

*Bertholle, Loisette:*
Die geheimen Rezepte der besten Restaurants Frankreichs
Hallwag Verlag, Bern und Stuttgart.

*Besser, Klaus:*
Die hundert besten Rezepte der grossen Köche Europas.
Ullstein Verlag GmbH, Frankfurt/Main/Berlin/Wien, 1977.

*Bharadwaj, Monisha:*
Die indische Küche
Wilhelm Heyne Verlag, München, 2000.

*Bhumichitr, Vatcharin:*
Thai street food
Hädecke Verlag, Weil der Stadt, 2003.

*Bickel, Walter:*
Der große Pellaprat
Verlag René Kramer AG, Lausanne, 1966.

*Bickel, Walter:*
Fische und Krustentiere Heimeran, München, 1978.

*Bickel, Walter:*
Garnituren, Fremdwörter
Dr. Pfannenberg, Gießen, 1979.

*Bissell, Frances:*
Sainsburys book of FOOD Websters International Publishers, London, 1989.

*Bleuel, Hans Peter & Aufschnaiter, Robert v.:*
Venetien & Friaul
Hädecke Verlag, Weil der Stadt, 1997.

*Bleuel, Hans Peter:*
Südtirol,
Küche, Land und Menschen
Hädecke Verlag, Weil der Stadt,1995.

*Bley Miller, Gloria:*
Das komplette Chinakochbuch.
Hörnemann Verlag,
Bonn-Röttgen, 1970.

*Boeckmann, Susie & Rebeiz-Nielsen, Natalie:*
A passion for Caviar.
Mitchell Beazley, London, 1995.

*Boros, Georges:*
Unsere Küchen- und Gewürzkräuter.
Verlag Eugen Ulmer, Stuttgart, 1975.

*Boudon, Barbara:*
Namibia,
Genussreise und Rezepte
Hädecke Verlag, Weil der Stadt, 2001.

*Bourzat, Catherine/Mouton, Laurence:*
Saveurs Indiennes
Editions du Chêne, Hachette Livre, 2001

*Boxer, Arabelle:*
The Hamlyn herb and spice handbook
Hamlyn, London, 1999.

*Brenuil:*
Peruvian dishes (Patos peruanos)
A.B.C. S.A., Lima, 1980.

*Bruneteau, Jean-Paul:*
Tukka, Real Australian Food Harper Collins Publ., Sydney, 1996.

*Bugialli, Guiliano:*
Die Kultur
der italienischen Küche
DuMont Buchverlag, Köln, 1985.

*Cacciatore, Monica/Daiber, Claudia:*
Hülsenfrüchte
Hädecke Verlag, Weil der Stadt, 2002.

*Cacciatore, Monica/Reinirkens, Leonhard:*
Toskana – Genussreise & Rezepte
Hädecke Verlag, Weil der Stadt, 1999.

*Caron, Michel/Rival, Ned:*
Alchemie der Suppe
Deutscher Fachverlag,
Frankfurt/Main, 1964.

*Carrier, Robert:*
Die Kultur
der marokkanischen Küche
DuMont Buchverlag, Köln, 1988.

*Carroll, Phillip, Rainey, Virginia:*
Kalifornien,
eine kulinarische Reise.
Christian Verlag, München, 1994.

*Castorina, Jan/Stais, Dimitra:*
A taste of Indochina
Hodder & Stoughton, Australia, 1995.

*Conran, Caroline:*
Delicious Home Cooking
Conran Octopus, London, 1992.

*Creasy, Rosalind:*
The edible Asian garden
Periplus Ed., Boston, 2000.

*Creasy, Rosalind:*
The edible herb garden
Periplus Ed., Boston, 1999.

*Creasy, Rosalind:*
**The edible salad garden**
Periplus Ed., Boston, 1999.

*Dähnhard, Wolfgang & Oberleithner, Peter:*
**Österreich, Küche, Land und Menschen**
Hädecke Verlag, 1995.

*Danforth, Randy/Feierabend, Peter/Chassman, Gary:*
**Culinaria USA**
Könemann Verlagsges.mbH, Bonn, 1999.

*Degner, Rotraud:*
**Deutsche Küche**
Mosaik Verlag, München, 1990.

*Degner, Rotraud:*
**Fische und Meeresfrüchte**
Mosaik Verlag, München, 1989.

*Degner, Rotraud:*
**So kocht Italien**
Hörnemann Verlag, Bonn-Röttgen, 1973.

*Deh-Ta Hsiung:*
**Die chinesische Küche**
Heyne, München, 1999.

*Dickhaut, Sebastian/Boyny, Michael:*
**Australien, Genussreise & Rezepte**
Hädecke Verlag, Weil der Stadt, 1999.

*Dickhaut, Sebastian/Boyny, Michael:*
**Sushi – Kultur und Genuss** Hädecke Verlag, Weil der Stadt, 2000.

*Dominé, André/Ditter, Michael:*
**Culinaria, Europäische Spezialitäten**
Könemann, 1995.

*Duch, Karl:*
**Handlexikon der Kochkunst** Trauner Verlag, Linz, 1961.

*Dumont, Cedric:*
**Kulinarisches Lexikon**
Hallwag Verlag, Bern und Stuttgart, 1997.

*Escoffier, Auguste/Bickel, Walter:*
**Kochkunstführer**
Fachbuchverlag Dr. Pfannenberg, Gießen.

*Evers, Barbara:*
**Antipasti**
Christian Verlag, München, 1984.

*Font-Verger, Irène:*
**Die Küche der Provence, Land und Menschen**
Hädecke Verlag, Weil der Stadt, 1990.

*Font-Verger, Irène:*
**Die Küche des Elsass, Land und Menschen**
Hädecke Verlag, Weil der Stadt, 1994.

*Frese, Peter:*
**Austern – huitres – oysters**
Hädecke Verlag, Weil der Stadt, 1994.

*Ganor, Avi/Maiberg, Ron:*
**Taste of Israel**
Prion, London, 1990.

*Gerlach, Edith:*
**Bretagne – Kulinarische Reiseskizzen**
Hädecke Verlag, Weil der Stadt, 1994.

*Gerlach, Edith:*
**Hiddensee – Reiseskizzen und Rezepte aus Pommern**
Hädecke Verlag, Weil der Stadt, 1991.

*Gerlach, Edith:*
**Im Midi – Kulinarische Reiseskizzen**
Hädecke Verlag, Weil der Stadt, 1996.

*Gerlach, Edith:*
Spreewald –
Reiseskizzen und Rezepte
Hädecke Verlag, Weil derStadt, 1992.

*Gfeller, Fritz:*
Emmentaler Rezepte
Hallwag Verlag,
Bern und Stuttgart, 1985.

*Goldstein, Joyce/Algar, Ayla:*
Rund um das Mittelmeer
Christian Verlag, München, 1995.

*Gollmer, Richard/Weber, J.J.:*
Universal-Lexikon der Kochkunst
Leipzig, 1908.

*Gööck, Roland:*
Das Buch der Gewürze
Mosaik Verlag, München, 1977.

*Gööck, Roland:*
Die 100 berühmtesten
Rezepte der Welt
Hörnemann Verlag,
Bonn-Röttgen, 1971.

*Gorys, Erhard:*
Heimerans Küchenlexikon
Kochbuchverlag Heimeran,
München, 1975.

*Graff, Monika/Tavares, Tania:*
Brasilien –
Küche, Land und Menschen
Hädecke Verlag, Weil der Stadt, 1997.

*Grangier, Jacqueline &*
*Vidoudez, Michel:*
So kocht man bei uns
(Spezialitäten aus der
französischen Schweiz)
Benteli Verlag, Bern, 1977.

*Grigson, Sophie:*
Sophie Grigsons
Ingredients Book
Pyramid books, London, 1991.

*Hahn, Emily:*
Die chinesische Küche
Internationale Speisekarte
TIME-LIFE International, 1971.

*Hal, Fatema:*
Le livre du Couscous
Stock, Paris, 2000.

*Hamm, Michael:*
EuroAsiatische Küche
Hädecke Verlag, Weil der Stadt 1990.

*Harkins, Manisha Gambhir:*
Spices
Ryland, Peters and Small,
London, 2002.

*Hausch, Bruno/Hudgins, Sharon/*
*Messer, Christine:*
Spanien –
Küche, Land und Menschen
Hädecke Verlag, Weil der Stadt, 1991.

*Hausch/Reinirkens/Steinhardt:*
Die Küche der der Toscana –
Land und Menschen.
Edition Hausch im Hädecke Verlag,
Weil der Stadt, 1986, 1989.

*Hering, Richard:*
Lexikon der Küche.
Dr. Pfannenberg und Co.,
Gießen, 1978.

*Herrmann, Karl:*
Dr. Oetker Lexikon,
Lebensmittel und Ernährung.
Ceres-Verlag, Bielefeld, 1989.

*Heymann-Sukphan, Wanphen:*
Die Poesie der
thailändischen Küche
AT Verlag, Aarau, 1995.

*Himmer, Siegfried/Peck, Christoph:*
Kanton, Küche und Kultur
im Süden Chinas
Ceres Verlag, Bielefeld, 1993.

*Ho Fu Lung:*
Aus Chinas Küchen
Hallwag Verlag,
Bern und Stuttgart, 1993.

*Hom, Ken:*
Essen wie in China
Christian Verlag, München, 1991.

*Idone, Christopher:*
Brazil, a cooks tour
Clarkson N. Potter Publ.,
New York, 1995.

*Issar, Sushila/Kopecky, Mrinal:*
Indisch vegetarisch
Hädecke Verlag, Weil der Stadt 2001.

*Jackson, Michael:*
Whisky
Hädecke Verlag, Weil der Stadt, 1997.

*Josselin, Jean-Marie:*
A Taste of Hawaii
Stewart, Tabori & Chang,
New York, 1992.

*Jue, Joice:*
Geniesser unterwegs – Südostasien
Christian Verlag, München, 2001.

*Kaltenbach, Marianne:*
Aus Italiens Küchen
Hallwag Verlag,
Bern und Stuttgart, 1982.

*Kaltenbach, Marianne:*
Aus Schweizer Küchen
Hallwag Verlag,
Bern und Stuttgart, 1989.

*Kaltenbach, Marianne:*
Tessiner Küche
Hallwag Verlag,
Bern und Stuttgart, 1983.

*Kataoka, Haruyo/Köhnen, Friederun:*
Japan Kochbuch
Mosaik Verlag, München, 1990.

Kiehnle Kochbuch
Hädecke Verlag, Weil der Stadt, 1995.

*Klever, Ulrich:*
Klevers Fleischkochbuch
Gräfe und Unzer, München, 1973.

*Koyama, Hirohisa:*
Japan und seine Esskultur
Collection Rolf Heyne,
München, 1999.

*Kremezi, Aglaia:*
The foods of Greece
Steward, Tabory & Chang,
New York, 1993.

*Krüger, Arne:*
Herr Ober, was ist das?
Arne Verlag, Hochheim, 1988.

*Kübel, Hans Gerd:*
Lachs, Salm, Lax
Hädecke Verlag, Weil der Stadt, 1992.

Larousse de la Cuisine
Larousse, Paris, 1990.

*Lenz, Michaela:*
Mary Hahns grosses
Koch- und Küchenlexikon.
Mary Hahns Kochbuchverlag,
Berlin, 1977.

*Lichtner, Monique:*
La cuisine provençale
Kunstverlag Weingarten, 1979.

*Liebster, Günther/Levin, Hans-Georg:*
Warenkunde Obst und Gemüse,
Band I – Obst
Hädecke Verlag, Weil der Stadt, 1999.

*Liebster, Günther:*
Warenkunde Obst und Gemüse,
Band II – Gemüse
Hädecke Verlag, Weil der Stadt, 2002.

*Lo, Kenneth:*
Das große Buch der chinesischen Kochkunst
Manfred Paulay Verlag, Herrsching, 1980.

*Lötschert/Beese:*
Pflanzen der Tropen
BLV Verlagsgesellschaft mbH, München, 1992.

*Lück, Erich:*
Von Abalone bis Zuckerwurz
Springer, Berlin, 2000.

*Mackley, Lesley/Morris, Sallie:*
Das kulinarische Handbuch der Gewürze
Christian Verlag, München, 1999.

*Mallos, Tess:*
Die Küche des Orients
Manfred Pawlak Verlag, Herrsching, 1984.

*Medagliani/Peras:*
Culinaria Italia
Könemann, Köln, 2000.

*Medici, Lorenza di:*
Große Küchen – Italien
Christian Verlag, München, 1991.

*Mei, Sim Siok:*
Die echte chinesische Küche
Mosaik Verlag, München, 1980.

*Meier, Chris:*
Karibik – Kulinarische Reiseskizzen
Hädecke Verlag, Weil der Stadt, 1996.

*Meier, Chris:*
Piemont – Kulinarische Reiseskizzen
Hädecke Verlag, Weil der Stadt, 1995.

*Meier, Chris:*
Sizilien – Kulinarische Reiseskizzen
Hädecke Verlag, Weil der Stadt, 1997/98.

*Meuth, Martina & Neuner-Duttenhöfer, Bernd:*
Baden
Droemer Knaur, München, 1988.

*Meuth, Martina & Neuner-Duttenhofer, Bernd:*
Ligurien, Küche, Land und Leute
Droemer Knaur, München, 1997.

*Meuth, Martina & Neuner-Duttenhofer, Bernd:*
Schweiz
Droemer Knaur, München, 1989.

*Meuth, Martina & Neuner-Duttenhofer, Bernd:*
Bayern
Droemer Knaur, München, 1989.

*Meuth, Martina & Neuner-Duttenhofer, Bernd:*
West-östlicher Küchendiwan
Droemer Knaur, München, 1989.

*Miklau, Lia:*
Kärntner Kochbüchl
Verlag Johannes Heyn, Klagenfurt, 1977.

*Milona, Marianthis:*
Culinaria Griechenland
Könemann, 2001.

*Norman, Jill:*
Das große Buch der Gewürze
AT Verlag, Aarau, 1993.

*Oliver, Raymond:*
Das große französische Kochbuch
Moderne Verlags GmbH, München, 1971.

*Oon, Violet/Witzigmann, Eckart:*
Curry
Teubner Edition , Füssen, 1999.

*Ortiz, Elisabeth, Lambert:*
The flavour of Latin America
Latin America Bureau, London, 1998.

*Osborne, Christine:*
Middle Eatern Cooking
Prion, London, 1994.

*Paczensky, Gert von/Dünnebier, Anna:*
Aquitaine –
Wo Frankreich am besten isst
Hädecke Verlag, Weil der Stadt, 1998.

*Paczensky, Gert von:*
Cognac
Hädecke Verlag, Weil derStadt, 1984.

*Palazuelos, Susanna/Tausend, Marilyn:*
Mexiko, eine kulinarische Reise
Christian Verlag, München, 1992.

*Passmore, Jacki:*
Asien, eine kulinarische Reise
Christian Verlag, München, 1988.

*Pham Lan, Mo/Blohmann, Alice:*
Vietnam – Genussreise & Rezepte
Hädecke Verlag, Weil der Stadt, 2000.

*Pham, Gia-Thai/Pham, Minhky:*
Cuisine Vietnamienne
Edisud, Aix-en-Provence, 1999.

*Pini, Udo:*
Das Gourmet-Handbuch
Könemann, Köln, 2000.

*Poladitmontri, Panurat/Lew, Judy u.a.:*
Thailand, eine kulinarische Reise
Christian Verlag, München, 1992.

*Pool Fenzl, Barbara/Kolpas, Norman:*
Der amerikanische Südwesten
Christian Verlag, München, 1996.

*Quintana, Patricia:*
Die Kultur der
mexikanischen Küche
DuMont Buchverlag, Köln, 1989.

*Rezzori, Gregor von:*
Sherry time
Kochbuchverlag Heimeran,
München, 1978.

*Rivera, Guadelupe/Colle, Marie-Pierre:*
Fridas Fiestas
Christian Verlag, München, 1996.

*Root, Waverley:*
Die Küche in Italien
Internationale Speisekarte,
Time-Life International, 1969.

*Santos, Aldaci Dadá dos:*
Tempero da Dadá
Editora Corrupio,
Salvador da Bahia, 1998.

*Scharfenberg, Horst:*
Aus Deutschlands Küchen
Hädecke Verlag, Weil der Stadt, 2004.

*Scharfenberg, Horst:*
Die Küchen Amerikas
Hädecke Verlag,
Weil der Stadt, 1990, 1996.

*Scheinpflug, Regine und Günter:*
Normandie,
Küche, Land und Menschen
Hädecke Verlag, Weil der Stadt, 1995.

*Schlittler, Jakob:*
Das große Buch der Pilze
Herder, Freiburg, Basel, Wien, 1972.

*Schobert, Walter:*
Malt Whisky Guide
Hädecke Verlag, Weil der Stadt, 2000.

*Schulz, Phillip Stephen:*
Amerika, eine kulinarische Reise
Christian Verlag, München, 1991.

*Seißler, Hanjo/Pio:*
Senf – das Kochbuch
Hädecke Verlag, Weil der Stadt, 1999.

*Setz, Helga:*
Die Kärntner Küche
Verlag Johannes Heyn,
Klagenfurt, 1993.

*Snyman, Lannice/Sawa, Andrzej:*
Rainbow Cuisine
S & S Publishers, Hout Bay, 1999.

*Solomon, Charmaine:*
Das komplette Asien-Kochbuch
Hörnemann Verlag,
Bonn-Röttgen, 1978.

*Steckhan, Ilona:*
Küchenschätze
der Indios und Indianer
Hädecke Verlag, Weil der Stadt, 2000.

*Stobart, Tim:*
Lexikon der Gewürze
Hörnemann Verlag, Bonn, 1974.

Teubner Küchenlexikon: Crustacea,
Shrimps, Hummer & Langusten
Gräfe und Unzer, 1994.

*Trutter, Marion:*
Culinaria Espana
Könemann, 1998

*Türkay/Witzigmann/Teubner:*
Muscheln & Austern
Teubner Edition, Füssen, 1999.

*Wagner, Christoph/Frese, Peter:*
Garküchen
Hugendubel, München.

*Whiteman, Kate/ Wayhen, Maggie:*
Enzyklopädie der Früchte
DuMont Buchverlag, Köln, 1999.

*Wymann, Werner:*
Asien – Ozeanien
Kochbuchverlag Heimeran,
München, 1979.

*Yanrong, Wang:*
Kochkunst in China
Kunstverlag Weingarten, 1983.

*Zihua Liu/Franz, Uli:*
Die echte chinesische Küche
Gräfe und Unzer, München, 1992.

## Literaturverzeichnis von A–Z
## N.N.:


**Asiatisch kochen**
Teubner Edition, Füssen, 1998.

**Crayfish Rhapsody**
Görman Gruppen/Raben Prisma, Stockholm, 1994.

**Culinária Amazônica**
Editora Senac Nacional, Rio de Janeiro 2000.

**Das große Buch der asiatischen Küche**
Könemann Verlagsges.mbH, Bonn, 1998.

**Das große Buch der Desserts**
Teubner Edition, Füssen bei Gräfe und Unzer, 1981.

**Das große Buch der Exoten**
Teubner Edition, Füssen bei Gräfe und Unzer, 1990.

**Das große Buch der Gemüse**
Teubner Edition, Füssen bei Gräfe und Unzer, 1991.

**Das große Buch der Pasteten**
Teubner Edition, Füssen bei Gräfe und Unzer, o.Z.

**Das große Buch der Schokolade**
Teubner Edition, Füssen bei Gräfe und Unzer, 1994.

**Das große Buch der Teigwaren**
Teubner Edition, Füssen bei Gräfe und Unzer, 1994.

**Das große Buch vom Fisch**
Teubner Edition, Füssen bei Gräfe und Unzer, 1987.

**Das große Buch vom Fleisch**
Teubner Edition, Füssen bei Gräfe und Unzer, 2000.

**Das große Buch vom Geflügel**
Teubner Edition, Füssen bei Gräfe und Unzer, 1992.

**Das große Buch vom Käse**
Teubner Edition, Füssen bei Gräfe und Unzer, 1990.

**Das große Buch vom Wild**
Teubner Edition, Füssen bei Gräfe und Unzer, 1992.

**Das große Menü-Kochbuch**
Mosaik Verlag, München, 1976.

**Die Kunst des Kochens**
Buchreihe, Time-Life, 1978–1982.

**FOOD – Die ganze Welt der Lebensmittel**
Christian Teubner, München, 2001.

Internationale Speisekarte, Time Life Buchreihe:
**Die karibische Küche,** 1972
**Die Küche in Skandinavien,** 1971
**Die Küche in Spanien und Portugal,** 1973.

**Kochkunst und Tradition in der Schweiz**
Nestlé Produkte AG, Vevey, Schweiz (Hrsg.).

**Kräuter und Knoblauch**
Teubner Edition, Füssen bei Gräfe und Unzer, 1993.

**Seafood**
Teubner Edition, Füssen bei Gräfe und Unzer, 1998.

**Südwester Kochbuch**
Peter's Antiques, Swakopmund, 1999.

**www.wikipedia.de**